朱白兰在中山大学
纪念朱白兰先生逝世五十周年

林笳 彭念慈 主编

版权所有　翻印必究

图书在版编目（CIP）数据

朱白兰在中山大学：纪念朱白兰先生逝世五十周年/林笳，彭念慈主编．—广州：中山大学出版社，2021.4
　　ISBN 978-7-306-07177-4

Ⅰ.①朱…　Ⅱ.①林…②彭…　Ⅲ.①朱白兰（1904—1971）—纪念文集　Ⅳ.①K825.6-53

中国版本图书馆 CIP 数据核字（2021）第 057520 号

出 版 人：	王天琪
策划编辑：	王延红　陈俊婵
责任编辑：	王延红
封面设计：	林绵华
责任校对：	赵　冉
责任技编：	何雅涛
出版发行：	中山大学出版社
电　　话：	编辑部 020-84110283，84113349，84111997，84110779，84110776 发行部 020-84111998，84111981，84111160
地　　址：	广州市新港西路 135 号
邮　　编：	510275　传　真：020-84036565
网　　址：	http://www.zsup.com.cn　E-mail：zdcbs@mail.sysu.edu.cn
印 刷 者：	佛山家联印刷有限公司
规　　格：	787mm×1092mm　1/16　35 印张　648 千字
版次印次：	2021 年 4 月第 1 版　2021 年 4 月第 1 次印刷
定　　价：	98.00 元

如发现本书因印装质量影响阅读，请与出版社发行部联系调换

序　言

20世纪以前所未见的浓墨重彩书写了人类历史重要的一章，接踵而至的第一次世界大战、第二次世界大战、苏联社会主义国家的建立、中华人民共和国的成立等极大地改变了世界格局。在这样的大时代背景下，有一位中国籍犹太裔女子毕其一生，用笔和纸积极投身于欧洲反法西斯战争和社会主义新中国的建设，将自己的命运与伟大的社会变革紧密交织在一起，默默奉献了自己的全部力量。这位从青年时代起就以记者、诗人、作家身份活跃于多国，在德国之外却以德语写作，亲身经历了20世纪许多重要历史时刻的传奇女子，就是本书的主人公——朱白兰先生。

朱白兰（Klara Blum；汉译：克拉拉·勃鲁姆；朱白兰为其正式中国名字），1904年11月27日出生于奥地利与罗马尼亚两国边境的小城切诺维茨[①]（Czernowitz）一个母语为德语的犹太人家庭，1971年5月5日辞世于广州（有关她的生平介绍详见本文集《朱白兰教授生平简介》等文）。她的前半生颠沛流离，1949年到达中国，1954年入中国国籍，1957年起任中山大学外语系德语教研室教授，广州成为她除故乡外生活最长时间的地方。中国政府和中山大学为她提供了优渥的待遇，她在这里也迎来了教学和创作的双丰收，康乐园中的草木花鸟伴随她平静地走完人生最后的一段旅程。

在朱白兰教授逝世五十周年即将到来之际，由林笳教授和彭念慈副教授主编的这本纪念文集通过丰富详实的第一手资料，生动反映了朱白兰教授在中大工作与生活的方方面面，这恰是以往有关朱白兰教授论著涉及不多的内容，为后人了解或者研究相关史实提供扎实的基础。钩深攫微，功德无量。

朱白兰无疑是一位尽职尽责的教授，但在传道、授业、解惑的同时，她更是一位勇于担当、提携青年、充满爱心的长者，这从本文集各位她当年教过的学生的回忆中可以略见一斑。这些学生现都已年过古稀，却依然执弟子礼，白兰教授泉下有知，应会莞尔而笑。作为诗人和作家，朱白兰笔耕不辍，她留下的作品时代特征鲜明，直抒胸臆地表达了她对法西斯主义的鞭挞、对受压迫阶

[①] 当时属奥匈帝国。

层的关怀、对人民正义事业的支持,特别是对中国的热爱,成为近代德语文学一个很有特色的组成部分。本文集收录了她的一些作品、书信以及同行的分析文章,以飨读者。

在去世前的一段时间,朱白兰以巨大的热情投入到毛泽东诗词的德译中。由于她不谙汉语,因此需要请家父章鹏高教授(1957年南京大学德语专业毕业,时任中山大学外语系德语教研室助教)先将毛泽东诗词大意翻译成德语,她再来精雕细琢成文,在这过程中形成的文字资料清晰地展示了朱白兰作为诗人如何处理汉德翻译的思考和技巧,以及国内德语学者在艰辛探索岁月孜孜不息的学术耕耘,有很重要的价值。一直以来,由于种种原因,朱白兰翻译的毛泽东诗词并未公开出版,这次本文集将她的译本与其他相关资料一同公之于世,了却了大家多年的心愿,实乃一大幸事。

本文集的最后部分收录了朱白兰教授与友人在1942年至1969年间的若干通信,时间跨度近30年,对于我们了解大半个世纪前的时代风貌大有裨益。其实这段时间距离现在并不久远,但读起来已恍若隔世,确有必要温故而知新。

1961年夏,朱白兰先生(中)与我们家人等在朱白兰先生寓所(现中山大学南校区西北区523号)门前的合影。右一为家父章鹏高;右二为家母林云,她怀中的婴儿为序言作者本人,左一为祖母孙文琴。

余生虽晚，但仍有幸在童年见过朱白兰教授。当然印象里，大人们从不称她为朱教授或朱老师，而是称她为朱先生，长大懂事以后，才知道"先生"这一尊称的分量。至今我依稀记得朱先生有时到我们家住的"夫妇宿舍"（现中山大学南校区蒲园区650号）找家父谈工作，她从宿舍东边竹林小路疾步走来，一袭浅色衣裙衬着满头银发，在阳光下格外醒目。周围玩耍的小伙伴们调皮地打招呼："朱婆婆好！"她也高兴地挥手，用不标准的普通话回应："你们好！"无意中，这一刻的音容笑貌萦绕不去，成了此后数十年我脑海中的朱先生的定格。

　　朱先生离去时，身无长物，最重要的遗物仅是少量书籍、笔记、稿件等，她是一位纯粹的知识分子。正如歌德所言："Das Betragen ist ein Spiegel, in welchem jeder sein Bild zeigt."（行为是一面镜子，每个人都把自己的形象显现于其中。）抚今追昔，回望朱先生平凡而又不平凡的一生，不由蓦然想到北宋苏轼在他两首《定风波》中写的：

　　　　竹杖芒鞋轻胜马，谁怕？一蓑烟雨任平生。
　　　　试问岭南应不好。却道：此心安处是吾乡。

　　是为序。

章明秋识于康乐园
2020年10月19日

目 录
Contents

第一辑　回忆

朱白兰教授生平简介（附德文原文） …………………… 章鹏高译 2

缅怀朱白兰先生 ………………………………………… 魏家国 9

白兰香飘康乐园
　　——朱白兰先生和中山大学德语专业 ……………… 李忠民 11

春风润物细无声
　　——朱白兰教授授课实录片段 ……………………… 马桂琪 36

我记忆中的朱先生 ……………………………………… 黄海津 93

朱老师仍然活着 ………………………………………… 丁玉合 96

一张"全家福" …………………………………………… 张文森 100

一封难忘的回信（附朱先生回信译文） ………………… 蔡亲福 105

一段特殊的师生缘 ……………………………………… 祝静钿 112

中山大学德语教授朱白兰逝世讣告 …………………………… 120

第二辑　朱白兰研究

钟情于革命的一生（附德文原文）
　　——朱白兰在奥地利、苏联和中国
　　　　　　　　　　　　桑德拉·里希特撰，邱晓翠译 122

朱白兰与民主德国 ……………………………………… 邱晓翠 140

　　附：1980年以来有关介绍和研究朱白兰的德文文献 ……… 160

醒眼看旧梦
　　——从一则书评看朱白兰对中国传统文学的吸收 ··· 陈智威 162
　　　附：关于中国对文化遗产的吸收 ······ 朱白兰撰，陈智威译 176
朱白兰致茅盾的一封信 ············· 黄伟灿 181
家在何处
　　——浅析朱白兰诗中的"家园"概念 ········· 邓然 188
　　　附：诗 Heimatlos（无处为家）及译文 ········ 207
朱白兰的犹太民族意识初探 ············ 林笳 211
中国人民反帝反封建的赞歌
　　——《香港之歌》述评 ············· 林笳 240

第三辑　朱白兰作品选译

燃烧的权利（1841） ············· 林笳译 266
剪纸艺人的复仇（1944/1945） ········· 林笳译 290
新会行
　　——华南地区"大跃进"的一篇报道 ······ 林笳译 307
阿诺尔德·茨威格在新中国 ··········· 唐彤译 317
欧洲的一次反法西斯武装斗争
　　——纪念1943年4月19日事件 ········ 章鹏高译 321
明镜
　　——答一位德国作家 ········· 郭东野译　杨成绪校 326
黑人学者、思想巨人——杜波依斯 ········ 章鹏高译 330

第四辑　朱白兰译毛泽东诗词37首

一部尘封半世纪的毛泽东诗词德译本 ······· 林笳　彭念慈 350
朱白兰译毛泽东诗词37首（德汉对照） ············ 375
章鹏高德译本及翻译笔记 ················· 426
附件
　　附件1.a　中山大学德语专业66届学生和教师《评席克尔译
　　　　　　毛主席诗词37首》 ········· 彭念慈译 467
　　附件1.b　朱白兰《评席克尔译毛主席诗词37首》
　　　　　　··················· 彭念慈译 470
　　附件2　朱白兰致周恩来总理的信（附译文）
　　　　　　······················ 473

附件3　朱白兰致奥地利马列主义党主席施特罗布尔（Franz Strobl）的信（附译文） …………………………………………… 475

　　　附件4　章鹏高致德国犹太人中央委员会主席施皮格尔（Paul Spiegel）的信（附译文） ………………………… 477

　　　附件5　德国犹太人中央委员会法人施皮格尔主席给章鹏高的回信（附译文） ………………………………… 480

第五辑　朱白兰书信选译 ……………………………………… 唐彤译

致格雷戈尔·戈格（Gregor Gog）的信［1］，1942年10月18日
……………………………………………………………………… 484

致格雷戈尔·戈格（Gregor Gog）的信［2］，1943年12月10日
……………………………………………………………………… 486

致曼弗雷德·乔治（Manfred George）的信，1946年10月1日
……………………………………………………………………… 487

致美犹联合救济委员会的信，1948年8月30日 ………… 489

致约瑟夫·卢伊特波尔德（Josef Luitpold）的信，1948年11月17日
……………………………………………………………………… 490

致卡尔·迪茨（Karl Dietz）的信［1］，1950年2月22日 …… 491
致卡尔·迪茨（Karl Dietz）的信［2］，1951年2月5日 …… 493
致卡尔·迪茨（Karl Dietz）的信［3］，1951年12月24日 …… 495
致卡尔·迪茨（Karl Dietz）的信［4］，1952年10月23日 …… 499
致卡尔·迪茨（Karl Dietz）的信［5］，1955年3月5日 …… 502
致卡尔·迪茨（Karl Dietz）的信［6］，1956年4月6日 …… 504
致卡尔·迪茨（Karl Dietz）的信［7］，1957年3月18日 …… 506
致卡尔·迪茨（Karl Dietz）的信［8］，1957年8月21日 …… 510
致卡尔·迪茨（Karl Dietz）的信［9］，1958年6月12日 …… 512
致卡尔·迪茨（Karl Dietz）的信［10］，1958年8月8日 …… 514
致卡尔·迪茨（Karl Dietz）的信［11］，1958年9月5日 …… 518
致卡尔·迪茨（Karl Dietz）的信［12］，1959年7月13日 …… 520
致卡尔·迪茨（Karl Dietz）的信［13］，1959年9月25日 …… 521

致多拉·文切尔（Dora Wentscher）的信［1］，1959年12月20日
……………………………………………………………………… 522

致多拉·文切尔（Dora Wentscher）的信［2］，1960年9月28日
……………………………………………………………………… 525

致多拉·文切尔（Dora Wentscher）的信 [3], 1960 年 12 月 10 日 ………………………………………………………………… 527

致多拉·文切尔（Dora Wentscher）的信 [4], 1961 年 8 月 3 日 …………………………………………………………………… 529

致多拉·文切尔（Dora Wentscher）的信 [5], 1963 年 6 月 30 日 ………………………………………………………………… 531

致克拉拉·魏宁格尔（Clara Weininger）的信 [1], 1965 年 2 月 4 日 …………………………………………………………… 533

致克拉拉·魏宁格尔（Clara Weininger）的信 [2], 1965 年 6 月 4 日 …………………………………………………………… 535

致克拉拉·魏宁格尔（Clara Weininger）的信 [3], 1966 年 10 月 28 日 ………………………………………………………… 536

致克拉拉·魏宁格尔（Clara Weininger）的信 [4], 1968 年 2 月 26 日 ………………………………………………………… 538

致西蒙·魏宁格尔（Simon Weininger）的信 [1], 1965 年 6 月 4 日 …………………………………………………………… 540

致西蒙·魏宁格尔（Simon Weininger）的信 [2], 1969 年 7 月 22 日 …………………………………………………………… 541

关于朱白兰的文献索引 …………………………………………… 542
编后记 ……………………………………………………………… 545

第一辑　回　忆

Klara Blum

朱白兰教授生平简介①（附德文原文）

章鹏高　译

朱白兰（克拉拉·勃鲁姆）教授是我在南京大学念书时（1951—1957）的一位老师，也是她在中山大学工作时（1957—1971）我的一位同事。在这两所学校度过的年月——在这段时间里，她在专业和其他方面给了我许多帮助——使我有可能勾勒一幅关于她的生活和工作的图像，因为她不时对我谈起自己的过去。

她于1904年11月27日生于罗马尼亚小城切诺维茨②。祖父是小贩。父亲变得很富有，已属高龄时同一个比他年轻27岁的妇女结婚，两人都属犹太族。但是这一个共同特点丝毫不能改变朱白兰的母亲在家庭生活中没有权利的实际处境，因此就在父母家里，她已经开始对对立有所体会。由于出身的不同——她作为地主的孩子和同是7岁的农民孩子被不可逾越的鸿沟隔开，这给她留下了痛苦的痕迹。当父亲的专横威胁着她，要把婚事强加于她的时候，她鼓起勇气逃往维也纳，那时她只有19岁。她对生活的期待只不过是决定自己命运的可能性，而这种可能性从何而来，对她来说简直是一个谜。她研究心理学，兼做新闻记者的工作。她获得了新的认识，看出法西斯是文化的死敌。这时适逢苏联举办以反法西斯为题材的征文活动。她的诗作《驯服之歌》③获奖，被邀赴苏旅游两个月。1934年她到达苏联，自此留在那里达11年之久。她继续进行创作活动，间或授课。1938年她同一个从事戏剧工作的中国人结婚（她对他的感情至死不渝，或者说就在辞世以后也长存于她所写的诗中）。度过一段短暂的共同生活以后，他告诉她：由于一项紧急的任务，他必须离开她。从此杳无音讯。第二次世界大战期间，她参加苏联红军的宣传工作。在寻求各国人

---

① 《朱白兰教授生平简介》汉译及德文原文均为章鹏高教授的遗稿，由章明秋教授提供。——编者注。下同。
② 原则上，对遗稿不做改动。切诺维茨的归属，参同本书相关陈述。
③ 林笳编著《中国籍犹太裔女诗人朱白兰生平与作品选》（中山大学出版社2016年版）译作《服从谣》。

民之间的友谊和妇女的自由与平等的年月里,她开始懂得,关键在于马克思列宁主义。在与摆脱希特勒法西斯迫害的德国流亡者,特别是在与约翰尼斯·罗·贝歇尔的交往中,她学习"进行真正有创造性而工作和具体地体验与塑造生活"。在苏联,她出版了五本诗集。她经常为《言词》①和《国际文学》两个杂志写稿。1945年她离开了苏联。

她开始了流浪生活,备尝艰辛,经过罗马尼亚、匈牙利、捷克斯洛伐克、德国、卢森堡和法国,辗转来到中国。1947年她到上海寻找丈夫。她把中国视为第二故乡。在这里她还看到濒于崩溃的蒋介石政权。当人民解放军到北京城下的时候,她动身北上,迎接解放。上海获得新的生命以后,她又回到这座大城市。

还在国民党统治之下,她就开始写作长篇小说《牛郎织女》。1951年,鲁道尔施塔特市的格赖芬出版社出版了这部小说。她先在上海外国语学院任图书馆馆员,后来在同济大学,接着在复旦大学当教授。1952年,她取了一个中国姓名——朱白兰,并申请加入中国国籍(两年后被批准),同年她调往南京大学,五年后(1957年)转来中山大学。作为德语语言文学教授,她用简单、形象的词语,使低年级学生也能听懂复杂、抽象的讲课内容。她受到学生的欢迎。同样地,也由于她感到同她选定的"家乡"紧密地联系在一起,因而给我们留下经久不忘的印象。她从梅花的纤巧和坚强中看到中国人民的特性。她的深挚感情像长虹一样,从她的爱人跨向他的也就是她的国家。她以借助人物和事件向德语读者介绍中国为己任,这成为她从事创作的重要动力。周围人们的友爱情谊尽可能地帮助她解决语言上的困难。

1958年,她从广州来到新会参观,从这个邻县预见到我们国家欣欣向荣的未来。1959年,格赖芬出版社出版了她的中篇小说集《香港之歌》。同年,她应东德作家协会和格赖芬出版社的邀请访问民主德国。也在那一年,她因抗议开除六个作家(共产党人)而退出奥地利笔会。1960年,柏林人民与世界出版社从她在苏联发表的诗集中选出一部分,编为"回答我们"丛刊中的一辑,题为《万里迢迢》②。1963年,她被批准为中国作家协会会员。60年代,她继续发表译诗、文艺通讯、诗歌和其他文章。民主德国《新德意志文学》刊载过她的长篇小说《命运的征服者》的一个片段。

在"文化大革命"期间,她按照自己的认识行事,坦率地陈述意见。她

---

① 张威廉主编《德语文学词典》(上海辞书出版社1991年版)译作《发言》,苏联科学院编,福建师范大学外语系编译室译《德国近代文学史》(人民文学出版社1984年版)译作《言词》。本书后文译作《言论》。
② 又译作《漫长的道路》。

将个人生活最后的一些日子用于进行"反修"的通信和毛主席诗词的翻译。

她病了。学校从各方面给予照顾,从治疗到日常生活以及个人的愿望。她患病八个月,于1971年5月初因肝硬化在中山医学院附属第一医院逝世。在学校领导举行的追悼会上,她在政治上的表现,在创作和教学方面的成就得到大家的一致敬重和肯定。

章鹏高
1978 年 7 月

朱白兰教授谢世已经 18 年,但关于她的一些细节却仍历历如在眼前,而且我仍然抱着这样的愿望——让尽可能多的人了解这些情况,因此我愿意就"朱白兰教授生平简介"进行补充,并就我所知回答关于她生活道路的问题。

我的地址:
中华人民共和国 广州市 中山大学外语系德语教研室
(我应特里尔大学二系的邀请将于 1989 年 10 月初到 1990 年 9 月底在该校工作:德意志联邦共和国,D-5500 特里尔,特里尔大学二系,信箱 3825)

章鹏高
1989 年 8 月 20 日于广州

德文原文：

Biographische Hinweise zu Frau Prof. Dshu Bailan (Klara Blum)

Frau Prof. Dshu Bai-lan (Klara Blum) war eine meiner Lehrerinnen, als ich (1951—1957) an der Universität Nanjing (Nanking) studierte, und eine meiner Kolleginnen, als sie (1957—1971) an der Zhongshan (Sun-Yatsen)-Universität tätig war. Die Jahre an den beiden Lehranstalten, wo sie mir viel half, in fachlicher Hinsicht wie überhaupt, haben es mir ermöglicht, ein Bild von ihrem Leben und Schaffen zu entwerfen. Denn von Zeit zu Zeit erzählte sie mir von sich, als die Rede von ihrer Vergangenheit war.

Sie wurde am 27. November 1904 in Czernowitz, Rumänien geboren. Ihr Großvater war Hausierer. Der Vater wurde sehr reich und heiratete, als er schon betagt war, eine 27 Jahre jüngere Frau. Beide waren jüdischer Nationalität. Diese Gemeinsamkeit änderte jedoch nichts an dem rechtlosen Leben ihrer Mutter in der Ehe. So fing sie schon im Elternhaus an, etwas vom Antagonimus zu erleben. Als siebenjähriges Gutsherrnkind musste sie vom gleichaltrigen Bauernkind unüberbrückbar getrennt werden, durch die Klassenschranke. Da war ihr eine schmerzliche Erinnerung geblieben. Als die Willkür des Vaters ihr eine Heirat aufzuzwingen drohte, faßte sie sich ein Herz und flüchtete nach Wien. Sie war zur damaligen Zeit erst 19 Jahre alt. Was sie vom Leben erwartete, war nichts viel mehr als die Möglichkeit, über ihr eigenes Schicksal zu entscheiden. Wodurch diese Möglichkeit entstehen würde, blieb ihr schlechterdings ein Rätsel. Sie studierte Psychologie und war als Journalistin tätig. Sie gewann neue Erkenntnisse und fand im Faschismus den Todfeind der Kultur. Da veranstaltete die SU ein Preisausschreiben zum Thema des Antifaschismus. Ihre „Ballade vom Gehorsam" wurde mit einem Preis ausgezeichnet in Form einer zweimonatigen Studienreise durch die SU. Sie trat diese entscheidende Reise im Jahre 1934 an. Daraus wurde ein elfjähriger Aufenthalt. Sie übte dort weiter schriftstellerische Tätigkeit aus und erteilte auch zuweilen Unterricht. 1938 heiratete sie einen chinesischen Dramaturgen aus einer Liebe, die bis zu ihrem letzten Atemzug nicht nachließ oder auch nach ihrem Hinscheiden in den Versen fortlebt. Bald darauf teilte er ihr mit, er musste fort wegen einer dringenden Aufgabe. Seitdem war er verschollen. Während des Ⅱ. Weltkrieges machte sie Propagandaarbeit für die rote Armee der SU mit. Die Jahre der Suche nach der Völkerfreundschaft und der Freiheit und Gleichberechtigung der Frau lehrten sie, dass es auf den Marxismus-Leninismus ankommt. Im Verkehr mit deutschen, dem Hitlerfaschismus entkommenen Emigranten, vor allem mit Johannes R. Becher, lernte sie „wirklich schöpferisch arbeiten und konkret erleben und gestalten". In der SU erschienen von ihr fünf Gedichtbändchen in deutscher Sprache. Sie war ständige Mitarbeiterin der Zeitschriften „Das Wort" und „Internationale Literatur". 1945 verliess sie die SU. Nun begann für sie ein mit schwierigsten Umständen verbundenes Wanderleben. Der Weg führte sie über Rumänien, Ungarn, die Tschechoslowakei, Deutschland, Luxemburg und Frankreich nach China. Es war Im Jahre 1947, als sie in Shanghai ankam, um nach ihrem Mann zu suchen. In dem Reich der Mitte sah sie eine zweite Heimat. Sie erlebte hier noch das Tschiang-Kai-schek-Regime, das an den Rand des Zusammenbruchs geraten war. Als die VBA vor den Toren von Beijing (Peking) stand, fuhr sie dorthin, der Befreiung entgegen. Erst nachdem Shanghai zu neuem Leben erwacht war, kehrte sie in diese Grossstadt zurück.

Noch unter der reationären Herrschaft begann sie an ihrem Roman „Der Hirte und die Weberin" zu arbeiten, den 1951 der Greifenverlag zu Rudolstadt veröffentlichte. Sie war zuerst Bibliothekarin am Fremdspracheninstitut Shanghai, dann Professor an der Tongji-Universität und kurz darauf an der Fudan-Universität. 1952 nahm sie den chinesischen Namen Dshu Bai-lan an und reichte ein Gesuch um die chinesische Staatsbürgerschaft ein, die sie zwei Jahre später erhielt. Auch im Jahre 1952 wurde sie als Professor für deutsche Sprache und Literatur an die Universität Nanjing (Nanking) versetzt und fünf Jahre später an die Sun-Yatsen-Universität. Ihre Vorlesungen wurden beifällig aufgenommen. Sie gab auch Studenten der ersten Jahrgänge Aufschluß über Kompliziertes und Abstraktes in einfachen, plastischen Worten. Sie machte auf die chinesischen Studenten eben auch einen bleibenden Eindruck, weil sie sich eng mit ihrer Wahlheimat verbunden fühlte. Sie erkannte in der zarten und starken Winterblume die Eigenarten des chinesischen Volkes, und ihre Liebe wölbte sich wie ein Regenbogen von dem nächsten Mann zu seinen und ihren Heimatgenossen. Sie stellte sich die Aufgabe, die deutsche Leserschaft an Hand verschiedener Figuren und Ereignisse mit China vertraut zu machen. Das stellte eine bedeutsame Triebkraft für ihre literartische Tätigkeit dar. Sprachliche

Schwierigkeiten wurden, wenn es irgend nur möglich war, mit Hilfe der Kollegialität und Freundschaft, die unter den Mitmenschen herrschte, aus dem Weg geräumt.

Im Jahre 1958 fuhr sie von Guangzhou (Kanton) aus nach Xinhui, Provinz Guangdong, wo sie die Zukunft des aufblühenden Landes in der Gegenwart des Nachbarkreises fand und zeigte. 1959 gab der Greifenverlag ihren Novellenband „Das Lied von Hongkong" heraus. Im selben Jahr unternahm sie auf Einladung des Schriftstellerverbandes der DDR und des Greifenverlags eine Reise nach Deutschland und trat aus Protest gegen den Ausschluss von sechs kommunistischen Schriftstellern aus dem österreichischen PEN-Club aus. 1960 wurde beim Verlag Volk und Welt Berlin in der Reihe „Antwortet uns" ein Gedichtbänchen auf Grundlage ihrer in der SU veröffentlichten Versen verlegt, unter dem Titel „Der weite Weg". 1963 wurde sie als Mitglied in den Allchinesischen Schriftstellerverband aufgenommen. Von ihr erschienen in den sechziger Jahren weitere Nachdichtungen, Reportagen, Gedichte und Aufsätze. Ein Auszug aus dem Roman „Schicksalsüberwinder" wurde in einer Nummer der „Neuen Deutschen Literatur" (DDR) veröffentlicht.

In den Jahren „der Proletarischen Kulturrevolution" handelte sie nach ihren eigenen Erkenntnissen und äußerte freimütig ihre Meinung. Die wenigen Stunden, die sie für ihr persönliches Leben übrig hatte, wurden Briefwechsel zu antirevisionistischen Zwecken und Nachdichtungen der Versen von Mao Tsetung gewidmet.

Da erkrankte sie. Die Universität ließ ihr umfassende Fürsorge angedeihen – von der ärztlichen Behandlung über das alltägliche Leben bis zu ihren persönlichen Wünschen. Nach achtmonatigem Leiden war sie Anfang Mai 1971 an Leberverhärtung gestorben, im Krankenhaus Nr. 1, das dem Medizinischen Institut Sun Yatsen, Guangzhou (Kanton) untersteht. Auf der Trauerfeier, die die Universitätsleitung veranstaltete, fand sie allgemeine Achtung und Anerkennung in politischer wie schriftstellerischer Hinsicht und nicht zuletzt auch in der Lehrtätigkeit.

Guangzhou, Juni 1978
ZHANG Penggao

* Es sind seit dem Hinscheiden von Frau Prof. Klara Blum mehr als achtzehn Jahre vergangen. Doch manche Einzelheiten um sie stehen lebhaft vor mir. Und immer noch hege ich den Wunsch, sie möglichst vielen Menschen zugänglich zu machen. So bin ich gern bereit, zu diesen biographischen Hinweisen Ergänzungen zu machen und Fragen über den Lebensweg von Frau Prof. Klara Blum, so gut ich es weiß, zu beantworten.

　　Meine Anschrift:
　　German Section, Foreign Languages Department, Zhongshan (Sun-Yatsen)-University, Guangzhou, People's Republic of China

　　(Auf Einladung des Fachbereichs Ⅱ der Universität Trier werde ich in der Zeit von Anfang Okt. 1989 bis Ende September 1990 dort tätig sein:
　　Universität Trier, Fachbereich Ⅱ, Postfach 3825, D-5500 Trier, Bundesrepublik Deutschland)

Guangzhou, den 20. August 1989
ZHANG Penggao (Unterschrift)
(Prof. ZHANG Penggao)

缅怀朱白兰先生

魏家国

一、挽联

弟子忆从游，一路风尘多教益；
先生去不返，凄凉冷雨泣秋风。

魏家国　1971.8
于粤北九连山下

注：1. 得悉朱先生离世噩耗，时近凉秋。
　　2. 此联结句"悲凉"，因朱先生生前孤身一人，境况凄怆。

二、诗二首

（一）

银发忆慈容，
深情育后人，
传道功德著，
恩泽雨露情。

（二）

　　白兰透芬芳，
　　香飘越海疆，
　　鸿篇抒正气，
　　才思欧亚扬。

魏家国　2020.9.17
于北美多伦多

白兰香飘康乐园
——朱白兰先生和中山大学德语专业

李忠民①

一、落户康乐园

康乐园初夏一日的清晨，风和日丽、气温宜人。从坐落在古樟树荫下的黑石屋中走出一位中年女性。她穿着浅色碎花的布拉吉（俄语音译：连衣裙），肤色洁白、鼻子高隆，眼窝深邃，曲卷的头发已经泛白。虽个头不高，但一看就是外国人。她步下石台阶，走到绿树成荫的校道上，贪婪地呼吸着这里自由的空气，入迷地欣赏着这里如画的美景。她有时会停下脚步，驻足在建筑物旁高大的白兰花树前，动情地仰望着枝头绽开的洁白小花。这是中山大学岁月画面回放到1957年4月中的定格场景。

黑石屋属中大校园内省级文物保护名建筑，坐落在中轴线上、怀士堂（小礼堂）前，是一座中西合璧的红楼。呈曲尺形，拐角处楼高三层，展开的两边楼高两层，在绿荫环绕下，显得错落有致、古朴高雅。黑石屋建于1914年，由美国芝加哥伊沙贝·黑石夫人捐赠，因而得名。最初是岭南学堂（岭南大学前身）的教师宿舍，1927年岭南大学收归国人自办后，成为瘁志于岭南教育、被推举为岭南大学第一任华人校长的钟荣光先生的寓所，时长十年。中山大学从石牌五山迁至岭大旧址后，黑石屋变身为学校最高级的迎宾馆，专门迎接校级贵宾，2003年12月德国总理施罗德任内第五次访华时，就曾在这里小憩。

正在欣赏康乐园迷人景色的外国人是刚从南京大学调来的作家朱白兰（Klara Blum）教授。Klara Blum 是犹太人，1904年出生于当时与奥地利接壤的罗马尼亚的一个边陲小镇。父亲放贷、经商，个性粗暴、贪婪。母亲是个女

---

① 中山大学德语专业1961级学生。

权主义者，因家道中落，嫁给了比自己大 27 岁的老财主。朱教授曾在诗中描述，她是"狐狸和夜莺的产物"。她 8 岁时，父母离异。复杂的家庭环境锻造出她一生追求正义的秉性和敏锐的诗人气质。她从小接受德语教育，高中刚毕业，就开始在《维也纳晨报》发表诗作。1933 年，她的反法西斯题材的诗歌在国际革命作家联盟举办的赛事中获奖，受邀到苏联体验生活。在那里她认识了中国左翼戏剧家联盟创始人之一的朱穰丞，共同的理想、共同的爱好、共同的追求让他们从相知到相恋，最终于 1938 年在一起。可惜，这段恋情才经历四个月，朱便在一次执行地下工作的任务中，被克格勃错当成日本特务秘密抓捕，从此音讯全无。朱白兰为"寻夫"，不远万里踏上她所说的"回乡之路"，历尽艰辛，花了两年的时间，来到朱的故乡——上海，继续谱写自己"洋孟姜女"的传奇人生。新中国成立后，在朱穰丞旧友的帮助下，"烈士家属"终被承认，她改姓朱，并兼顾自己姓氏的音译和喜爱取名"白兰"，加入中国国籍，从此告别了颠沛流离、朝不保夕的困境，有了稳定的生活和工作。调来广州前，她在南京大学执教。

图 1-1　批准朱白兰加入中国国籍的证明书。图片由 Andrian Hsia（夏瑞春）拍摄，刊于 1990 年 1 月 5 日的德国时代周报（*Die Zeit*）。

南京大学历史悠久，拥有金陵大学留下的一片古色古香的校舍，但那些建筑均为青砖灰瓦，造型对称、布局严谨，再加上顶脊高耸、出檐稳重、窗小进深，清楚地呈现出一派北方官府大院的建筑风格，连攀缘在主楼墙上充满生机的爬墙虎，都无法冲淡这里透出的浓浓官味。而中山大学地处岭南，在这里，绿草如茵、竹木葱茏，中西结合的古建筑，红墙绿瓦、窗大通亮、外形各异，有序却不刻板地散落在鸟语花香、层林叠翠的妙境中，处处显出勃勃生机，让人心旷神怡。是的，这正是朱先生此刻的心情——在南大工作近五年，她与当时东德官派的外教合不来。按学生们的说法，此君水平一般，教学不上心，却懂得玩弄阴招、趋炎附势，与朱先生渊博学识、敬业精神和磊落刚直的性格形成鲜明的对照。他依仗自己有东德政府官派的正统地位，打压朱先生。更有甚者，不时有意无意流露出反犹情绪，挑战朱先生的尊严。朱先生虽然反映过多次，但都没能得到校、系领导的理解和支持，她感到无助与失望。听说中山大学要创办德语专业，她便主动请缨，要求调到这里。在南国的第一学府，将要创办的德国语言文学专业，正是自己的强项，她自然能有所作为，可以为自己所归属又热爱的国家做出更大的贡献。就像和自己同名的白兰花一样，生长在适合自己的南国，虽朴实无华，却能散发出无比宜人的芬芳，加上长达五个月花期的辛勤付出，谁不欣赏和赞美?!想到这里，朱先生心情格外舒畅，兴致勃勃地顺着校园的中轴线步向开阔的珠江河畔，一边欣赏醉人的景色，一边憧憬美好的将来。

经教育部批准，朱先生调入中大。学校计划安排她入住模范村（Permanent Model Village），这是岭南大学 1915—1930 年通过校友捐赠和学校拨款，本着"钱少花、居舒适"的原则，为中西教师而建的一小群示范性住宅，先后一共落成 14 栋（最西南面的一栋已于 30 多年前因建研究生饭堂（现学一饭堂）被拆除，现存 13 栋。近期已全部翻新，作为市级文物保护）。这些别墅式的建筑保持中国红砖绿瓦的风格，又糅合了西式的建筑元素。多为两层山形屋顶，外带东、西露台，内装西式壁炉；上层书房、卧室，下层会客室、饭厅、厨卫及储藏间；周边可以种植花草、果蔬，花费不多却十分宜居。后来，特别是中大的迁入（与领南大学合并后，迁至康乐园），教师人数不断增加，这些小楼大都经过无伤大雅的改、扩建，不再为一家拥有，但楼上仍安排有名望的教授入住。朱先生的寓所在原屋村第四栋（原西南区 10 号，现西北区 523 号）楼上，建筑面积约为 140 平方米，这是一座绿树翳窗的小红楼（图 1-2）。后勤部门在朱先生调入后正抓紧进行内部清扫和粉刷，收拾妥当前，学校安排她暂时在黑石屋入住。

图1-2 朱先生故居。中山大学南校园模范村西北区523号（原屋村第四栋、西南区10号）楼上。

我们国家虽然从1955年起全面撤销了供给制，改行薪给制，但教师家具等还是由学校配置的。给朱先生的大多也是经学校的木工厂做过翻修的简单、实用的旧家具，有所不同的只是多了一张适合岭南天气的新藤椅和两张用于会客的岭南大学旧沙发。

朱先生的饮食起居由一位从南京跟来的保姆照料，保姆单身，带一女儿（于1963年考入中大，成为德语专业学生），与朱先生同住。这位保姆一直陪伴朱先生到女儿"文革"期间毕业离校。朱先生在南大的教学和创作事务，由一位英语专业夏姓学生协助处理，这位学生作为朱先生的私人秘书多年，关系密切，被视作干女儿。先生不但对其家人时有帮助，还曾在预写的遗嘱中指定她为其文学作品的继承人。但夏同学毕业后结婚，与丈夫在上海生活，最终没能跟随朱先生到广州。在中大接替这项工作的是南大毕业的德语高才生章鹏高老师。他还是由于朱先生的"钦点"，硬生生从已经报到的新单位——上海新文艺出版社（现上海译文出版社）拦截过来的。为方便工作，朱先生还特意托熟人在德国给他买了最权威的 DUDEN 词典。

二、筹办德语专业

新中国成立初期，1952年全国高校进行了大调整，学院制也改为学系制。中大的工、农、医学院分别独立出去，文理部分优势学系及地质专业也合并到其他院校。瘦身调整后的中大只设中文系、历史系、西语系、数学系、物理系、化学系、生物系和地理系。

西语系设英、俄、法、德四个语种，但长年招生的只有英语专业。由于中苏关系1956年后逐年恶化，1960年俄语专业停止招生。1957年法语专业开始招生，同年筹办德语专业。朱先生虽然通晓俄、英、法语，但汉语确实达不到交流的水平，学校便指派了张仲绎教授为德语专业筹备组的组长，负责筹建德语专业的具体工作。

张教授系广东大埔人，少年时跟随父亲在印尼谋生，目睹荷兰殖民统治者对华人的欺凌，期盼用法律捍卫公平，他不顾家人反对，16岁毅然回国求学，在旧中大完成预科后，升入法学院。毕业留校任教的他，深感民国法律虽然来自欧洲的大陆法系，但是远不如德国法律体系完备，便奔赴德国，专攻德国法律。先在柏林大学学习语言，后在马尔堡大学取得法学博士学位，回国后曾在重庆中央政治大学执教刑法多年，之后又辗转回到母校法学院当教授。新中国成立前曾当过广东省参议员，短期出任过民国政府湛江市市长。张教授是爱国民主人士，当过中大民革支部主委、省政协委员，有一定的行政工作经验和组织能力。他虽然工作积极、任劳任怨，但毕竟"历史问题复杂"，受命时，正在学校总务处上班，负责清查仪器和图书购买工作。

朱先生虽是犹太人，但已于1954年加入中国国籍，并在两年后成为中国作家协会会员。朱先生主要用德语从事写作，发表过诗歌五集，中、长篇小说三部以及大量的报道评论。这些作品大多是以中国社会的发展、进步为题材，历史跨度长达近百年。1959年，她还受东德出版社邀请，去东柏林出席过中华人民共和国和民主德国建交十周年的庆典。朱先生在文学上的造诣，自然使她成为中山大学西语系德语专业的业务"台柱"、学术灵魂。不久，她也被学校任命为学术委员会（社会科学）委员及系务委员会委员。

差不多同时加盟德语教研室的还有两位老先生，一位是黄震廷教授，名人后裔，父亲黄嵩龄，康有为的学生，花翎三品，曾任清政府邮传部主事（交通部部长），主持过粤汉铁路的修建。黄教授受其开明的父亲的影响，立志强国，16岁便只身远赴德国留学，就读柏林大学，攻读政治经济。学成回国后，也曾在旧中大任教。抗日战争爆发后，一心救国的他毅然弃笔从戎，曾先后担任过李宗仁、李济深和白崇禧的秘书，后在国军第四补给区任副总库长，享少将薪俸。抗战胜利后，他反对中国人打中国人的内战，毫不犹疑脱下戎装，远离军界，回到广州中德中学（现广州市第十五中学）从事教育工作。黄教授终生未娶，视学生为亲人，谁有困难都乐于帮助。记得我们班有位调干生，家境贫困，1964年其父亲过世时，黄教授得知情况，便主动不留姓名从邮局寄去十块钱（当时差不多是一个人一个月的生活费），帮助该生处理后事，此事被传为美谈。

黄教授一心扑在工作上，认真负责，基础教学一流，对德语语音颇有研究，发音非常标准，为我们几个年级学生的德语学习打下了良好的基础。他写过《中德音素对照》一书，可惜未能出版。

另一位是张苏奎教授，他早年就读于梅州乐育中学，系当时全国由德、瑞传教士任校长，除国文外各科采用德语教学的四所寄宿学校之一。他信奉军人救国，16岁一毕业就赴欧留德学军事，在巴伐利亚战争学院主修骑兵专业。学成回国后进入军界。曾参加远征军，入缅对日作战，官阶至少将。新中国成立前夕参与以第四军军长、北伐、抗日名将吴奇伟为首的八名国民党官员、将领在粤东归顺起义，共同发表《我们的宣言》，受过毛泽东主席和朱德总司令的肯定和表彰。传闻"文革"初期，张教授因曾是国民党军事干部而被抄家，当红卫兵从箱子里翻出毛泽东表彰的手稿影印件时，不禁面面相觑，只好草草结束这次"革命"行动，怏然离去。

张教授的德语张嘴就来，口语特别好。他与朱先生的交情颇深，朱先生的中篇小说《香港之歌》选用了广东音乐名曲《步步高》作为海员工人大罢工的战斗歌曲，就是请他把简谱转换成五线谱的。还有一次，张教授准备关于德国诗歌和民谣的专题报告，朱先生不但通过民主德国出版社为他收集资料，还把一本散发着油墨香味的新出诗集送到他手里。书中不但收集有张教授专题报告所需要的歌德诗作，还有朱先生写于1939年，歌颂武汉保卫战中军民英勇抗战的叙事诗《保卫者》，不难看出，朱先生在雪中送炭之余，还想借此表达自己对这位抗日将领的敬意。

除了上述两位老先生外，在朱先生的建议和遴选下，由系报准后，又从南京大学调入两位应届毕业生——章鹏高、汪久祥老师，他们都是朱先生的得意门生。

西语系还决定，从英语专业抽调一名骨干教师和一名留校学生分别到北京外国语学院（下简称"北外"）和上海外国语学院（下简称"上外"），一边进修德语，一边学习他人的教学经验，学成后充实教研室的力量。

1958年筹备结束，德语专业正式开始挂牌招生。但因师资略显不足，1959年停招。后来又接收南大一位新毕业生，两位派外进修的老师也先后回校任教，在上外进修回来的张佳珏老师还担任教研室副主任，教研室的力量得到进一步充实，1960年开始一直正常招生。其间，又从北外等单位调入四位老师，加上自己培养的58级和60级各两位留校学生，教师人数增至17名（图1-3）。当时的师资队伍可谓人强马壮，不但教学力量充足，科研力量也很强，1963年集体完成《简明德汉词典》的编写，并由商务印书馆出版，成为新中国成立后我国出版的第一本德汉词典，也是那个年代德语学生的首选工具书。朱先生从中起到科研项目"定音锤"和培养、提高青年教师业务水平的关键作用。

图1-3 朱先生及德语教研室"元老"与58级、60级以及61级学生合影。前排从左到右分别为汪久祥、张仲绛、朱白兰、张苏奎、黄震廷老师。

德语专业开始招生时，每班学生为15人。从1964年开始扩招为两个班，每班人数增加到20人。到1965年新生入学后，在读学生共有5个年级7个班，学生人数达到113人，应该是我们专业复办前历史上最为辉煌的时刻。

1966年，"无产阶级文化大革命"爆发，结束了中大德语专业大展拳脚的美梦。"文革"后期，外语系被一纸命令撤销，四个专业除留下个别老师外，几乎全部老师和图书资料都合并到广州外国语学院（现广东外语外贸大学）。德语专业当时除朱先生外，只留下章鹏高老师一人，直至1979年教师队伍重组后才重新复办招生。

三、当年的大学生活

笔者于1961年考入中山大学外国语言文学系。但在西校门门柱上仍挂着"中山大学西方语言文学系"牌子，可能是节省开支吧，一直没换。直到"文革"爆发后，因"西方"两个字不合时宜，才被拆除。

入学时，德语专业上面有两个年级，即58级和60级。1964年年初，国家教委根据外事工作对外语水平的要求，对专业学制进行改革，从我们这个年级开始外语学制升格为五年。我们班成为五年制德语专业的第一届毕业生。毕业前夕正遭遇"文革"，在中大整整待了六年多才离开学校，走上新的工作岗位（当时因分配方案不足，有个别同学没有单位，被安排到广东的部队农场接受再教育）。随着中大外语系合并到广州外国语学院（今广东外语外贸大学），我们也就成了朱先生执教生涯中最后的一班学生，也是她上课时间最长的一班学生。

1961年，国家还处在经济困难时期。粮食是定量供应的，肉蛋等副食品匮乏，供应也凭票限量。按这种定量标准，女同学还能勉强吃饱，但营养还是不足的；大块头男生就得小心计算每餐的饭量，避免到月底肚子饥饿难忍。当时的食堂没有菜式选择，炒熟的瓜菜都倒进一个大木盆，大家拿着自己的饭盒，排队交票领取，每人一勺。如果能在菜中寻得哪怕是一小片肥肉，今天就算走运了。我们进校时，因为担心学生的体能，不设体育课。属于西区的小足球场（现蒲园区小公园，名西聚园）和西区宿舍前的大片空地（现附中）都种上了番薯。一年后恢复体育课，也只是耍耍太极拳。与此形成强烈对照的是，全系的周末舞会却办得有声有色，雨天在食堂里把饭桌靠边一推，晴天在篮球场上打上两盏汽灯，乐此不疲。原因是：大家都认为，交谊舞应该是外语系学生的必修课，从事外事工作不会跳舞怎么成?!个别男同学有时甚至还抱着凳子在宿舍苦练呢！到1963年，国家经济情况开始好转，体育课和各项运动恢复正常，那股跳舞热潮也就慢慢消退了，晚饭前一个小时锻炼身体的学生越来越多。朱先生不爱跳舞，也不爱运动。偶尔走过，看见在路边打羽毛球的我们，也会停下来一两分钟，嘴里喃喃地说："真好，运动，真好。可惜……"很快就离开忙自己的事了。

当时条件虽然艰苦，但比学跳舞热情更高的还是专业学习。只要老天不刮风下雨，天一亮，小道上、鱼塘边，到处书声琅琅，有点零碎时间，就会学唱德国民歌或黄震廷老师翻译的红歌，如《学习雷锋好榜样》等，借此多掌握一些德语单词和表达。一吃完晚饭，便赶到西区图书馆占位子，因为晚一点图书馆就没有空位了。

当年的大学生是国家按计划培养的，与现在的区别最明显体现在三点上：一是不用交学费，也没有教材费、讲义费一说。当然，做功课的本子，自己想要的参考书、词典等还是要自己掏钱买的。二是有助学金，除师范学院学生由国家全包外，其他院校的学生可根据自己家庭经济的实际情况，提出等级不同的申请。我们入学的第一年，每月伙食费为9元。助学金分三个等级，分别为6、9、12元。除了家境较好的学生外，都可以申请。真正的农家子弟是可以拿到12元助学金的，因为就算是每月定量供应的半块肥皂也要钱买啊！后来，国家担心大学生的营养，伙食费做过两次调整，一年后调至12.5元，三年后调到15元，助学金自然也随着水涨船高。三是一毕业就是干部（类似现在的公务员），包括在企业单位工作。毕业分配由国家根据建设需要，统一制定方案进行。学生可视自己的能力和条件从方案中挑选。发生冲突时，由系团委和政治辅导员协调解决。毕业生一年后，如无重大错误，均可转正为干部22级，以后的晋升就看各自的修行了。

国家要求大学生做到"又红又专"，即思想和业务都要过硬。因此，每年都有一个月时间的劳动安排，以便培养学生对劳动人民的感情，不脱离群众。劳动都安排在农忙时节，下乡进行，参加抢种或抢收。与农民同吃、同住、同劳动（"三同"）。这种劳动是十分艰苦的，大多数同学都抱着锻炼、改造自己的态度，学会了插秧、割稻等农活。特别是城市来的学生，双手大都经历过从打血泡到起茧的过程，右肩也因为不断地挑、抬，明显地比左肩多出一块"肌肉"。连平时见到虫子就会尖声大叫的女同学，在插秧时被蚂蟥咬住，也是一声不吭，照老农教的办法，往手上吐一口唾沫，按住蚂蟥轻轻一揉，待它自动脱落后再拿到田埂上晒死。学生的真情也感动了他们的三同户，建立起真正的友谊，我们的德五班和德四班直至今天还有人和原来的三同户保持来往。

我们进校的第一个月就被安排劳动，因为怕学生营养跟不上，不能胜任艰苦的农活，只安排在大果园一般的校内为园林科采摘果实。现在的外国语学院及其周边原来是一大片栗树林，我们的工作是用长竹竿把外壳像小刺猬一般的栗子捅下，再收集起来，上交园林科。大家戴上大竹帽，穿上长袖衣服，做足保护，以防被一身小刺的栗果掉下砸中身体。其他系的学生有给足球场上种植的番薯苗培土、除草的，有到处割草喂养校内七八个鱼塘里的鱼的，有预防蒋介石反攻大陆在校内深挖防空洞的，林林总总。

当年的学生，尤其是文科学生，因毕业后多从事与意识形态有关的工作，到高年级，如果遇上大的政治运动，也会利用劳动时间，甚至在劳动结束后，以工作队员的身份到农村、基层参加运动，以便加深对党和国家方针政策的理解，提高自己的政策水平和管理能力。我们和62级同学及系里的部分老师就在1965年，与省市机关、企业干部和驻穗部队指战员一起混编成工作队，以"三同"的形式参加过当时在全国农村开展的"社会主义教育运动"（俗称"大四清"），时间长达五个月。这还是因为外语专业的学生不能中断学习时间太长，文、史、哲学生都坚持到运动结束。

在这次外语系师生参加"大四清"的出征动员大会上，朱先生还慷慨激昂地朗诵了自己的诗作，为大家打气。运动期间，她又向学校提出申请，要到我们所在的钟落潭公社龙岗和钟白两个大队探望大家及了解运动的开展情况。只是因为有一副外国人的面孔，最终未能获得省外办的批准，无法成行。

四、课堂教学

我们正式开始上课后，因为上面有两个班，朱先生的课比较多，没有给我们班排课。我们的课主要是由黄震廷教授和其他老师负责的。到二年级，上面一个班毕业后，朱先生才给我们上一点口语课。

听力是她选定材料，然后我们自己安排时间听。当时的听力材料很匮乏，随时可听的只有一套"灵格风"。中央台的德语广播只在凌晨两点播出，系里只能不定期安排语音室的工作人员半夜转录，但毕竟还是缺少多样性。为增加一些内容，朱先生常常自己为多个年级录音，虽是分外工作，但为了学生的学习，她总是不辞劳苦，有求必应。

以后的三、四、五年级，她主要是给我们上文学选读和精读课。

朱先生与学生亲密无间，教学态度认真，一丝不苟。讲解循循善诱，非常耐心。学生有一点进步她就夸奖，所以我们从来没有感到过有压力。她的授课深入浅出，可能是因为她自己觉得学中文不易，堂上多使用常用词汇，保证学生听懂理解。遇上担心学生感到疑难的词语，不等学生发问，便立刻板书。她板书时，手臂上松弛的肌肉下垂，来回摆动，但写出的字体却直上直下，苍劲有力，令人惊讶和叹服，一些学生也因此模仿她直上直下的书法。授课时，她投入、认真（图1-4）。给我留下最深刻的印象是，每当讲到诗词时，在把内容讲解清楚后，她就会激情四射地朗诵起来，角色的投入、感情的流露、双眼的传神，都会让你久久不能忘怀。那认真的程度，一点都不亚于1962年春天她在南方戏院广州花城音乐会诗歌朗诵专场上的公开表演。

朱先生对教学效果的追求，不只停留在声情并茂的讲解上。为让学生更好地理解和掌握，还常常使用各种教具。虽然住处离课室有一段距离，她仍不辞劳苦，不时肩上挎一个米色布包来上课，里面装着这两堂课有关的书籍、资料或图片等，生怕她的讲解不足以给我们留下深刻的印象（图1-4隐约能看出她手拿两三本相关的书籍）。遇上教具不理想，她还会想方设法加以改进。经常用到的德国地图，因为国内只有中文版，地名都采用生硬的音译，对德语学生不但难记，还百思不得要领。于是她又求助东德的出版社，寄去尺寸，请求帮忙买来一张德文版的地图，方便学生记忆。对照"鲁道尔施塔特"和"Rudolstadt",我们都笑了。她的良苦用心,让我们人人叹服。而她为教学工作在德国买的所有东西都是用她自己的稿费支付的!

图1-4　朱先生在课堂上提问我们班殷麦良同学

此外,她在选用教材时也很用心思。除了一些提高学生文化素质和写作水平的经典文学著作,如歌德的《少年维特之烦恼》、席勒的《阴谋与爱情》等外,她还怕我们所学的词汇和社会现实有些距离,观念受到影响,常会有意增加一些马、恩、列、毛的书信或作品。有时甚至还结合时势,从当时唯一上架的国外期刊——奥地利马克思列宁主义刊物《红旗》中选取一些符合国情的文章。遇上好的翻译材料,也会即时引进课堂。记得当时为配合"反帝反修",提倡解放思想,发扬大无畏精神,何其芳编了《不怕鬼的故事》,德译本一出,她就选了好几篇给我们做教材,在课堂上还让我们扮演故事中的人、鬼角色,现学现演,既活跃了课堂气氛,也加深了我们对德语表达的掌握。

朱先生的认真和严谨还体现在时间观念上,她有典型德国人的守时习惯,上课从不迟到,也不拖堂,认为那样是"剥削"了学生的时间。同样,她也要求学生干什么都要准时,不要打乱别人的计划安排。记得有一次她约我们到家里答疑,我们晚到了两分多钟,开门的不是往常的她,而是保姆。她靠坐在大书桌后面的藤椅上,只是欠了欠身,脸上流露出少许愠色。因为以前没见过这种情况,我们有些意外,整个答疑都是在严肃的气氛中进行,不像平常有时有些说笑。事后她给我解释:"你们早来一分钟,就会打乱我的安排,因为我的事情差一点才做完。你们晚来一分钟,就浪费了我的时间,因为那时间是计划给你们的,但你们没来。鲁迅先生也说过,浪费别人的时间就等于谋财害命。"从此,我明白了,守时也是尊重别人的最起码的品德。

五、排练话剧

朱先生特别支持我们开展专业相关的课外活动。记得上大三时,国家逐步摆脱经济困难的境况,号召知识青年到祖国需要的边疆和农村去,加快经济建设。当时陈耘、徐景贤推出了主流话剧《年轻的一代》,影响很大,后来还两次被翻拍成电影。讲述的故事是上海地质学院的毕业生肖继业和林育生,响应祖国号召,去青藏高原的地质队工作。后来林育生因为受不了野外生活的艰苦,跑回上海,伪造疾病证明,托病不归;肖继业专心工作,发现了新矿藏,利用回上海参与地质报告审批答辩的机会,与林育生养父一道对林进行教育帮助,使他认识到自己的错误,回心转意,带上刚毕业的女友与肖一起高高兴兴地登上返回青海的列车。其中林育生思想转变的一场是重头戏。我们班决定在一年一度的专业晚会上表演这一场戏,在征求朱先生的意见时,她马上赞同。第二天上课,她就把我们班同学分成五个小组,把那场戏的台词分成五份,一组负责一部分,共同讨论翻译,由一人记录结果。译完后,由执笔者朗读,大家再作补充,最后由她作点评和修改。几节课下来,这场凝结集体智慧的翻译剧本就大功告成了。

那场戏的角色有林育生、肖继业、林的养父、林的妹妹和林的女朋友五人。我有幸被选中饰演台词最多的林育生。担任其他角色的同学和我一样,都很重视,每天都利用早读时间背诵台词,做到滚瓜烂熟。

其间,我们合练过几次,朱先生总把这件事挂在心上,每回排练后,第二天就会在课间问我进展情况,听到我说顺利时,才放心点头。

让全班同学验收的最后一次彩排安排在一天的晚上7:30,外语系二楼的一间课室进行。朱先生说8:00来看看,不到8:00,没有担任角色的同学就发现她在下面的小路上,来回踱步。一位同学以为她不知道在哪间课室进行,便跑下去接她,得到的解释却是:"还没有到8:00,怕打乱了你们的安排。"

等朱先生坐下,我们又重新开始。说实在,大家的台词不仅倒背如流,语音语调也能配合剧情,应该可以过关了。戏一演完,大家都在等着她的肯定。沉默一会儿,朱先生开口了:"不行,林父遗信的纸太新,上面还没有字。"结果,我们在正式演出时用的信纸,是一位家长在广州古籍书店工作的同学提供后又加工的。

　　按照当时的条件，专业晚会只在外语系的一间大课室进行，没有任何装饰布置。大课室黑板前有一块略高出地面的水泥平台，是教师讲课的地方。把讲坛一搬开，学生座椅往后一拉，那里就成戏台了。我们演得非常认真，角色处理也挺到位。林育生养父为教育儿子，不得不将其身世公开，向他交出了其亲生父母为革命英勇就义前留给他的绝笔信，信中殷切期望儿子能继承革命遗志，为祖国和人民贡献一生。当我用颤抖的手拿着那张发黄又带点血迹的纸，哽咽地读出那封长信时，大课室里鸦雀无声，异常寂静。戏一演完，坐在"观众席"中的朱先生第一个站起来鼓掌，给我们鼓励与肯定。后来上课，朱先生对三个关键角色逐一点评后赞扬说："你们演得很逼真，教育效果保住了。"看来朱先生不光是推崇这种学以致用的形式，也很重视剧情的思想内涵。

　　在闭关锁国的当时，没有什么机会与德国人接触，这种方式既能检验和加强我们的所学，也能提高我们的实践能力。至于现在每届学生都有的实习机会，那时实在是少之又少。直到五年级下学期，碰巧市公安局要借用两个学生，协助审查在兰州援建化工项目后即将从广州离境的两位德国专家，怕他们利用工作之便，收集我国西北原子弹试验场的试验数据，携带出境。系里指派我和另外一位同学参加，这成了我们这几届学生唯一的一次实习机会。

六、慷慨捐款

　　朱先生对人和蔼、热情，从来不摆大教授的架子。就算在路上碰到向她注目的小孩，她也打招呼；知道她的叫一声"朱奶奶"，就会让她久久合不拢嘴。朱先生还极富爱心，对有困难需要帮助的人，总爱伸出慷慨的援助之手，甚至在临终前也不忘吩咐给新来的保姆留点钱和物。

　　听说朱先生是二级教授，据她到中大前的1956年资料，全校一级教授只有3人，二级教授也不过14人。饮誉中外的古文字学家、书法家商承祚教授；大器晚成，却在研究路径上敢与陈寅恪大师叫板的岑仲勉教授；毕业于我们专业，现网上足球、网球解说名人詹俊的祖父——江南才子、一代词宗詹安泰教授等知名人士也只是二级。

　　朱先生的工资很高，每月超过300元，再加上她的稿费收入，生活的富裕程度可想而知。与从南京带来的住家保姆一起生活，所花费用也很低。朱先生本人生活简单、衣着朴素。热天多是浅花布拉吉，冷天是深蓝色的列宁装，很容易让人联想到那是以前在苏联时就穿过的衣服。饮食上，除了因为"胃还没有中国化"几乎每餐必吃的马铃薯外，几乎没有什么特别的需求。

出于自己的理想和信念，她把剩下的钱大多用于捐献。记得五年级时，不知道因为我是班长还是她知道我家住沙面，课间时她在走廊直接对我说，下午没课，陪她一起到沙面，去两个地方：波兰和越南驻广州的领事馆。她没有叫学校派车，让我两点钟在宿舍的路边等她，一起坐公交车去。

那个年代，只有三四个国家在广州设有领事馆，都集中在沙面。苏联领事馆设在一入东桥，大街右边的第一座大红楼；波兰领事馆位于一入西桥，北街的右侧，第二栋黄色小院；越南领事馆最大，在沙面教堂东侧的路边，现白天鹅宾馆的斜对面，横跨沙面大街和南街，是一处古樟荫翳的大院，一座亚热带西式大别墅坐落在大院的东北角，绿葵簇拥，环境清静幽雅。越南领事馆之大之美，足以体现出当时中越两国同志加兄弟的关系。据说常有越南高官来此公干，连胡志明主席也曾下榻于此。

一路上朱先生向我解释，因为国内银行没有外币业务，她想通过波兰领事馆兑换外币并帮助转交，要给奥地利马列主义刊物《红旗》捐点钱，他们办的期刊读者有限，财务有些困难。她不想去苏联领事馆，是因为当时中央已经以《人民日报》和《红旗》编辑部的名义相继发表了9篇评论，把苏共定性为修正主义。她不再信任他们了，只好到波兰领事馆试试。而到越南领事馆是因为美国蓄意炮制出北部湾事件以入侵越南领海，之后又出动空军轰炸越南北部领土，实施"饱和轰炸"和"焦土政策"，直接对越南北部发动战争，中国政府和人民决定在财力、物力和人力上全面支援越南人民的反美救国斗争，作为中国人，她也要尽一点微薄之力。

事实上，这只不过是朱先生众多大额捐款中的一次。以前就听说，她常常为社会募捐尽力。最令人难忘的一次是抗美援朝时，国家号召捐款支援前线，正逢她耗费了几年时间、在极其艰苦的条件下完成的自传体长篇小说《牛郎织女》在民主德国出版，为响应号召，她毫不犹豫就决定把稿费捐出。但由于当时外汇兑换要上报审批，手续烦琐，耗时日长，她心急如焚。为了能尽快向为保家卫国而正在浴血奋战的志愿军将士表达自己的心意，她立刻着手联系在民主德国的援朝委员会，并通知出版社，直接把自己都还没见到的稿费全数划入当地援朝委员会的账户（图1-5）。

来到波兰领事馆，当时的领事馆都没有警卫，两扇两米多高的银灰色铁门遮挡着外面的视线，我按了一下门铃，一扇门上打开了一个小方孔，露出一张中国人的脸庞。我凑上前去说明来意，他叫我们先等等。隔了一会那扇门开了，让我们进去后又关上，不大的小院有些花草，我们向建筑物才走几步，就

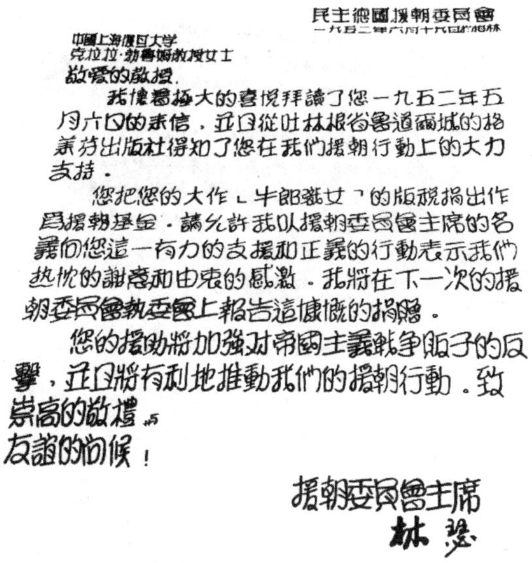
民主德國援朝委員會
一九五二年六月十六日於柏林

中國上海復旦大學
克拉拉·勃魯姆教授女士
敬愛的教授，

我懷著極大的喜悅拜讀了您一九五二年五月六日的來信，並且從吐林根省魯道爾城的格萊芬出版社得知了您在我們援朝行動上的大力支持。

您把您的大作「牛郎織女」的版稅捐出作爲援朝基金。請允許我以援朝委員會主席的名義向您這一有力的支援和正義的行動表示我們熱忱的謝意和由衷的感激。我將在下一次的援朝委員會執委會上報告這慷慨的捐贈。

您的援助將加強對帝國主義戰爭販子的反擊，並且將有利地推動我們的援朝行動。致崇高的敬禮與友誼的問候！

援朝委員會主席
林瑟

图1－5　当年民主德国援朝委员会主席的感谢信（珍藏于德国文学档案馆）

迎来一位五十开外的波兰人，朱先生用俄语打招呼，对方用流利的俄语作答，没我的事。因为中学学过三年俄语，捡了几个单词，再看他们的表情，便知道人家不想帮这个忙，都没进会客室就让我们离开了。

在越南领事馆，朱先生受到了热情的接待。接到通报后，副领事亲自来到大院门口，带我们穿过葵丛，来到宽敞的会客大厅。这回倒是我的广州话派上了用场——副领事的白话比普通话要好得多。朱先生一坐下，就先向正在浴血奋战的越南人民表示致敬，然后对美帝国主义的无耻和残暴进行谴责，她坚信越南人民最后一定会取得胜利，朝鲜战争就是一个例子。副领事频频点头，很少插话。最后朱先生表示自己是中国人，也要响应政府号召，用实际行动为越南人民的抗美救国斗争尽一点力。越南同志表示由衷感谢后，朱先生从手提袋里掏出两个大信封，副领事接过，张开信封口看了一眼，就递给旁边那位续茶的年轻人，用越南语对她交代了几句后，就请我们稍等一下，要给朱先生开个收据。之后的话题多是他谈越南抗美战争的困难和对中国政府和人民无私援助的感谢。约十分钟后，那位年轻人就送来一字条，副领事接过后交到朱先生手里，并连声表示感谢。朱先生没有细看就把字条放进包里，站起身告辞，副领事客气地将我们一直送出大院门口。大概过了半个月，领事阮文爵从越南述职回来后得知此事，还专门给朱先生写了一封感谢信，对她“亲自送来人民币607元”的“深情厚义”，给越南人民抗美救国斗争的“宝贵支援”，表示“真诚的感谢”（图1－6）。

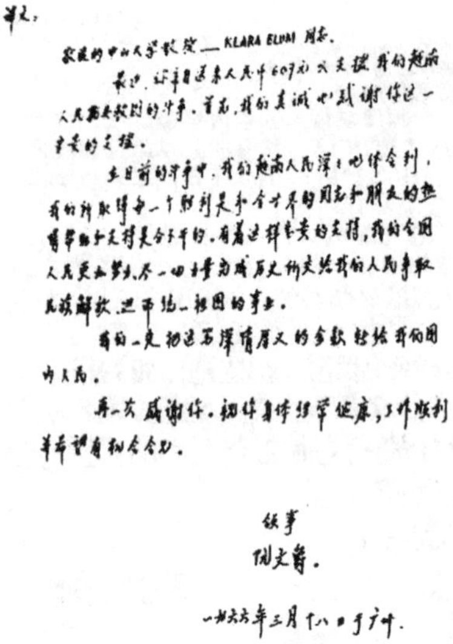

朱白兰在中山大学
——纪念朱白兰先生逝世五十周年

图1-6 越南驻广州领事馆领事阮文爵述职回来后给朱先生写的感谢信译件（珍藏于德国文学档案馆）

七、"文革"岁月

  1966年5月，离我们应该毕业离校不到两个月，随着北大的第一张大字报出炉，"文化大革命"开始了，我们被卷入了"与人斗其乐无穷"的狂热中。没有人再去上课，整个学校处于无政府的状态。各个学生饭堂外和怀士堂（小礼堂）前的大草坪专门搭建的大字报棚架上贴满密密麻麻的大字报，揪出这个，打倒那个，矛头直指校系领导和学术权威。我们班虽然率先写出《五问中大党委》的大字报，但对朱先生和其他德语老师从来没有过不敬的举动。这场运动，正如党的十一届六中全会《关于建国以来党的若干历史问题的决议》所评价的那样，"不是也不可能是任何意义上的革命或社会进步"。我想，朱先生在这场运动中是经历了从热忱到迷茫最后到失望的复杂心理过程的。

  朱先生把自己定位为中国人，她历尽艰辛为"寻夫"来到中国时，写下《信念的旋律》一诗，其中就有两句："我跨过山岭、桥梁、道路，我越过海洋、沙漠、河湖，终于来到你的祖国，找到了回乡之路。"这个"回乡之路"正是她对中国情感的真实写照，没有这个定位就不可能有这种感受。她常对我们说,"除了自己喜欢吃马铃薯的胃没有中国化外,其他都是中国的"。作为中国人,出于对国家前途和命运的关心,面对这场席卷全国的政治运动,她与大多数师生一样,觉得参与其中义不容辞。

"文革"开始时,学生冲击档案室,她写过一张大字报表态支持;在学生组织第一次召开批判校党委书记马肖云的大会上,她还登台发言,这足以看出她在运动初期积极参与的态度。后来有些活动不让她参加了,她还变着法子,不时让我们班同学送去传单、小报,了解运动的情况,有同学现在还保留着她收到材料后委托章鹏高老师书写、她加签名的感谢卡(图1-7)。可见她对运动的发展一直保持关注。

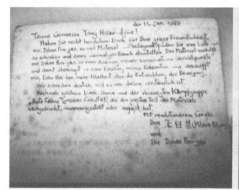

图1-7 "文革"期间,朱先生收到杨小娟同学送去的资料后,请章鹏高老师手写、自己签名回复的明信片和她此前亲笔写的节日问候。

运动开始不久,省委工作队进驻,我被推到由他们催生的学校"文革"筹委会工作。每天到中区小礼堂(怀士堂)旁边的同学屋(现校工会所在地)"上班"。当时,所有老师还要天天开会,可能是因为外语系又远又偏,德语教研室的老师改到生物楼的一个小课室开会学习。朱先生住在模范村,我和朱先生的路途正好十字交叉,免不了相遇。

第一次在路上碰见她时,她的革命热情还是挺高的,除了向我了解一些校内外运动的进展外,还谈起教研室开会的情况,说除了读读文件,一讨论大家都像哑巴、木头,默不作声。言语之间流露出对教研室同仁的不解和埋怨。我心想,在那些老师们慢慢开始感到自己已成为革命对象、个别甚至开始受到冲击、人人自危的时候,谁还有心思说什么啊!

以后还见过两三次,大概她也明白了,只问问我学校的运动情况。最后一次和她相遇是在西大球场旁边,她没说几句就对我大吐苦水,情绪显得挺激动。说系里决定，以后开会学习不用她参加了，这等于剥夺了她的政治权利。说着说着竟然呜呜咽咽哭了起来，声音越来越大。看着来往的路人，我一时也慌了手脚，只好请她先别哭，但效果不佳。情急之下，我对她说："这肯定不是系里的决定，而是上面的、很高的上面对在中国的外国人的安排。你虽然有中国国籍，但也有外国人的面孔，只能区别对待。"这一下她真不哭了，说话声也小了很多。我赶紧安慰几句，并开导说这样也好，她可以有更多的时间去完成她的计划，翻译伟大领袖毛主席的诗词。看她情绪慢慢安定下来，我就匆匆告别了。

从此之后，偶尔还会在路上见到她，但因为不知道如何面对，赶紧就躲开了。好在她老态已呈，背微驼，走路也很少抬眼；再加上校园小路多，逃避起来一点也不困难。虽然事后总觉得不是滋味，但又有什么别的法子呢！

随着运动的深入，她所疼爱的学生分裂成为势不两立的两大派，最终发展为武斗。最激烈的"6·3武斗"就发生在化学楼（陆达理堂，原岭南大学理学院），与她居住的地方仅隔一条校道。虽然枪声和爆炸声对于曾主动请缨、上过二战前线当记者的她也许并不陌生，但发生在美丽的康乐园里，发生在朝夕和谐相处的学生中，她仍百思不得其解，常常感到无名的恐惧。否则，她后来怎么会请求一位她并不认识、只是在大字报栏前巧遇的英语专业学生，带她逃离这是非之地，到市内的一家宾馆暂避？！

"武斗"开始前，学校成立了三结合毕业分配领导小组，由驻军代表、学校干部代表、两派学生代表七人组成，毕业分配工作已完成一多半。有方案又容易解决的专业基本已经落实到个人，有的同学已准备开始办理离校手续，我的新工作单位也确定是天津海关。但武斗开始后，毕业分配就无法继续进行了。我因为是这个三结合小组的成员，不便也不愿再卷入派系争斗，便离校逍遥去了，直到工宣队进驻，学校恢复平静后，才又回来重新工作。但当时形势已经大逆转，工作才几天，一张大字报就贴到小组所在的黑石屋门上，指名道姓地呼吁"不能放走这个三朝元老不倒翁！！！"我的名字也头一回被打上一个叉叉。好在经过前段工作，军代表和干部代表对我都比较了解，加上自己身上确实没什么把柄，他们商量了一下后，就对我说："走吧，赶紧到新工作岗位去。这里的工作也差不多收尾了。"

因为刻意躲过朱先生两三回，心里一直愧疚。在离校前原来打算去看一看朱先生，告个别，此时也没有心情了。我们的毕业，没有仪式、没有握手、没有互勉、没有道别，大家各顾各，办完手续就匆匆离校，留下的只是终生遗憾。

听说，"文革"后期，朱先生的身体就越来越差，这个源于她不爱运动，疏于锻炼，体质柔弱，也与她对"文革"后期的不解、疑虑和过度担忧不无关系。后来所有老师都被打发到韶关"五七"干校，她更是倍感孤单。但即便如此，她依然抱病和远在韶关干校的章鹏高老师通过书信来往的形式，坚持合作，完成三十多首毛泽东诗词的翻译。关于这个翻译，还必须再说一句，以章老师对中文理解的透彻和朱先生写诗的天赋，他们合译毛泽东诗词的质量应该是无出其右的。对此，在德攻读博士学位的邱晓翠同行晚辈还用现有的不同译本在德国读者中做过几次调研对比，都一一得到证实。

1971年，她的病情加重，但她却执意拒绝住院治疗，只接受由学校联系的医生上门诊治。是她想争取时间多翻译一首诗词，还是不愿麻烦领导、同事？是她听见心上人在远方的召唤，还是看到前景有些灰蒙？我们不得而知。进入5月，她生命垂危，不得已送入中山一院，终因肝脏严重硬化，已至晚期，抢救无效，于5月5日19时55分黯然离世，享年67岁。

八、无奈的不解之谜

朱先生辞世的1971年，学校动乱的高潮结束不久，所有在校的学生已完成分配离校，老师也被送到韶关"五七"干校劳动改造，学校空空如也。即便如此，学校仍以中山大学革命委员会的名义为朱先生成立了治丧委员会，由办事、政工、财务和后勤四个大组各派一名负责人及一名教师代表组成，于她逝世后的第三天，在广州殡仪馆安排了一个有规格、按程式进行的追悼会，参加的人数虽然不多，但已说明学校足够重视。要知道，处在那个非正常的年代，这种追悼会是很罕见的，普通老百姓因为破"四旧"（旧思想、旧文化、旧风俗、旧习惯），不敢张罗，而老干部的资格大都因为被打倒也丧失了。

朱先生的遗体在追悼会后，按她生前的遗嘱进行了火化。但骨灰的下落至今却无人知晓，成为一个不解之谜。

2016年，为配合学校"十三五"发展规划建设的战略部署，宣传外语学科的发展成果和传承外语人的精神，外国语学院计划拍摄两部影视片，一部是学院的宣传片，一部是口述历史片。宣传片当年杀青；2019年完成的口述历史片分三集，分别歌颂为外语学科做出过卓越贡献的戴镏龄（英语）、梁宗岱（法语）和朱白兰三位已故名师，朱先生的一集叫《吾师朱白兰》（图1-8）。借着这股东风，笔者在拍摄结束后向学院提出，希望能查清朱先生骨灰的下落，这个想法立刻得到学院的肯定和大力支持。

朱白兰在中山大学
——纪念朱白兰先生逝世五十周年

图 1-8　中山大学外国语学院摄制的口述历史片《吾师朱白兰》

我们先从广州殡仪馆入手，在那里仅找到朱先生遗体火化的记录。朱先生虽然没有亲属在中国，但从学校对她重视的程度看，不可能把她的骨灰当成无主的而废弃处理。我们分析，其骨灰的去向只有两种可能：一是存放在广州银河革命公墓；二是带回学校，葬入中大校园内的小坟场。

广州银河革命公墓，又名广州银河烈士陵园，坐落在广州市天河区燕岭路的南侧，与北面服务于普通市民的基督教坟场隔路相望。始建于 1956 年，占地面积二十多万平方米，是革命烈士、国家干部和荣誉军人以及文艺界知名人士的安息场所。墓园分土葬墓区和骨灰堂两部分，土葬墓区面积很大，占园区的 90% 以上，埋有自辛亥革命以来到现代牺牲的革命烈士，较近的有因救火牺牲的何济公药厂女工向秀丽等。当然，还有很多在 20 世纪 50 年代离世的、官阶不算很高的干部，因为当时国家还未提倡火化。在边缘地带，有些也市场化了。两层高的骨灰堂共三座，建在正门拾级而上的坡顶，是带琉璃瓦的现代中式楼堂，堂内像大型图书馆的书库，整齐排列着九层高的骨灰架，每层排列着大小相同、有独立玻璃门的小格，用于存放骨灰盒。存放细则明确规定，对骨灰主人生前的身份有一定的资格限制。骨灰存放手续大多由家属自己办理，缴交存放费后，拿到骨灰寄存证；清明时节凭证领取骨灰，在周边的拜祭区自行祭扫。朱先生是在省外办挂了号的，以她当时的身份和职称，完全符合存放细则，骨灰可以、也应该存放在那里。此外，这个公墓因名称冠有"革命"

二字，即便在"文革"动乱期间，也没有人敢冲击。管理和运作一直正常、入园手续规范、记录完整。可惜，在那里我们未能找到朱先生的骨灰存放的任何记录。可能是学校考虑到朱先生在中国没有亲属，骨灰寄存在那里也不是好的解决办法吧。

中大校内的小坟场（图1-9），旧称"教会山"，位于校园偏西的北面，现蒲园区674号的正后方，北边比邻新凤凰村的大市场，约四五个篮球场大小。其实不是山，只是一块有点南高北低的坡地。因为知道的人并不多，所以颇显神秘。这个地方原来是岭南大学的坟场，用来埋葬该校去世的中西教职员工及家属。中大迁到岭大旧址后，自然划入中大范围。20世纪50年代初，这里也是中大去世教职员工的埋葬地点。国家明令提倡火化、禁止土葬后，也就基本停止使用了。后来，"文革"大破"四旧"，学校害怕有私葬、私祭发生，干脆在校内一侧也建起围墙，把小坟场封闭起来，只在坟场西南角留一个加锁的小门。门匙由后勤组的一位普通工人保管，一直到他退休十几年后，行动不便，才交由另一工人保管。场内杂草丛生，无人打理。改革开放后，祭祖慢慢开始恢复，每逢清明会先清除杂草再行开放，方便里面墓主的后人拜祭。笔者曾在附近住过，出于好奇，在20世纪80年代初进去看过，感觉只是一小片荒芜坟地，虽然颇具早期欧美墓地的风味，但平淡无奇。西北面有十几块刻有英文名字的旧墓碑，部分已东歪西倒，明显无人关注。印象特别深刻的是，有一块墓碑竟刻有中文"西童"二字。坟场南部和中间地势较高，多是中国人的墓，但也是按当时西人的风格，只立不大的墓碑，讲究一点的带个底座，都没

图1-9 中山大学校园内的小坟场（被大榕树枝叶遮挡视线的是西北角）

有坟包墓冢，不少确实留有拜祭的痕迹。

在平时上锁的时间，偶尔会有新骨灰入土安葬。较近一次是外语系退休教授、在英诗翻译上颇有名气的谢文通先生的骨灰。谢先生年轻时就读和毕业于岭南大学，属旧岭南人，经岭南大学校友会开具证明后，于1996年初获准入土建碑。

我们推断，朱先生的骨灰应该葬在小坟场内。在查证走访中，"文革"时后勤组负责人、后来在总务处处长位上退休的曹德光老人非常认同我们的说法。他回忆说，当年管钥匙的工人已去世十多年，"真不知道埋在哪棵树下了"。即便如此，老人还是不顾年迈辛劳，亲自打了一整天电话帮忙查证，之后又提供了多条线索。可惜，我们几经走访联系，经历了多次从兴奋到失望的过程，也未能获得确凿的线索，可以揭开这个谜底。抱着最后的希望，笔者提出申请，获准和彭念慈老师一起进入小坟场查看。和三十多年前相比，中间和东南面的中国人墓碑数量倒是增加了不少，墓碑也越建越大，显得有些拥挤，但看不出有向西人墓区扩展的倾向。低平的西北角相比之下更显荒凉，那奇特的西童墓碑也已不知去向，几个外国人墓碑也被杂草遮掩，给人增添凄凉的感觉。我们查遍所有墓碑，结果依然失望，未能找到朱先生的名字。想想也是，1971年的政治气氛远非正常，破"四旧"的生命力依然旺盛，朱先生的骨灰入土虽然是明的，但并非官方提倡，只能由掌管钥匙的工人找个合适的地方埋下了事。不可能有仪式，更不可能立碑。因为，当时刻碑行当属于"四旧"，又会有谁胆敢从事？这是我们欠朱先生的！

九、永远的怀念

朱先生是一位德高望重的传奇女性。读过介绍朱白兰文章和书籍的人都知道，朱先生从青年时代流亡莫斯科起，大半生颠沛流离，遭受各种不公的待遇。如果不是小人作梗，她早就加入共产党了，那自然是一番不同的境象。而本来能抚慰她一生的爱情却如此短暂、悲凉，让人嘘唏。1947年为"寻夫"历尽艰辛来到中国，头三年也是四处奔波、潦倒失意，不时靠救济度日，但她的思想境界高尚脱俗，精神财富博大丰硕。她在逆境中仍坚持写作，其中自传体长篇《牛郎织女》就脱稿于一间临时栖身的佛教庙宇。对理想的执着追求，对能与"丈夫"团聚的坚定信念，促使她努力笔耕，为后人留下大量美好、动人、进步的诗篇和文学作品。

我们缅怀朱先生，就是要感恩她为我们德语专业所做的奉献。她虽来自外国，却以主人翁的态度，为专业的创建、其后的教学和发展鞠躬尽瘁、死而后已。她是我们中大德语专业后人应该铭记的开山鼻祖；我们缅怀朱先生，就是要学习她忘我的敬业精神。她堂上堂下释疑解惑，对学生有求必应，想学生所想，急学生所急，还用自己的行动言传身教，不愧是我们心目中的良师；我们缅怀朱先生，就是要肯定她作为拓荒者，为中德文化交流做出的杰出贡献。她几乎是最早翻译中国文学作品，在自己的文学作品中加入中国元素的德语作家，后期也为德国读者写了很多有关新中国的介绍和报道，增进中德两国人民的了解和情谊。我们缅怀朱先生，就是要赞美她贞洁的情操：她视爱情为神圣，对一个自由结合、在一起生活过四个月的"丈夫"忠贞不渝，硬是不肯相信他已牺牲的事实，寻找、守候终生，给我们呈现出真实的、更为悲壮的国际升级版"牛郎织女"。我们缅怀朱先生，就是要弘扬她高尚的人格：她一身正气、刚正不阿，一生为进步和正义热情讴歌，为理想和信念无私奉献。加入中国国籍后，更是忧我们之忧，乐我们之乐，为我们的事业慷慨解囊，甚至到临终前都不忘立下遗嘱，把余下的财物悉数交给国家。这样的前辈，难道不值得我们敬仰么？！

文章写到这里，我又想起，为纪念她，在世界名都奥地利首府维也纳，就有一条新街是用她的名字命名的（图1-10）。二十多年前我还在职时，联合国教科文组织还专门有人到中大了解和实录朱先生生前工作和居住地的情况。目前在德国，位于内卡河畔的德国文学档案馆（图1-11）还珍藏着她未全文发表过的长篇小说《命运的征服者》遗稿和不少与德国知名作家及友人来往的信件和资料，供人查阅、研究。朱先生是中国的，也是世界的。

朱先生在中国生活长达24年，有一半多是在中山大学度过的，占她职业生涯的1/3，康乐园是她生命的最后一站。她是中大的骄傲，在校史上应该有一定的位置。很快就是朱先生逝世五十周年的纪念日，越是缅怀朱先生，一个挥之不去的愿望就越显强烈，希望学校能借这个机会举办一个仪式，完成一件事：在西北区523号门前立一块带有她头像浮雕的石碑，说明朱白兰教授1957—1971年曾寓居于此，供人瞻仰，既可寄托哀思又能表达敬意。如果能批准在屋前栽种一棵白兰，应该也是对朱先生在天之灵的一种慰藉。

最后，感谢我们德五班（这个名称只是我们有过哦！）的同学和在德读博的邱晓翠女士及德国文学档案馆所提供的素材和资料，它们丰富了文章的内容。

图1-10　奥地利首都维也纳新建的以朱先生名字（Klara Blum）命名的大街。

图1-11　珍藏朱先生一部小说遗稿和部分重要资料的德国文学档案馆（Deutsches Literaturarchiv）

附 录

朱先生在中山大学德语专业的同仁（按加入德语教研室的先后排列）：

张仲绛，张苏奎，黄震廷，章鹏高，汪久祥，张佳珏，谭镜心，魏家国，吴曦轮，黄海津，王西曼，曾毓麟，李美梅，周振文，朱娟娟，魏本荣。

朱先生教过的学生（按拼音字母排列）：

（58级）何文通，黄崇邦，黄海津，黄树略，李梅发，林炳裘，刘文华，倪玉辉，欧阳常恒，饶松宗，吴树鸿，吴曦轮，张树萍，赵石莲，周金惠。

（59级暂停招生）

（60级）黄印，黎福祥，李国麟，李汉波，李丽芳，李美梅，马桂琪，唐耀广，佟玲，伍竟先，杨中堂，袁永善，余欣芬，张金创，周振文，杜智义（代培），伊玲文（代培）。

（61级）陈建芳，陈楷晏，冯令仪，李友文，李忠民，梁定祥，凌光有，王小华，冼传练，严关卓，杨小娟，殷麦良，赵卓然，钟连泉。

春雨润物细无声

——朱白兰教授授课实录片段

马桂琪[①]

序

20世纪60年代初,笔者在中山大学外语系攻读德语文学,师从德语女诗人兼德语语言文学研究家朱白兰(Klara Blum)教授。虽然岁月已久远,但她给我们所作的讲解,有好些至今还存留在我的蓝墨水笔迹下。

这该是何等宝贵啊！——我心中真的忍不住这么说,既为她而高歌,也想给自己些儿赞许！

虽然,当时所用的那份教材,页面带有"经济困难时期"的一些特点——十分粗糙的纸张,到了现时更显得陈旧,而且边缘已经有多处损烂。其正文又是以现在的人们早就完全陌生的旧式打字机打在蜡纸上后油印出来的,加上我的蓝墨水笔迹(有的显得过于潦草或过于繁密)。即便如此,它能够经历时代转折得以保存下来,就具有特殊的价值！

真的,我该同时说：幸运,十分幸运啊！

记得当年,我就注意到朱白兰教授对德语文学的阐释,很有特色,令我没齿难忘。而今翻出这些页面,自然更唤起许许多多宝贵的回忆。——那最突出的方面,此处特别指出四点：

其一,她是如何介绍好些德语文学大师的生平及其作品的写作背景的？

其二,她是如何把德语语言教学与德语文学教学两个似乎不同的领域巧妙地结合了起来的？

其三,她对那些作品的内容是如何既讲得具体,富有形象性,又能够深刻分析其思想性,以及指出其现实或历史意义的？

[①] 中山大学德语专业1960级学生。

其四，她是如何顾及学生的理解能力和接受程度，以热情、耐心的态度，采取恰当的启发性方法，因而收到良好效果的？

我此刻就是依据自己的回忆和当时的一些记录笔迹写成若干文字，当然力求真实——想当年，自己是课上最专心的学习者之一——但毕竟岁月已经太过遥远（注：已经超出半个世纪了啊！），忆述的内容不可能十分周全，加上其他因素，所以姑且称为"片段"；有的地方还难免会有失偏颇，若有学友另加提点、指正，自然十分"和合"我之愿望。

其中有些篇章其实超出了当时的课堂讲授，有的篇章朱教授还进行了一些联想，是课外她本人重新结合一些重要作家的作品或者别的相关情况，引发出某种感怀，让"旁人"体会到的。而这所谓"旁人"，往往就是包括我在内的几名学生。

在此不妨说明：在我班和上下两级的同学中，广州本地人并不多，而我不仅属于其一，且家就离中山大学当时的外语系不远，因此有时就由我，或还和某一两位同学一起，陪伴她走出西门，去到小港新村兜圈子；或者沿着稍为转弯的路向，经过一座小桥，到达现广州第四十二中学及其附近（也即云桂新村和基立新村的范围）才回转；又有时就在中大的北门外，靠近珠江岸边，陪伴她欣赏江面的浪花激荡，以及对岸的美景连绵。无论怎样，都是一边散步一边说话，话语涉及的范围可以说是无边无际。——不过，在本文中，如上所述，主要着重于与德国文学有关或与之有某种联系的部分。

关于"超出了当时的课堂讲授"的内容，不妨预先说明。其中有一个篇章谈到在多年后，我和有关人士初访德国，在莱茵河的游船上，刚好与同去的某位同班同学和某位原先的年轻教师一起，都追忆起朱白兰教授的教学来——此同班同学和此年轻教师究竟是谁？在谈到该处时再揭晓姓名吧。另一个篇章（注：其实在上述篇章之前）则记述了游览至荷兰重新想起朱白兰教授讲授歌德的《浮士德》而获得的感受。当然，还有好些别的内容。

我此刻敢肯定，这一切都会让读者深感有趣，尤其是对于读者中特别爱思考的人士。

以上所说的情况，表明本文将采用追忆的方式，有相当部分就是对朱白兰教授授课过程的实录，而有的部分则超越这一内容，做了或长或短的相应的叙述。毕竟依然并未能尽言，"片段"两字其实表明是带有歉意地呈献给读者。

对已经置身在"天国"的朱白兰教授，本人以及本人的学友，作为她的学生，则要满怀谢意与敬意地对她说：

亲爱的老师，你在生时的教学奉献和成就是巨大的，如今对你致以深切的怀念，系统地回想起你在课堂上的教导和传授，以及其他一些与之有联系的过往之事，让你在人间的日子里已经有过的"一部分"思魂和光辉重又照耀天下（注：这里特别指明只是"一部分"，本文没有涉及她作为诗人的创作成果），乃是笔者同辈以及以后的众人的共同心愿。

第1篇
朱白兰教授如何讲授莱辛及其剧作《爱米丽雅·迦洛蒂》

作为德国文学研究专家，朱白兰教授很重视对文学史上的重要作家的生平及其作品的介绍和分析。通过留存的资料，我常常记起她对莱辛及其剧作《爱米丽雅·迦洛蒂》的讲授。而且，肯定有点令人感到意外的是：在听完课之后，我和有的同学曾经产生一种念头，试图拿朱白兰教授本人人生历程中的某些段落与莱辛的情况做些比较，包括相似和相异两方面。

听课的时候，一开始，同学们就了解到，莱辛1729年出生于一个牧师家庭，17岁时，遵照父命进入莱比锡大学，攻读的科目是神学和医学，但其本人的意愿却在于学习文学艺术和哲学。朱白兰教授接着说，这种兴致转移的现象，在德国文学史上是屡见不鲜的。不过，此话其时还未让我们联系到歌德、席勒和海涅等人，后来由于朱白兰教授的继续引导，我们才逐一弄清楚。

过了些时候，我们——也就是说，班里不止我一人——得知朱白兰教授本人也有过一定程度的"转移"经历：她在大学时代，原本攻读心理学兼文学，后来几乎就专注于文学，在做深入的文学研究的同时，自然而然地"移情"于自己的创作。

她在课堂上告诉我们，莱辛开始着手的是剧本创作，早在18岁就完成了首部作品——喜剧《年轻的学者》，20岁时写了另一部题为《犹太人》的喜剧，后者显示了其反对种族歧视和宗教偏见的思想立场。

说到这个话题，朱白兰教授略为停顿，似有某种特别的想法要强调，但又止住，仍然按时间先后继续讲述下去。又过了些时候，我们终于获知，她本人就有犹太血统，还有好些以德语为母语的伟大人物也有犹太血统，包括马克思、海涅、爱因斯坦和弗洛伊德等。在给我们上课讲到与此有关联的内容那会儿，毫无疑问，朱白兰教授确实话中有话，只是暂时搁置了而已。

再过了若干日子，在课余时间，我本人从有关资料里了解到莱辛的《犹太人》的内容，说的是有一位显得颇为高贵的旅客，在面对一伙强盗时勇敢地拯救了一位男爵。一般人都认为那些强盗必定是犹太人，因为在他们的心目中，犹太人就是属于所谓"专门爱干坏事"的种族，世间只有基督徒才能做好人、干好事。可是，在莱辛的笔下，事实上，那位高贵的旅客却是犹太人！——这种写法，在那个时代，表现了一种超出常人和一般文化人的思维方式，"叛逆"了传统偏见，启导了正确的平等观念。

于是，我认为朱白兰教授在上课时"话中有话"的原因由此可以清楚了。接着，我把自己的这一"了解"告知了一些同学，又和他们一起询问朱白兰教授，她当即认同了。

回到原来课堂上的授课进程吧。朱白兰教授又告知我们，莱辛在柏林结识了反封建的启蒙主义哲学家门德尔松，且深受其影响，此后在文学创作中就以发扬启蒙思想为己任，这明确地体现在新的剧作和戏剧理论中，使之不仅成为德国文学史上杰出的民族戏剧的创始人，而且成为启蒙主义戏剧理论家。

朱白兰教授还让我们了解到，在柏林时，莱辛本人的生活相当艰辛，只能依靠给报刊写些稿子勉强度日，但是"坏事变好事"：这使他由此成功地推出了好些颇有新意的寓言作品，后来还将作品结为三卷本出版，而且尤为富有意义的是，这些作品也表达了反封建的思想。

顺便说，这艰辛生活的类似情况，朱白兰教授在来到中山大学任教之前也曾长期经受过，而这，又是我和同学后来了解到并常常谈论的话题。当然，我们欣幸于她来到中山大学以后，日子就稳定了下来，即使在当时一般人所遇到的所谓"经济生活困难"时期，作为教授，她的待遇还是可以的，并且我们看得出她是自感满意的。

在课堂上，朱白兰教授继续说道，莱辛离开柏林后，担任一位将军的秘书，其间写出美学巨著《拉奥孔》。然后，他重回柏林，希望能够担任国家图书馆馆长，结果不能如愿。接着，应汉堡一名商人之邀，担当汉堡民族剧院的顾问和评论员，于是写成了德国文学史上颇为重要的《汉堡剧评》，内含104篇短篇戏剧评论。

朱白兰教授很高兴，因为她的讲授让我们感受到她对《汉堡剧评》的高度赞赏。但是，她接着又以惋惜的口吻说，该剧院开办不到一年，就维持不下去了。于是，莱辛只得再次另谋生计，结果只能当一名收入十分低微的普通图书管理员，但他依然坚持同时从事文学事业。

写到此处，不妨也顺便提及以下情况：朱白兰教授本人其实对莱辛从事过的图书馆工作也富有感情，因为她来中国之前在苏联逗留期间，于1936年曾在莫斯科国际图书馆工作过，来到中国的初期，又于1951年在上海外国语大学的前身上海外文专科学校图书馆担当过职务。到中大外语系从事教学任务以来，她自然特别关心系里的图书馆发展，每隔一些日子就抽时间帮忙购进德语类图书，并特别鼓励她的学生去借阅图书，以更好地提高阅读能力。

回到关于莱辛的题目吧。记得当时朱白兰教授一再强调说，莱辛一生从事过多种职业，他适应性颇强、才能出众，然而，之所以始终过得相当贫穷，原因在于他的观点不符合当时封建统治阶级的需要。在个人生活方面，他一直到47岁才结婚成家，女方是一名寡妇，虽然与他情投意合，却不幸在两年后就离世了。这样的人生境遇，在德国文学史上并非独一无二。之后，莱辛继续坚持其启蒙主义立场。最后，年仅52岁的他因病逝去，令人惋惜。

此时，朱白兰教授的声音变得低沉了。若干时候之后，我们对她苦苦寻找失去的恋人——或者如她本人明确称呼的"丈夫"——也有了一些了解，于是，再次深切地感受到她话中有话，确实忍不住又一次拿她自己的个人生活经历与莱辛的情况联系起来。当然，两者之间有根本的差别，她一直都坚信她的那位"他"依然在世，两人一定能够重逢（注：这不是本文所能完成的话题，暂时打住吧）。

接着，朱白兰教授在课堂上告诉我们，莱辛一生写了多部剧作，包括悲剧《萨拉·萨姆逊小姐》《爱米丽雅·迦洛蒂》，喜剧《明娜·封·巴尔赫姆》和诗剧《智者纳旦》等。其中，特别成功和动人的是《爱米丽雅·迦洛蒂》。

随后，她就向我们介绍《爱米丽雅·迦洛蒂》的基本内容，并抽取重要片段进行具体分析。

她说，该剧的剧情发生在15世纪的意大利。其时，那儿正如德意志地区一样，处于封建割据状态。封建主之间盛行搞帮派、"拉关系"之类的卑劣行为。小公国古斯塔拉的亲王赫托就因此风气正准备与马萨公爵小姐结婚，可是，在偶然与少女爱米丽雅相遇后，对后者艳丽动人的美貌垂涎三尺。于是，他丝毫不顾及就要与马萨公爵小姐办理完婚的事实，无情地抛弃原先已占有的情妇奥尔西娜，转而拼命追求爱米丽雅，还自以为一定可以得手。

朱白兰教授接着说明，爱米丽雅的父亲奥多雅多上校，一向对女儿非常爱惜，同时管束极严，以至于亲王其实根本就无法实现与爱米丽雅靠近的目的。当亲王处于失望中而正在思索某种计谋之时，恰好获知爱米丽雅即将与阿皮阿尼伯爵结婚的消息，他命令宠臣侍卫长马里内利赶紧设法让该婚礼无法举行，并且极尽一切可能帮助他成功夺取爱米丽雅。

朱白兰教授讲到此处，又是稍停。这一回，她是让我们"消化"一下上述已经显得颇为复杂的情节和人物关系。

随后，她继续说，亲王赫托勒接着亲自来到爱米丽雅做祈祷的教堂，向这美丽而纯洁的少女直接表白自己的"爱慕"。天真的爱米丽雅处于意外的惊恐中，但对他明确表示了拒绝。不过，她按照母亲的吩咐，没有把这一情况告知父亲。就在此时，诡计多端的侍卫长马里内利要其父亲奥多雅多上校"出差"前往外地，但是后者因女儿马上就要完成婚事而未服从。然后，侍卫长另施一计，雇用一伙强盗在途中伏击，杀害了阿皮阿尼伯爵，同时，把爱米丽雅从强盗手中"解救出来"，送到亲王的行宫里。

朱白兰教授再一次稍停，让我们更加充分"领会"这一招的可恶。继而，她讲道：亲王假惺惺地对愈加感到惶恐不安的爱米丽雅表示自己的深切"同情"，并予以极力安抚，还声称将追查已发生的严重事件，一定要抓捕那些凶手加以严惩。就在这时候，爱米丽雅的父亲已经闻讯，连忙赶往行宫。途中，他刚好遇到亲王的情妇奥尔西娜。后者对他诉说了事件前前后后的所有真情实况，并表示了自己对亲王也抱有极大的愤恨，还把自己准备用于刺杀亲王的匕首交给他，以便他在必要时使用。

这样，剧情又到了转折之处。

朱白兰教授再次留下一个小"空当"，依然是为了让我们好好地"消化"上一段内容，进而为弄明白下一段的进程做好准备。

然后，她继续说，奥多雅多上校来到亲王跟前，要求他让自己带走女儿。亲王岂肯同意？此时，狡猾的侍卫长马里内利也在场，他竟然捏造事实，诬称杀害爱米丽雅未婚夫阿皮阿尼的凶手是爱米丽雅另有的情人所指派，因此要隔离爱米丽雅并进行严厉审讯。面对这样的局面，爱米丽雅本人完全看穿了亲王的无耻和狠毒。但是，她欲逃不能。如何保住自己的贞操和声誉？她考虑再三，在痛苦不堪中求助于父亲。

记得朱白兰教授的声音在这会儿又是稍停。

再后，她说，那当父亲的，本来也是个贵族，但已经没落了，他本人品格高尚，洞察封建势力的卑鄙无耻，原来就已经不愿与宫廷再有什么瓜葛，面对亲王的这一新的罪恶行径，眼看着亲爱的女儿陷入不幸，自己竟然无法把她救走，心中更感到无比痛楚。女儿不愿遭受欺凌与侮辱，看不到任何可能有的出路，最终只想干脆结束自己年轻的生命，却又无力付诸实践——她找到了却绝望之法，为此求助于父亲。

朱白兰教授说，这样，那当父亲的，在极端无奈之下，就用身带的匕首，忍受着切心之悲痛苦楚，让自己的女儿"魂归西天"。其后，当亲王走进原先只让父女两人相处的房间时，那美丽的少女爱米丽雅已经躺倒在地，不能再苏醒过来。罪恶的亲王及其侍从颓丧地站在舞台上，在观众投来的愤怒目光中，帷幕徐徐降下。

以上剧情，曲折生动，但主要部分都只发生在一天之内。朱白兰教授指出，这表明作者莱辛的艺术手法十分精炼和独到。

接着，她指导同学们深入阅读当中几幕，帮助大家理解剧中人物的对话，更好地感受那父女之间充满矛盾和苦痛的对话隐含着的复杂思想情感。

其中，那当女儿的，坦率地对父亲说出以下具有特别意味的话，其话中用了一个特别的词——"Verführung"（感情上的引诱、勾引，诱骗），尤其引人深思。

爱米丽雅说的那段话，首先是：

Gewalt! Gewalt! Wer kann der Gewalt nicht trotzen? Was Gewalt heißt, ist nichts: Verführung ist die wahre Gewalt! （暴力，暴力！对于暴力谁不能抗拒？一般暴力并无意义。那诱骗才是真正的暴力！）

显然，爱米丽雅是在揭露与抨击亲王一伙的狡猾、阴险和凶残，同时也不得不揭示自身情感中存在着的、并感到确实难以处置的弱点。

因此，她接着还说：

Ich habe Blut, mein Vater, so jugendliches, so warmes Blut als eine. Auch meine Sinne sind Sinne. Ich stehe für nichts. （父亲啊，在我的血液中也含有作为一个女性所具有的青春热血。我的感受也是每个女性都有的感受，我自己什么都不敢担保。）

如此坦诚地解剖自己人性中之虚弱，实在是醍醐灌顶啊！

至于现在，在回忆当年听课情景的同时，我觉得万幸的是，教材中印有原来这段对话的地方，也留有当时本人颇为繁密的笔记，而且正因为如此，才能对之依然做出准确的理解和解释。

如实地说吧，朱白兰教授让作为她的学生的我们在这时候感到，在她本人的言语中似乎也包含某种特殊的倾诉：在人世间，作为一个年轻的女士，本来就怀有对年轻异性的情感需求甚至渴望，而这种需求甚至渴望，但愿获得来自本人与之真诚相爱者给予的响应与满足，但是，偏偏又有一种可能，就是形成一种容易遭遇到欺骗者——尤其是拥有强权的欺骗者乘机钻营的弱点。

朱白兰教授很注意阐明这一点，我们领会到，那也是她留下的一个重要启示！而且，其中包含她本人亲自经历的因素：她也是一位女性，有过自己的青春岁月，据闻，她本人年轻时，在与她父亲分别多时后再回到父亲跟前，那富有而权势颇强的长辈乘机要她嫁给一个也是财大气粗的男子。在一定程度上也可以说是想利用她的情感需求吧，可是，她断然拒绝了。当然，她那时还是足以独立决定自己的婚姻大事的。我们的一些同学私下里似乎"无意中"比较了她与莱辛笔下的爱米丽雅的情况,明白其差异,因此更加看到爱米丽雅的不幸,同时对年轻时的朱白兰持有的独立自主态度,悄然表达了一种特别的欣赏。

第 2 篇
朱白兰教授如何讲授歌德名诗《五月之歌》和《欢聚和离别》

一

下面,笔者准备就朱白兰教授对歌德那首反映其在斯特拉斯堡求学期间,1770年春夏,利用假日到乡村游乐,从而认识并爱恋那儿的一位美丽的少女,接着写出的著名诗篇《五月之歌》(注:有一种说法是写于1770年,另一种说法是写于次年)的讲解,作一些记述。

同时也要谈谈,朱白兰教授在讲解中是如何将德语语言教学与文学作品分析成功融为一体的。

下面是《五月之歌》(Mailied)第一节的德语原文:

Wie herrlich leuchtet
Mir die Natur!
Wie glänzt die Sonne!
Wie lacht die Flur!

试译如下:

明媚的大自然
迎着我闪耀!
阳光在普照!
原野在欢笑!

朱白兰教授在我们上三年级的德语词汇课时讲授该诗。——请注意:是在三年级词汇课!

记得那天,她自己先诵读,随后又让我们全班十五人集体诵读了该诗一遍之后,开始解释。课前,她已经让我们在预习时查阅过德汉词典,认识了诗中的主要生词和懂得了全诗整体的基本意思。这会儿，她不嫌重复，又让我们花些时间对那些看似不难的词汇和语法现象再次加深认识。原来，她是知道汉语里有"温故而知新"以及"学而时习之，不亦说乎"的教诲的，并且认为在外语和外国文学包括德语和德国文学的学习与研究中，也该如此这般呢。

然后，她告诉我们，学习该诗中的一些关键词语或者语法现象，可以运用德文中的"替代式表达"。而且，她认为"寻找"这样的"替代式表达"是一种良好的学习方法，在语言学里，这就叫作掌握"同义形式"或"近义形式"，我们大家全都应该懂得这种方法。谁尽早这样做了，谁将更快取得好效果。

她说，例如在这第一节的第一行里，动词 leuchten 可以换成 strahlen，它们都是"发光，照耀"的意思。第一行和第二行合起来，是一个完整的句子，以副词 wie 带起的感叹方式，热情地赞美说：大自然是多么壮丽啊，它给了我（们）无限欢乐！

又如，第三行的动词 glänzen 与以上两个动词的词义也相近，但一般说来具有更加光耀的成分，所以用来说明"太阳的辉煌"也许更适合，不过，在话语间，她还是补充说明，其实，以 strahlen 与太阳搭配也是完全可以的。这样，我们也增加了新的知识。

接着，谈到第四行的动词 lachen（笑，欢笑）了，她自己脸带笑容地指出，该词自然是我们大家最为熟悉的，然而，恰好正是它，在此处，也最能表达诗人在诗里所描述的特定情景中的极为欢乐的感受！朱白兰教授马上嘱咐我们，谁都应该明白，正是平日里的常用词，当灵巧地运用到诗作中时，往往会显得特别生动，让读者的感情汹涌澎湃或更觉真切！

然而，从何而来这一"极为欢乐的感受"？

原来，是从 die Flur！

只是，她说，问题又来了：die Flur 的实际含义是什么？

对她这一问，我们当时也不难回答，毕竟预先在词典里查阅过，在汉语里应该是"耕地，田地，草地，牧场"等意思吧，正好也是个颇为常用的词儿哟，虽然词义复杂了一点。那么，究竟是指那当中的哪一个呢？我们应该承认，这还是让人难以定夺。

她马上很高兴地肯定了我们前面的答案，甚至满意地赞扬我们在查阅词典时没有不动脑筋以致无所收获！至于要确定是哪一个具体意思，选取哪一个汉语词，就看上下文，互相联系起来决定好了。

恰恰在她所讲的这样的言语之间，我们了解到，原来她对于德汉翻译中的选词之难，是有所知晓的，虽然那会儿的首要任务并非讨论翻译问题。

她随之又告知我们，在此时此刻，同学们不妨加学一些很常用的单词——其中，有的我们先前可能就已经学过并熟悉了（注：早先给我们上词汇课的是另一位老师），若果真是如此，那就再重复一遍也无妨吧。例如，die Wiese, der Wald, die Blume, der Baum, der Strauch, die Wolke, der Berg, 它们分别表示"草地，牧场""森林，树林""花，花朵""树，树木""灌木""云，云朵""山，山岭"的意思，如此这般，知道之后，就会对 die Flur 这个具有一定的"总括"词义的单词的理解更加准确、丰富、完整，对它为何能够引发诗人歌德那么强烈的、简直不可遏制的激情，会有更深切的体察。

　　再有，朱白兰教授补充说，在这一切当中，还应该同时认识表达各种美丽色彩的单词：绿（叶）、红（花）、蓝（天）、黄（土地）、白（云）等。她盼咐大家：不妨再次查查词典，把这也都记住吧，不仅记其单独的意思，也要记住一些基本搭配。她说，这样做是一定有用处的，芬芳的世界，本来就需要而且已经拥有五彩缤纷的色彩。（注：显然，她比先前那位老师提出了更高的要求）

　　当然，上文已经提及，在讲解德语词汇的时候，她也认为应该紧密地联系到德语语法。本来，德语语法，不仅对于中国人，而且对于西方其他一些国家的人，也显得颇为困难，但正因如此，更应迎难而上！

　　在结束本节诗行的讲解时，她再次提到"wie"的作用，强调说，在整首诗中，都必须特别认真领会它既可以作为副词又可以作为连词的特征，而且其含义往往不只是单独一种，同样一定要联系上下文去识别和确定。另外，我们也都应该懂得在日常生活里正确而灵活地运用它，须知，不仅在疑问句中，而且在感叹句中，人们都是常用到它的。并且，恰恰就是本诗，给我们提供了最好的例证。（注：又是比前一位老师的要求要高得多。）

　　前面已经说过，本人仅以回忆朱白兰教授对《五月之歌》第一节的讲解过程为限。对其他各节，读者可以看本文附录的影印件（图 1 - 12、图 1 - 13），并对照歌德的诗文和本人的笔记内容，自行想象一下她当时继续讲解的过程吧。当然，要是你自己并不是德语专业的学习者或研究者，那就省略掉这个部分好了，因为即使如此，阅读了上面的介绍，你也肯定已经有了一定的收获。

二

　　下面，我试着回忆朱白兰教授是如何引导我们从作者生平的角度解读诗歌文本的（注：这显然已超出了词汇学的范畴）。

朱白兰在中山大学
——纪念朱白兰先生逝世五十周年

在开始之前，应该首先说明，正是"德国文学史上最伟大诗人"——歌德认为，诗歌的节奏和韵律固然重要，但是诗作中真正深切地影响和陶冶读者的，却是诗人的心血被转化为散文以后留下的东西，当然，必须依然含着优美的诗意！

接着，还要指出，朱白兰教授在讲解歌德诗作的时候，刚好与歌德这一本愿非常合拍，她首先依据其实际生活和思想活动交代作品题材的来源，并在努力引导学生们细致地分析诗句的时候，让大家不断地生发自己的想象力，在脑海里营造形象性思维氛围。当前一节的诗句分析完了之后，就自然而然地追逐着继续看后一节的诗句，直至完成对全诗主题、形式和情感因缘的深入领会和精确鉴赏。

在歌德早年创作中，《五月之歌》是一首非常著名的赞美诗，它同时赞美了美丽的大自然和美好的爱情。两者紧密结合，何等妙哉！——按德国的气候，在许多地区，正好等到五月间，太阳真正放射灿烂辉煌之光芒，在这让人们最感温暖喜乐的时候，诗人歌德就乘此机会表述了对自己那阵子特别爱恋的一位少女的纯真情感。

记得朱白兰教授指出，在阅读与理解该诗的开头和整个过程中，必须了解以下情况：

年轻歌德在创作该诗的前前后后，正全心全意地爱慕着那个乡村姑娘弗利德里克——从年纪稍小而开始懂得感受异性特殊魅力之时起，直至那会儿——在所遇到过的各位少女中，她是得到歌德最欢畅、最充分的纯真情感表达的一位。而且，在与她亲切相会的环境里，歌德眼前看到的，不仅有那简朴的乡村家居——顺便说，他曾为那乡村家居画了一幅素描呢——而且有广阔、壮丽的大自然，对此，他则是以文字重现其充满光华的景象。

诗人发觉，在美丽可爱的少女当中，除了体貌、仪表、举止和性情等方面各有差异外，有的置身室内时特别惹人喜欢，而有的则身处户外时，以蓝天绿林或田园山野为背景显得更为悦目，让人更为动情。弗利德里克属于后者。在他的心目中，最动人的莫过于她徒步登上高坡的形态，何等轻盈优美，如同欲与处处盛开和散发芳香的繁花争妍，其丰姿爽朗，又似要与碧水激浪、白云荡漾以及普照的阳光相互竞丽，尤其撩人心扉。

换言之，弗利德里克美丽与可爱的天性，都特别完美地和大自然融为了一体。而诗人最爱以诗句为大自然歌唱，恰恰最受感动于此！于是，歌德每次来访，几乎都要首先和她一起来到离她家不远的田野上散步，并肩而行，沐浴在太阳放射出来的或灿烂或温柔的光照里。

记得讲解到达此处，朱白兰教授让自己的话语稍稍停住，似乎在自行感受上述也令她本人感动不已的情景，还一再把视线投向她的学生，或许是在等候我们也都跟上她的思路，一起深深地体验。然后，她忽然插进似乎"题外"的话语，将本应通过我们自己的阅读去想象的情景说出："作为大学生，也理当如此！"她强调道，但接着又说："可惜，毕竟你们还处在攻读德语的入门阶段。"

于是，仍然由她说下去好了，那就是：

初夏的碧绿，直至深秋的金黄，都在暖和而动情的阳光下映衬出各自特有的妖娆。歌德和弗利德里克，还和别的人——有时仅仅加上一两位，有时合起来成为一整群（其中往往有弗利德里克的姐姐），也曾常常结伴到稍远的地方去，沿着绚丽多彩的莱茵河畔，伴着河面上激荡的浪花前行，观览所经过的古色古香的城镇。有的时候还顺道探访那里的亲戚或熟人，有时就在河面上泛舟，击波逐浪，顺流而下，把那波涛汹涌抛在背后，当终于到了某个小岛，上岸后就连忙采摘野花野草，接着在诱人的篝火旁烤鱼，并同打鱼人热烈聊天，笑谈打鱼过程和别的种种生活趣话。

多么动人的故事啊！我们一边努力听明白其内容，一边试图进一步认识德语单词或语法现象。

朱白兰教授继续说：

歌德和弗利德里克以及他们的朋友们，也爱在一些园子里的树荫下嬉戏，游玩时经常花样百出，喜乐与诙谐似乎永无尽兴。当相伴跳舞时，弗利德里克的舞姿尤其出众，歌德同样熟练得令她深为惊奇，两人都感到天地万物与他们一起旋转不息，全在为他们而高兴，别的人似乎也都无不如此。中途，当众人暂时停下来时，歌德和弗利德里克两人却仍不愿意分开，常常手挽着手走到近旁的林中深处，彼此低声细语，信誓旦旦，进一步表达相爱不渝的心意。而且，那些话语，犹如在咏唱动情的歌曲。

然后，朱白兰在继续叙述中似乎又特别重视下面的一段：

终于到了真正停下来，而且歇息时间较长的时候，歌德喜欢给对方讲许多许多生动的故事，其中不少是他本人自小聆听过甚至亲自经历过因而尤其熟悉的，也有不少自编自撰的，但全都说得头头是道、娓娓动听——看来他的文学创作天才已经开始不断显露出来了——而她，也很喜欢叙述村子里这一家或者那一家的各种趣闻轶事，这同样令他觉得十分新鲜，为之陶醉。

记得当朱白兰教授说到这儿时，她本人的话语又暂停了一会儿，还深深地吸了一口气，似乎自己也为之陶醉了。当然，好像也十分希望看到她的学生同样处于陶醉的情状中。果然，她的希望好像没有落空，课室里一片寂静，似乎就是那陶醉的具体表现。

然后，朱白兰教授——她的语气变得更加强烈而动情了——继续讲道：

朱白兰在中山大学
——纪念朱白兰先生逝世五十周年

太阳耀眼的光芒，大地沃土的壮观，远近群山的浓郁，林木花草的青翠和烂漫，鸟儿欢快的飞翔和婉转清脆的鸣唱，河水浪涛的起伏，总之，在这一幅幅异常绚丽兼有奇妙音响的大自然景象前，在年轻人群里，总有那位窈窕可爱的弗利德里克，加上歌德自己这样一名让谁都感到潇洒多情而又聪明伶俐的年轻小伙子，两人共同构成了一个引发众人注目的焦点。

此时此刻，这位已经日渐闻名的年轻诗人，仿佛完全忘却了自己本来的出身，以及与弗利德里克在身份方面的差异。是的，歌德尽管自幼生活于繁华闹市，成长于富裕家境，一直与诗书为伍，但来到这乡村和郊野，竟迅速完成了心态意识和体态行为上的转轨，不但没有丝毫陌生感，反而因甜美的情缘感到无尽快乐和幸福。

朱白兰教授这时不失时机地指出："也许，他本来就该有这样的一份美满缘分呢！"看到同学们好像都露出了微笑，她感到大家都应该同意她的看法。

然后，她继续介绍说，时间像莱茵河的河水一样不停地流逝，歌德和弗利德里克的感情联结也因此显得越来越紧密。特别是在1771年5月和6月间，歌德和她的聚会最为频繁，话语也更为甜美。

这里不得不再次承认，朱白兰教授对上述情节的介绍和对歌德的话的引述，基本意思我们当时虽然算是听明白了——有时她不得不重复或就以上面提到过的"替代式表达"帮助我们理解——却真的无论如何无法记录下来。不仅我本人如此，其他同学，也都无一能为之！

不过，由于聆听了而且一直没忘记这段叙述，若干年过去了，我竟然幸运地在歌德本人的回忆录里读到下面的两段话——此刻，正好适合在此引述，与读者分享。

原来，诗人后来回忆起这段最为浪漫美好的时日，曾无限留恋地说："我在弗利德里克身边幸福极了；我同她谈笑风生，心情舒畅，机智幽默，踌躇满志，而感情、尊重和依恋又使我的举止很有分寸。她也一样，坦率、开朗、热心、健谈。我们似乎只是为了聚会而活着，只是为了对方而活着。"

在另一个地方他还说到，他们两人之间所谓"关系"的"密切"，就表现在"心心相印，彼此了解，不用声音、不用手势，已经能了解对方心灵深处的种种想法"。

记得在讲授到与歌德上述两段话似乎至为相关的内容后，朱白兰教授再次稍歇了一会儿，然后她马上及时指出：刚好就是在这种至美的环境中，歌德的诗兴又油然勃发。这一次，她没有抬头环视同学们，而是马上继续说：

由于歌德那阵子正好结识了呼吁向民间文学学习的杰出文艺理论家赫尔德尔，并深受其影响，熟悉了很多著名的民间流行曲调，于是，依着这些曲调，他配写了许多短小精炼的优美歌词,其中不少就以表现他和弗利德里克的真挚爱恋为主题。

在此,又需要说明,笔者在许多年以后也从歌德自传中获知,歌德本人还很自豪地公开说过,它们——那些"短小精炼的优美歌词",本来已足以结为一本精彩的歌集!而且,其中有些作品,后来果真被留存了下来。同时,在他的众多诗稿中,读者大抵上可以很容易地将它们跟其他文字区别开来。这无疑表明:这一部分诗歌,或者在内容上,或者在形式上,甚至在两方面,都很有自己的特色,明显地异于其他作品。应该说明,按照现成的曲调配诗是一种好做法,冲破其束缚也是一种好尝试。

朱白兰教授的讲授最终告诉我们的是:在这个时期创作的诗中,《五月之歌》是如何成为歌德最著名诗作之一的——无论在内容还是在艺术形式上,都是成功的创新成果。

最后,朱白兰教授对《五月之歌》进行了"完善"的总结,并建议我们在课后乃至在更后的时间里继续欣赏和学习它。是的,她本人作为女诗人,其实也愿意看到她的学生中也有人对写诗感兴趣并做出尝试,这《五月之歌》正是可贵的样板呢。

就这样,她对该诗所作的全部生动而深邃的讲解,给我们留下了极为深刻的印象。

三

写到此处,笔者本来想以附件的方式,即提供当年那份作为教材的《五月之歌》(Mailied)的原件的复印件或扫描件,让读者"见识"其"真容"。特别值得注意的是,页首写着的是"德三词汇",因为这正好说明,朱白兰教授当时并非如有些人后来所认为或特别强调的那样,仅限于担任德国文学教学任务。《五月之歌》固然是文学作品,但她却在讲授词汇课的时候就讨论它。至于系统的文学课,则等到四年级才讲授。原件复印件或扫描件上,还可以亲见其页面旁边就是本人听课时留下的记录的笔迹。

可惜那原件的边缘确实留有太多的缺损,以致笔者放弃了以上打算。于是,改而提供该诗全首的汉语译文,供更多读者一起欣赏。

我完全相信,这也非常符合朱白兰教授的心愿。她指导了我们,自然还希望我们把歌德如此成功的杰作拿出手,推荐给更多的中国读者啊!

因此,请大家一起来欣赏该诗全文的汉译吧:

明媚的大自然
迎着我闪耀!
阳光在普照!
原野在欢笑!

繁花竞开在
每一个枝梢,
草丛灌木间
万类在喧叫,

各人的欢欣
涌出了胸怀,
大地啊太阳!
幸福啊愉快!

爱情啊爱情!
美如金辉,
就像那朝霞
浮在山巅。

你衷心祝福
清新的原野,
繁花似锦的
宏伟的世界。

姑娘啊姑娘,
我多么爱你啊!
你目光娇媚,
你也多么爱我!

就像云雀喜爱
晴空和歌唱,
就像朝花欢喜
天上的芬芳。

我热血沸腾啊,
这样深地爱你,
你赐给我青春、
喜悦以及勇气,

激励我颂唱新曲,
跳起了新的歌舞。
愿你永远爱我,
愿你永远幸福!

  还有,别忘了歌德1770年的粉笔素描画《乡村姑娘弗利德里克的家居》。朱白兰教授在课后的确给我们提到过该画呢!

  接着,又必须提及以下情况:到了我们上四年级的时候,朱白兰教授还给我们讲授了《五月之歌》的姐妹篇《欢聚和离别》——那可是名正言顺的文学课了!

  我在自己手头上的教材中(图1-12),对后者同样记下了许多不应忘记的注释(图1-13)。

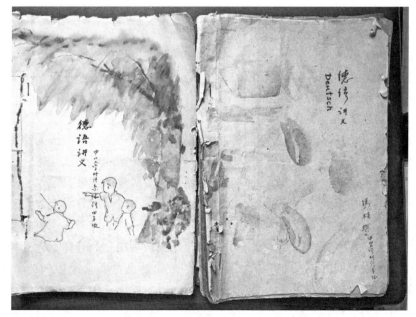

图1-12　中山大学外语系德语四年级使用的油印教材封面(1964年)

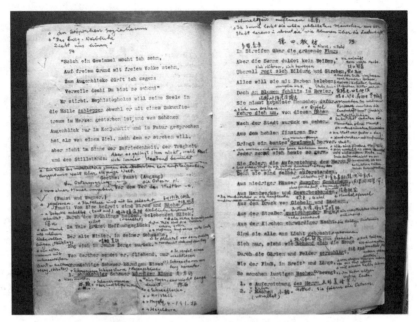

图1-13 珍藏的教材,难忘的记忆:油印的教材,手写的笔记。

不过,在本文中,笔者宁愿记述一下,按照朱白兰教授的引导,我们当中的一些人自己去找材料,了解歌德和弗利德里克的恋爱故事如何延续下去的一些情节。她认为到了四年级,本来每个同学都应该有这种能力了;不过,不想这么做的也无所谓,只听听已经做的人得到的收获,也是行的呢。

其后,笔者和几名学友了解到的情况是:歌德那时候从斯特拉斯堡到塞森海姆村要走很长一段路。那会儿不仅还没有汽车,就连自行车也未面世,远距离交通靠的是骑马或乘马车。

歌德的骑马技巧已经颇为出色,他扬鞭加速,跑得飞快。但因为路途确实不近,有时途中还遇到某种意外,就算早早出发,到达的时候也常常已经是黄昏,以至天地之间早就黑沉沉了。但是即使是迎着黑夜的袭来,他也不肯放弃与弗利德里克相聚的机会,甚至不愿在半路上借宿,待至次日早上才看到她。

有一次,歌德在学校里刚上完一段紧张的课程,临下课时,主讲教师说起了题外话,认为大家将有几天假期了,他请同学们利用它好好休息,把精神振作一下,还说学问的工夫不单靠认真和勤勉,而且也要以愉快和从容来对付。他建议各位让身体随之活动活动,徒步或骑马漫游周围的郊野,必然会得益。

这样的话正好说到歌德的心坎,他自然大为欢喜。他本来就打算这天就和一位名叫魏兰特的朋友同往塞森海姆,不料碰巧后者不在。但是,这没有打消歌德的打算,只是出发时间比预期的略迟。

于是,途中夜幕降临了。好在月亮早已升起来,高悬中天,投下寂静的光辉,使他还能看清道路,免得迷失。一路上还有晚风呼啸,林木摇晃,景物飘荡。不管他多么心急,终究是很晚才到达村子里。

此时,他担心弗利德里克家里的人早睡着了。如是,则不好去打搅。但经打听,才知道弗利德里克和她姐姐刚从外面回家,据说她们在等候一位客人,也心急得到外头去看他来了没有。这话竟使歌德觉得有点不对劲,不免吃起醋来,因为他希望此时只有他来访问她们。

在淡淡的月光下,两姐妹坐在家门口,果然是在等人。但歌德赶到时,她们却不大像感到意外。原先歌德并无预先通知说此时此刻要来。按理她们不会是等他的。可是,他完全想错了。她俩偏偏就是在等他!

就在这时候,弗利德里克凑近姐姐的耳朵说:"他真个来了!"而这话刚好又让歌德也听见了,自然感到分外高兴。有什么比得知情侣时时刻刻都在期待自己的到来,而且如此准确地预见到他们相聚的机会更令人兴奋呢?弗利德里克自己自然也为预言的应验而得意!

歌德其后就又完成了一首描写与弗利德里克热烈爱恋的杰作,当然,又是一首名诗,题为《欢聚和离别》。

对《欢聚和离别》的德语原文,朱白兰教授再一次采用了好些替代式的解释词语,让我们增加了理解和表达两方面的能力。在此,笔者不打算再详加举例说明了。

不过,不妨请看看第一节的汉译:

> 我的心跳呀,快快上马!
> 动作几乎比思绪还快速。
> 黄昏正在摇晃着大地,
> 依傍着群山挂起了夜幕:
> 已经披上了雾衣的是
> 那巨人般屹立的橡树,
> 昏暗用千百双黑眼睛,
> 从那灌木丛四处盼顾。

读过此节,就可以体会到朱白兰教授当时为什么说,就表现特点而言,《五月之歌》的概括力是在《欢聚和离别》之上的;但就描写手法来看,《欢聚和离别》则比《五月之歌》更具体、细腻。

第3篇
朱白兰教授如何讲授歌德的《少年维特之烦恼》

一

年轻时期的歌德，最重要的作品是小说《少年维特之烦恼》，完成于1774年。

我们上四年级的时候，朱白兰教授讲授了这部作品。她事先告知说，歌德于《五月之歌》和姐妹篇《欢聚和离别》中所赞美的与弗利德里克之间的恋情，后来并没有"结出果实"，两人分手不久后，他结束了在斯特拉斯堡的学业，在别处停留了一些日子，最终回到法兰克福的家里。

1772年，歌德遵从父命前往在韦茨拉尔的帝国法院实习。他在那儿的亲身经历，以及后来再次回家期间听到的一则传闻，加上别的感受，一起让他酿就了该小说。不过，尽管它只是中短篇小说，终究比那《五月之歌》和《欢聚和离别》的篇幅长了许多，在课堂上无法真正详尽、完美、细致地讲解。这使得朱白兰教授一开始就不得不为此表示惋惜和遗憾。

她还解释说，《五月之歌》是放在三年级的词汇课里学的，只是"顺便讨论"了作为"名诗"的光华和价值，而现在四年级，按照教学计划，是正式讲授德国文学的阶段，对《欢聚和离别》，她已经将其作为此阶段的一个项目来讲授了，正因为它是《五月之歌》的姐妹篇，两者有天然的联系，于是，她又在讲授它的时候继续陈述了许多相关的故事情节。

不过，笔者在此处却不准备专门介绍她讲授《欢聚和离别》的具体过程，而是转向介绍小说《少年维特之烦恼》的讲授。

二

小说《少年维特之烦恼》的教学重点，在于故事情节、时代背景、人物性格和作品的主题，以及其流传的广泛性与影响，还有它的高度艺术性，等等，朱白兰教授当时一开始就明确说明，话题自然会更广。然而，受时间限制，无奈之下，她的确只能给大家"导读"。这意味着同学们在课后须用更多时间、花更大精力去研读整部原文，当然也可以与已经有的中文译本对照着看，以加强理解。

朱白兰教授是一位讲求实际和客观可能性的老师。她正是按照上述方法进行教学的。目前我手头上保存的，只有当时油印的十页多一点儿的篇幅，而留有我课上笔录痕迹的，仅在其中五页的上头和下边——不过，仍是十分宝贵的啊！

我本人，也相信还有好些当时的学友，如今都还相当清楚地记得，朱白兰教授首先生动地介绍了整个故事的基本内容，她的导读做得十分得当。

我们在课上很快就都知道：小说的主人公维特是个纯真的年轻人，原先只是为了料理母亲的遗产事宜而来到宁静、美丽的小山村。但是不久，在乡间晚会上他很幸运地认识了一位年轻貌美、善解人意，名叫绿蒂的姑娘。接着，两人来往密切，共同度过了一段难以忘怀的时光。这让我们很自然地联想到《五月之歌》里所描写的美好和欢乐。

而且，就是这个维特在小说中的故事，正好包含着类似歌德本人在韦茨拉尔的亲身经历。如上所述，歌德是在1772年5月遵从父意到韦茨拉尔实习，也是在一次晚会上认识了名字叫作夏绿蒂的姑娘，并且产生了热恋的情感。

朱白兰教授继续说，维特接着获知绿蒂已有未婚夫，他当时刚好到远方旅行去了，虽然回来后与维特也建立了良好的友谊，但是维特本人却禁不住另有想法——不仅仅因为自知追求绿蒂已经无望而深感烦恼，而且觉得处境尴尬。

其后，维特不得不离开那个小山村，赶到异地的一个公使馆去，担任下层职务。接着，命运再次为难他：那位处事和为人都十分迂腐的公使对他的工作百般挑剔，当地一些贵族和绅士之类等其他人物也都寻机对他进行无情的奚落，所有一切，全都让这个平民出身的青年感到那儿也非久留之地。

朱白兰教授还说，怀着忍无可忍的颓丧心境，维特转移到了别处，却始终没能找到与自己志趣相投的朋友。于是，他陷入旧有的难忘情怀，百倍思念分别了的绿蒂。当他下定决心重回那个小山村时，却看到绿蒂早已正式成婚……至此，维特真正百念俱灭。

当然，小说情节发展到这里，与歌德本人的经历就有了越来越远的距离。其后面素材的主要来源在于歌德离开韦茨拉尔不久发生的另一桩事。他先前在莱比锡求学期间，有一位名叫耶路撒冷的同学，当歌德在韦茨拉尔时，他也在当地另一个机构实习，并爱上了同事霍尔德的妻子，深陷情海，无法解脱。

在关键时刻，耶路撒冷不仅受到女方的断然拒绝，更遭到霍尔德的严厉侮辱。耶路撒冷本是个外表英俊可亲的青年，但性格内向，情绪无法找到合理的外泄，此时经受不住接连打击，于是设法借来了手枪，本来是说打算外出旅行期间玩玩射击时用的，实际却是在做自行"了此一生"的准备。就在当夜一点钟的时候，他举起手枪，朝自己的脑门轻轻一扣，结束了年轻的宝贵生命。

歌德正是把本人和耶路撒冷的经历结合起来，形成了情节完整的维特故事。

三

这部小说总体上具有"悲剧性"。——朱白兰教授本人明确地强调。

"那么,维特的自杀仅仅是个人悲剧吗?"她随之向我们提出了这样的问题。

当时,课室里一片寂静。她本人知道,这个问题的答案,有的同学确实不容易给出,另一些同学经过思考,虽然可能会有一些结论,但语言表达上会遇到相当大的困难。

停息了好一会之后,朱白兰教授决定由她自己解答。

在一番说明之后,她指出:应该同时看到,这种"悲剧"不仅仅是由于主人公的性格软弱所造成的。对本作品的内容的理解,不应局限于只联系到歌德本人或他那位同学的爱情得失,更重要的是,要看到它实际上反映了他们和与他们相似的年轻人——概括地称呼为"新兴的市民阶层的年轻人"——所处的社会现实状况。当然,在这个过程中,既有新兴市民阶层的处境和命运问题,以及历史局限和时代背景问题,也有具体个人本身的性格等因素。

朱白兰教授又强调说,应该通过维特的遭遇认识到,那个时代的德国社会,封建统治势力仍然颇为强大和顽固,让新兴阶层感到负压重重,一些有才华、有能力,可惜意志还不够明确、性格不够坚定的年轻人,因此看不到生活的明确意义和努力奋斗的具体目标。社会上好些怀有偏见者,尤其是那些掌握权势者,使其才华得不到发挥。年轻的维特是新兴阶层当中的一员,当他试图回归个人领域的普通生活环境时,又缺乏适当的环境、合理的条件和必要的引导,在消极沉沦中,终于难以悄然偷生,以致最后让宝贵的性命终结无存。

四

受课时的限制,朱白兰教授布置了一个课外作业,让我们自行到外语系图书馆借阅该书的原文文本,或者同时借阅该书的译作,暂时只按照她划定的若干章节轮流阅读,并希望各位同学能够写出自己的读后感。当然,她没有强求全班所有人都如此,而只是建议有兴趣的同学这样做罢了。

但让我们感到有些意外的是,对其中的一个特定部分,朱白兰教授要求我们全体都必须细细阅读,谁也不能例外。

具体地说,她选取了维特6月16日写下的日记中的段落,内容记述绿蒂作为大姐姐细心照料弟弟妹妹们的情节。原来,绿蒂的母亲早已仙逝,家里除了她这个大姐姐之外，还有多个年龄幼小的孩子，从2岁到11岁，可以排成一列小队伍。另外，当然还有职业在身、整日繁忙不息的父亲，也需加以照顾。家中虽然雇有女仆，但家务繁重，单靠那女仆如何应付得来？好在有绿蒂尽力帮忙。

绿蒂的责任真的不小，尤其，弟妹们最爱听从的，不是别人，而是她。无论大小事情，都是如此。每当她不得不出门办事的时候，就反复吩咐大妹妹——大约11岁的索菲亚照看那些稍小和更小的，并叮咛小家伙们都绝对要听从索菲亚，等等。

在朱白兰教授的引导下，我们了解到，绿蒂的这种优良品格正是维特对她倾心爱恋的最重要原因之一呢！毫无疑问，这对于我和同学们认识德国社会的家庭情感因素也颇有启发性。因为我们当中有人在别处听说，西方国家一直盛行各顾各，家庭观念比较淡薄，那么，这绿蒂的人品岂非属于特殊的一格？针对此问题，朱白兰教授当时回答说：非也，非也！尊老爱幼，乃全球通行的普世观念！

小说的最后一段，叙述维特生命结束时的具体情景。

那天，即1772年12月21日，早上，维特开始给他始终深情爱恋着的绿蒂写信，又一次翻看自己翻译的莪相诗稿，并拿出先前（正好）向他的情敌（即绿蒂的丈夫）借来的手枪。在重阅信件的时候，他撕碎了不少，然后扔进炉子烧掉。

夜里11点之后，他终于写完给绿蒂的一封特别的信。

再过了些时候，最后，信中竟是这样的话："子弹已经上膛——时钟敲响12点！我该走了！——绿蒂！绿蒂！永别了！永别了！"

五

关于维特自行了结性命后的情景，在朱白兰教授的继续引导下，我们首先选读了如下的描述：

有位邻居看见火光一闪，接着听见一声枪响，随后一切又恢复平静。"继而，"医生赶到出事的地点，发现不幸的人躺在地上，脉搏虽然还在跳动，但四肢全部僵化，已经无法挽救了。维特是对准自己的右眼上方，朝额头开了致命的一枪，脑浆也迸发出来了"。

再后是："几个手艺人抬着维特的尸体下葬，没有牧师陪同。"

朱白兰教授对这段情节，只是略为解说。但她让我们特别留意小说末尾所叙述的内容，让我们明白，维特下葬时之所以没有任何教会人士到场，是因为基督教规定,"自杀者不得安葬在公墓里"。这样,社会分层次,权势存分歧,就明明白白地展露出来了。

朱白兰教授随之还让我们注意到,教会对这种行为确实是持"漠视"和"反对"立场的。也许,"反对"是可以理解的,何况连小说的作者歌德也是持"反对"态度的呢,然而,"漠视"却不应该,歌德写这个题材,恰恰表达了对这种现象的强烈关注,并认为公众也应该都给予关注,尤其希望青年读者们能够深切同情维特的种种遭遇,因他的遭遇而感到悲伤,同时极为愤慨,并为造成悲剧的社会因素发出强烈抗议。

在我们的印象中,朱白兰教授本人在进一步讲解时使用的言语是颇为审慎的。一方面,她表明,应该万众同声"为维特哭泣",应该衷心地表示"爱他"和十分痛惜他,他的确遭受了难以忍受的"屈辱"。但是,另一方面,对他那样"自寻短见",却是不赞同的。

六

朱白兰教授在讲解中反复强调,歌德写维特自行了却年轻的生命,其主观意图绝对不是想带来效仿者。恰恰相反啊!她为什么要告诉我们这层意思?——她说,还是让同学们自己去思考和求证吧。

看,她留下了又一项重要作业。不过,同样是供有兴趣者为之。而我本人始终属于这"有兴趣者"之列。

我和一些同学了解到,当时社会上果真出现了效仿者,形成所谓"维特热",从而发生有人对歌德进行"攻击"的事件。但我们在阅读别的资料中同时获悉,歌德本人认为,"维特的亡灵"是留下了严重警戒的,以至于它"从梦中"向每一个年轻人"示意":"莫步我后尘啊,要做个堂堂男子!"因为,自弃生命不是真正勇者的行为,一个在事实上或在更深层次中表现出志气远大的"堂堂男子",理应拥有毅然不屈的英雄般的气概,顶天立地,敢于正视造成现实局面的原因,进而为改变不公正的环境而斗争。

朱白兰教授在课外还告诉我们,小说《少年维特之烦恼》发表于1774年,值得特别注意的是,恰恰在上一年,歌德另外写成了剧本《铁手骑士葛兹·封·贝利欣根》,直接以农民起义反抗封建统治者为题材,并且,该剧本被视为启蒙主义文学进入新阶段,形成"狂飙突进"文学运动后,随之获得的重要成果之一。因此,对小说《少年维特之烦恼》中所含有的抗议当时社会上之不合理现象,其积极意义应予以更多关注和强调。

传授人生哲理,无疑是朱白兰教授在文学教学中的组成部分。——是的,她这么一位充满智慧的教师，实际上是借用了歌德的文字发出了自己相同的心声。

七

在与朱白兰教授的个人交往中，有一次，她还给我以及一位同学提示说，1824 年，即在《少年维特之烦恼》初版五十年后，莱比锡一位出版商打算推出纪念版，请歌德本人作序，已经 75 岁的他，再次回忆起年轻时所创作的这个维特的故事，自然另有感慨，于是又写了一首《给维特》的诗歌，篇幅稍长，这里仅仅附上朱白兰教授特别为我俩诵读过的开头的一节——她当然是诵读德语原文，在这里笔者则只提供译文。

请先看前四行：

众多人哭悼的亡灵，你又一次
如此勇敢地现身于日光照耀之时，
在鲜花绽放的原野上与我相会，
并不惧怕我的目光再次与你对视。

这就"艺术地"让那维特"回归世间"了，歌德从而"可以"与他一起"重获"以下享受：

仿佛你重新回到了青春年轻时期，
那时我们在原野上一同欣赏朝露。
在经历一天十分厌倦的劳累之后，
落日的余晖就让我们欢聚在一处。

但是，那纯粹只是一种"假设"罢了啊！
而事实则是："我"——歌德自己，"你"——维特，一个仍留在人间，一个早已经逝去多时！
所以，接下来，诗中说的是：

我留驻余生，而你却早已经辞世，
你先行一步，因而只有不多损失。

朱白兰教授马上指出，在这样的诗句中，歌德再次表达了惋惜维特不幸"已经辞世"，但此时又要说他只是"先行一步"，并且安慰对方"只有不多损失"。她认为，这类话语无疑包含着对"生死有命"的达观。

　　然后，朱白兰教授又再次向我们强调，正是"留驻余生"的歌德本人，在过去的大约整整五十年间，在事业上有过多少重要以至伟大的造就啊！这自然令人更加禁不住要感慨万分！是啊，假如当年他本人也与维特（或那位叫耶路撒冷的同学）犯下同一错误，对于人类文化来说，那"损失"该如何计算?！

　　顺便说，在结束本篇的时候，我还想提到一个也许同样属于具有"特别"性质的补充：记得笔者曾向朱白兰教授说过，我们当时从图书馆借到那里的中文译本，其书名乃《少年维特之烦恼》，其中的"少年"一词似乎值得商榷，因为汉语的"少年"通常是指 10～15 岁的年龄，可是维特事实上比这年长得多，该过了 20 岁吧——就歌德自己所言，维特出生于 1749 年，到了 1772 年，则该是达到 23 岁了。朱白兰教授听后，点点头笑了，然后说："那你就去请那译者重新考虑好了！"这一段，当然完全是个"题外话"。但朱白兰教授露出的微笑，让我感受到她喜欢听到她的学生的独立"主见"，虽然后来我自己对这事倒是不了了之，所以本文整篇也就照样采取此译法呢。

第 4 篇
朱白兰教授讲授歌德对约翰娜·瑟布丝的颂扬

　　在保存下来的朱白兰教授使用的教材中，留有本人详细笔记的，有一首题为《约翰娜·瑟布丝》的叙事诗。我在另一处曾说过，关于她当时的具体讲授情况，我是不太记得了。但是，现在重新结合这笔记认真追忆，却又感到印象再现。

　　故事依然发生在莱茵河畔。

　　朱白兰教授在讲述该诗之前，首先告诉我们，从瑞士阿尔卑斯山地区奔腾而来的莱茵河，上游有夏季消融的冰川，中游有春天融化的积雪，下游有大西洋的海水补给，加上沿途众多大大小小的支流的参与，河水常年盈满，给两岸土地带来丰富的滋养，田野肥沃，适宜于小麦、甜菜、啤酒花、葡萄和果树等农作物的生长，沿途居民的辛勤劳动因此获得丰厚的回报。

　　但是，在历史发展的长途中，莱茵河却又曾多次"大发脾气"，它的流水有时候如脱缰的野马，冲击悬崖，推倒林木，越过堤岸，形成暴洪，掀起惊涛骇浪，吞没许多大小村庄和城市，淹没无数财产，造成哀鸿遍野、生命涂炭的景象，无限悲凉凄惨。

歌德在他的漫长的人生历程上，不止一次两次听闻此类情景，虽然没有刚好亲见莱茵河的这种状况。

1809年1月12日至13日夜间，先是莱茵河上游沿途的冰雪急剧融化，很快就汇成浩浩荡荡的洪水，疯狂地涌流而下，造成下游靠近荷兰国境的克莱维汉堤坝大崩溃，布里南村及其周围共五六个村子，顷刻间全部被淹没。莱茵河本来就是一条国际性河流，此刻沿岸严重的灾难不仅惊动了德国境内的同胞，还引起相邻的荷兰、法国等国许多热心的人们的深切关心。

大凡在人世间，每遇到大灾大难时，总会出现一些互相帮助、互相支持的行为。这也许正与诗人歌德所说的"人类本来就应该具有的高贵品质"相一致吧。在这次洪灾中，这种互助精神特别表现在一个叫作约翰娜·瑟布丝的年仅17岁的少女身上。

朱白兰教授在讲授该诗之前还先说明，约翰娜·瑟布丝在勇敢地救出母亲之后，顶着凶恶的浪涛回到原处，本来是想救出邻家妇女及其三个子女。但是，此时洪水更凶猛了，约翰娜·瑟布丝不仅无法实现那高贵的愿望，而且最后自己也不幸被洪水吞没了。

约翰娜·瑟布丝的行为令人惋惜、感动，为了永记其事迹，当地官方发起募捐，准备给她建一座纪念碑，并请歌德为她创作颂诗。

朱白兰教授说，此刻我们眼前读到的，就是歌德当时献出的作品。它一共有五个段落。

请看附有本人在聆听朱白兰教授讲解时做了较多笔记的段落之一。此处是该段落的译文：

> 堤坝崩坍，田野轰隆轰隆地响，
> 洪水疯狂，到处都是一片汪洋。
> 她已经把母亲背到了安全地区，
> 美丽的瑟布丝随后又跳进波浪。
> "哪里去，哪里去啊？水已涨高，
> 无边的洪水，到处都在疯狂咆哮。
> 你竟然如此大胆地重新冲进波涛！"
> "因为我一定要把他们全都救走！"

笔者还想起，朱白兰教授在授课时用了许多话语，具体描述洪水如何汹涌暴怒、一泻千里的可怕情景。刚好，诗中有好几节的开首，都以词语相近的两行，说明两岸的"堤坝"已经被完全冲破，往日靓丽平静的田野失去了安宁，浪涛不停息地前行，发出叫人惊心动魄的"轰隆轰隆"的呼号，狂莽地威胁沿途的城镇和乡村，放眼四方，不久就完全变成一片汪洋大海了。

记得朱白兰教授说，对这样的情景，她相信当时在座的同学中，一定有好些人不会感到陌生。因为据她所知，就在我们广东，而且就在汇合成为珠江之前的西江、北江和东江，或者在广东东部的韩江，以及沿海地区，过往都发生过多次类似的严重水灾。而且，也许就在我们中山大学的北门外，也曾有过江水汹涌的景象，对此该去找久驻本地的长辈们询问。有幸的是，新中国建立后，通过日益加强的水利建设，相关地区都在为实现减灾灭灾的目标而努力。

看来，她在备课前，其实已经专门对上述情况做了一些了解。联系实际是她常用的教学方法，此次又是如此。尤其重要的是，她真的为新中国目前的水利事业的不断进展和未来可期前景而高兴，而且，这种情感是一定要在她的学生面前表达出来的。

在说完自己颇长的又一段"导言"之后，她要求大家掌握在德文中描写或叙述水灾和救灾的常用词语，并用它们组成句子，进而形成散文式的短文。对这样的练习，大家都很有兴趣，虽然当时也感到困难不少，但是她的耐心帮助让同学们增强了信心。

然后，她继续说，歌德这首诗歌写下的，如上所述，是19世纪初莱茵河那儿曾经有过的情景。那位名叫约翰娜·瑟布丝的年仅17岁的美丽而善良的少女，为了援救他人而不幸殉身的事迹广为流传。歌德为她创作的诗歌，于该年5月11日至12日写成，并交由著名作曲家采尔特作曲。

接着，朱白兰教授继续对该诗的好些段落进行详细讲授。歌德原诗的汉译如下：

> 堤坝在消失，波涛轰隆轰隆地响，
> 就像大海在翻滚，水面一片茫茫。
> 汹涌的波涛谁也无法挡得住，
> 美丽的瑟布丝却勇敢游回头，
> 她已经来到山边到处在寻找，
> 但无法把女邻居和孩子救走！

朱白兰教授的解说让我们感受到，"汹涌的波涛"无论怎么猖獗，都没有吓住"美丽的瑟布丝"，她就是要尽一切可能把"女邻居和孩子"的生命保住，救到可靠的地方。这种决心、勇气和实际行动，怎能不让人们感动？

只是，可惜，她的所有努力终归没能成功，因为：

> 堤坝完全消失，只留下汪洋，
> 在小山四周都轰隆轰隆地响。
> 无情的漩涡张开着它的大口，
> 已经把女邻居和孩子吞掉了；
> 有一个孩子本来抓紧山羊角，
> 却也都一起被洪水卷灭掉！

朱白兰教授在话语中，表示自己十分同意歌德所表达的非常深切难舍的痛惜，由于拥有那么"高贵"的品格——"像一颗明星"，本来是应该有别的人也来抢救她。

朱白兰教授相信在座的同学们也全都如此认为，并为她终究没有得到抢救而感到心痛：

> 美丽的瑟布丝还在那里停留，
> 高贵的姑娘，谁来把她救走？
> 美丽的瑟布丝就像一颗明星，
> 可追求者没一个在身前身后。
> 她的周围只是无边际的水面，
> 这时候也没有任何小船来到。
> 她向着那上天，抬头一望，
> 接走她的是假惺惺的浪涛。

朱白兰教授接着还说明，随着岁月漫长的变迁，那座纪念碑现今究竟是否依然矗立在那个地方，已无从知晓。而且，即使幸而还存在，大概也只有为数不多的人会亲临该地瞻仰。然而，非常有幸的，倒是歌德的这首杰出的诗作，穿越所有地理与时间的距离，让这少女的名字和事迹继续传扬不止，至今乃至以后仍然让人们心怀无限崇敬。

诗的最后一段这样写道：

> 接着，那堤坝和田地全都不再存在！
> 只有一颗树和一座尖塔剩下没有倒。
> 洪水已经把所有的一切全都淹没掉，

> 然而，瑟布丝的形象却无处看不到。
> 当那大片陆地重现在洪水退走之后，
> 到处都举行对美丽的瑟布丝的哀悼。
> ——若有谁不把她赞颂，把她传扬，
> 其生与死，就只能被别人丢到脑后！

显然，朱白兰教授认为，歌德对约翰娜·瑟布丝精神的颂扬，也已经是一座永恒的纪念碑。她这个观点，在我和各位同学看来永远正确。

后来，本人有幸读到歌德的更多作品，其中有不少也是以赞颂美好品格为主题的。而且，他在《格言和感想集》里说明这样做的心愿是："赞美别人就是把自己放在同他一样的水平上。"他在诗中赞美了一位"美丽和善良的姑娘"，首先是赞成这种精神。她的英勇事迹被广为传扬，成为永恒的榜样，歌德的确用自己的诗为此做出了重要贡献。

发生在1809年1月12日至13日夜间的这一次莱茵河洪灾，歌德本人没有在现场。根据后来我获得的材料，歌德在其漫长的一生中，曾在好些别的地方亲自经历过，或听闻过山洪暴发和河水泛滥或者别的严重灾难的惨状。而关于火灾，他本人还明确记载了参与救火的情况。

当我告诉朱白兰教授自己曾经读过以上材料时，她露出的微笑和表达的鼓励让我终生难忘，一直激励我后来继续进行歌德诗作研究，并于歌德诞辰二百六十周年，即2009年推出长篇著述《爱心与高尚的礼赞——歌德诗作溯源与述评》。令我感到荣幸的是，该书被法兰克福市歌德故居的图书馆收藏，德国驻穗总领事、歌德故乡法兰克福市市长和德国学术交流中心专家为该书题词，充分肯定该书对促进中德文化交流做出的贡献。我把该书献给年轻人，也献给最早引导笔者研读歌德作品的朱白兰教授，以表达对她的怀念与感谢。

第5篇
朱白兰教授如何讲授《浮士德》

一

当年，朱白兰教授告诉我们，歌德的成名作《少年维特的烦恼》是在四周之内疾书而成的书信体小说，但是，歌德最重要的作品则是苦心经营了约六十载才得以完成的《浮士德》。作为剧本，《浮士德》分幕、分场，但同时又以诗的形式出现，达到12000多行。综合起来看，实际上应叫作史诗，其中有曲折的故事情节，有生动的人物形象，以丰采多姿的艺术形式表达深邃的思想内涵。

朱白兰教授既然以向我们评介德国文学为己任，先前对歌德的好些代表性作品的评价已经付出了许多宝贵的精力，那么，对《浮士德》更是绝对不能不作为重点进行深入的讲授。可是，该作品从整体上说，由于内容复杂、形式多变和人物相当多等原因，一般读者，也包括德国文学入门不久的同学们，都会感到过于深奥，特别是在面对原文的时候，常会望而却步。

然而，朱白兰教授认为，可以让我们——她的学生——走一条恰当的途径，采取比较轻松有趣的学习方法——例如先了解一下它的大概情节，由此生发出愿意学习它的强烈热情，接着注意追寻主要人物的性格特点及其发展变化，逐渐深入地了解作者的写作意图，直至真正理解作品的崇高主题。在这个过程中，当然也可以采用"节选"的方式，找出若干部分来，一边欣赏一边分析——就能做到化难为易，进而领会其整体意义，以及认识诗人歌德所达到的伟大成就了。

在课堂上，她强调说，事实上，《浮士德》中的许多段落和章节，本来就能独立存在，是一篇或长或短的优美动人的叙事诗、抒情诗或别的诗体作品，若改为散文形式，则是一个个或长或短的情节曲折而动人的故事，这就给读者提供了"逐个击破"的条件。

她还认为，当然，有心人可以在这个基础上再精心地研读下去，把全书都读懂读透，从而取得真正丰盛的收获。这样的一席话，既告知了我们非了解和学习该作品不可，又给了众人充分的信心，并教会大家应该遵循的学习步骤。

二

据本人的记忆，以及此刻在手头上还保存着的材料所表明的，当时在让我们掌握了《浮士德》内容概要的基础上，朱白兰教授接着专门讲授了位于全书开头的一个题为"城门前"的部分。

她说，在故事开始的时候，主人公浮士德本是一位已年过半百的学者，原先酷爱读书，学识渊博，声名远扬，但是，后来却转而感到书斋生活十分单调，甚至枯燥乏味，因而产生了极为厌倦的情绪。以前做过的一切努力，几乎被他自己全盘否定，最后，还感到人生道路已到达尽头，再走下去将毫无意义，因而做出了要以自杀了却自身的严峻决定。这自然让我们想起了与维特相似的思维方式，虽然具体原因不同，实际手段也不一样。

然而，正当浮士德果真举起杯子来，准备服毒自尽的时候，窗外传来了复活节的宏亮的钟声，阻止了他"跨出严重的最后一步"。不妨说，他是比维特幸运的。

朱白兰教授认为，歌德是以生动的诗句描写浮士德此时的复杂心境的。记得我课后曾按照她的指导，找到了那些说明上述情节的诗句，尝试比较深入地领会其深刻含义，而且过了若干时光，还把它们从德文译为中文。

我觉得在该部分中，最重要的就是，表达浮士德如何迟疑难决的诗行，这一想法得到了她的认可。尽管当时我写下的那份译文，后来由于一些特殊原因，已经不知去向，可是今天还可以依据德文原文重译一遍。先取其中的若干句如下：

> 从天国传来的声音多么洪亮而柔和，
> 可是我已身陷尘垢，何必过来找我？
> 寻觅柔弱的人们，你应到别处去哟。
> 我却缺乏信仰，徒然听过福音爱意；
> 须知具备了信仰，才能够产生奇迹。
> 要向那传来喜讯的境界，奋力前移，
> 我这个人，委实并没有那一份勇气。
> 但是这声音，我自幼本已听得入迷，
> 此刻，它竟又呼唤我重返生活旧地。

于是，浮士德认为自己需要重新考虑刚刚做出的决定。是的，获得的新的结论是，其生命本该回到人间正常环境里来！

他的思想就此发生了转折。其后紧接着的诗句是：

> 记得，从前每逢庄严的安息日，
> 上天恩惠在肃穆中总把我爱够。
> 钟声洪亮地响着，预示了未来，
> 祈祷，那就是一种热切的享受；
> 一种无法理解的而美好的憧憬，
> 曾驱使我到林间和原野上奔走，
> 我感到新世界正在为我而兴起，
> 千行的热泪饱含在眼睛里漫游。

群众的热情呼号、节日的热烈回响，马上起了作用：

> 歌声传回年幼时期有过的幸运，
> 重新宣告了春祭日的欣喜自由。
> 总之，又想起孩提时代的感奋，
> 它阻止我跨过严重的最后一步。

对于这个"我"，这该是何等重要的转折！正因为有了这个转折，于是：

> 啊，天国神圣之音请继续欢歌！
> 泪水逆流，这世间重新又有我！

随后，朱白兰教授继续说：紧接着，浮士德在助手——他原先那位学生瓦格纳——的陪同下，不再停留在思想的迂回转变上，而是举步跨出家门，前往郊外，加入春游的队伍。于是，明媚的春光和欢乐的人群，促使他更热情高昂地回归到现实生活里来，而且，接着还酿就了自己新的人生追求。

三

朱白兰教授又告诉我们：接下去的一个特别关键的情节是，作为全书中仅次于浮士德本人的另一个重要角色——魔鬼靡非斯特就在此时出现了。他化了装，怀着特殊而隐秘的意图前来访问浮士德，并表示自己愿意作为他的忠实仆人，带领他去领略一番更加令他情感奋发的乐趣。此话自然非常迎合浮士德这时候的心境。

但靡非斯特随之提出了一个非常严峻的条件，那就是，一旦浮士德感到获得了真正的满足，就必须把灵魂交付出来，任由他处置。正是这，引出了剧本中又一段情节的转换。

也记得朱白兰教授强调地指出：此时，浮士德认为既然对方答应可以帮助自己实现更大的——也就是更美好的——追求，何须恐惧和拒绝这样的条件？

好吧，就按照靡非斯特的吩咐做：浮士德喝了魔汤，接着，马上重获原已失去的年华，恢复了充满浪漫情缘的青春，随之幸运地得到了美丽且纯真的少女玛甘泪的爱情。但是，且慢，万万没有料到，竟然会在这本来应该算作十分完美的过程中，无意地造成后者的母亲和哥哥先后丧生，而且，玛甘泪本人溺死了她与浮士德的私生子，并因此承受被关进牢狱等悲惨遭遇。

其后，继续演化下去的情节是，浮士德本人幸运地逃到了阿尔卑斯山，在大自然的怀抱中，还欣幸地治愈了严重的心灵创伤，得以重新继续他的热情追求和探索，尽管其路依然漫漫遥远，似无止境，但始终不曾停下脚步。

再后，他进一步幸运地来到了神圣罗马帝国的宫廷，并在靡非斯特的帮助下建功立业，为皇帝暂时解决了国家当时遇到的严重财政困难，还恰巧地会见了应邀前来的古希腊美人海伦和她的情人巴里斯。这会儿，浮士德自己竟然情不自禁，马上就倾倒于海伦的非凡美貌，并想从巴里斯手里把她夺过来，但却又因此意外地引起了爆炸，造成极端严重的后果。浮士德本人被炸昏了，由靡非斯特把他带回到从前的书斋。

朱白兰教授告诉我们，浮士德苏醒过来以后，又进入一个新的阶段：在已经成为名人的那位从前的学生瓦格纳制成的"人造人"的指引下，他终于成功地到达了本来朝思暮想的希腊，并得以同最为倾心的美人海伦完美结合。但是，幸福才刚刚开始，就又不得不很快结束，因为他俩的儿子欧福良由于太过狂放不羁而不幸早夭，海伦处在极端悲伤中，也随之逝去。这样，浮士德在世俗中曾经获得的种种欢乐，以及对希腊古典美的强烈追求，就不可避免地又全都破灭了。

说到此处，记得朱白兰教授的话语暂时停住了好一会，然后指出，幸而一个新的更重要的转折又出现了。而且，浮士德的思想境界此时正好就因一系列新的曲折经历而进一步升华，并因此下定了最宏大的决心，要真真正正脚踏实地去开拓一种稳固坚实而意义重大且目标崇高的新事业。接着，再一次在靡非斯特的有力协助下，他为皇帝镇压了一场叛乱。皇帝论功行赏，把沿海的一大片土地赏赐给他作为封地。

朱白兰教授的话语再次停住了好一会，目光在我们当中重又扫视了一回，为我们几乎全体都能够跟上她的陈述而高兴。当然，也看到个别同学可能仍有理解上的疑难，显出茫然的表情，于是对有些部分做了重复。后来，她曾告诉我，她对有人感到不易理解是早有预料的。

然后，她回到原来的节段里说：时至此刻，浮士德虽然年届百岁，且已经双目失明，却带领着千万群众在封地范围内围海造田。多么美好啊！这会儿，他感到自己是在为广大民众谋福利，因而得到了一生都一直不停息地追求的最高满足。

是的，人生真正值得骄傲和自豪的目标，终于算是达到了！

恰好，就在这个时分，他倒地而死。

靡非斯特马上来到，立即如约要索取他的灵魂。

可是，天使们却更快赶在前头，他们驱赶了靡非斯特和小鬼们，成功地把浮士德迎上天国。

对朱白兰教授提供的这段《浮士德》内容介绍——毫无疑问，我此刻又一次感到特别幸运，因为那原文和我本人写在其间的笔迹，时至今天也仍然保留着。

当然，还要回头补充说，浮士德在助手瓦格纳的陪同下前往效外春游，在城门之前看到热闹景象，再次激起了其人生热情，并于其间发表了一段欢呼般的深情感触的文字，也是朱白兰教授在课上详解过的部分，同样留存在这份教材中，而且页面上也夹杂着我潦草的笔记。

四

许多年后，我和一些中国同行在德国学者兼好友的陪同与指引下，曾经有幸沿着美丽的莱茵河漫游，也许所到之处就有过"民间传说中那个实在存在过的浮士德"的足迹，不过在我的心目中，更多的是认为，歌德所歌颂和树立的浮士德，是一个日益坚定地立志要为百姓谋福利的人物，他最终找到了真正可以用武之地，于是带领众多群众齐心协力、紧密合作，以实际行动实现了伟大的理想。

毫无疑问，这样的人物尤其值得特别崇敬和颂扬！朱白兰教授当年对歌德所完成的《浮士德》作品的讲授，既概括又深入，让其深刻而稳固地永驻在我们的心灵里。她如此成功的教学，实在不枉歌德的壮伟的创作！

改革开放开始后，我曾有机会沿着莱茵河地区从德国南方北上，然后到达易北河，再后继续前行。再往北，往北！然后，来到了德国的北邻荷兰。其中有一回，由埃森大学的布莱因教授带领，我们的汽车行驶在莱茵河下游最末端的流域。布莱因教授说，此时此刻的所谓道路，原本都是河堤，造堤的巨大而坚硬的石头本地无法找到，全都是从德国那边开挖再运过来的，在从前运输工具不发达的时代已经这样做了，这不畏艰难的意志和劲头仍然让后人赞叹不已。他又说，其实，荷兰人不仅这样筑路，还这样围海造田，从而大大地扩大了生活的面积——在几个世纪里，一共造出了7000多平方千米，达到全国1/5的版图。

当说到这段历史时，我怎能不想起歌德在《浮士德》的最后篇章里所写的诗句：

> 我为千万人拓展生活的空间
> 虽还未完全，却可自由居住，
> 绿色的原野，与肥沃的田地，
> 人畜都愉快地找到新的去处。

> 是勇敢而勤劳的人们筑起高丘，
> 向那儿迁移，高丘把居民保护。
> 纵然外头波涛不断冲击着堤岸，
> 里面的住户却像在天国般幸福。

是啊，浮士德的理想，就是诗人歌德的理想。

"为千万人拓展生活的空间"——这是浮士德至为崇高的理想和生活使命最概括的总结，也是歌德给他的巨作《浮士德》确定的伟大的主题。

我向布莱因教授说出了自己的这样一份感受，他听了异常惊喜，大加赞誉。

第6篇
朱白兰教授如何畅谈席勒的剧作《阴谋与爱情》

在德国文学史上，重要性几乎与歌德齐名的席勒，当然也是朱白兰教授特别重视的作家。

她所提供的教材告诉我们，席勒1759年出生于符腾堡公国的小城马尔巴赫，父亲虽然在该公国的军队中当过低级军医，母亲开了一间小饭店，但收入甚微。席勒因此自小过着贫穷的生活，处于下等市民阶层的地位，这种经历对他后来的人生走向和文学创作内容产生了深刻影响。而且，其年轻时代的命运又深受公国的统治者卡尔·奥根公爵左右。

她尤其提醒同学们注意，1773年，席勒年仅14岁时，就被卡尔·奥根公爵强使进入军事院校性质的卡尔学校，先是学习法律，后来改学医学。公爵特别专横跋扈，在他主办的这所学校中，法纪极端严格，学生的一举一动、相互交往和书籍阅读都受到严密监视，成为当时封建社会制度下通用的统治手法的具体典型之一。

她随之引用了在同一时代也受卡尔·奥根公爵监控和迫害的著名诗人舒巴特的话，说那所学校实际上就是一个"奴隶养成所"。但是，物极必反，再无情的统治，再严厉而冷酷的措施，仍然阻止不了那时候在德意志地区进步思潮的逐渐兴起和传播。

朱白兰教授说到此处，让我们回顾她在介绍歌德生平时讲过的一些内容，而且说得更为详细而明确。她因而再次指出，以青年歌德等为重要代表的进步作家，在当时的德国掀起了著名的"狂飙突进"文学运动。该运动从启蒙主义发展过来，正好就在18世纪70年代成为一股文学与文化热流，并成为推动社会发展的革新力量，十分激进地冲击着旧制度，为追求自由和争取理应实现的"返归自然"的理想，为政治上克服民族分裂现状、实现德意志地区的统一而做出努力。在具体的文化领域中，向民间挖掘丰厚的养分，也成为广泛的倾向。

此时，朱白兰教授还以赞扬的口气指出，正是在这样的正反交叉而复杂的环境下，席勒找到了他人生的正确方向和道路。他此时准确地看到了启蒙运动在继续推进的过程，以及由此进而已经形成的"狂飙突进"运动的新成就，更促使了一般群众不断产生背离强制压迫的动力。小小的符腾堡公国的统治者，原以为自身有能力抵挡得住这样快速的社会变革与汹涌前进的潮流。

朱白兰教授说，正是在这种社会背景下，席勒勇敢地违背学校那些不合理的规定，暗地里读了不少思想内容进步的作品，其中就包括我们在上文已经提及的歌德的剧本《铁手骑士葛兹·封·贝利欣根》（注：这的确也是歌德年轻时的重要写作成果，尤其就当时的"狂飙突进"运动而言，本是必须讲授它的，可惜那会儿无法把它也安排进时间有限的教学计划里）和小说《少年维特之烦恼》以及莱辛的剧本《爱米利雅·迦洛蒂》等，并深受其启发和激励。

于是，席勒自己也按捺不住地动起笔来，在年仅18岁的时候，竟然秘密地写成了他最初的反封建剧本《强盗》。其中，不少文字是在入夜时分留下的笔迹。与先前莱辛和歌德的作品比较，其写下的反封建的锋芒似乎更为毕露有力。

朱白兰教授继续介绍说，席勒很无奈地在那所实行军事制度的学校度过了整整八年时光。1779年毕业以后，他进入公国的首府斯图加特担任军医。之后不久，幸运便光临了——1781年他的《强盗》得以出版，下一年刚开始，该剧就在曼海姆首次公演，并立即在社会上引起轰动，数月后再次演出。

朱白兰教授在课上还特别说明，所谓"强盗"，在此处并非指"为非作歹者"，而是刚好用于颂扬那些敢于起来与不公正待遇作斗争的年轻人。卡尔·奥根公爵这时候曾公开出面，企图阻止席勒继续进行文学活动，但席勒已经铁定了决心，就是要以文学创作表达自己具有的反封建观念，既然已经做出初步成绩，此时更深受鼓舞，怎会重新低头，甘心服从卡尔·奥根公爵？

朱白兰教授又说：于是，席勒与一位朋友一起逃离符腾堡公国，然后，不得不度过了一段没有生活保障的流浪生活。在此处，朱白兰教授提示我们，当年莱辛不也有过类似的贫困处境么？但是，在此种情况下，席勒依然坚持，不愿搁笔，有如莱辛那般。

1784年，席勒完成了著名的悲剧《阴谋与爱情》，这成为德国"狂飙突进"运动以来最成功的戏剧作品。

朱白兰教授此时要求我们特别注意教材中引用的恩格斯的话，说他其后曾把该作品视为真正的"德国第一部具有政治倾向的戏剧"。

之后，她还要我们看油印教材的下一段，即继续阅读与恩格斯观点一致的进步文学评论家梅林详细一些的评述，后者认为席勒此剧达到了一个革命高度，在他之前与之后，表现市民阶级的思想与生活的戏剧，其实都还没有达到同一高峰。

本文暂不拟按席勒的生平年份讲述朱白兰教授如何继续提到他的其他作品，而是在此处先着重看她是怎样具体介绍《阴谋与爱情》的剧情的。

朱白兰教授当时表示，她本人十分同意恩格斯和梅林的观点。从某种意义上说，该剧的确不仅是席勒本人最强烈地表达他的反封建观念的作品，也确实是德国文学中表现"狂飙突进"精神最突出的成果，从"革命高度"上看，的确已经超越了歌德当时已有的一些作品呢。

朱白兰教授继而说明，该剧的故事就发生在德意志地区的某个小公国，这与莱辛写他的《爱米利亚·迦洛蒂》以及席勒另一个剧本《菲艾斯克》把场景置于意大利不同，而是和他的《强盗》一样，都是直接而干脆地反映德国的情况。

同时，由于《阴谋与爱情》比《强盗》在内容和艺术性方面又胜一筹，因而具有更加尖锐的反封建意义；又由于《阴谋与爱情》说的就是当时一个小公国发生的"真实"故事，所以具有的现实性和针对性特别明显，或者说因此更具强烈的战斗力。

在朱白兰教授指引下，我们随后认真地了解到该剧的基本剧情，首先是：那个德意志小公国的宰相华尔特的儿子斐迪南爱上了门第低下的音乐师米勒的女儿露易丝，但是那身为高官的父亲为了巩固自己已拥有的地位，希望进一步成为公爵的亲信，因而另有主张。他要儿子与被公爵表面上离弃了的情妇结婚，以便公爵接着得以为实现某一特别的政治目的而再娶另一位夫人。

于是，在宰相华尔特与儿子斐迪南之间，发生了尖锐而激烈的矛盾。斐迪南捍卫自己的纯洁爱情，表示无论如何都坚决不会与露易丝分手。那当父亲的却不择手段，竟然去到那少女家中，无情地污蔑她是一名娼妓，故意诱骗斐迪南。此时，斐迪南立场依然十分坚定，对父亲的无理要求绝不让步，反而说自己要揭露父亲是谋害了前任宰相而谋得现任职位的，这样才终于使父亲却步退让，不敢继续公开胡作非为。

朱白兰教授继续说，但是，就在此时，父亲的秘书乌尔姆又另有自己的阴谋。原来，他本人想乘这个"好机会"占有露易丝，因而施计把她的父亲——音乐师米勒逮捕，然后狡猾地对那少女说，只有她给宫廷侍卫长书写一封

"情书"，她的父亲才有可能获得释放。露易丝出于对父亲的命运的至深关切和亲情挚爱，同时感到自己与斐迪南的结合，在困难重重的情况下——最重要的困难当然是两人家庭背景距离过分悬殊——终归是难以实现的，于是，她听从了乌尔姆的盼咐，并起誓不管出现何种情况都绝对不说出这么做的原因。

朱白兰教授又引导我们了解到，然而，该信后来"竟然"落到斐迪南手中。他深感意外，陷入万分失望之中。此时，他自然要直接质问露易丝。后者则坚守已经订下的誓言，绝对不肯道明真相。于是，最后出现的结局是，斐迪南对原先极为挚爱的露易丝的"背叛"愤恨到极点，因而决定置她于死地，在给她的饮料中预先下了毒，而就在露易丝知道自己的性命立即要完结时，终于说出了之所以会写那封所谓"情书"的实情。

因此，斐迪南获知了露易丝其实是始终完完全全地忠实地爱着他的，自己显然是"中计"以致对她产生误会了，此时他已经无法悔悟。随即，在自己的酒杯中，他也下了毒，伴随着亲爱的恋人露易丝，同样告别了人世。

对这部作品的内容细节，朱白兰教授当时继续说了不少既具启发性又很有吸引力的指导性话语。爱与恨如何叠加在一起，复杂的情感如何表现，艺术构思如何巧妙，等等，她一直讲个不停。可惜那时候我来不及更详细地记录下来。但是，对其中一些场景，毕竟还是留下了好些记录，此刻，笔者又是一边查阅，一边忍不住重忆聆听的过程，心中再次体会其意思。

例如，剧中写到宰相华尔特来到露易丝家里，正要表达某种企图的时候，露易丝的父亲严正地回应说："尊敬的宰相大人，您在国内可以为所欲为。可是这儿是我的家居。要是我需要向您递交一份申请书，理所当然要毕恭毕敬。但是，现在对于粗暴的客人，我就要把他赶出家门外的。"而且，在此之前，他还明确地对对方说："一段悠扬的阿达约乐曲，我当然可以为您演奏，然而娼妓买卖我是不干的。宫廷里始终都有她们哟，并轮不到我们平民来供应。"

我还记得，朱白兰教授指出，这说明露易丝的父亲作为一个平民，在封建社会里，的确是没有任何政治权利的；然而在家门之内，他还是相当勇敢而且聪明地做了自我维护，而且，他还明明白白地指出了宫廷里已有的黑暗状况。他的话讲得很有道理并很有分量，让那本来十分横蛮的宰相也根本无言以答。

然后，朱白兰教授在给我们进一步阐述关于此剧与莱辛的《爱米利亚·迦洛蒂》的区别与联系时，再次强调席勒是发扬前者所开创的，哟，还有歌德等的一些作品所延续的优良传统。我们作为后世的读者，不妨说他们的作品的意义之重大，事实上是已经超越一般文学的意义，而成为历史领域的更变与前进的证明。

除了上述基本剧情之外，剧本中开始部分还有一个特别的内容，也是朱白兰教授给同学们做了重点解释的,因为那同样是一种历史事实的表述:公爵让一名上了年纪的宫廷侍从带去一盒首饰给他的情妇米尔福特夫人。当米尔福特接到手打开来时,问道:"公爵购买这些宝石付出了多少钱呢?"侍从答道:"他无须付出一丁点。"对方不明白其原因,再次问道:"这么贵重的宝石,他竟然一点钱币都不用支付?"侍从于是说了以下情况:"昨天我们国内有七千名年轻人被运往美洲去了。就靠此而支付了一切。"夫人听罢深感意外和愕然,她放下那些宝石,在大厅里疾步而行,过了一会儿回到侍从跟前,说:"老兄!你怎么回事啊?我看到了,你此刻是在哭哟!"——是的,侍从正抹着自己的眼睛,四肢发抖,声音凄楚地回答:"的确是贵重的宝石,怎么来到这儿啊?——我的几个儿子也在那群被运走的人当中。"

记得朱白兰教授在反复要求我们读以上对话的时候,吩咐我们应同时认真地思考席勒写下这段内容的意图。那时候,就是为了获取利益,统治者什么无耻透顶的事情都做得出,包括把处于社会底层的年轻人贩卖到遥远的异国他乡,甚至到大洋彼岸的美洲去,或当牛做马干苦役,或充当战争"炮灰",在当时就是首先卖给了英国人,然后再被送往美洲进行殖民战争的前线。

朱白兰教授还告诉我们,该剧在搬上舞台后,恰恰是这部分对话常常被命令删除。她强调说,而这,又刚好表明它是如何特别有力地刺激和抗击了德国的封建统治者的。

现在,请让笔者重新回到那介绍席勒生平的部分。

朱白兰教授指出,在完成《阴谋与爱情》之后,席勒在1787年还推出了也属于反专制主义和要求思想自由的另一个剧本《堂·卡洛斯》,但总体上说,其创作方向逐渐发生了一定的改变,他开始怀疑自己激进态度的实际作用,这种情况正好表明德国文学史上著名的"狂飙突进"运动的高潮已经过去了。但是,值得特别重视的是,他和歌德的思想联系不仅没有断开,反而在80年代终结时,他还到了歌德所在的魏玛,然后在过了一个时期之后,两人开始了直接的亲密合作,从而让德国文学接着达到被称为"古典主义"的又一个新的高峰。

朱白兰教授当然接着还给我们介绍了席勒好些别的作品,例如《华伦斯坦》《玛利亚·斯图亚特》《奥尔良的姑娘》和《威廉·退尔》等,虽然讲得比较简要,不过我在自己教材中的这个部分又留下了本人的好些笔迹。据我后来做过的进一步研究,当然也知道席勒还有好些其他重要作品,包括哲学、美学、历史、小说和诗歌等。不过,在此处就略去不谈它们的内容了。

第 7 篇
朱白兰教授如何讲授海涅的两首诗作《致母亲 B. 海涅》

一

在朱白兰教授讲授诗人海涅的材料里,笔者保存下来且有详细课堂笔记的,包括十四行诗《致母亲 B. 海涅》Ⅰ和Ⅱ两首,还有《奴隶船》和《德国,一个冬天的童话》(片段)等好几篇。本文着重讨论前面两首诗的内容,首先指出它们本来就是并为一体的作品,继而要谈到它们还曾经引发朱白兰教授对自己的母亲的深切怀念,甚至会很自然地把后者作为重点。笔者因属于在她身边亲闻其言者之一,认为有机会向读者汇报此事,应是一种欣喜,同时也是一种应尽之责任。每一个人都感恩母亲,海涅如此,朱白兰教授当然也如此,我们自己也都无不如此,这份共同情感,此刻就让笔者的心绪汇聚并奔流不息了。

当年讲授海涅作品的课程是安排在四年级的,但记得朱白兰教授在解释这两首诗的过程中,又一次把德语词汇学知识与德国文学的讲授联结起来,为此花了好些时间,虽然不及讲授歌德的《五月之歌》时那么详细。其中,对诗的题目所用的专有名词 Sonette,她一开始就做了交代,说是复数形式,单数形式则是 das Sonett。她说,她知道中文里就简明地称其为"十四行诗",但是她宁愿同学们进一步了解到,其词义最好解释为:eine 14-zeilige, sehr schöne und schwierige Gedichtform。之后,她还指出那连接符号"-"其实可以省去,等等。

对常用词,她再次提醒我们要认识和掌握一些相关的近义词或同义词,不断扩大自己拥有的词汇量,例如,她让我们同时记住以下几个单词:willen-stark、charakterfest、unbeugsam、zielbewusst。并指出它们都是用于描写一个人坚强、刚毅、自信的品格,但各词相互之间的具体意义有一些"差别"。至于寻找"差别"的任务,她在课上就不详说了,还是由我们自己在课外去完成吧,相信我们是有这种能力的。不过,她依然像以往一样,留有自由决定的空间,不强求每个人都非这么做不可。

她还指出,对同一诗行,有时候同样可以转化成为几个意思相近或相同的句子,明白这一点,才算是了解到语言文字表达的灵活性和丰富性。

例如,《致母亲 B. 海涅》Ⅰ中的第一句:Ich bin's gewohnt, den Kopf recht hoch zu tragen, 这句诗行至少可以转化成以下三个句子:

> Ich bin ein aufrechter Mensch.
> Ich bin ein selbstbewusster Mensch.
> Ich habe meine Menschenwürde.

记得,她同时反复强调,上述情况又恰好表明,在此之前她已经说过的,在阅读文学作品时,加深对单词、词组和句子的理解,以及尝试进一步扩展研究范围,是既重要而又有趣的事情。而且,她认为,德语的表达能力十分丰富,这种情况虽然给大家增加了较多的学习负担,但同时让我们从其独特魅力中获得了更丰满的享受,所以应以珍重的态度对待。

在此,我忍不住要指出,这样的话语不是常人,而是一个具有跨越种族或国界文化意识的人士才可能说出来的,其中饱含她本人细致的体验和深刻的领会,不只是对学习德国文学作品具有启发性,就是对学习各个国家——当然包括我们中国——的文学作品,也很有意义。

另外,朱白兰教授认为,按她自己的观点,海涅的许多作品,尤其那些抒情性的,都比较适合编入现阶段的教材中,因为总的说来,其用词大多比较通俗易懂,句子结构也相对地明确、清晰,内容显得自然且单纯,便于理解又耐人寻味,等等。

写到此处,我想不只是说我和学友们十分赞同她的看法,不妨引用北京大学的张玉书教授以下的话语:"恐怕没有一个德国诗人,其语言会像他(即海涅)那样简洁明晰,使中国学生在初学阶段就能读懂他的诗句。兴致勃勃地背诵他的名诗。海涅的迷人的诗歌,使他们从一开始就感到德语的优美,鼓舞他们去学习这种连海涅自己也认为难学的语言。"[1]

这样的判断,与朱白兰教授所指明的,何其相似!

我当然希望有更多的中国读者都从中得到启迪。尤其是,当决定最终要攻克德语和德国文学的学习难关,但毕竟尚处于起步阶段的时候,首先选几首海涅的诗歌读一读,实在是一个好办法。

让我回归原来的话题吧。记得,在朱白兰教授自己继续下去的话语中,我们被告知说,海涅属于犹太民族,就在此处选的这《致母亲 B. 海涅》Ⅰ第一节里,他表明自己是其中一名性格刚强、在生活和人际关系中追求自主独立、绝对不肯屈从于某种权势的人士。

朱白兰教授嘱咐我们记住海涅的这一性格特点,因为这尤其对于理解他后来在人生的中后期陆续推出的越来越具有政治性的作品,是十分必要的。

---

[1] 张玉书编:《海涅研究》,北京大学出版社1988年版。

其后，她又介绍说，像许多犹太出身的人们一样，海涅的父亲和叔父都以从商为业。不过他父亲的业务能力不高，不断遭到挫折，以致家境贫困，日子难挨，但他的叔父却经营得十分顺利和出色，很快就成了远近闻名的百万富翁。虽然叔父并不赞成海涅对堂妹即他的女儿谈情说爱，而且还那么大量而露骨地表露在自己的许多诗作中，但他对海涅个人在经济上的资助，气量倒是颇大。先是帮助他也开展过一段商业活动，在其商店不幸倒闭后，则支持他上大学，包括波恩大学和哥廷根大学，兼顾了他所选择的好几个学科，直至1825年获得法学博士的学位，以后，还继续经常给他提供多笔经费。

至于海涅为何很早就倾情于文学，尤其是喜爱诗歌和散文创作，朱白兰教授告诉我们，有一种观点认为是受其母亲酷爱文艺的影响的一种可喜成果，虽然母亲的这种影响并没有在海涅的两个弟弟那儿也起些作用，他们都还只是走如父亲和叔父那样的以从事商业为生的道路。

但是，历史证明，恰恰是海涅的人生选择才真正既给自己家里、给整个家族，也给犹太民族和德国都带来了重要的荣誉，因为这刚好证明了，在以母语为德语的犹太人中，不乏他这样富有文学才华的杰出者。记得朱白兰教授说到此情况时，我们感到她也为之高兴。

我们还被告知，海涅的创作开始之后，很快就能够显示出不同凡响，受到广泛注意和赞扬，这自然让他本人欢欣无比，信心更高。

朱白兰教授指出：可是，就在《致母亲 B. 海涅》Ⅰ 第二节中，海涅又表明，当自己置身于母亲之前的时候，既感到幸福，而又应该总是十分谦虚和恭敬的。然后，在第三节里，他特别赞美了母亲所具有的崇高精神，形容甚至如日月般灿烂。以上两节都该是隐含着追溯诗人本人的情感根源的意思吧。到了第四节，他还进一步诚恳地请母亲原谅他曾经有过的令其伤心的行为。至于究竟是哪一些行为，暂时还没有具体指明。

然后，朱白兰教授让我们看《致母亲 B. 海涅》Ⅱ。她说，在其中的第一节里，海涅回顾自己过去做过的错事，就包括曾"狂妄地"远离母亲，企图无处不往地寻找他的所谓"爱"和"喜好"。在第二节里，则表明海涅是继续在作深刻的检讨，坦然地向母亲承认，过去在别处所经历的，其实自己一直只有被笑骂和嘲讽的命运。这当中又隐含着因其犹太血统所引发的问题，但朱白兰教授认为，读者应该了解并不只此一原因。在第三节里，更说到最终的结果，就是海涅自己只能痛苦和悲哀地回到家里——是带着严重的失望回来尽情倾诉，以便得到真切的理解和热情的支持吧。到了第四节，即两首同一题目的诗作的最后一节，海涅写道，正好如他所愿，他的母亲这时候是以他久寻未获的甜蜜的"爱"欢迎他从远方归来的！

在朱白兰教授的话语中，是用了下面的德语句子解释这一情况的：In den tränennaßen Augen schwamm der Ausdruck ihrer Mutterliebe。

那作为母亲的，是啊，她认为，曾经让她感到不知去向因而颇为担心的游子，终于回归到自己跟前来了，她怎能不高兴得热泪盈眶。

朱白兰教授指出，诗人海涅用自己的诗句记下了此时此刻极为动人的情景，正是表达其感受到的母爱之伟大，以及自己热爱母亲之深切！海涅对母亲的那股感恩之情，由此得到了多么深刻的反映啊。

正是由于有了朱白兰教授这样的解释——不妨说，她是以更为细致而具体的描述，让我们领会这一对母子之间的情感源流，是如何涌流不息的。

另外，朱白兰教授又具体地告诉我们，海涅早在1816年未到20岁的时候就开始创作了。这十四行诗《致母亲 B. 海涅》Ⅰ和Ⅱ写于1820年，即他23岁时，而后，人们已经把它们划入其名诗系列中了。

接着，朱白兰教授还进一步说明，尽管有叔父的支持，海涅的童年、少年直至青年时期，家里在生活开支上，其实一直都是很节俭的，海涅十分了解母亲主持家务是多么困难，而就在这样的情景下，母亲竟然还就他对文学创作事业的爱好，始终采取非常理解和真情鼓励的态度，海涅因此更是深怀感恩与谢意，并通过这样的诗作予以表达。朱白兰教授强调说，对此，我们更加应该有所了解和体会。

笔者和当时的学友当然非常赞成她的这一观点。

二

现在，我却要转移话题，谈一谈朱白兰教授自己如何倾诉对她本人的母亲的感恩之情。

就像海涅，可以拿着自作的诗篇，站在母亲跟前，亲自给她诵读，当面倾诉内心的一切涌动的情愫，是的，朱白兰教授原先也曾这么做过。只是可惜啊，到了此刻，当她的学生在她面前的时候，却没有可能再这样做了，因为她的母亲早已经去了遥远的天国。她的那篇献给自己母亲的作品，于1939年正式收入诗集《回答》的时候，她就只能对天诵读了。

然而，眼下却又有这么一个机会，她毕竟还是可以在自己的学生跟前，以追忆的方法，也来倾述对自己的母亲的思念。虽然没有拿着自己那篇作品，只是把心中的怀念用临时难以抑制的言语表达出来。

然而，必须说明和强调，这与海涅的诗作引发有密切关系。

记得，就是在讲完海涅那两首十四行诗之后的一个下午的空余时间，刚好有与我同班的伍竟先同学和我都在场。在中山大学康乐园北校门外，我们一起陪伴着她，沿着美丽的珠江岸散步。

原先，像往常一样，对话题并无特定的设想。

记得，好一会儿之后，意外地看见一对我们当中谁都不认识的母女也在江边，那看来是五六岁的女孩子非常天真活泼，但穿着显得颇为陈旧，那当妈妈的衣袖更带有补丁。请读者注意，那是在20世纪60年代初看到的一个情景，在那个特定的历史时期，这样的衣着状况是颇为常见的，后来过了若干年，幸而不会重现了。还有，那北校门外的基本面貌也日益改变，今天早就已与那个岁月所呈现的完全不一样了。

就在那一天的那会儿，朱白兰教授忽然陷入好一阵子的沉思。伍竟先和我当然不知道，正好就是在此时此刻，她的心间竟然情不自禁地泛起了自己的母亲的影像。

不过，后来，我们很快就明白——心理学上说，这是一种自然联想的过程——既是眼前的那对母女的衣着状况和感情表现，又是上文提到的海涅那两首十四行诗中其对母亲所表达的感恩与敬献态度，相互密切交织着，在她的心中引发起一种特别情愫。

而且，再进一步，还联想到她作为一个与海涅同是犹太血统的人士，又热心于从事文学创作活动，都取得了可喜的成果，还有别的一些值得联系起来思考的，一时说不清楚的其他因素，都引起这一会儿心中的情感活动。

是的，朱白兰教授也是犹太人，她的父亲也是经商人士。他不像海涅的父亲那样经商失败，倒是像其叔叔一样，生意总是做得红红火火，十分成功，发了大财，可是他的性情极为蛮横暴烈，对出身低微的妻子，即朱白兰教授的母亲常常施以无情的欺凌，以致后者再也忍无可忍，终于不得不毅然离开他而远走异乡。

当时方才9岁的女儿随母亲远行，一起过着飘荡、贫穷、艰难的日子，但是母亲勤劳，不畏艰辛，终究把女儿养育成长，并让女儿朝着成才的方向发展，然后，母亲不幸在1937年患心脏病辞世。朱白兰教授坦然而且详细地给我们两人讲述了上述情形。

是的，作为女儿，母亲的深切恩情刻骨铭心，朱白兰教授一生都无法遗忘。如今在学生面前，她又一次禁不住让这深情不停地流露和倾诉出来。

她还对我们说，眼前那个小女孩及其妈妈都显示出，其家境肯定是比较贫困与艰难的，不过又让人看到她们的心情是快乐的，这就很值得羡慕和赞许了，比她自己年少时期，在那性情凶狠的父亲在场时，母亲所经历的和她本人所感受的，要幸福多了。

当然，当年母亲单独一人带着她，刻苦劳作于异乡时，遭遇的难处始终没减少，然而，毕竟比原先面对着那豺狼般的男人的那会儿，其情绪要轻松愉快不少。

此话她刚讲完，那先前尚在较远处珠江岸边河滩上嬉戏游玩的小女孩，忽然兴冲冲地快步跑过来，很快就几乎到了朱白兰教授的跟前。

那当妈妈的随后也快要赶到，且连忙教导女儿："叫奶奶好！"

小女孩果然连声说道："奶奶好，奶奶好！"

朱白兰教授则正想蹲下并张开双手迎抱她。

是的，岁月不待人，似乎总是悄然而过，自己果真已经到了"当奶奶"的年纪，但事实上，却又连"当妈妈"的经历也没有过。（她本人的婚姻情况，读者在别处文字里自可了解，这里不予重复）于是，她一向只能把自己教过的和正在教的学生"当作自己的儿女"。是的，她对于我们和一些青年教师，既是教学领域的师长或指导者，又同时怀有一种正如母亲般的情感。

那些青年教师中、成了家并有了孩子的，她就该是其小孩的"奶奶"了。恰如此时此刻，她想抱住的这个可爱的女孩子，也把她称为"奶奶"一样啊！

只是，没有料到，那小姑娘就是调皮，爱做出人意料的举动。就在这会儿，她又掉转了方向，扑到那走近的自己的妈妈怀里去了。

然后，她再转过头来，面朝"奶奶"，声音里甜甜美美地重新接连地说："奶奶好，奶奶好！"以及"再见，再见！"

此时，一阵清风吹过来。

朱白兰教授回到对我们谈的话题。

她继续倾诉内心如何怀念自己的母亲，那话语真是无法说完的。这阵子，有我们这两个全神贯注的聆听者，让她更是欲罢不能了。而且，她就是在这个时候让我们获知，她也曾经写过一首诗歌，献给她的母亲。

是的，朱白兰教授本身就是诗人！

因此，像海涅那样，她曾经也以诗作倾诉对母亲的深情，这该是理所当然的事情！

而且，过后，伍竟先和我猜想，她之所以要把海涅这一题材的作品推荐给我们学习，也许，原先就是为了同时寄托和表达对她自己的母亲的深切情感，以及向我们介绍她自己那首也献给母亲的诗篇。

第 8 篇
朱白兰教授如何讲授海涅的《奴隶船》

在聆听朱白兰教授的讲课的过程中，我们班里原先觉得有困难的同学，当知道马上又要学习某首诗歌的时候，通常会重新放松心情，提高听课的信心。

我记得，在学习诗人海涅的《奴隶船》的时候，就是如此。该诗的内容使人想起席勒的《阴谋与爱情》中所说的，大量底层贫穷之家的年轻人被贩卖到美洲担当殖民战争的"炮灰"的事实，而《奴隶船》揭露的是西方殖民主义统治势力入侵撒哈拉以南的非洲，把大批黑人贩卖到美洲去的情景。

海涅的爱情诗数量很多，并且往往包含着动情的背景或可以寻觅的生动故事，恰似给我们介绍歌德的《五月之歌》那样，朱白兰教授也给我们提供了海涅的这类作品，还建议我们自己再从图书馆借阅，她本人不专门讲授了。

在她看来，在有限的学习时间里，宁愿让她的学生认识海涅那些表达进步思想的具有战斗精神的作品。——例如，这里马上就要回忆她怎样讲授海涅那首《奴隶船》。

据朱白兰教授事先所说，早在 16 世纪，欧洲人进入非洲，把非洲黑人当作货物般的奴隶进行买卖——主要是卖往南美洲，这种罪恶勾当延续多时。海涅这一首诗表明，一直到 19 世纪 40 年代，情况依然如此，甚至变本加厉，越来越猖獗。因为在他们眼中，往南美洲运输黑人奴隶是最容易赚钱的大生意。

在海涅这首诗歌中，一开始就出现了一个概括"殖民主义者"意思的很特别的词—— der Superkargo，在教材下方注明其实际词义是"运货监督"。朱白兰教授此时特意用通俗的德语词句，对它进行解释：der Leiter, hier der Besitzer eines Wandelschiffes und der transportierten Waren。她说，这样做的目的是，恰好在本来不难明白的诗句中，多学和多记一些可以替代的表达方式，同时掌握更多平时说话中实际上使用的词语。

我们听着这些话，自然重新记起她先前本来已经不止一次表达过同样的意思，但这并不令我们感到啰唆，而是再次体会到其用意之重要性，以及我们确实应该如她所愿，真正掌握这种良好的学习方法，形成习惯。

当然，就此时此刻的任务而言，她的讲授终归主要是帮助我们理解《奴隶船》全诗的整体意思。

于是，同学们按她的指导，马上注意到该诗分成两大部分。

第一部分译为汉语，一开始就是：

> 运货监督曼赫尔·万·科克
> 坐在船舱房间里盘算；
> 他计算此次货运的数目
> 估算究竟有多少可赚。

接着，朱白兰教授指出，在曼赫尔·万·科克的脑袋里，在不断盘算，做以下比较：

> 橡胶很好，胡椒也好。
> 桶装和袋装共有三百包；
> 我还有金粉和象牙——
> 但都比不上这批黑货好。

朱白兰教授指出，既然是做生意，在生意人曼赫尔·万·科克看来，有比较才能够清楚地看出价值的真实差别！

然后，该诗的下文，就是描述运输"黑货"（即黑人奴隶）的过程，以及对这位曼赫尔·万·科克继续无休止的盘算做具体的记叙。

朱白兰教授还说，当然，船上还有别的管理人员。

诗人海涅在诗中重点写了被曼赫尔·万·科克称作"Wasserfeldscherer"（水上看护员）的医生的作用。

从出发地起，直到目的地南美洲，需要越过汪洋大海，旅途漫长而常遇危险，"黑货"即黑奴们不得不经受风暴饥寒、船舱封闭气闷难忍和生病疼痛，以及心理忧郁之折磨，等等，各种各样的苦难几乎无法尽数，以致不断有人在途中经受不住，不幸地终结了自己的宝贵的生命。

看护员在治疗护理方面所起的作用，诗中并没有多写。读者只知道，他的主要任务似乎只在不断地向曼赫尔·万·科克报告，每天究竟有多少名奴隶死去。

按曼赫尔·万·科克的经验计算，只要死者的数量不算太多，那也不要紧。他一直认为，当时船上贩运的600个黑奴中，只要有一半能够维持生命，可以活着运到目的地，获得的利润就将高达到800％！

朱白兰教授当时相信，我们的德语水平确实已经有了相当的提高，对诗中的词语具备了较强的理解能力，所以，此时课上她给我们安排独立阅读的时间比以往要长得多，中途还让同学之间进行一些讨论，她本人就站在一旁留意地聆听着，并表现出对同学们怀有的那种极端憎恨曼赫尔·万·科克及其同伙的心情，以及万分同情那些遭难的黑人，感到很满意。

尤其是，当听到不止一个同学联系到先前学习席勒的剧本时已经读到的内容：德国的统治者也曾强行贩卖本国处于社会底层的年轻人到大洋彼岸的美洲去，并因此获取暴利。朱白兰教授觉得自己的教学效果又显示了出来，自然深感满意，不禁表扬了大家。

接着，朱白兰教授让我们进一步认真读诗行中的一些具体内容：其中，有关黑人陆续死去的数量在日渐增多，那当"水上看护员"的医生继续不断地给曼赫尔·万·科克报告新的具体数目，以至终于让他深感到不安了，因为觉得收益在不断地下降。

在追究那些死者的丧命原因时，医生所持的观点：其一是他们那些人本来就"罪有应得"，船舱里的浑浊气体让其无所逃脱；其二是他们的心情忧郁过度，在空荡无聊中更觉得病痛无限，难以继续忍受下去，所以不如干脆尽早了此一生。

在此种情境下，该怎么办？

记得朱白兰教授让我们也来找那所谓"合适"的答案，其实还是看那个所谓医生的意见。

于是，我们知道了他的所谓"较好"的主张就是，命令生命尚存的那些黑人全都离开船舱，到甲板上来，伴着播放的乐曲不停地舞蹈，这样就可以"少了忧郁无聊"的时间，而且还可以"自由呼吸"新鲜的空气，从而避免更多人继续死去的发生。曼赫尔·万·科克听了，感到这确是好办法，大赞医生的"聪明"。

在该诗的第二部分，这种看似"欢乐"的情景，占了许多诗行。但是，那些所谓"欢乐"，实际上全都是无奈地被迫表现出来的。

读到此处，我和同学们大都深感愕然。

朱白兰教授则以非常愤慨的口气说道，人世间竟然有为以如此这般的目的进行的"演奏"和"歌舞"！那强行表现出来的所谓"欢乐"，实际上是增加了更多的悲哀与更深切的痛楚。

然后，她又说，真应该感谢诗人海涅以这样的作品，对这种残酷而荒唐的情况做了深刻的揭露。

此外，她还提示——让我们更加明白，她选此诗为教材的深刻原因。

最后，朱白兰教授特别要求我们多读两三次全诗的结尾部分——曼赫尔·万·科克竟然合掌，做了以下祈祷：

> 主啊，为了基督的缘故
> 请宽恕这群黑奴现有余生，
> 纵然他们触犯了您，请知道
> 他们本就愚蠢如牛般荒唐。
>
> 正是为了基督而饶恕其命，
> 基督已经为我们众人牺牲！
> 如今我若不留下三百黑人，
> 我的生意也就只能够完蛋。

她说，原来，祈祷的目的竟是为了保住赚钱的基本数目！如此严重地残害黑人，竟然还"敢于"向"主"做所谓祈求，其无耻之极，更加显现无遗！

我们随着朱白兰教授的思路，完全赞同她的观点，即完全赞同诗人海涅的观点，从而认识到该诗具有的重大价值，不只是作为"诗"的艺术价值，更是作者作为一个进步诗人，甚至一名"战士"所展现的历史价值。

海涅的进步思想及其作品的战斗意义，是很广泛的话题，其中，朱白兰教授指出，席勒当年所说的，主要是德国内部对平民百姓施行的奴役，而海涅在此诗里说的，完全超越出了一个特定的国家的范围。从这一点上说，海涅的视野是更加开阔了。

朱白兰教授同时强调，海涅为进步而斗争，就此已经竖起为全世界的普通百姓和社会进步而斗争的旗帜。他的斗争对象，以那曼赫尔·万·科克为代表，是全世界的反动派了，同时，还包括那所谓"水上看护员"的医生，即反动派在知识阶层的代理人！无疑，这也就是她要选此诗为教材的原因。

在这里，我很想说，朱白兰教授的这一观点是非常宝贵的，因为在当时，很少有其他海涅和海涅诗歌的研究者注意到这样的情况。

第9篇
朱白兰教授如何讲解维尔特的《他们坐在长凳上》

在笔者保留着的当时的德四文学教材中，另有一首诗是诗人维尔特（Georg Weerth，1822—1856）的作品《他们坐在长凳上》。从这汉译题目上，可以看得出其文字会很通俗，可是由于意义重大，朱白兰教授也采用它，还加以比较详尽的讲授。最初我们对她为何这样做，是未体会到的，但是后来越来越明白了。

该诗在字面上的确不难理解，甚至会让人觉得真的太容易了，即使有时候仍需查阅一下词典。朱白兰教授此时却首先指出，知道该诗的社会背景才能真正明白其重要的文学及历史价值。

她说，要了解背景，首先还应该了解诗人自身的情况。

可惜我对朱白兰教授这方面的话没有笔录下来，不过还是记得她很强调，与海涅不同，维尔特是一个商业兼写作双重丰收的能人。他不仅在其祖国——德国——有过积极的商务活动，还曾亲赴英国等国从事这方面的业务，甚至前往遥远的古巴开展工作。是啊，正因为他从事的商务活动需要跨洋过海，项目比较丰富复杂，所以自身拥有比较多的实际经验，广阔的国际视野也更加具体和深入。

我之所以在心里还是记住了朱白兰教授上面这些话，是由于正好又再次联系到了她本人的情况。

请想想，她不也是一位因富有亲身经历而真正拥有实际而具体的国际视野的人士么？她先前已经在欧洲多地往返过，见多识广，感受已深。最后，她又不远万里，迂回曲折地来到东方世界，停留在我们中国的国土上，特别是来到了南粤珠江河畔，还成为我们尊敬的老师，她走过的漫长旅程和从事过的种种工作，全都让我们不得不赞叹与敬佩。

在继续讲授时，朱白兰教授又告诉我们，1843年，维尔特已经是一位有一定创作成就的诗人，而且他有幸在英国与恩格斯结识，之后，还在布鲁塞尔加入了共产主义者同盟，成为无产阶级革命的忠实战友。

此时，我自然又记起，朱白兰教授还说过，在此之前，恩格斯已经把维尔特那首反映莱茵河畔农民的艰辛和苦难的诗作登载出来了。从此，他深受鼓舞，更加积极地关注社会现实，也更加充分地利用自己的见闻与感受，写作成功地反映大众生活的题材，而且总是通俗有力，让自己的意图表达得很清晰，使普通老百姓都感受到这些诗歌完全是为了记述他们的思想和情感而创作的。

毫无疑问，恩格斯因此也更加重视他的作品，评价很高，甚至曾称他为德国当时"第一个"以及"最重要"的无产阶级诗人。

然而，可惜啊——我记得朱白兰教授此时转而用低沉的声音说——他却因病客死哈瓦那，那时年仅34岁。如果不是这样，他做出的贡献，无论是在商务方面，还是在文学创作上，都将更多和更出色。而在那个时代，正好特别需要他这样的人才。

《他们坐在长凳上》一诗，当时在课堂上的确让我们马上就觉得十分容易理解，那第一节八行，就是写一群人处在工作之余的休闲中，全都显得无忧无虑。

可是，那是一群什么人呢？

听了朱白兰教授的解释，我们班的同学们才明白，第一行第一个单词 sie（他们）指代的是 "einige junge Arbeiter"（一些青年工人），正是他们相聚在一起，坐在那些长凳上，靠在桌子旁。此刻，是他们的可以自由安排的时间，正让人给他们斟上啤酒，喝得颇为高兴呢。

确实，他们本来并无考虑到会有什么烦心的事情，似乎没有什么特别使他们感到忧虑和要倾诉的情况，甚至根本没有必要回想到过去的日子是怎么样度过的，也没有必要去考虑未来的日子将怎么样。辛劳也好，快乐也好，总之，只要能够过得去就行了。

这些从诗句中引申出来的意思，朱白兰教授都以自己的话语重新讲了一次，让我们再次掌握比较多与之相应的德语表达方法。

接着，到了该诗的第二节，诗人维尔特还描写到那些年轻人在欣赏美丽的夏日景致，并（欢乐地）放声高歌。

记得朱白兰教授又顺势教会我们如何用别的词语去描写在绿荫下的愉快、舒适的感受。然后，她根据该诗的描述，说明这些年轻人的家是在英国的约克和兰克两地，而且刚好在他们那儿，其社会发展看来已经进入一个新的阶段，生活的确算是过得比较宽松了。

不过，朱白兰教授随后又说，其实，就是在英国国内，也依然有相当落后和存在社会黑暗的地方，所以维尔特曾另有作品加以严厉地揭露和控诉。可是，在本诗中，这群年轻人果真算是工作条件和生活环境都比较好的了，因而心情显得轻松愉快。

接着，到了该诗本节后几行，其内容却发生了突变。

诗人维尔特写到此时有人（不由自主地）谈到了在另一个国家——德国——在西里西亚那儿，刚刚发生了纺织工人的暴动事件。

诗中表达"暴动"的德语词是 Schlacht，朱白兰教授对它做了完整的解释，说是指 "Sie konnten nicht mehr ertragen und leisteten den Aufstand"，即"他们再也无法忍受下去，于是起来斗争"。

所谓"无法忍受"的，当然是指工厂主实行的无情剥削和压迫，这是我们都"知道"的呢。但通过朱白兰教授的引导，让我们又多学了一种陈述和解说这一情况的方式。

继而到了该诗的第三节，一开始诗人维尔特写到，在场的年轻人在了解了实情以后，满眶眼泪几乎就要流出来了，因为他们非常同情德国西里西亚的纺织工人的命运，同情其艰苦劳动、痛苦生活和反抗斗争。

诗人通过他的笔说明，他们——这群此刻本来闲坐着的年轻人——一个个身强力壮，性格伟昂刚强，听到这样的事情，绝对不能保持沉默。

就在此时，朱白兰教授告知说，诗中的 robust 就相当于我们原先已经学过的 kräftig。然后，她又指出其后的一句，说他们紧握起拳头，并十分愤怒，以至不停地挥动帽子，以此对西里西亚的朋友们表示极大的关心和坚决而有力的支持。

当然，由于双方相隔遥远，英国工人无法肩并肩地参与那场激烈的反抗斗争，但是终归要吐露出深切的同情，并衷心预祝德国的职工取得胜利。

在我保留着的这部分教材上，记录下由朱白兰教授提供的表述同一意思的德语替用词语，又是相当丰富呢。

例如，她说，以上内容都可以概括地归纳为"der Ausdruck des Zornes"，在替代词语中，还可以用上 stürmisch 和 leidenschaftlich 等。

同时，她还夸赞了维尔特在原诗中写下的"Wälder und Wiesen klangen"，说他表达得实在精炼而形象化。当然，还可以有别的表述形式，例如，若换一种说法，就是"die Wälder und die Wiesen waren voll von dem Klang ihrer Stimmen"。

笔者和同学们此时都感到，真巧，关于西里西亚纺织工人斗争的情况，诗人海涅另有作品加以具体描述。而且，更巧的是，我们早在中学时代的语文课上就学习过该作品的汉译。那时候用的是著名德语专家冯至先生的译文。

朱白兰得知此情况后，自然感到特别高兴，她本人也因此没有另行专门讲授海涅的这一名作。不过，她吩咐我们要回忆从前已经获悉的情况。

她还补充介绍说，维尔特认识恩格斯，海涅则认识马克思，而且其间的友谊交往一向更引人注意，她希望我们以后有机会时也去读读有关资料，以便了解海涅的创作成就与马克思（及其夫人燕妮）也具有密切联系。再说，海涅的那首作品最初就由马克思发表在他主持的《前进报》上。

在整个讲授过程中，朱白兰教授给我们的最深刻印象是，她和诗人维尔特以及诗人海涅一样，既关心和同情那时候的劳苦大众，又都特别注意突出不同国家或不同地区的劳动者的互相支持。我们从诗人的革命诗句中分明听到了："全世界无产者联合起来！"

第 10 篇
朱白兰教授如何讲授现代剧作家沃尔夫的名作《马门教授》

在朱白兰教授离世时留下的遗物中，人们找到了一篇她专门准备辅导青年教师研读德国现代剧作家沃尔夫（1888—1953）的著名剧本《马门教授》而留下的文字材料。准确地说，那是准备给他们提出的若干读后思考题。

本人则记得，而且手头的材料也证明，其实在我们那个班上四年级的时候，她已经讲授过该剧本的概要和片段。那些思考题的好些部分，我们是回答过的。

朱白兰教授一开始就对我们说明，该剧本诞生于 1934 年，正是德国法西斯统治势力猖獗的岁月，当时作者沃尔夫本人流亡在德国境外，以现实主义的手法创作出此作品。他本人在大学时代攻读的是医学，后来还亲自当过医生，所以很了解医学上的知识，当他转而成为戏剧家后，创作一部以医生的遭遇为题材的剧本，十分顺意得手，而且寓意深刻。

接着，通过朱白兰教授提供和讲解的剧本片段，我们了解到，该剧里的主人公马门（注：德文实际上为 Mamlock，"马门" 是一些人惯用的简易译法，更准确地，应译为"马门洛克"）教授生活在 20 世纪上半叶的那个时期，是一个勤勤恳恳、为人正直而朴实的医务工作者。他把自己的全部精力和学识都贡献给前来求医问诊的患者，除了自己诊所里的医疗事务以外，他对别的任何事情都持洒脱超然的态度，漠不关心，与当时德国社会上到处发生的各种激烈的政治纷争也完全隔绝。

甚至对当时由法西斯势力制造的所谓"国会纵火案"，即利用一个荒唐无耻的家伙在国会大厦里放火，并派遣了一些法西斯党徒与之暗中密切配合，然后诬陷是共产党所为，并举行了目的在于镇压共产党人的大审判，他也不予关注。

朱白兰教授说，这位本来很有学问的马门教授，一方面盲从地轻信了法西斯政府散播的谎言，因而与想给他说明事实真相的儿子发生了争吵；另一方面又依然坚持认为，政治与科学本来就根本无缘，尤其是与他本人所从事的维护人们的身体健康的医务工作丝毫无关。在他的心中，治病是自己最重要的事业，救护患者的生命高于一切。

朱白兰教授在讲授过程中又指出，我们应该知道，马门教授自以为可以不理会诊所墙外进行着的各种各样的斗争，可是，墙外的激烈纷争却要来扰乱和破坏他的正常工作和生活，不久，他的执迷不悟给自己"带来"了巨大的灾难，无情的暴行很快就把他本人和家人都卷了进去，到了根本无法抗拒与躲避的地步。

那时候，德国法西斯势力的元凶希特勒，作为最反动、最凶残也最狡猾的政治代表，同时刻意制造了一套无耻透顶的种族优劣理论，把犹太人污蔑为人类低等种族中最危险、最有害的种族，对那些居住在德国境内的犹太人，宣称都应予以驱逐以致消灭。

接着，马门教授就因为是犹太人而遭受直接的迫害，他含冤地被赶出由其一手艰难创办起来的，并在那儿亲自地或者和助手一起医治好了数不清数量的病人的著名诊所。

记得朱白兰教授这时候让我们大家都想象一下，如此，马门教授一生最热爱的事业完完全全被剥夺，手术台再也与他无缘，会陷入何等凄惨和痛苦的心境。

朱白兰又说，紧接着，他们一家人甚至从此已经不再拥有德国公民的身份。

而且，更为荒唐、令马门教授更加无法容忍的还有：他本人的胸前竟然被强行别上了一个犹太人的"标志"——六角星，脖子上垂吊着一个大黑牌，由凶恶的法西斯分子拘押着，来到行人拥挤的大街上示众，受尽了无情惩罚和百般凌辱。与此同时，他的勤奋学习的女儿也因为具有父亲的犹太血统，被法西斯匪徒们从学校里硬撵了出来，失去了继续求学的机会。

在朱白兰教授引导下，该剧的剧情的发展深深牵动着我和班里所有同学的思绪。先前，我们早在中学时代也读过一点世界史知识，然后就读中山大学本专业以后，还专门听了由张仲绛教授开设的欧洲和德国史课程，因此对从古埃及的金字塔到日本的明治维新，从"十字军东征"到希特勒的第三帝国的兴亡，等等，都有了或多或少的了解。

但是，一般课本里对法西斯专政罪恶的记述，给人们留下来的，毕竟只是粗线条的概念，如今通过朱白兰教授的引导，读到了内容完全来源于真实生活的剧本，它具体而形象地让我们获知，法西斯究竟给普通老百姓带来了怎样的实际灾难。我们同时想起了先前在介绍伟大的启蒙主义作家莱辛时，朱白兰教授曾说明后者的一部作品是专门为犹太种族"正名"的，希特勒及其党徒却完全反其道而行之。

记得朱白兰教授同时特别强调说，马门教授的命运，其实就是当时为数不少的正直而无辜的德国人民的命运。

另外，她还指出，关于犹太种族，同学们在聆听关于莱辛的著作时，以及关于海涅的情况时，还有在别的场合，应已经有了一定的了解。在历史上，犹太人本来就有许多一直生活在德意志土地上，并且还出现过许多文化名人，除了诗人海涅就是犹太人出身之外，我们同样已经知其事迹的伟大科学家爱因斯坦也是如此，至于伟大革命导师马克思，其父亲则是为迁就职业所需，而不得不放弃原有的也是犹太种族的记录，而实行了"改宗"，但是那血统，其实是根本无法"真正改变"的，等等。

朱白兰教授同时指出，《马门教授》的剧情接着还告诉观众：有压迫就必然有反抗。马门教授的儿子罗尔夫是一名共产党员,他的思想跟父亲错误的"超政治"观形成了鲜明的对照,从一开始就对法西斯政权的反动本质有深刻透彻的认识,并且和他的同志们一起与之展开了英勇不屈的斗争。

但是很可惜,在开始的时候,那当父亲的,一直不肯认同儿子的观点,反而与之争论不休。另外,剧本里所写到的群众,对法西斯势力的反动性质和快速增长,有不少也是态度暧昧与迟钝、听之任之的。至于在诊所内部,人员情况则颇为复杂,在医生和护士当中,有对马门教授后来的实际处境予以真切同情的,但也有属于法西斯分子,甚至参与了迫害马门教授的活动的。

然后,朱白兰教授讲解到马门教授从执迷不悟到最终有所觉醒的根本转变,接着,他还希望别的人都能像他儿子罗尔夫那一群同志一样,也起来与法西斯势力做坚决斗争。可是,此时马门教授看到,在法西斯势力越来越猖獗之时,周围的大部分群众继续采取了逆来顺受的屈从态度。这种状况使他大感失望,而且随之形成的激愤达到了极点。

此时,何去何从自然是极端重要,而他心中完全没法把握,方向难明,继而甚至到了自感完全失去了生活的意义的程度。

记得朱白兰教授此时补充说,可惜啊,他不会像著名科学家爱因斯坦那样,逃离德国本土,前往远方异国。

于是,在顷刻之间,马门教授眼前迷茫,一片黑暗,干脆举枪自杀,就此结束了自己的宝贵人生。

在我留存着的教材中,这篇油印课文的字行密密麻麻,但在正文上下的空白处,还是留有我对一些词语的中文注释,这又是按照朱白兰教授的要求,认真阅读,力求准确理解的明证。不过,现在又感到远远不够详尽!

同时又记得,朱白兰教授还表示,希望在我们有可能的情况下,能够熟读其中的一些部分,然后在课堂上以近乎自由 的方式,面向众人讲述或背诵出来。其中,马门教授的讲话部分所占的段落,由于分量比较重,可以分别由两个或三个同学负责。其他角色,则看情况而具体处理。

她当时说明,这是将就的做法,因为考虑到大家的时间有限,无法尽她本人真正的愿望,即请大家干脆把教材已经提供的部分,先通过认真排练,然后真正生动地进行一段正式的演出。

好吧,那就将就地干一下吧。毫无疑问,同学们当时把我推举为担任马门教授的人选之一,没有特别的原因,只是由于我本人姓马。顺便说,后来,这马门教授,或者简单只是这"马门",还由一些人拿来当作代号似的挂在我身上,代替了我的真实姓名。当然,这是开开玩笑而已。

的确,我们当时没可能完全了却朱白兰教授深怀于她自己内心之愿,她对此本是颇为惋惜的。她后来曾经亲自对我如此说过，我立即回答说，我也一样感到惋惜。同时我心里却又想道：以后或许应该有机会补足吧。

为什么呢？请继续读下文，就可以得到答案。

当获知她还另外写有一个详细的文字材料，专门准备辅导（某些）青年教师研读该作品的时候，我立即进一步明白了，她实在是非常非常重视该剧本的。究其原因，除了该剧本本来就具有重要的历史性和现实的意义外，至少还有以下两点，也应强调地指出：第一，她本人原先也曾积极参与过反法西斯斗争，就像罗尔夫那样，虽然她并没有共产党员的身份；第二，她自己刚好也属于犹太血统，对犹太人在那个岁月受到的严重迫害，切身地深感不公与愤怒，因而对该作品尤感珍贵。

而我，在这里则又想补充说，我们那个班，在正常的学习阶段里，其实已经在她指导下很幸运地研读过该剧本，我感到，这毕竟还是可以让她获得一定程度的慰藉的，虽然未能使其心愿达到完全满足。因为，我们的确没有把这一学习过程推进到正式"排练"该剧，并使"演出"走上舞台，公开呈献给广大观众的地步。

不过，后来，我在自己创作的一部题为《校道》的追忆性小说里，倒是设计出一个这样的演出的情节来了。

是的，那是小说，可以有较多的自由想象的空间。这样，我终归还算是用一种"特别的路径"让我们尊敬的朱白兰教授的强烈愿望得以表现出来了，并算是"颇为成功地"得以"实现"。

很自然地，我本人似乎可以因此而拥有一定程度的自豪感呢。

只是，又该接着重新说，那终归是小说，而且，只不过是通过有限的篇幅做简要的描述、做了点儿交代啊！

在这里，我还要说明，朱白兰教授当时也说过，罗尔夫和他的同志们的生活和战斗道路，就是德国人民推翻法西斯统治、争取解放的道路，只是，由于当时历史条件的限制，遭到暂时的挫折，未能立即取得成功，希特勒及其党徒因此继续又疯狂了好些时日。

于是，大批犹太人——不仅是原来在德国境内的，还有在邻国的——继续遭到法西斯的无情侮辱、严密关闭以至残酷杀害。

同时，在希特勒接着发动的第二次世界大战之后，德国和邻国的其他老百姓也大量遭殃，痛苦万分。有一份统计表明，德国当时有600万人死于前线，或丧命于在后方所受到的迫害中。所幸的是，法西斯势力的统治终究没能持续多久。在内外合力反击下，他们的所谓"第三帝国"终于不得不草草垮台，被彻底扫进历史垃圾堆里去了！

朱白兰教授当然曾向我们回忆起，她本人当年也积极投身于反法西斯斗争的情况，而且话语颇为详细。不过在这里，我对此就不详加引述了，因为读者可以从别的材料上获悉。

然而，有一点在这儿也必须略略提及一下，那就是，她十分关心其后德国的前途。因为，二战前，原先统一的德国国土，战后被分裂为东德和西德两部分。记得当朱白兰教授在说到结语时，心情非常沉重，语气显得颇为复杂。

至于后来德国恢复"一体"的时候，朱白兰教授已经置身于"天国"了。

我记忆中的朱先生

黄海津[①]

朱白兰是教授，也是文学家、作家、诗人，我曾经是她在中山大学授课的首届学生。作为老师，她对教学工作一丝不苟，认真对待每一堂课。她知道学生不能全部听懂她的德语，便充分利用黑板把要点写出来，字体工整，跟印刷体差不多，对每个问题都反复进行解释，然后提问学生："Verstehen Sie mich?"（您都听懂了吗？）她对学生一视同仁，上课时提问轮着来，人人都有平等的机会，不管你学得怎样，她一样尊敬你，鼓励你。我们觉得，听她的课能学到东西。此外，她也关心学生的出勤情况，每天上课开始前必问："Sind heute alle da?"（今天都到齐了吗？）当值日生报告完后就说："Gut, niemand fehlt."（好啊，无人缺席。）

中大德语专业第一批学生（图1-14），全班15人，1958年入学，1962年毕业。1958年是"大跃进"开始之年，当时正掀起上山下乡的热潮，我们班还未开始上课就得下乡劳动，边劳动边搞社教运动，与农民兄弟同吃、同住、同劳动。当地的生产队干部都"靠边站"了，我们取代他们扮演生产队长的角色，每天安排农民做工，同时要管

图1-14 朱白兰与中山大学首届德语专业部分学生的合影，左起站立者第一位是本文作者。

[①] 中山大学德语专业1958级学生。

好当地的地主、富农，他们都"靠边站"了，要强迫他们老实地参加生产队的劳动，防止他们暗中搞破坏、捣乱。我们学生都是"四清"工作队的成员，是生产队的管理者，就这样驻扎在生产队整整半年时间。这项工作完成后就返回学校。这时，第一学期就只剩下一周的时间，老师就利用这一周的时间给我们上语音课，本应一个月时间的语音课一个星期就上完了，上课也来个"大跃进"。学制四年，实际上课时间只有三年半，好在毕业后有机会到当时的西德进修德国语言和文学，两年的进修时间学到不少德语的新知识，为日后上德语课及职务的晋升打下良好的基础。

我开始与朱先生接触时只学了德语语音，只掌握了少量德语单词，用德语与她交谈确实有点紧张，但她平易近人，你的发音不对她会耐心地纠正你，你德语句子说得不大好，她会告诉你该怎么说，我们初学德语就有这样的外籍老师指导，对我们掌握德语确实十分有利。

1962年，我毕业留校任教。次年，我被安排上63级学生的课。作为老师，除了教学还要进修，提高业务水平，在这方面她是我不可或缺的导师。我每个星期都到她家一趟接受她的辅导。她对德国文学十分熟悉，当时我精读东德名作家威利·布莱德尔（Wille Bredel）的三部曲之一《父亲们》（Die Väter），她对我提的每一个问题都能详细地回答，对我帮助很大，感觉学到不少东西，能提高自己的文学修养。当时德国还未统一，她对东、西德的情况很了解，我告诉她，如果我通过考试，我就去东德留学。考试果然通过了，她对我去东德留学之事也很关心，她告诉我，东德的情况比较复杂，东德人鄙视外国人，在班上学习的外国学生常常被东德的同学扔纸团，她告诉我要保护好自己。我听后感到有点怕，还考虑过去不去的问题。恰好"文化大革命"开始了，出国留学之事就泡汤了。

一年的进修时间收获颇丰，尤其能有机会与朱先生接触，听力和口头表达能力都提高不少。

朱先生充分发挥一个外教的优势来提高她的学生的外语表达能力。我们还是低年级学生时，她就配合中国老师的精读课程，按照德语课本（北外编）的内容编写口语材料给我们上口语课，使我们能慢慢掌握听说读写的能力。她还邀请我们利用课余时间到她家做客，给我们练习口语的机会，同时介绍许多有关德国的情况、民间故事等，以提高我们的听力。

先生对我们十分关心，谁有问题，只要她知道都会热心帮助。例如，我班有个同学来自香港，她家里人都在香港生活。我们德语专业学制四年，过了三年半她就返回香港，放弃了最后一个学期的学习，结果没拿到毕业证书，很可惜。先生知道这件事情后曾做劝说工作，希望她回来把书读完，拿张大学毕业证书，这样对自己有好处。她当然不了解当时港澳生的思想情况及我国的国内形势，但这样做，说明她作为老师关心学生的事情，除了教学还想做点有意义的事。

朱先生，她是位高水平的老师，业务能力及个人修养都很优秀，虽然离开我们已经半个世纪了，但值得我们永远敬重。

朱老师仍然活着

丁玉合[①]

1963 年,我进入中山大学德语专业学习。教我们入门德语的老师是朱白兰的学生,我们是她学生的学生。她教高年级,因为当年的外语系德语专业很小,加上我们新生,学德语的不过 68 人,所以很快老师和学生就互相认识了。到 1965 年,我们升入三年级,我担任班上学习委员,和朱老师就有了比较多的交道。朱老师是个十分平易近人的教授,尽管她并不直接给我们授课,但仍然十分乐意帮助我们。我非常喜欢向她请教德语学习中遇到的问题,有时候就是没有问题找问题,为的是练习口语。当时外语系图书馆很小,收藏的德文书极少,有一些东德出版的书籍和中国出版的德文版《北京周报》和《中国建设》等。《北京周报》刊登的全是政论文章和报道,德文版的《中国建设》已经算是较有生活气息的了,后来,新增加了德文版《关于国际共产主义运动总路线的论战》(当时俗称"九评"),还有奥地利马列主义党的机构刊物《红旗》,这些时政文章,也就成为二、三年级的主要教材。记得张苏奎老师选用奥地利《红旗》上的文章,讲解内容时常用的一句话便是:"Eine rote Linie zieht sich im ganzen Texz durch!"(一条红线贯穿全文!)黄震廷老师给我们上翻译课,则用《雷锋的故事》作教材,让我们做中德翻译练习。这些德文资料大多是中文直译,缺乏原汁原味,读起来味同嚼蜡。当时学习外语提倡听、说领先,而德语的原版录音带很少。怎么样丰富我们的课外练习,提高我们的听、说能力?我当然要利用朱老师这座近水楼台。有一次我请她把高尔基的散文《海燕之歌》翻译成德语并制成录音带,尽管这并不是她分内之事,但她二话没说,爽快地答应了。不久,由朱老师翻译并朗诵的《海燕之歌》,就成为我们班同学的听力训练课余教材。我至今还能回忆起朱老师声情并茂、铿锵有力的声音:"……stürme stärker Sturm!"

1966 年开始了"文化大革命",学校停课,师生们开始搞"四大"(大

[①] 中山大学德语专业 1963 级学生。

鸣、大放、大字报、大辩论)。外语系男女学生宿舍之间的小路两侧成了大字报栏。大字报更新很快,每天那里都吸引许多同学围观。如教我们的汪老师所说,你们学生是"飞鸽牌",我们是"永久牌",不一样。所以很少有老师来看大字报。但是大字报栏前面,却常常可以看到朱老师与众不同的身影。她认为她加入了中国国籍,就是中国人,要像中国人一样关心"文化大革命"。她其实看不懂学生龙飞凤舞的手写体大字报,她就让看大字报的同学解释给她听。大约是1966年7月的一天晚上,中大发生了学生冲击档案室事件。在我的记忆中,事件的起因是历史系一批学生怀疑省委驻中大工作队队长杨行执行资产阶级反动路线,整了造反派学生的黑材料,要到档案室索取。于是当天晚上发生了冲击档案室和保卫档案室的两派学生的冲突。中区以及各系的大字报栏立刻掀起了一场大辩论。第二天下午,朱老师到我们宿舍找到我,交给我一份大字报底稿,要我翻译后张贴出去。大字报题目是:"Wer schützt Staatsgeheimnisse und wer nicht?"我在翻译时加了一点火药味,翻译成"谁保护国家机密?谁践踏国家机密?"朱老师显然是支持冲档案室的。她对我们说:"说不定我也被整了黑材料。"

她的大字报贴出以后,在外语系引起轰动。我把同学的一些反应告诉她。她兴致很高,觉得自己做了一件支持"文化大革命"的事情,并表示出对德语专业其他老师没有动静不理解。说某某老师太胆小,不敢写大字报。我说,他们有顾虑。汪(久祥)老师的一句话很能代表老师们的心声。她急切问道,久祥怎么说?我告诉她,汪老师说,你们(学生)是"飞鸽牌",我们(老师)是"永久牌"。她不明白什么意思。我告诉她,这是当时中国最著名的两个自行车品牌。她马上笑着说,久祥真幽默。汪老师是朱老师在南京大学时的学生,她称呼自己的学生都是直呼其名。

有一天,我从中区返回西区宿舍。路经小操场时,巧遇朱老师。她在小操场旁边的理发室洗头出来,正要到西区看大字报。于是我们一路走一路聊,话题离不开大字报。她突然告诉我,有大字报说某人是"破鞋"(ein ausgelatschter Schuh)。原来那几天,外语系一年级或者是二年级的同学,就贴出大字报揭发一位辅导员下乡"四清"时与人乱搞男女关系。由此可见,朱老师对中大外语系的大字报还是熟悉的。

有一次闲得无聊,心血来潮,就和两位同学贸然拜访朱老师。那时候拜访老师没有事先预约的规矩。老师在家就坐一会儿,不在家就走人。朱老师对我们的突然造访很高兴。一是朱老师平易近人,二是她那时候也确实无事可做,来个人聊聊天不亦乐乎。照例是保姆倒茶后退去。我们聊"文化大革命"。"文革"开始不久,无产阶级司令部推出批判文艺界"四条汉子"(阳翰笙、田汉、周扬、夏衍)的战略部署。朱老师检讨说,我过去对夏衍认识不清……这说明,朱老师非常关心中国"文化大革命"的进程,希望跟上形势,与时俱进。

我记得1966年年底的一天下午,朱老师找我,说她看到一篇报道,揭露"美帝国主义"(那时候都是这样称呼美国的)在越南犯下的战争罪行,她非常愤怒。她要我陪她到广东省外办,她要捐款表示对越南人民的支持。我们乘公交车进城。时值"文化大革命"的混乱时期,在公交车上已经不再有人给老幼妇孺让座。外语系一位英语外教(名字忘记了)曾经讲过,由于他人高马大,在公交车上不得不把头伸进车顶天窗的经历。但是那天我们上车后,立即有人小声说,这是朱白兰教授。马上有几个人争相给朱老师让座。

尽管朱老师希望像中国人一样参加"文化大革命",但是这终究是不可能的事。即使是中国人也不理解发生在中国的事情,她更不可能理解。广大学生的狂热,就像稻草,燃得急、灭得快。从"文攻"到"武斗",从"夺权"到"军管",从"大串联"到"复课闹革命",经历了急风暴雨式的动乱,到了1967年,我们已经在"复课闹革命"中陷入天天无聊天天聊,无所事事,等待毕业分配的状态。朱老师也是无事可做。我建议她翻译毛泽东诗词吧!她当真了,而且很认真、很投入。

这期间,借助配合朱老师翻译毛泽东诗词这个当时十分冠冕堂皇的理由,我们常常去她家里喝茶聊天,她会问一些毛泽东诗词的中文确切含义,而且是逐字逐句。我们当时的德文水平非常有限,解释起来非常费劲。当她终于弄清楚某个含义时,会很高兴地赞扬我们一番,并做记录。她翻译了一些,其中有4首发表在奥地利的《红旗》杂志上。她曾经送给我几期登载有她的译诗的《红旗》杂志,并且有她的题款和签名。可惜这些珍贵的纪念物都遗失了。

拜访她时,我们的话题当然仍离不开学校的大字报。当时外语系已经揪斗了一批英语和法语的所谓"反动学术权威",而朱老师所熟悉的德语老师们则相对安然无恙(揪斗张仲绛教授是后来发生的事)。所以我们的话题大多涉及其他系。记得有一次正在讨论毛泽东诗词《满江红·和郭沫若同志》,我突然讲了一个刚刚发生不久的笑话:中文系造反派勒令一批教授参加一个考试,试题中有一题就是默写毛主席诗词《满江红·和郭沫若同志》,坐在王起教授旁边的另一位教授悄悄地问:是不是"小小苍蝇,有几个环球碰壁"?王教授举手揭发:报告,他作弊。这件事由大字报披露出来,引起轰动:看看这些教授的水平,连毛主席的诗词都学习成这样子。正如毛主席所说,卑贱者最聪明,高贵者最愚蠢。朱老师听了这件轶事,开怀大笑。

大约是在1967年的夏天。我们班五位游离于两大派之外的逍遥派同学,打算为革命做点贡献,别把革命锐气给逍遥掉了。几个人一商量,出一本毛主席诗词德文版吧。凭我们仅仅学了三年德语的水平,做这件事显然力不从心,不过我们有朱老师。找她一说我们的计划,她立即表示支持。在她的鼎力协助下,我们很快选出德译毛泽东诗词 22 首,其中包括朱老师自己翻译的四首。在商量书名时,我们想用德文"毛主席诗词"就可以了。但是朱老师建议在前面加上"Deutsche Nachdichtung"。她给我们解释 Nachdichtung、Übersetzung、Übertragung 的区别,因为译文并不是与原文逐字逐句对应,不宜使用 Übersetzung 和 Übertragung。确定了书名,就由我们班书法大家蔡亲福设计了封面。于是这本小册子很快油印出版,赠送给德语老师和同学。

  1968 年 8 月,我告别中大,告别曾经给我授业解惑的老师,奔赴远在大西北的工作岗位。记得和朱老师告别,是和两位要好的同学一起去的。保姆让我们先坐下喝茶,朱老师午睡还没有起来。但是她显然听到我们来访,很快便从卧室出来。因为没有戴假牙,先口齿不清地和我们打过招呼,然后戴上假牙,和我们聊天。到大西北的工厂报到之后,我给她写过信,报告我的工作情况。我没有收到她的回信,大概是我所在的工厂没有地址,只是×省×市××号信箱的缘故吧。但是可以肯定她收到过我的信,因为她给我的一位同学的信中曾经提到:丁玉合同志对他的工作很满意。大约在 1969 年 10 月,我从一位一年级同学给我的信中知道,学校正在调查她。再后来,我在大西北,听到她患肝病去世的不幸消息。终年仅 67 岁。

  1981 年我到德国弗莱堡大学留学,有机会搜寻和阅读朱老师的作品。德国出版的《德国流亡文学史》中多次提到朱老师在苏联流亡期间的创作和社会活动。有一本《16 世纪至今德语女诗人》(*Deutsche Lyrikerinnen vom 16. Jahrhundert bis Gegenwart*)的书中,对朱老师做了介绍并选录了她的 4 首诗,使我萌发了写一篇文章纪念她的冲动。文章写好后发表在德中友协的机关刊物 *Das neue China* 1982 年第 10 期。我原来的标题是《她在继续歌唱》(Sie singt weiter),发表时被编辑改为《她仍然活着》(Sie lebt weiter)。这个题目改得好。此后在德国、奥地利及中国,出现了大量研究、回忆和纪念朱老师的文章。朱老师度过少年和青年时代的维也纳,还把一条道路命名为"朱白兰街"(Klara-Blum-Gasse)。世界各地学者对朱白兰的研究仍在继续。

  朱白兰仍然活着。

一张"全家福"

张文森[1]

摆在我面前的,是一张 60 mm × 60 mm 的黑白老照片。

照片上有五个大人,当中的女士欧洲人面孔,高高的鼻梁、深凹的眼窝,满头的白发,身穿西式浅色的连衣裙,脚穿中式黑面平底布鞋,她便是中山大学的德语教授朱白兰。老师们称她"朱先生",以示敬重,我们学生称她"朱老师",显得更亲切,她对老师和同学,则一概称为"同志"(Genosse/Genossin)。

她的左侧立着章鹏高老师夫妇。章鹏高毕业于南京大学,是朱老师的高徒,当时在中大外语系任教,[2] 他的妻子在图书馆工作,怀里抱的是出生才几个月的儿子。朱老师右侧的两个妇女,紧挨着她的是从南京带来的保姆王姨,另一位是章老师的母亲,身前站的小孩,不知是谁家的孩子,莫非是朱白兰诗歌《邻居的孩子》中的主角,那个"深色的圆脸蛋发出银质的声音,/古铜色的面颊用于快乐的问候"的小邻居?

照片的背面,用中文竖写着"一九六一年七月三十日,中大西南区 10 号后门"。那是章鹏高老师秀美的手迹。1967 年 7 月,朱老师应该是 57 岁,调来中大任教已经整整四年了,住在康乐园原西南区 10 号二楼。

朱老师啊,照片中的您,哦,不,应该称"你"——德语中亲近熟悉的人相互间都称"你"——笑得那么灿烂,是遇到了什么开心的事?是因为《牛郎织女》《香港之歌》发表后,又完成了长篇小说《命运的征服者》的创作?你在 1961 年 8 月 3 日致友人 Dorinka 的信中兴奋地提到:"6 月 29 日我完成了长篇小说——作为 7 月 1 日中国共产党诞生四十周年的献礼。"或者,是

---

[1] 中山大学德语专业 1963 级学生。

[2] 编者注:据章鹏高儿子章明秋回忆,他父亲曾说当年从南京大学毕业后,被分配至上海新文艺出版社(现上海译文出版社的前身之一)工作,报到时该出版社管人事的干部让他先回家等候,但等候了一段时间仍未有通知上班,甚为彷徨。后来不知因为什么事与朱先生联系,联系中朱先生告知他中山大学正在筹建德语专业,提到他可以来中山大学。经过一番努力,章鹏高终被录为中山大学外语系的助教。

因为千里迢迢来华"寻夫",虽然至今无果,仍单身一人,但不仅生活在德语专业的大家庭中,而且有了自己的家,有儿子、儿媳妇,甚至抱上了孙子?20世纪60年代初,你曾不止一次将这种亲情之乐分享给友人①。

我深知,对于朱老师来说,这张照片称得上是"全家福"。看着她的笑容,我陷入了深深的回忆……

是啊,我1963年进入中大外语系学习的时候,看见你就是这个模样:满头白发,笑容可掬,浅色连衣裙由于穿了多年印花已经有些褪色,上课或外出时胳膊下夹个黑色公文包,走起路来活像个白衣天使,不管是在校道上或是教室走廊间,见到同事或学生总是彬彬有礼。我每次见到你,都喜欢用德语跟你聊几句,能得到你的指导,心里更是乐滋滋的。

你在五年级任课,我是三年级学生,算不上是你的授课弟子,跟你的较多交往有赖于"文化大革命"。1966年5月份,"文革"尚未正式爆发,但在"向反党反社会主义的黑线开火"的号召下,全国对北京"三家村"的大批判已经硝烟滚滚。学校搭起大字报棚,每天不少人去看。一天,我在中区图书馆门前碰见你,你虽然不懂中文,也来看大字报。不远处,李嘉人校长正在看大字报,你上前和他打招呼,苦于语言障碍,找我当临时翻译。当时你们谈了如何看待时局的问题。幸好当时德语阅读教材多半出自《北京周报》、中苏关于国际共产主义运动总路线论战的"九评"、奥地利马列主义共产党出版的《红旗》杂志,我对德文的政治用语并不生疏,翻译比较顺利,你对我挺满意,李校长也表扬我,鼓励我继续好好学习德语。

随着党中央"5·16"通知的下达,人民日报社论《横扫一切牛鬼蛇神》的发表,批判对象很快已转到校内。根据上级指示,学习"停课闹革命",中文系的容庚、王起教授,历史系的陈寅恪教授瞬间被"揪"了出来,副校长马肖云被当作"反动学术权威的保护伞"、"修正主义教育路线"在中大的代表遭炮轰。你对史无前例的"文化大革命"十分关注,这是理所当然的,因为你经历过纳粹对犹太人的迫害,也体验过三四十年代斯大林的大清洗运动,养成了高度的政治敏感性。而更重要的是,你早已跟中国人民同呼吸、共命运,像我们一样学习毛主席语录,崇拜伟大领袖,反对美帝国主义和苏联修正主义。你广泛阅读我国的外文期刊《北京周报》和国外马列主义组织和共产党的机关刊物,如奥地利的《红旗》(*Rote Fahne*)、法国的《新人类》(*Humanité Nouvelle*)、比利时的《人民之声》(*Voix du peuple*)、澳大利亚的《先锋》(*Vanguardia*),从中了解"文化革命"的情况,并且将这些刊物推荐给在

---

① 见本书第五辑,朱白兰1963年6月30日致多拉·文切尔的信,1966年10月28日致克拉拉·魏宁格尔的信。

德国的友人，你甚至向他们谈到了《欧阳海之歌》，称它是"我们的文化革命至今产生的最优秀长篇小说"①。你多次邀我一起去看大字报，起初，还热心支持学生"造反"，批判"修正主义路线"，但在知道身边熟悉的法语教授梁宗岱也被揪斗后，越来越觉得风向变了，再没叫我一起去看大字报。

大字报没有看，报社倒是去了两家。当时，正值越南战争期间，你写了支持越南抗美的文章，投稿到《南方日报》和《羊城晚报》，但5月份投的稿到7月份还没见发表，你约我陪你去报社询问，如不能发表就把底稿要回。可惜报社内部已乱起来了，接待的人告知，原班子的人都靠边了，无法查阅，去两家报社，均无结果，我跟你一样只好懊丧地返回学校。

1966年秋冬，很多学生都离开校园去大串联了，我留在学校时间较多，不时还会去你家坐坐，请教翻译上碰到的问题。当时，没有汉德词典，也没有如今这么多资料参考，遇到中文的用语，特别是抽象的概念，要译成德文，往往感到束手无策或把握不准。例如，朝鲜金日成提倡的"千里马精神"，该如何译成德文？你对我说，不妨译成"Galopp-Theorie"，"精神"这个词不宜直译为"Geist"，用"Theorie"较好。你还说，金日成的思想不能跟毛泽东相比，毛泽东的思想是成体系的，在德文中可以称为 Idee，金日成的思想不成体系，不能称为 Idee。

1967年的一月"夺权"风暴和随后愈演愈烈的"文攻武卫"，使整个社会陷入了混乱和恐怖之中。我和同班几位同学组成"铁军"，本意是要像北伐战争中叶挺率领的独立团那样，无往不胜，无坚不摧，但在大规模武斗的枪声中，已如惊弓之鸟，各自逃散。你也一定受了惊吓吧？听我们班的袁瑾同学说，有一天上午，她在校园偶然遇见你，你慌慌张张，叫她陪你去广州市内找旅馆住。你们在学校南门外叫了一辆三轮车，坐上去后，你让她把布帘子放下来，生怕别人看见，她照做了。到了华侨大厦，询问住宿事宜，服务员说没有房间了。无奈又叫一辆三轮车，到了爱群大厦，服务员同样说没有房间了。以往，这两家旅馆专门接待外宾，怎么那么巧，都说没房间？是真没房间，还是怕涉嫌"里通外国"不敢接待？你们只好返回中大。袁瑾还记得，当时你穿浅花色连衣裙，要出去找住处却什么也没有拿，甚至没有带换洗的衣物。她把你送回家就离开了。现在，她想起这件往事，还深感自己愚钝，你都被吓得六神无主了，她怎么就不懂得主动留下来陪伴？后来又听说，你在英语专业祝静钿同学的帮助下，住进了宾馆。你身在宾馆，却心系学生的安危，设法为受困的学生送食品和药物。你对学生的关爱，至今令人难忘。

---

① 参见本书第五辑，朱白兰1966年10月28日致克拉拉·魏宁格尔与西蒙·魏宁格尔的信。

1968年夏天,惊魂未定、身心疲惫的大学生终于迎来了毕业分配。我离校前去跟你道别,你显得既高兴又依依不舍,要我今后多写信联络,还送我一张照片(见序言中的照片)留念,在照片背面用德文写上:

Juli, 1961

Genossen Dshan Wen-ssen zum Andenken

朱白兰

6.9.68

第一行写的1961年7月,是拍照日期,最后一行是送照片日期68年9月6日,中间写的是"送张文森同志留念"和你的签名。这就是我至今珍藏的你和章鹏高家人的"全家福"(见序言中照片)。

我被分到汕头牛田洋部队农场。和我编在同一连队里的,有来自外交部从各驻外使馆召回来的外语前辈,有来自北外的老师,有中大的同窗,也有四川外国语学院的学生,各个语种都有。部队农场的生活也真够锻炼人的。我们9月初到达牛田洋,正当大家准备迎接国庆节的时候,大自然就毫不客气地给了我们一个下马威——从南海面上袭来了台风。次年,即1969年,7月28日的超强台风,更是我们在人生中真正受到的一次生死攸关的严峻考验,500多名军人和学生在灾难中丧生,已足以说明残酷性。灾后重建的过程中,根据周总理指示,外语连队安排一定的专业学习时间,我们半天劳动,半天学习。但带去的德语资料全泡水了,苦于没有德语学习资料,我想起了你,我们的朱老师,写信向你求助,希望每月能得到几本德文《北京周报》。你爽快答应了,从11月起,开始每月按时寄来。你知道我们有多兴奋吗?这些资料是雪中送的炭啊!每当寄到连队,战友们便争先恐后地抢着看,从这个人手里传到另一个人手里,大家心中洋溢着对你的感激。

1970年夏天,我借回乡探亲的机会,途经广州回中大探望你。此时,你家中的保姆已再不是照片上那位从南京带来的王姨,换了一个50开外说粤语的广东人。家中的摆设依然如故,大约30平方米的长方形两用"大"厅,从北面进屋,东西两面是墙,南面有窗,左边靠墙用于就餐,摆着一张小圆桌,右边用于会客,窗上挂着深色窗帘,没有多余装饰,木家具全是从学校借来的,十分简朴。你见到我可高兴了,特意叫"工友"(按粤语的习惯叫法,你也这么称呼保姆)为我做丰盛的午餐,而你则一直和我聊天,听我讲在部队农场的工作和生活情况。那时你已病得不轻,但对我仅说自己肠胃消化不太好,多吃点就不舒服,没其他毛病。

次年春天,我调往韶关大宝山矿工作,途经广州,再次回中大看你,你已重病缠身。章鹏高老师每天来陪伴你，我问章老师为什么不送去住院治疗，老师说你喜欢安静，在家有人照顾，生活比较方便。每次复诊，他都会陪你一起去。那天，你仍拖着消瘦的身子到客厅陪我，叫工友泡上好的红茶招待，虽言语不多，但尽显对学生的深情。

夏天，我突然收到章老师的信，信封上的笔迹是我熟悉的，过去你寄给我的信，中文地址也都是章老师写的。他告知我，你已不幸病逝，他按照你的遗嘱，将衣物交工友处理，借来的家具和银行存款归还学校，而遗赠给他的书籍则转赠给图书馆。看完信后，我的心如坠深渊，从此失去了一位良师益友……

40年过去了。我已移民德国。2014年夏，同窗好友林筘携家人来欧洲旅游，我全程驾车陪同。到了维也纳，老同学告诉我，据悉，在维也纳有条街道以朱老师的名字 Klara Blum 命名，很想前往探访。怀着试探的心理，我把 Klara Blum 输进导航系统，果然有。我们兴奋不已，立即驱车前往。赶到目的地，太阳已开始西沉。街道所在的维也纳22区叫多瑙城，面积约占全城的四分之一，位于城市东部偏北。Klara Blum 街于2008年命名，是一条呈"匚"形的道路，四车道宽，两边车道可停泊车辆，路的西侧和南侧已建成一片住宅，楼高三层，北侧的房屋已经封顶，正在装修，道路的东边则仍是大片农田。路边的水泥杆上，高高地挂着两块崭新的铁牌，上方一块是路名：22., Klara-Blum-Gasse，下方挂的牌子标明朱白兰的生卒年和作家身份：Klara Blum（1904—1971），Schriftstellerin。在绚烂的彩霞中，蓝底白字，显得格外靓丽。站在以老师名字命名的街道上，作为学生，温馨和自豪感油然而生，我仿佛又到了老师的家。仰望她的名字，我不禁默默地叨念：朱老师，张文森同志来看你了……

2018.10

图1-15　本文作者驾车寻觅以朱白兰（Klara Blum）名字命名的街道（2014年7月25日于维也纳）

一封难忘的回信（附朱先生回信译文）

蔡亲福[①]

书架上摆着一封纸张泛黄、年代久远的信封，上面有写得歪歪扭扭的中文地址，每每看见它，便勾起我遥远的回忆。

中国为家勤笔耕，桃李广植惜人才

这是"文革"期间的 1968 年，我大学毕业后分配到北方一家保密单位后，不谙中文的朱白兰教授给我的第一封回信。它很幸运，居然逃过"检察官"的法眼。朱教授给我的第二封信，就没有那么幸运能到达我的手里了。

在这封信中，朱教授对我和同学在北方能够勇敢地面对严寒、出色地完成繁重的体力工作而感到欣慰，并且念念不忘毛泽东诗词的翻译。

五十年弹指一挥间，往事如烟，物是人非，令人感叹唏嘘！20 世纪 80 年代初，旅德同学丁玉合发表了一篇关于朱教授的文章《她仍然活着》（Sie lebt weiter）。当时，在国内外朱白兰研究尚是一块未"开垦的处女地"；如今，她的诗歌、小说和译作，引起人们的广泛关注，历久而弥新，日益发出耀眼的光芒！

往事追溯到 20 世纪 60 年代初，我考上中山大学外语系德语专业。高中时我学的是俄语，而当年心仪的中山大学外语系只设立德语专业；我别无选择，只好报读德语，却有幸结识了德语专业大名鼎鼎的朱教授。

进校不久，在中山大学西区的林荫道上，我经常碰见一位身材高大、前额宽阔、碧眼深邃、肌肤雪白的外国女士，五十多岁模样，给人高深莫测的感觉。后来打听，才知道她是来自欧洲的德语教授朱白兰。

[①] 中山大学德语专业 1963 级学生。

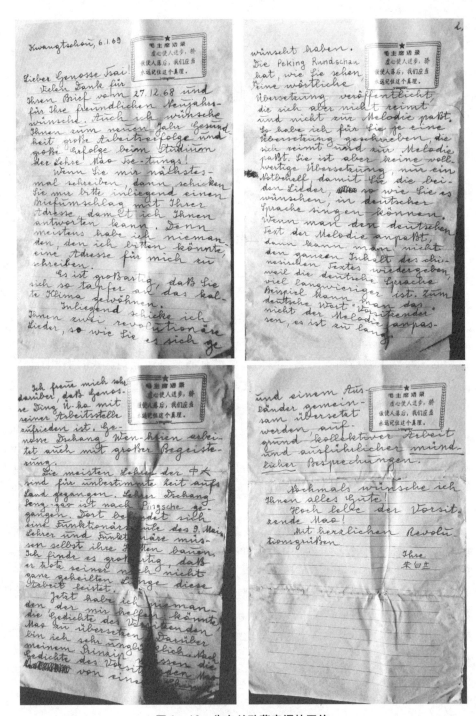

图1-16 朱白兰致蔡亲福的回信

德语属于难学的小语种，因此，图书馆有关德语的书刊很少。记得19世纪有一位日本人到德国学医，因为学不会和听不懂德语而自动退学。我心想：如果能有机会与母语为德语的外国人攀谈，该有多好！

机缘巧合，我班一位女同学的母亲就住在朱教授的家里料理家务，我有幸与同学去拜访朱教授。

她的家一尘不染，整洁的书柜里整齐地摆放着她的著作和其他书籍，靠门口的小柜上立着洁白的刘胡兰小瓷像。她看见我凝望刘胡兰的瓷像，感慨地说，刘胡兰视死如归，很伟大！并用手指着瓷塑底座上毛泽东苍劲有力的八个碑体字"生的伟大，死的光荣"，露出崇拜的神色。也许，因为朱教授是犹太人，觉得刘胡兰的性格与犹太民族屡遭迫害而坚强不屈的性格如出一辙吧。

经过多次的接触，我断断续续地得知，她不远万里，从欧洲辗转来到广州。每当提起她的故乡，她的眼神都很凝重，露出沉思的样子。很久以后才知道她是犹太人，出生地小城市切诺维茨位于中欧，在历史上属于不同国家，朱教授在具有德意志和犹太文化传统的家庭长大，从小受德语教育。早年父母离异，随母迁往奥地利维也纳；二战期间流亡苏联。

作家杨明说，所谓的故乡，不过是我们的祖先漂泊旅行落脚的最后一站。朱教授流亡苏联期间，结识了一位中国革命者，两人相爱，不久爱人失联。在她的心目中，她的爱人是因为参加秘密的革命工作而离去的。二战结束后，她来中国寻找"夫君"，未果，1954年加入中国国籍。广州是她漂泊的最后一站，中山大学是她安身立命的理想之地。

她是当时为数不多的二级教授，收入不低。而她来到中国之前，"在写作及翻译工作中获得的收入极微"，犹太慈善机构给予她的资助亦极有限，因此"经常遭受饥荒"。她怎么不对中国怀着知遇之恩呢？

她用毕生精力培育中国学生，对学生亲如子女；为了顾及中国学生的水平，她讲话语速缓慢。不过，这慢慢成为她说话的习惯。据说，她曾受约为电影配音，因语速过慢，跟不上镜头而作罢。她写钢笔字较大，用两个手指敲键盘打字。但是，她写字、打字慢而不停，锲而不舍，著作颇丰。她蓝眼睛，具有追求完美的蓝色性格。

"文革"初期，她曾把一首诗作给我看，意下是想让我试笔翻译。当时教学偏重于政论文章，我对外文诗歌接触很少，而且当时出版的《简明德汉词典》收载的德语词汇不多。诗词翻译是一门不折不扣的艺术，要翻译得有诗味、有意境，对于德语才学几年的我，谈何容易。我知道，朱教授的苦心是要磨炼我。限于我当时的水平，只能直译。后来，在动乱中，原诗和我的翻译习作不知所终。

她的民族在历史上屡遭迫害而不断迁徙，对此，她有深切体会。来到中国之前，她感觉"头上永远悬挂着看不见的鞭子"。"文革"初期，无政府主义泛滥，打砸抢成风，各派都自诩"革命组织"。当她知道，有一些学生被不同派别的"黑手"抓走后，失去自由，被蒙眼上厕所、睡地板，其衣服前后被写上莫须有的罪名和恶毒谩骂的词语，就怒斥道"这不是法西斯恶行吗?!"她曾对我说，要好好学习毛主席著作，警惕像狐狸一样狡猾（schlau wie ein Fuchs）的两面派人物。

名篇翻译驾轻车，译作光芒耀诗坛

朱教授是诗人，她从少年时期就写诗。她有诗人的敏锐目光，早年的诗受到当时犹太报刊的赞许："深深植根于犹太文化中"，"节奏、音色、词汇、语言艺术、题材，无处不表现出她是真正的女诗人"。同时她也喜欢译诗，流亡苏联期间，就发表过不少译诗。上面提到，朱教授在信中念念不忘要翻译毛泽东诗词，这一方面因为受奥地利革命者之托，另一方面与她的思想和写作渊源有关。

她早年接受马克思主义，矢志改变世界，创作了不少旨在提高工人阶级觉悟的政治抒情诗。她的诗表达了对被压迫民族和劳苦大众的同情，充满对和平、正义、平等、友好的向往，赢得人民的崇敬；在她去世后，奥地利维也纳有一条以她的名字命名的街道。

她深深热爱历史悠久的中国，20 世纪 40 年代在莫斯科时，创作了不少中国题材的诗，如《保卫者》《大师与愚者》和《两位诗人》，流露出对中国文化的浓厚兴趣。她曾经翻译我国南北朝民歌《木兰辞》，节译艾青的长诗《向太阳》。50 年代，她翻译了《王贵和李香香》《龙王的女儿——唐代传奇十则》，由北京外文出版社出版。她加入中国国籍后，以自己是中国人而自豪，以对外宣传中国的文化和建设成就为己任。

她的思想和经历，使她完完全全地拥抱和赞美毛泽东领导下的中国革命和建设。她极其崇拜毛泽东，尤其崇拜毛泽东的诗词，认为其诗词涵盖中国革命史。因此，在"文革"初期，我们几位两大派都不沾的所谓"逍遥派"同学，向她表示要把德文版毛泽东诗词编辑成册，她马上赞成并鼎力支持，把她自称为"德文仿作"（deutsche Nachdichtung）的毛泽东诗词译作交给我们。她解释说，这是因为译文与原文不是逐句对应；她略知一些中文词汇，但是达不到交流的水平，只是根据他人对诗词内容的解说而意译。我们几位同学共选出和油印了德文版毛泽东诗词二十二首，其中有朱教授翻译的四首。

如上所述，朱教授有多年写诗和译诗的丰富经验。翻译毛泽东诗词，是她一生最强烈的愿望。她对当时面世的毛泽东诗词德译本（有的学者甚至翻译成分行的散文）不满意。首先，她和章鹏高教授尽力搜集当时国内外出版的毛泽东诗词外译本、国内出版的毛泽东诗词解释本，作为翻译时的互文参照。从互文的比较中，她看出了各种版本译文的诸多谬误。

她批评当时《北京周报》发表的毛泽东诗词译文是"逐字翻译，没有押韵，不合旋律"，批评当时流传较广、影响较大的阿希姆·席克尔（Joachim Schickel）的译本是直译、死译，"准确而通俗易懂的译诗为数很少"，有的"政治上有所偏离，有些简直如同云雾一般"。朱教授指出，席克尔一方面对原文的理解有限，另一方面主要是受了"现代派"译诗的影响，即强调表达原诗的"形象"，死抠字眼，不求甚解，在行文上则尽量"对号入座"，按照中文的次序排列字句，结果弄巧成拙，译文虽然有"诗意"，目的语读者却不易理解。

异质语言之间的翻译转换，逐字翻译容易让人产生直觉上的认同，然而未必是"信"译。试看，把"高鼻子"翻译成"a high nose"是"忠实"原文吗？文字形式的对应属于表层对应，是最容易做到的；至于文字"深层含义"的对应、语言风格的对应、阅读感受的对应以及与作者意图的对应，就很难做到。

朱教授与章教授的合作，优势互补，相得益彰，可谓"珠联璧合"，做到译文与原文功能对等，堪称毛泽东诗词翻译史上的佳话。

首先，章教授对毛泽东诗词进行散文式的直译，随后朱教授根据章教授的直译稿，运用娴熟的翻译技巧，意译出珠圆玉润、情声并茂的作品。

她在给我的信中说过："根据我的原则，毛泽东诗词的翻译，必须由一位中国人和一位外国人，在共同工作和口头探讨的基础上完成。"

朱教授与章教授的合作，就是这种原则的体现。这样做，就可以尽量避免谬误，精益求精，易出精品。

汉语词汇意义对于搭配和语境的依赖，比德语弱。汉语文字简约，是因形而生义、因形而联想的象形文字，与西方文字只有40%～50%可以对等，翻译起来困难重重。

根据德国学者孔策（Karl Kunze）和奥普拉恩德（Heinz Oblaender）的观点，抒情诗要达到如下的形象塑造手法：有韵律、节奏、韵脚和意境。

语言只不过是一种载体。诗歌，包括译诗，要求有韵律、节奏、韵脚和意境，特别是意境。诗没有意境，味同嚼蜡。朱教授对毛泽东诗词的翻译，达到了这些标准。作为不太懂中文的外国人，她如何能够使译文臻于完美呢？朱教授在给我的信中表达了她在译诗中遵循的基本原则：如果译诗要符合德文诗的韵律，对中文的内容就必须有所取舍，因为中文诗歌讲究精炼，译出的德文词句往往很长。

按照现在的说法，朱教授采用了"欠额翻译"和"超额翻译"的手法，把诗词中的意象或比喻恰当地再现，避免了晦涩，增强了可读性。她选择和大胆创造了贴切而简约、通俗而晓畅的词语进行翻译。对中文律诗的翻译，按照德文的押韵规则；应用德文诗歌的抑扬手法，对应中文律诗中的平仄。朱教授的翻译实践，暗合多年后许渊冲提出的"创译"的主张。

朱教授善于把毛泽东诗词中语言形象和意境转化成德语读者能够理解而引起共鸣的形象和意境。限于篇幅，这里不一一赘述。

朱教授对毛泽东诗词的译作，历时半个世纪，因为时代的因素，只有几篇发表于奥地利的《红旗》杂志上。现在旧事重提，就是希望朱教授和章教授合作的译诗最终能够与国内外读者见面。

2020 年 1 月 18 日

朱先生回信译文：

亲爱的蔡同志！

非常感谢您 1968 年 12 月 27 日的来信以及友好的新年问候。我也祝愿您新年身体健康，在工作和学习毛泽东思想中取得巨大成绩！

如果您下次来信，请附上一个写有您地址的信封，以便我能回信。因为，我通常请不到人为我写地址。

您如此勇敢地去适应寒冷的气候，真是了不起。随信寄上您希望得到的两首革命歌曲。正如您看到的，《北京周报》上发表的歌词是逐字逐句的翻译，它们既不押韵也与旋律不配。因此我为您翻译了这两首歌的歌词，它们是押韵的，并且与旋律匹配。但它们不是完全等值的翻译，只是一种不得已的辅助手段，以便能如您所愿，用德语来唱这两首歌。如果要使德文歌词与旋律匹配，那么，是无法将中文歌词的全部内容复述出来的，因为，德文的表达要冗长得多，例如德语中的词 Vorsitzender（主席）就太长了，不能与旋律相配。

我很高兴，丁玉合同志对他的工作岗位表示满意，还有张文森同志在工作中表现出巨大热情。

中大的大部分教师去了乡下，时间多久不确定。章鹏高老师去了坪石，在那里有所"五七"干校，教师和干部必须自己动手盖草房，他虽然肺部疾病尚未痊愈，但能参加这种劳动，我觉得很了不起。

现在，没有人能帮助我翻译毛主席诗词。对此，我感到非常懊恼。根据我的原则，毛泽东诗词的翻译，必须由一位中国人和一位外国人在共同工作和口头探讨的基础上完成。

再次祝您一切都好！

毛主席万岁！

致以革命敬礼

您的朱白兰
69.1.6，广州

一段特殊的师生缘

祝静钿[①]

  1967年初夏,"文革"爆发的次年。中山大学西区外语系教室里,桌椅七零八落,书籍成了一堆废纸,"停课闹革命"已经一年,教授们早已从讲台上消失,大部分成了被批斗对象。校园到处是触目惊心、白底黑字的大字报,或挂在宿舍楼下大树间的麻绳上,或贴在宿舍楼和教学楼的红砖外墙上。大学生们天天口诛笔伐,刚贴的大字报不一会儿就被新的覆盖,一层又一层,脱落的大标语随风飘荡。大喇叭日夜播放革命歌曲及"豪言壮语",饭堂被临时用作批斗会场。"反动学术权威"时而被游街,时而被批斗,但往往批斗不足几分钟,就被"造反"的学生拳打脚踢。

  往日勤奋好学、淳朴友善的同窗,早已在一夜之间分裂成好勇斗狠、充满敌意的不同派别。

  四五月间,形势越来越恶化。在"文攻武卫"的口号下,红卫兵再不是"口诛笔伐"了,取而代之的是"枪诛刀伐"。5月中,整个广州城卷入"武攻武卫"。校园里也人心惶惶。当时,我已离开校园"避难",有时住在同班好友郑小玲外婆家,有时住海珠广场附近太平通津高中同学刘瑞子家。瑞子一家本来就住得拥挤,加上我就更加挤迫了,但刘伯伯全家怕我在校园不安全,一再留我暂住他们家。因听说学校要"武斗",我在5月下旬的一天,大胆地回校看看,顺便取几件衣物。从市中心直达中山大学的14路公交汽车停开。我只好改乘其他线路,至怡乐村就得下车。从怡乐村步行至中山大学西门,走了30多分钟。远远看见学校西区的铁门紧闭,马路斜对面的省柴油机厂门口堆放着许多沙包,沙包上架着机关枪。路人根本不敢靠近。我只好赶紧往回走,又折腾了两个多小时,终于在长堤乘渡船从北校门进入学校赶回西区宿舍的路上,见到几位同学戴着袖章在校园巡逻。往日书声琅琅的校区,如今空荡冷清,鸦雀无声。宿舍楼里只有为数不多的同学,

---

[①] 中山大学英语专业1963级学生。

我回到女生宿舍，未见任何室友。英语三年级的女生除我外，家全在广州市，她们大概都回家了。我取了点衣服杂物，赶紧离开宿舍，前往北校门准备坐船回城里。

西区主干道的西侧是学生宿舍，东侧是一排低矮的教师宿舍，那里更是一片死寂。我低头快步地走着，忽然见到右边不远处有一身影，抬头一看，小路树荫下站着一位白发苍苍的外国老太太，她见到我马上立正，举起右手，用生硬的普通话高呼三声"毛主席万岁"。

她不是别人，正是德语教研室的朱白兰老师，一位兢兢业业的德语教授。"文化大革命"进行了一年，课被取消了，大字报她既不会写也看不懂，只知道老师们也可能是批斗对象。"文化大革命"刚开始时，她还挺热心积极，曾经参加过学生们的游行。但由于局势越来越紧张，特别是"武斗"不断升级，她虽然没有挨过批斗，且家门口挂着烈士家属的牌子，但也越发恐慌，在公开场合里已难见身影。她见到我就高呼口号，也许是为了引起我的注意，同时表明自己是忠诚的革命群众。

我用英语向她问好。她喜出望外，向前迈了几步，拉着我的手，神色有些紧张地用英文说："同志，我求你帮帮我，带我离开中山大学住一段时间。"

朱教授虽然没教过我，但握着她冰凉发抖的双手，看着她充满期望的眼神，我实在无法拒绝她的请求。我满口答应并问她何时"出广州"（去广州市区）。

"马上！As soon as possible."朱老师回答。

"好，那你回家收拾收拾，我今天就带你出广州。"

朱老师高兴极了，拉着我的手去她家。她住在西南区的"模范村"，家里原来有一位保姆，但此时家中无人。我等了大约一个小时，老师简单收拾了一箱行李。我提着朱老师的皮箱，她挟着自己的黑色公文包，我俩匆匆前往北校门码头。一路上遇见几个戴红袖章穿绿军装的同学盘问。我告诉他们老师病了，要到广州城看病住院。

"什么病？"一个学生凶巴巴地追问。

"胃病，多年了，现常痛。"朱老师告诉他。

终于过关了，我们在北校门码头顺利地登上了赴广州城区的船。

渡船在江面上行驶。呼吸着带水气的新鲜空气，朱白兰老师心情平静了一些。昔日以红砖、绿瓦、翠荫著称的康乐园，如今变成了充满火药味的战场。朱老师似乎松了一口气，但从她的眼神里可看出：她既惋惜又惆怅，对未来处境担忧重重。

在船上，朱老师对我一见如故，将藏在心里多时的话说了出来：

"For half a year, nobody speaks to me. I am so lonely and scared."
已有半年没有人跟她说话了,她感到十分孤独和害怕。她还说,她的胃不好,不吃米饭、不吃猪肉,喜欢吃马铃薯。投宿的旅馆一定要干净,一定要有私人坐厕,她无法用蹲厕。再者,价格也不可太高。最后她希望我不要离她投宿的旅馆太远。

我告诉她,我住海珠广场附近的太平通津小巷,海珠广场有一间华侨大厦,是广州市最好的旅馆,专门接待华侨和外国人,挺安全,步行五分钟则可到达我住处。

她很放心地对我说:"好啊,那就住海珠广场华侨大厦吧。"

朱老师还告诉我,她在广州市内没有一个熟人,只有一个儿子在中山大学,但最近外出,联络不上。她希望能与我保持联系。我当然答应,并说我的住处离她很近,并把太平通津的临时地址用中英文写给她,表示很乐意能随时帮助她。

从长堤码头上船后,我把朱老师带到华侨大厦,并叮嘱大厦服务员及餐厅多点照顾她,为她准备喜爱吃的马铃薯。据当时在西区宿舍目睹现场的同乡说,被抓的同学像往日一样在宿舍"闹革命",学习毛主席著作。其中一位姓黄的同学正在协助陈珍广老师办《外语改革》月刊杂志。陈老师亲手刻印蜡纸,出版后都会赠送给外语系学生组织。黄同学从来没有想到自己也会被抓。他们被关押在物理大楼,当时叫"八三一大楼",生死未卜。

我听后急死了,到华侨大厦告诉朱白兰老师。老师听后既难过又焦急,问我有无办法救他们出来。我告诉老师,我不可能有力量救他们出来,因当时全国各地,包括中山大学,管理已然失序。

"可是我可以去看他们,如果许多人知道十几位学生被抓的事实,这样,被抓同学的人身可能会安全点。"我说。

"对极了,You are right! 你真聪明。"朱老师称赞我。

于是我与朱白兰老师商量进中山大学物理楼探望被抓同学。朱老师拿出了80元,我与她一起去华侨大厦小卖部,买了饼干、糖果、罐头等食品。她问我还需什么。我告诉她,被抓同学挨打,需要买些跌打酒、跌打膏药及万金油等便药。

"好啊,那你去买药酒药膏吧。是不是也要买一些香烟?"朱老师问我。

我告诉她这些同学不抽烟,不必买烟了。我添上了自己的30元,终于买齐了探望同学的食品药物。在60年代,80元不是个小数目,当时一个大学毕业生在广州市月薪约50元。朱老师大概每月工资也不会很多。现又住华侨大厦,每天可能要花二三十元,所以她不省点用钱不行。当朱老师知道80元已用完了,还需买药酒药膏时,说要再给钱我,我告诉她不必了。我哥刚寄了40元生活费给我,有钱买药品。她很感动。她住华侨大厦后,我常帮她忙,她表示要感谢我,请我在华侨大厦喝咖啡。我谢绝了。

"朱老师,你要省点用钱,我不喝咖啡。"我说。

6月9号,我决定要进学校物理大楼探望被抓同学,他们被关押在物理楼几天了。朱白兰老师要我探望后第一时间去华侨大厦告诉她同学们的情况。

我背上了买好的食物、药品,从天字码头坐船回学校。路上气氛比5月中旬紧张得多,从码头到中区要过五六个关卡。"八三一大楼"更是戒备森严。把守大门的同学很凶,不让我上楼,有一人还厉声盘问:

"你是不是特务?"

"你看我像特务吗?我只是你们及楼上被关押的学生的同学。"

我指着楼上答道,并理直气壮地告诉他们,即使是真正的监狱也允许探监。不让我探望同学是不合情理的。

"表姐,你干吗来这里?"

声音很熟悉,原来是我一个在化学系读书的远房表弟在喊我。他竟然也在物理楼守卫。当时,几个守楼学生除英语系的陈同学我认识外,全是其他系的。

"阿弟,你在这里?阿姐要上去看望同学。"我对表弟说。

"上去吧!表姐。"

看见我表弟让我进楼,其他人检查完我带的食物药品后,就放行了,但吩咐我不要超过半个小时。

在楼上,见到被抓的同学都面露惧色,显得苍白疲劳。他们悄悄告诉我,刚被抓的几天,日夜黑布蒙眼,第一天很晚才有饭吃。晚上在冰凉的地板上睡觉,男女混杂,睡觉也是蒙眼。由于蒙眼上厕所,他们经常被台阶绊倒或被墙壁及厕所门撞伤。……

"前天蒙眼黑布被揭开,眼睛怕光已睁不开了。"一位被抓女生在我耳边低声说。

我把饼干、糖果及药酒药膏拿出来,慰问这些被虐待了一个多星期的同学,并转达了朱老师对他们的亲切问候。他们都十分感动,要我转达对朱老师的感谢和问候。这件事,当然不能泄露出去,万一让另一派知道,弄不好,朱老师就会挨揪斗。

很快,半个钟头过去了,我不得不与被关押的同学告别。我像地下工作者一样,暗地里要了几位同学的广州地址,准备逐家去报平安。

在物理楼楼下,我又见到了表弟。我告诉表弟:"你们抓同学的事外边都传开了，连外国教师都知道。影响不小，要注意啊！来日方长，你要善待同学，切不可乱来，万万不能虐待自己的同学啊。""文化大革命"后，表弟告诉我，我去探望被抓同学时，有守门者认为我可疑，可能是密探，想把我也抓起来，被我表弟及其他同学制止了。真是有惊无险啊！

回到广州市，我把被抓同学的情况告诉朱老师。

她气得脸色发青。"静钿同志，我们计划一下，下周劳驾你再找一天去探望被抓同学，看情况有否改善。若没有改善，我们要想别的办法。"

过了约一周，当我计划再去探望同学时，听说被抓同学已被释放。

这以后，朱老师仍然住在华侨大厦。当时没有私人电话，我不时去华侨大厦看她。她有需要帮忙时，也会来找我。有一次，她与华侨大厦的沟通出了问题，就拿着我给她的中英文地址，一路上询问路人，到太平通津找我。因我寄居的同学家在二楼，朱老师找我通常会在楼下，挟着公文包大声喊叫：

"Ching-tian！Ching-tian！"

我听到后则飞跑下楼。

后来我告诉朱白兰老师也可透过传呼电话与我联络。

我寄居的刘伯伯说："外国老太太常来找你，幸好这里不是单位宿舍，如果让单位革命组织知道了，麻烦可大啦，会有里通外国之嫌啊。"

刘伯伯的话不是没有道理。"文化大革命"期间，在中国生活和工作的外国人被怀疑"里通外国"，是再正常不过的事情。事实上，朱白兰也遭受过怀疑。为此，她还特地找过当时中大外语系负责人纪经纬老师申诉，纪老师向她解释，组织上了解她，不用担心。

在这期间，章鹏高老师来华侨大厦探望朱白兰老师，朱老师指着高高瘦瘦、戴着眼镜的章老师，骄傲地向我介绍：

"This is my son！这是我儿子！"

朱老师在我面前总称章老师是"儿子"，而不是称"干儿子"。看得出，朱老师把他当成唯一的亲人，也看得出，章老师与她的确情同母子。

我告诉天天在惊慌中度日的朱老师：广州市区"武斗"频发，中大虽然也不平静，但最好还是回到校园，不要出门，待在家里相对比较安全。

朱白兰老师由章老师接回到了中大校园。我呢，早已对校园里的"革命"感到厌倦、困惑和恐惧，决定与几位同乡同学离开广州，到外地"大串连"，饱览祖国的壮丽河山。

1968年6月5日，中共中央、国务院、中央军委、中央"文革"小组联合发出《关于1967年大专院校毕业生分配工作问题的通知》和《关于分配一部分大专院校毕业生到解放军农场去锻炼的通知》，要求毕业生分配坚持面向农村、面向边疆、面向工矿、面向基层，与工农兵相结合的方针，规定1966届、1967届大专院校毕业生（包括研究生）一般都必须先当普通农民、普通工人，安排一部分毕业生到解放军农场去锻炼。按照中央的部署，中山大学也匆忙开始进行毕业生分配工作。自8月份起，同学们陆续收到毕业生分配小组发给的派遣通知书。没有举行毕业典礼，没有颁发毕业证书（毕业证书是以后补发的），在"全国山河一片红"的形势下，大家怀着复杂的心情，分期分批离开中大校园。

1968年9月中旬，我再次登门探望朱老师。她很高兴，说我虽不是她的学生，但很关心她，为了表示感激，要送我一件礼物。她打开皮夹，拿出一张照片，郑重地在背后写上赠言，并签上名字和日期，送给我。我欣然地接受了她的礼物（图1-17）。照片上的朱老师，昂首挺胸、神采奕奕，身穿深色大衣，对着麦克风演说，讲台上放着一束鲜花。

图1-17 朱白兰送给祝静钿留念的照片

照片背后用英文写着：

To my dear Comrade Chu Ching-tian
Gratefully
朱白兰（Klara Blum）
Sept. 16, the 1968

这张照片是何时何地拍的，朱老师当时没有说明。据朱老师的学生推测，应该是1959年秋朱老师应邀访问民主德国时的留影。章鹏高老师得知她送照片给我，亲口告诉我，朱老师的照片很珍贵，因当时的照片大都无底片，只有特别好的朋友她才会送照片。这张照片，成了我永远的珍藏。

1969年，我被安排在湛江海军农场接受解放军的再教育，无法与朱老师联络。

1970年，我从农场分派到长洲黄埔造船厂当工人。当时，广州的社会治安已基本稳定，朱老师有了保姆及章老师等人照顾。我假日抽空去学校探望她，从黄埔到中大，交通不方便，每次要翻过一座小山，到深井搭渡船，再从新洲坐车到赤岗，再转14号公交车，才能抵达中山大学西区。不久，黄埔造船厂承担了六机部交给的一项特殊任务，为坦桑尼亚总统尼雷尔制造一艘游艇，我被抽调去参加游艇图纸说明书的翻译工作，任务非常繁重。我告诉朱老师，我有翻译游船资料的任务，无法常来探望她，她表示理解，并为我学有所用感到高兴，鼓励并祝我翻译成功。任务完成后，全部资料用一辆三轮车才装完。据悉，这是我国政府援外船只的第一套英文说明书。

1971年5月6日，又一个难忘的日子。我的同学刘瑞子打传呼电话到工厂说，中山大学一位章老师亲自到她家，让通知我：5月8日上午去广州殡仪馆参加朱白兰老师遗体告别仪式。噩耗传来，我难过万分，不敢相信朱白兰老师已于5月5日因病逝世。

5月8日，我按时赶去广州殡仪馆参加朱白兰老师的告别仪式。参加告别仪式时，我只见到寥寥几人，除章鹏高老师及朱老师保姆外，其余几位我都不认识。后来得知，1970年年初，中山大学接广东省革命委员会指示，外语系并入广州外国语学院，9月，中大外语系除少数教师留校担任公开外语教学任务外，其余教师和行政人员已全部调出。教德语的朱白兰老师主动要求留在中大，章鹏高老师作为她的高足，也未被调离。在朱老师的告别仪式中，我这个英语系学生成了她的学生们的代表。

朱白兰老师遗容安详，但比之前清瘦很多，涂着口红，身穿一件深蓝色连衣裙。一想到再也见不到敬爱慈祥、孤独艰辛一生的朱白兰老师，我不禁痛哭流涕……

朱白兰老师离世将近半个世纪了。

时至今日，我才确切得知，朱老师1970年已被诊断患肝硬化，她预感到时日不多，留下了遗嘱，要求死后火化，并吩咐从自己的存款中取出火葬费用，再取出100元给照顾她的保姆，余下的钱归还中国人民，即归还中山大学。患病期间，学校领导曾指定外语组章鹏高和林丰青两位教师在她家轮流值班。病重时，校方多次劝她进院治疗，但遭她拒绝，为使她得到救治，中山医学院派医生来校为她检查和治疗，直至5月4日病危，被送进中山医学院附属第一医院抢救。章老师陪伴她度过生命的最后一天,傍晚,他从医院回家取些物品,刚到家便得知她已驾鹤西去,生命定格在1971年5月5日19时55分。

2018 年 8 月 12 日

中山大学德语教授朱白兰逝世讣告

讣 告

中山大学原外语系德语朱白兰教授,因长期患病,治疗无效,于一九七一年五月五日19时55分在广州逝世,终年六十七岁。

朱白兰1904年出生于罗马尼亚,属于犹太族,原名 Klara Blum,青年时代曾在维也纳学习。1947年来前曾在苏联等地从事教学和文学创作工作。1947年来中国,新中国成立后,先后在上海、南京高等学校担任德语教学工作。57年起调中山大学,在原外语系任德语教授。

朱白兰教授于1952年申请加入中国籍,1954年获得批准。

朱白兰教授生前主要从事教育工作和文学创作活动。在我校教学工作中,认真负责。在其解放前后创作活动中,也有过一些著述,进行过一些反帝反修的宣传活动,为人民做出了一定的贡献。

朱白兰教授从1970年夏起发病,后经确诊为肝硬化后期。在朱白兰教授患病期间,学校领导对她在政治上、医疗上、生活上自始至终都给予无微不至的关怀,驻校军宣、工宣,校党委,校革委各级领导同志曾多次亲自到她家探望,为了更好地对她进行治疗,在省中医学院和中山医学院等单位的协助下,定期和根据其病情需要随时派出2~3名医生来校为她诊治,然而终因朱白兰教授年老体衰,经多方医治无效,于七一年五月五日19时55分去世。

今天在这里为朱白兰教授逝世举行告别仪式,以"寄托我们的哀思"。为了革命的事业,为把无产阶级教育革命的事业进行到底而努力奋斗。

中山大学革委会朱白兰逝世治丧小组
1971年5月5日

第二辑 朱白兰研究

Klara Blum

钟情于革命的一生(附德文原文)
——朱白兰在奥地利、苏联和中国①

桑德拉·里希特②撰 邱晓翠译

那些在纳粹时期离开奥地利和德国并且没有返回的作家常常被人遗忘。克拉拉·勃鲁姆[又名朱白兰(1904—1971)]就是其中之一:在德语文学史中她鲜少被提及,也仅仅有少数的专家听过她的名字。这背后的重要原因在于她的人生历程:二战后朱白兰远去东方到了中国,在那里,她感觉自己是个中国人,或者希望自己有这种感觉。另外,她被遗忘,原因也在于她的作品本身。

朱白兰是一位德语流亡作家,同时也用俄语写作。起初是苏联作家,后成为中国作家。她出生在切诺维茨,掌握许多语言,包括俄语、匈牙利语和格鲁吉亚语,并且在中国略微学习了一些汉语。她的诗歌、散文、叙事诗、小说作品在奥地利、苏联和民主德国出版。她的作品有两大主题:爱情和解放斗争。她致力于妇女以及人民的解放:犹太、俄罗斯、非洲以及中华民族的解放。

勃鲁姆曾是一位坚定的犹太复国主义者,同时也是一个女权主义者和热衷于技术的现代革新派。③ 她批评犹太传统婚姻,因为她每天都能从被迫结婚的母亲的命运中感受到其后果。1913年,她的母亲带着她逃到维也纳,勃鲁姆在那里学习心理学④,举办讲座,为各种犹太报纸(切尔诺夫策《东犹太报》、

---

① 该文基于2017年出版的《一部德语文学世界史》(*Eine Weltgeschichte der deutschsprachigen Literatur*)(慕尼黑 C. Bertelsmann 出版社)中关于朱白兰的章节。
② 桑德拉·里希特(Prof. Dr. Sandra Richter)系德国文学档案馆现任馆长。
③ Nora Chelaru: Das zionistische Judenbild der Klara Blum in den Periodika „Ostjüdische Zeitung" (Czernowitz) und „Der jüdische Arbeiter" (Wien), 1924—1933. Studie und Texte, in: *Kulturen an den „Peripherien" Mitteleuropas (am Beispiel der Bukowina und Tirols)*, hg. v. Andrei Corbea-Hoisie, Sigurd Paul Scheichl. Iasi, Konstanz 2015 (Jassyer Beiträge zur Germanistik 18), S. 307–332.
④ Frank Quilitzsch: Legende von Dshe-Nu. Das Schicksal der deutschsprachigen jüdisch-chinesischen Schriftstellerin Klara Blum, in: *Argonautenschiff* 7 (1998), S. 203–215, hier S. 203.

维也纳《梅诺拉》、柏林《犹太周报》)① 撰稿，批判犹太妇女的"装饰功能"，批判其"叮叮当当的脚箍"和充斥着家务的生活。② 勃鲁姆的许多诗，或者她的全部诗歌，传递着强烈的意象、善用叠句和自传性质的主题和采用经典结构，都反映了这些经历和体验。如《母亲》一诗，描写了真实与虚构的母亲的悲惨遭遇，同时也交代了女儿的身世和心路历程：对出嫁的恐惧、逃往维也纳、求学以及对自由平等的渴望。诗歌《切诺维茨的犹太人区》③ 有所变化，集中表现了犹太人的生存状态，选取流浪犹太人和他们"掺杂着痛苦的斑驳的傻瓜德语"④ 为题材。她在她的德语诗中刻意使用意第绪语：作为一种区分特定文化和种族群体的语言，并作为一种信号或寓意，表现出异国性和他者性。⑤

1929年，勃鲁姆去了巴勒斯坦，同年失望而归，怀着无阶级和统一的犹太社会思想，她追随了社会主义。⑥ 她首先加入了社会民主党，并在该党的机

---

① Nora Chelaru: Klara Blum als Feuilletonistin und Journalistin für die „Ostjüdische Zeitung" (1924—1929), in: *Zeitungsstadt Czernowitz. Studien zur Geschichte der deutschsprachigen Presse der Bukowina* (1848—1940), hg. v. Andrei Corbea-Hoisie, Ion Lihaciu, Markus Winkler. Kaiserslautern, Mehlingen 2014; Nora Chelaru: Das zionistische Judenbild der Klara Blum in den Periodika „Ostjüdische Zeitung" (Czernowitz) und „Der jüdische Arbeiter" (Wien), 1924—1933, in: *Kulturen an den „Peripherien" Mitteleuropas (am Beispiel der Bukowina und Tirols)*, hg. v. Andrei Corbea-Hoisie, Sigurd Paul Scheichl. Iasi, Konstanz 2015 (Jassyer Beiträge zur Germanistik 18), S. 307–332, hier S. 307.

② Klara Blum: Sensationen für das Judentum. Ein Wiener Wochenbericht [Ostjüdische Zeitung, 6. 1. 1927, Nr. 852], abgedruckt in: Nora Chelaru: Das zionistische Judenbild der Klara Blum in den Periodika „Ostjüdische Zeitung" (Czernowitz) und „Der jüdische Arbeiter" (Wien), 1924—1933, in: *Kulturen an den „Peripherien" Mitteleuropas (am Beispiel der Bukowina und Tirols)*, hg. v. Andrei Corbea-Hoisie, Sigurd Paul Scheichl. Iasi, Konstanz 2015 (Jassyer Beiträge zur Germanistik 18), S. 316–318, hier S. 318; dies.: Vortrag [Ostjüdische Zeitung, 10. 7. 1927, Nr. 927], abgedruckt in: ebd., S. 320f., hier S. 321.

③ 朱白兰诗歌的中译文，如无注明，均引自林笳《中国籍犹太裔女诗人朱白兰（Klara Blum）生平与作品选》（中山大学出版社2016年版）。——译者注。

④ Klara Blum: Czernowitzer Ghetto, in: dies., *Liebesgedichte*, hg. v. Bernhard Albers. Einführung von Zhidong Yang. Aachen 2012, S. 42–47, hier S. 43.

⑤ Christina Pareigis: Glasperlenhebräisch. Das Fremd-Wort in den Schriften von Klara Blum und Gertrud Kolmar, in: *„Not an essence but a positioning". German-Jewish Women Writers* (1900—1938). München 2009, S. 151–164; dies.: „Buntscheckig Narrendeutsch". Sprachbegegnungen in Klara Blums früher Lyrik und Prosa, in: Zeitschrift für interkulturelle Germanistik 3 (2012), S. 49–59.

⑥ 关于朱白兰的生平请参看：Adrian Hsia: Zwei Enden des Himmels. Das bewegte Leben der jüdisch-chinesischen Schriftstellerin Klara Blum, in: *Die Zeit*, 5. 1. 1990, S. 57; Zhidong Yang: *Klara Blum – Zhu Bailan* (1904—1971). *Leben und Werk einer österreichisch-chinesischen Schriftstellerin*. Frankfurt M. u. a. 1996 (Forschungen zur Literatur- und Kulturgeschichte 55); Zhidong Yang: Klara Blum – Zhu Bailan (1904—1971), in: dies., *Liebesgedichte*, hg. v. Bernhard Albers. Einführung von Zhidong Yang. Aachen 2012, S. 7–25, hier S. 9.

关报《工人报》上发表文章。20世纪30年代初,由于社会民主党与共产党争论统一战线问题,勃鲁姆变得激进起来。1934年,她的诗歌《不服从的歌谣》①荣获"国际革命作家协会"奖,其前往苏联领奖并旅行。一年后,她获得了苏联公民身份。她在莫斯科生活了11年,曾在国际图书馆和莫斯科广播电台等单位工作,曾任《国际文学》和《言论》杂志的编辑,1942/43年为红军做宣传工作,并出版了几卷德文诗集[《回答》(1939)、《偏要对着干!》(1939)、《我们决定一切》(1941)、《多瑙河叙事曲》(1942)、《战场与地球》(1944)、《诗歌选集》(1944)]。然而,在斯大林的"肃反"运动中她被苏联作家联盟德国部开除,她的作品不再被印刷。尽管这样,或者也许正因为如此,到1945年为止她一直不被允许离开苏联。

她人生的下一个重大转折,源于一场同中国革命者的爱情。1937年,她认识了记者兼戏剧导演朱穰丞,与他交往了4个月,直到他消失得无影无踪。她有理由猜测他是前往中国去执行秘密任务。她对苏联当局逮捕他以及他于1943年死在苏联古拉格的事实一无所知,就这样她找了几十年并一直忠贞于朱穰丞。因为这位中国爱人,她与中国结下了不解之缘,她将自己视作他的爱人——并想成为中国人。1938年,她的诗歌中开始出现中国的典故。同年,《梅花》在莫斯科发表,这是一首照例经典结构的诗(十节两句,对仗押韵,每句十或九个重音节)。它承接了中国对这个初春时节开花的植物的推崇。虽然它很纤细,但它代表着勇气和刚强。②据报道,《梅花》在集中营的囚犯间传阅,作为一个流离失所者,勃鲁姆在二战后移居中国,正如本书中采纳的文章所显示的那样,她为全球共产主义和中国而抗争。

勃鲁姆显然是在寻找更好的共产主义。然而,她并没有被吸引到民主德国,尽管她在那里有很多关系。勃鲁姆的小说通过她以前的流亡同胞弗里德里希·沃尔夫(Friedrich Wolf, 1888—1953)③的介绍,由格赖芬出版社和人民与世界出版社在民主德国出版。她的诗歌和散文大多数在共产党机关报上出版,也包括奥地利的相关纸媒。她的小说毫不掩饰地奉行社会主义现实主义,按时间顺序叙事,展现清晰的人物描绘,毫不含糊的情节和乐观的前景。④ 在

---

① 林笳编著《中国籍犹太裔女诗人朱白兰生平与作品选》作《服从谣》,意在加强讽刺意味。
② Klara Blum: Pflaumenblüte, Moskau 1983, DLA Marbach, D: Blum, Konv. Gedichte, Dx86.158.
③ 沃尔夫本人也是一个精彩的人物:作为医生他积极推进堕胎的推广。他的相关话剧《氰化钾》(1929)更是被搬上了巴黎、纽约和东京的舞台。
④ Zhidong Yang: Klara Blum – Zhu Bailan (1904—1971). Leben und Werk einer österreichisch-chinesischen Schriftstellerin. Frankfurt M. u. a. 1996 (Forschungen zur Literatur- und Kulturgeschichte 55), S. 185 – 188.

她的笔下，革命似乎将在各地取得胜利。但与此同时，勃鲁姆也借鉴了殖民文学和华南地区爱情文学的传统。相比热衷于秩序的北方，南方更令她倾心。希特勒的德国只是偶尔作为意识形态的次要场景出现，民主德国则完全没有被她提及。

她的小说处女作《牛郎织女》（1951年问世）已经被证明是一部给中国的献礼——但并非毫无批判性，它抨击了一夫多妻制的婚姻传统以及儒教思想和鸦片瘾。故事的主人公带着勃鲁姆爱人的影子，是名受过教育的中国革命家和话剧导演，名叫牛郎，1937年赴欧洲参加革命。在那里，他爱上了波兰女犹太人汉娜·萨莫罗芙娜·毕尔克（克拉拉·勃鲁姆的写照），她符合长着头黑发和高鼻子的刻板印象。中国同名的传说里一对恋人因为疏忽了工作①而分开，因为伟大的爱情而重逢，在七夕节的晚上鸟儿为他们搭起了银河的桥梁。② 勃鲁姆的这部小说凭借其对中国传说的贯穿一致的改写令人印象深刻，同时也包含着与童话不相符合的元素：革命的魄力、讽刺的手法、风趣的叙事、东西方结合的幽默和自我神圣化的倾向。于是，在小说中热爱艺术的革命者因为他浮夸的舞台计划受到清醒的朋友批评，妓院一条街被称为"百老汇"，上海国民党政权被定性为"懒散下的专制"。③ 一位名叫彩云的纤细的中国女权主义者，与世界各地的女权活动家，如艾格尼斯·史沫特莱（Agnes Smedley），海伦·施托克（Helene Stöcker）、里卡达·胡赫（Ricarda Huch）以及上海青年妇女协会的美国人有通信往来，但她采用中式的写作风格。有丰富的意象和传统的表达，比如"我每天都收到一封信，有时候收到好多好多"。④ 勃鲁姆的叙述还撷取了她的诗歌中已经成为经典的主题——梅花，在这里，它作为一个革命剧院的名字出现；以及提到"合法的庶子"⑤，即在没有爱情的婚姻中出生的孩子克拉拉。

女主人公汉娜（可能是作者本人）想知道，为什么她平时发表文章的杂志在得知她与牛郎交往后不再接受她的投稿。⑥ 她感叹于牛郎的言谈（"这个中国人说话像立陶宛的犹太人"⑦）。然而，后者却以完全非革命的方式，对中国的礼貌用语、书法和中国古典建筑赞不绝口，并渴望和心爱的人一起过上宁

---

① 德文原文如此。属德国作者误读中国传说。
② Ebd., S. 167–170.
③ Klara Blum: *Der Hirte und die Weberin*. Rudolstadt 1951, S. 12, 36.
④ Klara Blum: *Der Hirte und die Weberin*. Rudolstadt 1951, S. 31.
⑤ Ebd., S. 75.
⑥ Ebd., S. 109.
⑦ Ebd., S. 67.

静的生活。汉娜指出革命的责任,个人的幸福(小说中借后半部恋人间的日记叙事来表达)应让位于集体的福祉。该小说以自传体为形式,它更是一个宣传文本,同时也对个人的发展进行了观察和反思。

1957/1958 年,勃鲁姆收到了来自加州的里昂·福伊希特万格(Lion Feuchtwanger)关于《牛郎织女》的两封简短却热情洋溢的信,他称赞"这部令人难忘的叙事歌谣"既介绍了中国和它的思想及叙事世界,同时也是一部独立的作品——"从一个犹太移民的角度来看中国革命,给这段记载增添了双重的色彩"。① 福伊希特万格一读再读这本书。② 事实上,勃鲁姆中国作品的优势恰恰集中体现在她出色地描绘了东西方文化的冲突、现代与传统的对峙以及两种语境下的女性生活。

因此,1959 年问世的《香港之歌》中的五篇中篇小说尽管也涉及中国农民和海员的苦难,但更阐明了两性间的关系,不仅是中国人的关系,也是英国人的关系,更是上升为"资本家小姐"对父亲、雇主、求婚者和(未来)丈夫的依赖性。③ 在《三个正义的妾》中,勃鲁姆巧妙地将几条叙事线交织在一起,隐约让人联想到旅美华裔女作家张爱玲的故事:三个同为富家子弟的小妾密谋,然后投奔革命党人,以精神独立、聪明、勤劳、教养、欲望和需求的女性身份推动"进步"。在勃鲁姆的笔下,寻求妇女解放的计划——正如其中一个女主人公所说的那样——在这里和其他地方都是男性革命的平行项目,但并没有实现。勃鲁姆将歌曲和类似阿图尔·施尼茨勒作品《安纳托尔》那样的戏剧编织进她故事中。她构想了革命歌曲(指小说中的主题歌——译注)的产生,关注到当时香港和上海流行的洋泾浜英语,以及革命的文献类型(宣传册子,传单,指导性的文本,如《共产党宣言》和列宁的《国家与革命》的译本,孙中山的《三民主义》,革命领袖的照片和图片等),描绘了共产国际如何通过海洋和陆地扩散成为全球性的现象。然而,她的故事并不总有社会主义的幸福结局,在《香港之歌》中,1922 年海员罢工的领导人跟现实中一样在斗争中牺牲。④

---

① Lion Feuchtwanger an Klara Blum, Pacific Palisades, 15. März 1957, DLA Marbach, D: Blum, Dx86. 169/1;该信也被收录在 Adrian Hsia: *China-Bilder in der europäischen Literatur*. Würzburg 2010, S. 164; Frank Quilitzsch: Legende von Dshe-Nu. Das Schicksal der deutschsprachigen jüdisch-chinesischen Schriftstellerin Klara Blum, in: *Argonautenschiff* 7 (1998), S. 203 – 215, hier S. 208.
② Lion Feuchtwanger an Klara Blum, Pacific Palisades, 25. April 1958, DLA Marbach, D: Blum, Dx86. 169/2.
③ Klara Blum: Das Lied von Hongkong, in: dies., *Das Lied von Hongkong. Novellen. Mit 8 Scherenschnitten von Dhang Jung-schou und Lo Shuee-jü*. Rudolstadt 1959, S. 49 – 136, hier S. 81.
④ Zhidong Yang: *Klara Blum – Zhu Bailan (1904—1971). Leben und Werk einer österreichisch-chinesischen Schriftstellerin*. Frankfurt M. u. a. 1996 (Forschungen zur Literatur- und Kulturgeschichte 55), S. 212.

1959年，东德总理奥托·格罗提渥亲自感谢格赖芬出版社给他寄来《香港之歌》："我喜欢这本书。我认为它加深了我们对伟大的中国兄弟发展的进一步了解，也促进了与中华人民共和国的友谊。"① 但事情的发展并没有那么顺利。虽然1959年勃鲁姆获准前往民主德国访问——这是她有史以来第一次也是唯一一次国外旅行——中国与苏联的决裂意味着她的小说《命运的征服者》，打算在中国共产党成立40周年（1961年7月1日）献给中国共产党的"新中国的马赛克小说"，在民主德国无法出版。②

勃鲁姆坚定不移的党派立场也体现在她的文化政治行动上，她站在共产党政府一边。在1959年3月22日的一封信中，她既礼貌又愤怒地宣布退出奥地利笔会：笔会"因对1956年匈牙利事件的不同看法将一些同事开除，违反了欧洲议会意见自由和意见交流的原则"③。同时，勃鲁姆的"观点与其［被开除的同事的］观点相同，因此，我的退会是一个合乎逻辑的结果"④。勃鲁姆支持政府对匈牙利人民起义的镇压。她同时也指责笔会说，在类似的情况下，他们并不会开除那些拒绝签署抗议美国"非法"占领台湾的人。退出笔会是一个很大的进步，因为她曾为自己移居中国后重新获得会员资格，并能以世界知名作家的身份出现而十分自豪。⑤ 此事已作为一种政治行为与墨西哥海涅俱乐部前成员、时为奥地利共产党机关报《人民之声》派驻中国的记者布鲁诺·弗莱（Bruno Frei，1897—1988）商量过。他迅速做出反应并在共产主义刊物上赞扬勃鲁姆的退会。⑥ 也许是退会的缘故，勃鲁姆在1963年被接纳为中国作

---

① O. Grotewohl an den Greifenverlag, Berlin, 25. 7. 1959（Kopie：Abschrift von Abschrift），DLA Marbach, D：Blum, Briefe an sie von verschiedenen Autoren, Politische Organisationen, Dx86. 175.
② 小说的书稿藏于德国文学档案馆。Klara Blum：*Schicksalsüberwinder. Ein Mosaik-Roman aus dem neuen China. Mit Scherenschnitten von Lo Shuee-yü mit Widmung für die Kommunistische Partei Chinas*, 7. 1. 1961. DLA Marbach, D：Blum, D86159. Ein Auszug ist in NDL 9/10（1961），S. 5773 erschienen. 关于该关历史情形可查看：Thomas Lange：Emigration nach China：Wie aus Klara Blum Dshu Bailan wurde, in：*Exilforschung. Ein internationales Jahrbuch*, Bd. 3：*Gedanken an Deutschland im Exil und andere Themen*, hg. im Auftrag der Gesellschaft für Exilforschung v. Thomas Koebner, Wulf Köpke, Joachim Radkau. München 1985, S. 339 – 348, hier S. 345；Zhidong Yang：*Klara Blum – Zhu Bailan*（1904—1971）. *Leben und Werk einer österreichisch-chinesischen Schriftstellerin*. Frankfurt M. u. a. 1996（Forschungen zur Literatur- und Kulturgeschichte 55），S. 192 – 209.
③ Klara Blum an Franz Theodor Csokor, Kanton, 22. März 1956, DLA Marbach, D：Blum, Dx86. 161. 3 Bl.（Original und Kopie），hier Bl. 1f.；siehe auch Frank Quilitzsch：Legende von Dshe-Nu. Das Schicksal der deutschsprachigen jüdisch-chinesischen Schriftstellerin Klara Blum, in：*Argonautenschiff* 7（1998），S. 203 – 215, hier S. 211.
④ Ebd.
⑤ Adrian Hsia：*China-Bilder in der europäischen Literatur*. Würzburg 2010, S. 162.
⑥ Bruno Frei an Klara Blum, o. O., 30. März 1959, DLA Marbach, D：Blum, Dx86. 170, 1 Bl. Kopie.

家协会会员。勃鲁姆给自己的定位是亲华,无论在哪个国家都积极地捍卫社会主义。

作为一个坚定的革命者,她慷慨地以对她来说相当大数额的资助来支持"共产主义人民的解放战争":1952 年,她将小说《牛郎织女》的大部分稿费捐给了东德的朝鲜援助基金。① 1965 年和 1966 年,她先后从德国中央银行向民主德国南越民族解放阵线常驻代表团共转账 3686.62 马克。对勃鲁姆来说,这笔钱中只有不到一半(即德国中央银行提供的 1500 马克)是酬金。② 在"文化大革命"的鼓舞下,她在 60 年代中期同学生一起砸烂旧唱片。③ 因为它们被当作奢侈品和靡靡之音而受到抛弃。1967 年,勃鲁姆在奥地利马列党机关刊物《红旗》上发表了关于毛泽东和中国革命的宣传诗句。④ 她也参与了在西方传播毛泽东著作的工作。⑤ 鉴于勃鲁姆的立场,《香港之歌》中的旁白令人惊讶:"社会主义建设很快将会谱出另一首歌词,共产主义又会谱出另一首"⑥。如果把这句话当作是一种自我陈述,那么勃鲁姆并不打算鼓吹正统的社会主义——她在《牛郎织女》中对上海独裁者的论战与之相对应。社会主义在她看来也必须适应社会的发展。

勃鲁姆最令人印象深刻的诗作《愤怒的生活报告》,以熟悉的经典形式承接了她生活和写作的所有中心主题。她用五音步抑扬格和交韵、双韵,近乎自嘲地指出她现实中和虚构里的自我:"诞生在欧洲的后楼梯上,/倾向于激情

---

① Prof. D. K. Linser, der Vorsitzende, an Prof. Klara Blum, Berlin, den 19. Juni 1952, DLA Marbach, D: Blum, Briefe an sie von verschiedenen Autoren, Politische Organisationen, Dx86.172/1; siehe auch Frank Quilitzsch: Legende von Dshe-Nu. Das Schicksal der deutschsprachigen jüdisch-chinesischen Schriftstellerin Klara Blum, in: *Argonautenschiff* 7 (1998), S. 203 – 215, hier S. 206.
② Elsholz, Leiter der Finanzabteilung, an Klara Blum, Berlin, 18.11.1965 DLA Marbach, D: Blum, Briefe an sie von verschiedenen Autoren, Politische Organisationen, Dx86.172/2; ders. an dies., Berlin 9.1.1966, DLA Marbach, D: Blum, Briefe an sie von verschiedenen Autoren, Politische Organisationen, Dx86.172/3; Traan Huu Kha an Klara Blum, Berlin, 14.5.1966 DLA Marbach, D: Blum, Briefe an sie von verschiedenen Autoren, Politische Organisationen, Dx86.172/4.
③ Adrian Hsia: *China-Bilder in der europäischen Literatur*. Würzburg 2010, S. 170; Frank Quilitzsch: Legende von Dshe-Nu. Das Schicksal der deutschsprachigen jüdisch-chinesischen Schriftstellerin Klara Blum, in: *Argonautenschiff* 7 (1998), S. 203 – 215, hier S. 209f.
④ DLA Marbach, D: Blum, Konv. Gedichte, Dx86.158, 2 Bl. mit einer Beilage (Mai 1967).
⑤ Frank Quilitzsch: Legende von Dshe-Nu. Das Schicksal der deutschsprachigen jüdisch-chinesischen Schriftstellerin Klara Blum, in: *Argonautenschiff* 7 (1998), S. 203 – 215, hier S. 213.
⑥ Klara Blum: Das Lied von Hongkong, in: dies., *Das Lied von Hongkong. Novellen. Mit 8 Scherenschnitten von Dhang Jung-schou und Lo Shuee-jü*. Rudolstadt 1959, S. 49 – 136, hier S. 135.

和异想天开。"① 在后楼梯上讲述反面和颠覆性故事是她的目标。她的激情被讽刺打破,被"永久革命"的美好前景夸大。"我降生在二十世纪,/瓦斯和炸弹的年代。"② 精确地描述了她的时运不济。"在为正义和欢乐的飞奔中",诗歌最后一节以快速有力又不乏清醒的方式结束。③

勃鲁姆给人的印象精明且固执,她对共产主义理想的执着几乎达到了绝对服从的程度。因为这种坚定不移的信仰,她先是在苏联受到赞赏,后来又在中国受到赞赏。同时,她的文本又与个人表达相融合,并灵活运用犹太、奥地利和中国的写作传统,令人印象深刻。对心理学的探究既是她的才能,也是她的问题:她想推翻旧人,扶持新人,甚至批评安娜·西格斯(Anna Seghers,1900—1983)在其作品中过分注重心理描写。④ 勃鲁姆坚守国际革命宣传家的身份,以至于在国际革命之外,她作为作家被接受的程度一再受到限制。

---

① Klara Blum: Grimmiger Lebensbericht, in: dies., *Liebesgedichte*, hg. v. Bernhard Albers. Einführung von Zhidong Yang. Aachen 2012, S. 52 – 54, hier S. 52.
② Klara Blum: Grimmiger Lebensbericht, in: dies., *Liebesgedichte*, hg. v. Bernhard Albers. Einführung von Zhidong Yang. Aachen 2012, S. 52 – 54, hier S. 52.
③ Ebd., S. 54.
④ Klara Blum: Zwei Stimmen zu einem Werk II, in: *Das Wort* 6/1 – 3 (1938), S. 137 – 140, hier S. 139.

德文原文：

Lieben für die Revolution: Klara Blum in Österreich, Russland und China[①]
Prof. Dr. Sandra Richter

Autoren, die in der NS-Zeit aus Österreich und Deutschland flohen und nicht zurückkehrten, fielen oft dem Vergessen anheim. Klara Blum (Dhsu Bai-lan / Zhu Bailan, 1904—1971) ist eine von ihnen. In deutschsprachigen Literaturgeschichten kommt sie nicht vor; nur wenigen Spezialisten sagt ihr Name überhaupt etwas. Ein wesentlicher Grund dafür ist sicher ihr Lebensweg, der nach dem Zweiten Weltkrieg weit nach Osten führte: nach China, wo sie sich als Chinesin fühlte oder fühlen wollte. Zum anderen lagen die Gründe für ihr Vergessen aber auch in ihrem Werk selbst.

Blum war eine deutschsprachige Exilautorin ebenso wie eine fremdsprachige zunächst russische, später chinesische Autorin. Geboren in Czernowitz, war sie vieler Sprachen mächtig, übersetzte unter anderem aus dem Russischen, Ungarischen und Georgischen, lernte aber in China nur ein rudimentäres Chinesisch. Ihre Publikationen, Lyrik und Prosa, Balladen ebenso wie Novellen, wurden in Österreich, Russland und der DDR gedruckt. Blum kannte zwei Hauptthemen: Liebe und Befreiungskampf. Sie setzte sich für die Freiheit der Frauen ebenso wie für diejenige des Volkes ein, des jüdischen, russischen, afrikanischen oder chinesischen.

Blum war überzeugte Zionistin, zugleich aber Feministin und technikbegeisterte Modernisiererin.[②] Die jüdischen Heiratstraditionen kritisierte sie, da sie deren Konsequenzen am Schicksal ihrer zwangsverheirateten Mutter täglich spürte. Mit ihr floh sie im Jahr 1913 aus den zerrütteten Familienverhältnissen nach Wien, studierte Psy-

---

[①] Der Beitrag beruht auf dem Klara Blum-Kapitel meines Buches *Eine Weltgeschichte der deutschsprachigen Literatur* (München: C. Bertelsmann 2017).

[②] Nora Chelaru: Das zionistische Judenbild der Klara Blum in den Periodika „Ostjüdische Zeitung" (Czernowitz) und „Der jüdische Arbeiter" (Wien), 1924—1933. Studie und Texte, in: *Kulturen an den „Peripherien" Mitteleuropas (am Beispiel der Bukowina und Tirols)*, hg. v. Andrei Corbea-Hoisie, Sigurd Paul Scheichl. Iasi, Konstanz 2015 (Jassyer Beiträge zur Germanistik 18), S. 307 – 332.

chologie,① hielt Vorträge, schrieb für verschiedene jüdische Zeitungen (*Ostjüdische Zeitung*, Czernowitz; *Menorah*, Wien; *Jüdische Rundschau*, Berlin),② kritisierte die „Effektmittel" jüdischer Frauen, die „klirrenden Fuäspangen" und das der Häuslichkeit verschriebene Leben.③ Zahlreiche Gedichte Blums, die – wie ihre Lyrik überhaupt – von drastischen Bildern, Refrains, autofiktionalen Motiven und einem klassischen Aufbau leben, spiegeln diese Erfahrungen. Das Gedicht *Mutter* etwa zeichnet das Elend der faktischen und fiktiven Mutter in Versen und erklärt zugleich den Lebenswandel der Tochter: die Angst vor dem Verheiratet-Werden, die Flucht nach Wien, das Studium, die Sehnsucht nach Freiheit und Gleichheit. *Czernowitzer Ghetto* variiert das Thema, konzentriert sich auf die jüdischen Existenzen, nimmt das Motiv des Wanderjuden auf, die vielfältigen Sprachen, das „buntscheckig Narrendeutsch, von Leid durchzogen".④ Das Jiddische setzt sie in ihren deutschsprachigen Gedichten bewusst ein: als Sprache, die eine bestimmte kulturelle und ethnische Gruppe auszeichnet und wie ein Signal oder eine Allegorie auf Fremdheit und Andersartigkeit wirkt.⑤

Im Jahr 1929 ging Blum nach Palästina, kehrte im selben Jahr enttäuscht zurück und wandte sich dem Sozialismus zu, beseelt von der Idee einer klassenlosen und

---

① Frank Quilitzsch: Legende von Dshe-Nu. Das Schicksal der deutschsprachigen jüdisch-chinesischen Schriftstellerin Klara Blum, in: *Argonautenschiff* 7 (1998), S. 203 – 215, hier S. 203.

② Nora Chelaru: Klara Blum als Feuilletonistin und Journalistin für die „Ostjüdische Zeitung" (1924—1929), in: *Zeitungsstadt Czernowitz. Studien zur Geschichte der deutschsprachigen Presse der Bukowina* (1848—1940), hg. v. Andrei Corbea-Hoisie, Ion Lihaciu, Markus Winkler. Kaiserslautern, Mehlingen 2014; Nora Chelaru: Das zionistische Judenbild der Klara Blum in den Periodika „Ostjüdische Zeitung" (Czernowitz) und „Der jüdische Arbeiter" (Wien), 1924—1933, in: *Kulturen an den „Peripherien" Mitteleuropas (am Beispiel der Bukowina und Tirols)*, hg. v. Andrei Corbea-Hoisie, Sigurd Paul Scheichl. Iasi, Konstanz 2015 (Jassyer Beiträge zur Germanistik 18), S. 307.

③ Klara Blum: Sensationen für das Judentum. Ein Wiener Wochenbericht [Ostjüdische Zeitung, 6. 1. 1927, Nr. 852], abgedruckt in: Nora Chelaru: Das zionistische Judenbild der Klara Blum in den Periodika „Ostjüdische Zeitung" (Czernowitz) und „Der jüdische Arbeiter" (Wien), 1924—1933, in: *Kulturen an den „Peripherien" Mitteleuropas (am Beispiel der Bukowina und Tirols)*, hg. v. Andrei Corbea-Hoisie, Sigurd Paul Scheichl. Iasi, Konstanz 2015 (Jassyer Beiträge zur Germanistik 18), S. 316 – 318, hier S. 318; dies.: Vortrag [Ostjüdische Zeitung, 10. 7. 1927, Nr. 927], abgedruckt in: ebd., S. 320f., hier S. 321.

④ Klara Blum: Czernowitzer Ghetto, in: dies., *Liebesgedichte*, hg. v. Bernhard Albers. Einführung von Zhidong Yang. Aachen 2012, S. 42 – 47, hier S. 43.

⑤ Christina Pareigis: Glasperlenhebräisch. Das Fremd-Wort in den Schriften von Klara Blum und Gertrud Kolmar, in: *"Not an essence but a positioning". German-Jewish Women Writers* (1900—1938). München 2009, S. 151 – 164; dies.: „Buntscheckig Narrendeutsch". Sprachbegegnungen in Klara Blums früher Lyrik und Prosa, in: *Zeitschrift für interkulturelle Germanistik* 3 (2012), S. 49 – 59.

geeinten jüdischen Gesellschaft.① Sie trat in die Sozialdemokratische Partei ein und publizierte in deren Parteiorgan *Arbeiter-Zeitung*. Anfang der 1930er-Jahre, als die Sozialdemokratie über eine Einheitsfront mit den Kommunisten stritt, radikalisierte sich Blum. Im Jahr 1934 wurde sie von der „Internationalen Vereinigung Revolutionärer Schriftsteller" für ihre *Ballade vom Ungehorsam* ausgezeichnet und reiste in die Sowjetunion. Ein Jahr später erhielt sie die russische Staatsbürgerschaft. Elf Jahre lang lebte sie in Moskau, arbeitete unter anderem bei der Internationalen Bibliothek und bei Radio Moskau mit, war als Redakteurin der Zeitschriften *Internationale Literatur* und *Das Wort* tätig, verdingte sich 1942/43 als Propagandistin der Roten Armee und veröffentlichte mehrere Gedichtbände in deutscher Sprache (*Die Antwort*, 1939; *Erst recht!*, 1939; *Wir entscheiden alles*, 1941; *Donauballaden*, 1942; *Schlachtfeld und Erdball*, 1944; *Ausgewählte Gedichte*, 1944). Doch litt sie unter der Säuberungskampagne Stalins: Aus der Deutschen Sektion des Sowjetischen Schriftstellerverbands wurde sie ausgeschlossen und nicht mehr gedruckt. Trotzdem oder auch deshalb wurde ihr bis zum Jahr 1945 die Ausreise aus der Sowjetunion verweigert.

Ein Grund dafür lag möglicherweise in einer nächsten großen Wende, die ihr Leben durch eine Liebesbeziehung mit einem chinesischen Revolutionär nahm. Im Jahr 1937 lernte sie den Journalisten und Regisseur Zhu Xiangcheng kennen, mit dem sie zwölf Wochen liiert war, bis er spurlos verschwand. Sie hatte Anlass, ihn auf geheimer Mission auf dem Weg nach China zu vermuten. Davon, dass ihn die sowjetischen Behörden abfingen und dass er im Jahr 1943 im Gulag starb, wusste sie nichts. Wegen und für Zhu, den sie jahrzehntelang suchte und dem sie treu bleiben wollte, befasste sie sich mit China, begriff sich als Zhus Frau- und wollte Chinesin werden. Seit 1938 fanden sich Anspielungen auf China in ihrer Dichtung. Im selben Jahr erschien in Moskau *Pflaumenblüte*, ein wie üblich klassisch gebautes Gedicht (zehn Strophen à zwei Versen im Paarreim mit jeweils zehn oder neun Hebungen). Es greift Chinas Verehrung für das dort zu Beginn des Frühjahrs blühende Gewächs auf. Bei

---

① Zur Biographie Adrian Hsia: Zwei Enden des Himmels. Das bewegte Leben der jüdisch-chinesischen Schriftstellerin Klara Blum, in: *Die Zeit*, 5.1.1990, S. 57; Zhidong Yang: *Klara Blum – Zhu Bailan (1904—1971). Leben und Werk einer österreichisch-chinesischen Schriftstellerin*. Frankfurt M. u. a. 1996 (Forschungen zur Literatur- und Kulturgeschichte 55); Zhidong Yang: Klara Blum – Zhu Bailan (1904—1971), in: dies., *Liebesgedichte*, hg. v. Bernhard Albers. Einführung von Zhidong Yang. Aachen 2012, S. 7 – 25, hier S. 9.

aller Zartheit steht es für Mut und Robustheit.① *Pflaumenblüte* ging angeblich bei KZ-Insassinnen von Hand zu Hand. Als Displaced Person zog Blum nach dem Krieg nach China, kämpfte, wie die Beiträge in diesem Band zeigen, für den weltweiten Kommunismus und das Land selbst.

Blum war offenbar auf der Suche nach einem besseren Kommunismus. In die DDR aber zog es sie trotz aller Kontakte dorthin nicht. Vermittelt durch den ehemaligen Mit-Exilanten Friedrich Wolf (1888—1953)② erschienen Blums Romane in der DDR, beim Greifenverlag sowie im Verlag Volk und Welt. Ihre Gedichte und Essays ließ sie vornehmlich in kommunistischen Organen drucken, auch in Österreich. Ihre Romane bekennen sich unumwunden zum sozialistischen Realismus, zu chronologischen Erzählordnungen, klarer Figurenzeichnung, eindeutiger Handlung und optimistischer Ausrichtung.③ Die Revolution, so scheint es, wird allüberall siegen. Zugleich aber greift Blum Traditionen der kolonialen Literatur und der südchinesischen Liebesliteratur auf. Ihre Entscheidung für Südchina ist offenbar bewusst und gegen das ordnungsliebende Nordchina gefallen. Hitler-Deutschland taucht nur gelegentlich als ideologischer Nebenschauplatz auf; die DDR wird nicht thematisiert.

Schon Blums Roman *Der Hirte und die Weberin* (1951) erweist sich als Hommage an China – als eine nicht unkritische Hommage, die die polygame Heiratstradition ebenso wie den Konfuzianismus und die Opiumsucht attackiert. Im Mittelpunkt steht der an Zhu erinnernde gebildete chinesische Revolutionär und Regisseur Nju-Lang („der Kuhhirte"), der sich für die Revolution im Jahr 1937 nach Europa begibt. Dort verliebt er sich in die polnische Jüdin Hanna Samoïlowa Bilkes (Klara Blums Pendant), die klischeehaft mit schwarzen Haaren und langer Nase gezeichnet wird. Der Roman beeindruckt durch sein konsequentes Umschreiben der chinesischen Legende von den Liebenden, die ihre Arbeit vernachlässigen, getrennt und aufgrund ihrer großen Liebe durch Vögel, die ihnen die Milchstraße als Brücke bauen, in der

---

① Klara Blum: Pflaumenblüte, Moskau 1983, DLA Marbach, D: Blum, Konv. Gedichte, Dx86.158.
② Wolf ist selbst eine spannende Figur. Als Arzt setzte er sich für die Akzeptanz von Abtreibungen ein. Sein thematisch einschlägiges Drama *Cyankali* (1929) wurde u. a. in Paris, New York und Tokio gezeigt.
③ Zhidong Yang: *Klara Blum – Zhu Bailan (1904—1971). Leben und Werk einer österreichisch-chinesischen Schriftstellerin.* Frankfurt M. u. a. 1996 (Forschungen zur Literatur- und Kulturgeschichte 55), S. 185 – 188.

7. Nacht des 7. Mondes wieder vereint werden.① Zugleich erstaunt, was nicht zu diesem Märchen passen will: die Verbindung von revolutionärem Elan, Ironie, Erzählfreude, humorvoller Ost-West-Pastichekunst und Tendenzen zur Selbstkanonisierung. So wird der kunstbegeisterte Revolutionär von seinem nüchternen Freund für seine hochfliegenden Bühnenvorhaben kritisiert, der Bordellweg heißt „Broadway", das Shanghaier Regime wird als „Diktatur gemildert durch Schlamperei" gekennzeichnet.② Eine zarte chinesische Feministin namens Tzai-Yün korrespondiert zwar mit Frauenrechtlerinnen aus aller Welt, mit Agnes Smedley, Helene Stöcker, Ricarda Huch und den Amerikanerinnen der Young Women's Association in Shanghai, schreibt aber im chinesischen Stil, bildreich und mit traditionellen Wendungen wie „Ich bekomme täglich eine Falte Brief und manchmal auch viel viel."③ Blums Erzähler greift schon topisch gewordene Motive ihrer Lyrik auf: die Pflaumenblüte, die hier als Name eines revolutionären Theaters auftaucht, und den Verweis auf den „legitime[n] Bastard",④ das Kind Klara, das aus einer Ehe ohne Liebe entstand.

Hanna fragt sich (wohl analog zur Autorin), warum die Zeitschrift, in der sie üblicherweise publiziert, nach der Verbindung mit Nju-Lang keine Beiträge mehr von ihr annimmt.⑤ Sie begeistert sich für Nju-Langs direkte Spreche („Der Chineser redt punkt wie a litwakischer Yid.").⑥ Dieser jedoch schwärmt gänzlich unrevolutionär von chinesischen Höflichkeitsformeln, der Kalligrafie und der reichen Architektur des Landes. Er sehnt sich nach einem beschaulichen Leben mit der Geliebten. Sie aber verweist auf die revolutionäre Pflicht. Das individuelle Glück (formal auch durch die Tagebuch-Erzählungen der beiden Liebenden im letzten Teil des Romans symbolisiert) wird dem Kollektiv geopfert. Der Roman nimmt die Autofiktion bloß zum Anlass; er wird zum Propagandatext, der diese Entwicklung zugleich reflexiv beobachtet.

In den Jahren 1957/58 erhielt Blum zwei begeisterte, wenn auch knappe Briefe

---

① Zhidong Yang: *Klara Blum – Zhu Bailan* (1904—1971). *Leben und Werk einer österreichisch-chinesischen Schriftstellerin*. Frankfurt M. u. a. 1996 (Forschungen zur Literatur- und Kulturgeschichte 55), S. 167 – 170.
② Klara Blum: Der Hirte und die Weberin. Rudolstadt 1951, S. 12, 36.
③ Ebd., S. 31.
④ Ebd., S. 75.
⑤ Ebd., S. 109.
⑥ Ebd., S. 67.

von Lion Feuchtwanger aus Kalifornien über *Der Hirte und die Weberin*. Er lobt die „unvergessliche Ballade", die in China, seine Denk- und Erzählwelt einführt und zugleich ein eigenständiges Werk ist. ①„Dass die chinesische Revolution aus dem Sehwinkel einer jüdischen Emigrantin gesehen wird, gibt der Darstellung doppelte Würze. " Feuchtwanger las das Buch mehrfach. ② Tatsächlich liegen die Stärken von Blums chinesischem Œuvre vermutlich vor allem in der Art und Weise, wie sie das Zusammentreffen östlicher und westlicher Kultur, die Konfrontation von Moderne und Tradition und das Leben der Frauen in beiden Zusammenhängen schildert.

So handeln die fünf Novellen aus *Das Lied von Hongkong* (1959) zwar auch vom Elend der chinesischen Bauern und Matrosen, sie beleuchten aber zugleich die Geschlechterverhältnisse, nicht nur die chinesischen, sondern auch die britischen, die Abhängigkeit der „Kapitalistenfräulein" von ihren Vätern, Arbeitgebern, Verehrern und (künftigen) Ehemännern. ③ In den *Drei gerechten Konkubinen* verwebt Blum mehrere Erzählstränge kunstvoll, vage an Geschichten der chinesisch-amerikanischen Autorin Zhang Ailing erinnernd: Drei Konkubinen derselben reichen Familie verschwestern sich, laufen zu den Revolutionären über und treiben den „Fortschritt" voran, als mental unabhängige, kluge, arbeits- und bildungswillige Frauen mit körperlichen Sehnsüchten und Bedürfnissen. Das Projekt der Frauenbefreiung verfolgte Blum – wie sie eine Protagonistin sagen lässt – hier und an anderer Stelle als Parallelprojekt zur männlichen Revolution. Es ging darin aber nicht auf. Blum flicht Lieder und Dramen wie Arthur Schnitzlers *Anatol* in ihre Erzählungen ein. Sie dichtet über die Entstehung eines Revolutionslieds und befasst sich mit dem zeitgenössischen Pidgin-English Hongkongs und Shanghais, den literarischen Gattungen der Revolution (Broschüren, Flugblättern, Übersetzungen der geheiligten Leittexte: des *Kommunistischen Manifests*, Lenins *Staat und Revolution*, Sun Yat-sens *Drei Prinzipien*, Fotos und Bildern der Revolutionsführer), zeichnet nach, wie sich die kommunistische In-

---

① Lion Feuchtwanger an Klara Blum, Pacific Palisades, 15. März 1957, DLA Marbach, D: Blum, Dx86. 169/1; der Brief wird auch zitiert von Adrian Hsia: *China-Bilder in der europäischen Literatur*. Würzburg 2010, S. 164; Frank Quilitzsch: Legende von Dshe-Nu. Das Schicksal der deutschsprachigen jüdisch-chinesischen Schriftstellerin Klara Blum, in: *Argonautenschiff* 7 (1998), S. 203 – 215, hier S. 208.
② Lion Feuchtwanger an Klara Blum, Pacific Palisades, 25. April 1958, DLA Marbach, D: Blum, Dx86. 169/2.
③ Klara Blum: Das Lied von Hongkong, in: dies., *Das Lied von Hongkong. Novellen. Mit 8 Scherenschnitten von Dhang Jung-schou und Lo Shuee-jü*. Rudolstadt 1959, S. 49 – 136, hier S. 81.

ternationale zu Wasser und zu Land als ein globales Vorhaben ausbreitet. Dabei geht die Sache nicht immer mit sozialistischem Happy End aus: Im *Lied von Hongkong* sterben die Anführer des Matrosenstreiks von 1922 so naturgetreu wie in der Wirklichkeit. ①

Der DDR-Ministerpräsident Otto Grotewohl dankte dem Greifenverlag im Jahr 1959 persönlich für die übersendung des *Liedes von Hongkong*: „Das Buch gefällt mir. Ich halte es für geeignet, das Verständnis für die Entwicklung unseres großen chinesischen Brudervolkes und die Freundschaft zur Volksrepublik China zu vertiefen. "②Doch so einfach war es nicht. Zwar durfte Blum im Jahr 1959 für einen Besuch in die DDR reisen, ihre erste und einzige Auslandsreise überhaupt, aber wegen des Bruchs Chinas mit der Sowjetunion konnte ihr Roman *Der Schicksalsüberwinder. Ein Mosaik-Roman aus dem neuen China*, der der Kommunistischen Partei Chinas zum 40. Jahrestag ihrer Gründung (1. Juli 1961) gewidmet ist, dort nicht erscheinen. ③

Blums engagierte Parteinahme ist auch aus ihrem kulturpolitischem Handeln belegt. Sie schlug sich auf die Seite der kommunistischen Regierungen. Mit einem so höflichen wie erzürnten Brief vom 22. März 1959 tritt sie aus dem österreichischen P. E. N. -Club aus. Dieser habe einige Kollegen „wegen ihrer Anschauungen über die ungarischen Ereignisse des Jahres 1956 ausgeschlossen" und damit gegen Grundsätze des P. E. N., Meinungsfreiheit und Meinungsaustausch, verstoßen. ④ „Meine Anschauungen sind aber die gleichen [wie diejenigen der ausgeschlossenen Kollegen]

---

① Zhidong Yang: *Klara Blum – Zhu Bailan* (1904—1971). *Leben und Werk einer österreichisch-chinesischen Schriftstellerin.* Frankfurt M. u. a. 1996 (Forschungen zur Literatur- und Kulturgeschichte 55), S. 212.

② O. Grotewohl an den Greifenverlag, Berlin, 25. 7. 1959 (Kopie: Abschrift von Abschrift), DLA Marbach, D: Blum, Briefe an sie von verschiedenen Autoren, Politische Organisationen, Dx86. 175.

③ Das bis heute unveröffentlichte Originalmanuskript liegt in Marbach. Klara Blum: Schicksalsüberwinder. Ein Mosaik-Roman aus dem neuen China. Mit Scherenschnitten von Lo Shuee-yü mit Widmung für die Kommunistische Partei Chinas, 7. 1. 1961. DLA Marbach, D: Blum, D86159. Ein Auszug ist in NDL 9/10 (1961), S. 5773 erschienen. Zur historischen Situation und ihrer Problematik Thomas Lange: Emigration nach China: Wie aus Klara Blum Dshu Bailan wurde, in: *Exilforschung. Ein internationales Jahrbuch*, Bd. 3: *Gedanken an Deutschland im Exil und andere Themen*, hg. im Auftrag der Gesellschaft für Exilforschung v. Thomas Koebner, Wulf Köpke, Joachim Radkau. München 1985, S. 339 – 348, hier S. 345; Zhidong Yang: *Klara Blum – Zhu Bailan* (1904—1971). *Leben und Werk einer österreichisch-chinesischen Schriftstellerin.* Frankfurt M. u. a. 1996 (Forschungen zur Literatur- und Kulturgeschichte 55), S. 192 – 209.

④ Klara Blum an Franz Theodor Csokor, Kanton, 22. März 1956, DLA Marbach, D: Blum, Dx86. 161. 3 Bl. (Original und Kopie), hier Bl. 1f. ; siehe auch Frank Quilitzsch: Legende von Dshe-Nu. Das Schicksal der deutschsprachigen jüdisch-chinesischen Schriftstellerin Klara Blum, in: *Argonautenschiff* 7 (1998), S. 203 – 215, S. 211.

und mein Austritt daher eine logische Konsequenz. "①Blum befürwortete die Niederschlagung des ungarischen Volksaufstands durch die Regierung. Sie hölt dem P. E. N. darüber hinaus vor, dass der Club niemanden ausschließen würde, der sich weigerte, gegen die „unrechtmäßige" Besetzung Taiwans durch die USA zu protestieren. Der Austritt ist ein großer Schritt, war sie doch nach ihrer übersiedlung nach China stolz auf ihre gerade erworbene Mitgliedschaft gewesen und präsentierte sich als weltbekannte Autorin. ② Doch war die Sache als politischer Akt mit Bruno Frei (1897—1988), einem ehemaligen Mitglied des mexikanischen Heine-Klubs und nun chinesischem Auslandskorrespondenten des österreichischen Kommunistenorgans *Volksstimme*, abgesprochen. Er reagierte umgehend und lobte das ihm schon bekannte Austrittsgesuch Blums in der kommunistischen Zeitschrift. ③ Vielleicht auch in der Folge ihres Austritts wurde Blum im Jahr 1963 in den Allchinesischen Schriftsteller-Verband aufgenommen. Blum hatte sich pro-chinesisch und für die militante Verteidigung des Sozialismus gleich in welchem Land positioniert.

Als überzeugte Revolutionärin unterstützte sie den „Befreiungskrieg der kommunistischen Völker" mit für sie beträchtlichen Summen: Im Jahr 1952 spendete sie dem Korea-Hilfsfonds der DDR einen Großteil ihres Honorars für den Roman *Der Hirte und die Weberin*. ④ In den Jahren 1965 und 1966 ließ sie insgesamt 3 686,62 Mark der Deutschen Notenbank an die Ständige Vertretung der Nationalen Front für die Befreiung Südvietnams in der DDR überweisen. Für Blum blieb weniger als die Hälfte dieses Betrags (nämlich 1 500 Mark der Deutschen Notenbank) als Honorar übrig. ⑤ Begeistert von der Kulturrevolution, tat sie sich Mitte der 1960er-Jahre mit südchinesischen Studierenden zusammen, ließ sich von deren Zerstörungsfreude an-

---

① Ebd.
② Adrian Hsia: *China-Bilder in der europäischen Literatur*. Würzburg 2010, S. 162.
③ Bruno Frei an Klara Blum, o. O., 30. März 1959, DLA Marbach, D: Blum, Dx86. 170, 1 Bl. Kopie.
④ Prof. D. K. Linser, der Vorsitzende, an Prof. Klara Blum, Berlin, den 19. Juni 1952, DLA Marbach, D: Blum, Briefe an sie von verschiedenen Autoren, Politische Organisationen, Dx86. 172/1; siehe auch Frank Quilitzsch: Legende von Dshe-Nu. Das Schicksal der deutschsprachigen jüdisch-chinesischen Schriftstellerin Klara Blum, in: *Argonautenschiff* 7 (1998), S. 203 – 215, hier S. 206.
⑤ Elsholz, Leiter der Finanzabteilung, an Klara Blum, Berlin, 18. 11. 1965, DLA Marbach, D: Blum, Briefe an sie von verschiedenen Autoren, Politische Organisationen, Dx86. 172/2; ders. an dies., Berlin 9. 1. 1966, DLA Marbach, D: Blum, Briefe an sie von verschiedenen Autoren, Politische Organisationen, Dx86. 172/3; Traan Huu Kha an Klara Blum, Berlin, 14. 5. 1966, DLA Marbach, D: Blum, Briefe an sie von verschiedenen Autoren, Politische Organisationen, Dx86. 172/4.

stecken, zerbrach ihre Schallplatten. ① Sie waren als Luxusgut verfemt. In der *Roten Fahne*, dem Organ der Marxistisch-Leninistischen Partei österreichs (MLPÖ), veröffentlichte Blum im Jahr 1967 Propagandaverse über Mao und die chinesische Revolution. ② Sie wirkt daran mit, Maos Schriften auch im Westen zu verbreiten. ③ Angesichts von Blums Position überrascht die Aussage von Blums Erzähler im *Lied von Hongkong*: „Der sozialistische Aufbau wird bald einen anderen hervorbringen und der Kommunismus wieder einen anderen."④Nimmt man diese Aussage als Selbstaussage ernst, dann will Blum keinen orthodoxen Sozialismus vertreten – wozu ihre Polemik gegen diktatorische Bestrebungen in Shanghai (*Der Hirte und die Weberin*) passt. Vielmehr geht sie davon aus, dass sich auch der Sozialismus weiterentwickeln muss.

Blums eindrucksvollstes Gedicht *Grimmiger Lebensbericht* greift alle Leitthemen ihres Lebens und Schreibens in der bekannten klassischen Form auf. Im fünfhebigen Jambus mit Kreuz- und Paarreim notiert sie, beinahe selbstironisch, über ihr faktisches und fiktives Ich: „Geboren auf Europas Hintertreppe, / Geneigt zu Pathos und Verstiegenheit."⑤Gegengeschichten, Subversives von der Hintertreppe zu erzählen, war ihr Ziel. Ihr Pathos war, durch Ironie gebrochen, überhöht durch die Aussicht auf eine bessere Zukunft in der „permanenten Revolution". Doch war die Zeit dafür wenig glücklich: „Ich fiel hinein ins zwanzigste Jahrhundert, /Ins Gaszeitalter, Bombensäkulum", ⑥ heißt es präzise. „Im großen Amoklauf nach Recht und Freude", beschließt der letzte Vers drastisch und ernüchtert. ⑦

Blum erscheint als gewitzter Starrkopf mit Tendenz zum Kadavergehorsam gegenüber der kommunistischen Idee. Für diesen Kadavergehorsam schätzte man sie

---

① Adrian Hsia: *China-Bilder in der europäischen Literatur*. Würzburg 2010, S. 170; Frank Quilitzsch: Legende von Dshe-Nu. Das Schicksal der deutschsprachigen jüdisch-chinesischen Schriftstellerin Klara Blum, in: *Argonautenschiff* 7 (1998), S. 203–215, hier S. 209f.

② DLA Marbach, D: Blum, Konv. Gedichte, Dx86.158, 2 Bl. mit einer Beilage (Mai 1967).

③ Frank Quilitzsch: Legende von Dshe-Nu. Das Schicksal der deutschsprachigen jüdisch-chinesischen Schriftstellerin Klara Blum, in: *Argonautenschiff* 7 (1998), S. 203–215, hier. S. 213.

④ Klara Blum: Das Lied von Hongkong, in: dies., *Das Lied von Hongkong. Novellen. Mit 8 Scherenschnitten von Dhang Jung-schou und Lo Shuee-jü*. Rudolstadt 1959, S. 49–136, hier S. 135.

⑤ Klara Blum: Grimmiger Lebensbericht, in: dies., *Liebesgedichte*, hg. v. Bernhard Albers. Einführung von Zhidong Yang. Aachen 2012, S. 52–54, hier S. 52.

⑥ Ebd.

⑦ Ebd., S. 54.

zunächst in Russland und später auch in China. Ihre Texte beeindrucken aber genau dann, wenn sie sich doch auch auf individuellen Ausdruck einlassen, mit jüdischen, österreichischen, chinesischen Schreibtraditionen spielen. Psychologie war ihr Können und Problem: Sie wollte den alten zugunsten des neuen Menschen zurückdrängen und kritisierte sogar Anna Seghers, in ihren Werken zu viel zu psychologisieren. ① Blum schrieb zu entschieden als Propagandistin der internationalen Revolution, um über diese hinaus als Autorin bekannt zu bleiben.

---

① Klara Blum: Zwei Stimmen zu einem Werk II, in: *Das Wort* 6/1 –3 (1938), S. 137 –140, hier S. 139.

朱白兰与民主德国

邱晓翠

1959年9月4日，民主德国的机关报《新德国》刊登了这样一则消息：

柏林：著名诗人和作家朱白兰女士，又名克拉拉·勃鲁姆，受德国作家协会和格赖芬出版社的邀请来访民主德国。她将举办关于中国的报告和朗读她的作品。……她的作品，不论是诗歌、小说、采访报道，还是故事新编，都秉承了民族友谊和社会主义精神。

这一年，恰逢朱白兰的第二部重要作品《香港之歌》在格赖芬出版社正式出版问世。作为以德语创作为主的作家，朱白兰的主要受众都集中在民主德国。在阔别欧洲大陆十余年后，朱白兰再次踏上了这片土地，第一次直面自己的读者。借着格赖芬出版社成立四十周年盛大的庆祝活动，这位"来自中国的客人"[①] 揭开了她神秘的面纱，迎来了自己文学创作的巅峰。

从20世纪40年代建立联系，到朱白兰两部主要作品出版，再到60年代因意识形态分歧走向关系破裂，朱白兰与民主德国的这段交往值得深入考察。

缘　起

格赖芬出版社1919年成立于下萨克森州，卡尔·迪茨（Karl Dietz, 1890—1964）是其中一位联合创始人。设立初期受德国青年运动之漂鸟运动的启发，出版社的名称也沿用了该运动的标志——格赖芬鸟。最初几年主要出版有关青年运动的著作和书籍，后来通过印刷画片在业界声名鹊起。迪茨随后担任发行人，于1921年将出版社迁址至位于图林根州的小城鲁道尔施塔特，直到1993年出版社解体，格赖芬出版社就在这座萨勒河静静流淌过的小城书写

---

① 此处引用《图林根日报》1959年9月10日报道的题目。

着自己的历史。

图 2-1 卡尔·迪茨（摄于 1958 年）①

在 20 世纪 20 年代，该出版社幸免于魏玛共和国成立初期的一系列政治和经济危机，并在迪茨的领导下发展成为一家具有文学和艺术抱负的出版企业，出版的作品包括附有精美插图的《格赖芬年历——年度新兴艺术》，引起极大关注的性教育科普系列，还有包含卡尔·格伦伯格（Karl Grünberg，1891—1972）和约翰内斯·R. 贝赫（Johannes R. Becher，1891—1958）的处女作在内的政治文学类书籍，另外还有左派和民俗作品。格赖芬出版社很快发展成为全德国出版业界一颗备受瞩目的新星。

---

① 该照片由 20 年代到 50 年代著名肖像摄影大师希德嘉·耶克尔（Hildegard Jäckel，1903—1974）拍摄。具体信息及来源请参看：http://www.deutschefotothek.de/documents/obj/88940318。

1945年第二次世界大战结束后,格赖芬出版社成为民主德国首批获得苏联出版许可的私营出版社之一,这为其出版国家文学奖得主里昂·福伊希特万格(Lion Feuchtwanger,1884—1958)、流亡南美的诗人保罗·蔡西(Paul Zech,1881—1946)、因二战日记而出名的人民议院文化协会的议员代表和作家维克托·克雷姆佩里尔(Victor Klemperer,1881—1960),以及曾流亡苏联的女导演、女演员英格·冯·旺恩海姆(Inge von Wangenheim,1912—1993)等的作品定下了基调。20世纪50年代,格赖芬出版社专攻流亡文学和包括中国文学在内的世界文学,赢得了良好声誉和广泛关注。①

图 2-2　格赖芬出版社成立 100 周年纪念展览的海报②

---

① 直到1964年,格赖芬出版社都由迪茨掌管经营。他患病去世后,该出版社被交由国家并变更为格赖芬国营出版社(VEB Greifenverlag),开始主要出版通俗消遣文学,声名一落千丈,1993年,在两次私有化尝试后彻底解体。详细的出版社历史见:Carsten Wurm, Jens Henkel, Gabriele Ballon: *Der Greifenverlag zu Rudolstadt 1919—1993. Verlagsgeschichte und Bibilographie*. Wiesbaden, 2001。
② 这场从2019年10月22日到2020年1月31日在鲁道尔施塔特历史图书馆举办的展览旨在纪念格赖芬出版社为该市文学生活和文化认同做出的贡献,具体内容请参看:http://www.literaturland-thueringen.de/Veranstaltung/14600/。

1951年，朱白兰的第一部小说《牛郎织女》在格赖芬出版社出版。但朱白兰和出版社的合作早在她来到中国之前就埋下了伏笔。在题为《为民族友谊服务的同志们》的文章里她回忆道：

我和格赖芬出版社的合作可以回溯到1947年。我当时在巴黎。格赖芬出版社通过弗里德里希·沃尔夫获得我的联系方式并请我意译改写几篇黑人文学作品。我寄出几篇仿作。卡尔·迪茨和他的同事们对黑人命运展现出的一片赤诚和富有敬意的关心赢得了我的尊重和伴随终生的友谊。①

弗里德里希·沃尔夫（Friedrich Wolf，1888—1953）既是医生也是作家，更是共产主义政治家。在苏联流亡时期同朱白兰结识，1945年返回柏林。他创作的《马门教授》被视为最重要的反法西斯剧目之一，1934年1月19日在华沙犹太剧院首演，1938年在苏联被拍成电影，1961年由沃尔夫的儿子康拉德·沃尔夫（Konrad Wolf，1925—1982）导演的电影还荣获了同年莫斯科国际电影节的金奖。朱白兰留在广州的遗物里还留存有沃尔夫去世消息的剪报。

《牛郎织女》的出版及争议

1949年秋天，朱白兰在寻找朱穰丞未果后回到上海，开始创作她的第一部长篇小说《牛郎织女》。这部具有自传性质的作品被朱白兰视为自己过去生活的纪念。《牛郎织女》取材于中国民间爱情故事，配上优美的传统手工艺作品插图，极富艺术观赏性。在历时一年多的创作之后，朱白兰将其寄给格赖芬出版社付梓。但是，这本书的出版可谓一石激起千层浪，引起了巨大的争议。

《牛郎织女》于1951年7月获得民主德国文化部的印刷批准，11月16日由格赖芬出版社付梓出版。仅三天后的11月19日，在这本书进入书店之前，就遭到文学与出版事务办公室的禁令，因其涉及莫斯科流亡生活的描述以及书中党员蒙梯尼（Montini）的负面形象，引起了苏联相关部门和中国外交使团的不满。②

1951年12月4日，迪茨写信给朱白兰并告知了官方对小说内容的不满：一方面是党员蒙梯尼的负面形象，另一方面是莫斯科流亡时期的呈现方式。而

---

① 朱白兰：《为民族友谊服务的同志们》（Kameraden im Dienste der Völkerfreundschaft），载《展望1959年的格赖芬年鉴》，第25页。
② 见民主德国文化与出版事务部1951年11月30日致格赖芬出版社的信，藏于鲁道尔施塔特市档案馆格赖芬出版社档案内。

其中主要的争议集中在蒙梯尼这个负面人物身上，文学与出版事务办公室认为该人物完全凭作者的情感虚构，不存在任何事实证明，应当删去。

朱白兰在回信中否认了《牛郎织女》中存在任何对苏联的消极评价，因为这本小说里的苏联恰恰是中国争取自由的最强大和最鼓舞人心的榜样，例如小说里的牛郎就在1945年7月28日这天写道："苏联人民战胜了这场地球噩梦，回到劳动中去。"她虽然同意在再版前增加一位积极的苏联人物，比如女主人公汉娜在莫斯科空袭时遇到的安全局女同伴，但她坚决反对删除蒙梯尼这个人物。她认为这样的指责纯属欲加之罪，作为进步作家的任务之一就是通过文字指出存在于共产主义队伍中这样的无耻分子，如同马雅可夫斯基、格拉特科夫等众多优秀的苏联作家一样。尽管该形象的创作基于朱白兰的某些个人经历，但她坚决反对将这部作品看作"影射小说"（Schlüsselroman），蒙梯尼的人物塑造只针对其政治行为，而不包括具体人事关系。①

迪茨也认为朱白兰的这部小说对中国充满无限爱意，值得广泛发行，并会为出版社吸引大量读者。因此，在朱白兰的建议下，写信给许多著名作家，例如前面提到的沃尔夫、贝赫，另外还有阿诺尔德·茨威格（Arnold Zweig，1887—1968）和民主德国的总统威廉·皮克（Wilhelm Pieck，1876—1960），他们大部分在莫斯科流亡期间与朱白兰结识。最终由于皮克总统出面干预，文学与出版事务办公室于1952年5月2日取消了禁令，但附带条件是不能再版。该书随后发行出售。

阿诺尔德·茨威格在1952年9月12日写给出版社的信中说："但现在我就想告诉您，我对克拉拉·勃鲁姆的作品重新出现在德国出版界感到非常高兴。二战前我们可以在《国际文学》和莫斯科出版的诗集中读到她的作品，她的诗歌是德语创作中顶好的佳作。"② 尽管在信中高度赞扬，像朱白兰的许多作家友人一样，面对这场具有浓厚政治色彩的出版风波，茨威格并未公开撰写评论。

面对争议，迪茨带领格赖芬出版社仍然积极印刷宣传卡片，这让朱白兰大为感动。③ 然而效果甚微，出版社仍旧没有办法从该书的销售中盈利，朱白兰将她收到的稿费无私地捐赠给了抗美援朝斗争的前线。④ 直到1957年，国家文学奖得主福依希特万格通过偶然的机会拿到小说时，才成就了《牛郎织女》

---

① 见朱白兰1951年12月24日致迪茨的信，藏于鲁道尔施塔特市档案馆格赖芬出版社档案内。
② 见茨威格1952年9月12日致格赖芬出版社的信，藏于鲁道尔施塔特市档案馆格赖芬出版社档案内。
③ 见朱白兰1952年10月23日致迪茨的信，见 Yang Zhidong (hg.). *Klara Blum: Kommentierte Auswahledition*, Böhlau Verlag, Wien · Köln · Weimar, 2001, S. 523.
④ 见援朝委员会主席林瑟1952年6月19日致朱白兰的信，复印件藏于德国文学档案馆。

的第一篇书评①，也是朱白兰盼望已久的公开认可。

福伊希特万格对我的小说的评论是公正之举，对我而言是一种深深的鼓励，也是我作为创作者成长路上的充满价值的帮助，是一种美的享受。这篇文章既是一篇书评，也是一篇优美的散文诗。②

"中国书库"计划

虽然朱白兰的首部作品经历种种风波，但她同格赖芬出版社的关系却并未因此破裂，除了迪茨对她作品文学品质的信任，还归于她与该社出版计划的紧密联系，特别是她在向民主德国介绍中国文学过程中发挥的重要作用。

为了能在和国有及大型出版社的竞争中占领先机，格赖芬出版社很早就开始致力于中国文学在民主德国的译介。虽然伴随着新中国的成立，中国和苏联占领区及东德成为战略盟友关系，但初期还谈不上文化交流。除了一些偶尔为文学出版社做编辑工作的汉学家外，几乎没人了解中国文学，更别提现当代文学。同此时已经身处中国的朱白兰的接触，使得格赖芬出版社占领了先机，她对于作者和已有译本的建议和意见对于出版社的选择有重要的参考价值。在1951年4月23日写给迪茨的信里，关于中国当代优秀的文学作品，朱白兰这样介绍到：

现在就您的第二个问题：我首先向您推荐出版鲁迅全集。这位十五年前去世的现实主义小说家在苏联被称为"中国的高尔基"。另外值得关注的有郭沫若的历史剧，特别是《三个叛逆的女性》和《屈原》……特别重要的作品还有夏衍的《法西斯细菌》和《上海屋檐下》。这两部勇敢又温和的作品折射出近乎无情的现实和坚定乐观，带有细腻的人情味和机智的幽默。它们属于当代中国最著名的话剧剧目之列。……近两年，年轻的小说家赵树理崭露头角，他的短篇小说情节丰富，描绘了中国人民的风俗。③

1955年，格赖芬出版社正式启动了"中国书库"（Chinesische Bibliothek）的出版计划，由迪茨负责出版、朱白兰担任书目编辑、约翰娜·哈慈菲德

---

① ［德］福伊希特万格：《对朱白兰〈牛郎织女〉的评论》，载《展望1958年的格赖芬年鉴》，第187–189页。
② 朱白兰1958年2月2日致迪茨的信，藏于鲁道尔施塔特市档案馆格赖芬出版社档案内。
③ 朱白兰1951年4月23日致迪茨的信，藏于鲁道尔施塔特市档案馆格赖芬出版社档案内。

（Johanna Herzfeldt，1886—1977）提供翻译。不同于当时多数从英文转译的翻译，这位居住在柏林的汉学家是少数能直接翻译中文文学作品的专家，这点也成为出版社对外宣传该系列的重点。"中国书库"的第一册《黄河诸神——中国童话与民间传说》于1955年圣诞前出版，由朱白兰评注。

根据《国家报纸》10月报道[①]，接下来计划出版的作品为：《前往户籍登记处的路》（即《小二黑结婚》）和《中国十日谈》，其中《小二黑结婚》由朱白兰在南京大学德语系的学生合作翻译。筹备中的还有：梅兰芳回忆录《舞台生活四十年》和郭沫若的《我的童年》。

紧接着，其他东德大型出版社等也逐渐参与到中国文学作品出版的竞逐中，格赖芬出版社不得不放慢出版脚步。如1955年计划内的《中国十日谈》直到1957年才由哈慈菲德翻译出版。我们知道，《十日谈》是意大利著名作家乔万尼·薄伽丘的代表作，是西方读者非常熟悉的、享有世界盛誉的文学巨著。哈慈菲德从明代冯梦龙、凌濛初编的"三言两拍"中选译了十个故事，其中包括《杜十娘怒沉百宝箱》《滕大尹鬼断家私》《蒋兴哥重会珍珠衫》等流传广泛的传奇，并且参考鲁迅校录的《唐宋传奇集》（1954年印刷出版）以及《光明日报》1956年发表的有关《今古奇观》的评论文章，在后记中介绍中国话本小说的特点和价值。这本译作和《黄河诸神》相映成趣，向德语读者介绍了中国从古代到近代的文学珍宝。值得注意的是，后记在结尾时还特别提到鲁迅和当代作家赵树理，这两位作家正是朱白兰向出版社大力推荐的。为了吸引读者、扩大影响，译者给译作冠以《中国十日谈》的书名。该书所选故事生动地反映了中国唐宋以来市民的生活，装帧设计精美，深受读者欢迎，1959年和1968年再版了两次。

另外值得一提的还有，1958年由约翰娜·哈慈菲德翻译的《新中国的性教育问题》问世，属于出版社畅销的"性启蒙教育系列丛书"，共48页，中文材料由朱白兰从广州寄去，是该系列第一次探讨外国的性教育和婚姻相关的社会问题。随着社会主义的革命胜利，封建婚姻体系得到破除，年轻男女可以自由恋爱并步入婚姻。20世纪50年代的中国，一系列性教育启蒙的技术性小册子以卫生常识的名义出版。这部寄往民主德国的小册子主要探讨相关的社会问题，如爱情在人生命中的地位、年轻男女的友谊、"喜新厌旧"的想法以及婚姻生育法规的规定，并通过一系列关于爱情、婚姻及家庭的来信展现了当时中国年轻人婚恋观的面貌。

---

① 见《国家报纸》1955年10月上刊登的消息，简报藏于鲁道尔施塔特市档案馆格赖芬出版社档案内。中译文见本书第五辑中致卡尔·迪茨的信 [8]。

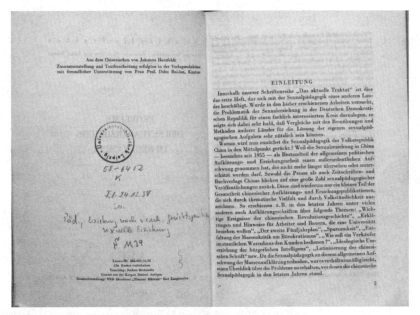

图 2-3 《新中国的性教育问题》内页

中篇小说集《香港之歌》的问世

1957 年，朱白兰被调到中山大学任教，在投身于教学的同时，她继续进行文学创作。8 月 21 日完成了第一篇中篇小说《剪纸艺人的复仇》，这是朱白兰计划完成的七篇中篇小说的第一篇，这七个故事分别发生在不同的历史时期和社会背景下：1841 年、1922 年、1944—1952 年、1949—1950 年、1951 年、1944—1955 年、1954—1955 年。按照时间的先后顺序分别题为《燃烧的权利》（Das brennende Recht）、《香港海员》（Matrosen von Hongkong）、《剪纸艺人的复仇》（Die Rache des Chrysanthemenschneiders）、《彩色的影子》（Der bunte Schatten）、《三个正义的妾》（Die drei gerechten Konkubinen）、《小贩的笛子》（Die Hausiererflöte）和《13 是个吉祥数字》（Dreizehn bringen Glück）。第一篇的内容是三元里抗英斗争，第二个中篇讲述了中国海员在外国船只上的首次罢工，第三和第四篇聚焦新中国成立前后手工艺人的生活，第五篇取材新的婚姻法，第六篇是街头小贩的故事，第七篇是大学的社会主义变化。①

---

① 朱白兰 1957 年 8 月 21 日致迪茨的信，藏于鲁道尔施塔特市档案馆格赖芬出版社档案内。中译文见本书第 5 辑中致卡尔·迪茨的信 [8]。

为了搜集资料，朱白兰参观了三元里"平英团"抗英烈士纪念碑，并在广州博物馆里找到了许多1922年海员罢工的珍贵材料。

图2-4 朱白兰寄给出版社的图片资料，包含三元里抗英烈士纪念碑和广州博物馆所在的镇海楼的明信片，背后附有朱白兰亲笔书写的德文介绍。①

格赖芬出版社的迪茨对这部书稿表示出了极大的兴趣②，并将其列入1959年的出版计划中③。然后随着创作的进一步进行，第二篇中篇《香港海员》的篇幅差不多是《剪纸艺人的复仇》的两倍。这使得朱白兰将创作计划改为五篇。但这不意味着她减少了自己的创作理想，恰恰相反，在1958年2月26日给迪茨的信中，她将这部当时还被称为《燃烧的权利》的中篇小说集视为第一部合集，随后还有第二部和第三部。④ 然后同出版社和迪茨的探讨也包括了标题：

---

① 藏于鲁道尔施塔特市档案馆格赖芬出版社档案内。
② 迪茨1957年9月2日致朱白兰的信，藏于鲁道尔施塔特市档案馆格赖芬出版社档案内。
③ 迪茨1958年1月20日致朱白兰的信，藏于鲁道尔施塔特市档案馆格赖芬出版社档案内。
④ 朱白兰1958年2月26日致迪茨的信，藏于鲁道尔施塔特市档案馆格赖芬出版社档案内。

您提议改变标题,我深表同意。我本来也想了两个新题目:《苦力之歌》或《香港之歌》。两个我都很喜欢。①

这两个标题中共有的"歌"字恐怕都离不开《步步高》这首歌曲。这首乐曲是广东音乐名家吕文成20世纪30年代的作品,朱白兰对其进行了歌词的再创作以及虚构了这部歌曲的产生背景。作者以来自广州的年轻海员家明的故事为例,详细介绍了罢工的历史和过程。18岁的家明和他的叔叔一起去香港,在英国船上工作。他经历了海员们恶劣的生活条件、不能自已的痛苦和屈辱。当海员们决定罢工时,他热情地参加了。他为罢工者写了名为《步步高》的歌。罢工后,家明被殖民当局杀害,但他的精神通过他的歌声得以延续。尽管原始文字很早就被忘记了,但今天的许多中国人仍然唱着这种旋律。最终由中山大学德语系的张苏奎教授谱写了钢琴伴奏谱。②

图2-5 张苏奎教授谱写的《步步高》钢琴谱

---

① 朱白兰1958年9月5日致迪茨的信,藏于鲁道尔施塔特市档案馆格赖芬出版社档案内。
② 朱白兰1958年4月30日致迪茨的信,藏于鲁道尔施塔特市档案馆格赖芬出版社档案内。

《香港之歌》这本中篇小说集问世后，受到了广泛的关注。米拉·拉斯特（Mira Last）这样赞扬道："克拉拉·勃鲁姆作为欧洲人已经完全融入了中国的生活"。作为真正的人道主义者，她"将自己完全放在了人民的位置上"。这本集子是"一部富有价值的艺术作品，一部献给无产阶级人道主义的赞歌"。[①] 作家布鲁诺·弗莱（Bruno Frei，1897—1988）[②] 在评论里客观地提到了这部中篇小说集的不足：

> 这五个中篇小说在文学价值上不是完全一致的。有些地方作者克拉拉·勃鲁姆缺乏必要的精简克制，陷入冗长的闲聊；她的语言丰富多彩，有血有肉，但有时风格超出了合理范围：海员们说话粗俗，但过于下流也不符合现实。另外，所有中文名称都进行德语化处理显得过于刻意。
>
> 殖民者的掠夺激发了中国的觉醒，但觉醒并不意味着独立。建设社会主义社会需要全新的认识——觉醒变为清醒的过程。关于中国人民是如何养成社会主义意识并如何在艰苦的建设过程中重塑认识的自我教育鲜为人知。克拉拉·勃鲁姆的优点是在她的五篇中篇小说中反映了人们心目中的世界历史转变。这恰恰是最重要的。作者并没有陷入无关的心理分析，而是将内在和外在的视线视角联系在一起，以便读者能在人物所处的时代历史背景和周遭环境观察人物——他们不只是一张张受苦受难的脸孔，而是一个个活跃且富有行动力的人。
>
> 必须强调的是，该书的装帧设计极富品位；中国的彩色剪纸令人大饱眼福。

另外包括民主德国的总理奥托·格罗提渥（Otto Grotewohl，1894—1964）也亲自向格赖芬出版社给他寄去《香港之歌》表达感谢。[③] 此时朱白兰在格赖芬出版社风光无两。

---

① 米拉·拉斯特：《从旧中国到新中国》（Vom alten zum neuen China），载《星期日》1960 年 2 月 5 日。
② 弗莱的本名为 Benedikt Freistadt，犹太人，在维也纳大学取得哲学博士学位，二战期间流亡墨西哥，后担任奥地利共产机关报纸《人民之声》（*Volksstimme*）驻中国的记者，于 1959 年 5 月返回维也纳。这篇文章题为《来自中国的中篇故事》发表 *Weltbühne* XIV/48，（1959 年 12 月 2 日），第 1535 - 1536 页。另外，在弗莱 1959 年 3 月 30 日致朱白兰的信中提到了两人在广州的相识，该信藏于德国文学档案馆。
③ 见 Sandra Richter：„Lieben für die Revolution：Klara Blum in Österreich, Russland und China", in: *Eine Weltgeschichte der deutschsprachigen Literatur*. C. Bertelsmann Verlag, München, 2017, S. 368 - 376.

《格赖芬年鉴》中的朱白兰

格赖芬出版社年鉴作为出版社年度总结的刊物，从出版计划的角度侧面集中反映了朱白兰和出版社的关系。1954年恰逢出版社成立三十五周年，也是《格赖芬年鉴》（*Der Greifenalmanach*）第一次被递到读者手中。这本年鉴里就有朱白兰的一首诗歌：《和平颂歌》，1954年创作于南京。

> 陌生的民族，我聆听你的声响，
> 世界变大，变彩，变广。
> 在你陌生而熟悉的面庞，
> 我瞥见自己的幸与不幸。
> 你和我，我们想要最终安定，
> 这个地球不许灭亡。
> 与其在愚钝中死去，
> 陌生的民族，我们不如学着彼此熟悉。

结束颠沛流离生活的朱白兰，来到中国后，面对陌生的国度和人民，创作诗歌时，语气里透露出暗暗下定的决心——将自己融入中国。

1956年年鉴里刊登了朱白兰成文于1955年3月的文章，题为《关于中国对文化遗产的扬弃》，此时她已加入中国籍，署名也从"克拉拉·勃鲁姆"变为"朱白兰"。该文是朱白兰为格赖芬出版社1955年再版的由著名神学家和汉学家卫礼贤翻译的中国民间神话而撰写的。

1957年的《格赖芬年鉴》里，刊登了朱白兰1938年创作的诗歌《无声的告别》，回忆爱人朱穰丞在苏联莫斯科的不告而别。除此之外，还有朱白兰介绍东德作家阿诺尔德·茨威格在新中国的文章，虽然题为作家在新中国的接受，但以新颖的方式从自己的教学经验说起，以小见大，以管窥豹，生动地描写了中国学生是如何在课堂上阅读和理解茨威格的作品《格里沙中士之案》的。1958年《格赖芬年鉴》里有朱白兰创作于1945年的诗歌《鲜活的地毯》（*Lebendiger Teppich*）和国家文学奖获奖作家福伊希特万格对《牛郎织女》的书评。

1959年，为了庆祝格赖芬出版社成立四十周年，朱白兰撰写了纪念性文章《为民族友谊服务的同志们》，同时提及了《香港之歌》的创作。除了这篇文章之外，该年度的年鉴还刊登了两篇朱白兰作品节选和两首诗歌：

《剪纸艺人的复仇》选自《香港之歌》
《一位黑人女性的死亡》
《保卫者》
《大师与愚者》

朱白兰进一步受到出版社重视的事实更是在 1960 年的《格赖芬年鉴》里得到了充分体现：朱白兰的名字赫然出现在封面上。①

图 2-6　1960 年《格赖芬年鉴》封面

本册年鉴也附上了出版社成立四十周年庆祝活动的别册，其中包括活动的信息和照片。参加这次盛大的庆祝活动，是朱白兰在阔别欧洲大陆十余年之后第一次也是唯一一次回到这片土地上。

---

① 另外出现的还有高云览（Gau Jün-lan，1910—1956），原名高怡昌，笔名高云览，福建厦门人，当代作家。反映厦门大劫狱革命故事的长篇小说《小城春秋》1956 年由作家出版社出版发行，1961 年该书被汉学家彼得·许恩贝格（Peter Huengsberg，笔名 Li Ming，音译：李鸣；中文名字：徐思本）译为德语，书名《Alle Feuer brennen》（《烈火燃烧》），在格赖芬出版社出版。

朱白兰 1959 年访德之行

早在 1955 年筹备出版社成立三十五周年之际，格赖芬出版社就有意邀请朱白兰访问民主德国，费用按照对外文化联络协会的意见应由出版社承担，但因离境许可和相应的费用而未能成行。① 终于在出版社成立四十周年之际，朱白兰欣然接受邀请，在离开德语国家二十多年后重新踏上这片土地。

朱白兰计划 1959 年 8 月 25 日抵达柏林，停留一周后前往出版社所在的鲁道尔施塔特市，以及前往图林根州的莱比锡、魏玛和耶拿。预计最晚于 10 月 25 日返回广州：一是因为大学教学的工作，二是因为严寒对她已经受损的健康的潜在威胁。② 柏林的作协邀请朱白兰举办读书会及座谈会③，但由于长途旅行后身体欠佳而未能实现。在柏林期间，朱白兰住在作家朋友米拉·拉斯特那里，9 月 3 日两人抵达莱比锡，共同协商安排的活动，周日晚上抵达鲁道尔施塔特。④

尽管预定的活动内容甚多，但出版社留给朱白兰充分的自由进行删减，最终确定参加的有在温特维伦波、施瓦寨、魏玛、耶拿举办的朗读会和报告会。⑤ 参加格赖芬出版社的四十周年纪念活动无疑是朱白兰民主德国之行的亮点。

---

① 见对外文化联络协会 1955 年 11 月 10 日致格赖芬出版社的信，藏于鲁道尔施塔特市档案馆格赖芬出版社档案内。
② 朱白兰 1958 年 8 月 8 日致迪茨的信，藏于鲁道尔施塔特市档案馆格赖芬出版社档案内。
③ 迪茨 1959 年 7 月 7 日致朱白兰的信，藏于鲁道尔施塔特市档案馆格赖芬出版社档案内。
④ 见 1959 年 9 月 1 日格赖芬出版社同朱白兰和米拉·拉斯特的电话记录，藏于鲁道尔施塔特市档案馆格赖芬出版社档案内。
⑤ 格赖芬出版社 1959 年 9 月 28 日致朱白兰的感谢信，藏于鲁道尔施塔特市档案馆格赖芬出版社档案内。

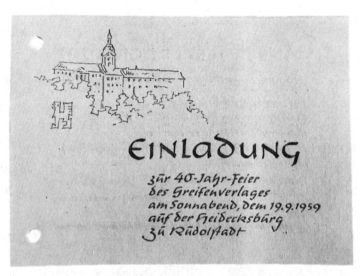

图 2-7　格赖芬出版社成立四十周年庆祝活动的邀请函①

该庆祝活动于 1959 年 9 月 18 日至 19 日在黑德克城堡举行，共有约一百位作家、员工、出版社的朋友和贵宾出席。出版社的负责人迪茨首先发表了欢迎致辞。接着，来自罗斯托克的弗里茨·米勒（Fritz Müller，1900—1973）教授发表了《格赖芬出版社工作发挥的国民教育榜样作用》的讲话，主要探讨了格赖芬的三个系列："性教育启蒙系列丛书"、科学研究成果报道"来自 21 世纪的报道"以及"故乡文学"。另外提到的还有书籍装帧艺术的重要性。波兹坦的弗里茨·蔡辰（Fritz Zschech）教授②的演讲主题为"格赖芬出版社的文学成就"，回顾了格赖芬出版社自成立以来的发展历史。

在德意志广播电视档案馆（Deutsches Rundfunkarchiv）收藏的音响资料中，保存着朱白兰访问东德时在文学报告会上朗诵《香港之歌》精彩片段的录音，音频时长约 41 分钟，内容是讲述主人公林家明跟随叔父初到香港的情景，其中有一段人物对话，朱白兰朗诵时模拟不同人物的语气，绘声绘色，趣味横生。听得出，她朗诵时情感是非常投入的。作为背景音乐，选用的是民族乐曲《彩云追月》，悠扬的旋律，表达了对美好生活的憧憬和追求，这是小说主人公林家明经常用口琴吹奏的曲子，也是朱白兰最喜爱的乐曲之一，缓慢抒

---

① 该邀请函藏于鲁道尔施塔特市档案馆格赖芬出版社档案内。
② 蔡辰也是格赖芬出版社 1957 年出版的《德国叙事诗集》（Das deutsche Balladenbuch）的主编，该书收入历代德国著名诗人的叙事诗代表作，其中包括朱白兰以抗日期间武汉保卫战为题材创作的叙事诗《保卫者》。

情的旋律与她娓娓道来的朗诵，相得益彰，十分和谐。

图2-8　朱白兰在朗读中

图2-9　朱白兰在观众席。她的右手边依次是人民大会主席约翰·迪克曼博士（Johannes Dieckmann）以及出版社的负责人迪茨①。

---

① 以上两张图片均来自随《格赖芬年鉴》所附的出版社成立四十周年庆祝活动的别册。

除此之外，出版社还组织受邀的作家参观了布痕瓦尔德纳粹集中营旧址。庆祝活动别册的最后一页引用了一位西德参会者的感慨："我们只能用坚强的意志回忆法西斯统治下的黑暗和恐怖岁月，下定决心绝不容许这样的暴政以及对德意志名誉的践踏再次发生。"这次参观之行也给朱白兰留下了深刻的印象，她在离开鲁德尔特市之后给迪茨的感谢信里这样写道：

亲爱的迪茨同志：
由格赖芬出版社带领下的在图林根和德雷斯顿的成功工作以及盛大的庆祝活动，将永远属于我生命最美好的记忆。
和西德客人一同参观我们的布痕瓦尔德纪念馆不仅仅是一场活动，而是一项功绩！
祝愿格赖芬前程似锦。

衷心问候您和您的家人，
您的
朱白兰
1959 年 9 月 25 日，柏林

从这封写于柏林的感谢信里还可以读出朱白兰对参加这次庆祝活动的满意度。鉴于活动的反响热烈，位于莱比锡的国营出版社霍夫迈斯特（Verlag VEB Hofmeister）联系格赖芬出版社想要单独出版乐曲《步步高》的乐谱①，并计划在莱比锡大学的五百年校庆上进行演奏。

这次朱白兰的民主德国之行尽管受到了媒体的争相报道，反应相当热烈，但也为她同格赖芬出版社合作画下了句点。朱白兰在随后写给好友多拉·文切尔（Dora Wentscher, 1883—1964）的信中，透露了她与迪茨决裂的原因：迪茨通过"侮辱，经济压制和令人讨厌的讨价还价"② 而使自己在东德的逗留陷入困境。他暗示《牛郎织女》很失败，试图以此恐吓她，还给德国作家协会写信，污蔑她的《牛郎织女》是"影射小说"。并批评她的写作政治性过强。另外，迪茨建议朱白兰将来以他建议的方式写作，使她的书也可以在西德发行。朱白兰将该建议视为侮辱，并称迪茨为资本家。除此之外，迪茨作为出版人也无视了她对《香港之歌》的更正建议。在这样的情况下，朱白兰转而联

---

① 迪茨 1959 年 9 月 30 日致朱白兰的信，藏于鲁道尔施塔特市档案馆格赖芬出版社档案内。
② 朱白兰 1959 年 12 月 20 日致多拉·文切尔的信，藏于鲁道尔施塔特市档案馆格赖芬出版社档案内。

系了位于东柏林的人民与世界出版社。

东柏林诗集——《漫长的道路》

"回答我们!"(Antwortet uns!)是东柏林最重要的文学出版社人民与世界出版社(Verlag Volk und Welt)1956年至1962年出版的诗集系列,开创了东德诗歌专选的先河。①

"我们向世界喊话,并以诗歌的形式向我们和你们提问。"由此而来的号召性标题"回答我们!"也体现在了封底内页的明信片的设计中。读者可以直接撕下写好寄给位于东柏林的出版社,以此来搭建现代诗歌作为诗人和读者沟通的桥梁。保罗·威恩斯(Paul Wiens)是该诗歌系列的主编之一,同时他也是极富影响力的文学杂志《思想与形式》(Sinn und Form)的主编。

1960年,该系列发表了题为《漫长的道路》(Der weite Weg)的朱白兰的诗歌选。

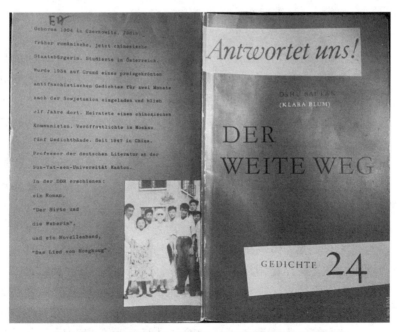

图2-10 诗集《漫长的道路》封面及背面的介绍和照片

---

① 见 Eyk Henze: Haushalten oder Aushalten. Zur Ökonomie einer Lyrikreihe in der DDR, in: Marcus Böick, Anja Hertel, Franziska Kuschel (hg.): *Aus einem Land vor unserer Zeit. Eine Lesereise durch die DDR-Geschichte*, Berlin, 2012, S. 113–122.

朱白兰在中山大学
——纪念朱白兰先生逝世五十周年

这本小册子按照时间顺序选取了朱白兰创作于不同时期的十七首诗：前十二首创作于苏联时期，另外还有逃亡巴黎时创作的《愤怒的生活报告》，以及分别创作于上海、南京和广州的四首诗歌——《月光旋律》（上海，1948年）、《集市之歌》（上海，1951年）、《致一位老人的情诗》（南京，1955年）、《邻居的孩子》（广州，1957年）。她在《邻居的孩子》中写道：

> 深色的圆脸蛋发出银质的声音，
> 古铜色的面颊用于快乐的问候。
> 蹦蹦跳跳的小脚无缘无故奔跑，
> 幼小的双手允诺的是深厚的友谊。
>
> 每天清晨，当我步行上班，
> 他跑来用鲜花淋浴我的心。
> 昔日的疼痛从伤疤中融化，
> 如同彩色的思想飘向空中。①

这样的一首小诗记录了朱白兰在广州开启新生活的平静与幸福，如同给林天斗的回信里说的一样：这些年来"工作顺利，心情舒畅"②。然而该诗集的问世却遭遇政治形势的变化：20世纪60年代由于东德领导人乌布利希执行紧跟赫鲁晓夫的政策，中国同民主德国的关系转冷。

> 人民与世界出版社通知我，要把我的那本小诗集《漫长的道路》剩下未出售的书捣为纸浆回收。他们这么做很明显是为了给叶夫图申科和其他修正主义毒草腾位置。③

朱白兰立场的转变也体现在她在60年代中苏大论战期间创作的一首诗歌上——《明镜——答一位德国作家》（载于《人民日报》1964年5月26日第六版，郭东野翻译，杨成绪校对）。这位德国作家正是她50年代高度赞扬的阿诺尔德·茨威格。这些曾经被视作向"和平致敬"的作品，在茨威格60年代初加入帝国主义、修正主义和各国反动派的"反华大合唱"后，成了朱白兰

---

① 林笳译，载《中国籍犹太裔女诗人朱白兰生平与作品选》，中山大学出版社2016年版，第137页。
② 林天斗：《忆国际友人朱白兰》，载1990年2月6日的《解放日报》。
③ 朱白兰1963年6月30日致多拉·文切尔的信，藏于鲁道尔施塔特市档案馆格赖芬出版社档案内。

针砭时弊的对象。

> 我听到一阵外来的诽谤,
> 你呵也加入了他们的合唱,
> 说什么中国是好斗的公鸡
> 说什么中国渴望大战,
> 请看看这湖面放射的光芒!
> …………
> 呵,广州附近的水库,
> 我的诗是水上的一朵彩云,
> 想想吧,误入歧途的老人:
> 工人政权决不要世界大战。
> 飞向德国去,彩云的诗章!①

朱白兰对国内及国际时事的关注深深地影响着她的创作。随着中国和东欧国家政治关系的破裂,她在民主德国的出版之路也走到了尽头。她创作的最后一部长篇小说,为中国共产党成立四十周年献礼的《命运的征服者》也成了未发表的遗作。②

【鸣谢】

本文的材料收集获得了鲁道尔施塔特市档案馆(Greifenverlag zu Rudolstadt, Landesarchiv Thüringen-Staatsarchiv Rudolstadt),特别是负责格赖芬出版社的馆员 Frank Esche 先生(已退休)的大力协助,在此特别鸣谢。

---

① 林笳译,载《中国籍犹太裔女诗人朱白兰生平与作品选》,中山大学出版社 2016 年版,第 140 – 142 页。
② 见 Sandra Richter:„Lieben für die Revolution:Klara Blum in Österreich, Russland und China", in: *Eine Weltgeschichte der deutschsprachigen Literatur*. C. Bertelsmann Verlag, München, 2017, S. 368 – 376.

附: 1980 年以来有关介绍和研究朱白兰的德文文献

纪念性文章:

Ding, Yuhe: Sie lebt weiter. Erinnerung an meine Lehrerin Klara Blum, in: *Das neue China*, Nr. 5, September/Oktober 1982, S. 25 – 26.

Lange, Thomas: Emigration nach China: wie aus Klara Blum Dshu Bailan wurde, in: *Exilforschung*. Berlin [u. a.]: De Gruyter 3 1985, S. 339 – 348.

Hsia, Adrian: Die ewige Fremde: Klara Blum und ihr Nachlaß-Roman aus China, in: *Begegnung mit dem „Fremden"*. 8. Sektion 14, *Emigranten- und Immigrantenliteratur*. München: Iudicium-Verlag 1991, S. 235 – 241.

Quilitzsch, Frank: Legende von Dshe-Nu: das Schicksal der deutschsprachigen jüdisch-chinesischen Schriftstellerin Klara Blum, in: *Argonautenschiff. Jahrbuch der Anna-Segehers-Gesellschaft*. 7 (1998), S. 203 – 215.

Quinkenstein, Lothar: Erinnerung an Klara Blum, in: *Erinnerung an Klara Blum: Essays und Kritiken aus der Mitte Europas*. St. Ingbert: Röhring Univeristätsverlag 2015, S. 171 – 188.

选集出版:

Yang, Zhidong: *Klara Blum – Zhu Bailan (1904—1971): Leben und Werk einer österreichisch-chinesischen Schriftstellerin*. Frankfurt M. [u. a.]: Lang 1996, S. 245.

Yang, Zhidong (hg.): *Klara Blum. Kommentierte Auswahledition*. Wien: Böhlau. 2001.

Blum, Klara: *Liebesgedichte*. Aachen: Rimbaud 2012, S. 56.

介绍及研究文献:

Yang, Zhidong: Klara Blum – Zhu Bailan: Lebensgeschichte einer Jüdin und Chinesin, in: *Leo Baeck Institute. Jüdischer Almanach des Leo-Baeck-Instituts*. Frankfurt M.: Jüdischer Verl. 1997, S. 57 – 66.

Bolbecher, Siglinde: „Vom Kinderblick der Zukunft überstrahlt…": die Dichterin Klara Blum, in: *An der Zeiten Ränder*. Wien: Theodor-Kramer-Ges. 2002, S. 295 – 300.

Blum-Barth, Natalia: *Deutschsprachige Autoren aus der Bukowina*: *die kulturelle Herkunft als bleibendes Motiv in der Identitätssuche deutschsprachiger Autoren aus der Bukowina*; untersucht anhand der Lyrik von Paul Celan, Rose Ausländer, Alfred Kittner, Alfred Gong, Moses Rosenkranz, Immanuel Weißglas, Alfred Margul-Sperber, Selma Meerbaum-Eisinger, Klara Blum, Else Keren. Frankfurt M. [u. a.]: Lang 2004, S. 249.

Homann, Ursula: Auschwitz-Exil-Vergessenwerden: Felix Nussbaum, Klara Blum, Joseph Wulf, Else Lasker-Schüler, Robert Neumann, in: *Tribüne*. Frankfurt M.: Tribüne-Verl. 43 (2004), 172, S. 76 – 87.

Pareigis, Christina: Glasperlenhebräisch: das Fremd-Wort in den Schriften von Klara Blum und Gertrud Kolmar, in: *„Not an essence but a positioning". German-Jewish Women Writers* (1900—1938). München: Meidenbauer 2009, S. 151 – 164.

Pareigis, Christina: „Buntscheckig Narrendeutsch": Sprachbegegnungen in Klara Blums früher Lyrik und Prosa, in: *Zeitschrift für interkulturelle Germanistik*. Berlin: De Gruyter 3 (2012), 2, S. 49 – 59.

Blum-Barth, Natalia: Klara Blum – Zhu Bailan (1904—1971): „I am a little Mandarin/ und komm direkt aus China. / In Wirklichkeit bin ich ein Jud/ Und aus der Bukowina", in: *Identités juives en Europe centrale*. Tours: Presses universitaires François-Rabelais 2014, S. 245 – 262.

Chelaru, Nora: Klara Blum als Feuilletonistin und Journalistin für die Ostjüdische Zeitung (1924—1929), in: *Zeitungsstadt Czernowitz*. Kaiserslautern [u. a.]: Parthenon-Verl. 2014, S. 165 – 174.

Chelaru, Nora: Das zionistische Judenbild der Klara Blum in den Periodika „Ostjüdische Zeitung" (Czernowitz) und „Der jüdische Arbeiter" (Wien), 1924—1933: Studie und Texte, in: *Kulturen an „Peripherien" Mitteleuropas*. Iași [u. a.]: Ed. Univ. Alexandru Ioan Cuza [u. a.] 2015, S. 307 – 332.

Yang, Zhidong: Klara Blum – Zhu Bailan, in: *Literatur und Kritik: Österreichische Monatsschrift*. (1994), H. 287/288, S. 103 – 108.

Yu, Yang: „Ich bin zuhaus in Ost und West in jeder Judengasse": zum politischen, zwischengeschlechtlichen und künstlerischen Selbstverständnis von Klara Blum (Zhu Bailan), in: *Literaturstraße*. Würzburg: K & N, Königshausen & Neumann 17 (2016), S. 195 – 205.

Richter, Sandra: Lieben für die Revolution: Klara Blum in Österreich, Russland und China, in: *Eine Weltgeschichte der deutschsprachigen Literatur*. München: Bertelsmann 2017, S. 368 – 376.

醒眼看旧梦

——从一则书评看朱白兰对中国传统文学的吸收

陈智威

一、朱白兰及其与中国文学的渊源

朱白兰，原名克拉拉·勃鲁姆（Klara Blum，1904—1971），是一位犹太裔德语女诗人、作家。她与中国的情结，始于1938年。其时正流亡于苏联的她，通过当时在莫斯科的中国女作家胡兰畦认识了中国共产党员朱穰丞。两位革命青年迅速擦出爱情的火花。但在短暂的三个月相处后，朱穰丞于1938年4月18日突然失踪。克拉拉曾四处寻找，却始终音信全无。直到二战结束后，克拉拉获得前往罗马尼亚的签证，于1945年10月离开苏联，历经两年的艰辛辗转之后，终于在1947年9月抵达上海，并自此留在中国，度过余生。朱白兰这充满传奇色彩的一生，也正值世界格局风云变幻之时，东西方文化的碰撞出现了前所未有的局面。中国对于朱白兰而言，无疑因为爱情的力量而具有足以改写其一生命运的重要意义。而作为一位作家，朱白兰对于中国文学的关注和接受，也自从她认识朱穰丞起就贯穿她的整个创作生涯。而作为一名坚定的共产主义者，她对中国文学的见解，也明显带有马列主义的烙印。尤其是她身为有着德语文化背景的共产主义者，对中国传统文化的理解，对于我国当下致力推动的传统文化复兴也许有一定的启示意义。

朱白兰是一位有着共产主义信仰的进步作家。她对中国文学的关注点，首先聚焦在与她同时期的革命作家和作品上。早在1948年，她已开始撰文向德国读者介绍中国的新文化运动，特别是进步作家的作品。在该年发表于德国巴登-巴登的文学艺术月刊《金门》（Das Goldene Tor）的《中国人和现实》一文中，她就宏观描绘了世纪之交的社会现实对中国文化传统的巨大冲击，及其在当时中国文坛的表现；强调了白话文、小说等在中国传统文学中不被重视的元素在文学革命中起到的主导力量。① 作为具体例子，她介绍了萧乾、胡适、茅盾、老舍、巴金、曹禺等中国新文化运动的健将和他们的作品，并不乏独到而深入的认识。譬如，她认为鲁迅和郭沫若在文学创作上存在互补性，将鲁迅比作擅于用显微镜进行分析的"心理学家"，将郭沫若比作善用望远镜进行观察的"世界主义者"。她甚至在萧乾这位"并非欧洲意义上的左派"，而只是友好的"自由主义"散文家的作品中，看到了中国文化和犹太文化中共通的幽默感，也就是一种"从（通常非常短见的）陌生人眼中看到自己并以幽默的善意同时嘲讽和曲解自己和他人的能力"②。萧乾曾在作品中描述欧洲人在观看轻歌剧时对与中国相关的情节的嘲讽，朱白兰借用这个意象来作为中国人对自己与所处的世界之间关系的认知的总结，即中国人在当时还不被世界所认识和理解，这也是一个中国人能够自知乃至不惮于自嘲的一个现实。③ 朱白兰虽从不以汉学家自居，但她也从来未曾停止过对这个陌生的国度及其文化进行全方位的理解。而她对中国和中国文化的理解，均与她本人的文化背景以及人生经历密不可分，且通常充满了强烈的感情色彩。

朱白兰对中国有着一种炽烈的热爱。如果说这种热爱的产生，是以朱穰丞在她生命中的出现为契机的话，那么，这种热爱的持续维系，乃至在她失去了朱穰丞的后半段生命里仍然有越来越炽烈的态势，以至于毅然选择了将中国作为自己生命的最终归宿，固然离不开她对恋人的痴情，更是由于中国本身对她产生了巨大的吸引力的缘故。这个拥有数千年悠久历史的国度，当时正在进行如火如荼的民族民主革命。这种极端的新旧力量之间的激烈碰撞和融合，在世界历史上可谓独一无二，也许这就是最让这位激情澎湃的欧洲女作家着迷的地方。

在1959年的一个广播节目里，朱白兰曾作了一个题为"守护的珍宝与绽开的蓓蕾——我与中国的传统文学和新文学的相遇"的报告。④ "珍宝"和"蓓蕾"这两个意象分别就是她对中国传统文学和新文学的比喻。一方面，朱白兰对中国传统文学，尤其是唐代文学所达到的高度赞赏有加。她举了《太

---

① Klara Blum: „Der Chinese und die Wirklichkeit", in: *Das goldene Tor*, 1948 Nr. 3, S. 24 – 27. Vgl. Zhidong Yang (hg.): *Klara Blum*. Wien · Köln · Weimar: Böhlau Verlag 2001, S. 465 – 468.
② „die Fähigkeit, sich selbst mit den (oft sehr kurzsichtigen) Augen des Fremden zu sehen und in einem Atem sich und den Verkenner mit witziger Gutmütigkeit zu verspotten." 同上。
③ Klara Blum: „Der Chinese und die Wirklichkeit", in: *Das goldene Tor*, 1948 Nr. 3, S. 24 – 27. Vgl. Zhidong Yang (hg.): *Klara Blum*. Wien · Köln · Weimar: Böhlau Verlag 2001, S. 465 – 468.
④ Ingrid Pietrzynski: „Die Menschen und die Verhältnisse bessern..." Literaturvermittlung in Literatursendungen des DDR-Rundfunks, in: Monika Estermann, Edgar Lersch (hg.): *Buch Buchhandel Rundfunk 1950—1960*. Wiesbaden 1999, S. 120 – 180.

平广记》中的《李娃传》作为例子,并将之与法国作家小仲马的名著《茶花女》进行对比,认为两者之间有相同之处。同时她又强调,这个"中国的茶花女"形象"有着抗争能力、积极的正义感、高等文化水平以及积极影响他人的能力",因而胜过消极被动的法国茶花女。而另一方面,朱白兰对五四运动以来的新文学也充满了期待,认为"现代的中国文学尚未到达全盛时期",而将之比作"一片森林,林间处处充满着蓓蕾,正在争相绽放"。[①]

在朱白兰的遗作里,有一篇题为《关于中国对文化遗产的吸收》的书评,[②] 充分体现了她站在马列主义文学研究的立场,从阶级斗争和民主革命的角度,对中国传统文学做出批判性解读的独到之处。

二、"书评"的来由

1.《黄河诸神——中国童话》的出版

1955年,位于民主德国图林根州小城鲁道尔施塔特(Rudolstadt)的格赖芬出版社(Greifenverlag)获得联邦德国的德得利出版社(Eugen Diederichs Verlag)授权,对汉学家卫礼贤于1914年出版的《中国民间童话》(*Chinesische Volksmärchen*)一书进行重版,并将之改名为《黄河诸神——中国童话》(*Die Geister des Gelben Flusses—Chinesische Märchen*),邀请朱白兰撰写"书评"作为跋,在东德出版发行。作为首批获得苏联出版许可的私有出版社,新出版的童话集无疑更具共产主义思想色彩。这在朱白兰撰写的"书评"里也得到了充分的体现。这篇体现该书新亮点的跋,后来也被收录进1956年作为年度出版总结的《格赖芬年鉴》(*Der Greifenalmanach*)中,足见其作为一篇文学评论文章的独立价值。

[①] Ingrid Pietrzynski: „Die Menschen und die Verhältnisse bessern..." Literaturvermittlung in Literatursendungen des DDR-Rundfunks, in: Monika Estermann, Edgar Lersch (hg.): *Buch Buchhandel Rundfunk 1950—1960*. Wiesbaden 1999, S. 120 – 180.

[②] Dshu Bai-Lan: „Über die Aneignung des kulturellen Erbes in China." 原稿由邱晓翠女士提供。下简称"书评"。

图 2-11 《黄河诸神》封面

Ⅱ. 卫礼贤与《中国民间童话》

卫礼贤（Richard Wilhelm，曾作"尉礼贤"，1873—1930）于1899年以耶稣会传教士的身份来华，在青岛从事传教工作，却随即对中国传统文化产生了浓厚的兴趣，并着手将孔子、老子、庄子、列子、孟子等的经典著作翻译成德语，在德语国家引起极大反响。因一战后青岛为日本所占，卫礼贤于1920年离开青岛回到德国。1922年年初，他被德国外交部任命为文化参赞再次来华，1923年受蔡元培的邀请，曾在北大德文系任教，直至1924年获得法兰克福大学汉学系教席，正式返德，并继续致力于中国传统文化在欧洲的传播。其于1914年出版的《中国民间童话》一书，自问世以来，在德国乃至整个欧美世界产生了强烈而深远的影响。1921年就有美国学者 Frederick H. Martens 将这部童话集从德语翻译成英语，命名为 *The Chinese Fairy Book*，在纽约出版。而最初发行的德得利出版社，本身也一直没有停止过对这本书的再版，至今仍以《中国童话》（*Chinesische Märchen*）为书名，与世界其他国家与民族的童话故事集一起作为系列图书销售。

这部故事合集的出版形式和体制，是基于德国学者 Friedrich von der Leyen（1873—1966）的"世界文学中的童话"（Die Märchen in der Weltliteratur）出版系列而定的。该系列丛书分别从各国民间传说中各选取 100 篇代表作结集出版，并由当时的著名版画师 Fritz Helmuth Ehmcke（1878—1965）作插图。由卫礼贤负责选译的《中国民间童话》于 1914 年被收入第二期出版计划"东方童话"丛书（Märchen des Orients）中发表，收集了 100 篇中国民间故事，配以 23 幅神仙、菩萨等木版画以及卫礼贤写的前言和注释。

卫礼贤在初版的《前言》中称，故事选择的标准是尽量让所有的表现形式（Ausprägungsweise）都能在书中有所体现。[①] 而他也深知，"童话"（Märchen）在中国传统文学里并非一个有严格定义的文学体裁，而是往往与神话、传说乃至中短篇小说相提并论的，它们之间没有明显的界限。在他眼里，这种"自然的世道"（natürlicher Weltlauf）却正是中国文化里值得欣赏的地方。[②] 而在故事内容上，他也明确认识到中西方文学传统的不同之处，认为中国文学以单独呈现的图景或场景取胜，只有与民间口耳相传的故事相对的"创作童话"（Kunstmärchen）里，才可见到脉络分明的情节处理。而后者在中国文学里也不乏佳作。

基于这样的认识，卫礼贤在为这本《中国民间童话》进行选材和翻译的过程中，一如既往地贯彻了他本人在尊重中西方文化差异的基础上，以地道的德语和西方读者能够把握的思维方式呈现中文文本的原则。宏观上体现在他对所译内容的逻辑分类、标题选取和删节处理上。根据德语读者对"童话"的理解，他选取了 10 个"儿童童话"、4 个"动物寓言"、30 个"神仙、异士及圣人传说"、17 个"自然和动物精灵故事"、21 个"鬼怪类童话"、10 个"历史传说"、7 个"创作童话"以及最后一个融合各种题材的"大作"（实为选译自《西游记》的片段《孙悟空》）进行整理和翻译。[③] 除了"创作童话"以外，绝大多数的故事都来源于民间的口耳相传。因此，卫礼贤除了语言的翻译工作外，其实还做了文本的整理工作。他需要将原本口头流传的故事，根据自己的理解，整合成一个个有逻辑和条理的文本，再根据欧洲读者的阅读习惯添加上标题。可以说，卫礼贤是用中国的民间传统文学元素和欧式的思维框架建

---

① „Die Wahl ist so getroffen, dass möglichst alle Ausprägungsweisen irgendwie vertreten sind." Richard Wilhelm: „Vorwort", in: Ders. *Chinesische Märchen*. Jena: Eugen Diederichs Verlag. 1914, S. 1.

② „Das Wunderbare gehört für China noch zum natürlichen Weltlauf, so daß hier sich keine scharfe Grenze ziehen läßt." Richard Wilhelm: „Vorwort", in: Ders. *Chinesische Märchen*. Jena: Eugen Diederichs Verlag. 1914, S. 1.

③ „Vorwort", in: Ders. *Chinesische Märchen*. Jena: Eugen Diederichs Verlag. 1914, S. 2.

构了一个跨文化的童话世界。

Ⅲ.《黄河诸神——中国童话》与《中国民间童话》比较

与 1914 年出版的《中国民间童话》相比,格赖芬出版社与 1955 年重版的《黄河诸神——中国童话》做出了以下各种改变,以新的亮点推向东德市场:

(1) 增添了新的书名《黄河诸神》;

(2) 新版的童话集将卫礼贤在《中国民间童话》中收录的 100 篇作品删减为 67 篇;

(3) 旧版原有的 23 幅木版画插图也被删减为 8 幅;

(4) 格赖芬出版社邀请朱白兰撰写"书评"作为《跋》(Nachwort),并删去了卫礼贤在初版的《前言》(Vorwort),仅保留了译者原有的注释(Anmerkungen)和选材出处说明(Benutzte literarische Quellen)。

从出版社负责人卡尔·迪茨(Karl Dietz)与朱白兰的通讯记录中,我们可以看到,朱白兰虽然不是《黄河诸神——中国童话》的主要编者或译者,但在这本书的整个出版流程中,她都作为重要的咨询顾问参与其中。她对于这本书的影响和贡献,绝不仅限于《跋》的作者,而是对整本书的形式和内容都产生了颇具决定性的影响。朱白兰 1958 年 8 月 8 日致信迪茨先生,就受邀参加格赖芬出版社周年纪念活动一事称,"我在格赖芬出版社为德中文化交流做了不少咨询和文字工作(这一点有必要时不时提醒作家协会,否则有些人会把邀请我当成是私人恩惠)";并且提到,出版社请她为有关计划生育的书籍写鉴定(Gutachten)。可见,朱白兰作为在中国生活和工作的诗人,其意见对于出版社来说是有重大参考价值的。

事实上,1955 年 2 月 6 日,时在南京的朱白兰收到卡尔·迪茨的来信,信中就附寄了卫礼贤的《中国民间童话》。根据朱白兰在 3 月 5 日给迪茨的回信,我们可以推断,迪茨在信中就童话集的重版咨询了朱白兰的意见。朱白兰在回信中说:"我完全同意您的想法,这个童话集在内容上可缩减三分之一。"① 这就在《黄河诸神》最终选取的 67 篇故事中体现出来。相比起初版的《中国民间童话》中的 100 个故事,被删减的内容多数为"神仙、异士及圣人传说"中的内容,如老子、八仙等的故事。

"插图方面,不如用反映中国民间生活的图片取代那些充满神话色彩的插画,因为童话本就来源于人民的生活。"她补充道,她将给出版社提供一些

---

① 见 Zhidong Yang (hg.): *Klara Blum*. Wien · Köln · Weimar: Böhlau Verlag 2001, S. 529。

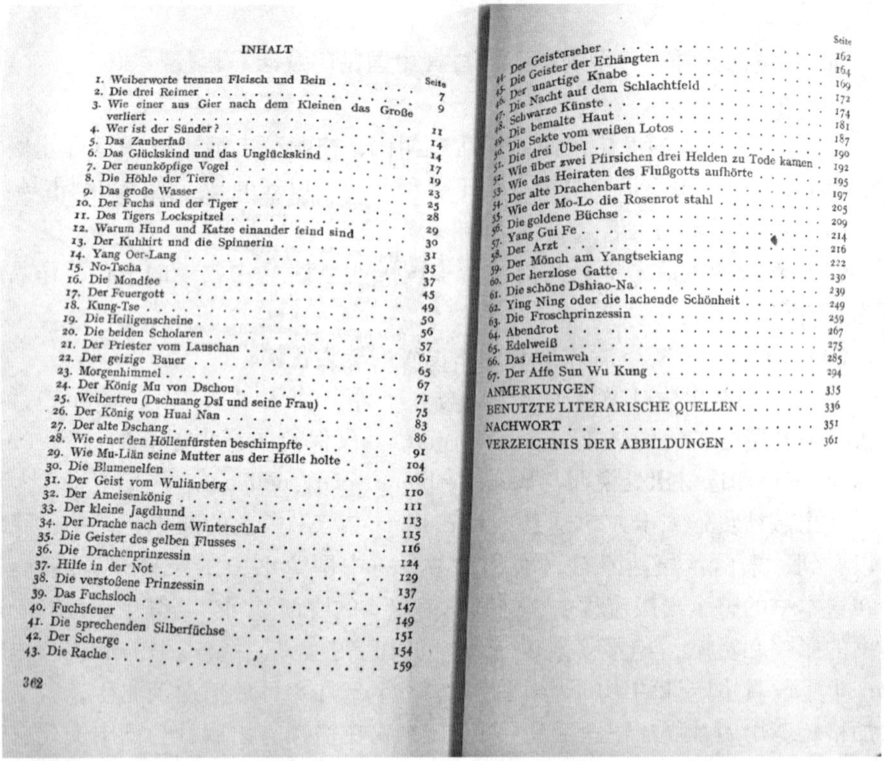

图 2-12 《黄河诸神》目录

"译本的缩减建议、后记以及几幅描绘中国民间生活的木刻版画和硬笔素描",以用于作为"童话集的插图"。[①] 但最终,在《黄河诸神》里的插图与《中国民间童话》相比,有删而无增,仅从后者的 23 幅插图里选取了 8 幅作为保留。删减规模甚至远大于内容上的改动。

这一系列删减和改动,都是格赖芬出版社的卡尔·迪茨和朱白兰商量后的共同决策。最终,他们在该书改版上的意见在总体上取得了一致,使《黄河诸神》以与《中国民间童话》完全不同的风格面貌于东德图书市场面世。而朱白兰那篇作为跋的"书评",就是最能体现新版《黄河诸神》价值取向的点睛之笔。

同时值得一提的是,《黄河诸神》这一新增的书名,来自卫礼贤《中国民间童话》原书中第 52 则故事的题目(删减改版后为第 35 则)。这个在民间口

---

① 见 Zhidong Yang (hg.): *Klara Blum*. Wien·Köln·Weimar: Böhlau Verlag 2001, S. 529。

耳相传的传说,讲的是黄河沿岸居民对河神的敬畏和奉祭。这一个故事,不仅在朱白兰的"书评"中只字未提,而且用"书评"中明确宣扬的马列主义文学批评观点来分析的话,《黄河诸神》这个民间传说,明显就是中国传统文学中的封建糟粕和落后迷信元素的代表,正是要被批判和剔除的对象。显然,格赖芬出版社最终决定以这个故事的标题作为全书的书名,主要的考虑是在突出与卫礼贤原版《中国民间童话》的不同之外,以"黄河"这个颇具东方色彩的地名为东德读者带来一些耳目一新的异域风情,但这并不见得是朱白兰所赞同的做法。

IV. 朱白兰的"书评"

朱白兰的"书评"明显站在马列主义文学研究的立场上,从阶级斗争和民主革命的角度,对书中的故事做出了极具批判性的解读。她在文章开篇就提纲挈领地引用毛泽东的指示:"清理古代文化的发展过程,剔除其封建性的糟粕,吸收其民主性的精华。"① 作者以"吸收"(Aneignung)一词来表明自己对待民族传统文化的态度,是和马列主义、毛泽东的主张一脉相承的。另外,朱白兰还引用了时任宣传部副部长的文学评论家周扬(1908—1989)关于神话传说区别于封建迷信的观点,将迷信故事和神话传说分为两类:"两者的区别可以在每一部作品对'命运'的处理上清楚地辨认出来。民间传说通常会塑造与命运作斗争的人物形象。而迷信故事则宣扬宿命论,教人放弃和屈服。"② 这是朱白兰对卫礼贤翻译的童话集进行解读的一条主线,并举出了相应的例子来印证,童话集中的故事的确可以分为两类:"奋进的(kämpferisch)和迷信的"。③ 然而,她也发现,在集子里的很多中国民间故事中,两者其实同时出现,往往不能按照阶级立场或周扬的命运塑造论进行划分。很多故事"将积极向上的想象元素和消极落后的迷信元素混为一体"④。此时,这些故事里蕴含的封建迷信元素就是要被批判的对象了。这也紧扣了"书评"要对传统文化的精华进行"吸收"的主题。

在朱白兰眼里,"卫礼贤几乎未曾深入探究过我们国家伟大的革命运动,但他对中国的全部文化,尤其是中国的民族文化,却有着一种真诚、专注且不

---

① 毛泽东:《新民主主义论》,见《毛泽东选集》第二卷,人民出版社1991年版,第707-708页。
② 引自朱白兰"书评"。
③ 引自朱白兰"书评"。
④ 引自朱白兰"书评"。

带丝毫种族歧视的景仰"①。因此,她认为卫礼贤在《前言》里对中国民间故事的解读,不过是一种"小市民化的理想主义曲解"(eine bürgerlich-idealisitsche Verdunkelung),因为"中华民族的最高理想从来都不是避世的'神性',而是正义的人性"。② 可见,卫礼贤和朱白兰两人,虽然都对中国有着真诚的热爱,也都从中国文化里获得裨益和滋养,但由于两人所处立场不同,自身在认识上的差异,以及作为翻译和作为作家两种身份的差别,对中国文化却有着截然不同的见解。在他们对具体传说故事的接受上,这种差异会更为直观。

三、重新审视"书评"中对中国传统文学作品的"吸收"

1. 牛郎与织女的传说

朱白兰将"书评"中相当一部分的篇幅用于解读"牛郎与织女"的传说,这显然是出于她对这个中国传统民间传说的感同身受。"牛郎与织女"的元素,可谓贯穿了朱白兰一生的创作。她多次以小说、诗歌等各种文学体裁对这个传说进行再创作,其中以1951年在格赖芬出版社出版的自传体小说《牛郎织女》最具代表性。③ 这也是朱白兰创作生涯中的第一部小说,其雏形在1939年发表于《国际文学》(Internationale Literatur) 的诗歌《沉默的告别》(Stummer Abschied) 中就已首次出现。该诗后又与其他相同题材的爱情诗作一并收录于诗集《我们决定一切》(Wir entscheiden alles),而其中收录的另一首以朱白兰的恋人朱穰丞为原型的诗歌《牛郎》(Nju-Lang),是朱白兰第一次在文学创作中对源于中国的"牛郎与织女"文学形象的运用。

> 狭长的来自东方的脸孔,
> 睨视中透出千年的亮光,
> 几千年历尽磨难的奴役,
> 历练出古老民族的儿子。

---

① 引自朱白兰"书评"。
② 引自朱白兰"书评"。
③ Klara Blum: Der Hirte und die Weberin, in: Zhidong Yang (hg.): *Klara Blum*. Wien · Köln · Weimar: Böhlau Verlag 2001, S. 30–223.

> 华北的洞察智慧，让一切井然不紊，
> 华南的自由意志，足以让钢铁销熔，
> 血液炽热如同南方，沉厚如同北方，
> 将你铸造成为一个红色的革命青年。
>
> 在午后的阳光里，我才得以，
> 在躁动的青春消逝后，与你相逢，
> 心灵与意志不再分离，
> 光照亮火，火照亮光。
>
> 因为每天有新的战斗将你召唤，
> 因为有一个女人敢于选你陪伴，
> 每当忧愁的折磨又将双眉紧锁，
> 我都与你相属相随，从生到死。①

创作这首诗歌的时候，朱白兰尚未来过中国，也尚未系统学习中文，却已经知道牛郎与织女的故事，这大概是源于朱穰丞的讲述。但从这首以"牛郎"的音译为题的诗篇中，我们可以看到朱白兰对这个中国传统民间故事的认识已经基本成型。她眼中的"牛郎"，是一个饱受奴役折磨，却意志坚强、向往自由的革命青年；而诗中在第三、四段里才间接出现的形象"织女"，则是一个有相同信仰的革命者，在恋爱中自主选择，虽然不得不与恋人分离，却矢志不渝。"织女"在这首诗中虽然不是主角，但朱白兰心目中的"织女"，也就是她暗喻的自己，在爱情中却绝非配角，而是从选择爱情到追随恋人，处处主动，体现着自主自由的意志。这是诗人作为女革命者对传统妇女角色的挑战。有意思的是，这位欧洲女性进步思想的践行者，却将这种反传统的革命性思想与来自遥远东方的古老传说如此紧密地结合起来。牛郎与织女的形象，竟成为她笔下呈现男女革命者（也就是她的恋人和她自己）的最佳意象。这可以说是 1938 年朱穰丞带来的爱情经历对这位女作家的巨大影响。这也直接奠定了朱白兰对中国传统文学和文化的认识基调——在她眼里，来自东方的数千年传统里，处处闪烁着革命的光芒。

而在这篇"书评"里，朱白兰对卫礼贤的批判，首先是后者所"选择的

---

① Klara Blum: „Nju-Lang", in: Zhidong Yang (hg.): *Klara Blum*. Wien · Köln · Weimar: Böhlau Verlag 2001, S. 316.

翻译底本有着父权统治的社会特征"①。原因是："故事里，小夫妻的分离是天帝决定的。而另外一些更为古老的版本，则含有明显的母系社会和原始共产主义元素。天帝的角色被天后所取代，也就是被神话化了的女氏族长或母系统治者。"② 然而，朱白兰并没有对这个传说故事的历史来源进行追溯，举证说明哪些"更为古老的版本"里具有她认为的"母系社会和原始共产主义元素"，却是用恩格斯在《家庭、私有制和国家的起源》里的社会发展理论及其所引用的在塞内加尔的易洛魁人部落里仍然存在的母系社会家庭组织架构作为佐证，指出牛郎被放逐天际，不得与织女朝夕相对，乃是"被神话化了的女氏族长或母系统治者"天后所为，而其原因则是"牛郎让她的神仙女儿不能专心劳作"。

事实上，正如朱白兰所言，"牛郎与织女"的传说，在中国有着非常悠久的历史。但如果我们对这个传说故事的历史渊源进行回顾的话，不难发现，朱白兰所认为的故事中存在"母系社会和原始共产主义元素"，更多的是一种一厢情愿的解读。"牛郎与织女"系列传说的三个最基本的要素，即银河、织女和牵牛，第一次以文字记录的方式出现，最早可以追溯到诞生于西周时期的《诗经·小雅·大东》："维天有汉，监亦有光。跂彼织女，终日七襄。虽则七襄，不成报章。睆彼牵牛，不以服箱。"虽然这首政治讽刺诗的主题与爱情故事无关，但因其中出现的织女和牛郎两个星座已与人事相关联，也可以被看作"牛郎与织女"故事产生的最初"胚胎"。③ 诗中的织女和牵牛两个星座，虽然也因为劳作不力而成为被讥讽的对象，却只是以互相平行的结构独立出现，彼此之间并无瓜葛。因而，显然没有朱白兰"书评"中所提及的因素，即因爱情而荒废劳作，又因荒废劳作而被分隔天边。而尽管这时还没有出现正式成型的"牛郎与织女"的爱情故事，但中国却已经进入分封建制的社会时期，生产组织形式已不再是"物资共同享有"④ 的原始共产主义社会模式；家庭与社会的组织架构，也早就告别了母系社会时期。而无论是母系社会还是原始共产主义元素，在尚未成型的"牛郎与织女"故事的胚胎中，其实难觅踪影。

在这个民间传说的成型、流传和演变过程中，朱白兰强调的拥有最终裁决

---

① Klara Blum: „Nju-Lang", in: Zhidong Yang (hg.): *Klara Blum*. Wien · Köln · Weimar: Böhlau Verlag 2001, S. 316.
② Klara Blum: „Nju-Lang", in: Zhidong Yang (hg.): *Klara Blum*. Wien · Köln · Weimar: Böhlau Verlag 2001, S. 316.
③ 陆婧：《"牛郎织女"神话的渊源及其流传》，载《阜阳师范学院学报（社会科学版）》2013年第1期，第121-126页。
④ 朱白兰"书评"中引述的恩格斯在《家庭、私有制和国家的起源》中的说法。

权的"天后"形象,其实也很少在文字材料中出现。在目前可考的一些对传说故事的演变和最终成型产生关键作用的文本中,将牛郎和织女两人分隔于河汉两端的人物,均以"天帝"的形象出现,如南朝梁代的梁宗懔《荆楚岁时记》:"尝见道书云:牵牛娶织女,取天帝二万钱下礼,久而不还,被驱在营室。"同样出现在南朝的殷芸《小说》(《月令广义·七月令》引)又云:"天河之东有织女,天帝之子也。年年机杼劳役,织成云锦天衣,容貌不暇整。帝怜其独处,许嫁河西牵牛郎,嫁后遂废织纴。天帝怒,责令归河东,但使一年一度相会。"① 中国文学史上现存的第一部完整叙述牛郎织女故事的文字作品,是明代万历年间,由朱名世执笔,福建书商余成章主持刊印的《新刻全像牛郎织女传》。这部中篇小说在"牛郎与织女"传说的流传过程中扮演了重要角色,有多个版本传世。其中,天帝和天后均有出现,但最终将牛郎和织女分别发配到银河两端的,却都是天帝下的命令。②

而另一方面,在朱白兰所评述的卫礼贤德语版本里,天帝的形象其实自始至终都并没有正面出现。在农家牧牛的牛郎能够偷得天帝第七女儿织女的衣裳,并以此成为她的丈夫,全都是他养的一头金黄色母牛一路指点相助的结果。在小夫妻相处七日后,织女对牛郎说,她受命于天帝,要返还天庭,以免遭责罚。牛郎在织女后面穷追不舍,快追上的时候,织女自己用发簪划出银河,自此两人分居天边。③ 这样的情节,显然更加接近这个故事在民间的口头传说形式。

由此可见,朱白兰在这篇"书评"里对卫礼贤的批判和她对"牛郎与织女"传说的解读,都与事实有出入。尽管如此,朱白兰在对这个传说故事进行主观性解读时所看重的一些要素,比如女性的主导地位、劳动的重要性等,却的确在这个故事的流传和演变过程中起到了重要作用。如东汉末年著名的《古诗十九首·迢迢牵牛星》里,牵牛和织女两个天上的星座,第一次被赋予了爱情的色彩:"迢迢牵牛星,皎皎河汉女。纤纤擢素手,札札弄机杼。终日不成章,泣涕零如雨。河汉清且浅,相去复几许?盈盈一水间,脉脉不得语。"这首以女性为视角,抒发对恋人的思念的诗篇,正好可以与朱白兰所看重的女性主导地位遥相呼应,只是还远远没有到能够确切体现远古的"母系社会元素"的地步而已。从第一次将牵牛和织女两个星座与人事相联系的

---

① 引自丁先南《唐代及之前"牛郎织女"演化的历史逻辑》,载《才智·人文高地》2016 年第 15 期,第 210 – 212 页。
② 周玉娴:《文人作品中的牛郎织女故事研究》,载《文学前沿》2008 年第 2 期,第 148 – 157 页。
③ Richard Wilhelm: „Der Kuhhirt und die Spinnerin", in: Ders. *Chinesische Märchen*. Jena: Eugen Diederichs Verlag. 1914, S. 31 – 34.

《诗经·小雅·大东》起,到南朝梁代殷芸的《小说》中的成型记载,再到这个传说的集大成者《新刻全像牛郎织女传》,牛郎和织女的劳动,始终是贯穿整个传说故事的重要线索。也正如朱白兰所指出的那样,因为沉醉于爱情而导致劳作的荒废,都是最终令这对小夫妻不得不被发配到东西两端的天际,为银河所隔而不得终日相对的直接原因。而在朱名世的《新刻全像牛郎织女传》里,因对织女动了凡心而被贬凡间投胎为牛金郎的男主角,甚至遭受到了嫂子的迫害。而这个迫害者最终在牛金郎重返天庭之际身亡,也正如朱白兰在"书评"中所说的"在民间传说里,剥削者受到了应有的惩罚"① 相符,也可以说是她着意在中国传统文学中找寻的革命性的一个体现。就连卫礼贤通过整理与翻译而还原出来的民间口头传说版本,也将独享最终裁决权的男性角色——天帝隐藏到背景线索中去。而织女被偷衣裳后,虽经金牛和柳树道明牛郎是她命中注定的另一半,但最终也是自己随着这位郎君落到凡间相处七日,并又在后来亲自划出银河来与之相隔,可谓也是在这段爱情里占尽了主导地位。相比之下,牛郎则先是听从金黄色母牛的话,并因其相助而上天庭偷衣,后又被自己的妻子划出银河而阻断追赶的脚步,实在是处处被动的角色了。这些要素,其实都是与朱白兰的进步观念相符合的。

Ⅱ. 唐代文学

事实上,这种进步的、革命性的思想,在中国传统文学里确是从不缺乏的题材。在卫礼贤翻译的故事集里,也有一系列中短篇小说引起了朱白兰的关注,如唐代李朝威的《柳毅传》、杜光庭的《虬髯客传》、裴铏的《昆仑奴》,以及出自明代《今古奇观》的《金玉奴棒打薄情郎》和出自清代蒲松龄《聊斋志异》的《娇娜》《晚霞》等。在朱白兰看来,这些故事"情节生动,扣人心弦,堪与薄伽丘的《十日谈》相媲美,而且在美学深度和细腻程度都有超越之处。中国的唐代也总体可与意大利的文艺复兴时期相比"②。这几则故事的共同之处,都是女性角色对爱情的主动追求。这一点,卫礼贤在其译著中并未提及,而朱白兰在"书评"里也没有直接指出。她甚至错把《娇娜》《晚霞》两个作品的年代也视为出自自己十分欣赏的唐朝,与《柳毅传》等作品一起谈论,认为主要由"城市中产阶级"组成的唐朝文人队伍"通过文学作品对抗腐朽的道德观念、专制的霸权以及封建势力对妇女的压迫","对将妻子视为摆设,而

---

① 引自朱白兰"书评"。
② 引自朱白兰"书评"。

将侍妾视为玩物的封建旧俗做出了批判"并"讴歌真正的爱情"。①

朱白兰对中国传统文学的这种解读,无论在我国传统的文学史观里还是在卫礼贤等对中国传统文化有深入研究的西方汉学家的视角里,都没有被明确提出。而在新中国成立以后的文学研究中,对传统文学里封建落后元素的批判,又远远胜过对其中反封建、反压迫思想的发掘。譬如朱白兰提到的几个文学作品,无论是唐代小说《柳毅传》《虬髯客传》《昆仑奴》,还是《聊斋志异》里的《娇娜》《晚霞》,在中国读者眼中所能看到的,也许更多是对传统的封建道义观念的宣扬。而这些作品其实也少有因为某种共性而被联系在一起。在卫礼贤的故事集里,《柳毅传》因为龙女和龙王的出现而被列入"自然和动物精灵故事";《虬髯客传》《昆仑奴》被归入"历史传说"系列;而《娇娜》和《晚霞》等蒲松龄的作品,则属于"创作童话"。朱白兰大概是基于自身经历,有感于故事里面女性角色自主选择爱情的进步性,从而发现了这一系列作品的共通处和闪光点,可谓颇具独创意义。有意思的是,《金玉奴棒打薄情郎》这部作品,朱白兰在"书评"中虽然也有提到,并指出这是卫礼贤的故事集里唯一出现的"不带童话元素的现实故事",但却并未展开讨论。大概是她自己也接受不了薄情负幸的男主人公莫稽抛弃了糟糠之妻,最终虽蒙棒打唾面之羞,却又竟被玉奴原谅和好而再次结为夫妇的结局。

除了朱白兰自身的经历以外,她对中国传统文学的创造性解读,当然也离不开卫礼贤翻译时对作品进行的加工处理。比如,后者将《柳毅传》的标题翻译为"被放逐的公主"(Die verstoßene Prinzessin),凸显了女性角色的主导地位,显然对朱白兰的解读产生了决定性的影响。而《昆仑奴》则被译成"磨勒盗红绡"(Wie der Molo die Rosenrot stahl),朱白兰将这个故事解读为"出身平凡的剑客帮助被压迫人民维护正义"②,竟然全然忘却昆仑奴所帮助的崔生"其父为显僚"的背景(而卫礼贤的翻译中其实并没有遗漏这个信息),进而认为这个"通俗易懂的故事""表达了这个民族几千年来通过自己的力量争取革命的梦想"③。这样的解读,虽然未必称得上贴切,甚至可以说与故事的内容相去甚远;但是,如果我们考虑到,这个故事讲的虽然是崔生与红绡之间的才子佳人爱情,但真正贯穿全部情节的主角却是磨勒,而故事又以磨勒的身份"昆仑奴"为题,其中也许正是透露着一种"易奴为主"的思想,与朱

---

① 引自朱白兰"书评"。
② 引自朱白兰"书评"。
③ 引自朱白兰"书评"。

白兰的观点遥相呼应。而在卫礼贤的译本中，故事的题目又被进一步具体化，更加将磨勒和红绡这两个人物突显为故事里真正的主人公。而且德译本题目中出现的动词"盗"，又与文中磨勒英勇果敢的性格相呼应，直接起到了人物形象塑造的作用。显然，卫礼贤这样的翻译处理，也为朱白兰将《昆仑奴》理解成一个革命性的故事起到了推波助澜的作用。

总的来说，中国文学中这些古老的作品，在经过卫礼贤的整理和翻译后，在朱白兰的评论里，都以焕然一新的姿态出现在另一个社会主义国家的读者面前。尽管朱白兰的解读极具主观性，但事实上，她所发掘出来的新元素，其实也存在于这些传统的文学作品当中。在漫长的帝制统治时期，这些作品或口耳相传，或散见于各种文人笔记小说之中，其价值难以完全展现出来。而由于这些作品多以不尽完整或版本不唯一的形式在民间辗转流传，也给后世的解读和传承留下了极大的开放性。但随着西学东渐，沉睡千年的中华民族被民主进步的思潮唤醒之际，又急于对自己的传统进行颠覆性的批判，难以察觉其中原来早已蕴藏着与西方的先进意识相应的理念。朱白兰以她独有的对中国的热忱感情，以及她觉醒的女性视角，为我们对传统文学的吸收开辟了崭新的路径。我们在对她的"书评"进行了批判性的审视，对她解读传统文学作品的独特视角有所了解，并对其产生的原因进行分析之后，完全可以沿着朱白兰解读的方向，在中国传统文学里发现新的内涵。正如她"书评"结尾所言："中华民族的梦没有白做。地球上没有一个民族的梦想会是徒劳的。"[1] 只要我们保持清醒的判别意识，那么，中华民族几千年来的沉厚积淀，将是一个取之不尽的活力之源。

附：关于中国对文化遗产的吸收[2]

朱白兰　撰　　陈智威　译

本文的写作契机为最近出版的童话故事集《黄河诸神》。该书在其自身的写作目的之外，还对我们如何对自己的文化遗产进行批判性继承提供了宝贵的启示。

南京，1955 年 3 月

---

[1] 引自朱白兰"书评"。
[2] 本文被收入 1955 年由格赖芬出版社出版的《黄河诸神》（*Der Geist des Gelben Flusses. Chinesische Märchen*. Rudolsadt: Greifenverlag 1955. 362 S. 8 Abb.）作为《跋》。原稿由邱晓翠女士提供。——译者注，下同。

1949年，中国民族革命取得胜利之后，不仅中国现代文学取得了长足的发展，而且古老的诗歌和叙事文学的研究和挖掘也重现生机。从文学研究者到街头卖唱的艺人，从说书人到老师，从演员到学生，都充满活力地诠释着毛泽东的指示："清理古代文化的发展过程，剔除其封建性的糟粕，吸收其民主性的精华。"① 传统诗歌和民间诗歌、长篇、中篇小说和童话故事都在近几年重新出版，并由代表性马列主义文学研究者周扬、郑振铎、张天翼等人重新探讨和解释。中国古代文化协会组织了广泛的群众讨论，为我们所有人带来了丰富而生动的启发。

因此，对于关心中国的德国朋友来说，现在正是最佳的时机，来回顾已故德国汉学家卫礼贤博士（Dr. Richard Wilhelm）的宝贵工作。作为被派往青岛的德国公使②，卫礼贤几乎未曾深入探究过我们国家伟大的革命运动，但他对中国的全部文化，尤其是中国的民族文化，却有着一种真诚、专注且不带丝毫种族歧视的景仰。他除了翻译诗歌和哲学作品之外，还翻译了一系列民间传说、轶事、神话、童话和中短篇虚构文学作品［他将之不大恰当地称为"创作童话"（Kunstmärchen）］。这些作品在今天的人民共和国里也不断地被再版、研究和诠释，并成为喜闻乐见的戏剧题材，因摆脱了封建思想的曲解而在舞台上焕发出崭新的活力。

在那些被卫礼贤片面地称为"儿童童话"（Kindermärchen）的轶事和虚构短篇故事里，往往蕴含着平民阶级猛烈而诚挚的社会批评。在《三个秀才》的故事里，一位普通农家的妻子以敏捷的才思对高傲的文人进行了尖锐的讽刺。《魔桶》则讲述了一个丧尽天良的吝啬鬼剥削自己的祖父而不以为耻的故事。背后的寓意是：劳碌不堪的老农民可能就是他的祖辈。在民间传说里，剥削者受到了应有的惩罚，而在两千年后，这也终于成为现实。在这些故事里，独断专横的官员、不知羞耻的小人总会洋相百出。

当然，不是每一个童话故事都有相同的社会意义。文化部副部长、顶级的文学研究者和批判家周扬先生就恰当地将迷信故事和神话传说分为两类。"两者都是想象力的产品，"他写道，"两者都反映了我们祖先的朴素的世界观。但它们的意义是不一样的。我们不应该把每一部表现超自然力量的作品都视为

---

① 毛泽东在1940年1月发表的《新民主主义论》。见《毛泽东选集》第二卷，人民出版社1991年版，第707 – 708页。
② 事实上，卫礼贤于1899年以耶稣会传教士的身份来华，在青岛从事传教工作，而并非德国公使（deutscher Gesandter）。因一战后青岛为日本所占，卫礼贤于1920年离开青岛回到德国。1922年初，他被德国外交部任命为文化参赞再次来华，但主要活动领域在北京，而非青岛。1923年受蔡元培的邀请曾在北大德文系任教，直至1924年获得法兰克福大学汉学系教席，正式返德。

迷信。很多民间传说都是歌颂生活的，里面充满着普通民众的自我意识。而迷信故事则都是反对生活的，是为统治阶级的利益服务的。两者的区别可以在每一部作品对'命运'的处理上清楚地辨认出来。民间传说通常会塑造与命运作斗争的人物形象。而迷信故事则宣扬宿命论，教人放弃和屈服。"

在卫礼贤的童话集里，我们可以看到这两种不同类型的虚构故事：奋进的（kämpferisch）和迷信的。在《洪水》这个故事里，一对母子坚强地面对一切困境，并始终没有忘却自己充满人性和爱心的使命。在《吝啬的农民》里，一个衣衫褴褛的行脚僧狠狠地捉弄了没良心的水果贩子。在《蚂蚁王》中，穷书生将大摆筵席的封建贵族们鄙视为蚂蚁。与之相反，《五莲山精灵》里的人们却是被上层权力操纵的玩偶。在这里，我们可以清楚地看到这个古老的文化里的封建遗留、被压迫者的心灵扭曲。这是统治阶级努力谋求的结果，但他们却并不是总能如愿。

也有一些童话，将积极向上的想象元素和消极落后的迷信元素混为一体。在《火神》里，人民大众一方面是上层权力的受害者，另一方面却又能通过自己的品德改写艰难的命运。《崂山道士》的主角法术精妙绝伦，而求知若渴的徒弟却被当成傻子。《胡迪骂阎王》和《目连救母》两则童话里都充满了触目惊心的魔幻场景，宣扬的是可耻的来世报应的教义，教人和世俗里的不公平现象妥协。然而，平民百姓奋勇抗争的精神却是作品的主旋律，他们的正气凛然，面对当权者时毫无惧色；儿子救母的忠义之心能和死神抗衡。这两则童话的德语题目都是卫礼贤拟的，而且都拟得恰如其分，理解确当。①

很多童话故事都强烈地体现了中华民族天才般的审美意识。这个历经磨难的民族竟然还能在最危难的困境里保留这么饱满而细腻的想象力！花仙子的故事温婉而芬芳，却又暗含讽刺。月亮仙子风姿绰约地飘然而至，她被不少中国人视为妇女解放的先驱。朝阳之神以色彩谱写乐章，里头寄托着愿望，想成为一个无所不能的人。海龙王的公主身上的神珠闪耀着异彩，犹如中华民族在痛苦的黑夜里闪闪发光的想象力神珠，正在不断地积攒能量，来为漫漫长夜和艰辛苦楚画上句号。

"牛郎与织女"的传说在中国历史悠久，且有多个版本。卫礼贤选择的翻译底本有着父权统治的社会特征。故事里，小夫妻的分离是天帝决定的。而另外一些更为古老的版本，则含有明显的母系社会和原始共产主义元素。天帝的

---

① 两则童话的德语题目分别为：„Wie einer den Höllenfürsten beschimpfte"（骂阎王的故事），„Wie Mu Liän seine Mutter aus der Hölle holte"（目连地狱救母的故事）。本文中的故事题目均为其原有中文题目，以便中文读者查阅。

角色被天后所取代，也就是被神话化了的女氏族长或母系统治者。根据原始共产主义的未成文法律规定，所有人都必须劳动，无论是神还是人，是男还是女，氏族长还是氏族成员。正因如此，小夫妻是自愿分离的，并各自劳作。恩格斯在《家庭、私有制和国家的起源》里指出，原始社会里的分工是按男女性别进行划分的，耕作、纺织等由女性从事，而打猎、畜牧等由男性从事。恩格斯通过在塞内加尔的易洛魁人部落生活过的传教士 Arthur Wright 的话来描述原始共产主义社会里的统一劳动义务：

> 他们的家庭组织，在他们还住旧式房子（也就是由多个家庭组成的共产主义家庭架构）的时候……总是由一个氏族来统治，女性从另外的氏族那里选取男性……家庭一般由女性来统治；物资共同享有；如果有不幸的丈夫或男性情人由于懒惰或无能而不能为共享的物资做出自己的那份贡献的话，就会受到惩罚。但无论他在家庭中有多少个孩子或多少私有财产，他都得时刻准备着被命令收拾行装，悄然离去。

天后对年轻俊美的牛郎的放逐也是如此。牛郎让她的神仙女儿不能专心劳作，因此一下子就被放逐到了银河彼岸。

除了历史悠久的神话和童话故事之外，书中还收集了一些富有童话色彩的中短篇小说，比如来自文明程度高度发达的唐代（618—907）的故事：李朝威的《柳毅传》、杜光庭的《虬髯客传》、裴铏的《昆仑奴》，还有《娇娜》《晚霞》① 等等。而不带童话元素的现实故事，卫礼贤却只收集了一个：《金玉奴棒打薄情郎》。有很多故事情节生动，扣人心弦，堪与薄伽丘的《十日谈》相媲美，而且在美学深度和细腻程度上都有超越之处。中国的唐代也总体可与意大利的文艺复兴时期相比。唐代影响力最大的皇帝李世民实施了一系列政治和经济改革：他限制对土地占有的垄断，并促进商业和手工业的发展。于是出现了城市中产阶级，并在文化和道德层面超越了传统的贵族阶层，文学和艺术都得到了空前的发展。② 唐代中国是世界上文明程度最高的国家。

李世民的中央集权统治的基础是限制大封建主的权力，防止其膨胀，并为僵化的官员体系注入新鲜血液。在那以前，只有大户人家的儿子才能成为国家

---

① 这两则故事实出自清代蒲松龄《聊斋志异》，被朱白兰误认为唐朝故事。——编者注。
② 前述童话集中收录的唐朝故事，均为唐晚期作品。唐朝市民文学的发展，是唐前、中期政治经济文化综合发展的结果。且"城市中产阶级"一说，在中国传统研究中并不多见。一般认为，唐中朝以后，随着坊市制被打破，市民阶层兴起。此处是来自外国的朱白兰对这一文化现象的理解，与中国的传统研究有出入。——编者注。

官员，而李世民推行人人皆可参与的科举制度。① 只要在考试中获得好成绩，就能获得高官厚禄。于是，当时的小地主和商人们的后裔也进入国家行政体系中。这些人组成的城市中产阶级完全地占据了唐朝时期的文坛。他们通过文学作品对抗腐朽的道德观念、专制的霸权以及封建势力对妇女的压迫。唐朝的作家对将妻子视为摆设，而将侍妾视为玩物的封建旧俗做出了批判。他们讴歌真正的爱情，比如《柳毅传》《晚霞》和《昆仑奴》等故事。他们将女性表现为有思想、有天赋的生灵，表现为诗人、知书达理的才女，又或是精通医术的救世者，如美丽的娇娜。

还有一些通俗易懂的故事，讲述出身平凡的剑客帮助被压迫人民维护正义（如《昆仑奴》等），也表达了这个民族几千年来通过自己的力量争取革命的梦想。但是卫礼贤童话故事集的导言只是一种小市民化的理想主义曲解。中华民族的最高理想从来都不是避世的"神性"，而是正义的人性。这个民族是勇敢的梦想者。他们梦想在天空里翱翔，梦想推翻阶级统治，梦想将人权还给妇女，梦想将贪婪背后的一切美好事物，如硕大的神珠、五彩的神药、玉砌的房屋和魔笛、彩虹般的舞蹈和星辰般的歌曲，都献给所有人。中华民族的梦没有白做。地球上没有一个民族的梦想会是徒劳的。

---

① 一般认为，隋朝打破了门第偏见，开创了选官唯贤的科举制。唐太宗将科举制发扬光大，使之成为定制。——编者注。

朱白兰致茅盾的一封信

黄伟灿①

一

2017年8月17日,"艺是·西泠"网上拍卖会上拍卖了朱白兰1960年6月13日致茅盾(沈雁冰)的一封信,拍卖号21004,拍卖价8000~12000元,成交价11000元,拍卖公司对拍品的说明如下:

朱白兰此信主要为促进中国作协与犹太作家、艺术家之间的交往。茅盾早年曾翻译犹太作家肖洛姆·阿莱汉姆(Scholem Aleichem,1859)的作品,故朱白兰在信中希望延续这种纽带。信中数次提及苏联作协著名作家与记者艾伦·维基利斯(Aron Vergelis,1918—1999)促进中国与犹太作家交流之愿望,对犹太音乐家进行介绍,并提及我国著名音乐理论家姚锦新(1911—1992)教授。茅盾在批语中指示作协、作协外委会回复维基利斯之信,并表示朱白兰之信他会亲自回复。信中亦多有红笔划出重点。存完整实寄信封一枚。

从拍品照片看,该信共四页,用英文书写,信件全文翻译如下:

致:文化部茅盾同志

亲爱的、尊敬的同志:

我从苏维埃作家联盟犹太分部的部长那里收到一封信件,在我看来,这封信对于国际文化交流是非常重要的。我咨询了中国作家协会广东分会,是否能够跟您直接联系,经得他们同意之后,附上前面提到的这封信的复印件发

---

① 中山大学德语专业1963级学生。

给您。

发展中国和犹太人民的文化联系,对于中国共产党领导下的无产阶级国际主义事业将会是一个很好的贡献,特别是现在,犹太人民在西德再次被反动分子迫害。

您1925年翻译肖洛姆·阿莱汉姆(Sholem Aleichem)作品的译作,您去年在北京纪念他的大会上作的发言,以及去年出版的陈珍广(Chen Chengkuang)同志翻译他的作品《从集市上来》(From the Fair)的译作——所有这些都是发展中国和犹太人民关系的充满希望的开端。另外,正如您看到的附上的维基利斯(Vergelis)同志的信件,犹太的苏维埃作者迫切希望能够扩大和加强这种联系。

为了解释维基利斯同志的邮件,我必须告诉您,去年年底,我给他寄了《从集市上来》(From the Fair)的中译本。他在信件的第一部分,提到了这部作品。在信件的第二部分,维基利斯同志,作为苏维埃作家联盟犹太分部的部长,给出了如何扩大中国和犹太人民文化联系的两点建议。

除了维基利斯同志的信件外,我想借这个机会冒昧向您,亲爱的、尊敬的同志,介绍一位优秀的犹太歌唱家和表演家。连同这封信,我还附上了一份关于她表演的印刷报道,特别是关于她和一位伟大的黑人歌唱家保尔·罗伯逊(Paul Robeson)的合作。这份印刷报道是我去年从民主德国带回来的。我希望中国的文化圈会对这份材料感兴趣。保罗·罗伯逊(Paul Robeson)和琳·嘉尔达蒂(Lin Jaldati)的优美的歌声,两个受压迫民族人民的歌声已经同时在布拉格被听到,如果它们也能在北京被听到,是一件多么美好的事情。

琳·嘉尔达蒂同志最近获得了民主德国政府颁布的荣誉。她和一位中国的作曲家,北京中央音乐学院的姚锦新同志有长期的联系。

请原谅我用英文写这封信。

非常爱您、尊敬您的

朱白兰

广东作家协会会员,中山大学教授

广州,60.6.13

这封信大约一千字,下面,我们将循几条互相交错的路径对这封信进行研究。

二

写信人：朱白兰。原名克拉拉·勃鲁姆（Klara Blum, 1904—1971），犹太裔德语诗人，作家，1904年11月27日出生于奥匈帝国与罗马尼亚两国边境上的小城切诺维茨（Czernowitz），该城当时属奥匈帝国的领土，曾属罗马尼亚，今属乌克兰。1933年7月，国际革命作家联盟以反法西斯为题举办有奖写作，克拉拉参赛获奖，应邀赴苏，1934年3月启程离开奥地利，6月抵达莫斯科，受盛情接待，有机会列席苏联第一次作家代表大会。当时，法西斯势力在德奥迅速扩张，罗马尼亚处在反动政府的统治下，克拉拉因到访苏联，被剥夺了罗马尼亚国籍，开始了在苏联的流亡生活。在此期间，她通过当时在莫斯科的中国女作家胡兰畦认识了朱穰丞。据克拉拉自述，她在1938年与"与中国共产党员朱穰丞结婚"，相处了4个月后，朱穰丞于1938年4月18日突然失踪。克拉拉曾四处寻找，跑到共产国际汉语组打听朱的去向，时任苏联作家协会德语组的书记奥尔加·哈尔帕（Olga Halpern）就已劝阻，说这么做会对她造成损失。实际上，苏联在斯大林的领导下，正在开展"大清洗"运动，1938年4月15日，朱穰丞被苏联内务人民委员会以莫须有的"间谍罪"逮捕，判处劳改营监禁8年，遣送西伯利亚，被迫害致死。克拉拉虽没有受到严厉的惩处，但由于她的"无组织无纪律"，被开除出刚加入不久的苏联作家协会。

反法西斯战争胜利后，克拉拉获得前往罗马尼亚的签证，于1945年10月离开苏联，辗转途经波兰、匈牙利、捷克斯洛伐克、罗马尼亚、德国、瑞士、卢森堡到达法国，最后，持无国籍护照，以"寻夫"和"写小说"为由，获得犹太援助委员会驻上海机构的担保取得中国政府的签证，于1947年8月初登上远航的轮船，经印度孟买，9月抵达上海。新中国成立初期，她为自己起了中文名"朱白兰"，在外侨登记申请书上登记，1951年，在夏衍的帮助下，被上海民政局认可为军烈属，并在上海俄文专科学校（现上海外国语大学的前身）找到工作，1952年在复旦大学任教，申请加入中国国籍，同年9月，调往南京大学，1954年6月获准加入中国国籍。1957年4月，朱白兰调往中山大学，任德语教授，1959年成为中国作家协会广东分会会员，1963年被批准为中国作家协会会员。

写信事由：朱白兰作为作协广东分会的会员，于1960年6月13日致信时任中国作家协会主席的茅盾（1896—1981），目的是促进国际文化交流，尤其是中犹文化交流。她随信寄上两份附件：第一份是艾伦·维基利斯来信的复印件，第二份是朱白兰1959年访问民主德国带回的一份关于著名犹太女歌唱家和表演家琳·嘉尔达蒂的报道。两份附件都跟犹太民族有关。

前者涉及苏联犹太裔意第绪语诗人艾伦·维基利斯（俄文 Ахарон Вергелис，英文 Aron Vergelis，德文 Aaron Wergelis，1918—1999），他出生于乌克兰卢帕尔（Liubar），童年受犹太文化启蒙教育，1932年迁居苏联的比罗比詹城，1935年开始文学创作，1940年毕业于列宁莫斯科师范学院文学系，同年出版第一部诗集，第二次世界大战期间参加苏联红军，曾在苏联电台意第绪语广播编辑部工作。二战结束后，1948年5月以色列宣布建国，维基利斯本人站在苏共立场，反对犹太复国运动，谴责以色列政府追随美国。在二战后1948—1953年斯大林反犹运动中，艾伦·维基利斯幸免于难，1955年加入苏联共产党，时任苏维埃作家联盟犹太分部的部长。他给朱白兰信件的内容，谈及犹太著名作家肖洛姆·阿莱汉姆自传体小说《从集市上来》（*From the Fair*）的中译本，并提出了如何扩大中国和犹太人民文化联系的两点建议。

后者涉及琳·嘉尔达蒂（Lin Jaldati，原名 Rebekka Brillesliper，1912—1988），她1912年出生于阿姆斯特丹犹太人居住区，1936年西班牙内战开始时加入共产党，1940年纳粹入侵荷兰后，参加荷兰的抵抗组织，1942年和家人转入地下，暗中举办家庭音乐会，演唱犹太歌曲，帮助受迫害犹太人，1944年被捕，曾被关押在奥斯威辛集中营，1945年获英军解救，1946年起到多个国家巡回举办演唱会，1952年在安娜·西格尔以及多位朋友的建议下，携家人移居民主德国，1960获民主德国艺术奖。朱白兰在给茅盾的信中希望这份报道能引起中国文化界的兴趣，能让琳·嘉尔达蒂和黑人歌唱家保罗·罗伯逊（Paul Robeson，1898—1976）来华演出。

从信封上看，朱白兰的信是寄去文化部的。茅盾1960年6月18日在信上用红笔写了三条批示：

一，连同附件两份，都送作协外委会。
二，请考虑如何答复此两个建议。
三，作协、外委会，核复Vergelis的来信，朱白兰处不必等复信，我也会简复。雁冰，六月十八日。

作协和外委会处理朱白兰信件的结果，以及茅盾如何回复朱白兰，我们目前尚不了解。

三

朱白兰写这封信，要追溯到犹太著名作家肖洛姆·阿莱汉姆及其在中国的被接受。

肖洛姆·阿莱汉姆（Sholem Aleichem, 1859—1916），原名肖洛姆·诺胡莫维奇·拉比诺维奇，出生于乌克兰的一个贫穷的犹太家庭，晚年入美国籍并定居于纽约，是坚持用犹太民族通俗口语——意第绪语写作的犹太作家和幽默大师，在犹太世界享有崇高声誉，被世人称作"犹太的马克·吐温"。

1959 年，肖洛姆·阿莱汉姆诞辰一百周年，他被世界和平理事会定为该年度纪念的世界文化名人，我国首都文化界举办了隆重的纪念会。茅盾主持大会，在致辞中高度评价肖洛姆，称他为"近代犹太文学中伟大的现实主义作家"，曹靖华介绍肖洛姆的生平和作品，北京人民艺术剧院演员朗诵小说《莫吐儿》片段。

朱白兰显然对我国纪念肖洛姆诞辰的活动十分关注，他提到茅盾在纪念会上的发言，而且提到茅盾译介肖洛姆小说。据姚以恩考证，茅盾是将肖洛姆小说介绍给中国读者的第一人，茅盾用笔名"P 生"在 1921 年 6 月 20 日《民国日报》副刊上介绍肖洛姆，他翻译的肖洛姆的小说《贝诺思亥尔思来的人》收入"小说月报丛刊"第五十四种《新犹太小说集》（1925）。朱白兰提到茅盾的翻译，应该就是这一本。朱白兰同时提到了肖洛姆小说《从集市上来》的中译本。关于这本小说中译本的出版，新华社在 1959 年 6 月 24 日报道首都文化界举行（肖洛姆一百周年诞辰）纪念会时曾经提及。2013 年 7 月 5 日，《南方都市报》以《阿莱汉姆中译者的话》为题发表了陈珍广的一篇文章，让我们知道了一段鲜为人知的往事。1959 年，中山大学外语系俄语教师陈珍广正值而立之年，他接到人民文学出版社资深编辑孙绳武约请，翻译肖洛姆自传体小说《从集市上来》，他在文中提及当时的情况：

> 当我被告知作者是一位犹太作家，翻了翻该书的内容，马上就接触到他那独特的语言风格。按常规的处理方法，如果意译出来，有时就会丧失原文的风格，而如果直译出来，有时又会使读者不知所云。然而，当我粗略地浏览了全书，却马上深深地被吸引，于是抱着试一试的心情初步接受下来。
>
> 这位犹太作家不但引用大量的宗教典故，还创造了所谓"卡斯里洛夫卡"

的特殊语言风格：经常的重复、口头禅、咒骂语，甚至故意用词不当。把他的这些词语准确而又生动地翻译出来，对于文化背景相距很远的中国译者来说，实在不易。但是这位伟大的人道主义者崇高的理想和这本幽默而深刻的作品本身诱人的魅力，让我不怕艰辛去克服一切困难。

当时我们学校德语专业有一位中国籍的犹太裔教授朱白兰女士（Klara Blum）。她也是一位诗人和作家，创作了不少作品。在她的流亡生涯中，1935年到过苏联，并加入苏联国籍，以笔杆作刀枪，积极参加反法西斯斗争。1947年她因同情中国革命，加入中国国籍，后辗转到中山大学任教，并成为中国作家协会会员。由于她有如此丰富的阅历和犹太文化背景知识，又通晓希伯来语言，包括意第绪语，给了我很大的帮助。

为了完成这一任务，我仔细研读了各种版本的《圣经》，此外，我从俄译本的注释，参照朱白兰教授的分析，总算大体上把所有的疑难解决了。

2013年，陈珍广教授年过八旬，深情地回忆起当年的情景，文章中对朱白兰的感激溢于言表。《从市集上来》的中译本出版后，朱白兰于1959年年底将书寄给了她在苏联的犹太朋友艾伦·维基利斯，早在流亡苏联期间，朱白兰与维基利斯有过交往，曾将他写的诗《这座新城》（Die neue Stadt）从意第绪语译成德文，发表在1939年第11期《国际文学》刊物上，不久，她收到维基利斯的来信，于是有了朱白兰给茅盾的信（图2-13）。

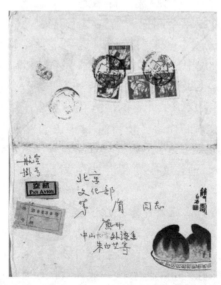

图2-13a　朱白兰寄茅盾的信（外封）

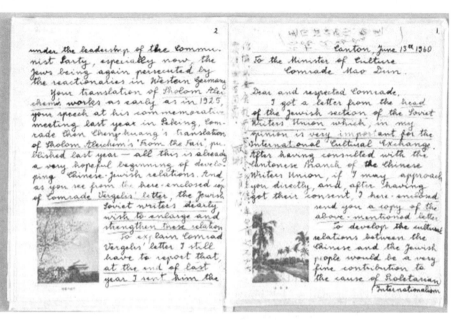

图 2-13b 朱白兰寄茅盾的信

家在何处
——浅析朱白兰诗中的"家园"概念
邓 然

一

Ich bin nicht heimatlos. Ich bin zuhaus
In Ost und West in jeder Judengasse.

——Klara Blum

我不是没有家乡,我的家
在东方和西方,在每一条犹太人的街道。

——朱白兰

犹太裔德语女诗人朱白兰(克拉拉·勃鲁姆,Klara Blum,1904—1971)于1944年在诗歌《出身》中写下的这句诗,源于自身的经历和感悟——这成为她终身"奇特命运"的写照。她生于罗马尼亚切诺维茨(Czernowitz),长于奥地利维也纳。背井离乡的她,曾滞留莫斯科经历二战前后的磨难,随后为了追寻爱人的下落辗转法国等地来到中国,在这里度过了后半生。

二

讨论朱白兰诗歌的"家园"概念，需要首先指出：对她而言，所谓的"无家可归"是个伪命题。这一点在她二十岁的早期诗歌《无处为家》（见本文附录）中得到印证，诗歌标题虽是《无处为家》（Heimatlos），但"我"的家无处不在：

> 我将四海为家，
> 无论生命的快车在何处停下，
> 我的家园是整个天下。

在本诗中，对于"无家可归"（heimatlos）的理解有以下几个方面：

"我"的家园概念不同于"其他人"。对于"其他人"（andere），家（Heim）的形象十分具体，意味着熟悉的承载"遥远的童年回忆"的物品，有大大小小的房间，有灯光、炉火；也有老旧的家具、书籍、画像等物品。功能上，在这里可以休息，可以安枕无忧：

> 外部的咆哮和威胁进不了室内，
> 因它冲到门前已经破碎。

"我"从小便居无定所，没有这些物品，也许原因是遭受的厄运，是主动离开我的"默默的幸福"，因而觉得这种被童年回忆、物品填满的"家的感觉"陌生：

> 我是脚步不停的漫游者，
> 不知疲倦令我振奋，变换环境对我有益，
> 唯有前进，前进，动力来自我全部的存在。
> 任何房屋和炉灶都不能将前进阻止。
> 狂野的生活洪流中
> 有我的位置，有我的归宿。

在动荡生活中立足,而非围守"房屋和炉灶"的幸福,是诗人所强调的。立足在一个"位置"(Platz)而非具体在堆满童年记忆的"家"(Heim),依靠的动力是"不知疲倦"地前进。"前进"的是"我"的地理坐标,即无"家"可归的"我"的"位置"不断更新;"前进"的也是"我"的思想,如诗中提到:

> 我从不窝家,任何地方都不陌生,
> 乡愁从不妨碍我的自由。
> 陌生人用可爱的眼光观望,
> 我感觉如老朋友一样熟悉。
> 哪儿给我欢乐、兴致和精神,
> 我都乐意在那里逗留片刻,
> 有人群的地方,我便不再孤单。

在陌生人的打量下产生熟悉感觉、片刻逗留所在是主观上给我"欢乐、兴致和精神"的"哪儿"(wo),一个流动立足点的形象于是呼之欲出,这可以视为一种朦胧的"家园"印象,定下了朱白兰构建"家园"概念的基调。因此,"我"没有和其他人一样的"家"(daheim),"乡愁"(Heimweh)无处寻,自然"乡愁"从不妨碍我的自由。

对应了该诗中的"变换环境"(Wechsel)和"前进"(vorwärts)字眼,《无家可归》一诗里的"我"四海为家,末尾主题句中"人群"(Menschen)和"列车"(Eilzug)两个意象在"我"的视野出现,这表明,于"我"而言,对家园的热爱不是对故土的固守。虽然传统意义上人的"家园"概念与人的流离失所对应,落脚在"故土""故乡"等地方,但在"我"的世界里,常新的渴望唱着吉卜赛曲,人群游荡着,列车来来往往,这表明"家园"概念不但没有固化,而且将会变化。这种变化贯穿晚些时候涉及家园主题的诗歌,《出身》《切诺维茨的犹太区》《民族之歌》《饥饿之歌》和《丰收的花环》等等,使"家园"概念呈现出动态特征。从早期诗歌《无处为家》,到《出身》中否定"我不是没有家乡",并肯定地说"我的家/在东方和西方,在每一条犹太人的街道",可以发现,朱白兰诗中的"家园"概念具有多重性和流动性两个特点。

多重性体现在"家园"概念具有多重含义。在朱白兰的《威尼斯十四行诗(两首)》《丰收的花环》《切诺维茨的犹太区》《出身》等几首重要诗作中,"犹太人的街道"以古老的"威尼斯"、民谣"多伊纳"、诗人自己的

"出生地"切诺维茨等意象被多次呈现和强调。另外，本文将首先透过对西方犹太人民的归属感——语言和记忆成为关键因素——来讨论朱诗中"每一条犹太人的街道"作为"家园"概念成立与否，例如分析《出身》中"我"离开出生地的具体含义。

在另一些诗中，如《饥饿之歌》《诗人与战争》，更多地强调了在"西方"世界二战前阴影笼罩和战火纷飞中犹太诗人的家园概念——在国际主义视角下，诗中多次出现的传统民谣"多伊纳"（Doina）、各色"花朵"等意象的表达体现了朱白兰对反法西斯抗争的高度赞扬和支持态度。因为作品中流露被迫流亡的犹太人所持有的"不在场"的态度，所以一个犹太精神家园即战场的姿态也可以被认为是朱白兰"家园"概念的一个方面，这在第三部分将会详细讨论。

值得注意的是，朱白兰笔下的"东方"，不仅指以色列国歌中所唱的"望着东方的锡安"，还可理解为《民族之歌》《我的倔强》等诗中的"远东"、饱含"东方的爱之光"的中国。中国"温柔的、英勇坚强"，以至于朱白兰在诗中新建了一个梦想与现实交织的中国"家园"概念。这是讨论朱白兰诗中"家园"概念时绕不开的话题。

"家园"概念的流动性，在《出身》一诗中体现在："我""浪迹天涯"，在别人眼中"无处停下匆忙的脚步"，"我"的心也随时代洪流而动。"我"所认同的家园随我而动，不是静止和不变的某地或某种事物。如果将犹太人的"故土"迦南地作为起点，在"东方"的中国，在"西方"的流亡中，"在每一条犹太人的街道"的交替出现就是"家园"的一种流动。而在《出身》这首自传体诗歌中，结合诗人的个人经历，中国而非传统意义上犹太人的"东方"以色列（锡安），是流亡中的诗人彼时最向往的所在；"西方"可以是创作时她所在的莫斯科，或诗中提到的"我的维也纳"、后来的巴黎等她生长、流亡过的地方，乃至（国际主义视野下）各地犹太人的反法西斯战场；"每一条犹太人的街道"的概念相对宽泛，从其他诗中可以找到例如出生地切诺维茨、世俗犹太生活中的语言和犹太记忆等载体。

抒情主人公在《出身》这首诗里，交代了"家园"的丰富成分："五个国家向我展现了他们的面目。/在他们的命运和种类中扎根，/我找到了自己，塑造了自我。"扎根"五个国家"命运中的表述，与朱白兰的亲身经历密切相关：她生于1904年，出生地切诺维茨是布科维纳地区的首府，当时归属于奥地利，1918年后属于罗马尼亚；一战时她随母亲搬去奥地利首都维也纳，在那里长大成人；流亡地苏联亦对她意义重大——1944年《出身》诗成时，流亡在莫斯科十年之久的朱白兰取得苏联国籍，"最伟大的祖国"的化身、彼时的切诺维茨被苏军解放，归属苏维埃乌克兰成为"自由飞翔的劳动翅膀之乡"；1947年后，出于个人情感和民族认同，中国成为她情感归属之乡。因此，在不断的流亡创作中，朱白兰构建了自己独特的"家园"概念。

三

对于人类而言，"家园"是个美好的概念。在德语中，"Heimat"这个词的地理含义为"一块具形一定大小的地产"①——不论在小村庄还是大都市，对乡野村民还是世界公民来说，这层意义是一样的。在法律上，"Heimat"被赋予更多的财产层面的意义，它可以是农民的庄园；而就国家法律而言，它还是一种能够被赋予或剥夺的权力。这些可以总结为家园的第一层含义：空间概念。

家园是人的安居之所，是童年，是记忆之所在：人们听到摇篮回荡声和乡音，并由此确信"家园以语言的形式存在"。德国诗人、文学家艾多特·保特纳（Eduard Beutner）曾这样描述道："人们在某处说着这种语言，就感觉到是在家一样，而这种感觉最强烈的时候，是在人们说着第一种学会的语言之时。原因在于说同一种统一的方言标志着一种归属感。语言带给人们安全感，成为独特又始终如一的家园空间。"② 在二战前后的流亡文学中，语言成为手段又与文学创作的家园紧密相连，帮助作家还原"旧家"构建"新家"：空间含义和以语言的形式存在的家园成为创作素材，新的家园在流亡中应运而"生"。语言和记忆共生的家是家园概念的第二层含义。

近年来，德语中的更多家园概念还体现在文化人类学、社会心理学等新兴学科的各种认知中。例如，德国民俗学和社会学家威廉·布黑卜（Wilhelm Brephol）认为，家园作为一个社会地点，是经验、语言、文化和空间的综合体；德国民俗家、文化人类学家伊娜-玛丽亚·格雷维尔斯（Ina-Maria Greverus）也说，家园是一个"令人类被保护需求、活动需求和被认同需求得

---

① Cf. Bausinger, Hamermann: Heimat und Identität, in: Moosmann, Elisabeth (hg.) *Heimat. Sehnsucht nach Identität.* Berlin 1980, S. 24. Zitiert nach: Ölke, Martina:„*Heimweh" und „Sehnsucht" in die Ferne. Entwürfe von „Heimat" und „Fremde" in der westfälischen und orientalischen Lyrik und Prosa Annette von Droste-Hülshoffs.* St. Ingbert 2002, S. 13.

② Beutner, Eduard, Karlheinz Rossbacher (hg.): *Ferne Heimat nahe Fremde bei Dichtern und Nachdenkern.* Würzburg 2008, S. 16f.

到满足的空间"。① 民俗学家赫尔曼·鲍兴格（Hermann Bausinger）甚至指向"主观的意识"（ein subjektives Bewußtsein），界定家园为社会心理学范畴中的"身份的本质"（das Wesen der Identität）②："今天的家园是与其他人彼此融合和相互重塑，是人们自身一起创造的、赋予人们关系稳定性小世界，是具化的、人类构建的环境。"在第三层家园概念中，不论是"社会综合体"、多种"需求满足"还是"认同和构建"，人的作用和主观意识发挥了关键作用。

根据上述理论，"家园"概念有不同的层面，核心是人的归属感、安全感。

下面，我们首先考察一下朱白兰的民族归属感。

朱白兰称，我的家"在每一条犹太人的街道"。从《出身》《切诺维茨的犹太区》《威尼斯十四行诗（两首）》等诗中，我们发现，朱白兰对犹太民族的归属感，体现在"出生地、记忆和语言"这三个方面。

在《出身》这首诗中，"出生地"由声音（语言）元素引入，可谓"先声夺人"：

> 我出生的地方山毛榉发出沙沙的响声，
> 苦难的祖先忧郁地唱起多伊纳的旋律。
> 斯拉夫人的语音执拗地夹杂着
> 罗马语族人对美的渴望和欢乐的声音，③
> …………

山毛榉是欧洲大陆最常见的树种，山毛榉的"沙沙声"、祖先"多伊纳的旋律"与多民族的人声交织，是"出生地"的第一印象。为什么是这样的"出生地"？这就要回到起点，从诗人的出生地切诺维茨说起。切诺维茨所在的布科维纳地区地处中欧，具有六百多年历史，此地宜居，从曾享有"普鲁特河边的耶路撒冷""小维也纳""东方小瑞士""第二个迦南""犹太人在奥地利

---

① Reinholz, Halrun: Über den Begriff Heimat in der Volkskunde, in: Röder, Annermarie u. a. (Redaktion): *Die Deutschen und ihre Nachbarn im Osten. Geschichte und Gegenwart.* Heft 4 Stuttgart 1995, S. 10f.
② Bausinger, Hermann: Heimat in einer offenen Gesellschaft. Begriffsgeschichte als Problemgeschichte, in: Kelter, Jochen (hg.): *Die Ohnmacht der Gefühle. Heimat zwischen Wunsch und Wirklichkeit.* Weingarten 1986, S. 109. Zitiert nach: Röder, Annermarie u. a. (Redaktion): *Die Deutschen und ihre Nachbarn im Osten. Geschichte und Gegenwart.* Heft 4 Stuttgart 1995. S. 16.
③ 朱白兰：《出身》，见林笳编著《中国籍犹太裔女诗人朱白兰（Klara Blum）生平与作品选》（下简称《生平与作品选》），中山大学出版社2016年版，第130页。

的黄金国度（Eldorado）"等诸多别称中可见一斑。作为少数民族聚集区，这里定居的犹太、日耳曼、斯拉夫等民族在二战前其乐融融。此地历来注重教育，居民整体素质高，被誉为"知识之乡和书之乡"，是中欧地区既保留犹太习俗又接受德语文化传统的犹太人重要聚集地。

长久以来，出生地保留了诸多犹太传统文化习俗。在《萨达古拉①的神奇拉比》一诗中，她以诙谐幽默的笔触，描绘了一位传说中有神奇法力的犹太教拉比的失意："拉比一肚子歌谣和笑话，/民间对此津津乐道。"鞋匠则通过自主阅读得到进步启蒙：

    鞋匠蹲在矮凳上阅读。
    拉比闭上双眼，他知道，
    鞋匠的玩笑锋利无比。
    ....
    他在审查和运用思想的宝藏。
    他明白了，懂得越来越多。
    ....
    告诉你吧，拉比，那不是《塔木德》。②

诗人祛除了宗教对人民的影响，体现了民智的胜利。又如在《丰收的花环》，描述了乡间犹太丰收节"五旬节"的习俗：

    可是你，卡嘉，我想与你重逢
    在美丽的、令我痛苦的山毛榉之乡。
    ....
    我们在公园的绿坪上跳舞，
    而你，身边围绕着自由的农民，
    将为自己带上丰收的花环。③

又如在《民族之歌》中，通过与中华儿女的对比，她眼中犹太人的本性得到呈现：古老沉重，自嘲幽默，不屈不挠，"为了建设更美的世界/必须首

---

① 地名，是位于切诺维茨的一个城区。
② 朱白兰：《萨达古拉的神奇拉比》，见《生平与作品选》，第76页。
③ 朱白兰：《丰收的花环》，见《生平与作品选》，第77页。

先有所摧毁"。

我们可以看到,诗中的种种写实,再现了"犹太人的街道",具体到"出生地"的犹太日常生活,被朱白兰演绎得富有革命进步色彩,拉比的"歌谣和笑话""令我痛苦的山毛榉之乡",首先"摧毁"旧的(世界)等表述,也为家园概念从"犹太人的街道"的游离做了铺垫。

另外,犹太祖先在如此宜居之地为何"苦难"而"忧郁"?原来,切诺维茨的犹太人在长期民族融合和二战氛围影响下,逐渐两层分化:

第一类犹太人在"隔都"(Ghetto)的犹太人的街道:(Judengasse)里生活,说德语和意第绪语,遵从犹太习俗和犹太教教义生活,多为贫苦人民,朱白兰将自己划归其中,也称自己属于"东犹太人"。关于"东犹太人"的身份认同,她曾宣称,"我们东犹太人动不动就受歧视和谴责。我们的头上永远悬挂着看不见的鞭子。时刻警惕反复降临的大屠杀使我们保持灵活和无所畏惧"①。

第二类犹太人属于贵族地主阶级,他们从隔都搬出并被以基督教文化为主流的社会同化②,脱离犹太教,皈依基督教。第二类犹太人和在维也纳更彻底被同化的"维也纳犹太人"一起,被朱白兰与第一类贫苦犹太人加以区分,不是她民族归属感的所在。在19世纪上半叶,这两类犹太人对立的强化和二战时法西斯压迫的不断加剧,客观上成为促使朱白兰本人脱离"出生地"的首要原因。

在这个层面上,家园概念另一个重要的线索是作为语言载体的犹太歌声。朱白兰视歌曲为犹太"族群"幸存于所经受的苦难和血泪史之后的瑰宝。这里的犹太歌声压抑却并无残酷和讥讽,"包含着摇晃和延伸,荡漾着对自由的热烈渴望",《威尼斯十四行诗(两首)》中唱着歌的犹太小宝宝代表古老民族"向未来致意",歌声不绝则希望不灭,哪怕是悲鸣,也要发出属于犹太民族自己的声音。在《出身》里,犹太祖先口中的"多伊纳"(Doina)是罗马尼亚传统民歌旋律,这种歌曲的主题是歌颂民族和犹太家园。同样在《饥饿之歌》中,这支民"歌"也是多伊纳,唱歌的人是罗马尼亚乡间妇女:

---

① 转引自:Yang, Zhidong: Klara Blum – Zhu Bailan (1904—1971) Leben und Werk einer österreichisch-chinesischen Schriftstellerin. Frankfurt a. M. 1996, S. 77.

② 少数被斯拉夫和罗马语族同化。

> 她们编造童话和传说,
> 哼唱多伊纳悠扬的歌声
> 各种各样民歌的旋律
> 在田边茁壮地生长开花。①

哼唱多伊纳歌声,标志着对意第绪语言的忠诚和家园认同中的犹太归属感。

在家园概念的记忆层面,犹太史上最早的"隔都"位于犹太记忆重城威尼斯(1516年)。受1492年西班牙排犹运动影响,很多犹太人被迫逃到意大利尤其是威尼斯。这里富有的犹太阶级和基督徒对犹太平民镇压排挤,但由于经济原因,政府让这些犹太人留下,但把他们与基督徒居住区隔离开来,只允许他们在一个叫作"Gheto Nuovo"的地方居住。随着不断迁徙,16 世纪后犹太人遍布欧洲各地,犹太人区逐渐演化并统称为"隔都"(Ghetto)②。最早一批"隔都"破败凋敝的情状可参见朱白兰的《威尼斯十四行诗(两首)》,"如海市蜃楼""混乱丑陋的小街窄巷""阴沉沉的城门""腐朽的房屋散发出地牢的霉味,空气中充斥着封闭的气息"等意象交织……这种记忆甚至延续到了诗作《切诺维茨的犹太区》中:

> 一百年前围墙已经坍塌,
> 但他们仍留在发霉的窝里。
> 贫困抓住他们的头发,使他们
> 无法离开狭小古老的住地。③

"围墙"的意象让人联想到文化记忆范畴中德语"eherne Mauer"的概念。据德国埃及学家扬·阿斯曼研究,以色列的宗教可被视为一道坚实的屏障("铜墙铁壁"),也作为文化的一部分被用来抵御外侵。④ 有宗教的地方就有生存意义,二者并驾齐驱。而犹太宗教形成后实际上经历了千百年,这里说所说的"以色列的宗教"即犹太教,这期间不论从文化角度还是政权建立,围墙在防范他者的渗透中都发挥了极大的作用。但在朱白兰诗中切诺维茨犹太区的

---

① 朱白兰:《饥饿之歌》,见《生平与作品选》,第112页。
② 参见艾仁贵《犹太"隔都"起源考》,载《史林》,2011年第5期,第158–164页。
③ 朱白兰:《切诺维茨的犹太区》,见《生平与作品选》,第87页。
④ 参见[德]扬·阿斯曼:《文化记忆:早期高级文化中的文字、回忆和政治身份》,金寿福、黄晓晨译,北京大学出版社2018年版,第212–213页。

滤镜下,隔离围墙坍塌已久,对应宗教发挥的作用已经微乎其微,这从前诗《萨达古拉的神奇拉比》可以看到,也象征着犹太宗教在第一类贫苦犹太人民中的不得人心和式微。

"出生地"内被"贫困"抓住了头发的犹太人民,从古到今生活一贯艰辛。在后面诗文中,造成他们生活的这种贫困很大程度上来源于地主阶级犹太人所属阶级的奴役和压迫:"这些犹太人"与封建主成为一伙,贪图享乐忘却民族仇恨,甚至把婚姻当买卖从中牟利,不顾民众死活。对这种阶级对立,作为地主的女儿、父母不幸婚姻见证人的女诗人,保持了爱憎分明的鲜明态度:在《切诺维茨的犹太区》诗中,她的抒情主人公"我"与第一类贫苦同胞站在一起,与另一类地主阶级划清界限,比如逃婚:

> 为我预定的丈夫坐在我面前,
> 在那里,蓝衣军官从阴深的眼里
> 呆呆地投放出凝滞的目光。
> …………
> 他不能忍受犹太人,
> 却乐于弄走他们的女人。
> …………
> 住在花园大街的女人们,
> 过着空虚、受束缚的生活……
> 我一鼓作气不停地奔跑,
> 奔进黑夜寻找我的答案。①

在阿斯曼的叙述中,克劳斯·米勒描述过一种社会认同的"自然形式",一个集体中的人当面进行交往并定居在某地生活,那么这个集体就属于"定居集体",所在地的"婚姻俗制"决定了这些人的"社会归属性"。② 而第二类犹太人素来有和反犹势力勾结通过婚姻关系谋取利益的传统,诗中的逃婚显然是"女儿"与第二类犹太人的"父亲"的对立抗争;这里的"我"冲破婚俗桎梏,恰又是否定集体认同的方式,由反抗父权压迫又离开这个集体的抗婚,脱离"犹太人的街道"的下一步决定便跃然纸上了。

---

① 朱白兰:《切诺维茨的犹太区》,见《生平与作品选》,第 88 – 89 页。
② 参见扬·阿斯曼:《文化记忆:早期高级文化中的文字、回忆和政治身份》,金寿福、黄晓晨译,北京大学出版社 2018 年版,第 150 页。

又如，她在忆童年诗《丰收的花环》中写道："我，地主的孩子，要将丰收的花环/戴在你，农民的穷孩子的头上。"这里否定了"地主的孩子"出身，带着这种对贫苦犹太人的同情与肯定，"每一条犹太人的街道"也成为诗中反抗第二类人阶级压迫的力量源泉。在《切诺维茨的犹太区》中，抒情主人公说：

> 古老的犹太人街道啊，我是你的孩子，
> 我要从我的人民的全部经验中学习。
> 思考时我强大，仇恨时我更坚强，
> 我要将任何弱点都锻造成利剑。
>
> 你教导我，去挣脱离开这里，
> 忍受艰辛和饥饿、疾病和痛苦，
> 并将一切问题全部征服，
> 凭借的只是我野性的正直。①

在德语区，这些属于犹太人的聚集区则被称作"犹太人的街道"（Judengasse）或更大规模的"犹太城"（Judenstadt），和"隔都"一并成为朱白兰诗中家园的载体（Heimatträger）。值得一提的是，朱白兰在创作《出身》时选择了"犹太人的街道"一词，并不是"隔都"。或许可以这样认为：与较古老的威尼斯犹太隔都相比较，在诗里20世纪初切诺维茨，多伊纳绕梁的"每一条犹太人的街道"的"家园"概念显得更为积极，过多的负面形象被有意规避了。

另外，在《出身》《切诺维茨的犹太区》《威尼斯十四行诗（两首）》等诗中始终以"孩子""女儿"形象出现的抒情主人公"我"是一种对家园探索式的呈现。事实上，诗人自儿时只用双眼观察，双耳聆听，双手记录，故土带给她执着的反抗信念已渗入血脉。1913年，她本人跟随母亲和封建地主父亲决裂，离开了出生地切诺维茨，奔赴奥地利首都维也纳寻找新的家园。从此，作品中的家园概念也从"每一条犹太人的街道"进入"在西方"的状态了。

---

① 朱白兰：《切诺维茨的犹太区》，见《生平与作品选》，第90页。

四

在《饥饿之歌》《诗人与战争》等诗中，诗人的家园概念扩展到更为广阔的精神层面，常以"战场"的意象群被描述，国际主义视角下反法西斯战场的精神家园成为焦点。女诗人流亡写作生涯始于1933年，伴随着流亡，她的人生发生巨大转变，她的创作出现一个特点，即与主题始终保持着空间距离，这也促使了她因为"不在场"的越发明晰的审视：对犹太人家园概念在诗中构建的进一步表达。

这一点从她的写作中得到充分体现：作品的内涵逐渐从单纯的反父权、反封建、反排犹，延伸到反法西斯战争。现存诗歌《诗人与战争》有三个稿本，第一稿本发表在《国际文学》杂志（1941年）中，其中提到"印度""远东的人民""黑人""欧洲知情的无产者"，第二稿收入诗集《战场与地球》（1944年），从"我的维也纳喷发愤怒、仇恨和讥讽"，延伸到"自由人民的美丽家园"，① 这里自由人民：

> 投射出明亮和蔑视的目光，
> 举起千万双强大正直的手臂，
> 将钢铁和谎言的构建物击碎，
> 我的韵脚将建起桥梁。②

再到我国1954年袁水拍译介的第三个稿本《诗人与战争》③，"自由人民把全世界的死亡和欺骗一起扫除"，国际主义视角一稿比一稿清晰，不仅仅是犹太人，全世界都在与法西斯抗争，这种现象也受到了诗人一视同仁的关注。在该诗第二稿中，"美丽家园"战场上的自由人民与其他战火纷飞的布拉格、北海之滨（第三稿明确为"北欧"）、布加勒斯特、斯堪的纳维亚、波兰等人民并列，而她所描述的种种胜利，在创作时还没有完全实现，这意味着"美丽家

---

① 参阅 Zhidong Yang（hg.）: *Klara Blum, Kommentierte Auswahledition*, Böhlau Verlag, Wien · Köln · Weimar 2001, S. 567 – 568. 注释34。
② 朱白兰：《诗人与战争》（版本二），见《生平与作品选》，第102页。
③ 见袁水拍诗集《五十朵蕃红花》，平民出版社1954年版，第134－136页。袁水拍依据哪个语种的版本，诗集中没有注明，笔者无法查找原文，在此只能根据袁水拍的汉译试做分析。

园"只是诗人美好的理想,但她对未来充满乐观。正如三个稿本中最后一节诗疾声呼吁的,决不忍辱,奋起反抗:

> 我不能歌唱忍辱不作抵抗!
> 当人民终于奋力扔掉
> 最大的耻辱:忍耐——
> 我将唱响我的战歌。

彼时战火蔓延,也是民歌多伊纳曲调带着"忧郁"的另一个重要原因。在1941年二战期间的诗《饥饿之歌》(Hungerdoina)里,多伊纳再次被唱起,与《诗人与战争》中为希特勒奏哀歌的"魔幻旋律"相比,《饥饿之歌》既是对灾难的控诉,更是作为战歌,激励犹太农民挥舞镰刀起来反抗希特勒的入侵;一对农民夫妇,纵使被"希特勒匪徒"折磨,也要高唱多伊纳,奋起反抗:

> 他唱着饥饿之歌,
> 威武地挥动着镰刀。
> 我唱着饥饿之歌,
> 威武地挥动着镰刀!①

始于1934年的莫斯科漫长流亡生涯期间,朱白兰成为一名女战士,在用笔杆开辟的新战场上所向披靡,为莫斯科反战报刊如《工人报》(*Die Arbeiter Zeitung*)和《国际报》(*Internationale Zeitung*)撰写诗歌和稿件,达到了诗歌的高产期,还创作、翻译了一大批作品。其中译作《来自希特勒德国占领下的犹太区》题下的《罗姆印刷厂的铅版》一诗,则是对犹太民族反法西斯抗争予以支持的另一例证。

> 犹太区中隐藏着发亮的武器,
> 犹太人的双手紧握着钢枪。
> 我的人民,你在桎梏下奋起抵抗,
> 深思熟虑的词语化作阵阵呼啸。

---

① 朱白兰:《饥饿之歌》,见《生平与作品选》,第113页。

> 你在捍卫玛加比①的不朽荣誉,
> 你在为生存而战——瞄准目标,弹无虚发!②

诗中,"我的人民"带着钢枪和语言武器(诗作)为生存而战,在正面战场和文字前线都英勇无畏。

若朱白兰以《无以为家》《切诺维茨的犹太区》为代表的一批诗歌更多关注东犹太人民族内部的矛盾和抗争,那么,在《饥饿之歌》《诗人与战争》等诗中,女诗人则看到了本民族外部的世界,选择了国际主义,一如既往地站在全世界被压迫人民一边。尤其是在维也纳,她从少女长大成人,一度接受高等教育,在大学选修文学和心理学课程。彼时的维也纳受到希特勒排犹政策的阴影笼罩,在这里离开了原生犹太文化背景,她遇到了反抗的"年轻的无产阶级",又先后被女权主义、犹太复国主义等思潮洗礼而视野变得更加开阔,还写文介绍反法西斯浪潮中女工运动和一些其他犹太人抗争的情况。而在莫斯科流亡时,一场与中国左翼剧作家朱穰丞短暂又影响悠长的恋情,决定了她的目光又从西方投向了东方。

五

"我的心在东方,而我的躯体却在西方的尽头"(My heart is in the East, and I in the uttermost West)③,12世纪西班牙犹太诗人和哲学家犹大·哈列维(Judah Halevi,也写为 Yehuda Halevi)如此写道。从这种表述中可以知道,诗人有身体和精神两个家园。他属于那些虽然身在西班牙("西方的尽头"),但心仍留在"应许之地"锡安山("东方")的犹太人。这种观念代表了传统的流散犹太人的家园概念。自古犹太人便有着自身历史悠长又独特的空间概念。公元前586年,犹太人作为囚徒经历了一次从迦南到巴比伦的大迁移,公元70年又经历了第二圣殿的被毁,Bar Kochba 的起义(公元135年)遭到镇压,至此犹太人不再拥有以色列国,陷入近2000年的漫长流散。尽管以色列历史

---

① 犹大·玛加比,史称"铁锤"犹大,公元前2世纪领导犹太人民反抗塞琉古帝国统治的起义,被尊为犹太人的民族英雄。——译者注。
② 朱白兰:《来自希特勒德国占领下的犹太区》(译作)题下《罗姆印刷厂的铅版》,见《生平与作品选》,第132页。
③ See. Nevins, Michael: *Jewish Medicine: What It Is and Why It Matters*. Bloomington, USA 2006, p.82.

学家施罗默·桑德对这种说法尚有疑问，① 但不可否认的是，中欧和东欧的部分犹太人 19 世纪中叶以来，特别是二战前后流离失所者众，迄今其后人仍分散在世界各地。从这个意义上讲，犹太人直至 1948 年现代以色列建国之前，都失去了自己的家园，如以色列国歌中所唱"望着锡安的东方"。总之，从古到今犹太人的"在东方"（im Osten）概念一直围绕着以色列（地），并不是德语中与"Abendland"（西方）相对的"Morgenland"（东方）。

但在朱白兰诗中，如《我的倔强》（1941 年），同样使用了"东方"这个概念，但此"东方"非彼"东方"。"我"来自西方维也纳，"我"所爱慕的"你"说的是"汉语"，有着一副东方人的面孔，"你的目光在我上空燃烧，/此乃东方的爱之光"。这里的东方不是以色列，而是中国，这成为诗人后半生选择的家园。如果了解到诗人离开莫斯科后独特的流亡经历，特别是她晚年的中国籍身份，就不难理解其中的原因。她在漂泊中期盼着去中国寻亲，在诗人眼中，自己仍然和"人民"在一起，在拥有"东方的爱之光"的中国，家园的载体是"你的民族"，即中华民族。她在 1944 年的《出身》中歌颂民众的力量："人民虽被割裂，精神牢不可摧，/屠杀者的鞭挞毁灭不了它的光辉。"彼时的中国于她而言就是这样一个可以和人民并肩的理想新家园所在。实际上，她到达中国后，于 50 年代加入中国国籍，成为中国公民，作为高校的教育工作者，在新中国蓬勃发展的岁月中，成为新家园的建设者和历史塑造者。

在《寄往中国的信》中，绚烂的"彩虹"不仅是个人情爱，也被比作纽带连着"我""你的人民"和"在东方"的家。

> 彩虹容纳了你们祖国的骄傲与磨难，
> 容纳了你和家人，还有你的人民，
> 容纳了漫长的道路，越过荒漠和山川，
> 这条路我走定了，踏上它到你们那里。②

诚然，在朱白兰"东方"家园概念中，人的因素首先涉及她爱慕的恋人，但在诗中，恋人更多地化作一个符号，他从人民中来，站在广大的中国民众中，成为"你的民族"的化身。离开恋人多年后又经历流亡的"漫长道路"，朱白兰在诸多"情诗"中抒发的与其说是对他个人的感情，不如说是对他的

---

① 来自特拉维夫大学的历史学家在自己的著述"虚构三部曲"《虚构的犹太民族》《我为何放弃做犹太人》《虚构的以色列地》中认为，犹太人的流散在公元前 1 世纪从未发生过。

② 朱白兰：《寄往中国的信》，见《生平与作品选》，第 107 页。

民族和人民的感情，在这个语境下，"你"和"你的民族"两者不能分开、也从未分开过。

类似的表述也出现在《我的倔强》最后一段，体现了人的因素、选择中国为家的决心：

> 我为了到你那儿，双脚跑到流血，
> 有什么能将你从我身边夺走？
> 没有人将你给我，也没有人能夺走你，
> 你属于我，这既非注定，亦非恩赐。
> 我赢得了你，凭的是我的倔强。
> 你不是我的命运，你是我的胜利。①

朱白兰在创作生涯晚期，曾在 1960 年元旦刊载于柏林《新时代报》（*Neue Zeit*，Berlin）的一篇报道中表示自己是国际主义者，博爱一切民族，她还解释道："中国何以为家：'中国文化中的许多与犹太相近，如尊师、崇学、重视知识、乐见锐智发展、美学上对蛮暴的厌恶，重中之重的是，精妙的公正之爱'。"②

"文化相近"的维度体现在《民族之歌》中犹太人民和中华儿女相遇，"我"发现了两个民族都很古老，也都被压迫，犹太民族和中华民族可以和而不同：

> 我的人民浪迹天涯，
> 遭追捕，被辱骂，无处安身。
> 你的人民默默耕耘，
> 被强盗殴打得血迹斑斑。③
> ⋯⋯⋯⋯⋯
> 我的古老民族发出的哀诉，
> 你的古老民族忧伤的微笑，

---

① 朱白兰：《我的倔强》，见《生平与作品选》，第 121 页。
② HU Mitarbeiter: Die Dichterin mit den zwei Namen. *Neue Zeit*, Berlin, 1. Jan. 1960.（作者不详，文章里面提到撰稿人和采访人为 HU Mitarbeiter）
③ 朱白兰：《民族之歌》，见《生平与作品选》，第 79 页。

融为一体，化作年轻新生的笑声。①

也包括人民的差异和跨文化的相互理解："每个差异都令我们心醉神迷，/每种相似都使我们欣喜若狂。"

"公平正义之爱"这个维度构成相互理解和友好互爱的基础。女诗人在《两位诗人》中浓墨重彩地刻画了"中国人"的形象。两位诗人，一个是"李白"，另一个是"杜甫"，"李白"给被朝廷放逐的友人"杜甫"写信，称"你在歌中注入了心血"，"热爱正义"，"愤慨而骄傲地拒绝/朝廷给你提供的帮助"；"杜甫"给兄弟"李白"回信，称"你的诗追求公正和真理"，告诉他"我开始了每天的格斗"，"我与邪恶——谁更强大？/这种艰难的方式纵使不合你的口味，/也请不要对我恼怒生气"。

朱白兰另一首中国题材的诗题目是《大师与愚者》。诗中的"大师"是"严肃的"孔夫子，他是位"智者"，是国家的官员，南下办理公务，路上遇到"不拘礼节"的"愚者"。大师的"义务和重任"是建立秩序，让南方人"领会礼仪、法制以及国家"，遭到了"愚者"的挖苦和讽刺。"愚者"手舞足蹈，斥责孔夫子的《礼记》教诲，狂野地喊道，"让你们俯首帖耳吧"，"我们要的是生活，/我们优美的神话/来自盛开的桃花，/我们智慧的源泉/出自逍遥无为"。"愚者"的形象，让我们想到主张"无为"的老子。诗的结尾是耐人寻味的："大师呆呆地离去，/愚者边嘲笑边隐退"，接着诗人使用表示转折的副词"然而"（doch），将笔锋转到了"北方之子"（des Nordens Sohn）和"南方之子"（der Sohn vom Süden）身上，两人都在纺纱，前者唱着寂静的歌，后者唱着狂野的歌，两人都有琥珀色的脸，脸色都显得憔悴，前者的双目充满焦虑和对幸福的渴求，后者的大眼睛凝视远方，同样充满对幸福的渴求。诗人断言，大师和任何隐者都无法使他们获得幸福。这里的"北方之子"和"南方之子"，显然是诗人心目中的"人民之子"。诗人通过"智者"和"愚者"的路遇以及对话，谴责了儒家封建礼制和等级制度，也对道家"逍遥无为"的"智慧"做了否定。这和《萨达古拉的神奇拉比》中对宗教权威没落的描写有异曲同工之妙：两首诗都企图探索出一条新路，告别现存旧秩序通往幸福家园的路。事实上，从取材到观点，去权威化的风格也贯穿了朱白兰"中国母题"诗歌的始终。

---

① Cf. Sandra Richter: „Lieben für die Revolution: Klara Blum in Österreich, Russland und China", in: *Eine Weltgeschichte der deutschsprachigen Literatur*. C. Bertelsmann Verlag, München, 2017, S. 368 – 376.

总之，诗人告别了以色列的"东方"，经历了战火纷飞的"西方"，迈入另一个"东方"家园。时代不同了，环境改变了，作品题材不再纠结于《两位诗人》《民族之歌》《我的倔强》等诗歌的神话想象、先哲故事、激情的政治对话，朱白兰晚年在中国创作的诗歌，数量不多，题材变了，更偏向于现实平常生活，但不变的是对中国这个"东方"家园的爱。如现存最晚的诗作《致一位老人的情诗》中，南方日常即景饮食成为话题：

> 你是否也有提神的清茶，
> 以及早晨养胃的稀饭？
> 没有铺布的偶尔使用的桌子
> 是否有时也摆上可口的食品，
> 煎鱼块煮竹笋，
> 焖牛肉，广东风味？①

细腻的描写让人不禁会心一笑，浓浓的情感喷涌而出，那是最后的致意："我们久经考验的爱情／千百倍地奉献给后人"。此时，对"中国老人"的爱情与对中国的感情合而为一，久经考验的不仅是爱情，也是对人民和国家的感情。

六

纵使历经战乱和流亡，犹太诗人一直没有停止对家园探寻的脚步和歌颂的声音，他们诗中的家园概念各不相同。

历史上有著名犹太诗人海涅（Heinrich Heine），他在1831年巴黎流亡中写下叙事诗《德国，一个冬天的童话》，倾注了对祖国家园时事的关心，他这样表达对祖国家园的热爱："国境线上开始了对祖国的热爱。"

朱白兰的同时代人，生于切诺维茨的犹太作家阿尔龙·阿佩菲尔德（Aharon Appelfeld）选择定居以色列，却曾表示，自己的写作是一种自我探索，试图在写作中寻找家园和自我："我是谁？我是什么？我冒着酷热在陌生人当中

---

① 朱白兰：《致一位老人的情诗》，见《生平与作品选》，第135页。

正做些什么"①。并创作了《烟》（1962 年）、《在富饶的谷地》（1963 年）、《大地严霜》（1965 年）等一批相关题材作品。朱白兰的另一位同乡，著名德语诗人保罗·策兰（Paul Celan）在 1964 年诗集《呼吸间歇》（*Atemwende*）的诗作《黑》（Schwarz）中，称家乡为"永是我们床的地方"，对这里"爱得要命"。他坚持用德语写诗并把语言当作家园的归处，把语言的艺术与音乐结合，赋予诗句中词汇独特的组合和断裂，创作了《死亡赋格》等一批极具艺术价值的诗歌，融合犹太记忆因素，描述现实中犹太人在纳粹统治下家园中的悲惨遭遇和抗争。朱白兰的第三位同乡、著名犹太女诗人罗泽·奥斯兰德（Rose Ausländer）在诗集《我们种雪松》（*Wir pflanzen Zedern*）（1957—1969）中描述了流亡中失去家园的复杂感受：她把流亡地美国称为"所有的东西"（Besitztümer），选择留下却无法融入其中，家乡布科维纳（Bukowina）则有"我"的坟墓，用死亡表示流离失所的体验……总之，祖国、写作、出生地、语言、记忆、乡愁等因素在流亡诗人的家园书写中极有分量。

一般而言，"犹太人的街道"是大多数犹太人的出生地家园；随着踏上流亡之路，作品中的家园有可能被整体重建，如在以土地和政权为代表的以色列国；有的犹太人选择寻找新的家园以结束流亡生活，如移居他乡并获得新的国籍。还有的不得已定居不似家园的异国，始终感觉无家可归。

对于流亡的犹太人而言，家园不一定有实体，也不一定只存在于精神世界，如果构建新家，那么，它的内涵兼收并蓄犹太文化和流亡地文化，家园概念也可以存在于对两个文化的认同中。同为少数族裔的著名文学评论家萨义德（Edward W. Said），曾这样定义知识分子流亡中的处境："流亡是建立在祖国的存在、对祖国的热爱和真正的联系上的：流亡的普遍真理不是一个人失去了家园，失去了爱。每次流亡都包含着并不期望的、不甘心情愿的失落。"② 在这个语境下，流亡者与祖国和家园保持一种精神上的贴近，对于作家而言，贴近集中体现在作品的创作中。诗人女作家朱白兰正是带着这样的故园之爱踏上流亡之路的。在她的作品里家园以"出生地"的形象被多次具化，这与作家的出身紧密相连；未曾流离失所体现于"家"在作品中再现，她不断追忆犹太家园，同时也与之保持距离。另一方面，以维也纳为代表的"在西方"的家以及反法西斯战场，在作品中的每次出现都是她精神家园的再现；因个人遭际生发对新家的渴求，并最终踏上来华的道路，则不仅在文学上，而且在人生实

---

① 钟志清：《希伯来语大屠杀文学与幸存者作家》，载《四川师范大学学报（社会科学版）》，2008 年第 4 期，第 53－59 页。
② ［美］爱德华·W. 萨义德：《文化与帝国主义》，生活·读书·新知三联书店 2003 年版，第 477 页。

践中实现家园的重建。

朱白兰之所以选择把中国而不是任意一个流亡地如莫斯科、巴黎等作为自己的新家园,一方面是把人的因素发挥到最大,另一方面是基于对犹太文化和中华文化的双重认同(这些共性和个性均在带有自传色彩的《出身》《切诺维茨的犹太区》等体现犹太家园主题的重要诗作里可以读到)。

于她而言,诗中的家园概念从离开最初以出生地为代表的在"每一条犹太人的街道"的犹太区,到不在场的在"西方"反法西斯战场精神家园,再到在"东方"的中国(文化),她诗中对家园的认知发生了重要转向和升华——不论身在何方,朱白兰始终选择与民众站在一起,强调诗中的"我"是人民的一员,她讴歌的是世俗犹太人生活的反抗精神,不是犹太宗教和犹太复国主义政治主张——证据是她本人的诗歌创作从主题到内容都对这些并不十分热心。受到国际主义的影响,在生活中诗人不再只属于为抗争命运而战的犹太人中的一员,而是成为国际主义者,执意为广大人民而战。正如她在《出身》最后表态,"我不想跟世上的任何人/交换我奇特美丽的命运",自尊、自爱、自豪之情溢于言表。

这种风格贯穿本文选取分析的作品始终:她诗中"在每一条犹太人的街道"的"家园"概念载体"出生地、语言和记忆"曾在部分作品中短暂而美好地被呈现,随着流淌、浮起又消散,终究无法企及。随着二战反法西斯战争胜利的远去,在西方的精神家园也没能在作品和现实中被构建,更谈不上延续,没有成为现实,这一切都成为朱诗中"家园"概念中国转向的铺垫。这些因素再加上个人情感"爱之光"的召唤,促使女诗人追随中国爱人的脚步踏上了追寻家园的道路,在风雨飘零的流亡岁月与人民共命运,实现对犹太和中国两个文化认同的信念,"家园"概念也落脚在此。

附:诗 Heimatlos(无处为家)及译文

Heimatlos[①]

Klara Blum

Und andere haben das, ein sanftes Zimmer
Erfüllt von traulichem Lampenschimmer

---

① K. Blum: Heimatlos. *Ostjüdische Zeitung*, Nr. 208, 12. 5. 1924, S. 3.

朱白兰在中山大学
——纪念朱白兰先生逝世五十周年

Ein Feuer im Kamin, das knisternd brennt
Und alte Möbel die man längst schon kennt
Und Bücher, Bilder, bunte Kleinigkeiten
Erinnerung aus fernen Kinderzeiten
Ein Heim, ein Ruhepunkt, Geborgensein
Was draussen tobt und droht, dringt hier nicht ein
Weil sich sein Ansturm an der Schwelle bricht
Die anderen haben das, ich habe es nicht –
Vielleicht ist es ein hartes Missgeschick,
Vielleicht entging mir so ein stilles Glück
Was alle Menschen mir so schön beschreiben
Wird ewig fern und unbekannt mir bleiben
Denn Heimgefühl ist nur ein fremdes Wort
Die Kindheit schon war so, bald da, bald dort,
Ich bin ein ruheloses Wanderblut,
Und Unrast labt mich, Wechsel tut mir gut
Nur vorwärts, vorwärts, drängt mein ganzes Sein
Kein Haus, kein Herd dämmt es ein
Im wilden Strom des Lebens mitten drin
Da ist mein Platz, da gehöre ich hin
Und Sehnsucht, die nach ewig Neuem glüht
Singt immer wieder ihr Zigeunerlied
Bin nie daheim und doch nirgends fremd
Weil niemals Heimweh meine Freiheit hemmt
Der Fremdling, der mit lieben Augen schauet
Ist mir gleich wie ein alter Freund vertrauet,
Und wo sich Freude, Stimmung, Geist mir beut
Da weile ich gerne für eine kurze Zeit
Wo Menschen sind, bin ich nie mehr allein
Und überall werde ich zu Hause sein
Wo auch der Eilzug meines Lebens hält
Denn meine Heimat, ist die ganze Welt.

In der Galuth 5084.
Klara Blum.

译文：

无处为家

林笳 译

其他人有这，一间温馨的房，
笼罩着熟悉的灯光，
壁炉里的火，噼里啪啦燃烧。
古老的家具，人们早已熟悉，
书籍，画像，五颜六色的小物件，
来自遥远童年的回忆。
一个家，歇息之地，安枕无忧。
外部的咆哮和威胁进不了室内，
因它冲到门前已经破碎。
其他人有这，我却没有——
也许是残酷的厄运，
也许默默的幸福离我而去，
人们向我描绘的一切美好
永在远方，我无法认识。
家的感觉只是陌生词汇，
童年时代已经时而在这儿，时而在那儿，
我是脚步不停的漫游者，
不知疲倦令我振奋，变换环境对我有益，
唯有前进，前进，动力来自我全部的存在。
任何房屋和炉灶都不能将前进阻止。
狂野的生活洪流中
有我的位置，有我的归宿。
对常新的渴望炙热燃烧，
它一再唱响吉卜赛之歌。
我从不窝家，任何地方都不陌生，
乡愁从不妨碍我的自由。
陌生人用可爱的眼光观望，

我感觉如老朋友一样熟悉。
哪儿给我欢乐、兴致和精神,
我都乐意在那里逗留片刻,
有人群的地方,我便不再孤单。
我将四海为家,
无论生命的快车在何处停下,
我的家园是整个天下。

朱白兰的犹太民族意识初探

林 笳[①]

朱白兰在《自传》[②] 中写道:

1904年11月27日,我生于奥地利与罗马尼亚两国边境上的小城切诺维茨(Czernowitz),该城当时属奥匈帝国的领土。我受的是德文教育,但我并不是德国人,而是犹太人。

这段话写于1952年10月11日。写自传时朱白兰来华已经五年,她是1947年9月抵达上海的,持有的护照至1950年10月27日失效,上海公安局发给外国侨民居留证,身份是无国籍外国侨民。她使用德文,为避免被误认为是德国人,在自传开头便申明"我并不是德国人",接着确认自己是犹太人——这是她对自己所属犹太族群的身份认同,体现了她的民族意识。

所谓意识,正如荣格指出的:没有一个与意识相关的自我,就不会有什么被意识到,如果某物不是关涉到自我,它就未被意识到,因此可以把意识界定为精神事实对于自我的一种关联。自我是一种复合的东西,首先是对自己的身体、自身存在的一般意识,其次是记忆材料,对已有的一连串记忆的某种观念,人们可以把自我叫作精神事件的情结,这种情结,从无意识中吸取内容,从外部世界吸取各种印象,这些印象进入自我并与自我发生联系,就成为意识。[③] 一个人的民族意识,首先体现在对本族群的归属感,特别是对本民族命运,即民族生存、安危、兴衰的关切。人的种族属性从出生起就奠定了,但是他的民族意识是会发生变化的,存在决定意识,随着其生存状态的改变,民族意识也随之发生变化。

[①] 作者系中山大学德语专业1963级学生。
[②] 朱白兰:《自传》(1952.10.11) 存于中山大学档案馆。
[③] 参阅荣格著,成穷等译:《分析心理学的理论与实践》,生活·读书·新知三联书店1991年版,第7-8页。

基于上述认识，本文试图考察朱白兰的犹太民族意识，即她作为犹太裔诗人对自身所属族群的历史、文化、习俗和民族心理的认同，通过她作品中显现出的犹太图像、观念、情感，探究各时期朱白兰对犹太民族生存及发展的关切，她的犹太意识如何在不同社会和政治环境下发生变化。

一

朱白兰是一位犹太裔德语诗人、作家，德文名字叫克拉拉·勃鲁姆（Klara Blum）。克拉拉·勃鲁姆出生于布科维纳的一个犹太家庭。布科维纳曾是奥地利帝国王室的领地，后属于罗马尼亚，如今属于乌克兰。该地区不大，历史上居住着多种民族，有乌克兰人、罗马尼亚人、犹太人、德意志人、波兰人。当时，犹太人的数量在当地人口中排第三位。绝大多数犹太人继续生活在乡村地区，但是，许多人向城市移居，在城市化的进程中，首府切诺维茨被称为"小维也纳"，犹太人已经没有被限制居在犹太隔离区（Ghetto）。当地的官方用语是德语，学校里用德语授课，掌握德语成为接受高等教育的前提和事业有成的保障。在犹太文化和非犹太文化交融与冲突的环境中，克拉拉学会多种语言，由于接受德文教育，德语成为她的习得母语。

克拉拉的父亲约瑟夫·勃鲁姆是当地有名望的犹太富商兼地主、锡安主义运动的积极参与者、犹太国民基金会的组织者之一。1913年，九岁的克拉拉随离异的母亲，迁往帝国首都维也纳。18世纪末，哈布斯堡王朝约瑟夫二世推行《宽容法令》，为犹太人打开了通向社会的大门，到第一次世界大战前夕，维也纳大约居住了20万犹太人，其中18%是来自东欧加利西亚的移民。[①] 但同时，这个大都市又为形形色色的反犹主义提供了温床，犹太人不仅遭遇中世纪基督教传统的反犹太教的敌意，而且面临现代反犹主义[②]对其生存构成的重重威胁。面对生存危机，犹太人当中的少部分发迹者很快就被同化了，在城市中心过着"上流犹太资产阶级"的生活方式，有些人甚至已经

---

① 参阅埃利·巴尔纳维主编，刘精忠等译《世界犹太人历史》，中国人民大学出版社2007年版，第168－169页。
② 19世纪后半叶，欧洲在传统反犹太教思想基础上，出现基于经济、文化、政治原因的反犹主义思潮，强迫犹太人同化入当地社会。第一次世界大战后，基于种族主义理论的反犹主义，在纳粹意识形态中达到登峰造极的地步，犹太人被描绘成"天生的毁灭性种族"。参阅埃利·巴尔纳维主编，刘精忠等译《世界犹太人历史》，中国人民大学出版社2007年版，第186页。

改宗，皈依基督教。而另一些犹太人则固守锡安主义，走上犹太复国主义的道路。

年轻时的克拉拉属于后一种，是个热忱的犹太社会主义者。

据 Zhidong Yang 考证，1923 年 11 月 21 日，克拉拉家乡布科维纳地区出版的《东犹太报》首次转发她的"获奖作品"《我对生活有什么期待》（原载《维也纳晨报》，1923 年 11 月 4 日），转发时还特地说明："获奖作品的作者是我们志同道合的同志、切诺维茨的大地主约瑟夫·勃鲁姆先生的女儿。"《东犹太报》创办于 1919 年，创办人埃伯纳（Mayer Ebner）是锡安主义者的领导人之一。① 从 1923 年至 1929 年，该报陆续发表她 13 篇文章，其中 12 篇涉及犹太主题。② 另一种说法出自切拉茹（Nora Chelaru）的研究：自 1924 年 2 月 11 日至 1929 年 6 月 28 日，《东犹太报》上不定期发表或转载了克拉拉 24 篇作品，时间相隔最短的两天，最长的一年半，体裁包括记叙文、散文、诗歌、评论、书评、报道，主题涉及批驳反犹主义、宣传锡安主义、揭露犹太人同化现象、主张犹太妇女平等、描述犹太人的生存状态，等等。③

《锡安之女》（1924 年 10 月 9 日）是克拉拉早期在《东犹太报》上发表的一篇抒情散文。锡安是耶路撒冷的一座山，山上建有要塞，据旧约《撒母耳记》，耶和华膏大卫做以色列的王，大卫率众攻取山上的要塞，将锡安称为大卫城，并且统一了以色列各部族。后来，锡安被延伸指称耶路撒冷。公元前 586 年，耶路撒冷被巴比伦军队占领，犹太人惨遭杀戮放逐，在希伯来文《圣经》（Tanach）中，"锡安女子"作为暗喻，喻指陷落的耶路撒冷，即遭受灾难的犹太民族。锡安女子这个母题出现在先知书中（见《旧约·耶利米哀歌》）。在克拉拉的笔下，"锡安之女"（Die Tochter Zions）有着一张"动人的、优雅的面孔"，从古代的文献和先知们的书籍中凝视着人们，她安详地站在两株墨绿色的树之间，背后是古老犹太之乡的白色围墙，显示出某种难以描绘的、区别于其他妇女的特质，乍看上去，像古代东方的女性，柔弱，呆板，像植物那样，"一朵没有灵魂的人生乐趣之花"，但是，在黑色的睫毛、清晰的轮廓、高高的额头上，已经有了一丝人类沉思的气息，那是"精神生活的第一道痕迹：痛苦"。"她不得不受苦，这犹太人民的可怜的小女儿，不断地

---

① 参阅 Zhidong Yang：*Klara Blum – Zhu Bailan*（1904—1971），S. 80.
② 参阅 Zhidong Yang：*Klara Blum – Zhu Bailan*（1904—1971），S. 77.
③ 参阅 Nora Chelaru：Klara Blum als Feuilletonostin und Journalistin für die Ostjüdische Zeitung（1924—1929），*in*：*Zeitungsstadt Czernowitz, Studien zur Geschichte der deutschsprachigen Presse der Bukowina*（1848—1940），hg. von Andrei Corbea-Hoisie, Ion Lihaciu und Markus Winker, Parthenon Verlag, 2014，S. 165 – 174.

遭受苦难。连绵不绝的困境、战乱、流血、死亡，接连不断的拘捕、放逐。人们一再地说：'哭泣吧，锡安之女，哀诉吧，撕破你的衣服，为你的人民哭泣，哀诉和哭泣。'"① 这种状况延续了千百年后，情况变化了，"锡安之女"用手支着脑袋，思考，再思考，她思考人生计划、前景、困难，思考犹太妇女受到的双重歧视，终于，"她明白了犹太民族的伟大意义"。克拉拉在文中提到了犹太历史上的一个重要事件，即第一届锡安主义者大会。这次大会于1897年8月在巴塞尔召开，标志着犹太复国主义的诞生。"现代以色列之父"西奥多·赫茨尔（Theodor Herzl）发表演讲，向全世界宣告：犹太复国主义事实上是"一场道德、正义、人道的运动"，这一运动的最初目标之一，就是把犹太人问题转变为一个"锡安"问题，即恢复建立一个犹太人家园的问题。② 自这次大会以后，锡安主义运动已进行了27年，赫茨尔提出的"重建家园"仍然是个遥不可及的目标，犹太妇女仍然深受压迫。克拉拉义正词严地向自己的人民发问："那时，你不是首先在各民族中保证我们像男人一样享有投票权吗？"文章最后郑重地写道：

我的人民，你需要我。你需要我去建设你的国家。我的忧思，我的工作热情，我乐于献身的精神，都是你不可缺少的。你需要的是人，不要问是男人还是女人，只要是健全的人。

我亲爱的人民，锡安之女与你同在！你的上帝就是我的上帝。你的国家就是我的国家。你的平等权利也就是我的平等权利。③

这是克拉拉二十岁时对"锡安之女"的高度认同。字里行间，透射出犹太人对耶路撒冷这块圣地以及锡安主义运动兴起的集体"回忆"，表达了她对犹太妇女命运的思考以及对男女权力平等的渴望，体现了妇女解放的强烈意识。

早年克拉拉对犹太身份的认同，鲜明地体现在她对"维也纳犹太人"的抨击上。《东犹太报》的创办人埃伯纳早在1891年就号召反对犹太人同化，克拉拉显然认同他的主张，在《东犹太报》（1924年2月11日）上发表评论文章《维也纳的犹太人》。④ 她将自己视为东犹太人中的一分子。所谓东犹太

---

① Zhidong Yang (hg.)：*Klara Blum, Kommentierte Auswahledition*，S. 437 – 439.
② 参阅徐新等编译：《犹太人告白世界》，中央编译出版社2006年版。
③ 引自Zhidong Yang (hg.)：*Klara Blum, Kommentierte Auswahledition*，S. 439.
④ Cf. K. Blum：*Wiener Juden. Ostjüdische Zeitung*，Nr. 170, 11. 2. 1924, S. 2 – 3.

人与西犹太人,并非完全指东欧和西欧的地域区别,它更多涉及阿什肯纳兹①犹太人的文化、宗教和语言的特性,东犹太人主要流散分布在加利西亚、布科维纳地区,现在的波兰、罗马尼亚、立陶宛等地。典型的东犹太人固守自己的宗教信仰和传统的生活习俗,聚居在小城镇、村落或一个城区,普遍使用意第绪语②。在"资产阶级上流社会"的用语中,"东犹太人"这个称谓被赋予了贬义,这部分犹太人备受歧视,被视为"落后""低人一等"。克拉拉的家乡在布科维纳,但她并不属于典型的东犹太人,在哈斯卡拉运动(犹太启蒙运动)③的影响下,她已舍弃了犹太正统的宗教信仰和落后习俗,写这篇文章时,她离开布科维纳,在维也纳已生活多年。但是,她仍将自己认同为东犹太人,她在文中用第一人称复数写道:"我们东犹太人动不动就受歧视和谴责。我们的头上永远悬挂着看不见的鞭子。时刻警惕反复降临的大屠杀使我们保持灵活和无所畏惧。"她尖锐地批评"维也纳的犹太人",在犹太区围墙倒塌的日子,"这群解放了的犹太人被幸福冲昏头脑","为平等权利的假象一块一块地牺牲他们的犹太文化、犹太习俗、犹太特性"。在"具有欺骗性的理性的外表"下,"妥协的思想使他们很快就误入歧途","他们对自己说:我们丝毫没有断绝我们的传统,那样做是不虔诚的。但我们会尽可能谨慎地对待这个问题,不引起注意,此外,我们让自己去完全适应,一句话,我们使自己同化"。④

她在 1927 年的另一篇文章中,报道了圣诞期间发生在维也纳的令犹太人轰动的事件,其中之一是重新开放的维也纳剧场上演米勒(Hans Müller)的最新作品《没有大地的人》(Menschen ohne Erde)。克拉拉从锡安主义视角评价这部社会批判作品,她指出:"这部戏剧涉及犹太人,甚至锡安主义问题,没有大地的人是那些同化的犹太富人,他们在其社会地位的高雅氛围中神经质地、没有根基地四处摇晃,由于有钱,他们升到社会上层,由于有钱,他们让这个高贵的社会圈子忘却犹太民族性,这样,他们就变成了金钱的奴隶,完全

---

① 阿什肯纳兹(Ashkenaz)是希伯来语单词,犹太人用来称呼德国,阿什肯纳兹犹太人专指居住于德语区或迁移自德国而居住于别处、讲意第绪的犹太人。阿什肯纳兹文化发源于法国北部和德国,在东欧犹太社团中占主导地位。参阅埃利·巴尔纳维主编,刘精忠等译《世界犹太人历史》,中国人民大学出版社 2007 年版,第 118 页,第 122 – 123 页。
② 意第绪语是阿什肯纳兹犹太人使用的语言,主要取自中世纪德国城市一种独特的混合方言,直到 18 世纪末一直是阿什肯纳兹犹太人口头交流的唯一工具,在西部意第绪语基础上,发展成为一种相当统一的文学语言。参阅埃利·巴尔纳维主编,刘精忠等译《世界犹太人历史》,中国人民大学出版社 2007 年版,第 192 – 193 页。
③ 哈斯卡拉(Haskalah),18 世纪中叶到 19 世纪下半叶,犹太人中间传播欧洲现代文化的运动。
④ K. Blum: Wiener Juden. *Ostjüdische Zeitung*, Nr. 170, 11. 2. 1924, S. 2 – 3.

依赖金钱,不得不将任何人生价值奉献给金钱。"主人公是银行家的十九岁儿子沃尔夫冈,离家两年后,据说从美国回来,但刚回维也纳就想立即离去。他拒绝加入父亲的公司工作,因为他发现,这些金钱的奴隶蒙受着巨大的屈辱和痛苦,社会的上流人物一转身就发泄他们的反犹情绪,沃尔夫冈所敬重的母亲不得不牺牲贞洁去挽救公司。年轻的主人公觉得无法与家人共同生活,决定回到过去两年真正生活的地方——巴勒斯坦。①

同年,她以"柏林来信"的方式,在《东犹太报》(1927年12月6日)②上介绍柏林的锡安主义组织,称他们"毫无疑问是所有锡安主义组织中的模范学生"。柏林的犹太人"在普鲁士人当中徜徉,没有受惩罚,说得更准确些,没有获奖赏",他们数量不多,甚至不足以代表少数民族,但是他们的组织性和工作效率堪称典范。德国人刻板的组织观念也影响了数量小且无纪律的民众,柏林的锡安主义者所做的一切都有条不紊,及时沟通、准时开会,一旦形成决议便迅速落实。当然,她当时绝没有料想到,德国法西斯正是利用了德国人这种绝对服从的组织性,对犹太人实行了惨无人道的大屠杀。

锡安主义运动的发展,是克拉拉一直十分关注的。1925年,犹太复国主义者第十四届大会在波斯米亚地区的卡尔斯巴特举行,她作为记者从大会连续发回三篇报道(《东犹太报》,1925年8月23日/8月27日/9月3日)③,满怀喜悦地欢呼:"犹太民族聚会了。它至少在几天里摆脱了离散的残酷命运。人们重逢了。人们互相高兴地再见面了。"(《大会景象》,1925年8月27日)但是,重聚的日子毕竟是短暂的,千百年来犹太人离散的命运没有结束。重建家园,对于犹太民族而言是一条艰难而漫长的道路。第一次世界大战结束后,英国政府在《贝尔福宣言》(1917年11月2日)中承认犹太人在巴勒斯坦建立民族家园的权利,该地区成为绝大多数东欧犹太移民的聚焦点。④ 克拉拉的异父哥哥奥斯卡 [Jehoschua (Oska) Maschler] 如同许多犹太复国主义者那样,移居了巴勒斯坦。1929年4月,克拉拉前往这块上帝的"应许之地"探望哥

---

① K. Blum: Sensationen für das Judentum. Ein Wiener Wochenbericht. *Ostjüdische Zeitung*, Nr. 852, 6. 1. 1927, S. 2 – 3. 另外,参阅 Nora Chelaru: Klara Blum als Feuilletonostin und Journalistin für die Ostjüdische Zeitung (1924—1929),in: *Zeitungsstadt Czernowitz*, hg. von Andrei Corbea-Hoisie, Ion Lihaciu und Markus Winker, Parthenon Verlag, 2014, S. 165 – 174, 注释25:埃尼根(Hans Müller-Einigen)创作三幕社会剧《金色的橹舰》(Die goldene Galeere),柏林1927年,克拉拉于1927年1月6日在《东犹太报》上发表报道《引起犹太人轰动的事件》。
② K. Blum: Deutscher Musterzionismus. Brief aus Berlin. *Ostjüdische Zeitung*, Nr. 990, 6. 12. 1927, S. 2.
③ Zhidong Yang: *Klara Blum – Zhu Bailan (1904—1971)*, 第19页。
④ 参阅埃利·巴尔纳维主编,刘精忠等译《世界犹太人历史》,中国人民大学出版社2007年版,第198、202页。

哥，生活了几个月，感染热带疟疾，最终离开巴勒斯坦，以后也再没去过那里。她显然不适应那里的环境和生活，对于加入移民大军，并作为其中一员亲手重建民族家园，思想上还缺乏准备，或者说，她对自己的人生道路另有选择。

值得注意的是，她在1931年3月16日发表了一篇书评，题为《巴勒斯坦的女工运动》，文章开宗明义地指出："犹太女工的斗争是三重的：它同时指向对无产者的剥削、犹太群体的特殊地位以及妇女价值的丧失。"① 接着，她评介了两本书，一本是《巴勒斯坦的劳动妇女》，作者阿达·菲舍曼是犹太人，书中讲述了犹太社团创建"民族家园"时期东犹太妇女如何冒着恶劣的气候，拿着非人的工资待遇，跟男人们一道承担繁重的劳动，同时还要遭受性别歧视；另一本是《女工的言论》，是一本书信、诗歌、日记的选集，记载的是犹太妇女的个人经历和心灵痛苦。这篇文章没有像过去那样寄去犹太报刊，而是刊登在维也纳出版的德奥社会民主工人党中央机关报《工人报》上，她对犹太女工运动的关注，不仅怀着民族的情感，更突显出社会主义工人运动和妇女运动对她的影响。

事实上，1929年8月至1933年2月，克拉拉在维也纳参加了德奥社会民主工人党（Sozialdemokratische Arbeiterpartei Deutschösterreichs）。这是一个在欧洲工人运动中产生于奥地利的群众性政党，当时该党的代主席是鲍威尔（Otto Bauer，1881—1938），他同时也是第二国际改良派的理论家、社会主义工人国际的领导人之一、马克思主义奥地利学派（Austromarxismus）的创始人。鲍威尔主张"统一的社会主义"（der integrale Sozialismus），走"第三条道路"，克服工人运动中产生的分裂，将各种不同的观点整合为统一的理论和社会主义政策。② 希特勒1933年上台后，奥地利社民党领袖拒绝与共产党合作，站在左派立场上的克拉拉主张联合共产党组织反法西斯统一战线，故退出了该党。这表明，她青年时期的锡安主义热忱已悄然降温，政治立场逐步从民主社会党转向共产党。但正如我们将看到，她后来并没有成为共产党人。

她的这种价值取向，在前往苏联后有了进一步的强化。加速这种变化的社会因素来自三个方面：德国纳粹对犹太人灭绝性的大屠杀，世界各民族人民抵抗法西斯运动的蓬勃开展，苏联国内的政治局势以及当局对犹太人的政策。前两者是众所周知的。在这里，有必要就十月革命后苏联对犹太人的政策作一简

---

① K. Blum: Arbeiterinnenbewegung in Palästina, in: *Arbeiter Zeitung, Zentralorgan der Sozialdemokratie Deutschöstereichs*, Wien, 16. März 1931, S. 5 ONB – bpIU.

② Michael Franzke/Uwe Rempe (hg.): *Linkssozialismus, Texte zur Theorie und Praxis zwischen Stalinismus und Sozialreformismus*, Leipzig 1998, S. 283 – 295.

单回顾。苏联内战时期（1918—1921），布尔什维克一方面谴责邓尼金为首的"白军"屠杀犹太人的暴行，同时，也遏制境内的犹太复国主义运动。1918年年初，苏联负责处理犹太人事务的犹太人民委员部推动成立共产党犹太分部，随着立陶宛、波兰和俄国犹太工人总工会"崩得"（Bund）被取缔，犹太复国主义运动和社会自治主义的犹太社团失去合法地位。第二次世界大战前夕，苏联当局为了巩固政权，抵御法西斯入侵，扫清一切内部障碍，确保推行斯大林主义路线，在国内开展了大规模的肃反运动。大清洗运动始于1934年的"基洛夫事件"，主要目的是将党、政、军内高层领导中的反对分子清除出去，特别是"托洛茨基分子"，其中包括有犹太血统的"左翼反对派"领袖季诺维也夫和加米涅夫，但同时也涉及被指责为"第五纵队"和"资产阶级民族主义分子"的少数民族干部，并扩大到社会上所有被怀疑为"潜在的破坏分子和间谍"的普通百姓。在对待犹太人的政策上，苏联当局在二三十年代致力于消灭犹太商人阶层、加速犹太人的"生产化"，在乌克兰的比罗比詹地区成立"犹太自治区"，建立犹太人的集体农庄。① 在苏联生活的犹太人有了一个新的称谓，叫作"苏维埃犹太人"（Sowjetjude）。纳粹在欧洲大陆实施灭绝犹太人的暴行，与此相比，苏维埃犹太人总算有了一隅安身之地。世界大战爆发后，苏维埃政权为了抵抗纳粹德国的侵略，曾组建犹太反法西斯委员会，数十万犹太人加入了红军队伍。反法西斯战争胜利后，幸存的犹太难民纷纷离开包括苏联在内的欧洲国家，前往巴勒斯坦、美国等地。1946年8月，苏共中央通过一系列决议，在国内发起一场反对"犹太民族主义"的运动，此时克拉拉已离开了苏联。

克拉拉是因为参加国际革命作家联盟举办的反法西斯作品比赛，诗歌作品《服以谣》获二等奖，于1934年6月应邀前往苏联的。她对共产党的同情以及反战作家的身份，使她有可能受到苏联当局的"优遇和保护"②，逃过希特勒法西斯的大屠杀。但她也受到过"不公正的、令人屈辱的孤立"，以至于她向德国诗人贝歇尔说："我仍然是共产党的同情者，但我不再是共产主义者。从现在起，我的无党派不只是表面的，而且也是内心的。"③ 其原因，是掌管苏联作家协会德语组的奥地利共产党干部恩斯特·菲舍尔④"搞阴谋诡计"：她申请加入共产党，未获批准；参加了作家协会，又因为"无组织无纪律"和

---

① 参阅埃利·巴尔纳维主编，刘精忠等译：《世界犹太人历史》，中国人民大学出版社2007年版，第214 – 215页。
② 见朱白兰《自传》，1952年10月11日，存中山大学档案馆。
③ 见朱白兰《自白》，1958年5月29日，存中山大学档案馆。
④ 恩斯特·菲舍尔（Ernst Fischer，1899—1972），奥地利作家、政治家，1934年至1945年流亡苏联。

"歇斯底里"被开除出协会；要求上前线，找工作，处处碰壁，遭受排挤。在她看来，菲舍尔不仅是个托派分子，而且敌视犹太人，是尼采哲学的信徒。为此，她向共产国际检察委员会投诉，甚至写信给斯大林，最后虽然解决了工作问题，但菲舍尔并没有得到应有的处理。她感到委屈和失望，将这种体验写进了长诗《我的倔强》（收入诗集《我们决定一切》，1941），诗中称身边隐藏着"伪君子""害人虫""阴险的托派分子"，"戴着红色面具，玩弄权术"。① 恩斯特·菲舍尔并没有被打成"托派分子"，相反，他拥护斯大林的政治路线和大清洗运动，被吸收进奥地利共产党的中央委员会，并且是奥共在共产国际的代表，从1938年至1943年担任共产国际机关报德文版的编辑，1945年4月返回奥地利，直至1969年都是奥地利共产党的中央委员。我们有理由认为，这首诗以及后来朱白兰在小说《牛郎织女》中塑造的老奸巨猾的党内干部蒙梯尼，直接反映了来自苏联作家协会内部的对犹太人的敌意，她对"托派分子"的谴责，或许可用中国的一句谚语来形容，是借钟馗打鬼，意在揭露隐匿在共产党内部的反犹主义思潮。

克拉拉是1935年加入苏联国籍的。她没有像大多数"苏维埃犹太人"那样生活在犹太人聚居的集体农庄。为了实现作为反法西斯作家和诗人的价值，她唯一可以做的是奋力写作。奔赴前线，曾是她的愿望。她请求外国委员会派遣自己去西班牙前线，没有获准。1941年6月，希特勒发动了对苏联的侵略。克拉拉要求上前线当翻译或者宣传员，同样没有获得批准。同年10月，她和其他流亡者被疏散到喀山，次年1月，她冒着严寒前往古比雪夫，为信息部门和电台工作，1942年9月回到莫斯科，继续为前线的红军做宣传工作。② 在此期间，由于她懂多种语言，又有出色的写作能力，有可能在图书馆和编辑部工作，并从事写作。她发表过多篇报道和书评，这些文章大多与犹太人有关，当然，要想在公开刊物上发表，必须符合苏联当局的政治需要，这是不言而喻的。

她在《国际文学》（1938年，第10期）上发表长篇书评，详细评介阿尔弗雷德·沃尔芬施泰因（Alfred Wolfenstein）选编的诗集《各族人民的声音》③，她高度赞扬诗集编者继承伟大的人文主义传统，让读者通过德文翻译

---

① 朱白兰的这段经历，可参阅林笳编著：《中国籍犹太裔女诗人朱白兰（Klara Blum）生平与作品选》，中山大学出版社2016年版，第20—24页。
② 参阅 Zhidong Yang：*Klara Blum – Zhu Bailan（1904—1971）*, S. 22, 36.
③ 阿尔弗雷德·沃尔芬施泰因（Alfred Wolfenstein, 1888—1945），德语表现主义诗人，戏剧家，翻译家，出生于犹太商人家庭，希特勒上台后于1934年从柏林逃往布拉格，1939年流亡巴黎，由他选编的诗集《各族人民的声音》于1938年在阿姆斯特丹出版。

听到古老和年轻的、东方和西方的各族人民的声音,同时,潜在的犹太意识和强烈的政治敏感性也促使她尖锐和严肃地指出诗集的缺陷。她认为,诗集中老一辈希伯来诗人的作品,如比亚利克(Chaim Nachman Bialik)[①] 也许是一个天赋很高的诗人,但是,"在这样一本诗集中,他不该是当今犹太文化的唯一代表",因为,"他本人在锡安主义运动中直至逝世都站在反民主主义的右翼",而且公开声称翻译是"毫无意义的",是违背"民族精神"的。朱白兰接着列举了另外几位犹太诗人(Markisch、Chalkin、Kwitko)的名字,指出他们的诗歌表达了犹太人民的自由精神,且有很优秀的德文翻译。"为什么诗集中缺了他们?"文章最后谈到了艺术与政治的关系,提到了"用思想的暴力反对暴力的思想",她强调指出,"仅仅用美的诗歌不能挣脱枷锁","无论是没有街垒的诗歌,还是没有诗歌的街垒,都不能解放人类"。她的这种观点,与布尔什维克的主张是一致的。

她写过一篇报告文学《在犹太的土地上》,发表在流亡刊物《言论》1938年第11期(第69-72页),文中写道,乌克兰的苏维埃犹太人有了自治的共和国:比罗比詹,以苏维埃犹太人为主体的集体农庄位于尼古拉耶夫,正如其他的犹太人集体农庄那样,长年遭受"伪装的坏人"的煽动,敌对分子的手法是,在田间对集体农庄的庄员说:"你干吗做这粗重的活?这不是犹太人干的。只有 Goj(希伯来文,对不信教的人的鄙称)才能忍受。你肯定要干垮的。"文章免不了给人的印象是:为苏联安置犹太人的政策做正面宣传。她还用诗歌的形式展现犹太集体农庄的妇女们在葡萄园劳动,驳斥敌视犹太人的谎言。[②]

1944年4月,莫斯科工会大楼的大厅举行第三次犹太人民代表大会,克拉拉详细报道大会情况,她写道,"大会自始至终,整个大厅从演讲台到最边远的角落都充满热烈的战斗气氛",犹太反法西斯委员会主席在开幕辞中"以苏维埃犹太人的名义号召所有国家的犹太人发扬主动精神,加强反希特勒的联合",接着逐个介绍大会发言者关于苏维埃犹太人反法西斯抵抗斗争英勇事迹的汇报,最后指出,"这次大会的意义远远超出犹太人民的利益,它是人类抵抗力量鼓舞斗志的一次展示,指明了未来最伟大的道义和政治任务"。(《国际文学》,1944年第6期)在克拉拉关于这次犹太人民代表大会的报道中,以复国为宗旨的锡安主义消失得无影无踪,取而代之的是反法西斯的抵抗斗争以及

---

① 比亚利克(Chaim Nachman Bialik, 1873—1934),犹太诗人、作家,用希伯来文和意第绪语创作,在以色列被誉为民族诗人。
② 诗歌《犹太集体农庄的葡萄园》,发表于《言论》1938年第10期。

各族人民兄弟般的战斗友谊。但是，下面我们将看到，这是与她对犹太民族的认同紧密联系在一起的。

二

朱白兰是犹太裔诗人，虽然她没有被视为犹太民族诗人，但是她在流亡苏联期间发表过不少包含犹太文化元素的诗歌，从中，读者可以感受到强烈的犹太民族意识。

"隔都"（Ghetto）是朱白兰诗歌中经常出现的母题。犹太人聚居的街区被称为"隔都"，这个词源于威尼斯名叫"Gettore"的小岛，小岛面积约一公顷，四周是运河，岛上有铸造厂（ghèto），为了防火，工厂附近的居民区建有围墙，1516 年威尼斯共和国政府颁布公告，将这里作为犹太人唯一的聚居地，与基督徒的社区隔开。这项宗教和种族隔离的政策，目的是防范犹太人。此后，"隔都"被引申为欧洲城镇中自愿或被迫集结的犹太人居住区。在隔都里，犹太会堂（Synagogue）作为犹太人宗教、社会和文化生活的重要场所，是犹太社团的主要标志。早在维也纳生活时期，克拉拉曾经在《维也纳日报》（*Der Tag*，1926 年 3 月 5 日）上发表《威尼斯十四行诗（两首）》，这是对犹太历史的沉重回忆，其中第一首诗描写了威尼斯隔都的景象：混乱丑陋的小街窄巷，阴沉沉的城门，纵横交错的密集城区，腐朽的房屋散发出地牢的霉味，空气中充斥着封闭的气息。诗人写道：

> 这是古老的犹太人生活区。
> 目光下垂。他们不想丧失自我，
> 于是人们首次在此将他们隔离。
>
> 古老的会堂敞开阴郁的大门，
> 几百年来它喉咙里回荡着
> 犹太人被扼杀的灵魂的悲鸣。

犹太人这种被扼杀的灵魂的悲鸣，让人想起茨威格笔下罗马教区犹太人坐在一起祈祷的情景：虔诚的喃喃之声从他们的胡须下边轻轻地、连绵不断地涌流出来，谁也没有抬头看别人，他们那年老的脆弱肩膀，在翻来覆去唱念诵说同一篇颂诗的时候,以同样的节奏摇晃,这些颂诗他们都念诵过成千上万遍了,他们的父辈,乃至遥远的祖先早已念诵过了,他们的感官几乎没有感觉了,畏畏缩缩的倾诉声音像是昏昏沉沉、迷迷糊糊的梦话一样。① 在朱白兰看来,会堂里回荡的那些祈祷声,既不是哀陈苦况、求主矜悯的悲叹,也不是对耶和华无所不在、慈爱永存的赞美和感颂救赎的称谢,而是对自由的热烈渴望。诗人在第二首诗中向族人发出一连串提问:

> 你是否听见压抑的教堂歌曲?
> 当中包含着摇晃和延伸,
> 荡漾着对自由的热烈渴望。
> 他们在唱——不断歌唱。
>
> 族群的全部苦难何在?
> 血泪中发生过的事情何在?
> 沉闷的残酷和愚钝的讥讽何在?
> 全泯灭了。只留下了歌曲。

诗人没有追问受迫害的犹太民族的出路何在,更没有在诗中给出答案,也许,她自己还没有找到明确答案,但她敦促同胞不要忘记历史和现实的苦难,并对未来充满期待,诗人最后写道:

> 一个斑斓的小不点儿跑到我跟前,
> 蹦蹦跳跳唱着歌……小宝宝,听啊,
> 古老的犹太人区在向未来致意。

如果说朱白兰当初只是具有向往自由、平等、公义的意识,抱着乌托邦色彩的锡安主义理想,那么,流亡苏联后,同样是写犹太人隔离区,呈现的图像迥然不同。

有一首描写故乡犹太区的诗,题为《萨达古拉的神奇拉比》(《国际文学》1938 年第 5 期)。萨达古拉是切诺维茨的一个城区,这里流传着关于神奇拉比的传说。拉比(Rabbi)是犹太教负责执行教规、律法并主持宗教仪式者,被

---

① 参阅《蜡烛台记》,收入斯蒂芬·茨威格著,高中甫等译《犹太人的命运:茨威格的心灵世界》,上海三联书店 2009 年版,第 255 页。

视为圣人、精神领袖。神奇的拉比通天晓地,能跟神灵交谈,知人间的生死福祸,甚至能像仙人一样乘坐飞毯横渡海洋。在他的屋里,缺少不了安息日的灯(Sabbathleuchter),那是象征光明的七桠烛台,少不了厚厚的经典《塔木德》(Talmud),那是拉比讲授宗教律法的经书,更少不了喀巴拉(Kabbala,希伯来文中原意为"传授",犹太教神秘主义体系)最奥秘的"生命之树",那是一幅树形图,枝桠上画有十个圆圈,中轴线上四个,左右分别三个,圆圈之间有22条通道,最顶端的圆圈称为王冠,其余的从上至下分别为智慧、知性、恩宠、严厉、美丽、胜利、荣耀、基础、王国,树的根部隐藏着不可认知的神的力量,神力像树液一样从根部流向所有枝桠上圆形的流溢层(Sephiroth),这是犹太教神秘主义解释宇宙生命的示意图。这些留存在犹太人集体记忆中的宗教圣物,作为意象出现在诗中,使作品带着浓浓的犹太色彩,但在诗人的笔下,神奇的拉比已经失去了往日的威严和神秘,他被旁人的嘲笑刺伤,虔诚的神态消失,不再像往日那样查看古老的喀巴拉生命树的符号。与神奇拉比形成鲜明对比的是出身贫穷的报童和鞋匠,报童在叫卖《切诺维茨报》,鞋匠在阅读,兴致勃勃,苦思冥想。在诗的结尾,诗人告知拉比:鞋匠阅读的并非被奉为经典的《塔木德》,也就是说他不再是塔木德的信徒。整首诗生动地描绘了鞋匠的觉醒,对传统犹太教的讽刺不失含蓄和幽默。

再看另一首描写故乡犹太区的诗《切诺维茨的犹太区》,收入诗集《回答》,1939)。在那里,隔都的围墙一百年前已经坍塌,但贫穷使大多数犹太人无法离开狭小的住地。古老的街道紧密相连,路面凹凸不平,小巷弯弯曲曲,人们脸色苍白,衣衫褴褛,凭借幽默面对生活的不幸。诗人讽刺少数获得"解放"和"光明"的富人,他们离开了犹太社区,成为高官和贵族的邻居,过着灯红酒绿的生活,嘴里说着怪声怪调的德语,忘却了隔都的苦难,诗人在抨击依附封建主的犹太富人时坚定地写道:

> 古老的犹太人的街道啊,我是你的孩子,
> 我要从我的人民的全部经验中学习。
> 思考时我强大,仇恨时我更坚强,
> 我要将任何弱点都锻造成利剑。

对于诗人来说,古老的犹太人的街道,即具有悠久历史的犹太民族,是养育她的母亲,是智慧和力量的源泉,正因为如此,她在另一首诗中写道:"我热爱/睿智的切诺维茨的犹太人的街道。"(《莫斯科》,收入《战场与地球》,1944)

朱白兰在中山大学
——纪念朱白兰先生逝世五十周年

她还写分布在其他地区的隔都。《偏要对着干!》(《国际文学》1939年第4期),第一、二段诗节的开头便列举了七个地方的犹太区:福克山尼、基尚涅夫、切诺维茨、布勒伊拉、雅西、黑尔察、布加勒斯特,诗中讴歌一位在罗马尼亚生活的犹太青年,他离开家乡奔赴西班牙,在反法西斯斗争中英勇牺牲。诗的第一节写道:

> 在福克山尼、基尚涅夫、切诺维茨
> 分布着犹太人的居住区,
> 在古老的弯曲的街道里,
> 在那苦难的灰色的地方,
> 盛行着一句古老的话,
> 被侮辱和迫害的人们,
> 用来削弱最强大的压迫者,
> 它出自犹太人的口:"偏要对着干。"

最后四行的原文是这样的:

> Lebet ein Wort, das auch den stärksten,
> Mächtigsten Bedrücker schwächt,
> Des Geschmähten, des Gehetzten
> Altes Judenwort: "Erst recht."

Erst recht 这个惯用语在杜登辞典(*Duden*, Band 11: Redewendungen und sprichwörtliche Redensarten)中的解释为 um so mehr, gerade(更加,偏偏)。这个词,既是朱白兰一首诗的标题,也被她定为一本诗集的书名。被迫害者面对强大的压迫者说这句话,表达的是顽强不屈的反抗精神,哪里有压迫,哪里就有反抗,压迫愈大,反抗愈烈。压迫者不是要我们屈服吗?我们"偏要对着干"。一位英雄倒下了,更多的民众站起来。最后一段诗节,诗人再次唱道:

> 在罗马尼亚的犹太人的街道,
> 拥挤着成千上万的人,
> 群众汇集在一起
> 为年轻的英雄默哀。
> 他们早已不再乞求,

> 这个顽强不屈的种族，
> 咬牙只说一句话：
> "偏要对着干！"

揭露和谴责法西斯迫害犹太人的罪行是朱白兰诗歌的重要主题：在布加勒斯特的维克多利亚大街上，弱小的犹太孩子看见犹太人便乞求施舍，一夜之间，城市被纳粹的皮靴践踏，孩子再看不见有犹太人，并且遭到行人恐怖的咒骂："见鬼去吧！/你这个犹太崽子，该死的，滚开，/否则，就用鞭子赶你回家。"在维也纳，一位救治了六万名儿童的犹太医生，遭受纳粹分子鞭打和凌辱："你这个犹太猪，竟敢仍在此医治护理/雅利安①的儿童？！"（《克内普费尔马赫教授》，收入诗集《多瑙河叙事曲》，1941）。在波兰的但泽地区，有名望的犹太医生甚至被纳粹浇上汽油活活烧死。（《这位犹太人被活活烧死》，收入诗集《偏要对着干！》，1939）② 诗人告诫大家，屠杀犹太人的刽子手一旦大开杀戒，将进一步屠杀黑人和中国人，他们猖獗地杀戮一个又一个民族，为的是在其他民族的血泊中扼杀本族人民的愤怒。

犹太人抵抗纳粹大屠杀的斗争，是朱白兰诗歌的另一主题。犹太人由于民族的流散性，在大战期间很难形成一个由社会及种族凝聚情感而统一起来的集团进行武装抵抗，因此，欧洲的研究者更强调其他形式的抵抗，例如，冲破隔离区加入其他地区的反法西斯斗争，在隔离区对犹太文化热情保护。在史无前例的极端的种族灭绝情况中，犹太人通过逃离，阻止敌人的政策。挽救生命，生存下来，同样意味着抵抗。③（《国际文学》1939 年第 4 期）流散中的犹太人的斗争，在朱白兰的诗中得到了反映。《偏要对着干！》讴歌了一位犹太青年离开家乡的犹太区奔赴西班牙前线，冒着枪林弹雨，英勇作战，不幸壮烈牺牲。《敖德萨的逃亡者》（《国际文学》1943 年第 6 期）叙述了一个犹太难民的故事。黑海岸边的小渔村落入希特勒之手后，犹太人被集中关进兵营，遭受虐待，一个名叫阿布拉姆的伤残者在三位邻居的保护下，隐藏在渔民的茅屋中，木制的假肢严酷地敲打他的心脏，他曾目睹任何犹太眼睛都无法忍受的暴行，曾抱着死去的念头，但他获救了，顽强地活了下来，在狭小的暗室里，不知春夏秋冬和白天黑夜，然而，"他活着，呼吸着，因为这是人民的意愿，为了抵抗外来的流氓和统治者"。犹太诗人阿布拉姆·苏兹科威（Abram Sutz-

---

① 纳粹种族主义者宣扬，雅利安人是最纯粹、最优秀的种族。
② 参阅 Zhidong Yang: *Klara Blum – Zhu Bailan*（1904—1971），S. 120。
③ 参阅埃利·巴尔纳维主编，刘精忠等译《世界犹太人历史》，中国人民大学出版社 2007 年版，第 236 页。

kewer）的诗《罗姆印刷厂的铅版》反映了保护犹太文化的斗争，朱白兰将这首诗从意第绪语译成德文，发表在《国际文学》（1944年）上。诗中叙述了希特勒军队占领下的维尔纽斯犹太区（Wilnaer Ghetto）的抵抗运动，维尔纽斯被称为"立陶宛的耶路撒冷"，是东欧犹太人宗教、文化、政治生活的中心之一，那里的秘密武装和游击力量冒着生命危险，成功保护了犹太印刷厂的铅版，同时也抢救了一大批文化珍宝。诗中写道：

> 我们满腔热情将词语融化，
> 将它们铸成渴望中的形体。
> 圣地的父辈也曾这样
> 将七烛台填满点燃。

七烛台（Menorah，音译梅诺拉）在德文中意译为 siebenarmige Leuchter，即有七桠的烛台。据《旧约·出埃及记》第24章，摩西率以色列人为耶和华造灯台，用精金锤打出座、干、杯一体的七个灯盏。七烛台这个文化象征，成为古老犹太教的徽号，如今构成以色列国徽的中心图像。斯蒂芬·茨威格写的四篇传奇故事中就有一篇《蜡烛台记》，叙述罗马的犹太人抗击汪达尔人，抢救"梅诺拉"的故事。对于犹太人来说，蜡烛台在礼拜圣器中最具可见性，"这个蜡烛台是用纯金经过艺术加工制成的。在宽平的蜡烛台友杆上立起七个圣餐杯，还精巧地装饰了鲜花花环，在七个球形蜡烛座上蜡烛都点燃起来的时候，烛光就变成了七朵花。看到这个蜡烛台，我们就觉得自己的心也神圣化了。每逢安息日点燃起蜡烛的时候，我们的思想就转向礼拜堂。因此，对于我们来说，世界上没有别的东西能像蜡烛台的形态一样宝贵地作为象征。"① 在克拉拉翻译的诗中，七烛台象征着犹太文化和光明。

值得一提的是，七烛台的杯形如杏花。在希伯来文中，杏树（schaqed）这个词的意思是守望者（der Wachende），在各种德文圣经翻译中，常用守望树（Wachbaum）代替杏树（Mandelbaum）。在《旧约》的《耶利米书》中，耶和华问耶利米看见了什么，耶利米回答"一颗渐渐开花的杏树"，主对他说："你说得对，因为我守望着我的道（Wort），使得成就。"神自己就是守望树。据《民数记》第17章，当以色列人在摩西的带领下穿越旷野时，众人向摩西、亚伦发怨言，神吩咐摩西将各支派首领的杖存放在帐幕内的法柜前，并

---

① 参阅《蜡烛台记》，收入［奥］斯蒂芬·茨威格著，高中甫等译《犹太人的命运》，上海三联书店2009年版，第268页。

晓谕他所拣选的人的杖必发芽,摩西遵神谕共收取到十二根杖,在杖上写了名字,放在法柜前,第二天,利未族的亚伦的杖已经发芽,开花,结了熟杏。①利未族是以色列人的一个支派,杏(Mandel)、杏树、杏花、杏仁,乃至由此引申出的杏眼(杏仁形状的眼睛),在犹太文化中被赋予了象征意义,成为文学作品中的母题。这个母题,在犹太诗人保罗·策兰的诗中多次出现。正如约翰·费尔斯坦纳指出的,"杏树在以色列最早开花,产出的杏仁有甜有苦,其椭圆形状很像地中海东部地区累范特人的眼睛,在策兰看来,杏仁代表犹太意识。"② 在朱白兰的诗中,也出现了杏眼母题。发表在《国际文学》1938年第9期的《民族之歌》有这样的诗句:

> Mein Volk blickt mandeläugig, ohne Rast,
> Auf schwarem Samte brennt ein Scjmerz, ein stummer.
> Schlitzäugig blickt dein Volk, beherrscht, gefaßt
> Und lächelt höflich über seinem Kummer.

> 我的人民用杏眼观看,孜孜不倦,
> 黑色的丝绒上燃烧着无声的痛苦。
> 你的人民用眯缝眼观看,
> 克制、镇定、谦恭地笑对忧伤。

"我的人民",即犹太人民,"你的人民"指的是中国人民,"杏眼"在这里已失去了宗教意味,它只代表犹太民族,所承载的意义可延伸到民族的心灵——因为,眼睛是心灵的窗口。诗中从民族的历史、语言、文字、情感、性格、思维、精神等方面刻画犹太人民的特征:

> 我的人民古老,背负沉重的回忆,
> 流浪的野性呼啸着穿过他的传说。
> ············
> 我的人民说话像唱歌,表达丰富,
> 带着粗糙的喉音,似乎喉咙干渴。
> ············

---

① 参阅 Manfred Lurker: *Wörterbuch biblischer Bilder und Symbole*, Kösel-Verlag 1973, S. 232–233。
② [美] 约翰·费尔斯坦纳著,李尼译:《保罗·策兰传》,江苏人民出版社2009年版,第71页。

> 我的人民爱得温柔深沉,
> 感觉埋在深深的地窖。
> 长久抑制的炽热终于释放,
> 头脑清醒,精神猛烈燃烧。
> …………
>
> 我的人民写字一串又一串,
> 字母排列如同原始森林的木块。
> …………
>
> 我的人民看着自己的面孔,
> 嘲讽自己的弱点。
> …………
>
> 我的人民热爱逻辑和清晰的结论,
> 并同时挥动野性的双手。
> …………
>
> 我的人民热爱逻辑和清晰的结论,
> 我的同胞中也产生男女贤哲,
> 他们教导说,为了建设更美的世界
> 必须首先有所摧毁。

通过列举两个不同民族之间的差异,着眼点落在了"你"和"我"的相互交流:

> 你和我,彼此更多地交谈,
> 让我们的人民互相完全理解。

诗的最后两节写道:

> 有人曾扭曲整个世界,
> 蒙蔽我的双眼使我不明真相。
> 有人曾将我禁闭在我的同胞中,
> 误导我蔑视其他的民族。
>
> 我深深呼吸,摆脱了昔日的疯狂,
> 你侧眼审视,黑色眼珠闪着星光。

> 我从未像今天这样热爱我的人民，
> 因为我学会了热爱其他民族。

朱白兰以《民族之歌》作为这首诗的标题。她摒弃了狭隘的民族主义，热爱自己的民族，同时也学会热爱其他民族，体现了民族情感与国际主义的兼容。在诗歌《莫斯科》(《国际文学》1942 年第 12 期)中，她描述了这样一幅图像：

> 在你宽阔明亮的大街上色彩缤纷
> 兄弟般的各民族聚集在一起。
> 蓝眼睛旁是炽热的杏眼，眯缝眼，
> 智慧地微笑。从你欢乐的图像中
> 放射出严肃的安慰：
> 在这各民族的大家园，
> 一切无家可归都已结束。

各种不同的眼睛代表着不同的种族，蓝眼睛、杏眼、眯缝眼分别代表日耳曼人、犹太人和包括汉人在内的蒙古人种。在朱白兰看来，莫斯科是各民族欢聚的大家园。在法西斯推行种族主义，对犹太人实行"种族灭绝"大屠杀的背景下，朱白兰多次在诗中运用杏眼母题，甚至干脆用《眼睛……》作标题写了一首诗(《言论》，1937 年第 11 期)：

> 两只眼睛在城市拥挤的人群中闪烁：
> 一束斜射的黑色闪电来自遥远的东方；
> 莫斯科的建造和莫斯科的人群
> 映照在那聪明的细长眼缝中。
>
> 两只眼睛在克里姆林宫大厅闪烁：
> 它们将亚洲的炙热注入报告中；
> 那湿润的杏盘①映照着
> 对它们说话的那位忠诚的教员。

---

① 德文原文是 Mandelschale。

> 两只眼睛在学习室里闪烁：
> 高山眼睛，充满幻想，胆怯而狂野；
> 醉心于新的知识，眼光颤动
> 映照着普希金和歌德的图像。
>
> 睿智的眯缝眼，深沉的杏眼，
> 羚羊眼睛胆怯、狂野、警觉——
> 受折磨被驱逐，它们曾凝视空无
> 由于恐惧、痛苦和屈辱而燃烧。
>
> 被羞辱、蔑视、唾弃、践踏。
> 为何？因为那是——蒙古人，那是——塔吉克人。
> 因为那是——亚美尼亚人，那是——奥塞梯人。
> 因为他们的眼睛是杏形的，眯缝的。

诗人有意识地用斜体的定冠词和破折号来限定各种族的人，隐含着对纳粹的种族主义的揭露和谴责，正是纳粹的种族主义，造成种族歧视、仇恨和迫害。诗的结尾用宽阔的各种框架中有相同的图像来比喻各民族人民的大联合：

> 在狭窄的镜中我们的世界，宽阔的——
> 各种框架，却有相同的图像，
> 一双眼亲密地潜入另一双眼，
> 他们兄弟般的联盟已然实现。

三

战后，朱白兰告别了曾经享有"片刻幸福"的苏联，离开有着反犹主义传统的欧洲大陆，踏上来华道路。1945年年底，朱白兰从苏联出发，经波兰、罗马尼亚、匈牙利、捷克斯洛伐克、德国、瑞士、法国等多个国家，最后在犹太难民救济委员会的帮助下，于1947年9月到达上海。在此期间，巴勒斯坦的政治局势面临重大变化，联合国大会经过近两个月的讨论后，于1947年11

月 29 日以超过 2/3 多数票通过巴勒斯坦分治决议。分治决议刚在联合国获得通过,巴勒斯坦的阿拉伯人和犹太人迅即陷入暴力冲突,且很快演变成全面内战。1948 年 5 月 14 日,以色列举行立国仪式,犹太复国主义运动激进派领导人大卫·本-古理安向全世界宣读《独立宣言》。国际上很快做出反应,杜鲁门总统立即承认临时政府,斯大林也予以承认。1948 年 12 月,以色列政府派特派员来犹太人聚居的上海,经中国政府同意,向上海犹太人发放了 7000 份赴以色列的护照签证,几乎所有的犹太复国主义活动组织的领导人和骨干分子陆续离去,上海的犹太复国主义基本上陷于停顿。[①]

与返回以色列的犹太人相反,朱白兰前往并留在了上海,因为她来华的目的并不是寻求临时庇护所,而是"寻夫"和"写书"。来华不久,她在"寻夫"的过程中开始创作自传体小说《牛郎织女》。由于作者有深切的个人体验,虽然生活和创作条件极为艰难,但小说很快就完成了,并于 1951 年在民主德国出版。这部自传体小说的主线是一个名叫汉娜的波兰女子与中国的革命者张牛郎在流亡苏联期间的爱情故事。小说第二部分的标题是"片刻幸福",在这段叙事中,女主人公汉娜是一位三十岁出头未婚的犹太女子,她出生于曾属波兰的城市德罗霍贝奇,是个女作家,她逃过了纳粹对犹太人的大屠杀,流亡苏联。她是政治流亡者,但不是共产党员。在张牛郎的心目中,汉娜是一个"非常聪明的犹太人"。她长得并不漂亮,"高鼻子,不良的姿势使她美丽的身躯变形,不喜欢运动,还有缺乏自我控制"。当她的同胞质疑欧洲女人不可能跟中国男人相好时,她便大声咆哮,斥责这位同胞"简直不可思议,一个犹太人说起话来怎么跟纳粹分子一样",并且骄傲地说:"德罗霍贝奇的女人无所不能"。她用希伯来文《圣经》中的诗向恋人表白自己的爱情感受,因为"这首诗是一切民族所有时期最著名的爱情诗",她性情忧郁沉稳,恪守道德规范,对于她来说,古代犹太人在喜帐下举行婚礼的习俗,依然是美好的集体回忆,因为,"委身于一个男人,哪怕是最爱的人,也是一件难为情、令人恐慌的事情"。她不无自豪地告诉牛郎,犹太民族有两种语言,犹太《圣经》中使用的书面语言(希伯来文)和日常生活中讲的意第绪语,热情邀请朋友去观看犹太戏剧,介绍享有"犹太族的马克·吐温"美誉的肖洛姆·阿莱汉姆的作品。她痛恨法西斯的种族歧视,看见从德国海德堡寄来的明信片中,公园的椅子上写着"只供雅利安人坐",心中怒火燃烧。她的民族自尊容不得丝毫损伤。一位朋友对她说,上级领导蒙梯尼对她印象不太好,她尖锐地反问:"真的吗?即使如此,我也不会去做鼻子整形手术。"高高突起的鼻子是犹太

[①] 参阅唐培吉等:《上海犹太人》,上海三联书店 1992 年版,第 253 页。

种族的生理特征，汉娜用这样的回答，表明绝不会因为上级领导的种族偏见而隐匿自己的犹太身份。当朋友劝她去争取蒙梯尼的好感时，她断然拒绝，因为出身于贵族家庭的蒙梯尼虽然是共产党的干部，但对犹太人心怀敌意，嘴上挂的是歧视犹太人的常用语："这个歇斯底里的犹太女人！这个失败的女先知！这个德罗霍贝奇的底波拉！"这对于汉娜来说，无疑是对她以及犹太族群的极大侮辱，因为底波拉是希伯来的女先知，曾帮助以色列人战胜伽南人。在小说后面的章节中，我们看到，她对反法西斯阵营内部敌视犹太人思潮的抗争，在张牛郎失联后越演越烈。

小说的第三部分以日记、书信体的形式讲述男女主人公失联后的状况。女主人公的书信，记录的自然是作者亲身的经历，而男主人公的书信，虽然纯属虚构，但作为女主人公通信的对象，是借他者的口，揭示作者的思想。书信体和日记体小说属于自白文学，如果说画家的自画像更多描绘画家自身的外部特征和神态，那么，书信和日记则适用于作者直抒胸臆，表达个人的心声。下面摘引几则日记的内容，以窥视女主人公的精神世界。

1938年10月9日，张牛郎在重庆途中写的日记称："汉娜，以色列的女儿！有谁能像你那样理解我们的人民？"在这则日记中，男主人公称汉娜为"以色列的女儿"，这让我们想起朱白兰年轻时写的散文《锡安之女》，朱白兰与汉娜同为犹太人民的女儿，但在称谓上，早期犹太复国主义者使用的、源于旧约的词"锡安"，已被"以色列"取代。

1941年3月21日，汉娜在日记中写道："我无论如何都不会让步。'因为，以色列，你是顽强的民族。'《摩西五经》中如是说。"汉娜引用的《摩西五经》是希伯来《圣经》的第一部分，包括《创世记》《出埃及记》《利未记》《民数记》《申命记》五卷，内容覆盖了以色列最初七百年的历史，描绘了犹太人如何摆脱埃及奴役的艰苦历程。希伯来语称"五经"为"托拉"（torah），是以色列神祇亚卫（Yahweh）在西奈山给摩西的"教诲"。它是犹太信仰的基石。① 汉娜表示坚守犹太民族顽强的特性和传统。

1943年3月20日，汉娜写下诗句，将蒙梯尼比喻为蜘蛛，表达了永不屈服的斗志：

> 蜘蛛，凌驾于我生命之上，
> 黑色的射线后阳光闪耀。
> 我不知道结局将会如何，

---

① 参阅［英］J. B. 加百尔、G. B. 威勒著，梁工等译《圣经中的犹太行迹》，上海三联书店1991年版。

我只知道：我永远不会屈服。

她还写道：

现在没有时间呻吟。人们必须发挥作用。在这里，有各民族的反法西斯委员会，德国的、捷克的、波兰的、犹太人的，等等。我和犹太人的反法西斯委员会建立了联系。他们将信息资料发送到力所能及的地方，特别是发给在美洲和巴勒斯坦的犹太人。我为他们写些短文。这项工作给我带来快乐。……我对其他民族的热爱只会强化我对自己犹太民族的热爱。……自从我学会为其他民族的权利斗争，我为本民族的斗争也进行得更好、更有效。

为了证明这种对本民族的爱与对其他民族的爱的关系，她针对"我不为己，谁会为我"的利己主义论调，引用公元前后犹太人精神领袖希勒尔拉比（Rabbi Hillel）的著名格言结束这一天的日记："我若只为己，我算什么？"（Und wenn ich *nur* für mich bin, was bin ich?）

1943年3月23日，她在日记中讲述采访苏军中的犹太人，当他们用意第绪语交谈时，熟悉的乡音、相通的心灵，使融化在血液中的民族情感顿时得到释放。古代犹太先贤的教诲是犹太人的宝贵精神财富，她引用《圣经·以赛亚书》中先知的名言表达他们对和平的渴望：

受犹太人反法西斯委员会的委托，我采访了大卫·埃普施泰因中将。起初，我们无意识地讲俄语，后来，我开始讲意第绪语，他高兴得像一个学生。

过去，他曾经是明斯克的国民学校的教师，一个文静的、不引人注目的人。只是在战争中，他由于具有战略天才和近乎鲁莽的胆量才出了名。尽管如此，他还是用这样的话来结束自己的谈话："但愿这场可恶的战争早些结束！"

仿佛同时产生灵感似的，我们共同说出了先知以赛亚的话：

"他们要将刀打成犁头，把枪打成镰刀；这国不举刀攻击那国，他们也不再学习战事。"

对于犹太教正统派的陋习，她在日记中毫不掩饰地一再表达了"离经叛道"的立场。1945年12月17日，她在布拉格的日记中提到一个年轻的犹太女裁缝，名叫弗格勒，她告诉汉娜："我现在是赎罪者。"因为纳粹向比利兹进发时，她来不及逃走，被一位年轻的捷克人藏起来，为了表达感激之情，吻了这个"非犹太人"，这种罪过必须赎清。十一个月来，她穿着十分破烂的衣服。但在此期间,她通过布拉格的婚姻中介与一个年轻拉比有通信。再过一个月,她的赎罪期就结束了,在上帝的帮助下,她将成为一个洗清罪过的、幸福的犹太教经师的妻子。12月19日,汉娜接着写道:"弗格勒在挨饿的情况下感受到一种道德的满足。她赎罪时生活越苦,罪赎得越清。好吧,她将自己所做的事情看作是一种罪过。而我,牛郎,亲爱的,我完全没有把自己做的事情看作是罪过。我甚至为此感到非常自豪。"1946年2月24日,汉娜甚至自我调侃,为始终不渝地自称中国人的妻子进行解释:"我始终不渝地自称是你的妻子,其实这是一种犹太人的放肆行为。我感觉自己就像已故的拿破仑,自己给自己戴上皇冠。实际上,用维也纳的话说,我和你只是小有关系而已。然而,你是我的丈夫!任何的婚姻登记处都不可能像我这样将我们的婚姻看得如此神圣。"

《牛郎织女》中还有两个细节特别值得关注。

第一个细节,小说第4部分第1章,汉娜初到上海不久,犹太人援助委员会分给她一个房间,邻居贝尔格曼夫妇出身于改宗的犹太人家庭,来华前在中欧的一个省城拥有房产,生活富裕,他们对犹太人,特别是东犹太人表现出"理所当然的蔑视"。希特勒当局查出了他们的犹太出身,宣布他们属于劣等种族,没收了财产,用严厉的措施威胁他们,于是他们逃来上海。他们虽然在家乡经受了百般屈辱,但在上海却因为是白种人对中国人摆出主人的身份,没有一次在谈话中不骂中国的苦力和女佣人,为此,"汉娜用一种跟她43岁年龄不相称的愤怒做出反应,并且当面告诉每个愿意聆听的人,她自己是一个中国人的妻子"。

第二个细节,小说第5部分第6章,汉娜从昏迷中醒来,发现床边坐着一个陌生的上了年纪的女士,是个白种人,她明白了,这位女士在要求她相信救世主、耶稣基督,于是有了下面这段对话:

　　汉娜默默地啃着第二块面包干。
　　"您太好心了,"她开始说,"但坦率地说——"
　　这位女士婉言拒绝感谢。"这是我的义务,来这里拯救您的灵魂,以免永入地狱。"
　　汉娜从床上坐起:"我一直是犹太人。"
　　"您是信教的犹太人?"
　　"我属于犹太种族。"汉娜说。她集中思想,因为在任何情况下她都不喜欢给出一个模棱两可的回答。"但我并不是犹太教信徒。"
　　"您也许很快就会死去,"女士叹息,"到那时就太迟了。您的灵魂将被打入地狱，地狱里是很可怕的。"

"您是好意的，"汉娜承认，"但必须诚实地告诉您，我一点儿也不恐惧。"

女士在大声地为汉娜祈祷后走了。

第一个细节的描写与20世纪二三十年代发表的文章《维也纳的犹太人》及诗歌在思想感情上是一脉相承的，即对皈依基督教的犹太富人的愤懑。第二个细节则明确地表明，汉娜既不信奉犹太教，也决不会寻求基督教的"灵魂救赎"。回看小说的第1部分第3章，会发现一段耐人寻味的叙述：牛郎在上海乘船过黄浦江，一个西班牙的传教士，宁可站立在摇摇晃晃的船上，也不跟另一个"洋人"同坐，原因竟然是，"我不想坐在犹太人的身边"，"犹太人将基督耶稣钉上了十字架"，被问到事情发生于何时，回答是"两千年前"。细心的读者听到这种回答一定会感到困惑，因为，基督教将耶稣诞生年定为新纪元的起点，生活在20世纪30年代的传教士，怎么会说两千年前耶稣基督被犹太人钉上十字架？这到底是无知还是欺骗？如果翻阅一下有关犹太教和基督教历史的书籍，便会知道，关于耶稣生平，从受约翰洗礼，到最后的晚餐、被钉十字架殉难、复活后升天，以及末日审判、灵魂救赎等一系列叙事和说教，记载于《新约》的"四福音书"，产生于公元1世纪的基督教运动。① 这种教义，对于犹太人来说，实在说不上"福音"，特别是当基督教被罗马统治者承认为国教后，出于对犹太教的敌意，犹太人更是被视为出卖耶稣的千古罪人，被捆绑在耻辱柱上受世人唾骂。考察这些叙事的真实性，是历史学家和神学家的任务。我们要提出质疑的是，即使历史上耶稣真有其人，被犹太人钉在十字架上的事情也确有其事，千百年后的犹太后裔有何理由仍要承担罪名，为了"赎罪"而忍受迫害，寻求拯救？这不是宗教和种族歧视，又是什么？

小说中的汉娜，可以说是作者的自画像。事实上，朱白兰在来华的履历上填写的是无宗教信仰，她既不是塔木德信徒，也不相信基督教。透过对女主人公语言、行为和心理分析，可以看到，自传性小说的作者朱白兰自始至终与皈依基督教的犹太人划清界限。

---

① 参阅［英］J. B. 加百尔、G. B. 威勒著，梁工等译《圣经中的犹太行迹》，上海三联书店1991年版。

四

作为犹太人,朱白兰来华后依然心系犹太民族的命运。1948年5月14日,英国最后一名高级委员撤离耶路撒冷,结束了英国在巴勒斯坦的统治,在犹太人居住的特拉维夫城,本-古理安宣布犹太国独立,并将国家命名为"以色列国"。对于流散世界各地的犹太人,这意味着"结束了2000年来犹太人民无家可归的"历史。这一事件,令巴勒斯坦无数犹太人走向大街,奔走相告,欣喜若狂。① 关于新成立的以色列国,《牛郎织女》第217页上有如下叙述:

一九四八年五月十四日是一个喜庆的日子。以色列国宣布成立。汉娜为晚上的聚会上街买甜点心。半路上,一个可爱的中国少年跟她攀谈,他大约十岁,学生模样,从老远就认出她的犹太人外貌。他友好地望着汉娜,说:"今天是你们的胜利日!"

按常理,以色列立国是犹太人梦寐以求的目标,如今目标实现了,应该大书特书,但小说中叙述字数不足一百,关于上海犹太社团集会庆祝以色列建国的活动只字未提,表达汉娜喜悦心情的只有"喜庆"两个字,只用再平淡不过的一句话写汉娜为晚上聚会买甜品,路遇中国少年,对他的友好祝贺甚至没有表示感谢。为什么作者在以色列立国这个重大事件上作淡化描写?《牛郎织女》这部小说完成于20世纪50年代末,当时中东的局势,令朱白兰内心深处充满忧虑。以色列立国之初,巴勒斯坦的局势并没有像犹太人的先知以赛亚所说的那样,"将刀打成犁头,把枪打成镰刀",而是爆发了阿以战争,新建立的以色列国被周边的阿拉伯国家视为"西方帝国主义的工具"。虽然以色列政府于1950年1月9日就宣布承认中华人民共和国,但朝鲜战争的爆发以及东西方的敌对,导致两国外交关系迟迟未能实现正常化,朱白兰如何能高兴起来?

后来苏联出现的情况也令她"深感恐惧":

---

① 参阅马丁·吉尔伯特著,蔡永良、袁冰洁译《五千年犹太文明史》,上海三联书店2016年版,第212页。

1952 年底，我发现，苏联新闻界对犹太人问题有一个令我深感恐惧的全新的表态。我认为，人们谴责追随美国的以色列政府，这是完全合理的。但这些文章表达出不满，仿佛要完全禁止犹太人具有民族感，并且怀疑以色列国家存在的权利。

我写了一封抗议信给斯大林。当这封信到达莫斯科的时候，斯大林已经死了。①

1954 年 6 月，朱白兰被批准加入中国国籍。1956 年 5 月至 8 月，中国先后同埃及、叙利亚、也门建立了外交关系。10 月，以色列国与周边的阿拉伯国家冲突加深，在埃及收回苏伊士运河主权的问题上，站在西方殖民主义者的立场，与英、法一起发动对埃及的侵略战争，遭到中国政府的谴责。1958 年 8 月，朱白兰在广州的《羊城晚报》上发表短文，题为《喜悦·警告》，以中华人民共和国公民和受过苦难的犹太民族忠实女儿的双重身份，公开斥责以色列本－古理安为首的统治集团。②

20 世纪 60 年代初，以色列发生了一宗震惊国际社会的审讯案。以色列总理于 1960 年 5 月 23 日在议会宣布，前纳粹政府主要战犯之一阿道夫·艾希曼已被以色列逮捕，将根据《纳粹分子及其同谋审判法》进行审判。这让以色列人喜出望外，但国际社会却传来谴责的声音。因为艾希曼在大战结束后用假身份在阿根廷生活，以色列国的安全机构发现后将其逮捕，秘密带回以色列审讯，这涉及侵犯阿根廷主权。联合国安理会通过决议对此进行谴责。面对反对声音，以色列为寻求正义，坚持对抓获的纳粹战犯进行审判，并最终判处艾希曼死刑。③ 在这一事件中，朱白兰更关注的是以色列进步力量的强大，她在给国外友人的信中写道："可惜中国的报刊几乎完全没有刊登有关艾希曼受审的消息，这样，我便借助《新德意志》报。多年来，想到以色列政府追随帝国主义，都会令我感到不幸。但是在审讯过程中，以色列进步力量越来越强大，我希望，在不久的将来，那里将发生各种改变。"④

作为中国公民的犹太人，她在谴责以色列政府的同时，致力于发展中国和犹太人民的文化联系，认为这"对于中国共产党领导下的无产阶级国际主义

---

① 见朱白兰 1958 年 5 月 29 日写的《自白》，现存中山大学档案馆。
② 详见朱白兰《喜悦·警告》，载《羊城晚报》1958 年 8 月 6 日。
③ 参阅丹尼尔·戈迪斯著，王戎译《以色列，一个民族的重生》第 11 章 "以色列直面大屠杀"，浙江人民出版社 2018 年版。
④ 朱白兰 1961 年 8 月 3 日致多琳卡的信，见 Zhidong Yang（hg.）：*Klara Blum, kommentierte Auswahl-edition*, S. 547－548。

事业将会是一个很好的贡献"。她1960年6月13日致茅盾的信，便是有力的例证。①

"文化大革命"期间，中国对以色列的谴责达到了高潮，当时的中国舆论称以色列是"一个犹太复国主义统治的军国主义'国家'"，"是帝国主义侵略和镇压阿拉伯民族解放运动的工具"。② 正是在这种历史背景下，重病缠身的朱白兰于1970年4月在遗嘱中声明：

> 我属于犹太族，我因以色列这个国家——这个美帝国主义的工具使我的民族蒙受耻辱而深感痛心。我认为每一个进步的犹太人都有责任和阿拉伯各国人民的反帝群众团结一致，同反动的、种族主义的、侵略成性的以色列军人政府进行斗争，并谴责它。

并且不忘委托人在送给中山大学的德文藏书《牛郎织女》的页面上对小说中的那段关于以色列立国的简短叙述加上如下注释："当时，我们还不知道，以色列国会成为美帝国主义者反对阿拉伯民族的血腥工具。"署的日期是1970年6月16日。

从朱白兰对以色列的一系列公开表态中可以看出，她将民族、国家、政府加以严格区别，坚定地站在反对帝国主义、反对种族迫害、主张各民族友好共处的政治立场上，但她对犹太民族怀着深沉的爱，主张犹太人民有重建家园的权利，对犹太人身份的认同始终不变。

如果说，以上列举的例子显示更多的是朱白兰在重大政治问题上的立场，那么，笔者在结束全文之前，想再引用一个生活细节作为朱白兰犹太意识的例证。

朱白兰1965年6月4日致信犹太同胞克拉拉·魏宁格尔（Clara Weininger），信末署了三个名字：Dshu Bai-lan、Klara Blum、Chaje。第一个名字是用德文拼写的汉名"朱白兰"，这是她来华后用德文发表作品时正式使用的；第二个是她的德文名字"克拉拉·勃鲁姆"；第三个Chaje是希伯来文名字，Chaje的意思是"生命"。她在1966年10月28日致魏宁格尔（Weininger）夫

---

① 详见朱白兰致茅盾一封信（1960.6.13）。
② 参阅肖宪著《以色列史话》，中国书籍出版社2016年版，第324页。

妇和1968年2月26日致克拉拉信件中，末尾均只署名Chaje。① 朱白兰晚年给犹太同胞写信特地署上希伯来文的名字，从中透露出什么信息？朱白兰对名字是很在意的，她在一篇人物速写中，曾谈到名字与民族意识的关系。文中描述了她在布加勒斯特认识的一位女子，名叫瓦勒利亚（Valeria），出生于显赫的波亚（Bojar，中世纪大地主贵族）家庭，非常自豪地使用她的罗马名字。朱白兰写道："这属于罗马尼亚统治阶级的民族意识，这个阶级一直强调自己部分的罗马人出身，并且一直通过名字、传统、文学表明，这个阶级是在图拉真（Trajans）② 管治下由古老的罗马人扶植起来的。出于这种民族自豪感，必须冠以维吉尔（Virgil）这个多少有些枯燥的国家官员名字以及梅萨利娜（Messalina）这个略为可爱的小市民名字。"③ 朱白兰在中山大学期间，曾专门为她的中文名字写信给学校领导，说明自己的名字是Blum，译成中文是"白兰"，随夫姓"朱"，要求大家用她的全名"朱白兰"。④ 她本人在给校方或中国同事签名时也喜欢署中文名，以显示自己是中国公民。她晚年在私人信件中使用希伯来文名字，不仅是有意识地向同胞表明自己是犹太人，更是她犹太民族的情结的自然流露。

全面评价朱白兰对以色列国的态度，是一个高度复杂的问题。首先，需要对犹太复国主义运动的历史，特别是对以色列国在错综复杂的世界格局中如何发展做深入的了解和客观的阐述，这已大大超出了笔者的能力和水平，而且也不是本文的任务。笔者写这篇文章，旨在尝试对朱白兰的民族意识进行综述，达到抛砖引玉的目的。我们有足够的理由相信，如果朱白兰活着看到中以两国在经历了四十七年的"冷冻期"后，在1992年1月24日终于建立全面外交关系，一定会欢欣鼓舞，为中以两国人民的友谊击掌叫好。

---

① 朱白兰1965年6月4日致犹太同胞克拉拉·魏宁格尔信件末尾署名"Dshu Bai-lan, Klara Blum und Chaje"，1966年10月28日致魏宁格尔夫妇和1968年2月26日致克拉拉信件末尾均只署名Chaje，见Zhidong Yang（hg.）：*Klara Blum, Kommentierte Auswahledition*, S. 551, 553f. 在私人信件中使用希伯来文名字，是朱白兰犹太民族情结在晚年的自然流露。

② 图拉真（Trajan, 53—117），原名Marcus Ulpius Traianus，公元98年至117年罗马皇帝，在位期间兼并多瑙河下游北岸的达西亚，设为行省，大批罗马居民移居该地，为罗马尼亚人的祖先。

③ 见朱白兰《东方妇女：五张罗马尼亚人的照片》（*Frauen des Ostens: Fünf rumänische Photographien*），载《工人报》，1933年2月14日。

④ 见林笳编著《中国籍犹太裔女诗人朱白兰（Klara Blum）生平与作品选》，中山大学出版社2016年版，第36页。

中国人民反帝反封建的赞歌
——《香港之歌》述评

林笳

一

《香港之歌》是朱白兰生前公开发表的、以中国题材为内容创作的中篇小说集。1957年4月，朱白兰从南京大学调往中山大学任教。8月21日，她从广州写信给民主德国的格赖芬出版社，告知她在《牛郎织女》出版后的写作计划。①

根据当时的计划，她要创作中篇小说（Novelle）。汉语中称为"中篇小说"的体裁，在定义上与德文的并不完全等同。在我国，提到"中篇小说"，人们更多想到的是作品的篇幅大小。而在德国，人们想得更多的是体裁的结构特征和写作方法。根据德国的文学辞书，例如《梅茨勒文学百科全书》（*Metzler Literatur Lexikon*），Novelle这个词的拉丁词源novus，意思是"新"，这种散文体小说叙述一个或相关的一串事件，事件建立在一个中心冲突之上，形式上主要采取简明的单一情节，内容往往揭示不同寻常或新生的事物与通常的、因循守旧的事物之间的对立，突出事件的高潮和转折点，倾向于冲突解决的封闭式结局，描述上具有高度的客观性，但并不排斥特定的主观的叙述态度，最明显的特征是故事的现实性。创作者喜爱将几个中篇合为一组（Zyklus），运用喜闻乐见的叙事情景，为故事分别提供社会和时代背景。中篇小说的创作艺术（Nouvellistik）由于具有显著的现实性，在德语文学中深受现实主义作家青睐。

朱白兰是位秉承现实主义传统的作家，她在1957年暑假写信告诉出版商

---

① 见本书第5辑朱白兰致迪茨的信（1957年8月21日，广州）。德文原文见 Zhidong Yang (hg.): *Klara Blum, Kommentierte Auswahledition*, Böhlau Verlag 2001, Wien · Köln · Weimar, S. 535f.

迪茨："我已完成了中篇小说《剪纸艺人的复仇》，现在想再修改一下，然后用打字机打出来。我希望在 9 月上旬能将它寄给您。它是我计划创作的中篇小说集七篇中的一篇。"①

她打算创作的这组中篇小说，包括《燃烧的权利》《香港海员》《剪纸艺人的复仇》《彩色的身影》《三个正义的妾》《小贩的笛子》《13 是个吉祥数字》，故事分别发生在 1841 年，1922 年，1944—1952 年，1949—1950 年，1951 年，1944—1955 年，1954—1955 年。也就是说，这一系列中篇小说的故事发生在不同时期，时间跨度涵盖了从鸦片战争到新中国成立的一百年历史。她在同一封信中写道：小说集的标题是《燃烧的权利》，标题小说叙述第一次鸦片战争期间广州附近爆发的一场抗击帝国主义的农民斗争。第二个中篇叙述外国船上的中国海员的罢工，第三和第四个中篇叙述手工艺工匠新中国成立前后的生活，第五篇涉及新的婚姻法，第六篇关于街道商贩，第七篇关于大学的社会主义发展。朱白兰最后在信中写道："我希望在从事大学教学工作的同时，有足够的时间到夏天完成这本书。"

1959 年，小说结集出版，书中收入了五篇小说，篇目是《燃烧的权利》《香港之歌》《剪纸艺人的复仇》《三个正义的妾》《13 是个吉祥数字》，比原计划少了两篇：《彩色的身影》《小贩的笛子》。书名标题定为《香港之歌》，也就是说，标题小说不再是以三元里农民斗争为题材的《燃烧的权利》，而是以海员大罢工为题材的第二篇小说（原来拟定的标题是《香港海员》）。全书 346 页，封面当中的图案是一朵菊花剪纸，书中用八张花鸟剪纸作为插图。

从故事发生的地点和时间来看，第一、二篇是广东地区，时间分别是鸦片战争和 20 世纪 20 年代，主要涉及农民和工人；第三篇是抗战期间江苏的城乡和上海，涉及民间手工艺艺人、地主和商人；第四、五篇故事地点在上海，时间在 1951 年至 1955 年，前者刻画了三个出身不同的妇女形象，后者反映了 50 年代初期接收教会学校后高等学校中发生的深刻变化。五个故事独立成篇，相互之间在情节上没有直接关联，但有些人物会在另一篇小说中出现或与另一篇事件和人物有某种关系。综观小说集的内容，除了第一、二篇以重大历史事件为题材外，其他三篇素材的收集和构思，应该始于作者在上海和南京生活时期，而全书的创作和完成，则是到广州后在中山大学生活和任教期间。

---

① 见本书第 5 辑朱白兰致迪茨的信（1957 年 8 月 21 日，广州）。德文原文见 Zhidong Yang（hg.）：*Klara Blum, Kommentierte Auswahledition*, Böhlau Verlag 2001, Wien · Köln · Weimar, S. 535f.

二

《香港之歌》的首篇《燃烧的权利》，写的是三元里人民抗英斗争。1840年6月，英国发动侵略中国的鸦片战争，次年5月，英国侵略者乘船从珠江口逆流而上，在广州西郊增埗泥城（今属广州市荔湾区）登陆，占领了城北各炮台，并在制高点四方炮台（遗址在蟠龙岗顶，今越秀公园内镇海楼东北面）设司令部，对广州老城区形成南北夹攻之势，广州郊区三元里的村民联合103乡的人民，在三元里北面的牛栏岗（今机场路松云街，万达广场西侧），伏击围歼英军，并包围四方炮台，广州官府投降派应侵略者的请求对武装群众施压，英军得以解围，逃离四方炮台，退出广州。这场斗争，在中国近代史上留下了可歌可泣的一页。为了纪念这场斗争，1950年广州市政府在三元里村口新建纪念碑，当时的民教科开展调查，整理出的记录发表在《近代史资料》1954年第1期上。自1953年起，省文史馆人员多次到三元里等地调查访问，广泛收集中外史料，于1959年出版《三元里人民抗英斗争史料》。广东文史人员对三元里的调查访问，为朱白兰的创作提供了前提。朱白兰1957年夏写信给出版商时称，她已经参观了三元里这个村子，并且跟反抗者的后代交谈。对比朱白兰的小说与文史人员的史实访谈录，特别是李翀伟的笔记《广州市北三元里乡平英团历史》[①]，两者显示出高度的同源性。当然，朱白兰写的是小说，本质上是文学的虚构。

据乡民的口述历史，三元里抗英的导火索是：占领炮台的英兵十余人到三元里乡奸淫掳掠，东华里农民韦绍光的妻子在村口大榕树下社坛拜神，遭英兵调戏，韦绍光见妻受辱，与敌搏斗，乡民群起助战，杀死英兵。英军侵略成性，寻仇报复，继而发生牛栏岗的伏击战以及更大范围的斗争，英军少校毕霞（Beecher）在牛栏岗战役中毙命。

《燃烧的权利》以此历史事件为题材，故事发生时间是1841年5月，地点广州郊区。主人公韦绍光（Wee Schau-gwang），白莲团练的成员，侠义心肠，机智果断，干完田间农活后每天习武，是斗争的领头人。他的妻子韦金心（Wee Djin-ssin），人称"韦嫂"，性格泼辣，堪称女中豪杰，用罐子砸图谋不轨的英兵，伏击战中带领妇女参战。小说中遭受英兵奸污的不是金心，而是同

---

① 广东省文史研究馆编：《三元里人民抗英斗争史料》，中华书局1959年版，1978年修订重版。

乡农民夏同三（Ssjia Tung-san）的妻子菊花（Jü-hua）。小说开门见山，叙述菊花被英军少尉杜比（Dumby）奸污，含冤跳莲塘自杀，为后来发生的抗英斗争做了铺垫。接着话分两头，故事分两条线索在不同的空间展开。一条线索沿着菊花的"失踪"，叙述夏同三四处寻妻，在乡民颜浩长等人的帮助下找到妻子的尸体，并参与韦绍光、许进（Ssü Jing）等白莲团练成员组织的抗英斗争。另一条线索在"夷人"中展开。英国领事义律、少校毕霞等人乘坐的"风信子"号船停靠在泥城的港口，他们在甲板上得意忘形地交谈：1839年林则徐受皇帝派遣来广东，在虎门销毁鸦片烟，1840年6月鸦片战争爆发，清朝皇帝惊恐求和，1841年5月林则徐被革职放逐。为压制老百姓，英方买通广州官府，发布公告，禁止任何抵抗英军的行动，英兵有恃无恐，为所欲为。此时，义律、毕霞等人正为大不列颠的胜利举杯庆贺，准备卸载鸦片。这样，作者便交代了三元里抗英斗争的历史背景，告诉读者，菊花受辱、乡民抗暴，不是一件孤立的事件。

紧接着的卸载鸦片场景，展示了敌对双方力量的相遇。作者讲述了由于鸦片烟的毒害，沦为"苦力"的工匠和农民在卸货过程中偷偷将鸦片扔进江中，并通过写夏同三获救，引出小说中其他几位英雄人物：制作石湾公仔的能工巧匠朱师傅，创作了打虎英雄武松雕塑，歌颂和鼓舞人民不畏强暴敢于斗争；韦绍光假借卖荔枝，蓄意让监督卸鸦片的白人监工抢走吃了会肚子痛的烂荔枝，报复鞭打苦力的英兵；不善言辞的渔民阿廖，撑小船载着想去盗挖古墓的英国人，船行至珠江河中心，弄翻小船，与盗墓的英国人同归于尽。至此，叙述的两条线索交错在一起，进一步发掘了英兵与乡民的冲突，并揭示了这场斗争反抗殖民主义侵略的实质。随着小说中抗英的骨干人物在乡绅许进家聚会，情节逐步推向高潮。最后，乡民们在韦绍光的带领下，佯攻四方炮台，诱敌进入牛栏岗，趁天降大雨围歼英兵二百多人，参战的夏同三用长矛亲手刺杀仇人，为妻报仇雪恨，他本人在战役中不幸牺牲。

《燃烧的权利》的叙事与历史事件大体相符，主要人物可以在历史中找到原型。除了小说的主人公韦绍光在乡民的口述历史中是个响当当的人物外，颜浩长（Jän Hau-dshan）在历史上确有其人，他是唐夏乡人，种田为生，参加团练为义勇，在牛栏岗战役中奋勇歼敌，杀死英军少校毕霞。小说中的识字农民何玉成（Ho Jü-tschön）历史上也确有其人，他是萧岗乡人，1831年考中举人，在本乡社学办团练，促进各乡社学参加抗英斗争，获得官方颁给的六品军功。历史上，三元里抗英斗争的主力是农民和工匠，在发动和组织民众的过程中，当地的乡绅也做出了重要贡献。作为乡绅的代表，小说中塑造了一个被贬职的乡绅许进。与现实不同的是，在作者的笔下，许进曾在林则徐手下任职，这在史料中并无类似的相关记载,显然是为了突出三元里斗争与鸦片战争的联系。小说中还有一个很特殊的人物,以卖唱为生的"盲公"艺人,这在史料中并无记载,但在广东地区,生活在社会底层的这类说唱艺人是普遍存在的。经过作者的文学加工,"盲公"艺人在情节中起着穿针引线的作用,他双目高度近视,自称"盲公",被乡民戏称为"傻白",他不仅善卜,而且能将历史编成曲艺传唱,深受乡民的喜爱和尊重。他是抗英事件的见证者和历史未来发展的预言家,这位受尊敬的民间艺人是正义的化身,正是他被石湾公仔的火红颜色完全迷住,而这燃烧的颜色,象征着人民心中燃烧的权利。

小说有一简短的尾声,叙述中国人民在夺取政权两年后,于1951年在三元里树立了纪念碑,表达了包括作家在内的后辈人对牺牲烈士们的缅怀,碑上刻着:

一八四一年在三元里反对英帝国主义侵略斗争中牺牲的烈士们永垂不朽!

三

海员故事发生在1921年年底。

家明四肢伸展地躺在船舱板上,嘴唇微动,给自己创作的曲子起了个名字,叫作《步步高》。

步步高,
海员兄弟齐向上。
不堪被打,受够欺负!
番鬼佬,好霸道,
正义属于谁?
属于你,属于我,
属于劳工。要反抗!
手拉手举行罢工,罢工!
…………
番鬼佬夹住尾巴无处走。

中国好汉冲破障碍，
新的时代开始了，
新的时代向前迈进，
奴隶冲出一条路，
世间正义实现了，
劳苦大众从此步步高！

这是中篇小说《香港之歌》中间的一段叙述。躺在船舱板上作曲的家明是小说的主人公，姓林，18 岁，在香港的豪华客轮水莲号上当杂役，随苏兆征前往欧洲航行。船主普伯斯基尔是船厂和航运公司的老板、香港船主联合会会长、香港行政院成员，他去汉堡采购造船材料，并且在巴勒斯坦接一位即将赴港履职的年轻勋爵罗纳尔德。水莲号客轮刚回到香港码头，正在举办告别舞会。家明初次出航，在船上干最苦最累的活，还被无端打骂，工资每月 8 元港币，被中介公司的包工头收取 5 元介绍费。客轮从香港驶往伦敦、汉堡等地。在汉堡码头，他随苏兆征上岸卸货，接触到德国的海员，并通过苏兆征的解释，知道了什么是总罢工，什么是工会、共产党、革命和团结，政治觉悟迅速提高。家明富有音乐天赋，会谱曲填词，创作了《步步高》这首海员的革命歌曲。这首歌贯穿小说始末，构成作品的主题曲。

鉴于作品的体裁不是长篇的成长小说，林家明的成长过程在小说中难免描述得过于简单，但是他的遭遇却是海员真实生活的缩影。19 世纪中后期，英国侵略者通过迫使清政府签订《南京条约》（1842 年）、《北京条约》（1860 年）、《展拓香港界址专条》（1898 年），将香港地区变为完全由英国管辖的殖民地。香港因地理位置优越，海运业迅速发展起来，中国海员为香港的繁荣作出了巨大贡献。他们长期遭受英帝国主义的殖民统治和种族歧视，他们在海员客栈睡地板，外轮上工作时间每天 12 小时以上，经常达到 14 小时甚至更长，工资极其微薄，和白人海员做同样的活，工资却不及白人海员的 1/5。中国海员还要受资本家及包工头的剥削，并随时受到无故开除的威胁。他们过着艰难痛苦的生活，心中积压着对英国殖民者的怒火。他们航行于欧美各国港口和国内各港口，受到西方资本主义国家工人运动和国内工人运动的影响，阶级觉悟不断提高，反抗斗争的积极性空前高涨。家明的《步步高》，表达了香港海员的心声。

小说的后半部分，描述水莲号回到香港后，海员工会在苏兆征的带领下提出增加工资、八小时工作制、禁止打骂工人、工会有权介绍职业等要求，但遭到资方拒绝。海员工会第二次、第三次向资方提出上述要求，资本家对工会的最后通牒仍置若罔闻,在忍无可忍的情况下,十三艘外国轮船的香港海员开始罢工。这一天是1922年1月12日。罢工者的岗哨布满了港口,《步步高》的曲子传遍大街小巷。海员们成群结队返回广州,很快,广州全城都在传唱这首歌。新任的香港行政参事罗纳尔德昔日在犹太人和阿拉伯人之间玩弄政治手腕,力图使这两个民族不摆脱英国的宗主权,如今对香港海员采取高压、恐吓、欺骗等手段破坏工人运动,以他为代表的港英当局派警察查封海员工会和搬运工人的大楼,抢走海员工会的牌子,将两门火炮对准海员工会,并在香港实行戒严和紧急状态法。然而香港工人没有被吓倒,斗争反而更加激烈,受到全社会的广泛支持。总罢工如火如荼,数以万计的罢工者浩浩荡荡地朝内陆行进,他们当中有海员、搬运工以及各行各业的劳工,甚至包括车夫、小贩、女佣人。走在队伍最前面的是林家明和他的叔父、哥哥。队伍途经九龙附近的沙田时,英国军警的枪声响了,林家叔侄三人倒在了血泊中。沙田惨案震惊中外,孙中山发来抗议沙田惨案的电报。英帝国主义的暴行,激起广大工人和各阶层群众的强烈义愤。总罢工的局面继续蔓延至全香港。代表资方的船主联合会不得不做出妥协,接受工人提出的复工条件,港英当局被迫归还没收的工会牌子,恢复海员工会原状。罢工取得胜利,当苏兆征把工会的牌子重新挂起时,大楼门前响起一阵鞭炮声和欢呼声,二胡奏响了《步步高》:

> 中国好汉冲破障碍,
> 新的时代开始了……

如同某些以历史题材拍摄的电影那样,小说有一小段尾声,交代作者写下故事时主人公及其后人的情况,以增加故事的真实性:苏兆征这位身患疾病的战士于1929年在艰苦斗争中耗尽了生命,他七岁的儿子在国际工人援助委员会的救助下去了莫斯科,后来,在北京电影制片厂工作。参加罢工的其中四人已经年过半百,在广州工作,担任各种不同的职务。家明默默无闻地隐匿在无名英雄和烈士中,但他的《步步高》旋律却仍然活着,在乐曲集中,《步步高》被称为广东民间最流行的舞曲,它的歌词已经被遗忘了,然而,社会主义建设者将会谱出新的歌词。这首曲子的旋律,"是死去的家明的不朽的灵魂,是人类上升的响亮的螺旋桨"。

历史上,香港海员大罢工有两位工运领袖,他们是苏兆征和林伟民。二人同是出身广东香山县淇澳村(现属珠海市)贫苦农家,同样十几岁到香港,在外国轮船上当"侍仔"(即杂役);他俩都受孙中山的影响参加了中国同盟会,参加推翻清朝的革命活动,又先后加入中国共产党,领导了多次著名的工人运动。小说中重现了苏兆征这个工运领袖，另一位领袖人物林伟民没有出现，由虚构的年轻海员林家明取代。下面，我们将看到，朱白兰对这部小说，特别是林家明这个人物钟爱有加。

如《燃烧的权利》那样，朱白兰的这篇小说是在作家协会广东分会的帮助下完成的。她对自己这篇小说相当满意，为了争取出版商的支持，她在给迪茨的信（1958年8月8日）中提到：

最后也是最恼火的是，在写这部中篇小说曾经给我很大帮助的广东省作家协会问我："东德的同志们喜欢这篇海员小说吗？""我还没有结果。""那么，您最好是停止中篇小说集的创作，干点别的事情。我们送您去模范县新会，写一篇报道。"

……为了在九月前完成我的中篇小说集，也许我必须请求广东省作协推迟新会之行，并向学校请假（对我而言也是破例之举）。但是，鉴于海员小说至今没有收到采用的消息，我无权提出上述请求。

朱白兰还写道：

我个人认为海员小说不仅很好，适合发表，而且也适合在工人文艺晚会上朗读，也许甚至适合编成戏剧。它非常适合激发对帝国主义的仇恨以及对中国工人的热爱。①

事实上，朱白兰1959年受邀前往民主德国，在格赖芬出版社组织的文学报告会上朗读自己新出版的小说，她绘声绘色朗读的便是家明初到香港时跟叔父的一段对话，朗读中选用的背景音乐是《彩云追月》，这是主人公林家明最喜欢用口琴吹奏的曲子。小说的主题曲《步步高》实际上出自广东音乐名家吕文成（1898—1981）之手，吕文成生活于清末民初，擅长演奏高胡，又善作曲，《步步高》是他的代表作。20世纪二三十年代，广东音乐兴盛，《步步高》曲谱初刊于1938年沈允升著《琴弦乐谱》，随之开始广泛流传。乐曲旋律叠起叠落，一张一弛，富有动力，迸发出奋发向上的激情。朱白兰来广州生活后，酷爱富有岭南色彩的广东音乐，尤其喜爱欢快、明亮、充满激情的旋律。对广东音乐的历史并无考究的她，将《步步高》的著作权赋予了林家明，

---

① Zhidong Yang（hg.）：*Klara Blum*，*Kommentierte Auswahledition*，Böhlau Verlag 2001，Wien · Köln · Weimar，S. 536f.

并为这首曲子的旋律填入工人运动的歌词，以此歌颂中国海员反抗殖民主义者剥削和欺凌的斗争，这种创意，如果不是厚爱这个年轻的英雄，不是对中华民族怀有高度的热爱和认同，是不可能产生的。

值得一提的是，朱白兰对地方特色的描写，除了广东音乐外，还特别关注粤语。无论是《燃烧的权利》还是《香港之歌》，她都特意叙述粤语和普通话发音的区别，例如，《燃烧的权利》中的人物夏同三（Ssja Tung-san），她在文中加以解释：夏同三的"夏"在粤语中发音"哈"。《香港之歌》中的林家两兄弟，她说明：哥哥林家力（Lin Djia-li），粤语叫 Lim Ga-leh，意思是家庭的力量，弟弟林家明（Lin Djia-min），粤语叫 Lim Ga-min，意思是家庭的光明，因为他是在1903年中秋节月圆时来到这个世上的。在《香港之歌》中，作者关于普通话和方言的差别甚至有专门的叙述：海员们用五种不同的方言大声聊天和喊叫，有硬邦邦的北方话，有唱歌似的上海话，有嗲声嗲气的宁波话，有笛鸣般的山东话，还有叽里咕噜的广东话。家明几乎听不懂一半人说的话。但他捕捉到了几句水手骂人的粗话，觉得非常有趣。苏兆征会讲几种方言，但在大多数情况下，他讲普通话。有一次，家明对苏兆征说："你又不用粤语叫我的名字了。为什么你要用国语跟我交谈？我们是同乡啊。"苏兆征反问："为什么我们总要说方言？"苏兆征告诉他："这会使人们互相对立。""正因为如此，我们应当说全国通用的普通话。我们大家都是中国人。"工人阶级的革命大团结是小说的主题之一，因此，作品中关于这些人物对话的描写，并不只是为了渲染故事的语言环境，更重要的是为主题服务。同样，为了反映香港海员在殖民地受欺凌的生存状态，《香港之歌》在上半部分中对洋泾浜英语现象也做了相当细致的描写。小说开头叙述年轻的林家明随叔叔前往香港找工作。侄儿问叔叔会不会洋人的话。叔叔告诉他："那是肯定的。你将来也必须会讲。"为了跟外国人打交道，海员们用汉语编成顺口溜，以便记住英语表达。接着，叔叔教给他这样一段顺口溜：

来是"康姆"去是"谷"，（come/go）
有讲"椰丝"冇叫"捞"，（yes/no）
讲话是"托旗"，（talkie）
收声叫"沙踏"，（shut up）
唔好打叫"冻特赖"，（don't strike）
叫开门讲"澳喷多"，（open the door）
洋行买办是"江摆渡"。（comprador）

这些扭曲了的"语言",当今的年轻读者听了未免觉得滑稽,但读了香港海员的故事后便知道,它在殖民主义时代渗透了殖民地劳工的鲜血和辛酸泪水。

四

第三篇小说的德文标题是"Die Rache des Chrysanthemenschneiders"(剪菊者的复仇),为了让中文读者对小说内容一目了然,汉译者将标题译为《剪纸艺人的复仇》。

故事发生在1944年长江岸边的P城。主人公吴明建36岁,未婚,与年过七旬的婶婶相依为伴,靠剪纸为生,在日本侵略者占领时期,生活极其艰辛。他认识的木雕师傅建议他去上海,因为上海是个大城市,有许多商机,也许能找到新的客户。他听取朋友的意见,在婶婶饿死后,抱着希望前往上海投靠做纸品生意的侄儿。但他的到来并不受亲戚欢迎,而且,他很快就发现上海不是自己待的地方——"该死的大城市,让客人在一碗饭中吞下一万个失望,在一杯茶中饮下一万个屈辱,它对他们父辈的技艺不再尊重,只晓得生意、竞争、赚钱和不知廉耻。"吴明建剪纸技艺高超,尤其善剪菊花,但在"这个假洋鬼子的城市",不仅有"西洋鬼子的画",而且遇到了"竞争者、会挣钱的上海人"。他的剪纸获得众人喝彩,却被一个名叫"小汪"的鞋匠、裁缝,"制作玩具的,偶然做点剪纸"的手工业者凭着低廉的价格,抢走了顾客。

至此,小说逐步将复仇母题引出来。主人公要复仇,直接的原因是"竞争者"夺走了饭碗,但还有更深层次的,那是因为,小汪的剪纸"不是用剪刀剪出来的,而是按照模子用刀刻出来的。这不是真正的技艺"。在西方文学中,复仇是屡见不鲜的母题,也是文学评论中经常探讨的题目。在朱白兰的这部作品中,吴明建将自己那把手柄上缠绕着藤的小剪刀称为"神剪"。小说中一而再,再而三地描写他的剪纸动作:神剪时而颤动,时而滑行,时而舞动,时而转来转去,瞬间便剪出充满生命力的、最精细最复杂的形状,他是家族里唯一能将剪纸的美在黑底白纸中更清晰、更纯粹地突显出来的大师。他顽固地相信自己伟大和不寻常的天赋,不想成为黄包车夫、街头的小贩或者临时的雇工,他剪啊剪,顾不上头晕,顾不上肚皮贴着脊梁。他不想死,他要活着,就是要保持这种天赋。一个视技艺高于生命,有着强烈艺术意识和天赋的剪纸艺人,却蒙受巨大屈辱,从而产生报复的欲望,这种报复的动机对于中国读者来说，也许有些陌生，而更令人感到意外的是报复的方式——类似于阿Q的精神胜利法。个体的普通民众力量太弱，以至于无法抵抗强大的压迫，从而通过幻想的方式疏解心理压力，表达内心的愿望和要求。

吴明建回到乡下，开始练习做白日梦。在梦中，小汪来到P城，由于剪纸技艺远不如吴师傅，遭到财主的羞辱；小汪的女友大世界的歌女莲花走进他家，抱怨说："我讨厌小汪。"并表示愿意"跟一个真正的工艺大师共同生活"。吴师傅断然拒绝，他更爱善良的潘寡妇，潘寡妇和蔼可亲、手巧勤快，精于刺绣，按照他剪纸的图样绣出各种图案。令吴师傅最解恨的是第三个白日梦：一个懂艺术的赞助者早就欣赏他的剪纸，得知他身陷绝望屈辱的处境，特地来扶持他，在瘦西湖旁建造岫玉宫，供他居住。小城被重新发现，成为艺术之都。大雪天里，门前来了一个乞丐，不是别人，正是竞争者。他将铜钱扔到乞讨者的钵里，右手做了一个驱赶的动作："你是怎么赶我的，小汪，我也怎么赶你！"

根据弗洛伊德的精神分析学说，幸福的人从不幻想，只有未得到满足的人才这样做。幻想的动力是未被满足的愿望，每个单一的幻想都是愿望的满足，都是对令人不满意的现实的纠正。①朱白兰试图通过对白日梦的描述，揭示中国民间艺人的生存危机和精神困境。我们知道，朱白兰在20世纪30年代初曾在维也纳大学学习心理学和文学，作为维也纳个体心理学协会（Wiener Verein für die Individualpsychoilogie）的成员，积极参加活动，提供心理辅导，作报告，发表评论。②小说中的性心理描写，是朱白兰在文学创作中对精神分析学说的运用。小说中的女主人公潘寡妇在性的关系上，深受封建礼教的压抑，她和蔼可亲、手巧勤快，吴明建对她萌生了爱欲，但每次提起潘寡妇，年老的婶婶就告诉他，守妇道的寡妇不再嫁第二个男人，这样做不讨菩萨的喜欢。如果到了阴间，两个丈夫会争夺她，阎罗王会用他的剑将鬼魂劈成两半。吴明建每次都被吓得脸色发白，不再出声。他到了上海，遇见"竞争者"小汪，其女友是大世界娱乐场的歌女，"莲花小姐笑嘻嘻地挨着她的男朋友，毫不害羞地将手搭在他的肩上"，侄儿家中摆放的荷兰画家伦勃朗自画像的复制品，画家怀里坐的是萨齐娅，他明媒正娶的妻子，更是给他的潜意识造成强烈冲击。回到小城后，"天冷了，过去，他曾经通过想女人的方式缓解饥饿和寒冷，可现在，这种欲念也拒绝给他微小的慰藉。那幅色彩绚丽的外国画深深铭刻在他敏

---

① 参阅徐伟、刘成伦译《作家与白日梦》，收入［奥］弗洛伊德著，常宏等译《论文学与艺术》，国际文化出版公司2001年版，第101–102页。

② 参阅 Clara Kenner：*Der zerrissene Himmel*，*Emigration und Exil der Wiener Individualpsychologie*，Vandenhoeck & Reprecht GmbH & Co. KG，Göttingen 2007。

锐的、温柔而强大的幻想中,每当他早晨张开眼睛,它就挂在墙上"。"比这种无法满足的爱欲更严重的,是无法熄灭的报复欲折磨着他。这个小汪,竞争者,会挣钱的上海人,令他蒙受深深的耻辱。他要一万倍地羞辱他。"

剪纸师傅的报复,采取了白日梦的方式。作者对这种报复方式的描写,略带幽默的色彩,具有启蒙的目的。接着,作者就指出,现实中"没有赞助者,没有女人,没有顾客,没有被击败的竞争者"。生活按照另外一种范式进行。农历新年临近,这是卖剪纸的最佳时候。他去地主家推销自己的作品,充当汉奸的庄老爷却让他给日本人当密探,对于吴师傅来说,这比阎罗王的酷刑更加卑鄙。过去,他觉得世上没有比在上海受到的侮辱更加可恶的了,如今,小城的情况糟糕一万倍。"现在,我心中有两种仇恨,像两只黑鸟":前者是只黑乌鸦,充满虚荣;后者是只黑凤凰,充满正义。"黑乌鸦问我怎么报复小汪,黑凤凰问我如何反抗阎罗王"。他默默地告诉死去的婶婶:"你常说,没有人能反抗阎罗王,可是你错了。"两只黑鸟在心中盘旋,他必须找到一条出路。

一天,一个身影穿过吴师傅家的院子。吴师傅走出房间,惊讶地发现是小汪。他因为给紫山游击队送东西,被日本兵追捕。出于民族大义,吴师傅毫不犹豫地将小汪藏起来。日本兵将吴师傅捆起来,并威胁用剪刀剜他眼睛,但他守口如瓶,用自己的行动实践了对人世间阎罗王的反抗。

个人的复仇,让位于民族的反抗,是这部小说的中心主题。

从反抗压迫者的视角看,这篇作品与前两篇小说是一致的,但在题材的类别上,又有重要区别,前两篇倾向于叙述真实的历史事件和人物,在刻画主人公的同时,着力描写群体场面,大体上可归入历史小说(historische Novelle)。而这篇小说中历史只是背景,作家运用各种文学手段,专注于从外在和内在两个层面塑造性格人物,描述主人公与外部世界的矛盾和内心的冲突。一个有艺术天赋的民间艺人,在德语中称得上是艺术家(Künstler),以艺术家生平及命运为题材的作品,在德语文学体裁中属于艺术家小说(Künstlernovelle)。应该说,这部作品是朱白兰创作艺术家小说的一次成功尝试。朱白兰的友人,民主德国女作家文切尔(Dora Wentscher)[①]在书评中指出,《剪纸艺人的复仇》是一部"成熟的作品",叙述了一个民间艺人的生平,他对自己的工作有高度的觉悟,这使他渡过了艰难的饥饿生活,"这部充满柔情的小说最出色之处,在于对人物外在和内心解放的描写,运用温和的略带幽默的形式表现复仇主题。"她也高度评价了《香港之歌》,称《香港之歌》是一本"为增进德中友

---

① 多拉·文切尔(Dora Wentscher, 1881—1964),德国作家,1929 年加入德国共产党,1933 年流亡莫斯科,为莫斯科电台和流亡刊物《国际文学》工作,1946 年返回德国,居住在魏玛。

谊做出了宝贵的贡献"的"友谊的书",并且指出,《剪纸艺人的复仇》中的"复仇",对于热爱真理、怀有教育激情的鲁迅来说,是"创作的重要主题"。①

生活是文学创作的源泉。朱白兰在南京的生活为她的小说提供了素材。南京剪纸历史悠久。20 世纪 50 年代后,南京民间剪纸合作社和民间工艺厂先后成立,制作剪纸并出口外销。离南京不远的扬州,更是中国剪纸流行最早的地区之一。旧时的剪纸,历来供做刺绣花样与节年喜庆时居室内外装饰之用,这与小说中的叙述完全相符。小说中对 P 城的地理环境,特别是"瘦西湖"的风貌描写,可以推断故事发生的地点 P 城就是扬州。当地著名的剪纸艺人张永寿(1907—1989),出生于剪纸世家,到他已是第四代传人。张永寿剪纸题材广泛,最擅长花卉,尤以剪菊传神,年轻时酷爱菊花,人称"菊痴"。朱白兰十分欣赏张永寿的剪纸技艺,并从他的剪纸中获取灵感。《香港之歌》采用了剪纸作插图,朱白兰在书后的注释中特别注明,封面的菊花图案及书中的黑白剪纸出自张永寿(Dshan Jung-schou)之手。

扬州除了剪纸,漆木雕刻也享誉天下。小说中主人公的朋友赵师傅是一位漆木工匠。他能为屏风设计出美轮美奂的山水园林,并且用各种矿物来拼图,山丘、院子、池塘、小桥、亭子,亭里的人读书、写字或者吹笛。他制作的屏风完美地展现了家乡风景,将春天和秋天的景色浓缩成充满想象的浮雕画。在现实生活中,扬州有位雕漆工艺师名叫梁国海(1902—1974),尤以薄意浮雕见长。他与其他工匠合作制作的雕漆嵌玉大挂屏长期悬挂于人民大会堂江苏厅。

小说在结尾处交代新中国成立后手工业者的变化,其中写到,小汪成为上海第八鞋厂最能干的领班之一,他没有忘记 P 城的救命恩人,想写信跟他交换意见,谈谈如何转向无产阶级立场。他在杂志上获悉,P 城两个人作为民间工艺的杰出代表,被邀请去北京、莫斯科、布加勒斯特展出他们的作品,一个是木雕工艺赵师傅,另一个就是吴师傅。这种叙述并非空穴来风。1957 年,张永寿和梁国海两位扬州的工艺美术师双双出席第一届全国工艺美术艺人代表大会。

---

① Dora Wentscher: *Ein Buch der Freudschaft. Dshu Bai-lan: Das Lied von Hongkong*, in: *Neue Deutsche Literatur*, Jahrgang 8 (1960), Nr. 11, S. 152 – 153.

五

　　第四篇小说《三个正义的妾》，顾名思义，主要讲三个妾的故事，小说的关键词和主题是正义。原文的标题是 Die drei gerechten Konkubinen。德文中的 Konkubine，指婚外姘居的情妇，这是在基督教一夫一妻制意义上说的。世界上，与一夫一妻制相对的是一夫多妻制。在中国古代，实际上沿用的是一夫一妻多妾制。1912年，即中华民国元年，《中华民国临时约法》中明文规定实行一夫一妻制，但"一夫一妻多妾制"仍是常态。妾，古代称地位低贱者，《说文解字》曰："妾，有罪女子。"在古代，"有罪"就可以收为奴隶，因此"妾"的本义就是"女奴"。后来"妾"表示"旧社会男子在妻子以外娶的女子"（见《现代汉语词典》）。在一夫多妻制中，按理所有的妻子在法律地位上应该是平等的，可以继承、分割家产。但在一夫一妻多妾制中，按照中国旧的礼俗，妻子需明媒正娶，妾是不用正式娉娶的，妾入门时要跪在地上，给正妻端茶称"姐"。妾的法律地位低于妻，在家中的待遇好坏全看丈夫与妻（俗称"大老婆""正室""原配"）的态度。妾的权利受到种种限制，本质上就是一个依附于男主人的女奴。中国有妾，西方没有妾，"妾"与"Konkubine"的词义并不等值，我们根据小说描述中国的情况，将小说中的称谓 Konkubine 倒译为"妾"。在旧社会，"妾"这个词在使用中往往加上"小"字，带有明显贬义。本文在使用这个词时，丝毫不带贬义，相反，跟朱白兰一样，对小说中的人物怀着最深切的同情。

　　朱白兰是个女权主义者；青年时期抗拒父母包办婚姻，离家出走，早期的抒情诗，特别是爱情诗，抒发了反对父权，争取自由恋爱、男女平等的诉求。来华后，她十分关注中国的妇女问题，写过相关的报道，翻译过《王贵与李香香》。长篇小说《牛郎织女》中的女主人公汉娜是作者的化身，书中有多个中国女性：性格各异的唐家两姐妹美英和彩云，前者是一个有教养的孔夫子信徒，后者是女权主义者，还有靠做针线活养家糊口的王妈和会讲洋泾浜英语、给洋太太当佣人的儿媳妇月英。在《香港之歌》这部中篇小说集中，作者也不忘描述妇女的命运，塑造争取妇女平等和解放的女性形象：《燃烧的权利》中夏同三的母亲和忍辱自杀的媳妇，以及女中豪杰"韦嫂"金心；《剪纸艺人的复仇》中，金桃婶和潘寡妇，前者笃信阎罗王，后者敢于反抗阎罗王。而专门以妇女解放为主题的作品，则是《三个正义的妾》。

故事发生时间在 1947—1949 年，实际上延续到 1951 年，也就是说，发生在从旧中国到新中国的转折时期。下面，我们来看看小说中描写的三个妾的命运。

第一个是梁爱菲，年轻的邮局女职员，有文化，懂外语，英文名字 Ivy，长着一副秀丽的、令男人倾心的少女的面孔，信仰基督教，家住在上海法租界克列泽路，一条中等的街道。她品行端正，不是一个轻浮的女子，却经不起男主人公冯先礼的诱骗，成为其妾。冯先礼现年 33 岁，圣约翰大学的毕业生，上海年轻的大工业家，拥有两间丝厂、四间棉纺厂，名字常常出现在报纸上，人们通常称他为 Henry 冯。他的大老婆唐宝施是官宦人家的千金，按照冯先礼的说法："15 年前，家里按照传统的习俗逼我娶了一个我不喜欢甚至不认识的女子"，"3 年前我跟她分开了。现在，她住在南京，我单身住在上海"。为了赢得年轻的梁爱菲的芳心，冯先礼对她说："我唯一感到安慰是一句古话：第一个老婆——父亲的命令，第二个老婆——自己的选择。"

实际上，冯先礼除了大老婆，还有一个小老婆，名叫白玉，长得漂亮，但没有文化，住在南通，为他生儿育女，他必须把每个月的钱汇去南通。否则，小老婆就可能抱着孩子跑来吵闹。冯先礼在邮局汇钱，谎称"寄钱给南通的一个穷亲戚。她快 70 岁了"。

冯先礼要娶梁爱菲，是因为他并不满足于目前的家庭生活——"大老婆在南京，小老婆在南通，他的家庭生活就是这个样子！——他难道就没有权利娶一个时尚的、有文化的生活伴侣，一个理解他的女人？"

梁爱菲的家庭不是名门望族，冯先礼不能宣布一个出身普通的女子做夫人。他以保护自己商业信誉为由提出"悄悄结婚"，由牧师在教堂主持婚礼，梁爱菲同意了，就这样，冯先礼"按照最时髦的方式娶了一个姨太太"。婚后的梁爱菲不可以去工作，因为就业会损害冯先礼的"信用"，她坐在家里，"感觉自己就像洋娃娃"，"有时候，我不知道自己在这个世界上有何用"。她无法忍受的是，她在冯先礼的社交圈子中被称为"庶夫人"。冯先礼要去南通见小老婆，梁爱菲想跟着去认识一下那位"70 岁的亲戚"，冯先礼称老太太已经"去世"。梁爱菲一直以为自己"生活在干净的、一夫一妻的、基督教的婚姻中"。她结婚三个多月了，对冯先礼的婚姻关系却一点也不知情。直至春节到来，冯先礼接大老婆唐宝施回上海的家，她才知道受骗，斥责丈夫是"好色之徒，婚姻骗子"，但已经晚了，她已经怀上冯先礼的孩子。

爱菲在愤怒中盲目地出了家门，来到霞飞路，不由自主地朝母亲家住的路走去。到处是美孚公司的广告，她感到迷茫和失望，"洋人把我们吃掉了。没多久，将没有中国，没有婚姻，没有爱情……"她希望母亲能够给她撑腰。

但是，她脑海中响起的母亲的声音却是："我的孩子，这是上帝的旨意。我们不得不屈从。"在电车上，她对罢工的司机说出了心声："我憎恨殖民主义统治者，但我也恨中国的落后：迷信，家庭专制，一夫多妻。"

她感到更难以接受的是，冯先礼的小老婆白玉因为共产党解放了南通，跑来上海，梁爱菲才得知自己还有个"二姐"。她禁不住叹息："我想嫁给一个完全的男人，可是，后来发现是一半，最后，只是三分之一……"梁爱菲所憧憬的现代女性的婚姻理想，在残酷的现实中被砸得粉碎，她从冯先礼那里听到的回答是："你把这个女人看得太重要了。一个男人，可以在最美好的意义上爱一个女人，同时也来一点寻欢作乐。"

在一夫一妻多妾的制度下，梁爱菲扮演的角色是"成功商人"家庭中的"洋娃娃"，"善解人意的伴侣"，让丈夫在"祥和的家"中"得到休息，不那么焦虑"，说白了，就是充当男人的玩物，也许，还可以为冯家繁衍后代。冯先礼称她是"时尚家庭的理想代表"。

梁爱菲生活在社会制度发生天翻地覆变化的转型期，属于年轻、有文化的职业女性，对于冯先礼说的"时尚的家"，她内心是存疑的。因为，冯先礼与叔叔、婶婶、妹妹同住，家长是叔叔冯粲虎，一个买养奴婢的大地主。冯粲虎65岁，有良田万亩，长江南岸的冯村是属于他的，但是，大地主更喜欢住在上海。操持家务的奴婢来冯家已经35年了，她8岁的时候，老爷带着太太去川南的峨眉山，花了五个银圆，在饥饿贫困的山区将她买回来。她不知道自己叫什么名字，也不知道自己何时何地出生。有一回，她问主人自己是在哪里出生的，被打了一顿，以后就再也没有问。主人给她起名"远香"，9年后，小奴婢长大了，躯体和容貌完美地体现了她名字的含义。细细弯弯的眉毛，鼻翼呼吸时微微地颤动，动作轻盈可爱，犹如倏忽而过的天仙。奴婢注定逃脱不了被主人占有的命运，25年前，远香生了一个女儿，如果生的是儿子，很可能会被纳为正式的妾。不幸的是，女儿也死了，青春逝去的远香成了一个43岁的愁眉苦脸、劳累不堪的女佣人。昔日的花容月貌，如今只残留下忧郁愁容，温和的脾气在软弱无能的抱怨中变得粗暴，这一切都让老爷感到厌恶。

正如费孝通先生在《乡土中国》中所论述的，中国乡土社会以宗法群体为本位，人与人之间的关系，是以亲属关系为主轴的网络关系，是一种差序格局。"儒家最考究的是人伦"，"伦是有差等的次序"。在这种差序格局中，男尊女卑，长幼有序。这种差序格局，在朱白兰的小说中也得到了充分的体现。在冯家，婶婶是家中女主人，无论是辈分、身份、地位，在女性中都是至尊者。她可以大发淫威，辱骂远香是"该死的奴婢"，可以发号施令，随意地责罚远香。远香的地位最卑微，她甚至连"妾"的正式名分也没有，可以说是传统意义上的女奴。家里来客,她要蹲下给客人系鞋带。主人通宵打麻将,她要随时端茶侍候,困了打盹儿就被罚跪地板,而且一跪两个小时,患关节炎也不能幸免。她唯一的财产,是从峨眉山上捡回来的一块鹅卵石。

跟远香相比,同样是妾,爱菲算是幸运的。冯先礼一妻两妾,正妻通常住在南京的婆家,按照家中老仆人说法,这位太太出生于有权势的家庭,这么安排有两个理由:首先,太太在南京,可以跟娘家保持联系,这对他的生意有好处,其次,他并不喜欢她。小老婆呢?用冯先礼自己的话说,"对于我上海这个家而言,她太俗气了",够不上是"堂堂正正的女人"。唯独梁爱菲被安排跟他一起住在上海。她的照片登上了上海的妇女杂志,当冯先礼生意上的竞争对手登门拜访时,爱菲有资格出面礼节性地接待客人,她的专职是准备外国茶,端茶伺候的任务交给远香。梁爱菲看见婶婶罚奴婢跪在石板上,出于同情心和正义感提出抗议,叫远香起来,这"冒犯"了长辈。女主人不能容忍自己的尊严受到损害,但还是"避免用粗暴的态度对待侄儿最心爱的姨太太"。冯先礼的妻子唐宝施是"礼仪的楷模",差序格局的卫道士。她从南京来上海,看见"不懂规矩"的爱菲惹婶婶生气,训斥爱菲:"三妹,你是个有文化的人,有权利要求受到尊重。但是,谁想得到尊重,谁就得尊重别人。你不可以再违抗老太太的命令,她是不会容忍的,你这样做会冒犯她——""再有,三妹,你知道,孔圣人要求我们女人不要嫉妒,我不嫉妒你,你也不应当嫉妒我。这样才公正和理智。"

冯家还有一个新"娶"的小妾——冯阿妹,18 岁的农村姑娘,生性活泼,快言快语,跟同村的青年冯阿福相爱。她父亲交不起租,恶地主冯粲虎要收取双倍粮食,强迫她家用冬天的存粮作抵押,否则,要么还钱,要么将闺女给他当小妾。对于地主而言,"这完全是一桩快速的买卖"。

阿妹决心违抗一切命令,哪怕讥讽打骂,也决不屈服。她对父母三磕头,用响亮的声音说:"我宁可逃去天涯海角,也不做那个可恶的老虎的小妾。"她毅然立起身,憋着一股犟劲等待父亲大发雷霆。但父亲没有大发雷霆,脸上每条皱纹都在抖动,保持沉默的嘴也在颤抖。母亲用细细的手指数着低廉的木制佛珠,一面喃喃自语地念着:"阿弥陀佛!阿弥陀佛!"如果是命令、讥讽,甚至打骂,阿妹都可以扛得住,可是这种默默无言的绝望,她却无法忍受。阿妹是个孝顺的女儿,她知道,如果自己顽抗到底,意味着全家都要饿死。就这样,她"为了服从绝望的父母被迫踏进财主的屋里"。

在地主老爷的眼中,"野性十足的阿妹"是个"徒有虚名的乡村美人"——"浓浓的眉毛、扁鼻子、大嘴巴、厚嘴唇、腰粗、腿短,缺乏优雅的气质。总的来说——有感官魅力,适合不富裕的人家。"甚至她的名字"阿妹"也是穷人闺女普遍使用的名字，这使老爷突然心中冒火。"毕竟已经买来了，就得把她收下。""跪下吧，小妹，"他闷闷不乐地对阿妹说，"我们在祖宗牌位前三磕头吧。"阿妹勉强地叩了三个头，而老爷子只是用手势施礼。就这样，他们算是"拜过堂"，阿妹已经是地主的妾。

冯阿妹的遭遇是不幸，但不幸中的大幸是，家乡很快成了游击区，农民协会的力量越来越大。冯粲虎不得不动用警察才将阿妹带回上海。在姓冯的家里，她和远香、爱菲一道，在司机的帮助下终于脱离虎口。

故事发展到了1949年10月16日，上海人民法庭审理废除契约及离婚案。原告：范远香、梁爱菲、冯阿妹。被告：冯粲虎、冯先礼。经过法庭审理，两个被告败诉，三个原告的合法权利得到了保障，正义得到伸张。这个审判结果，回应了小说标题中的关键词"正义的"（gerecht），德文形容词的词干 recht/das Recht，基本含义是 recht haben/im Recht sein（有理的），gerecht 这个词在德汉词典中的主要释义是正义的、公正的、公平的，我们可以同时将这个词解读为"符合道义的""有合法权利的"。

小说的尾声：1951年3月8日，上海北站停着一辆列车，车上装饰着花和旗子，彩色小灯泡组成一条标语：到淮河去！获得了新生的范远香、梁爱菲和冯阿妹，向前来车站送行的丈夫告别。她们三人无比自豪，人民政府批准了她们的申请，派她们参加治理淮河的工程。爱菲感叹"生活在奇迹的时代"，阿妹说："这不是什么奇迹。这是我们的权利。"朱白兰选择3月8日作为她们出发参加淮河治理工程的日子，是有深层次的含义的。因为这一天是跟一位伟大的女性紧紧联系在一起的，她便是被誉为"国际无产阶级女权运动之母"的克拉拉·蔡特金。1910年，在她的倡导下，第二次国际妇女代表大会为纪念1909年3月8日美国芝加哥纺织女工要求"男女平等"的示威游行，将3月8日定为国际劳动妇女节，以团结各国妇女共同战斗。作者用这样的结尾，昭示了中国妇女不仅摆脱了封建主义的压迫，而且获得了真正的平等权利和解放。

六

在阐述《香港之歌》最后一部中篇小说前，有两点需要说明。

其一，小说的标题《13是个吉祥数字》，德文标题是 Dreizehn bringen Glück，可直译为"13带来好运"，或者"13带来吉利"，译为"13是个吉祥数字",是为了突出 13 这个具有文化象征意义的数字。在具有 12 进位制的西方文化中,12 这个数字意味着完满,13 超越了完满的 12,是个不祥的数字。在基督教的解释中,跟基督共进最后晚餐的第 13 个门徒是出卖基督的犹大,最后自杀而死。格林童话中,对公主发毒咒的是未被邀请参加宴会的第 13 个女妖。按照民间信仰,13 会带来不幸,因此,宴席上不设 13 个座位,酒店里避免用 13 作房号。但在其他文化中,例如犹太教,13 却并不具有贬义,男孩在 13 岁时被视为宗教上成熟。[1]朱白兰在小说中使用 13 这个象征数字,有反基督的含义。

朱白兰在填写个人履历时,在"宗教信仰"一栏填的是"没有",这只表明,她作为犹太人,既不信奉犹太教,也没有皈依基督教,我们千万不能误解,以为她对宗教没有自己的立场和态度。《牛郎织女》中有一段关于"灵魂救赎"的描述:新中国成立前夕的北平,女主人公汉娜在饥饿中昏迷过去,当她迷迷糊糊醒来的时候,床边坐着一个陌生的上了年纪的女士,是个白种人,在急迫地对着她继续说话,但汉娜听不懂。枕头旁边放着一个小盒子,里面垫着白纸,上面放着六块面包干。她明白了,这位女士在要求她相信救世主,耶稣基督,上帝。接下去有这样一段对话:

这位女士婉言拒绝感谢。"这是我的义务,来这里拯救您的灵魂,以免永入地狱。"
汉娜从床上坐起:"我一直是犹太人。"
"您是信教的犹太人?"
"我属于犹太种族。"汉娜说。……"但我并不是犹太教信徒。"
"您也许很快就会死去,"女士叹息。"到那时就太迟了。您的灵魂将被打入地狱,地狱里是很可怕的。"
"您是好意的,"汉娜承认,"但必须诚实地告诉您,我一点儿也不恐惧。"

朱白兰压根儿拒绝基督教的"灵魂救赎"。在这部长篇小说中,有一段关于派遣到上海的西方传教士的叙述:

当时,有一个西班牙的传教士登上渡船。在开船前的最后一刻,又上来一个洋人,坐在传教士身边。传教士站了起来,渡船离岸时摇摇晃晃,他仍然站

---

[1] Cf. Manfred Lurker: *Wörterbuch der Symbolik*, Krönner Verlag, S. 152f.

立着,他的脚缠在长袍里,我很同情他。"No wantchie sittie?"① 我问。"Why?"——"我不想坐在犹太人的身边",他用中文轻声地解释。"犹太人将基督耶稣钉上了十字架。"

基督教对犹太人的成见和歧视是根深蒂固的,这一点,朱白兰没齿难忘。不仅如此,在朱白兰看来,西方来华的传教士和帝国主义的侵略者是一脉相传的。在《燃烧的权利》中,三元里农妇菊花被英军少尉强奸后,

不列颠的年轻军官仍然倚靠着巨大的棕榈树干,筋疲力尽地狞笑着,在后面看着她。当他终于吃力地站起来,准备返回四方炮台时,目光落在一个刻有拉丁文的十字架上,那是一位传教士用熟练的手刻在树干上的:In hos signo-vinces!(凭这个标志你将能够征服!)

三元里农民在牛栏岗围歼英军,夏同三的长矛穿透了年轻军官的胸膛。

杜比少尉脸朝棕榈树倒下。他的眼前突然浮现出刻有拉丁铭文的十字架:In hos signo vinces!(凭这个标志你将能够征服!)

但这是另一株棕榈树。传教士在尽量多的树上刻了十字架。

在朱白兰的认知中,西方传教士是为了征服而踏上中国土地的。在下面的分析中,我们将看到,这种反基督的观念在《13 是个吉祥数字》中得到更充分的体现。

其二,朱白兰 20 世纪 50 年代初的工作经历和创作《13 是个吉祥数字》的历史背景值得关注。朱白兰于 1948 年 9 月至 12 月曾在同济大学工作,和地下革命学生组织有过联系,50 年代初先后在上海外文专科学校、复旦大学、南京大学工作,1958 年夏调入中山大学。

直至 1958 年思想战线开展"拔白旗、插红旗"运动,朱白兰先后经历了新中国成立后收回教育主权、院系调整、整风、"反右"等一系列政治运动。小说叙述 1954 年至 1955 年的高校情况,不可避免地带上这个时期的印记。其中,接管教会学校和院系调整是两项具有深远影响的制度性改革,前者旨在

---

① 洋泾浜英语,意思是:你不想坐吗?

"集中火力，肃清美帝文化侵略的影响，夺取美帝在中国的文化侵略阵地"①。后者的出发点是"旧中国的高等教育制度基本上是为帝国主义和反动统治服务的，是半殖民地半封建社会的产物"，"如果不对旧的教育制度、旧的高等教育设置加以彻底的调整和根本的改革，就不能使我们的国家的各种建设事业顺利进行"。②1955年11月，中共中央转发教育部党组《关于实用主义思想在中国教育中的影响和批判实用主义教育思想的初步计划》，《初步计划》指出：开展这一批判"是进一步进行教师思想改造，完成普通教育根本改革的核心问题"，批判时间暂定两年。《人民日报》《光明日报》及各种教育刊物发表文章，批判杜威、胡适的教育思想，文章指出：实用主义教育学是美帝国主义麻醉人民和侵略世界的工具。③

1956年11月15日，毛泽东在中共八届二中全会上，针对东欧国家发生的事变强调指出："我们在民主革命和社会主义革命中，都是发动群众搞阶级斗争，在斗争中教育人民群众。"他大力倡导"无产阶级领导下的大民主"，"轰轰烈烈的群众运动"，认为"不依靠群众进行阶级斗争，不分清敌我，这很危险"。1957年10月，八届三中全会改变了党的八大关于中国社会主要矛盾的正确论断，认为中国社会的主要矛盾仍然是无产阶级和资产阶级的矛盾，社会主义道路和资本主义道路的矛盾。自1957年之后，以"阶级斗争为纲"成为全党全国各项工作的根本指导思想。

弄清楚这一历史背景后就不难理解，朱白兰这部小说为什么火药味那么浓，因为它实际上是高校中"阶级斗争"的反映。

故事发生在1954年上海太平学院，这所新建立的历史研究与教学的学院是从"玛格雷特大学的灰烬中诞生的真正凤凰"，它建立在玛格雷特大学的原址上，主楼、校舍、种植桃树和梨树的校园没有变，但是，"在会议室北面墙上往下瞧的，已经不再是圣·玛格雷特，而是充满智慧和斗争精神、带有农民相貌的毛泽东"，原来挂十字架的地方，换上了五星红旗。教会大学的校长史密斯教士已被罢免，其他的美国人也都走了。教育部任命的学院党委书记严和忠是1925年入党的共产党员，年轻时曾到广州农民运动讲习所学习。正院长名叫罗散天，复旦大学毕业，读的是新闻专业，是1930年入党的共产党员。学院里的教授是一批从旧社会过来的知识分子。潘明德教授，卓越的学者，

---

① 中央教育科学研究所编：《中华人民共和国教育大事记 1949—1982》，教育科学出版社 1983 年版，第 35 页。
② 《人民日报》社论，1952 年 9 月 4 日。
③ 中央教育科学研究所编：《中华人民共和国教育大事记 1949—1982》，教育科学出版社 1983 年版，第 145 页。

《长安与佛罗伦萨》的作者，北京大学和法国索邦大学的骄傲，被任命为副院长，负责讲授世界中世纪史。讲世界古代史的是马发利教授，一位来自甘肃的回民，他除了中文，还懂四种语言：阿拉伯语、拉丁语、英语、世界语，具有一种高尚的、模糊的理想，即四海之内皆兄弟，感到迫切需要自我学习和自我教育。儒士赵劳禄教授讲授中国古代史，是圈子中最年长者。还有三位教授：张爱莲、符高新、李卓吾，分别负责讲授世界近代史、中国中世纪史、中国近代史。

这些教授面对的是13名新招收的学生，其中三人没有上过正规中学，但都具有中等教育的程度，且全部通过考试，其中，四人优秀，他们是：韩文武，23岁，同济中学毕业，共青团员，父亲是上海的一个老革命。杨大摩，25岁，中学毕业，肺病，无党派，小商贩的儿子。蒉梦季，22岁，中学毕业，无党派，医生的儿子。洪小梅，19岁，毕业于刘胡兰夜校，共产党员，工人家庭出身。除了这四位成绩优秀的学生外，另外的九个学生：赵达良是赵劳禄教授的儿子；许大旺和许小旺两兄弟，来自广东，毕业于苏兆征夜校，父亲是外轮上的洗刷工；王柳平和史金玉，前者是孤儿，哥哥是鞋厂的领班，后者是中农。一个学生是被枪毙的地主的儿子，名叫陈波。林宝贵和林宝棠两兄妹出身于商人家庭；还有一个女生冯淑珊，是资本家冯先礼的妹妹。

小说通过叙述上述人物以及新招收的13名大学生的故事，塑造了20世纪50年代初高校师生的一组群像。

女主人公张爱莲，时年37岁，七年前毕业于玛格雷特大学。受马尔萨斯的人口理论的影响，她反对婚姻，因为"它是对兽性的妥协"；反对生儿育女，认为"中国人口过多要对贫穷承担全部责任"。她"听信了一小撮披着宗教外衣的、谋求统治和利益的骗子的话"，他们说，美国是上帝的家乡，中国是异教的、低劣的、腐朽的国家，需要洋人的领导。中国人民群众的苦难不是任何其他人造成的，而是由于没有节制的动物般的繁殖欲造成的。"他们不断地用说教毒害我的大脑，说什么性爱是罪恶的、带来不幸的、极其尴尬的事情。"她和符高新是大学时期的情侣，毕业时分手了。后来，她醒悟了，玛格雷特大学的霍顿夫人告别时送她四本书：《圣经》、马尔萨斯的《人口论》、一本关于新陈代谢的伪科学著作，还有托尔斯泰的《克莱采奏鸣曲》，一怒之下，她想将四本书全烧掉，只是由于告别时来访的学生们的极力阻止才没有这么做。新中国成立后，她研读了许多书：《共产党宣言》《帝国主义是资本主义的最高阶段》《新民主主义论》《中国历史》以及《世界现代史》，努力在马克思、列宁主义的指导下分析历史事件。毕业七年后，她与符高新重聚于太平学院，结为夫妻。

七年前，符高新同样没有任何东西可以抗衡"帝国主义的心理侵略"：马尔萨斯主义、培养民族自卑感、禁欲和淫荡交替变换的性欺骗。面对张爱莲这位现代女性，他采取了所谓的"战略退却"，回到了古都西安，埋头学术，成为研究中国古典时期的知名学者，出版了《唐朝的兴盛与十九世纪的改良运动》。1949年以后，"反对心理侵略！"成为他的第一个想法。"我要用马克思、列宁主义的武器装备我的头脑。我要重新学习。要改写我的著作。"他没有直接去阅读马克思乃至毛泽东的著作，而是像许多知识分子那样，试图从抽象方面去理解事实。他花了几个月阅读黑格尔的唯心主义辩证法。然后，读辩证唯物主义。两年后，他仍然不知道小资产阶级上层与下层、无产阶级与流氓无产者的区别。1953年后，他才可能逐一改写自己的著作，从昔日"沉迷于文化上的成就"，到如今从马克思、列宁主义观点出发，写了农民起义，还写了奋起的手工业者、商人和小地主的阶级斗争。这是因为，史学领域强调只有农民战争才是中国历史发展的动力。在学习马克思、列宁主义的过程中，符高新的学术研究发生了重大转变。

　　张爱莲的对头是李卓吾，他至今仍然喜欢自称Joe W. Lee，张爱莲给他贴上的标签是："传教士的宠儿，过去院长的心腹和走卒""狡诈的帝国主义奴才""帝国主义奴才教授""搞阴谋诡计的猪""害群之马"。李卓吾"暗地里感到红色政权不能维持下去，美国人还将回来，1955年、1956年，最迟1957年，这是肯定的"。"到时候，这些群氓的统治就要结束，洪小梅这个穷丫头就要回到煮茧车间，不再担任学生干部。"

　　小说的主要冲突，首先发生在张爱莲与李卓吾之间。

　　张爱莲在教学中讲授德国的马丁·路德，她指出，马丁·路德勇敢地攻击欧洲中世纪最高、最卑鄙的政权——教皇，但是又背弃革命农民战争迫切希望得到的权利，他讨好贵族，建议他们将农奴的正义要求淹没在血海中。她向同学们提出一个问题，该如何解释路德态度中的这种矛盾性？由此，引发了一场讨论。八位同学发言，五位同学保持沉默。课后，李卓吾将这五位同学请到家中，他告诉学生，张爱莲"对传教士怀有罪恶的仇恨"，污蔑了"耶稣基督之后最伟大的人物"路德，路德是虔诚高尚的神父，不可能向贵族提出如此残酷的建议，路德不赞成农民暴动，不会赞成无耻的暴徒抢劫和屠杀正直的贵族，张爱莲的讲课内容没有资料来源。李卓吾还告诉学生，实用主义是西方国家的一种主流哲学，中国也有一个著名的实用主义者谢况教授，实用主义教导说，直接的利益是神圣的，人必须信仰上帝。李卓吾不仅宣扬实用主义，还从传教士的立场出发，不同意马发利对希腊古典时期的高度评价，认为那些雕塑、建筑全是异端的偶像崇拜。

在李卓吾的影响下，学习气氛变坏了。张爱莲拿出恩格斯的著作《德国农民战争》作为依据，证明自己的观点是正确的。在这场思想交锋中，张爱莲得到了以洪小梅为首的进步学生的支持。洪小梅从8岁到18岁在缫丝厂当女工，13岁时，参加了声援顺兴厂的罢工。她在班里从事党的工作，领导12个大学生。韩文武是洪小梅的支持者，冯淑珊和林家两兄妹则被称为"反马克思主义三人帮"。在《三个正义的妾》中，冯淑珊和韩文武是高中要好的朋友，在韩文武的带动下，冯淑珊曾经参加地下学联组织的宣传活动，如今两人在思想上出现严重分歧。在韩文武眼中，"她哥哥是民族资产阶级分子"，她"受她哥哥的影响，已经变成一个奢侈的洋娃娃"，更不可原谅的是，她受"帝国主义奴才教授"的影响。学生们通过学习恩格斯的论述，提高了觉悟，学习气氛得到净化。

更大的一次思想交锋发生在第二学期，潘教授临时调回北京上课，李卓吾被任命为副院长。张爱莲写信给领导，以教学中对路德评价为例，指出李卓吾"没有克服反动的意识形态、传教士的遗产，甚至根本不想克服"，表示自己受够了传教士的苦，无法接受他们的追随者当自己的上司。

罗散天院长认为张爱莲个人感情用事，告诉她，"学术上的意见分歧必须凭借尊严去调解，不带主观情感，避免个人好恶"，要求她"以工作利益为重，坚决维护良好的、至少和睦的相互关系，遵守绝对的纪律"。对院长的决定，张爱莲感到非常失望，符高新和马发利也暗暗不满，学生们感到焦虑不安，而李卓吾则"将这项任命看作是美国人和蒋介石即将回来的明确征兆"。

李卓吾当上了副院长，在课堂教学中宣扬实用主义者谢况教授的观点，歪曲历史，侮辱中华民族。他说："谢况教授非常贴切地称之为中国的黑色世纪。这个古老衰败的大国，民族无能，麻木迟钝，腐败堕落，迷信异端。19世纪是中国没有历史的时期，要不是当时有来华的外国人，几乎不值一提。外国人带来了基督教和西方文明，使中国的贸易和交通复苏。"并且说，中国皇帝禁止输入鸦片，给英国的贸易造成损失，英国向中国宣战，中国人再次表现出民族无能，任人宰割。这一回，李卓吾的言论彻底激怒了大学生，学生们引用史料，以三元里抗英为例，反驳李卓吾的观点。"反马克思主义的三人帮"也转变立场，质问李卓吾是不是中国人，有没有民族归属感。李卓吾不但没有认错，反而搬出教会学校校长史密斯教士的话，说自己"生下来是中国人，但却是一个真正的美国人"，并告诫三位学生"必须在西方文明和东方的群氓经济之间做出选择"。至此，学生们完全认清了李卓吾的面目：他在为国民党反动派和历史的篡改者做宣传，要培养的是奴才。冯淑珊也认识到："对于社会主义道路，并非所有民族资产阶级家庭的子女不了解。有些人走这条道路，直到英勇牺牲。有些人走上了这条路，又离开了。我就属于这种动摇分子。"在洪小梅主持的班会上，大家一致认为不能容忍"帝国主义奴才"污辱中华民族，坚决要求院领导罢免李卓吾的职务，并将会议记录寄给了在北京学习的党委书记严和忠。在这场思想斗争中，"反马克思主义三人帮"瓦解了，"帝国主义者的奴才被赶走了"，学生们取得了胜利。

综观朱白兰中篇小说集《香港之歌》的五篇作品[①]，题材涉及中国社会农、工、商、学各个领域。朱白兰虽然是犹太裔作家，但作为进步作家，基于她的政治信仰和立场，又身处激情高涨的中国社会，深受所处时代精神的熏陶，其作品打上了中国革命的鲜明烙印。如果说，《香港之歌》的首篇《燃烧的权利》，主要缅怀中国农民反抗外国资本主义野蛮侵略的武装斗争，第二篇是讴歌中国工人阶级抵御帝国主义经济剥削的斗争，第三和第四篇涉及中国各阶层人民为摆脱帝国主义和封建主义压迫所做的艰苦努力，那么，末篇《13是个吉祥数字》，则是赞扬中国人民在思想战线上挫败帝国主义文化侵略取得的胜利。贯穿全书的红线，是中国人民近百年来反侵略反封建的卓越斗争。

[①] 朱白兰中篇小说集《香港之歌》包含的五篇作品已全部译为中文，除本书第三辑收入的《燃烧的权利》(1841)和《剪纸艺人的复仇》(1944/1945)外，另外三篇作品：《香港之歌》(1921/1922)，《三个正义的妾》(1947/1949)，《13是个吉祥数字》(1954/1955)以及长篇小说《牛郎织女》的中译版发表在林笳编著的《中国籍犹太裔女诗人朱白兰（Klara Blum）生平与作品选》，中山大学出版社2016年版。

第三辑 朱白兰作品选译

Klara Blum

燃烧的权利

（1841）

林笳 译[①]

主要人物

三元里居民：
韦绍光，农民，秘密盟员
韦金心，韦绍光的妻子
夏同三，农民
菊花，夏同三的妻子
颜浩长，牛倌，秘密盟员
黄表，教馆先生
阿朱，陶匠，秘密盟员

被贬朝廷官员：
林则徐
许进

西村村民：
白耳聋，卖唱艺人，被称为"值得尊敬的傻白"
阿廖，渔民
谢老爷，地主
何玉成，识字的农民

---

① 译自：Dshu Bai-lan（Klara Blum），*Das Lied von Hongkong*, Greifenverlag zu Rudolstadt, 1959。

苦力：
阿韩
阿范

英国军官：
义律，领事
休·戈夫爵士，少将
戈登·布雷默爵士，上校
毕霞，少校
杜比，少尉

  1841年5月27日，一位年轻的中国农妇拖着疲惫的脚步，朝北向笑佛的倒影走去。她的衣服被撕破了，头发散乱。但鹅蛋形黝黑发亮的脸庞没有流露出羞耻和屈辱，而是充满坚定沉着。
  不列颠的年轻军官仍然倚靠着巨大的棕榈树干，筋疲力尽地狞笑着，在后面看着她。当他终于吃力地站起来，准备返回四方炮台时，目光落在一个刻有拉丁文的十字架上，那是一位传教士用熟练的手刻在树干上的：In hos signo vinces！（凭这个标志你将能够征服！）
  这句铭文使蓝眼睛的杜比少尉不免发出一声怪笑，因为这完全适用于刚才树下发生的事情。接着，他害怕起来。或许，他的笑声已经亵渎了神明？
  他不安地看了一下四周，终于迈开脚步。
  同一时刻，年轻的中国农妇站在笑佛的倒影前，那是一个圆形的小池塘，池中盛开莲花。她闭上眼睛，跳入池中。
  "韦嫂，我老婆在你家吗？——阿颜，有冇睇见我老婆？——道长，你知唔知我管家婆喺边度啊？"
  一个大约二十五岁，身材高瘦，留着长辫子的农民，穿行在三元里镇狭窄的街道上，充满不安地寻找着。尽管太阳已经西下，但他手里仍然拿着田间干活时头戴的宽边尖顶草帽。他俊俏的鼻翼不停地抖动着。
  大家都理解他的担心。十七个月来，战火时大时小，朝着有利于不列颠鸦片商人的方向发展。大前天，番鬼佬乘坐他们的鬼船，沿珠江而上，到达广州西北方向的泥城。他们占领了四方炮台，三天来驻扎在那里，像满身泥污的乌龟那样趴着，虎视眈眈地盯着广州北部那片祥和的勤劳耕作的农田。是的，大家都理解他的担心。但没有人能给他答案。韦嫂回答不了，肌肉健壮的牛倌阿颜回答不了。阿颜曾经在庙宇当过弟子，建议他找自己的师父，三星黑旗北帝庙的道长，但云仙道长也不知道。

天黑了。北帝庙在三元里北面一百步远的三帝墟，他在那里出生长大。他无目的地跑回来，呆呆地看着镇上黑砖建造的小屋，如同看见一个陌生的地方。他碰见刚刚匆忙回家的邻居韦绍光，因为绍光是白莲团练的成员，干完田间农活后，几乎每天都和其他人一齐手持长矛、梭镖、棍棒和两边刀刃对称的戟习武。

为了多聊一会儿，他将长辫甩到脖子后，有礼貌地问道："吃咗饭未啊，阿夏？"

夏同三的"夏"在粤语中发音"哈"。他心烦意乱地回答："我老婆唔见咗，点食得落饭？"

"你老婆也失踪？"韦绍光问，他脸色阴沉，但没有感到惊讶。韦金心没有理会旧礼仪走出屋子，在门前迎接她的丈夫，夏同三连忙客气地告辞。

同三走进他的小屋，坐在外厅的板凳上，粗声地叹息。夏同三的老母亲从内屋走出来，他正想尊敬地站起来，老太太和蔼地示意让他坐下。

三帝墟的居民并不算太穷。跟那些住在茅屋里的村民相比，他们住黑砖砌的小屋，干完田间的农活可以在屋里乘凉。屋内的布置当然也跟茅屋不同：一张宽宽的、细心补好的旧布帘将厅堂和内屋分开。夏家用竹墙将内屋分成老母亲和年轻夫妇的卧室。同三在道长面前称他的老婆为"我内屋的管家婆"，这种表达也许过于优雅和客气，但大体上也符合事实。

夏妈将晚饭摆在八仙桌上。

这是一张普通的用褐色木头做的正方形桌子。中国老百姓想象在方桌每个角落有两个看不见的仙人，他们使饭菜美味，主人心情愉悦，席间谈话轻松——其实这是一种徒劳无益的幻想。

"起筷吧。这是豆腐，食咗有力气。——你点解咁烦啊？——至少食点饭。——菊花肯定好快返来。——食条蔗啦！菊花点会出事呢？佢喺个聪明、守妇道的女人。"

夏妈并不是从来都这么称赞儿媳妇。结婚的头一年，她把菊花叫作"狐狸精"，迷住了她儿子的心，使母子疏远。那时，菊花沉默寡言，胆小，跟韦金心迥然不同，金心泼辣，很有主见，不将旧礼教放在眼里，甚至有时跑到大街上迎接丈夫——就像刚才那样。

结婚第二年，老太太渐渐变得友好起来，但从早到晚夸奖菊花则是最近的事情。他们无疑要将这归功于他送给妻子的一枚梅花形的护身符。梅花保护媳妇免受婆婆背后说坏话，那是千真万确的。

"菊花只喺去西村卖我们的黑叶荔枝。"夏妈重新开口说。

"喺啊，佢早就应该返屋企啦。"

"佢实喺去北帝庙求早生仔啦。"

"阿妈搞错了。我已经去过北帝庙。"

"或者，廖婶请她去教腌鱼干。谢老爷鱼干唔够，廖叔帮老爷捞河鱼。女人要将鱼干味道配制好。"

"如果阿妈同意，我现在就去西村。"

"你会睇见，西村的街坊围住傻白，听佢唱戏。"老太太安慰说，"菊花亦会在场。如果傻白唱孝子皇帝汉高祖，大家都唔会走开。我都唔会走。"

可是，值得尊敬的傻白今晚并不在西村。思考和作词驱使他无计划地四处逛，去了东边。为他敲竹板打节奏的侄孙儿留在家里，没有跟他出门。傻白四处走，来到一个他最喜欢的地方，那里的土坎上有块平坦的大石墩，离三元里几步远。他坐在石墩上，但凡三帝墟勤劳能干的居民路过聆听唱戏时，他就得到几声喝彩和少许零钱。他懂得很好地珍惜这两者的价值。他重新坐下，抬头仰望天空，星星就像小小闪耀的太阳散发出银光。他常用这样的开场白向听众介绍自己："我，盲公艺人白耳聋。"这是一种富有诗意的夸张。实际上，他只是高度近视，并不懂得使用眼镜。夜风吹拂着他的袖子、银灰色细细的长辫和银白色稀疏的长须。他突然想到孝子汉高祖的曲中有几处修改，他是文盲，马上在额头上用深深的皱纹将它们记录下来。他自言自语，心满意足地重复着这段唱词：

> 高祖刘邦凯旋归，
> 受民拥戴称帝王。
> 他将父亲请入宫，
> 宝玉绸缎放满箱，
> 只见老父愁断肠，
> 皆因思乡心惆怅，
> 挠首满头尽白发，
> 透过金壁望远方——
> 话说两千多年前。
>
> 孝顺儿子费思量，
> 如何替父除忧伤。
> 他求美德有报应，

恭立王位深鞠躬。
祈求四色天上神，
北玄武，东青龙，
西白虎，南朱雀，
期待得到神指点——
话说两千多年前。

神示请来雕刻匠，
刻成模型像家乡：
尺寸大小如茶盘，
牙雕街巷和塔楼，
吊钟还能发声响。
老叟两眼放光彩：
精美作品桌上摆，
心中不再有忧伤——
话说两千多年前。

　　令人尊敬的傻白蹲在三元里的土坎上，动也不动。他没有兴趣回家。完成作品的愉悦胜似回家，用闪闪发光的墙壁包围着他。

　　此时，一条长长的黑影落在发光的墙上。那是四条汉子抬着一副担架。作为算命先生的白耳聋知道，担架上躺着又一具女尸，她被恶鬼玷污后用虔诚的自杀洗净自己。即使白耳聋不是算命先生，他也心中有数。

　　老人叹着气站起来，他四周愉悦的水晶屋哗啦啦地破碎。他默默地跟在四条汉子后面，他们用尊敬的问候和忧郁的歉意回报他的陪伴。老人稀疏的白须在午夜的风中飘动。他抬头观看北斗星，中间的三颗星是供奉北方黑帝的。过去，人们拜这位农民的保护神时挂一幅画着大乌龟的图，自从200年前农民起义以来，改成了太阳晒黑的战神。北帝的三座星宿叫作天女星、守护星和英雄星。白耳聋感到，三星的柔光轻轻地洒在他布满皱纹的额头。

　　三帝墟狭窄的街道上，那几个汉子停在夏家门前，将担架放在地上。夏妈默默地走出门，提着灯笼，照了照躺着的尸体。近视的艺人才看清，四个汉子当中一个是死者的丈夫，被捉走的农民夏同三，另一个是颜浩长，他现在正迈着有力的步子，离开这里去叫他以前的道长师父。还有两个是西村的渔民阿廖和识字的农民何玉成。教馆先生黄表从街的东头走来，同来的还有他老婆王兰兰。在围拢过来的人中，白耳聋还认出陶匠阿朱，他制作的陶瓷公仔颇有名气,此外,还有农民韦绍光和他老婆韦金心。

死者菊花显得比往常更美,长长的睫毛在黝黑发亮的脸庞上投下斜影。脚上沾着水藻和莲花瓣。她还挂着梅花护身符,这是一张红色剪纸,镶嵌在廉价的玻璃套中,用来避免婆婆的恶意对待。梅花可以保护年轻妇女免遭人的欺负,却躲不开恶魔的邪恶暴行。

夏妈默默地走进屋,她熟练地用白纸剪出一朵花,并将它插在交织着灰线的黑发中。几个月来,在她的心里,道德跟嫉妒斗争,最终,道德战胜妒忌,她终于认识并喜欢上这位年轻美貌、虔诚和守妇道的儿媳妇。可是,道德和胜利都已成徒劳:受嫉妒的美人已经死去。

"我必须吭声,"白耳聋想,"必须诉苦,歌颂,预卜未来。"但他的精神已经干枯,词语也不听使唤。刚才,他还认为,自己用孝子汉高祖的唱词完成了最美、最好、最正确、最重要的事情。而现在,他觉得自己的唱词微不足道,完成的是矫揉造作的琐事。应当唱些其他的内容,唱新的、紧迫的、不可忍受的事情。人们称他是值得尊敬的傻白,这意味着他是不同寻常的、能唱善卜的人。他觉得,所有人都用眼睛看着他。或者,这只是他的感觉?——或者:他必须先回家,将自我失望消化掉。

取代傻白说话的是泼辣的韦金心。她有失礼仪地大声说:"所有女人聚集起来,为受侮辱的姐妹报仇!"她的丈夫没有纠正她的话,而是带着深思熟虑表示赞同:"刀枪不入的白莲兄弟没有睡觉!"

教馆先生黄表和他妻子王兰兰客气地后退让路,让缓步走来的道长靠近菊花的尸体。

"我的祖先中有人侮辱了女人,"夏同三绝望地诅咒说,"所以要由我赎罪。"

"你在说蠢话,我的年轻兄弟,"道长语气坚定地说,"你的祖先从来没有出去占领外国,我们先人即使犯了野蛮的罪过,他们自己也已经赎清。"

同三想尽最后的努力表达自己的感激和赞同,但是,北斗星当中的三星突然降下,用锐利的拯救的光线戳他,一颗星戳脑袋,一颗戳喉咙,一颗戳心脏,他顿时感到深受安慰。

"我们年轻的维多利亚女王陛下,万寿无疆!"

四位先生站起来,互相碰杯。戈登·布雷默先生估计已经有些站立不稳了,而义律领事和毕霞少校则还很清醒,休·戈夫先生眼珠浑浊,说起话来断断续续,人们从来不能肯定他是清醒的还是喝醉了。

他们在"风信子"号船的甲板上,船停靠在泥城的珠江港口。他们穿着浅蓝色的制服，金色的肩章在中式彩灯的柔和光线中闪烁——灯笼是朝廷作为和解礼物送的。草莓色、桃红色、黄玉色、紫罗兰色的灯笼上画着天上的织女，还有杨贵妃——中国的蓬帕杜夫人、荷花仙子，以及年轻的女诗人文姬。

"这是荣耀一天的荣耀夜晚，"义律领事结束他的祝酒词，"皇帝屈服了，我们不列颠的强大贸易将比以往更加茂盛。它将像魔幻花园一样盛开——"

"花园里生长着带来利润的罂粟花。"休·戈夫爵士补充道。

"完全正确，休爵士。明天就盛开——"他话音未完就更正说，"今天就开——不错，晚上两点——今天就盛开，1841年5月28日，我们开始重新卸载鸦片，我要看看，现在谁还有胆量——"

"苦力们，卸货！"休爵士朝着一群看不见的搬运工发号命令。"昨天卸武器箱，今天卸鸦片箱——就这么说定了。"

"苦力？"戈登·布雷默爵士语音含混不清地问。

"是的，这可是一个时髦的新词，"毕霞少校问，"它是从哪儿来的？"

"苦力意味着是殖民地的一种劳动力，因此是最廉价的劳动力。"义律领事解释。

"当然。但这个词是从哪儿来的？"

"我也不知道。"

"我以为，您无所不知。"休爵士闷声闷气地说，他已懒得动自己的嘴唇。

"只有上帝是无所不知的，"义律领事虔诚地回应，"我只需知道什么对生意有利，这就够了。"

这很清楚明了，得到大家默认。

戈登爵士将剩下的波尔图葡萄酒一饮而尽，理由是他感到很热。

"有朝一日您会死于中暑。"毕霞少校感情丰富地说。

"中暑——就这么说定了。"休爵士附和道。

"广东的气候并不是那么热。"义律领事激动地说，"冬天不冷，夏天不热。"

"您是一位广东通。但是，两年前，您不得不逃跑。"

"那是糟糕的一天，1839年6月3日，"义律领事说，他伸手指向东南方，"在那边，林则徐站在珠江口的虎门，这个狂热的异教徒、仇外的魔鬼，头戴冠后插孔雀翎的圆形官帽，胸前挂着金色的长项链。我们海岸炮兵连的炮口瞄准他和他的随从，中国人没有将这当回事，仿佛那是玩具炮。当时，我们还不敢开火——"

"那是当时！"休爵士强调。

"接着，邪恶的罪行就开始了。林则徐用平静的声音给了一个信号，他没有发号命令，他允许了！跟在他后面的群氓、苦力和农民，一声不响，却伸出似乎在欢呼的双手，冲向装鸦片的箱子，将几百箱扔进火中，两万多箱扔进海里。他们平时冷漠的沾满泥的脸露出邪恶的幸灾乐祸的表情。这是不列颠贸易遭受到的最严重的损失。林则徐的声音不大，但我明白他说的每句话：'我们不能让中国受污染。我们不能让中国中毒。不，不，我们不能让中国受侮辱！'"

"这发生在6月，"毕霞少校明确地说，"但在12月——"

"39年12月——40年6月——41年5月——进攻——冲锋——突破——就这么定了！"休爵士简短的语句流露出胜利的喜悦。

"林则徐来广州，当然是受皇帝的全权委托。"义律领事解释，"但不能说，朝廷站在他后面。他不得不接二连三地写奏折，张牙舞爪地力图禁止输入鸦片，发布查收令。他有失身份，主要依靠群氓，这些人并不少见在皇宫前面吵吵嚷嚷。因为清朝不属于中国老百姓，而属于北方的满族——因此也有民族对立。"

"这对我们非常有利。"毕霞少校补充说。

"所以，皇帝害怕老百姓——"

"害怕老百姓——害怕我们——更害怕我们！"休爵士笑声如雷。

"完全正确。林则徐被放逐，朝廷的官员没有了捣乱者，舒了一口气。他们当中的大多数是另一种人，懒懒散散，贪图享乐，喜欢嚼烟——"

"鸦片烟鬼——就这么说定了。"

"群氓呢？"

"当然是一个阴暗的深渊，朝里看一眼都令人毛骨悚然。秘密结社，拉帮结派，白莲教、济贫会。他们相信写着符咒的字条，这些迷信的异端。上帝决定让我们英国人当地球的统治者，我们当中大概没有人会怀疑。"

"他们有武器吗？"

"只有一些很原始的，长矛、梭镖、戟。我们有两个士兵曾经偷看他们在庙宇旁练武，他们训练时就像跟一个看不见的对手打拳。此外，他们被看作刀枪不入。"

"荒唐——就这么说定了。"

"荒唐，毫无疑问，但这给他们壮胆，并且也有那么一丁点正确。有某种传统的气功，虽然不能完全消除疼痛，却可以明显减轻痛感。当我们抓住这些家伙中的一个并且惩罚他时，就会观察到这种情况。"

"碾碎朝廷比征服农民容易。"

"对。农民仇恨外国统治者，朝廷官员喜欢洋人的小费。"

"特别乐于收受洋人小费的是太监!"

"哈——哈!哈——哈——哈!"

"为了管束卑贱的当地人,我已经打通了广州的官府,他们将张贴告示,禁止任何抵抗我们光荣军队的行为。现在,我们可爱的士兵就可以想要什么就拿什么。"

"丝绸。"

"黄金。"

"宝玉。"

"女——女人。"

"他们等不了公布法令,就已经抢掠。有些古墓也十分有价值。"

"士兵需要猎物——就这么说定了。"

戈登爵士误解了"士兵"这个词。一种朦胧的不安困扰着他。为什么休爵士不提军官们应分到更大部分猎物?

"我们,军、军——"他开口说,"我们,军——官"然后,就说不下去了。

"该睡觉了,绅士们!"义律领事提醒说,"还有三个小时,就吹起床号了。"

不列颠的军队占领四方炮台四天来,早晨六点就吹起床号。杜比少尉刚睡醒,用凸起的、勿忘我颜色的眼睛朝窗外看,唱起一首富有情感的士兵歌曲,这首歌很适合他的情况,他将歌词略做改动:

道路漫长
通向蒂帕雷,
道路漫长
我踏上征途。
等着我,可爱的玛丽,
我的新娘,纯洁又美丽。
服役艰苦
远在他乡,
困境劳累,还有危险。
考验的道路通向终点,
我将心儿献给你。

同一时间,夏同三在失去六小时知觉后醒来。在他身旁立着四组人物:

一个苦力，穿着打满补丁的裤子，吃力地扛着鸦片箱。旁边站着身穿蓝色水兵服、手举鞭子的白人监工，几步远的地方，不列颠的旗帜迎风飘动，一个留连鬓胡子的商人，嘴里叼着雪茄，满意地搓着双手。

　　离他们不远，一个不列颠士兵用左手扯掉一个农民拿着的一捆自织的布，举起右手就打。

　　夏同三想大喊，但声音却不听他使唤。他艰难地将头转向侧面，看见武松，这个中国传奇中的千年英雄，骑在老虎背上，赤手空拳地猛打。他身披深绿色长袍，颧骨突起的脸上透露出纯真、憨厚、威武。

　　隔几步远，只见还是武松，他挥剑格斗，对手身穿银边暗红色长袍，胆怯地后退，那是放高利贷、玩弄女人的西门庆。不可思议的是，这个传说中的流氓突然不再是中国人，样子变得比所有外国人更外国人：脸色像石灰那样白、蛋黄色的头发、蓝色透明的眼珠、凸起的眼睛、高高的鼻子让人想起猪的嘴巴……

　　同三终于从喉咙里吐出一声疑惑的"呃"。自己的声音使他恢复了知觉。起初觉得真人般高大和活生生的人物缩小了、僵硬了。它们摆放在床左右两边的长凳上，大约二十公分高，是上了彩釉的陶瓷人物。

　　"我在哪里？"夏同三问。

　　"在我这里，"陶瓷匠阿朱回答，他走到床边，握住同三的手，"贵体是否好些了？"

　　"朱师傅，你的陶瓷公仔——刚才我还以为是活人。"

　　"我的人物是活的，"陶瓷匠带着自豪解释，"没有人能像我这样做出活灵活现的公仔——甚至在石湾镇，在南海也没有。"

　　"我怕会给你增添麻烦。神灵加害于我……"他完全醒了，疼痛重新使劲刺他的灵魂。

　　"除了番鬼佬，没有人会害你。他们迟早要受惩罚的。每个走进我屋里，看见我造的公仔，都会想起他们的野蛮行为。然后，他们受惩罚的时刻很快就会到来。"

　　"谁将我抬到你屋里？"需要安慰的夏同三问。

　　"阿韦和阿颜。阿韦还走到武松雕像面前说：武松像我们一样，是个农民，每个农民都能成为武松。"

　　外面，响亮的老人声音请求进屋，伴随它的是一副清脆的童声。

　　朱师傅好客地打开屋门。"令人尊敬的傻白来了！他的侄孙儿，小朋友，也来了！"他向卖唱艺人弯腰致意，并摸了摸小男孩的头，他的头发剃光了，只留下一束用红色丝带扎起的逗人的小辫。

"我，盲公白来拜会朱师傅，欣赏一下闻名的陶瓷公仔。"

朱师傅丝毫不客气地坦然接受任何夸奖。对于他来说，相信艺术价值超过相信惯常的草率评价。

白耳聋拿起商人、监工、苦力的那件塑像，贴在近视眼前，不合逻辑的话却令人折服："我，盲公白完全被这些燃烧的颜色迷住了。"

"因为我心中燃烧着破碎的权利，所以我的陶瓷公仔，颜色如火燃烧。"

白耳聋用深深的皱纹将这些话记录在目不识丁的额头上。夏同三感到，一股炙热发光的东西流过心脏，将身上的伤口烧掉。

他又拿起两人格斗的塑像。小男孩睁大注视的眼睛，靠着叔公的膝盖，说："昨天追菊花姨的番鬼佬，也长着这样的蓝眼珠。"

"地狱里的蓝眼狗！"同三从牙缝中发出沉闷的声音，"断子绝孙，这个该死的！"

老艺人进门后没有注意到同三。他认不出人或者没有注意人是常常发生的。为了照顾他的面子，人们都原谅这种无礼。现在，他转向那位死去妻子的绝望的年轻人，称他"老夏"，称"老"是表示尊敬，是一个亲切友好的称呼。

"老夏，节哀顺变。"

表示哀悼后，他突然又转过身体，被一个新的想法触动："这个背着鸦片箱的人不是工匠，不是农民，也不是乞丐。怎么称呼这种人？"

"称'咕哩'。"朱师傅说。

"咕哩喺乜嘢？——我老糊涂，唔识这些时髦词。"

"咕即喺苦，哩即喺力，由于番鬼佬的鸦片烟毒，有些工匠和农民的家庭越来越穷，这些家庭的男人苦不堪言，出卖体力给番鬼佬，所以称佢地'咕哩'，苦力，出卖劳力的人。"

老艺人再次用深深的皱纹将听到的话记录在高高的额头上。

突然，他似乎真傻了，僵硬地将双手伸向空中，结结巴巴地说：

"咕哩——苦力——看啊——听啊——和他们说——"

同三翻身起床。个子矮小但有力气的朱师傅想去扶他，但同三已经没病了。"傻白的愿望应当很快实现。"他喊着跑了出去。

他估计得很正确：在三帝墟的入口，靠近土坎的地方，停放着韦绍光那辆用两头水牛拉的板车，这位能干的白莲团练的兄弟在车上装了五箩荔枝，三箩大，两箩小，还有四袋大米、两筐鸡蛋。

"贵体——"

同三没有等他说完便打断他的话："阿韦，你去泥城赶集，喺唔喺啊？傻白有话想跟咕哩讲。你可不可以费心带上他、我和他侄孙？"

"荣幸之至。"阿韦满口答应。他的脸上闪着智慧和希望的微光。

他们的牛车行走在五月的晨曦中。荔枝的果实显得十分柔美，外红内白，"绛纱囊里水晶丸。"一千一百年前，皇帝的杨贵妃这样称赞荔枝。①

在西村，博学的许进有一小块地产，跟谢老爷的大片土地交界，如同小蜥蜴挨着一条贪食的龙。许进刚刚陪同早上来访的教馆先生黄表走出门。他看见韦绍光，举起一朵白绸做的莲花。阿韦坐在车夫的座上，用严肃的微笑和意味深长的弯腰作为回应。"把我带上吧。"黄表请求，并跳上牛车。许进靠近说："请你们和你们的朋友今晚光临寒舍，一起吃顿便饭。"大家弯腰表示感谢，水牛拉着车往前走。

同三将身边两袋大米上的舒适位置让给教馆先生。（另外两袋大米上坐着令人尊敬的傻白。）黄表致谢，并说："节哀顺变。"

同三彬彬有礼地说："你和大家尊敬的许举人是好朋友。"

"我们老百姓都尊敬他，"黄表纠正他的话，"他的同僚嘲笑他，特别是他辞官后。谢老爷背后称他是乞丐君子。"

"我们老百姓，我们，值得尊敬的百家姓！"年轻的鳏夫重复说，话音中带着痛苦的补偿，因为这个词表达了中国穷人传统的自豪感，意味着人民大众，普通人，任何人。

"我知道他为什么辞官。"同三继续说，但牛车已经在泥城的港口停下。

打鱼的阿廖从船上默默地向他们致意。

港口里停泊着装满鸦片箱的英国帆船，船名叫"Skylark"——"天雀"。两个光着上身的苦力在一个英国监工的监督下，将箱子扛进一间小仓库。老艺人猛然挡住他们的路。

"卖苦力的老实人！麻烦你地话我知，你家人点解被鸦片烟害成咁样？"

两个苦力困惑地停住脚步。

"快走！你们这些懒狗！"监工喊道。

他的鞭子在空中呼啸，前面的苦力肩膀滴下鲜血。

这位搬运工痛得发出呻吟，他朝艺人喊：

"快滚开，你这个傻佬！"

白耳聋一下子坐在了一堆木上。他感到意外，因为人们的尊重和欣赏是他存在的唯一理由。他在小男孩敲竹板的伴唱下，用艺人的歌声诉说：

---

① 此诗句出自宋代诗人欧阳修的《浪淘沙·五岭麦秋残》。——译者注。

> 我是个老人——啊!
> 冇得罪任何人——啊!
> 恶人将我冒犯——啊!
> 恶人要遭雷劈,
> 天黑前就有报应——啊!

在激动的时刻,他有时候会预言某些不可能发生的事情,并且相信,明事理的人都会钦佩他对未来的预见,无论他看得正确与否。

渔民阿廖跑过来安慰他,将一条鲜鱼装在小竹篓里,递到他手中,韦绍光又加上两只荔枝。

"来啊,哈利,"从天雀号船上传来一句喊声,"我告诉你,这是威士忌。"监工消失在船舱里。

两个苦力镇定地将两箱鸦片扔到河里。在场的人几分钟没有说话。接着,阿韦和阿夏轻声但激动地说:"你地系我地的大哥,系我地的老师!"

"番鬼佬会打死你地。"黄表担忧地说。

"佢地饮醉酒,冇人睇见我地。丢距老母嘅祖宗十八代。"

老艺人开始明白,这些人的粗俗也有好的方面。

两个苦力又扔了六箱鸦片进河里,然后互相说:

"够了吗,老韩?"

"够了,老范。不然,东西会发出臭味。"

令人尊敬的傻白轻轻鼓掌,露出了微笑。因为,这听上去就像一首短诗。

"番鬼佬没有数过有多少箱?"谨慎的阿韦问。

"今天没有。他们太高傲了,因为天子屈服了,他们以为自己打胜了杖,少了八箱,他们肯定不知道。"

"今晚我请你们去许进家,"黄表郑重地说,"你,令人尊敬的渔民,你知道他家,你们,我的苦力兄弟,很容易找到,就在西村的东边入口,白屋,蓝屋顶,屋门上方有只金蓝色的凤凰。"

他们全都能说会道,阿廖想,这位渔民充满羡慕。孤单地打鱼使他不善言辞,但我要干出你们当中还没人干的事情。

监工回来了。苦力们努力地将鸦片箱扛进仓库,干活中还装出麻木的表情。阿韦向监工走去,似乎刚才只是在等他。监工将荔枝从他手里夺去,阿韦说他们给的钱太少,立即听见早已预料的回答:

"住嘴,你这个该死的本地人。"

阿韦故作无奈的样子,跳上车夫的座位,傻白、黄表、阿夏和男孩也登上牛车。当车子穿过两条通向集市的路时,他们听见阿韦说出他们其实早就想到的事情:"我给他搭上一些生虫的烂荔枝,外表上不能立即发现,今晚他就会肚子痛,这是给他抽鞭子的回报。"

从"风信子"号轮船上走出五个英国人、两个军官、三个士兵。

"杜比少尉,我刚才想,古墓里有珍贵的东西。"

"是的,少校先生。我将给我的未婚妻,尊敬的玛丽小姐带去四只手镯,"杜比少尉回答,他兴致勃勃,一副道貌岸然的样子。"三条嘴含彩色宝石的金蛇,一只白玉做的莲花环。"

"我的夫人空手而归?"

"毕霞夫人肯定不会一无所得。在广州西面城墙那里,您会看见一座大墓,没有被挖过。上面有座小塔,不到写字台么大,蓝色琉璃瓦盖的塔顶,檐角向上飞起。您不可能找不到。"

渔民阿廖走过来,带着殷勤的表情默默地指了指他的船。

"来得正好,"毕霞少校笑着说。"乘船游一小段,比在南方五月的太阳下步行舒服。我当然带上三个士兵。拜拜,杜比少尉,谢谢!"

当天晚上,许进在他家客厅里来回地走。他要亲手洗刷碗和茶杯,因为,家里只请了一个佣人,他同时也是厨师。一扇漂亮的屏风,上面镶嵌各种材质构成的图案,有黑玛瑙、蓝色和白色的玉、红宝石、紫水晶。这是一幅神话学的风水图,源自中国民间的美妙想象:北方的黑龟、东方的青龙、南方的朱雀、西方的白虎。

许进来回走。他在想今晚来访的客人们,并且想念再也不会来访的林则徐,这位大无畏、清廉、正直的官员,腐败官场中罕有的道德典范,他所钦佩的上司和尊敬的朋友。许进在他手下任职五年,在他的领导下进行管理的改革,这种改革当然受到朝廷无声的拒绝。他们常常谈论,必须做什么才能增强和振兴中国,中央之国,或者用他们文人的话叫"中华",中央之花。他们之间常会露出会心的微笑。

当然,甚至林则徐有时也会斥责许进的想法太过放肆。当大胆的林则徐咒骂奸诈受贿的太监是国家的害虫时,许进会意想不到地插话:"朝廷在这些太监身上干了如此恐怖的事情,他们怎么能阻止国家受损害?"

如果林则徐到他家做客,会批评许进,因为他的小女儿没有缠足:"难道她不愿意步步莲花,要像外国女人那样扑哒扑哒地走路?"许进毫不掩饰地说出自己的想法:"中国不只是需要男人,也需要双脚站得稳的女人。变畸形的女人小脚当今毫无用处。"

林则徐两次不赞同地转过脸，但他们依然保持清纯的友情。这位官员给他的部下起了一个友好的名字，不叫许进，而叫许斌，就是能文能武的意思。

皇帝一声不吭地拒绝他们的行政改革。在另一件同样重要的事情上，他们的斗争得到京城老百姓的支持，民众在皇宫前面发出自己的声音，取得了辉煌的胜利。他们争取到了禁止输入并且查收鸦片的命令。

那是1839年6月。同年12月，不列颠的鸦片商发动进攻。他们让中国在毒品和炮弹、慢死和快死之间做选择。林则徐失宠，皇帝布告天下，说林则徐烧毁和淹没鸦片导致战争。林则徐被流放，许进辞官返乡，守着一小块地，心中充满失望。

在房间里挂这位被贬官员的像也许是一种轻率，会使他和他朋友无谓地受到伤害。为了向林则徐表示敬意，他在墙上挂了爱国诗人屈原的像。那是一幅画在银灰色丝绸上的水墨画，既柔和又严肃，蓝色的江水，白色的岩石，笼罩在常青的不老松下，前面是诗人，他被不公正的朝廷放逐，身穿的长袍迎风飘拂，留着的稀薄胡子随风飘动，下面用秀丽的书法写着他2100年前的两行诗句：

忠良何罪以遭罚，
世浑浊兮美德衰。

只听见门外有轻轻的嘈杂声，许进亲自去开门，因为佣人正在煮饭。走进来九个男人、三个妇女和一个小孩。人们互相不停地鞠躬致意。朱师傅送给主人一件陶瓷公仔——武松打虎，举人许进说："这个人物造型美，颜色鲜艳，这很重要，更重要的是，它含义深刻，而最重要的是，它来得正是时候。"他将一只画有花鸟的花瓶从高高的基座上移开，将陶瓷公仔放上去，让整个圆桌的人都能看见它。

"不能让你过去的同僚听见，"王先生开玩笑说，"他们会说你是群氓的奴仆、高雅艺术的叛徒。"

"如果我那些同僚想看叛徒，"许进毫无掩饰地说，"他们只需要对着镜子看。"

接着，他请韦绍光坐在自己右边的上席，这让平时机智果断的年轻人陷入尴尬。黄表说："不要担心，老韦。我们的主人知道为什么让你坐上席。你也心中有数。"

没有奢侈的菜肴，既没有桂鱼，也没有田鸡腿，更没有鱼翅。只有普通的菜，但煮得美味可口。有红烧肉，配菠菜，加鸡蛋花汤，还有一款叫"莲白鸡"的菜,用许多淀粉、蛋清、板肉和切细的鸡胸脯烹制成。

客人们称赞饭菜,主人谦虚热情地答谢,大家胃口很好。吃完饭,许进亲手给每人递上温热芳香的湿手帕。随后,他开门见山地直奔主题:"在座各位都是白莲团练的成员或朋友。我们要维护和平、健康和中国的尊严。这是我们的权利吗?各位扪心自问就会感觉到,这个权利在心中燃烧。但谁在危害和平、健康和我们中国的尊严?——请问各位。"

他说完坐下。夏同三在内心的驱动下站起来,用纤细的声音说:"我的内管家文静、漂亮、纯洁,让人舒心,像一朵大的白玉雕花。地狱看门的蓝眼狗侮辱她,导致她寻死。这只狗非死不可!"因为再说不出话来,他重新坐下。

没有等人叫,姓韩的苦力自己站起来,用粗哑的声音说:

"我父亲在广州是一个受人尊敬的染布师傅。我家在珠江河畔,那栋小屋人人喜欢,工场明亮,厨房也不暗,父亲染的布料是全城最美的,浅蓝、深蓝、青色、淡红……应有尽有——十年来,我却像畜生一样干活,把这些手艺全忘了。

有一回,番鬼佬来,想买下我父亲的小屋,目的显然是要在里面开鸦片烟馆,我父亲说,给多少钱都不卖,这是祖父建的,在小屋里可以得心应手地干活。

番鬼佬用钱买通地方长官,派差人强行将我们赶走。这样,我们落到无屋无钱的地步。父亲在发臭的横街窄巷租了一间工场,非常便宜,但是,他再也不能像过去那样精细地干活。颜色有时太暗淡,有时太刺眼。他总是跑回老屋那里,用绝望的眼睛呆呆地看着,有一天,他走了进去,此后,就总要去那里了。

一天,他对我说,吸了鸦片后,他看见鲜艳的颜色,醒来时,一切都是灰的。

不久,他就死了,给我留下一大堆债。他没有教我任何东西,在他身心没有生病前,我还很小;我长大时,他已崩溃。我将他的全部家什卖掉,还了一些债,但远没还清。这样,我就变成了苦力。你们想打番鬼佬,可以用上我的拳头——拳头就在这里!"

牛倌颜浩长有点笨拙地站起来,说:

"我是三元里最穷的人,但并不是最弱小的。小时候,我在北帝庙帮忙卖菜和打扫庙宇,看见那里有面黑旗,上面用白色丝绸缝了三个圆。道士们说,这是北帝的三颗星。晴朗的夜晚,它们在高高的天上,叫天女星、守护星和英雄星。我问他们,北帝是个好神还是坏神,他们告诉我,北帝是个好神,保护农民。道长补充说,要对孩子做更好的解释。他说,我们的北帝教农民保护自己。16岁时，我得到允许开始学武艺。我们用长矛、梭镖、棍棒、戟练习，夜晚天气晴朗，就在三颗星宿下练，天气不好，就在庙内三星旗下练。

但是今天，太阳西下的时候，道长将三星黑旗扛出外面，三元里的所有居民都聚集在庙前的场地上。道长、阿韦、朱师傅，还有白莲团练、三仙会、济贫会的几个成员，他们收到来自一百零二个村庄和乡镇的消息，加上三元里，总共一百零三乡。番鬼佬掠夺村民的鸡鸭，摘树上的水果，盗古墓里的金银珠宝。一个番鬼佬强奸了泥城商人刘老板的闺女，她跳江了；一个番鬼佬在韦嫂取水时图谋不轨，韦嫂拿罐子砸他的头，他脱身而逃；一个番鬼佬强奸了夏姑，她跳进了池塘；葵花村有三个农村姑娘，东村有一个农妇，蓝云镇一个裁缝的妻子，也遭受同样的凌辱。

人们听到这些情况，齐声高呼：我们要将英国人赶出村子！我们要用长矛棍棒打死番鬼佬！大家对阿韦说：你要带领我们啊！阿韦答应，明天早上拿出作战计划。"牛倌说完坐下。

苦力阿范站起说："老韩的父亲是染布工，我父亲是木匠。但我家的情况跟他一样。我给你们说些其他的事情。

我们的主人问我，为什么渔民阿廖没来。我说，迟一点再回答你。现在，我就告诉大家。

番鬼佬两次袭击他，抢走他的船和全部鱼。今天上午来了四个番鬼佬，他们想去广州西城墙挖先人古墓。阿廖为他们撑船，那些贪图舒服的绅士当然上船。船行到珠江河中心，他突然大喊，见鬼去吧，我的少尉！别忘记我！他用双桨弄翻小船，淹死四个英国人和自己。"

大家目视前方，完全呆了，心中充满悲痛、惊讶和敬佩。主人默默站起，迈着沉重的步子取来白色的纸花，安放在一张空椅上表示致哀。

"我要做一个陶瓷公仔，"朱师傅说，"阿廖、渔民、一位英雄。"

何玉成，西村一位识字的农民，写得一手好字，许进家挂的屈原像，上面的字就是他题的，他轻声但清晰有力地说：

"大家能看见，清政府胆小，中国老百姓胆大。"

"朋友们，帮会的兄弟们！"韦绍光一跃而起，大声说，"我们怎样才能最好地纪念阿廖？——要审慎，坚决，不怕死。

"广州北郊，四方炮台北边，有一百零三乡，大家都希望番鬼佬见鬼去。在这些乡镇的中心有一座山岗，样子像趴着的牛，叫牛栏岗。一百零三乡派出的人都去那里，下午集合，早上就要通知。"

"我通知西村和泥城。"许进主动表示。

"但是——"阿韦想提出异议，却被王先生打断，他笑着说，"就让他去证明自己属于老百姓——尽管他的出身不是，但可以用他的心去证明。"

"我去东村、葵花村、蓝云镇。"快嘴快舌的韦嫂说。

"带上一把刀，如果再遇到英国人——"

"当然。"

其他两个妇女认为，这么多陌生男人在场，女人大声说话是不合适的，因此，只限于跟她们的家人小声说话。

"我老妈也可以通知两个村。"夏同三表示。他本人负责通知 15 个村，其他人有的通知 5 个，有的通知 8 个或 10 个。

"我们的孩子聪明细心，"朱师傅说，"我们也可以派他们传递消息。"听了大人的话，白耳聋的侄孙感到很得意，眯缝的眼睛发出光芒。

"在牛栏岗上，"韦绍光接着说，"三个帮会——白莲、三仙、济贫和来自一百零三乡的人汇合成一支大军，我想叫它平英团，驱赶英国人的战斗同盟。每个村镇扛自己的旗，选出自己的领头人。所有居民都武装起来，最好是用长矛、梭镖、棍棒、戟，如果这些武器不够，就拿镰刀、铁铲、锄头、大刀。"

"这是我们最大的不幸，"许进叹息道，"我们只有这些简陋的武器。英国人有最好最新的枪、最新最完美的炮：伯明翰，1840，这刻印在炮座上。"

"他们有最新式的武器，"年轻的农民淡泊冷静地说，"但我们中国人有更好的东西，我们人多势众。"

"你们打算召集多少人？"黄表问。

"后天开始发动进攻，有 7000 至 8000 人。往后，我们得到从最远地方来的援军，也许有三至四万。"

"一百零三乡来 7000 人？"何玉成感到怀疑。

"识字的邻居何玉成以为，我们女人留在家里。"韦嫂笑着说。

"我的女管家，"她丈夫自豪地解释，"会使用长矛、梭镖，还能教其他人武功。我们的女子团队一点也不小。"

"我老妈说，她和十个其他老太婆跟在平英团后面，为他们煮饭。"夏同三说。

韦金心深深地弯腰表示感谢，热心地继续说："我在女人中派发了三句符咒：我们要为受凌辱的姐妹雪耻报仇。——番鬼佬是男人的敌人，更是女人的敌人。——我们要像古代的花木兰，当女豪杰。"

"我们需要更多符咒！"牛倌阿颜喊道。

何玉成从袖中取出笔、墨和纸张。"每个人讲一句符咒，"他要求大家，"我全抄下来，明天天亮前，抄写完毕，尽力写好。"

"他们人少，我们人多！"韦绍光说。

朱师傅:"我们心中怀着燃烧的权利。"
许进:"保卫中华!"
黄表:"驱逐无耻的强盗!"
苦力阿韩:"驱逐肮脏的鸦片贩子!"
苦力阿范:"我们要以视死如归的渔民阿廖为榜样。"
阿夏:"宁死不屈。"
阿颜:"中国必须自卫。"
白耳聋:"皇帝干不了的事情,农民能干。"
何玉成没有红纸写了。
"我可以给你。"许进安慰他。
"为什么你们称这些句子是符咒?——这有违理智。"
"人们习惯了这么说。"阿韦抱歉地说。
"这些句子确实有魔力。"阿颜坚持自己的看法。

王先生转移话题,称自己的妻子要在两夜一天之内为西村绣一面旗,许进向她鞠躬致谢。

"明天,平英团在牛栏岗前检阅队伍,后天向四方炮台发动攻击。"阿韦总结说,"第一次进攻后,我们假装逃跑引诱番鬼佬到牛栏岗附近,那里,树间的小路很窄,他们只能一个跟一个走,然后,我们包围他们,狠狠惩罚他们。"

"高明。"许进表示赞同。

阿颜:"你是我们大哥。"

白耳聋:"我这个老头钦佩你,年轻人。"他站起来说,"为了表示敬意,我为你唱一段曲。"

侄孙有节奏地敲响竹板。老人开始唱,悦耳的声音将汉语的四个声调组合成一段轻声但热情的旋律:

> 抗击洋军队,
> 抗击番鬼佬。
> 别让你们的精神
> 中了鸦片的毒害。
> 挣脱他们的圈套,
> 将鸦片扔进海里。
> 中国必须自卫。
>
> 严惩盗墓贼,

严惩无耻流氓。
打扫我们家园,
一切将会改变。
让番鬼佬跳舞,
用我们的长矛
将他们赶回家。

在农民的茅屋
权利的种子成熟。
明智的人理解
老百姓的价值。
皇帝屈服投降,
人民奋起反抗
永远不会松懈。

统治者瓦解卫队,
国家蒙受悲哀。
但敌人遭遇阻挡,
血肉筑成的长城。
清朝皇帝被征服,
他做不到的事情,
农民将它完成。

在四方炮台,休·戈夫少将、戈登·布雷默上校、毕霞少校和杜比少尉坐在一起吃早餐。这是一个阳光明媚的早晨。杜比少尉从墙上挂的日历上撕下一页,这个日历用勿忘我的花环做框,显得有些俗气。

这天是1841年5月30日。

突然,从外面传来敲铜锣的响声和愤怒的喊声。

"嘈杂声——喊叫声——讨厌!"休爵士一边嘟噜,一边给面包干抹上一层指甲厚的牛油。"去看看,杜比少尉。"

戈登·布雷默爵士正在弄一块多汁的烤牛肉,甚至没有抬头看。

从窗户里看不到外面的全部人群。他们举着奇怪的旗帜,拿着中世纪的武器,在杜比少尉看来,像是戴面具的队伍。他没有恐惧,倒是有一种看热闹的感觉。

韦绍光站在前头，挥舞着棍棒。乡民们选举他当整个平英团的领头人。跟在他后面的是许进，穿着农民的大褂，当泥城的领队。何玉成和黄表分别是西村和三元里的领队。在场的有两百个苦力，来自泥城和广州，手持棍棒和锤子。道士拿着锣或者扛着旗：黑白色的三星旗是三元里的，银色和蓝色的珠江旗是泥城的，绿色是西村的，绣着武松打虎。其他的旗有绣白莲花的，有绣朱雀的，有绣青龙的。

休爵士向窗边的杜比少尉走去，戈登爵士也不得不将他的烤牛肉放下。

"那个人在喊什么，为什么用手指着我？"

杜比少尉略懂中国话，为爵士当翻译。

"他竟敢说我是强盗？"戈登爵士愤怒了。"我曾姨妈的内弟是公爵。"

休爵士补充说："100个士兵守炮台，2000士兵——出击——格杀勿论——就这么定了。"

对于怒火燃烧的农民来说，在可恶的敌人面前即使假装逃跑，也要克服心理障碍。但他们知道这是明智的战术，都按计行事。他们将长辫子仔细地盘起来，用他们种族特有的轻快脚步朝牛栏岗撤退。英国人穿着皮靴，迈着沉重的步伐，得意扬扬地跟在他们后面。

小路越来越窄。树木，树木，树木，亚热带的丛林。他们发射的枪弹在树木和浓密的枝蔓中熄灭。很快，他们就只能像鹅一样成一列纵队前进。突然，随着呐喊声，埋伏的农民从四面八方向他们冲来："番鬼佬，强奸犯！卑鄙的毒贩子！"

戈登上校走在前面，离队伍有一段距离，因为他认为中国人无力抵抗，想尽快结束行军的劳累。

颜浩长手持长矛，出乎意料地冲向戈登上校，刺中他。他倒在地上，口吐鲜血。许进看着感到恶心，不禁转过身体。

韦金心在妇女们的前面，一心要向欺负她的仇人报仇，她希望从头上的伤口认出他——四天前，她曾用罐子打他的脑袋。但是，欺负她的英国人宁可留在四方炮台。

马马虎虎！番鬼就是番鬼，必须将他们全部击中——年轻的女战士们情绪高昂地挥动着长矛和镰刀。

白耳聋在牛栏岗的山脚唱着曲子，阳光在他银白色稀疏的长胡子上跳动。

小男孩眯缝眼闪烁，他不顾枪弹，拿着竹板，有节奏地敲击：

> 让番鬼佬跳舞，
> 用我们的长矛
> 将他们赶回家。

杜比少尉碰到夏同三，两人格斗起来。

"地狱的蓝眼狗！"年轻的中国人高喊，"你这个该死的，该死的，该死的！"

他的长矛穿透了年轻军官的胸膛。杜比少尉脸朝棕榈树倒下。他的眼前突然浮现出刻有拉丁铭文的十字架：In hos signo vinces！（凭这个标志你将能够征服！）

但这是另一株棕榈树。传教士在尽量多的树上刻了十字架。

> 道路漫长
> 通向蒂帕雷，
> 道路漫长
> 我踏上征途。
> 等着我，
> 可爱的——

为什么他再也说不出未婚妻的名字？这是为什么？

他一生中从未做过不允许的事情。他高贵贞洁的新郎情爱拥有舒适的补充，这是得到普遍默认的享乐，人们有这种内心的权利，无论是高雅的风流男子在伦敦的妓院，还是白种占领者在亚洲国家。有些女人是可以凌辱的，有些女人必须尊敬，不如此还能怎样？

> 等着我，
> 可爱的——

为什么他说不出未婚妻的名字？

死前一秒钟，杜比少尉知道自己的死是应得的报应。

南方的天气说变就变，乌云迅速遮盖了刚才还阳光灿烂的天空。一场亚热带的暴雨倾盆而下。火枪失灵了。"撤退——就这么定了！"休爵士命令。但是，说得轻巧，做起来难。道路已成泥泞。中国人赤着脚，在泥泞上跑依然很灵巧，英国人笨拙地跑动，跟跟跄跄，摔倒在地，试图艰难地爬起来，被镰刀和棍棒打倒。身材低矮但强壮有力的朱师傅独自打倒五个比他高两三个头的英国人。

这场胜利的战斗持续了两天，英国人受到正义的惩罚。5月31日晚，地上铺满了洋人的尸体。不列颠的占领者死了200多人，中国人只有22个身亡——其中包括夏同三。

夜里，四方炮台升起求救的信号灯："SOS，拯救我们的灵魂！"

"风信子"号匆匆往珠江口溜去，向逗留在广州的义律报告情况。他急忙要求地方衙门立即答应派正规军队掩护休爵士及其士兵撤退。义律领事昂首补充说，光荣的不列颠军队已经有一段时间打算将他们的据点向北推移。

三天后，许进、黄表、白耳聋、何玉成坐在诗人屈原的小幅丝绸像前。他们默默地庆祝焚烧鸦片两周年，并怀念被放逐的爱国者林则徐。

许进从袖里抽出一张英文报纸，将5月30日和31日军队的报道翻译给朋友们听。文中称，"光荣的不列颠军队"轻而易举地打击了暴乱的农民；只有50名士兵阵亡，没有军官遇难。戈登上校在战前一小时因心脏病逝世。

"夷人吹牛！"老艺人用响亮的声音气愤地说。

"这是丘古写的。"何玉成猜测。

"这肯定不是休·戈夫写的。"许进按照英语发音纠正他的话。

"这个人写不出完整的句子，很可能是义律写的，这个老狐狸。"

"朋友们，我们当中谁识字，并且亲身经历三元里的事件，应当记录下来，以便我们的子孙能够知道真相。"

白耳聋是文盲，他喜欢独自一人，便客气地告退。

他缓慢地向东边走去。天色已近傍晚。在他的路上盛开着巨大的白玉花、深红色的夹竹桃、香气浓郁的玉兰：大的花萼红色，小的花萼紫色。

番鬼佬被赶出了广州，但没有将他们从整个国家赶走。老艺人的预言只是部分实现。

他知道，他预言的事情有时说中了，有时没有说中。

他曾预言骂他的苦力很快死去，而这位可怜的苦力今天仍然活着。

这个预言只是出于他自己受到侮辱。而其他的预言出自整个国家的心，因此，它们有朝一日会实现。

他走到自己最喜欢的地方，三帝墟前面的土坎，开始轻声地唱：

> 在农民的茅屋
> 权利的种子成熟。
> 明智的人理解
> 老百姓的价值。
> 皇帝屈服投降,
> 奋起反抗的人民
> 永远不会松懈。

内心受到安慰的老人深深舒一口气,坐到宽大平坦的石墩上。

今天,三帝墟前土坎的这块宽大石墩的位置上,立着一块高高修长的石碑,上面刻着这样的碑文:

一八四一年在三元里反对英帝国主义侵略斗争中牺牲的烈士们永垂不朽!

永不松懈的人民在夺取政权,并将各种形式的外国统治从中国彻底铲除两年后,于1951年树立了这块纪念碑。

剪纸艺人的复仇

(1944/1945)

林笳 译①

主要人物
吴礼福,纸商
吴明建,剪纸艺人
赵师傅,木雕匠和石雕匠
庄,地主
鲁,地主
金桃婶
潘寡妇
小汪
莲花小姐
图尔科·西尔伯格林,流亡者
德川少佐

吴礼福,纸商,家住上海同山西路。1944年9月,家里来了一位并不受欢迎的客人,那是一个住在长江畔P城的远房亲戚,他从事家族传承的、美妙但收入微薄的手工艺——剪纸。他叫吴明建,人称吴师傅。纸商比他大五岁,但论辈分比他低,要称客人为叔叔,这种客气给人造成的好印象,并没有什么价值。

他将客人安顿在店铺后屋一间又黑暗又潮湿的小房间,给他两碗饭菜,乡下叔叔肚子正饿,鞠了几个躬后,开始低着眼睛,专注地看菜吃饭。

客人36岁,但脸上已有皱纹,腰也弯曲,表情呆板,看上去比实际年龄

---

① 译自:Dshu Bai-lan (Klara Blum), *Das Lied von Hongkong*, Greifenverlag zu Rudolstadt, 1959。

老许多。他身穿的蓝灰色长衫,缜密地打了补丁,在主人穿的廉价但流行的欧式西装旁边忧郁地晃荡着。纸商带领这位"尊敬的叔父"参观他的仓库,吴明建拘束但显然有些紧张地跟在后面,他在P城已经听说,上海亲戚不仅卖簿子、信纸一类文具,而且也经营手工艺品,这正是他在绝望中抱有的最后希望。

明建属于吴氏家族的另一支,他这一支在P城已经延续了几百年,有时富裕,有时拮据,有时极度贫困。小城很古老,流传着许多传奇故事,那儿远离铁路线,所以,要乘船或者摇晃得厉害的汽车才能到达。一小片桃树林生长在长江岸边,它的南面倒映在江中,西面一个狭小的湖,其实只是个池塘,但小城的居民却自豪地将它跟著名的杭州西湖相比,称它是"瘦西湖"。湖中有座小岛,岛上有一片古老的菊花园。据说,1200年前,那里生长一种其他城市找不到的花,又大又圆,最外面的花瓣呈鲜艳的深蓝色,最里边的银白色,看上去像小夜空上添了一颗大星星。明皇帝从长安远途而来,亲手摘这朵神奇的花送给爱妃。皇上给这座小城起了第二个名字:星花城。

星花城既美丽又丑陋。春天桃花争艳,秋天菊花盛开。小拱桥从岸边通向小岛,桥上有三个尖塔,叫三尖桥。但小城内的街道又暗又窄,窄到根本不是街道,而是石头砌的无尽头的通道。两排低矮的房屋,街内怨声载道,人们不情愿地挤在一起生活,又脏又乱,苦不堪言。两条街道像嘲讽似的叫作香风路和庐山路,街道角落上便是剪纸师傅吴明建住的房子。

穿过一扇窄门,进入方形的院子,两堆废墟之间,可怜的观赏植物零零落落地开着花:一丛瘦弱的丁香,几株晚香玉。垃圾箱上放着一个破裂的玻璃瓶,里面有两条无精打采的金鱼。几只瘦瘦的鸡鸭用它们的嘴饥饿地在垃圾中觅食。几代人了,丁香、晚香玉、金鱼、鸡、鸭,成为吴家剪纸的模特儿。

三间破败不堪的房间,连同一堵影壁墙围成院子的四方形。北面的房间存放纸张、未卖或卖不出去的剪纸作品,东面房间是煮饭、吃饭、吴师傅睡觉和工作的地方,西面房间住着一位70岁的大婶,她的名字是金桃。当两人用熟练的手工剪纸模仿自然时,成群的蚊子在四周嗡嗡地飞,蚂蚁、蜘蛛、大只的臭蟑螂在摇晃的工作台上爬行。窗户早就没有玻璃了。只有金桃大婶的房里,报纸或刮净的草席之间分别挂一块擦得明亮的玻璃,这是老太太用来挡雨或御寒的。玻璃上分别贴上最新的作品:婀娜多姿的丁香用的是紫色的砂纸,小鸡用白纸,金鱼用红色的光纸。这是无效的广告,因为几乎没有人会去他们家。

金桃大婶和他的侄儿每月两次走访他们的客户。有孩子的家庭,他们会提供带来好运的金鱼,或贴在孩子的小鞋上,或贴在小帽上,哪家举办婚礼,就送去一对鸳鸯,这是婚姻幸福的象征,贴在灯罩或窗上。如果有人死了,他们便供应纸剪的鸡和猪，还附上桌子、椅子、床、各种各样的花，一起放进坟墓，以便死者在彼岸有足够的食品和舒适的住宅。时常有这种事发生，死者家人不能献上相应的纸制品，家人便会求死去的亲人原谅，说家里没钱，先人可以到家里看看他们说的是不是实话。

金桃大婶和吴师傅在走访客户时会拜访他们的老朋友——工艺木匠赵锦春。可是他不买任何东西，因为他自己也没有卖出任何产品。他能为屏风设计出美轮美奂的山水园林，并且用各种矿物来拼图，山丘、院子、池塘、小桥、亭子——亭里的人读书、写字或者吹笛。他那台用旧了的割石机已经很难用来工作，又没有足够的钱买一台好的机器。玛瑙很贵，蓝宝石很贵，白玉更贵。只有云母片便宜，南红还买得起，紫水晶和祖母绿则贵得吓人。他的最新作品靠在墙边，一幅家乡风景的完美展现，将春天和秋天的景色浓缩成充满想象的浮雕画：盛开的桃花林用透明的南红，三尖小拱桥用银色的云母加上祖母绿的三座亭，岛上的菊花园用玛瑙和紫水晶，富丽堂皇的秋色与争红斗艳的桃树相映成趣。画面当中盛开着用蓝宝石和白玉雕刻的神奇的星花。

金桃婶和吴师傅内行地观赏作品，频频点头，赞不绝口。接着，赵师傅告诉他们，他满怀希望地将屏风抬去给住在附近的地主庄老爷看，因为菊花岛是属于他的，但是庄老爷给的价钱几乎不够买祖母绿、紫水晶和宝玉，并且认为没必要再为他的脑力和手工支付报酬。随后，他将屏风抬到另一个地主鲁老爷家，仍然怀着希望，因为桃树林属于鲁老爷的财产，而且，他从前被视为艺术品的行家。赵师傅说，当走进客厅时，见到悬挂着的窗和两个抽鸦片的人，一个是日本城防司令的副官，另一个是鲁老爷，鲁老爷厌烦地打着手势让赵师傅快走。尽管高贵的老爷们这副德行，人们还得依赖他们。

赵师傅用苦笑结束他的讲述，他高高的额头泛起皱纹，小小的鼻翼微微地抽搐。他默默地摸了摸朋友的肩膀，将这中国人的肢体语言翻译到欧洲，意味着他哭泣着投入朋友的怀抱。

接着，他恢复了冷静，在告别的时候，给两位剪纸师傅提出一个看似很理智的建议：明建应乘轮船沿江而下去上海，那儿有他的远方亲戚做纸品生意，他也许可以在那里住下，找到新的客户。上海是个大城市，有许多商机。如果有机会，也请他为自己的屏风说些好话。

金桃婶和侄儿最后还拜访了潘寡妇，她身材苗条，有一双大眼睛，以做针线活为生，看见两位客人，敏捷地迎上去，带着敬意亲热地和金桃婶打招呼，同时客气有礼地欢迎吴明建。吴师傅习惯性地只对她说了一句话："潘大姐吃过饭没有？"

两个女人，一个年老，一个尚年轻，当她们闲聊的时候，吴师傅静静地坐在旁边，一直不好意思地看着女裁缝的手腕，在他看来，这纤细的手腕如同花秆，当然，他只是在心里这么想。最后，潘寡妇虽然忍饥挨饿，还是买了吴师傅一张剪纸，每次她都低垂眼睛解释，这张剪纸特别适合做绣花的模样，事实上，她灯罩上绣的图案用的是吴师傅剪的菊花，打了补丁的帘子用的是他剪的神兽，桌布用的是他剪的一群小鸡。

当她从袋里掏出钱时，吴明建第二次并且是最后一次张嘴，他解释说不能收她的钱，潘大姐精美的刺绣是他剪纸工艺最宝贵的广告。对此，她回答说，不必这么客气，并且表示，她不收取任何礼物。就这么互相推让，直到金桃婶叫侄儿不要再推辞，收下买剪纸的钱。回家的路上，吴明建总是要清几次嗓子后说，这么一个和蔼可亲、手巧勤快的女人，一定有许多媒婆上门说亲。年老的金桃婶纠正他说，守妇道的寡妇不再嫁第二个男人，这样做不讨菩萨的喜欢。如果到了阴间，两个丈夫会争夺她，怎么办？——阎罗王会用他的剑将鬼魂劈成两半。吴明建每次都被吓得脸色发白，不再出声。

第二天，他们用挣到的钱买了米、菜、油炸鬼①或芝麻饼。接下去，他们又得挨饿。春节、端午、中秋三大节日前，他们的生意稍微好些，特别是春节，有许多平常没有考虑打扮房间的人都想在窗上贴上漂亮的剪纸，例如花、鸟、金鱼，悬挂小钟的塔。大节日前，大婶和侄儿有时也敢到拥有菊花园的庄老爷和拥有桃树林的鲁老爷府上。

但是，两位老爷罕见给人一点报酬。庄老爷既吝啬又粗鲁，他残酷地殴打农民催租，是出了名的。鲁老爷抽鸦片上了瘾，忍受不了任何人，只喜欢产生幻觉的人。此外，他现在必须跟日本人友好相处。如果德川少佐或者副官来访，他干脆将普通人赶走。

有一回，在经过漫长的饥饿之夜后，孝顺的吴师傅早晨按照惯常向金桃婶请安，他朝西边房间喊了几声，却没有听见答复。老太太无声无息，她已经悄然地饿死了，正如两年前他父亲和三年前他母亲那样。而吴明建不想死，他当然没有理由怕死或者喜爱生活。他相信自己的天赋，他顽固地相信自己伟大和不寻常的天赋，他想活着保持这种天赋。他看见，手工艺的工匠成为黄包车夫、成为街头的小贩或者临时的雇工。他不想这样。他坐在工作台旁，剪啊剪。他不再需要模特儿。动物和植物世界里可爱有趣的事物，凡是他看过的，都会通过他敏锐的想象——温柔而强大的想象，在他的作品中生动活泼地盛开、奔跑、跳跃。他自觉和迷信地将自己那把手柄上缠绕着藤的小剪刀称为"神剪"，剪出的最精细最复杂的形状，或盛开、或奔跑、或跳跃，从黑底白

---

① "油炸鬼"是广东人对油条的称呼，原文中将此方言按意思译为 Ölteufelchen。——译者注

纸中喷薄而出，有力地向观看者扑面而来，根本不需要彩色在它们周围注入生命。明建是他家族里唯一蔑视任何彩纸的人。他剪纸的美在黑底白纸中更清晰更纯粹地突显出来。他剪啊剪，顾不上头晕，顾不上肚皮贴着脊梁。

不，他不想死。

他安葬了婶婶后，乘船沿江而下前往上海投靠亲戚，带着隐隐作痛的胃、一个装满剪纸的箱，以及绝望中的最后一丝希望。对于纸商吴老板来说，他的到来并不受欢迎。

"我卖四种颜色的墨水，"纸商吴老板说，"深蓝色、蓝色、紫色、红色，叔父可以靠近些看。我把深蓝色称为科学墨水，用这个响亮的名字可以卖得好些。这里是最薄的打字纸，用来写航空信的，旁边是自来水笔可供挑选。是的，我还有毛笔和墨汁，但是，现在人们用得越来越少了。谁注重自己的外表，就会在西装口袋插只自来水笔，就像小东洋人那样——我要说的是，像日本先生那样。这十页发黄写了字的纸，是明代官府的布告，对文人有很高价值，我向沿街兜售的小贩买的，他当包装纸卖，这个无知的奴隶。这里，有叔父感兴趣的东西，剪纸、歌女和舞女，一个年轻人为我做的，很灵巧，很便宜，叔父不久就会认识他，我们叫他小汪。是的，在艺术品方面我也做了不少买卖。那个抽屉里放了一些很特别的东西，西洋鬼子的画，我想说的是，一位著名荷兰画家的画，他在二三百年前死了，一个德国的犹太流亡者卖给我的，他们蹲在通山路、珠三路、昆平路，整个虹桥区，到处都是。他们中的许多人从德国带来这些复制的画，非常特别的东西。在南京路高档的商店里，他们可以做很好的买卖，但日本人不允许他们没有通行证进入市中心，因为他们是犹太人。没有人能理解这种事，这是洋鬼子干的荒唐事，但对我有好处，他们将东西卖给我，否则，他们就会将东西背去高档的商店。"

他将画的复制品靠在墙上。吴师傅用艺术家的眼光惊讶地看着这些突然散发出光彩的红、蓝、金色：闪光的眼睛、闪光的头发、闪光的葡萄酒、闪光的衣服。这种美如此动人心魂，又如此陌生，给吴师傅带来的惊恐多于愉悦。在接下来的一刻，由于感到不堪入目，他气愤地转过身体，但已太迟了：在他敏感、柔软而强大的想象中，画面上的两个人物已经永远留下了印记：一个服饰奇特而豪华的外国人手举装满酒的酒杯，笑着向一个看不见的、正要进屋的客人打招呼，膝盖上坐着一个披挂首饰的女人，她高贵地扭头向后看，仿佛要摆出最优美的姿态。

"真是不知廉耻！"吴师傅吞吞吐吐地说。

纸商觉得乡下叔父的古板未免有些可笑。"这没那么严重，"他安慰说，"这是荷兰画家的自画像，他叫伦勃朗，怀里坐的是萨齐娅，他明媒正娶的妻子。"

"那就更不知廉耻。"他喃喃地说。

"先生吃饭了吗?"门口传来两个活泼的声音。

吴师傅转过身子。商店门口站着一对年轻男女,两人都穿西式的衣服——这些上海人真的忘记自己是中国人!个子矮小的男子看上去时髦且滑头,女子穿白色裙子,花花绿绿的上衣,一下子就坐到门前阳光蓬下的一张小桌旁,将一根香烟插到抹了口红的嘴唇之间,毫无拘束地说:"来客人了,老吴?""这是我叔父,从P城来,有名的剪纸师傅。这是我生意上的朋友,小汪,上海人中最能干的。还有,这是莲花小姐,大世界娱乐场的著名歌女。"

明建礼仪周到地鞠了鞠躬,得到的回应却是漫不经心,没有礼貌。迷惑和反感使他额头冒汗。在思想中,他将伦勃朗画的外国人称为"洋鬼子",眼前的这对中国人称为"假洋鬼子"。

"昨天,"小汪说,"又有几枚飞飞蛋扔到闸北了。"

吴师傅又迷信又饥饿,听见说"蛋",嘴里已流口水。

"从天而降的蛋肯定是大慈大悲观音菩萨送的,"他说,"在我们星花城,特别需要这样的礼物。我们贫穷、有礼,曾经很著名的城市确实不应当被天地遗忘。"

其他三人目瞪口呆,接着哄堂大笑。他们不客气地笑了几分钟。明建无助和屈辱地看看这个,又看看那个。

"这是本地的用语,"纸商最后做了解释,"我们将炸弹称为飞飞蛋。"

"你尊敬的客人也许还不知道炸弹是什么,"小汪一边嘲笑地眨眼示意,一边假作殷勤地补充说,"小小一个P城,肯定不会往那里扔炸弹。"

"我们离铁路线太远了。"吴师傅不好意思地说。

"你那么肯定地知道,又扔炸弹了?"纸商问,"或者,这个姓马的对你当面撒谎?"姓马的是个有钱的成衣厂老板,纸商对他又嫉妒又恨。

"马老板的店铺和住宅在法租界。他怎么知道闸北发生什么事?我本人在那里,送四件长罩衣,不得不躲进地下室,我的两个顾客完蛋了,日本人工厂的两个可怜的制皂工人。"

"长罩衣?"吴师傅问,"我想,这位年轻的先生是做剪纸的。"

"我各种活都会干。今天,必须如此,否则就做不成生意。"他说这个词时,讲的不是汉话,而是英语"business"或者洋泾浜英语"pidginess"。"我是做剪纸的,但也是一名真正的裁缝,此外,也会做鞋,制作玩具。"

"尽管这样,你已经十个月没有送新衣服给我了。"莲花小姐抱怨。

"在我们星花城——"吴师傅带着道义上的愤慨开口说,但没有人听他讲。

"如果小汪将他最好的西装贱价甩卖给姓马的,他当然无法给漂亮的女朋友送礼物。"纸商补充说,同时将脸转向歌女,"由于他,那个有钱的王八蛋一天比一天富。"

"除了他,谁能买我做的西装。你会买吗?"

"别斗了!"莲花小姐说,"我们都是一家人,要斗跟日本人斗。那样才令我钦佩。"

"跟日本人斗?谁敢?"

"我要告诉你,老吴,世界上最伟大的演员梅兰芳拒绝给日本人演戏,他故意留胡须,不再演花旦。我看,这才是条好汉!"

"我?你知道得很清楚,我做了什么……"小汪怀着嫉妒小声地说。

"你做的那些棉裤,送到山里卖给游击队,付给你的钱也不少啊。"

"做这样危险的工作,难道不要钱白干?"

"是的,你应当这么做。"

"但是,每隔几个月,你就跟我要一件新衣服。"

"这已经是我的习惯。你能给,好;不能给,也行。对于我,这不是首要问题。否则,我就不跟着你,而去当马老板的四姨太,你知道的,他不是不愿意……"

"你们知道吗,姓马的有一回说什么?"纸商半气愤半逗乐地回忆,"他说:'我既没有朋友,也没有敌人,我只认识顾客和竞争者。'"

"竞争者。"胆怯的吴师傅闷声闷气地说。

"我们还是说点别的吧。中秋节快到了。我希望到时能卖一些你的剪纸。"

明建犹豫了一下,艰难地说:"尊敬的主人还没看过我的拙作。"

"请叔父原谅。你在我这里发现了一个竞争者,这不能怪我。"

"一个竞争者……"吴师傅痛苦地说,然后用最后的力量进行反击,"我已经看过汪先生的剪纸。很漂亮,哦,是的,很灵巧,但是很低廉。那不是用剪刀剪出来的,是按照模子用刀刻出来的。这不是真正的技艺。"

"笑话!"歌女提出抗议,"用剪刀剪和用刀刻,两者都是真正的技艺。京剧、粤剧、越剧,三者都是戏剧,国画、外国画,像那里摆着的,"她指了指仍然靠墙立着的仿制的伦勃朗的画,"两者都是真正的艺术。"

小汪也借机反驳:"我认为,所谓剪纸的说法全是唬人的!"最后一个词"唬人的"他讲的是英语"bluff"。"某些简单的农民的东西,也许能用剪刀直接剪出来,但是,复杂的、确实漂亮的,当然只能用刀按画好的模样刻。"

吴师傅从袋里拿出他的神奇剪刀。一切胆怯全消除了。他的手指一旦触摸到小巧的工具，就感到充满力量和信心。

"请尊敬的主人费心将那些纸递给我。"他指了指一叠用来写航空信的打字纸，声音听上去虽然客气有礼，却毫无含糊，几乎是命令的语气。

"我怎么正好碰上此事？"纸商小声地抱怨。

此时，被他们激烈交谈吸引，门口聚集了一群好奇的人。纸商马上意识到，这是为自己商店做广告的绝好机会，便很快地拿出12张纸。

看热闹的人更多了。内圈里有各种各样的人：年老的卖冰商贩、年轻的锁匠和他的妻子、时常用带血迹的手帕捂住嘴咳嗽的教师、有钱的扇子商人、黄包车车夫、汽车司机，还有一个25岁的流亡犹太年轻人，目光胆大而又忧郁，名叫阿尔图·西尔伯格林，被人们直接叫作图尔科。纸商和小汪友好地喊他："哈啰，图尔科先生！"第二圈大约站了14人。第三圈已经在形成。

吴师傅将四张纸叠在一起。小巧的鼻翼张得大大的，仿佛要吸桃花的香气。神剪时而颤动，时而滑行，时而舞动，时而转来转去。深褐色难看的桌面上，渐渐地浮现出四枝桃花，四张抖动精致的剪纸作品。人们仿佛看见了粉红色艳丽的桃花，闻到了它的芳香，甚至尝到了桃子的清甜。其实，这只是几片白色的打字纸。小剪刀又开始颤动、滑行、旋转。一只母鸡为展开翅膀的小鸡觅食，它的嘴里已经叼着一条卷曲的小虫。生命的冲动猛烈地扑向观看者，但体现它的是小小的、逗人的、毛茸茸的造型。刚才的工作几乎只花了30分钟，仅仅是短暂的无比快乐的一瞬间。千姿百态、竞相绽放的花瓣，柔媚而华丽，弯曲而舒展，产生出远东最受青睐的花——菊花。人们看着它出自一把剪刀，几乎不相信自己的眼睛。"这是紫色的弓菊，"年轻锁匠说，"我在展览里见过。""这些剪出来的花瓣，"患病的教师边咳边说，"就像皇帝贵妃的衣裳，1200年前，人们在流水潺潺的溪里洗衣，它们在水中飘动、盘旋、鼓起。"

纸商很快又数了四十张纸。

"为什么民间高手受最大的苦？"小伙子图尔科喃喃地说，脸上露出早熟的、千年不变的神情。

接着，剪的是一只独角神兽。它摆动着尾巴保持平衡，动作灵活的脚站在胡桃木的树枝上。

"它马上要跳到南京路去！"黄包车车夫大笑。平时瞧不起他的司机这回大力赞同："我也最喜欢这只兽。运动是我们的世界——对吧，伙计？"

另一朵菊花的花瓣像线条那样又细又长。"这是鬼菊，"卖冰的商贩很内行地说，"将它贴在玻璃窗上，可以使生气的鬼和解。"

年轻锁匠和妻子互相撞了一下，会意地咻咻笑。

接着，又是一朵花，大家认出是熟知的中秋菊花，都拍掌称赞。

"这个花我可以用来做扇面的图案,"有钱的商人郑重其事地说,"它很适合即将来临的中秋节。"

"我们也喜欢有一轮明月和吉祥的金鱼,"纸商吴老板清清嗓子,提醒说,"如果叔父乐意的话……"

"我尊敬的主人只管吩咐,"吴师傅带着谦虚得意地回答。岸边垂柳依依,水中的金鱼张着大嘴活泼地游动,天上挂着洁白的、圆圆的月亮,银白色的月光神奇地洒在垂柳和金鱼上,这是理所当然的。

莲花小姐忘记了所有争吵,唱起一首用李白诗谱的曲:

> 举头望明月,
> 低头思故乡。

她的歌声甜美,像没有光泽的丝绸,奇妙地跟她泼辣的性格形成鲜明对比。

人群越来越大。一个日本警察怀疑地走过来,但很快就放下心,趾高气扬地走开。

"这是真正的中国方式,"他想,"在这个大战和世界占领的时代玩剪纸。"

剪刀又开始颤动、滑行,转过来转过去。又剪出了菊花,有大有小,有纤细有丰满,有含苞欲放,有完全绽放。没有人离开原地。在两次剪纸的空隙,吴师傅客气而强调地对观看者说,他同乡赵师傅能制作精美的屏风,你们可以记下他的地址,这时,大家都着了迷似的开始顺从地记录,如果不会写字,就请身边的人帮忙写。

"中秋月圆时,我最小的儿子结婚,"卖冰的商贩说,"也许,P城的剪纸大师愿意费心……"

吴师傅明白他的意思。神奇的剪刀开始颤动、滑行、舞动、转过来转过去。一对象征婚姻幸福的鸳鸯浮现在桌面。这是一个寻常而又奇特的画面,按照传统的模式,两只鸳鸯呆板地对称而立,而这两只鸳鸯欢快地在芦苇和莲花之间游动,公的兴冲冲,母的竖起羽毛,害羞地扭转头。

至此为止,观众全神贯注,默默赞许,时而轻声拍掌。而现在,他们则欣喜若狂,忍俊不禁,举起拇指,连声叫好。

值此高潮之时,吴师傅突然感到筋疲力尽,他的胃又痛了,手也开始发抖。脑袋里一片难受的空白。他甚至比平常更不知道世界上发生了什么。他只知道:"我取得了一项伟大成就。"他用沙哑但坚定的声音说:"每张剪纸卖一元!"

卖冰的商贩张大了嘴巴，扇子商人生气地竖起眉毛，黄包车车夫用手挠耳后根，教师咳出了血，图尔科发出悲观的叹声："哦哟哟！"司机和锁匠用十个指头费力地计算，最后还是摇头。

"诸位！"小汪灵机一动，大声喊道，"吴师傅是一个伟大的工艺大师。我只是鞋匠、裁缝、做玩具的，偶然做点剪纸，只是附带做。跟P城来的大师比较，我小汪虽然来自大上海，但就像金龙旁边的一只褐色蝙蝠。因此，我不会像他那样要高价。这是我的一些剪纸，歌女和舞女，可以做扇面，我的先生。每张只卖四十仙。您做的是头等的生意。这是月亮和吉祥金鱼、月亮和蝴蝶，任您选，每张三十仙。您最小的儿子结婚是不能忘记的，我的先生，这儿也有鸳鸯，每张只卖二十仙。您完全可以不为一只扭头的母鸳鸯多花钱，天气已经凉了，很快就没有人买冰，因此还是节省一些好。每张二十仙！诸位，一个跟一个，我只有一双手。恭祝新婚之喜！还有您的！您的——哦，全卖完了！"

魔力破除了。人们谈笑风生，艺术来艺术去，没有一个上海人愿意为能够便宜买到的东西多付钱。莲花小姐笑嘻嘻地挨着她的男朋友，毫不害羞地将手搭在他的肩上："你真了不起，小汪！只要对生意有利，你甚至可以很谦虚！"她紧紧地贴着小汪。她甚至还想做出外国画上那个妖婆的动作？

"上海不是我待的地方，"吴师傅压低声音说，"在我们星花城……"可是没有人注意他，人们互相给对方看自己买的剪纸。纸商和小汪忙于结账。明建扛起他的箱子，笨拙地挽着长衫，跌跌撞撞地离开那里。

码头在瘦西湖附近。天空布满了乌云，在明建看来，像一幅巨大的屏风，上面充满想象地显现出家乡山水的浮雕画面。春色和秋色融为一体，桃花林用透明的南红，三尖小拱桥用银色的云母加上祖母绿的三座亭，菊花岛用玛瑙和紫水晶，天幕上浮现出的不是菩萨的金脸，而是他朋友工艺木雕匠赵锦春的脸，由于饥饿而消瘦、痛苦、失望。

吴师傅举起瘦弱颤抖的拳头向东方挥动：该死的大城市，让客人在一碗饭中吞下一万个失望，在一杯茶中饮下一万个屈辱，它对他们父辈的技艺不再尊重，只晓得生意、竞争、赚钱和不知廉耻。这个假洋鬼子的城市。

他费尽力气，打扫西边已故婶婶的房间、北边存放纸的房间、东边他的睡房和工作室，但徒劳无功，马上又被蜘蛛网和扬起的尘土弄脏。

接着，他习惯性地坐在摇晃的桌子旁。神剪颤动，滑行，舞动，转过来转过去。

天冷了。过去，他曾经通过想女人的方式缓解饥饿和寒冷，可现在，这种欲念也拒绝给他微小的慰藉。那幅色彩绚丽的外国画深深铭刻在他敏锐的、温柔而强大的幻想中，每当他早晨张开眼睛，它就挂在墙上。比这种无法满足的爱欲更严重的是无法熄灭的报复欲折磨着他。这个小汪，竞争者，会挣钱的上海人，令他蒙受深深的耻辱。他要一万倍地羞辱他。

吴师傅开始练习做白日梦。他将日本占领者排除在外，因为他们完全不适合出现在这里。他散步去瘦西湖，躲进三尖桥中间的亭子，想象下面这样的场面：

他的竞争者站在对面，满不在乎地说："我刚来到P城。像我这样会挣钱的上海人到处都能做小生意。我的剪纸有歌女和舞女，有蝴蝶和金鱼，任你喜欢。"这时，长相粗鲁的庄老爷从西边的亭子走来，穿着用狐狸皮做里子、金色花纹的棕色丝绸长衫。"怎么？"他大声呵斥，"这种可怜的玩意儿也敢拿来我们著名的星花城兜售？"鲁老爷从东边的亭子走来，一副毫无血色的鸦片烟脸，穿着海狸皮做里子的银色花纹绿色丝绸长衫。"吴师傅，"他低声有礼地说，"看了这上海人的货，我更清楚认识到你手艺的精湛。今天，我至少买你十张剪纸。""我要五张。"啬啬的庄老爷粗声地说。这时，小汪用双手捂住脸，人生中头一次感到害羞。

第二个白日梦在他家东边房间上演。大世界的歌女莲花小姐穿着白裙和鲜艳的西式衬衣，走进来。"我讨厌小汪，"她抱怨说，"跟这么一个轻浮的人共同生活，对于我来说是个耻辱。跟一个真正的工艺大师共同生活，是我的荣幸。""对不起，小姐，"吴师傅骄傲地拒绝，"我觉得你更适合我的竞争者。"——这时，假洋鬼子消失了，站在她位置上的是大眼睛温柔的潘寡妇。她瘦小的手里拿着一双鞋，说："按照你剪纸的图样，我在鞋子上绣了菊花，但我觉得，对于一个受尊重的寡妇，像新娘子那样穿绣花鞋是不合适的。""潘大姐不必不安，"明建说，"这没有什么不合适的。"

他最喜欢第三个白日梦：一个懂艺术的赞助者是个乐善好施之人，早就欣赏他的剪纸，得知吴师傅身陷绝望屈辱的处境，像两千三百年前为诗人和画家建造一间宫殿的平原君。此人住在长江上游某个地方，也许在黄鹤楼的那座小城。他很快登上船，沿江而下，穿过繁花似锦、景色如画的山川，寻找吴师傅。明建用传统的唱法轻声朗诵一位古代诗人的诗句，这些诗句将汉语的四种声调组合成短小优雅的旋律：

> 友人已辞黄鹤楼，
> 沿江而去花影中。
> 星花小城岸边立，
> 昔日宝石无人识。

这块宝石被重新发现,可怜的小城成为艺术之都。吴师傅住在岫玉宫,这是赞助者在瘦西湖旁为他建的。吴师傅吃的是桂鱼、咕噜肉、田鸡腿、竹笋烧鸡。雪花下得又浓又密。高大的门前来了一个乞丐,乞讨的声音听上去似曾相识。他让六个仆人靠边站,亲自开门。不错,这正是他的竞争者,衣衫褴褛,发抖地端着要饭的钵。吴师傅穿着紫色丝绸长衫,上面绣着深红色的菊花,里子是松鼠皮。他默默地站在岫玉宫的台阶上,尽情享受着这一时刻,然后,用左手将铜钱扔到乞讨的钵里,右手做了一个驱赶的动作:"你是怎么赶我的,小汪,我也怎么赶你!"

下雪是真的,其余一切都是梦。没有人来,没有赞助者,没有女人,没有顾客,没有被击败的竞争者。他营养不良的身躯禁不住连连打寒战。全部破衣服都裹上了,看上去比梦中的小汪更糟糕。他颤抖着让神剪舞动,想出一个新的图案:菊花和蝴蝶,两者合成一个椭圆形,中心的花静止,四周蝴蝶翩翩飞舞,形成生动的对照,十分完美和谐。他将白色的剪纸作品贴在黑色的纸上,这时,他认识到,尽管有种种痛苦,他仍然胜任这一技艺。他可以再次碰碰运气。

农历新年已经临近,尽管冬天寒冷,在中国也称为春节。这是卖剪纸的最佳时候。吴师傅出门去两个地主的家。

这一回,他似乎走运:正好没有日本人来访。德川少佐和他的副官带队去扫荡游击队。这天早上,鲁老爷还没有吸鸦片,他完全清醒,慷慨地让吴师傅进屋。看了椭圆形的图案后,他苍白的脸露出一丝认可的微笑。他很理解地用瘦弱无力的手在空中划出活力四射的线条:"你是一个了不起的工艺大师,谁不知道?可是,你自己说说看,我该怎么做?如果我买了你精美的剪纸,贴在窗上,德川少佐立刻会想,我促进中国的工艺,我是个秘密的抵抗者,民族主义者,或者更严重些,那种人的名字我就不想说出来了。不,吴师傅,今天从事或促进中国的工艺已经不再受尊重,而是遭到怀疑。中国的一切东西都在赶时髦。我们越去适应,对我们越有利。"

接着,吴师傅上庄老爷家。"进来吧!"庄老爷用粗鲁的声音喊道,"你吃过饭了吗?——看样子还没有吃吧。——阿妹,你这个懒王八蛋,藏到哪里去了?端两碗粗米饭和两杯茶来。——你听着,吴师傅,现在已没有人打听剪纸。我们有另一种担忧。附近到处都躲藏着游击队。在上海和其他地方,有人秘密地支持他们,给他们买衣服,送食物,也许还送武器。这些疯子以为骑在虎上能给他们带来好运。为什么日本人就不会留在这里?谁谨慎能干,会做生意,跟日本人做买卖赚得不会少。好吧,吴师傅,我愿意帮助你。扔下这些不能当饭吃的纸屑,花点时间去寻找游击队的踪迹。你比我更容易做,因为你是劳苦大众的一员，他们更信任你。一旦你找到他们的第一个藏身角落，你就可以在我这里得到一件像样的长衫，几乎是新的，已经为你准备好了。如果继续立功，也许还能给现钱……干吗你不想吃饭？你的脸色发青。"

"庄老爷，抱歉，我的胃不舒服。"

"那你先回家，下次再来，我们把事情讲完。"

这种事情在他一生中还是头一回发生：吴师傅已经5天没有动过神剪了，他24小时躺在床上，伸开四肢，一动也不动。他突然想起某些传统的练身方法，这是祖父教的，但他像父亲那样完全荒废了。一种是跟看不见的对手搏击的拳法，另一种使用原始的长矛梭镖，还有一种是道教的气功，它虽然不能消除疼痛，但可以减轻痛感。

同时，他又开始动手剪纸，春节到来前正是时候。有时候，他还幻想报复小汪，但已经不那么经常了，也不如先前生动。

天气渐渐暖和。桃树林里的树枝上已爆出深红色尖尖的小花蕾。他再次做了一个重要的梦，但不是在白天，而是在睡觉时。

轻盈的步子穿过院子。接着，潘寡妇已经站在他的房间，瘦小的手里拿着一双鞋，四周闪着红色和金色的光。在红光和金光的映照下，她对面墙上挂的外国画分外耀眼。潘寡妇庄重地将头转向一边。

"潘大姐不必感到受了侮辱，"吴师傅急忙说，"外国人现在举止自由。另外，这幅画不是我带回来的，它突然就挂在了墙上，我也不知道怎么回事。当然啰，我让它挂在那里，因为我很伤心和孤独，但这不是唯一的原因。这种强烈的美，不可能不令人惊叹，颜色鲜艳，男人眼中炽热的欢乐和女人眼中冷峻的庄严形成对比。我们不能固守在自己狭小的圈中，不知道外面世界上发生了什么，那样，我们就会毫无抵抗力。"

"按照你剪纸的模样，我在自己的鞋上绣了花。"潘寡妇说。令人感到惊奇的是，明建觉得这种回应完全合乎逻辑。他跪着解释："潘大姐技艺高，心地好，端庄美貌——"

"别说了，"女裁缝打断他，"你想告诉我，你怎么能反抗阎罗王！"

明建极力寻找答案，但不成功，这时，他从梦中醒来。

金桃姆埋在桃树林附近。桃花开的时候，他到那里去了一趟。太阳还没有升起来。他有点晕，连花枝与朝霞也分不清，有气无力地在墓旁坐下。当他蹲在地上闭上眼睛时，默默地说了一段话：

"尊敬的婶婶，你必须承认，我一直是你孝顺的侄儿。我将两只母鸡和两朵菊花的剪纸放在你的墓上，虽然它们是卖不出去的，但是，对我来说这么做并不容易。你用阎罗王吓唬我，我一直相信你，什么原因，你是知道的。但是，今天我必须怀着敬畏请你原谅，我要说，许多事情你的理解并不正确。你讲，人死后受阎罗王控制，但没有人能证明这一点。相反，我要讲，人活着时已经被几个阎罗王控制，这一点每个人都可以证实。中国的工艺应当结束，我应当不剪纸而去给日本人当密探——你说的那个阎罗王曾想出这么卑鄙的刑罚吗？——起初，我认为，世上没有比我在上海受到的更加可恶的侮辱，如今，你们看，我们星花城的情况糟糕一万倍。现在，我心中有两种仇恨，像两只黑鸟，我以后要剪出来，也许用黑纸，贴在深红色的底板上：一种仇恨是黑乌鸦，翅膀窄长，颤颤巍巍，声音嘶哑，充满虚荣；另一种仇恨是黑凤凰，翅膀宽大，击打长空，声音响亮，充满正义。黑乌鸦问我怎么报复小汪，黑凤凰问我如何反抗阎罗王。你常说，没有人能反抗阎罗王，可是你错了。学者胡迪（Hu Di）用愤怒的语言谴责阎罗王的不公，佛陀弟子目连（Mu Lian）拯救亡母出地狱。孔夫子的学生曾子（Tschöng Dsö）讲述怎样反抗世间的阎罗王。他讲了一个故事，2400年前，有地主施舍饮食，对一穷苦农民说：'嗟，来食！'——'生不食嗟来'，穷人说罢就走。①——尊敬的婶婶！并非我不谦卑想教导你。但我必须找到一条出路。两只黑鸟在我心中盘旋，一个狭隘颤抖的仇恨，一个宽广腾飞的仇恨，我担心我的心会破碎，如果破碎了，谁来使我们家的神奇技艺活下去？"

四个月后，一个穿着破烂的身影穿过院子。吴师傅将瘦骨嶙峋的手中的神剪放下，走出房间，惊讶但又在意料之中：这是小汪。"快！日本人在找我！"年轻的上海人气喘吁吁地说，"我去紫山游击队那里，给他们送东西，不是为了钱，我们都是中国人。我从南京跑来这里，连续跑了五个夜晚，白天必须藏起来。"

吴师傅默默地指了指北边的房间。小汪迅速溜进纸堆当中。吴师傅既没有饭也没有茶，端给他一碗水。

"我想，他们不会来这里找我。"小汪低声说，"万一找到这里，你不要因为我而抵抗，我不想这样，否则，他们会对你做出可怕的事情。如果他们发现了我，你可以告诉他们，你不知道我溜了进来。"

我不需要你教我，你这个会挣钱的上海人。明建想，但他只是问："你还要一碗水吗？"

小汪没有回答，因为他已经没有知觉了。

吴师傅知道，他必须赶快回到东屋，装作继续干活。

皮靴的走路声接近。德川少佐，他的副官，还有两个传令兵：

---

① "嗟来之食"的典故出自《礼记·檀弓下》。——译者注。

"喂！你有没有看见，游击队的杂种跑到哪里去了？"

剪刀颤动，滑行，舞动，转过来转过去。

吴师傅没有抬头看。

"喂，你耳聋吗，或者是傻子？"

"我不姓'喂'，有人问我事情，都称我'吴师傅'。"

"我们没时间理会你们中国那套该死的礼节。游击队员在哪里？——回答！"

"少佐先生搞错了。我不是密探，而是剪纸艺人。"他站起来，无限放松地吸了一口气，挺起了没有肌肉的胸膛。

"剪纸的，是吗？——那就将你当纸剪。"

两个传令兵抓住他，几秒钟后，粗粗的绳子已经捆住了他的手臂和腿。

"你说不说？"

吴师傅没有吭声。

副官拿起剪刀。

"不要用神剪，"吴师傅说，"墙板上挂着另一把。"

他的声音毫不含糊，几乎是命令式的。

副官惊愕得目瞪口呆。德川少佐大声狂笑起来。

明建闭上眼睛。笑声在继续，听上去已不再像人的声音，断断续续，震耳欲聋，似乎传遍了所有街道。吴师傅睁开眼睛，日本人已经走了。极度的幸福在飘荡，将他高高托起，凌驾于生活的一切折磨之上。

轻盈的脚步在院子里倏然而过。潘寡妇已经站在他的房间。"我刚才看见日本人走进来了，"她上气不接下气地说，"我跑去找赵师傅，找我叔父，好来帮助你，但是没有人在家。这样，我只好一个人来了……他们有没有伤害你？"

"潘大姐，你不要留在这里，"明建轻声说，"如果日本人……"

"他们不会再来。你听见吹军号了吗？——他们撤退了。——哎呀，吴师傅，他们将你捆起来了。你一定是藏了游击队员。他们想挖掉你精明的眼睛？——我马上剪掉这些绳子。"

"潘大姐最好还是快走，城里也许还有日本人。"

"我不怕，甚至不怕阎罗王。"她补充说。明建不知道，这是否只是为了强调，或者是暗示。"我要像吴师傅这么勇敢。我可以用这把剪刀吗？"

"不要用神剪，"吴师傅请求她，"墙板上有……"

潘寡妇剪断绳子后，立即从他身边退开。"我们必须首先帮助那位游击队员。他肯定受伤了。"

"不，"吴师傅微笑着说，"他既没有受伤，也不是游击队员。但我们当然必须帮助他。"

小汪仍然处在深度昏迷状态。女裁缝跑去拿水的时候,吴师傅为失去知觉的小汪按摩脑门。"醒一醒,小汪,醒一醒,你这个竞争者,会挣钱的上海人。你不会有事了。我已经报复你了。"

1952年,上海第八鞋厂最能干的领班之一,人们通常称他"小汪",受到工友们的激烈批评。聪明的他没有反驳,而是用几句并不很具体的道歉回答。但是,他度过了一个不眠之夜,他在脑海里不停地抱怨批评者。他使劲用肘将其他人往后推,挤到前面,他伶牙俐齿,使自己毋庸置疑地处在突出地位,使他人陷于劣势——这一切使他在过去几年获得成功和赞赏。但现在,他遭到了咒骂。

他感到最受不了的是,人们说他"市侩"、个人主义的"小市民",声称:他必须接受教育,站到无产阶级立场上。"市侩"这个词他熟悉,并且经常喜欢使用。按照他的理解,市侩是思想狭隘的乡巴佬、旧礼教的鼓吹者、脱离现实世界的梦想者——这跟他本人正好相反。他在P城的救命恩人,直至他意外获救之前,就被他看作市侩。

他想到一个好主意:给他写封信。他还欠向这位倒霉的人表示,自己并没有忘记他宽宏大量的行为。他想跟他交换意见,谈谈如何转向无产阶级立场。

但是,中午在工会俱乐部,小汪收到一份杂志,上面的照片显示,P城两个人作为民间工艺的杰出代表,被邀请去北京、莫斯科、布加勒斯特展出他们的作品。一个是木雕工艺赵师傅,另一个千真万确就是吴师傅。他看上去比44岁年轻,一点也不显土气,也不古板。他的家也上了镜头,一套舒适的住宅,一个温柔的大眼睛的妻子,手里拿着刺绣,小汪也认得她,还有一个健壮的小男孩。小汪一方面为没有向救命恩人表示谢意而感到歉疚,另一方面又心生妒忌。但很快,他就平静下来。他的莲花更漂亮些,而且,他们不久也会有自己的孩子。莲花是出色的歌手,现在是一个剧团的演员,再没有人将她当作妓女。因此,他一定会跟她登记结婚,否则,就会被她当作小瘪三扫地出门。

照片下面有一段吴师傅的生平简介。小汪从中知道,他的救命恩人在1946年为了不让孩子挨饿,曾经卖芝麻饼和油炸鬼,并且帮助江苏省的游击队跟国民党做斗争。

小汪翻到另一页,发现吴师傅有最新的剪纸。这又是一个椭圆形的菊花图案,中间是静止的花,四周是飞舞的白鸽,保卫着美丽花卉的和平鸽。充满活力的盘旋画面,立即给人留下深刻的印象,没有一只鸽子是相同的。几只全身雪白,其他的白中夹有黑色条纹或斑点。几只羽毛平顺,其他的竖起羽毛。有些展开宽大的翅膀飞来,有些用剪刀似的尖翅划破长空,有些气昂昂地挺起头，有些低着脑袋沉思，有的不停拍打翅膀，有的优雅翱翔，也有的无助地合拢翅膀。但是，所有鸽子都一起守护着祥和的菊花——美丽的和平。

小汪每天都观看这些剪纸。他不再恼怒批评者，开始认真地对待水平较低的工人。如果他们遇到了困难，他就用善意的玩笑鼓励他们，例如，称他们是"未展翅的鸽子"。他细心地向他们解释每种操作，并且为他们的进步感到高兴。

原来打算写给吴师傅的信，他没有写，也无暇去写。

新会行

——华南地区"大跃进"的一篇报道[1]

林笳 译

    高大的葵树,低矮的柑树,优雅地、坚忍不拔地向着至今仍荒芜的山岗攀爬。新盖的砖屋迎面而来,旧式的草棚向后退去,逐渐消失。水,到处是水,大片的水田、河流、小溪、池塘、水渠,还有运河。

    我们来到了新会乡,离广州四小时车程,位于河道纵横交错的珠江三角洲。

    空气轻柔,闪烁光芒,一层银色的薄雾。我环顾四周,感觉缺了些什么。那可不是令人舒适的玩意儿,恰恰相反,这东西我知道肯定会有。缺少的是成群的飞蚊,这些"永远"折磨人的蚊虫!它们属于美丽的南方景色,如同汗水属于劳作,痛苦伴随分娩。

    这里确实没有了成群的蚊子,黑压压的,一群又一群,一年前仍在银色的霏雾中飞舞,嗡嗡叫的吸血鬼,数以千计的小咬,传播疟疾和脑膜炎的情况并不罕见——它们消失了。1958年上半年,全国大规模开展"除四害"运动,历时半年。人民政府一次又一次派出装载"敌敌畏"的飞机。但它们的成效最终还得依赖群众的配合。某些地方成效慢些,某些地方成效快些,在新会见效特别快。偶尔还有两三只蚊子飞来,但很稀少;而且,它们已不再真正叮人,因为已经吞食了太多"敌敌畏"。

    葵树、柑树、砖瓦屋的上空漂浮着银色的空气,纯净而温热。宽大尖顶的草帽,如同快乐的小点点,在严肃明亮的景色中移动。

    一夜之间,新会扬名海内外,成为著名景点。我们到达前不久,周恩来总

---

[1] 原载《新德意志文学》,7(1959),N.4,S.53 - 64。原标题 Die Zukunft in der Gegenwart. Ein Bericht vom „Großen Sprung nach vorn"in Südchina(《未来就在当下,华南地区"大跃进"的一篇报道》)。

理结束了五天的访问。我们离开前不久，北京的作家和上海的电影人来到这里。突然，所有人都想看看新会，三个模范县之一，这些县分布在幅员广阔的国家的东、南、西、北，受中国共产党总路线和"大跃进"口号的鼓舞，成为当今洪流中盛开鲜花的未来绿洲。谁参观过新会，谁就能够想象三年后整个新会的面貌。

几位客人不停地按下照相机的快门。当地居民微笑着伫立一旁。干吗要拍照？明天会变好变美，后天会更好更美。

对于新会的居民来说，旅游观光是新鲜的事情。过去，人们参观佛教的花塔、穆斯林的光塔、有六百年历史①的华丽的光孝寺。新会的农民和苦力在新中国成立前苟延残喘，衣衫褴褛，蓬头垢面，漂亮的南海眼睛由于无法忍受的绝望而变形，根本不值得观看——至少对于统治阶级是如此。这个地区叫"乡"——一个乡包括十到百个村，相当于德国县级行政管理单位。例如，具有讽刺意味的是，礼乐乡（Li-Jo-Ssiang），意思是"曲调优美的礼仪之乡"，过去名声不好，田野荒芜，居民们用廉价的鸦片麻醉叽叽咕咕响的肠胃和蚊虫叮咬的瘙痒，他们在阳光下懒洋洋地睡到醒来。倒霉的过路人，如果向乡民问路或打听事情，至少会倒霉地遭受劈头劈脑的辱骂。我说的是：至少。

这种情况消逝没有多久，但也已经很久。从衣衫褴褛的农夫和苦力成为卓有成效的集体农民、训练有素的工人和干部。在我们四周，比秀丽的风景更美的是人们优雅大方的举止、思想丰富的言谈，还有敏锐和蔼、谦逊自信的品格。"我们今天有这种变化，要感谢共产党的领导。"他们当中不少人本身就是受共产党员引领的。他们起着模范带头作用，这一点人们看得很清楚，在田间、工厂、鱼塘、生长的果园、成排的房屋中，在洁净健康的银色空气中。

突然而来的参观旅游，对乡民来说是全新的任务，但他们比某些有经验的导游做得更好：凭着他们的阶级觉悟、对事实的了解、革命的热情、真诚的好客。

"新中国成立前，地主在新会占人口的8%，"乡委会的主任介绍说，"他们拥有全部土地和耕地的47%。"

一道简单的计算题，一座千层的地狱。

封建主义在中国早已到了垂死阶段。但它符合帝国主义者的口味，他们人为地维持它的生命，扼杀工业化的进程，干涉中国内政，强暴地用英、美、法和其他国家的机关枪巩固封建军阀的腐朽政权。

---

① 光孝寺历史，从三国虞翻后人舍宅作寺，至作者写作年代，约1700多年；以南宋改名光孝寺算起，至作者写作年代，也有800年历史。原作错误不改。谨作注。——编者注

殖民地的枷锁压制了中国的自然发展，扩大了城乡的悲惨和苦难。成千上万的人背井离乡，特别是手工业者。我自己仍然记得，1947年在上海，那些流浪者眯缝的眼中充满忧虑，用洋泾浜英语对我说："No have pidginess."（"没有生意，没有活干。"）新会背井离乡的人超过当地人口的1/7——远赴印尼、法国、美国。殖民地政权将他们驱赶出祖国，洋人将他们变成外国人。在海外，他们可以将民族的技艺作为稀罕的商品——灵巧的洗涤、精细的漂染、谨慎的修脚术、巧夺天工的牙雕、炉火纯青的烹调——用好的价格出售。受够了失去家园的苦难和民族偏见的屈辱——但他们能够生存，甚至还能省吃俭用，有所结余。

"他们大多数人回到新会，总共有六万人，"乡委会主任继续说，"这不仅给我们带来由衷的快乐，而且为社会主义建设做出美好的贡献。海外华侨出资建立了一座水电站、两间中学……"他停下来，接着说，"现在，我想向大家介绍谭胜佳（Tang Ssen-jüä）先生。你们可以跟他用英语交谈。"

这位刚进来的谭先生高个子，五十多岁，头发花白，饱经风霜的脸庞流露出几十年磨炼的睿智———一位阿赫斯维式的中国人①。现在，他是侨联主席、人大代表，经历了五十多年的四处流浪，终于回到祖国。

"新中国成立前，"乡政府领导同志总结他的讲解，"有八大害，地主、嫖、赌、毒、盗、苍蝇、蚊子，还有高利贷。我们一直到十三岁仍光着身子，被蚊子咬得全身抽搐，不停地挠痒，没有肥皂，每天吃一顿，只有一碗饭，上面还有苍蝇屎。地主压迫我们，强盗是他们的保镖。鸦片烟贩子毒害我们的父辈。赌场使我们的兄弟道德沦丧，妓院的鸨母摧残我们的姐妹。高利贷者夺走最后我们剩余的东西，将我们成群地从家乡的土地上赶走。"

乡领导吸了一口气，说："我们将这八大害消灭了。苦难结束了。我们的粮食产量增加了十倍。我们利用水力，生产化肥，挖掘含锡的矿物，使用拖拉机和其他农业机械，种植大米、甘蔗、柑桔、荔枝、香蕉、菠萝、西瓜、龙眼、香料，养鱼，编制葵扇和箩筐。我们将荒山变成果园。我们要将整个新会变成花园。"

新会曾经处在中国苦难的深渊，现在屹立在中国建设的顶端。这是新会的辩证法。

我们首先参观会城，昔日又肮脏又潮湿，如今又明亮又干净。它是一个白色的首饰盒。花盆按照一定的间隔摆放在路边。垃圾桶和痰盂帮助居民们保持清洁。居民们美丽的"南海眼睛"中散发出心中成为模范县的自豪感。有些

---

① 阿赫斯维（Ahasver），基督教中永远流浪的人。——译者注

地方因为建设或维修扬起尘土，但很快就被扫进事先设立的垃圾堆中。

我们访问了一位七十岁的手艺人，他用葵叶制作扇子，并且在扇面装饰上各种精美有趣的画：两位古代的诗人在讨论诗的主题，一只和平鸽，光秃秃的圭峰山很快就不再荒芜，新种植的柑树正勤奋地向上攀登。老艺人的身旁放着一只燃烧的小炉，他将细长的小铁棒烧红，用铁棒的尖端在葵扇面上烙出昔日、当下和未来的图画。

不仅仅他的作品，还有他工作时脸上表露出的坚韧和幸福感，也表明他是一个真正的匠人。他认识自己的价值，当年轻女画家林婉翠（Lin Wan-tsuee）开始为他画素描的时候，他既不惊讶也不尴尬。但是，作为社会主义集体中的一个成员，他不能容忍他的同事受到轻视，这已经成为他的第二天性。"你们看，马姨编织的葵篮子多漂亮，这里还有遮阳帽，那边有挡雨的蓑衣，是用硬皮制作的。葵树全身都可利用。"

"可利用"是新会人最喜欢说的词。共产党的新口号"多、快、好、省"激发了他们的洞察力和曾经萎缩的发明精神。

我们参观了一个废物利用的工厂。在这里，对香蕉收割后剩余的树身做化学处理，用于制作麻袋布和绳索；甘蔗榨汁后的渣用于制酒精；鱼鳞用作照相材料；废唱片制成精致的纽扣。

我们认识了两位旧屋翻新活动的积极分子：一个叫李宁（Li Ning），昔日的雇农，今日的乡干部；另一个叫林柏（Lin Bai），昔日的小贩，今日的油漆师傅、会计和组织者。陪同我们参观的县文化委员会成员、作曲家黄磊（Hwang Lee），不时地和李宁交换眼色，我发现，他们的眼睛因为激动而闪闪发光，但是原因直到晚上告别时才知道。就我而言，我感到跟林柏有一种奇妙的亲缘关系，他身材不及中等高度，体质单薄，神态中有一种勤于思考和不忘苦难的特征。他让我想起新中国成立前上海大街小巷里疲于奔命的小贩，他们吆喝着："呃嗨！收买破烂，嗨！"他还让我想起我的祖父、沿街叫卖的小贩莫泽斯·勃鲁姆，许多年前，他在布科维纳的马路上疲于奔命，吆喝着："卖漂亮带子啰！"

林柏销售纸扎的神仙、深褐色硬壳的桂圆（也称龙眼）、芝麻饼、"漂亮的带子"以及类似的杂货。地主的卫队强盗般从他那里夺走地主老爷想得到的东西。如果林柏要他们付钱，就会挨打。他的两个孩子饿死了，妻子再也无法忍受，离开了他。

这是1948年。到了1958年，全国电影院里播放的新闻纪录片报道了他和生产队一起做出的成绩。他是旧屋翻新活动带头人之一。南宁街上有众多平房，门牌21号的房子属于一位年老孤寡的工人大妈，因遭日本飞机轰炸，十五年来，屋顶摇摇欲坠，十分危险。长长的达摩克利斯之剑在头上挂了十五年，因为没钱，房屋一直没有维修。1958 年，一个明媚的三月天，林柏来了。"老大妈！我们想来贵府修屋。"

"哎呀，唔需咁客气啰。我冇钱呀。"

"旧木料会造成房屋霉烂，但对我们却有价值。生锈的铁皮用来围我们的厂房，剩下的烂木做肥料。"

老太婆将最后说的话当笨拙的玩笑；另一个老太婆，也就是鄙人，也这么认为。

但这不是笨拙的玩笑。新会过去不仅水资源丰富，而且有许多沼泽地，乡民们将许多沼泽地的水抽干，将一些泥潭中的污泥运走，将它们变成明净的养鱼塘。但仍有一些小片的沼泽地，人们将各种拆下的腐烂木料、死老鼠和美味可口的东西扔进去，这样，就产生大量沼气，这些沼气可以制成化肥。年轻的化工技术员听了农民的好主意，和工人们一起来到化肥厂。——"这事您知道，"李宁笑着说，"您已经为此捐赠了一个多月的工资。您和所有中山大学的教授们。"

林柏口才很好，他告诉老太婆（不是我，而是那栋修好了房屋的主人）：生产队为她家那些废木料付的款，可以满足修缮房屋的大部分费用，欠缺的数额很小，她承担得起。

南宁街21号的小房子不仅被林柏所在的生产队修好了，而且按照中国人的美感粉刷一新。林柏亲自将室内的墙壁刷成银白色，大门涂成深红色，桌、椅、柜也都上了漆。

当我们重新站在街道上时，我问李宁，谁是旧屋翻新活动的倡议者，是领导还是群众？"两者都是，"他没有思索就回答，"1952 年，共产党就提出这个口号。当时，这个口号提早了，群众忙于土地改革激烈的阶级斗争。1957 年秋，我们开始加强除'四害'运动，这时，群众解释说，只有将我们千疮百孔的房屋修好，将废的木料拆掉，才能除尽四害。如今，这项活动蓬勃开展，旧木回收利用，大家出主意，想办法，工人、农民、手工业者、家庭妇女、教师、干部，人人参与。"

我们仍站在南宁街上。林柏脸上泛着胜利的神情，用饱受苦难的双手，默默地摸着他亲手油漆的大门，这朱红的颜色，过去只有统治者的房屋才有权使用。

他用传统朗诵古文的语调，背诵了 1200 年前诗人杜甫的两行诗句，那是全民都熟知的：

朱白兰在中山大学
——纪念朱白兰先生逝世五十周年

> 朱门酒肉臭，路有冻死骨。

在朱红色大门后仍住着财主时，他的两个孩子饿死了。而现在，他给所有平民百姓的家门涂上朱红的颜色。

我们沿着一条小河走。苏菊花（Ssu Jü-hwa）和我们结伴同行，她是女干部、共青团员，在我们访问期间当我的个人助手，就像孝顺的女儿那样无微不至地照顾我。

小河里多处安装了闸门，以方便养鱼，这些闸门用木和竹子做成，是农民们制作的。

我们接近了圭峰山。山脚下有一座朴实无华的大楼，门上挂着"劳动大学"的牌子。林婉翠开始着了迷似的绘画。她是对的。因为在粉刷成白色的围墙后面，做的事情属于以往从事的最高尚的工作：完全消灭人们意识中的社会等级差别。

劳动大学给自己提出三项任务：

将至今荒芜的圭峰山改造成水果和香料种植场；

向体力劳动者传授理论知识；

让知识分子掌握实践知识，并且毫无保留地尊重体力劳动者。

开设的课程如下：马克思列宁主义、中国文学和农业经济。农业经济分为水稻种植、养蜂、水果种植和香料种植，既有理论又有实践，理论方面由农学家和植物学家讲授，实践方面则由农民负责。共有三百五十七名学员，有农民也有城里人，农民大部分是积极分子，城里人大部分是中学毕业生，也有一些大学毕业生，这些学生刚来的时候连稻田和玉米地也分不清。

渐渐的，然而速度并不慢，果树爬上了山坡。渐渐的，然而速度并不慢，知识分子克服了对重体力劳动的恐惧。渐渐的，然而速度并不慢，农民们克服了对"高深学问"的胆怯。

一队人热烈地讨论着从山上走下来。他们头戴宽大的尖顶草帽，手里拿着铁锹。人们让我猜猜他们当中哪些是农民，哪些是知识分子，我猜了四次，出了三次洋相。

最优秀的大学生是江继勤（Jang Ji-tjin），1927年的老党员，童年时已参加地下工作。这样年轻的老革命在全国都可遇见。他指给我们看新会特有的柑树——新会柑，小小的果实挂满枝头，浓浓的果汁甜如蜂蜜。还指给我们看价廉物美的黑叶荔枝，现在的价格更便宜了。相传1200年前，唐明皇将荔枝送给最心爱的妃子杨贵妃。贵妃为了表示感激，提笔写下诗句："绛纱囊里水晶丸"①。褐色硬壳的桂圆又称龙眼，我们觉得味道更佳。

突然，从绿茵上传来一缕芳香，清新又甜美，让每个人都心旷神怡。它从一种白色喇叭形的小花中飘出来。花的汁中可提取香水，这种香水的名称用德语说叫作"我不跟神交换"。

江继勤陪伴我们沿河边走了一段路。他指给我们看一座漂亮的小拱桥，小桥通向一个圆形的岛，岛上泛出了嫩绿，一些地方竖立着竹竿搭的小支架。江继勤说，县里的干部建造这座桥，在岛上栽种植物。1957年以来，对于每个干部来说，参加体力劳动都是光荣的事情。这加强了他们与群众的联系，有利于抵御旧社会的流毒：官僚主义。

"建桥时，苏菊花表现得特别优秀。"黄磊说，他的声音听上去像在唱咏叹调。苏菊花虽然身体苗条，满脸秀气，但是力量可不小，今天早上我已经见识了，她不顾我的劝阻，硬是将一张又大又重的桌子推进我的房间。

"这岛将成为举行庆祝晚会的地方，"她说，"我们还种了月光花。到了11月，竹架上就会爬得满满的，全是漂亮的绿叶。"

11月，珠江和南海岸边最美的月份，金色阳光持续的温暖，隐藏着水晶般闪烁的秋凉，银白色的月光花将张开它的大喇叭。农民化的知识分子和知识分子化的农民将在花下促膝谈心，欢度他们的庆祝晚会。

在中国，许多地方叫沙田，例如，香港残余的英国殖民地边界上的一个地方，1922年3月，因不列颠的军警枪杀罢工工人而不光彩地闻名于世。

但是，我们今天参观的新会沙田是自由的，摆脱了殖民者和地方恶霸的统治，摆脱了贫穷，摆脱了精神枯萎和心灵忧愤——彻底自由了。

新中国成立前这里有句俗语："沙田人13岁仍光身，直至老死穿烂衫。"这曾发生，如今已不再。农舍里挂着成排的衣服：冬衣、冬裤、潮湿春天穿的裤子、夏天的衬衫和裤子，此外，还有节日穿的两件上衣、两条裤子，那还是崭新的。

这些农民的"时装秀"展现在横穿房间的挂绳上，因为吴况代（Wu Kwang-dai）还没有衣柜。从地主那里没收的柜子放在隔壁八十岁何大妈的小屋里，她正在自豪和会心地擦亮柜上刻的龙和朱雀。"如果所有社员都有衣柜了，我也会添置一个。"吴况代说。他是生产队的队长，35岁。他那炯炯有神的眼睛，在这里是很平常的，但他那思想丰富、略显尴尬的微笑，从今天起，每当我听说中国农业的进步，就不断在我心灵的眼睛前闪耀。跟城里制扇的手

---

① 此诗句实际出自宋代诗人欧阳修的《浪淘沙·五岭麦秋残》。——译者注

艺人不同，林婉翠开始给他画像时，他很害羞。但是，尴尬和羞涩只是像薄薄的透明的面纱那样，覆盖着他雄辩的口才。他知道自己有什么重要的事情要说，并且乐于说出来，说得充满力量，有声有色，明白易懂，一针见血。

新中国成立前，他是个贫农、地下农会的成员，从来没吃过肉，衣服破烂，搔痒，诅咒，盼望。

新中国成立后，他成为乡村民兵的领导。他成功地搜捕到三个藏匿的地主。1952年，他加入了中国共产党。

我们从东头的碾磨厂出发，穿过长长的村子，走到西头的桥边。这桥叫"大跃进"桥，碾磨厂叫龙磨厂，村子叫百花村，生产队直接就叫第二生产大队。村里有少量稻草屋顶的泥屋，多数是砖瓦房。

"去年这个比例还是倒过来的，"吴况代解释说，"但是从1月到6月，我们在沙田建了50栋砖瓦房。一旦我们拆掉最后一栋稻草屋，你们就只能在省会的博物馆里见到它。"

"哪里还有个体农民？"

"沙田已经没有个体农民了。大地主受鄙视，再没人想当地主，哪怕是当小地主，谁要是有私人土地，会羞死的。"

离碾磨厂不远，建了一座水电站。"明年，我们家家户户晚上就可以用上发亮的'夜明珠'。"李福向我们解释，农民们用这个名字称呼电灯泡。我们的助教章鹏高熟悉文学，他告诉我中国古代的故事："头等理想的珍珠发出的光可在四十里远看见，中等的二十里，三等的十里。乌龙的珠子有九色，它的光可以防止蛇、蝎和有武装的强盗靠近。"

几百年前人民就梦想得到现代技术的馈赠，如今正开始得到这些恩赐，使他们想起了几百年的梦想。

小池塘的四周如同被两层切成正方形的绿宝石围住，内层是灌木，紫花的花朵，红色的花萼。外层是松柏、葵树、龙眼树。

"在这里可以很好地休息。"我说。

"人们想到很多好点子。"吴况代补充说。

"例如？"

小艇在稻田的水面上滑移。艇上坐着农民，双手从容、思维活跃地干活。稻子在水里长得很茂盛。几千年来，农民站或蹲在水里耕耘田地，却损害自己的健康。1957年年底，几个村里的农民同时发明了用小艇耕作的新方法。河面上，一只大木桶在滑行，木桶连着简易支架，是农民自己设计制作的。上面坐着两个农妇，欢快有力地踏着厚木轮上的脚踏板，使木轮转动，木轮带动长长的绳索，将装满肥沃的水底淤泥的小桶拉上来。

"那个戴草帽的是我老婆,"吴况代低垂眼睛,忍住骄傲,说,"下个月,我们生产队的食堂就建好了,到时候,她就不用煮饭了。"

我们身旁蹲着一个大约40岁的男子,他在草稿本上用心地绘画。林婉翠发出一声欢快的呼叫:那是她著名的同事黄笃维,广东美术家协会的秘书长。正如许多知识分子那样,他下乡半年,跟农民一样在日晒雨淋中干活。

我打听他的艺术家生涯。

1935年至1945年,他尊崇一位女老师,这位老师的木刻作品因伟大的革命作家鲁迅的介绍而闻名中国,虽然他从来没有跟这位老师见过面,但这位老师教会他敏锐地、以控诉的方式表现群众的疾苦。

"我的老师名叫凯绥·珂勒惠支。"

如今,他描绘人民群众每天战天斗地取得的胜利。

"那两位挖水下淤泥的妇女,是我们农业半机械化的一个例子。尽管拖拉机的数量快速增长,我们还没有达到全机械化。目前,半机械化也有重大价值。它可以减轻农民的劳动,保护他们的健康,发展他们的精神品格。"

在美丽、崭新、向上延伸的乡村学校的大楼前,成群学生在留心地聆听,一位农民出身的年轻共产党员和民歌手唱道:

> 心如烈火,情如海潮,
> 我们走在新的道路上。
> 向前进,大跃进,
> 永不气馁,不气馁!

章鹏高和李福飞快地笔录下歌词。他们这一代懂文学的人都热衷于民歌。

> 我们的事业蓬勃向上,
> 丰收播种,不断改善。
> 向前进,大跃进,
> 心在欢笑,心在唱!

这四行诗句跟俄罗斯一种叫"查斯图斯基"(Tschastuskis)的歌以及德国南部的"施纳达逗乐歌"(Schnadahüpferln)很相似。但它们的旋律简易些,并且充满了真正的中国式沉思。

> 人民齐振奋，
> 干劲可冲天，
> 智力成源泉，
> 目标就实现。

人民的回忆又一次胜利地飞向他们古老的童话梦：

> 憩息池边月当空，
> 遥望天上广寒宫：
> 邀请嫦娥来做客，
> 且看我们立新功！

  我们在会城的展览馆举行告别会。李宁和林柏也来了。大桌上摆放着这个县各区的微缩模型，造型精巧，十分迷人。彩色的玻璃珠指甲般大，展现的是鱼塘，桔红色、深红色、褐色的浆果代表柑桔、荔枝和龙眼。

  还有一个模型是曾经一片荒芜的礼乐乡，如今铺了整洁的新马路，建了雅致的俱乐部。

  李宁和黄磊面对面站在模型的两边，又一次交换眼色。我终于鼓足勇气，冒昧地向他们打探原因。

  "我当年是个衣衫破烂的雇农，"李宁说，"黄磊是村里的年轻教师，身体有病。放学后，我常向他请教问题。我们经常在这里散步，"他指着模型上的一个地方说，"遇见昏昏欲睡和骂人的鸦片烟鬼。我们互相承诺，要为一个美好的世界而奋斗。"

  展览馆的领导拿褐色的龙眼招待我们。硬壳里包着清甜的果肉——正如新会在中国南方，未来就在当下。

阿诺尔德·茨威格在新中国[①]

唐彤 译

那是1954年3月最初的几天，一株花朵盛开的李树映入我们空荡荡的教室。我和南京大学的十四位同学一起选读阿诺尔德·茨威格《格里沙中士案件》中的几页。我有些担心，也许我该把这部作品推到明年再读？毕竟学生们只学了两年半的德语。而阿诺尔德·茨威格的语言相当复杂，这一点我也是在向学生们讲解下面这个句子时才留意到：

……用尽一切手段，只为摧毁这位久经考验的列兵的自尊，使他往后只有靠先生们发慈悲才能挺直腰杆。

习惯了说中文，他们的舌头在德语的辅音丛林中费力跋涉，不由自主地便会在辅音之间插入元音，以使得这一过程稍微轻松点儿，于是"selbst"（自己）就说成了"selbest"，而"Rückgrat"（腰杆）则读成了"Rückegerat"。但突然间，从他们阅读的眼中射出黑色闪电，那是他们童年与少年时的回忆在闪耀，将这个陌生的词汇照了个透亮。在上海，殖民地的白人老爷们曾用脚踢来驱赶拉黄包车的苦力。为了摧毁自信，使人挺不起腰杆，还有着更为精巧的伎俩。就在这儿，在这间教室，几年前，金陵大学的美国传教士对着中国大学生讲经布道，妄称他们的家乡是一个劣等的、注定灭亡的国家，他们最好还是接受美国人的同化。在此期间，日本占领者耀武扬威，而日本人占领前后则有国民党……

第三排坐着身材高大的吴同学，他长着一张圆圆的但坚毅的脸。最近，他在一篇自传性的作文中写道："我出生在南京一条肮脏狭窄的小巷子里，那儿每逢下雨就完全没法走。而骑在人民头上的国民党官员则居住在宽敞漂亮的大街上。我六岁那年，南京被日本帝国主义者霸占。在他们的压迫下，我们像牲

[①] 原载《格赖芬出版社1975年图书年鉴》，第55－57页。

畜一般活着。那时我还在上小学，受的是奴化教育。但一位老师暗地里教给我爱国思想。"

学生们一会儿这个说，一会儿换那个说。眼睛大大的韩同学用富于表情的目光补充自己的发言，他讲述了自己在杭州的中学老师，一位在至关重要的于1946年至1949年从事地下斗争的共产党人。然后，他继续朗读道：

列车在黑夜中向前驶去，车厢里颠簸摇晃，朦朦胧胧，弥漫着呛人的烟雾。突然，有人提起了某一个已被幽禁的国会议员，一个姓李卜克内的人……①

我聚精会神地倾听着。我必须同时注意所有的细节：学生们的经历，他们的思想、情感、政治发展、艺术鉴赏，还有他们的语法和发音。陪伴着我们研读作品的是轻音乐，我昨天刚刚给他们读过的苏维埃乌克兰诗人帕夫洛·蒂奇那（Pawlo Tytschina）旋律优美的诗行：

你聆听着陌生的语音，
如同触摸奇异的馈赠。
逐个音响仔细倾听，陌生
词语中听出了熟悉的思想。

第二天，我们换了个章节继续朗读。我们最优秀的学生高同学朗诵起来很从容，几乎一字不差。他脸型匀称，沉思的神情让人仿佛看到一位未来的学者。

他朗读了格里沙面对死刑判决大义凛然的回答：

告诉他，这是耻辱，就这么告诉他，这并非我的耻辱。

突然我们十五人全都沉默下来。因为就在几个月前，中国和朝鲜的战士也像书中的格里沙一样惨遭杀害。他们是无力反抗的战俘，像格里沙一样，其唯一的罪行在于，他们要回到自己已经解放的故土。

当时那些想要控制全世界的家伙，梦想着能轻松占领朝鲜。他们的白日梦

---

① 中译本《格里沙中士案件》，侯浚吉译，上海文艺出版社1960年版，此处译文参阅上海译文出版社1984年版，第228页。

无法实现,就打主意想寻求政治上的精神胜利。他们要求中国和朝鲜的战俘抉择:"要么公开声明不赞同你们的共产主义政府,宁愿去台湾或留在南朝鲜,要么等待严刑拷打。"

在1953年10月2日年轻英勇的张泽隆(Dshan Dse-lung)被绑在板门店战俘营帐篷的支柱上。他高呼:"中华人民共和国万岁!"在国民党特务的殴打下,他更大声地呼喊:"我要回去已经解放的家乡!"他们严刑拷打,直到他全身上下血肉模糊。此时,阿诺尔德·茨威格笔下的格里沙·帕普罗金跨越遥远的时空,却又极其亲近地对着张泽隆呼喊:"告诉他们,这是耻辱,就这么告诉他们,这并非你的耻辱。"

战争结果已定,然而斗争并未结束。现在仍有年轻人在牺牲,只为其他年轻人尚有学习机会;而年轻人亦在努力学习必要的一切,只为永远不再有年轻人牺牲。吴、韩、高和我,还有其他同学,我们忍着心中的悲痛往下读。

现在又过去了两年多。韩在一家大型出版社任编辑,他从上海给我写信:"我们计划翻译《1914年的年轻女士》与《格里沙中士案件》两部长篇。北京的人民文学出版社则打算翻译《凡尔登的教训》。"

高目前是北京大学的助教,他也从北京给我来信:"我现在正按序研读阿诺尔德·茨威格的著作,给学生开设相关课程。"

阿诺尔德·茨威格的长篇小说,他那传承自犹太民族的希伯来祝福语"沙洛姆!"① 跨越了半个地球,在中国年轻人的内心深处激起热烈的回应。中国青年思想开放,胸怀宽广,他们心中装着伟大的人民与伟大的事业,还有格里沙、莱奥诺蕾、贝尔廷以及许许多多像他们一样为和平而奋斗的远方英雄。

南京 1956 年 6 月 16 日

---

① 沙洛姆(Schalom),希伯来问候语,意思是"祝平安吉祥"。——译者注。

朱白兰在中山大学
——纪念朱白兰先生逝世五十周年

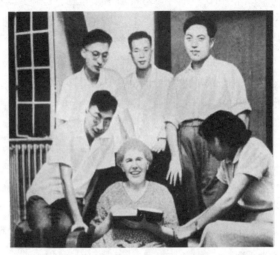

Frau Dshu Bai-Lan (Klara Blum) im Kreise einiger ihrer Schüler. Lin Erh-Kang (stehend, am Fenster), heute der jüngste Dozent der Nanking-Universität, hat bereits verschiedene Werke ins Deutsche übertragen.

图 3-1 朱白兰教授与她的南京大学德语专业学生

欧洲的一次反法西斯武装斗争
——纪念1943年4月19日事件[①]

章鹏高　译

《羊城晚报》编者按：昨天是波兰犹太人武装反对德国法西斯匪徒二十周年纪念日。为了把这件事介绍给读者，中山大学朱白兰教授特地写了这篇文章。

1939年9月，德国希特勒法西斯匪徒侵占了波兰。他们采取了一种特殊的帝国主义政策。他们和美国与其他西方的帝国主义列强都抱着同样的目的：压迫或者灭绝某些民族，妄图统治整个世界。可是德国法西斯匪徒为了达到这个目的，在进行残酷的虐杀时，却做得更明显、更急迫，这是与他们的同行兼对手——国际帝国主义的不同之处，虽然这是一种表面的差别。德国法西斯恬不知耻地发表谬论，说什么德意志人是优等种族，但是所占的空间很少，因此有权灭绝劣等种族。首先他们把犹太人看成劣等种族，和美帝国主义对黑人的看法如出一辙。而他们的做法已经具体地告诉我们，这种观点会产生利用国家机器进行极度残酷的民族屠杀的后果。

德国法西斯匪徒一占领波兰，就着手把波兰人民当中的犹太族隔离开来。在波兰首都华沙，他们把犹太人赶到一个隔离的市区里集中起来，四面筑起一道高墙，管这个地方叫犹太人隔离区（"隔离区"这个名词在13世纪时在欧洲就被使用，今天，在许多美国城市里，还把黑人的居住区域叫作黑人隔离区）。

犹太人被禁闭在隔离区里，他们的居住面积窄小到令人无法想象的程度：在一块十平方米的地方平均要住十一个人，大家就这样挤在一起。配给的食品日渐减少。如果没有得到德国法西斯行政机关的许可，犹太人不能离开隔离区，否则就立即被处死。

有些德国资本家迁到华沙来住，并且开设工厂。他们雇用了一批犹太人，

[①] 原载《羊城晚报》，1963年4月20日。

获得了巨额的利润。因为犹太人是不受法律保护的在德国监工皮鞭下劳动的奴隶。他们拼命做工,仍然难以糊口,而且所能赖以疗饥果腹的食物,也只是些残羹剩饭而已。许多人,特别是儿童,都因得了斑疹伤寒而死去。

可是这种死法在法西斯种族政治家的眼中还是太慢了。法西斯头子希特勒不就一再宣称,为了德意志"优等种族"获得空间,必须彻底消灭"劣等民族"吗?——从1942年7月到9月,有30多万犹太人由华沙隔离区被迁到特莱布林卡集中营。这次行动是根据希特勒大本营的特别指示来布置的。这些不明内情的牺牲者都以为是送到一所劳役营里去,可是他们一到特莱布林卡就被关进密不透风的屋子,用煤气杀害了。

这次屠杀的消息慢慢传到了华沙。犹太人隔离区的居民们痛悔以前没有起来反抗。由于他们逆来顺受,屈从于悲惨的遭遇,致使30万兄弟姐妹遭到惨死。他们再也不肯、再也不忍重蹈覆辙了。

在拥挤不堪的隔离区住屋内、地窖中、后房里,地下共产党员、男工人、女工人、男大学生、女大学生①领导他们组成了犹太人战斗同盟,盟员们在隔离区的墙下掘了地下通道,从这里他们可以秘密地走进波兰人的区域,与波兰的地下共产党员建立联系。波兰同志帮助他们,带给他们粮食、情报和武器。这样,许多波兰共产党员经过地下通道走进犹太人隔离区,参加犹太人战斗同盟的工作。驻在华沙的德国法西斯军队里,有四个士兵是地下共产党员,也秘密地运送武器给犹太人。不过大部分武器,如手榴弹、燃烧弹、填塞火药的灯泡,以及其他等等,还是在隔离区内部隐蔽的工厂里面制造出来的。许多犹太文印刷所把铅字铸成子弹,交给战斗同盟。

25岁的女大学生、共产党员纽黛·特德尔波姆担任了一项非常重要而又极其危险的工作。她负责保持犹太人隔离区与在华沙附近森林里活动的游击队之间的联系。她视死如归,秘密地运送武器和传单、传递消息和情报。她常说:"我是共产党员,又是犹太人,我为我的民族的荣誉和为人类的解放而斗争。"1943年2月,她把苏联军队在斯大林格勒击溃法西斯侵略军的消息带到犹太人隔离区。她捎来了喜讯,可也带来了噩耗:法西斯匪徒在特莱布林卡、奥辛威茨、布亨瓦尔德、迈达纳克和其他集中营里又屠杀了几十万俄罗斯人、波兰人、犹太人、德国反法西斯战士和其他民族的人民。而犹太人被害的数目最大,到1945年为止,各地一共被杀了600万。

犹太人战斗同盟用好几个月的时间,非常缜密地准备反对法西斯匪徒的武装斗争。战斗同盟不仅考虑如何组织武装斗争,而且也注意如何鼓励隔离区的

---

① 这篇是译文。德文中名词分姓别。

居民。人们积极地开展了文化工作。孩子们秘密地得到教育，成年人秘密地组织读书会，此外还在内部演戏，组织音乐会。

1943年4月初，华沙德国法西斯行政官接到了来自柏林的命令，要再送一批犹太人到特莱布林卡去。犹太人战斗同盟就号召所有在隔离区里的居民：

犹太人！
谁从开始起就放弃自卫，谁就毁了自己。不要进行玷污我们荣誉的妥协！
不要听天由命！
叫敌人拿他们自己的鲜血来偿付每一个犹太人的生命。
让每一所房屋都变成一座堡垒！
不要束手待毙！

1943年4月19日，一队德国兵得意忘形地哼着歌，开进了隔离区，他们又想把犹太人迫迁到特莱布林卡，杀害他们。可是这回接待他们的是无数手榴弹、燃烧弹和密雨似的子弹。刽子手们把受伤和死掉的同伙扔在街上，魂不附体地逃跑了。暴动的人们离开掩体，用手枪追击奔逃的匪徒。

几个小时以后，法西斯匪徒带来了援兵，可是这也无济于事。暴动的人们用粗劣的武器顶住了敌人的重炮和新型坦克的进攻。是什么使得他们产生这样的力量？——因为他们认识到这是正义的斗争。

法西斯匪徒费了九牛二虎之力，付出了巨大的代价，直到1943年7月才把暴动镇压下去。可是他们在世界舆论面前也早已丢尽了脸。面对着英勇牺牲的人们的尸体，他们失去了一切，得到了耻辱。到处都有游击队员在活动。希特勒政权已经濒于可耻的崩溃。

可是直到今天，法西斯主义还没完全消灭。在美国，德国法西斯科学家凡尔亨·狄布劳恩之流仍然为帝国主义扩充军备大卖力气。在西德，"获得赦免的"法西斯头目，像格洛布凯和豪辛格等又在欺压人民了。然而我们记得犹太人隔离区的武装斗争和一切反对帝国主义的斗争。因为它们告诉我们，是谁最后决定世界历史的进程。

这是革命的人民。

图3-2 犹太人纪念碑

　　华沙犹太人隔离区,是德国法西斯于1940年设立的。区内犹太人最多时曾达到45万人。1943年4月19日,忍无可忍的犹太人在区内起义,后被纳粹残酷镇压,大批犹太人被杀,隔离区也被希特勒军队摧毁。1948年,为纪念这次起义,波兰政府修建了这座犹太人纪念碑。

图3-3　1970年12月7日,时任联邦德国总理的勃兰特对捷克斯洛伐克、波兰进行国事访问后,到华沙犹太人死难者纪念碑前,献上花圈,双膝下跪。(图片来源:网络)

明镜[1]
——答一位德国作家[2]

郭东野 译 杨成绪 校

飞吧，飞吧，我心中的诗呵，
带一片湖水的绿色飞向你身旁，
呵，广州附近的水库，[3]
洗净了往日生活的苦难，
像明镜一般反映真理的光。

我听到一阵外来的诽谤，
你呵也加入了他们的合唱，[4]
说什么中国是好斗的公鸡，
说什么中国渴望大战，
请看看这湖面放射的光芒！

---

[1] 德文标题：Der leuchtende Spiegel, Antwort an Arnold Zweig，载《人民日报》，1964年5月26日。1963年3月，苏共中央给中共中央的来信中，提出和平共处、和平竞争、和平过渡、全民国家、全民党的国际共产主义总路线，中共中央在复信中提出了与之根本对立的二十五点意见。7月，中共代表团和苏共代表团在莫斯科举行会谈，苏共中央发表《给苏联各级党组织和全体共产党员的公开信》，对中共进行全面系统的攻击，为此，中共发表了九篇评论苏共中央《公开信》的文章，中苏之间的大论战达到顶峰，在这种国际背景下，朱白兰在人民日报发表了这首诗。——编者注（下同，不再一一注明）

[2] 民主德国作家阿诺尔德·茨威格（Arnold Zweig）。

[3] 20世纪50年代末，中国各地兴修水库，此处指的应是新丰江水库，位于河源，距广州约200公里，1958年7月开工，1959年10月水库开始蓄水，1962年电站工程竣工，新丰江水库又称万绿湖，是华南地区最大的人工水库湖。

[4] 指20世纪60年代初帝国主义、修正主义和各国反动派的"反华大合唱"。

湖水荡漾，引起我们深深的追忆，
仿佛看到了百年屈辱的时光，
那时呵，是外国的魔掌，
截断了祖国前进的道路，
时间沉睡着，一无发展。

干旱熏烤，洪水泛滥，①
古老的堤防保不住平安，
多少灾难积压在肩上——
大自然是为非作歹的魔鬼，
人民呵是他们宰割的羔羊。

人民是羔羊，也是雄狮，
一声怒吼，震动山岗，
扑向仇敌，以牙还牙：
"是谁，是谁，将我们阻挡，
滚出去，滚出去，世界霸王！"

不依靠我们自己的力量，
谁还会使中国获得解放，
沉睡的时间呵终于苏醒，
看劳动人民掌握大权，
大地回春，百花齐放！

昨天的苦力，今天的发明家，
架起新山，拦住洪水，
埋葬掉任人摆布的命运。
请看这一平如镜的湖水吧——
智慧的双手，展翅的理想……

乌云压来了，大雨扫来了，②

---

① 1958 到 1962 年，我国遭受特大自然灾害。
② 此节描写了 20 世纪 60 年代初的抗旱斗争。

水泵的大军呵立即应战。
他们张口吸呵,吸呵,
深山中储一湖碧绿的宝藏。
哪怕旱魔四处放火,
中国也不会再闹水荒。

湖对面,英警巡逻的岛上,①
人喊,地也喊:水荒!水荒!
水呵便源源流向香港。
大陆上,即使旱魔逞强,
依然遍地翠绿,闪闪发光。

难道我们是好斗的公鸡?
——工人政权决不会好战,
工人要保卫自己的幸福,
是的,他们要勇敢地回击,
回击那夜窜边境的豺狼!

世界霸王呵依然嚣张,
哪儿有他们凶杀的刀枪,
哪儿就有人民起来反抗,
看他们在关塔那摩②,在台湾,
正义的人民怎能不抵抗?

正因为人民争得了解放,
才能服洪水,制干旱,
请看看这湖面放射的光芒!

---

① 为了解决香港缺水问题,广东省政府决定在深圳兴建水库,水库于1959年11月正式动工,1960年3月完成主副坝土方工程,1963年12月,周恩来总理在广州听取广东省委领导人汇报兴建供水工程问题,同意从东莞县引东江水,经过8级抽水站提高水位46米,注入深圳水库,再通过钢管送水到香港的设计方案,1964年,东江—深圳供水工程全线施工。
② 关塔那摩是古巴东南部的城市,1903年,美国强行向古巴租借关塔那摩湾及其邻近的部分陆地修建海军基地,1959年古巴革命胜利之后,古巴革命政府要求美国归还关塔那摩基地,但美国一直不肯放弃该基地,1962年的古巴导弹危机中,关塔那摩基地一度成为美苏冷战的最前线。

昨天大地一片荒芜，
今天大地一片春光。

呵，广州附近的水库，
我的诗是水上的一朵彩云，
想想吧，误入歧途的老人：
工人政权决不要世界大战。
飞向德国去，彩云的诗章！

黑人学者、思想巨人——杜波依斯[①]

章鹏高 译

黑人的灵魂——1868—1904 年

黑人学者、作家、反帝战士威廉·爱德华·伯格哈德·杜波依斯（1868—1963 年）是一个非洲黑奴的外玄孙。他的外高祖父被一个（可能是荷兰的）商人取名为汤姆·伯格哈德，卖到美洲去。如果我们要想象这位外高祖父有过怎样的遭遇，就自然地会记起亨利希·海涅所写的悲惨的讽刺叙事诗《奴隶船》，记起那个可怕而又可笑的人物，那个伪善的奴隶贩子：

> 运货监督曼赫尔·望·柯克，
> 坐在他的仓里精打细算；
> …………
> 在塞内加尔河边我换来了
> 六百个黑人，价格低廉。
> 都象是最好的钢铁，
> 肌肉结实，筋格强健。
>
> 我以货易货，用的是
> 烧酒、玻璃珠、钢制器材；
> 只有一半给我活着，
> 我就能获利百分之八百。

[①] 本文德文稿发表在奥地利马列主义党机关刊物《红旗》 Rote Fahne（MLPÖ, Wien), 1968, Nr. 8；章鹏高教授的汉译稿发表在《中山大学学报（社会科学版）》1965 年第 1 期, 第 68 - 84 页。——编者注。

然而，铁链的束缚、皮鞭的抽击、饥饿的煎熬和思乡的痛苦使船上的黑人成批地死去。这使奴隶贩子吃惊不小，他虔诚地祈求上帝：

> 为了基督的缘故，饶他们的命吧，
> 基督为大家死亡！
> 因为我若不剩下三百头，
> 我的买卖就要遭殃。①

汤姆·伯格哈德渡过了从非洲奴隶海岸到北美洲东海岸的难关，被高价售出，并未使奴隶贩子一本万利的买卖遭殃。在1775—1783年间，他参加革命军队，反对英国的殖民统治，因而获得了自由。他有个曾孙女玛丽·伯格哈德，她在马萨诸塞州巴灵顿城和一个来自西印度群岛的混血的法国人、理发师阿尔弗莱德·杜波依斯结婚。1868年2月23日，玛丽生下威廉·爱德华·伯格哈德·杜波依斯。不久，这个理发师离开年轻的妻子，又往别处去了，再也没有回来。玛丽·伯格哈德·杜波依斯带着幼小的儿子，栖身在她父亲的贫苦的黑人村子里，可是孩子一到入学年龄，她就带他回到大巴灵顿去。她是一个穷人、一个女人、一个黑人——在生存斗争中，她受着三重的压迫，可是这个年轻的黑人母亲仍然坚决地要让这个聪颖异常的孩子学会本领。她同时在几户人家帮佣。孩子也尽力干活，一起凑集上学的费用：他修草坪，劈柴禾，还在一所女帽工场里当伙夫。他的优异的学习成绩简直令人惊讶，这是他饱经忧患、操劳过度的母亲唯一的安慰，后来也是整个家庭的骄傲。玛丽·伯格哈德的哥哥（和她失踪的丈夫一样，是一个理发师）也帮助筹措他的求学费用。

1885年，威廉·伯格哈德·杜波依斯进入一所黑人大学②念书之前不久，他的母亲去世了。这个一字不识的黑人女佣把他生下来，把他引上了知识的大道，她成为这位未来的学者终生难忘的榜样。还在他的童年时代，他就把她看成黑人的灵魂。

在允许黑人学生念书的田纳西州斐士克大学里，十七岁的威·爱·伯·杜波依斯专心致志地钻研欧洲古典文学，如荷马的《伊里亚特》和《奥德赛》，索福克勒斯的《安提戈涅》——这三部作品都是用古希腊文写的原著。这个皮肤黝黑、身材瘦小、营养不良的黑人少年用正在成长的巨人的活力探索着丰

---

① ［德］海涅著，冯至译：《西利西亚的纺织工人》，人民文学出版社1959年版，第67、68和76页。
② 黑人大学指允许有色人种入学的大学，为数极少；教师当中，一部分是非白种人，一部分是白种人，学生多半是非白种人。

富多彩的知识宝库。他研究法国、德国和英国的文学,研究修辞学、植物学、生理学、卫生学、数学、经济学和哲学。

在美国南部各州,对黑人的压迫,当时和现在都是最残酷的。但是在马萨诸塞州长大的杜波依斯,当他还是小学生的时候,就已由于他黄褐色的皮肤受到了歧视和侮辱。从纽约、华盛顿或波士顿来大巴灵顿度暑的"阔佬"一到,许多原来和他一起玩耍的白人同伴马上对他掉头不理,显得如此心虚而又傲慢。这种遭遇当然使人感到痛苦,可是比之于黑人在佐治亚、路易斯安那、得克萨斯以及其他压迫黑人的中心所受的灾难,却又相去甚远,只不过像蚊子叮在身上一样,他抑制住满腔怒火,屏息倾听着来自南部各州的同学们的叙述。他们多半比他年长,曾经度过非人的生活,做过农场工人、搬运工人、仆人和厨工,他们的被剥削、被压迫、被侮辱的黑人兄弟姐妹省下可以省的每一分钱,给他们念书,希望他们成为自己孩子的教师。杜波依斯圆睁的眼睛不停地在闪动,他细听黑人的灵魂向他倾诉的一切。

被迫害、被侮辱——使用这些字眼并非言过其实。他们告诉他说:重金雇用的种族犯罪组织三K党的暴行擢发难数,多少无辜的黑人遭到拷打和谋害,年轻的黑人姑娘被白人流氓强奸,但是人们同时又无耻地反诬黑人,说他们一有机会就想强奸白人妇女。

但是这种可怕的处境却不能动摇黑人求知的意志,反而使他们变得更加坚定,有一个斐士克学生说:"不然我就不会坐在这里了。"

在上修辞课的时候,杜波依斯通过修辞练习说出了心里的话:"我是一个黑人,我因此而感到自豪。我因每一滴流动在我血管里的黑人鲜血而骄傲。黑人胸怀坦荡,黑人灾难深重,我完全是属于他们的。"这番表白感动了那位主张解放黑人的白人老教授,鼓舞了一起听课的同学。

他是一个多才多艺的学生,精通许多国家的语言,但在这些方面继续努力的同时,他已把主要力量转到研究历史和社会学上去了。史学和社会学是他有力的武器,他使用这些武器保护处于水深火热之中的黑人。

他在斐士克大学毕业以后,就被保送到美国最著名的大学——哈佛大学做研究生。在这里,他的处境马上改变了:在斐士克大学,他是被黑人和黑人朋友衷心敬佩的年轻的天才;在哈佛大学,他却是一个"黑鬼"[①]。

杜波依斯咬紧牙关,打定主意,避免和白人同学往来,孜孜不倦地研究。他在校外找了一个租价低廉的敝陋的住所,吃饭也不上学生食堂——在食堂吃饭对他来说费用太昂贵了,只在屋子里胡乱吃些东西就算一餐。

[①] 美国种族主义分子称呼黑人(negro)为黑鬼(nigger),表示轻蔑。

这个年轻人非常爱好德国的文学、音乐和哲学，很想到柏林大学去。他向一个"慈善"机关借了一笔钱（后来分期清偿了这笔借款），于1892年到欧洲去旅行。他到过英国、法国、意大利、奥地利和德国。他在柏林大学听了两年课，在这里，他由于黄褐色的皮肤所遭受的痛苦比在美国要少得多。甚至于当时在柏林大学任教的臭名昭著的"种族理论家"亨利希·封·特莱契凯（1834—1896）也看不出杜波依斯是个混血的黑人，竟然把他视为有趣的外宾。

1894年他回到美国，1885年在哈佛大学获得哲学博士学位，1896年发表他的博士论文《禁止贩卖非洲奴隶到美国》（*The Suppression of African Slave Trade to the USA 1638—1870*），这是杜波依斯发表的第一部著作，同时也是哈佛大学出版的第一部研究历史的著作。

哈佛大学创立于1636年，是美国历史最久、名气最大的学府，竟然到1896年才出版第一部历史著作，而且这所大学是靠一个在讲堂里他们嗤之以鼻的28岁的黑人，才取得了这一在科学上具有决定意义的进步，这很能说明为弄虚作假、唯利是图的邪风所摧折的美国文化的特点。

外高祖父汤姆·伯格哈德，那个当年被拖走、被捆缚、被鞭打、被卖掉的非洲黑奴，和无数在种植园里像牛马一样劳动着的奴隶——他们的苦难在年轻的学者威廉·爱德华·伯格哈德·杜波依斯的心里激起了深仇大恨，这使他更加努力地从事历史研究，加深和扩大了他对于历史的认识、他揭示了贩奴者和奴隶主卑怯的残酷和无厌的贪心这种滋生的特性。他拆穿了所谓明令禁止奴隶买卖的骗局，说：这种法令不是制止了，而是掩护着奴隶买卖。当时，在他加入共产党以前65年，这位年轻的历史学家还为某些唯心主义的幻想所迷惑，以为只靠伦理学和科学就能改造世界。可是就在那时他已经无所畏惧地撕下了一个又一个人剥削人的假面具：宗教的、法律的、"种族理论"的和自由主义的假面具，在这些假面具后面，露出了有脸面的真面目。

* * *

杜波依斯曾向"慈善"机关借过一笔钱，虽然身无分文，但须清偿债务；他随处都受到种族偏见的压迫，又因大胆直言而树敌招怨——处在这样的境地，他开始解决谋生的问题。"当然"他只能指望得到一个白人大学毕业生年薪的零头。

在他取得博士学位的前一年，他已在俄亥俄州威尔伯福斯大学担任希腊文、拉丁文、英文和德文的教师。这是一所黑人学校，无论在行政上、经济上或者思想上都遭到美国当局蛮横的压迫。这所学校的设备非常简陋，可是美国政府还要削减它的许多经费，因而使它负债累累。黑人校长和教员都怕被迫停办而惶惶不可终日。当杜波依斯博士向他们建议开设社会学这门课程时，他们胆怯地拒绝了。宗教迷信毒化了学校生活。

  勤奋的黑人学生、美满的结婚生活使杜波依斯得到了安慰。他的妻子是一个艾奥华州的黑白混血姑娘。他们生了一子一女，儿子早夭了，女儿后来就是黑人诗人康狄·库伦的妻子。

  然而在威尔伯福斯大学迷信的气氛中，他只能忍受两年。随后他接受了一个为期15个月、待遇更差的临时工作，到宾夕法尼亚大学担任助教。他带着年轻妻子迁入费城贫民窟。教学之余，他进行一项社会学的研究工作。这个贫民窟同时又是黑人区，他挨户访问，调查黑人的生活条件、社会地位和心理状态。1899年宾夕法尼亚大学出版了他的第二部著作《费城黑人：社会调查》(*The Philadelphia Negro: A Social Study*)。

  虽然这位年轻的学者受到种族歧视，可是随着第一部著作的问世，他的声誉就与日俱增了。1897年他被聘为亚特兰大黑人大学的社会学讲师。

  这个城市是美国南部佐治亚州的首府，过去和现在都是一个压迫黑人的中心。在这里，杜波依斯博士终于意识到自己站在为黑人而斗争的前线了。

  他曾向一个商人购买教学用具，那个商人卑视地狞笑着直呼他的名字威廉，而不叫他杜波依斯博士。这位年轻的学者去找市府的一个官员替学校办事，却被这位"高尚的"白人挡住，不能从前门而必须从后门进去。在戏院里，他碰巧坐在一个白人妇女的旁边，司阍马上要他换掉戏票和座位。市内有两种公共汽车，一种是供白人乘坐的，一种是给黑人搭乘的，杜波依斯博士曾在全市人民面前反对体现在这上面的种族主义。这位瘦小、体弱的学者必要时拖着身子在街上连走几个钟头，即使很累，也不上公共汽车，以示抗议，因为这种交通工具是美国的耻辱、野蛮的种族歧视的象征。在讲课时，他根本不理三K党的匿名恐吓信，强调黑人在政治、文化、职业上的平等权利。

  从1897—1910年，杜波依斯博士在亚特兰大大学教了14年。他要发扬黑人的文化，并以他思想巨人的力量铲除美国白人的种族偏见，在这种迫切愿望的推动下，他于20世纪初完成了杰作《黑人的灵魂》(*The Souls of Black Folk*)。它收辑了杜波依斯的杂文和特写，发表于1903年，在他长长的一生中出了28版；其中有些文章曾在1903年以前刊载于《大西洋月刊》(*Atlantic Monthly*)和《日晷仪》(*Dial*)等杂志上。

  这些杂文和特写不是狭义的政论文章，这部作品不是随便凑合的集子。它是一个整体，从社会学的角度对黑人的各种遭遇和要求做了深刻的分析，既实事求是，又富有诗趣。确凿有据的事实和充满诗意的语言，像深埋的根部和盛开的花朵一样，有机地联结在一起。每篇文章和整个作品，也像每行乐谱和整个曲调一样，和谐地结合在一起。

每一篇杂文、每一篇特写也的确是以乐谱开始的。杜波依斯博士从美国黑人古老的奴隶歌谣——美国音乐艺术极其珍贵的组成部分——中选取了这些乐谱，热情的调子节奏传出了要求正义和自由的呼声。

奴隶歌谣《迷雾遮没道路》中一些悲愤的调子使人想起寻求光明、向前摸索的美丽的黑人双手，杜波依斯博士用这些调子作为一篇通讯的开始。这篇题为《进步的意义》的通讯叙述他最初的教学经验，描写了悲惨的事实，也充满了诗人的想象。杜波依斯博士记述了他在斐士克大学念书的时候，利用暑假到乡下帮助附近的黑人农民学习文化的经过。一个白人同学也想帮助白人农民学习认字和书写，和他一起到了乡下。区长非常客气地接待他们，检验了各人的证件，认为两个都没有问题，最后邀请他们去吃中饭，他和白人学生坐在一起，而杜波依斯这个黑人——可得单独吃饭。

黑人农民热心地修建校舍：他们用木块钉成一座小屋，把中间的空隙当作窗户。杜波依斯博士动人地描写了一群逗人发笑、惹人喜欢的孩子，在他们身上可以看到美国黑人——从棕褐色到黄褐色的——各种肤色的细微差别。其中有一个姑娘，长着苗条的身材，乌亮的皮肤和流动的星眸，他叫她黑美人。他的学生由于田里活多时常旷课，因为贫苦农民的孩子年纪虽小，却要参加沉重的体力劳动，可是，只要有空，他们就来学习，连成人也来上课。杜波依斯博士谈到了一个20岁的姑娘，她是一个贫苦农民的女儿，名叫约西，长着柔细的卷发和褐色的脸孔。她蹲在儿童中间坚持不懈地学习拼写。在她柔细的卷发上面，几乎可以看见悬着一颗星星，这就是她的梦想。她希望成为一个市立学校的学生。然而这颗星星陨灭了。约西为了她的弟妹积劳成疾而死去。像玛丽·伯格哈德·杜波依斯一样，她也因营养不良，操劳过度而离开了人世。如此可敬，但又没有被人注意。可是杜波依斯博士却把约西这种平凡而伟大的行为像他自己母亲的一样，看在眼里，记在心里，作为精通德国文学的学者，他从席勒剧本《奥里昂的姑娘》的德语原著中引了一段，放在约西故事的前面当作题句。他敬重这位普普通通的约西不亚于贞德，那位遥远的中古时代里的法国农村姑娘、争取民族自由的女英雄和女战士。

杜波依斯博士在这部以及其他著作中揭露了：1863年宣布的取消奴隶制度的法令并未带给美国黑人以一丝一毫真正的自由和平等。美国黑人被剥夺了选举权和被选举权，他们不仅在实际上，而且在法律上被视为"低能的"公民，国家扼住了他们学校的经济命脉，杜波依斯博士以全体黑人的名义要求得到共同参与政治、公民一律平等、普及黑人青年教育的权利。

可是白人种族主义分子非常讨厌这些要求，甚至不愿看到黑人。杜波依斯博士在该书一篇题为《谈谈黑人的教育》的杂文里，对他们的愚昧无知和妄自尊大作了尖锐的讽刺。他提醒他们，黑人的祖先从非洲来到美洲，并非出于自己的意愿，而是被贩奴者运来，被奴隶主买下的。他无情地揭露了种植园主、大企业家和窃据高位的"上等人"，正是他们强迫这些非洲人变成了美国人，现在又是他们在维护白人种族纯洁的借口下剥夺了这些非洲人在美国选举和上学的权利。他提醒这些所谓白人种族纯洁的维护者，正是他们时时刻都在蹂躏无力抗拒的黑人妇女。两百万美国黑白混血儿，黄褐色的额角就足以揭露大喊种族纯洁的伪君子的肮脏行为，这些混血儿的父亲都是白人，他们的母亲都是黑人——而不是相反。剥夺黑人平等权利的真正原因是：他们要在种植园和工厂里剥削黑人，他们要侮辱黑人妇女。杜波依斯博士看清了这一点，用他富有诗趣、毫不含糊的语言把它揭露出来。

《黑人的灵魂》引起了极大的注意。著名的黑人女作家——杜波依斯博士的后妻歇莉·格雷姆，于1953年在庆祝作者寿辰时印行的新版的评论中说，白人种族主义批评家也抱着无可奈何的心情对这部著作表示佩服，他们无法否认本书极其优美的诗意，可是对于它的内容，却破口大骂，恨恨不休。田纳西州一家报纸写道："本书对黑人非常危险……向他们灌输了非分之想。"

歇莉·格雷姆也谈到黑人青年传诵本书的情形。他们圆睁着眼睛，紧闭着嘴巴，怀着炽热的感情阅读这部著作。他们的认识在提高，他们的力量在增长……

不断提高的认识——1905—1949年

杜波依斯博士从不自满，这位黑人浮士德博士憎恶停滞不前、故步自封。他回顾了迄今为止所做的工作，他为黑人做了一些重大的贡献，可是还做得远远不够。他在历史和社会学方面的认识大大提高了，可是还得不断努力。

他对教学工作越来越感到兴趣。但是他的研究工作却遇到了巨大的困难。在庆祝寿辰时印行的新版《黑人的灵魂》的序言中，杜波依斯博士说：早在哈佛大学和柏林大学时，他就已听到过卡尔·马克思，可惜人们只是顺便提了一下。

不能肯定，他是否于1905年就已知道"哲学家只是用不同的方式来说明世界，但是问题在于改变世界"这个论断。无论如何，那时，甚至在此以前，他就已经想改造世界。可是他一直都从唯心主义的幻想出发，把伦理学和科学当作万应灵药。

他抱着这样的幻想，遭到了沉重的打击。美国统治阶级的所作所为使他清楚地感觉到，他们很想而且能够阻碍他的科学研究工作。

杜波依斯博士以他既有的社会学家的声誉，建议亚特兰大大学召集一些研究人员，了解全国黑人的情况，调查他们的职业、工资、生活条件、财产、学校教育、工会组织、纳税义务和对于投票权利的要求等等情况，调查黑人的犯罪行为和更多得多的白人对于黑人与黑人妇女所犯的罪行。

可是实现这项研究计划需要一笔费用：需要旅行、住宿、设置办公机构、配备技术辅助人员和进行报纸宣传的费用，以及贿赂官方的费用。谁能负担这笔经费呢？——亚特兰大大学，像所有黑人大学一样，由于种族主义的"文化方针"而终年拮据异常。除此以外，杜波依斯又找不到别的出资帮助的人，因为在"同情黑人的"慈善家眼中，他已被视为过激分子。甚至器重他、敬佩他的大学校长也规劝他，不要再写关于种族问题的文章了，说这是一个棘手的问题，不然会使资助学校的人们裹足不前。

这是一次沉重的打击，却提高了杜波依斯博士的认识。他现在看清了：伦理学和科学虽然重要，但是远远不够。任何一个人，就算他是一个思想巨人，也无法单独维护正义。他必须在群众当中寻求援助，正是在他想给予帮助的人们中间才能得到支持。群众没有组织起来，就将一事无成。

黑人群众的政治觉悟不断在提高。统治阶级妄图用极其低廉的工资来麻痹他们，用多方迫害的手段来恐吓他们，然而这一切都徒劳无功。改良主义的工会——那时没有别的工会——原则上只吸收白人工人入会，所以黑人就建立自己的组织。虽然他们没有按照职业分别把工人、农业工人、手工工人、商贩、医生和教师组织起来，但是大家都是黑人，就这样联合在一起。

早在 1905 年，就已在黑人运动中明显地出现两个派别：一派集中于南部亚拉巴马州塔斯克基工业师范学院，由黑人教育家布克·华盛顿领导，另外一派集中于亚特兰大大学和尼亚加拉运动，由杜波依斯博士领导。

布克·华盛顿（1856—1915）认为种族歧视是黑人无法抗拒的命运。在他看来，黑人要求选举和被选举的权利、平等的社会地位和更高一些的教育是无效的，甚至是危险的，对白人压迫者，黑人最好万事忍让，顺从他们的心意，黑人应该不辞劳苦，博取他们的爱；只有这样，才能减少困难，改善处境。他创办了塔斯克基工业师范学院，目的是：在这所职业学校里，把黑人青年教育成熟练的、但是水平不很高的工厂工人和服务行业工人。换句话说，把他们教育成熟练的普通工人，以及技艺高超的厨师、懂得应对的仆役，或者使他们从事在白人种植园主、白人资本家和受骗的白人工人看来并不引起反感、倒很合乎心意的其他黑人职业。

"同情黑人的"垄断资本家想挑拨具有独立工作能力的白人工人和没有独立工作能力的黑人工人互相争斗，以便从中渔利，他们想使黑人成为盲从的、但又不再是原始和笨拙的工贼后备力量。他们最喜欢布克·华盛顿，说他的观点是"健康的、理智的、具有现实政治眼光的、合乎基督精神的、人道的"。他们不仅口头称赞，而且慷慨解囊，当时操纵钢铁垄断组织的卡耐基就曾捐了60万美元，所以塔斯克基工业师范学院的财源永不枯竭。

当然，反动阵营内部又是矛盾重重。譬如，参议员培恩·第尔曼曾经说过，这一切都是瞎搞，"黑鬼"根本就不是人。

大多数黑人青年都反对布克·华盛顿的机会主义。年轻勇敢的乌·姆·特洛德曾在一次教会会议上对这种机会主义提出抗议，但他立刻就被警察逮走了。

塔斯克基工业师范学院对黑人青年灌输卑顺的奴才思想，教他们为了微小的物质利益而出卖人的尊严。杜波依斯博士和无数拥护他的人都看到了这点，感到非常愤怒。他的拥护者要求他制订一项计划，建立遍布全国的黑人组织，在美国各州设立由敢于斗争的黑人组成的地方委员会。

杜波依斯博士没有拖延，很快就以满腔的热情投身于这个紧急的任务。接着就形成了一个争取美国黑人权利的运动，这就是尼亚加拉运动。1906年在尼亚加拉瀑布附近举行了这个运动的第一次全国大会。这回谴责种族歧视的，不再是零落的呼声，而是集体的怒吼了，大家一致认为这是野蛮的行为、祖国的耻辱。杜波依斯博士受尼亚加拉运动的委托，和他的两位同志赫肖和马莱一起出版《地平线》(*Horizon*)杂志。这个杂志虽然经常遇到经济困难，可是由于三位战友，特别是杜波依斯博士多方设法解决这些问题，因此仍然能够出版三年半之久（从1907年1月到1910年7月）。

组织工作的经验不断地提高杜波依斯博士的认识。虽然他那时还根本不是马克思主义者，可是在一篇发表于《地平线》上关于美国黑人情况的文章里，有下面这句非常值得注意的话："我们天生的朋友不是富翁，而是穷人；不是权贵，而是群众；不是雇主，而是职工。"

根据尼亚加拉运动的委托，他写了一篇反对奴隶买卖的黑人战士约翰·布朗（1800—1859）的传记。这篇传记发表于1909年。

亚特兰大大学经常处于经济压力和停办威胁之下，再也无法支持杜波依斯博士的斗争了。1910年，他没有别的办法，只好离开他热爱的工作岗位。

接着又有了一个机会，可以从事大有发展前途的工作：要求进步的黑人和白人邀请他到纽约去。他接受他们的邀请，在建立美国全国有色人种协进会

（National Association for the Advancement of Colored People）方面提供了有决定意义的帮助。

美国全国有色人种协进会在设备上和经济上都比尼亚加拉运动要好得多，可是内部充满尖锐的矛盾。一部分会员和创立者要把协会引上布克·华盛顿的道路，引上改良主义和"基督教的"宿命论道路。另一部分会员，首先是杜波依斯，欲把协会引上维护正义的道路，引上与种族歧视做坚决斗争的道路。

1910年，杜波依斯博士为美国全国有色人种协进会创办《危机》（The Crisis）杂志。在此后的八年中，销数从1000份增至10万份。这个杂志的名称就已显示出杜波依斯博士的战斗思想。他要借此表明：美国由于野蛮地迫害黑人，像沙皇俄国残暴地虐杀犹太人一样，已面临威信扫地的危险。

1911年，他发表《寻找银羊毛》（Quest of the Silver Fleece），这表现出杜波依斯博士才能的新的一面：作为长篇小说作家的才能。这个作品以美国的经济发展情况为背景，叙述了一个黑人姑娘动人的爱情故事。透过这个故事可以看出：北部的资本家和南部的种植园主如何克服了历来的矛盾，纠合起来，牺牲黑人和白人劳动者，攫取共同的利益。

*　　*　　*

杜波依斯博士从1910年到1934年都在《危机》杂志工作，这个时期包括一段重要的世界历史。

在第一次世界大战期间，他记述了美国黑人士兵英勇的事迹。由于他们做出了巨大的牺牲，杜波依斯希望从此不会再受到种族歧视，可是他又失望了。复员的黑人仍然被视为低人一等。在1915年发表的《黑人》（The Negro）中，他又一次申述了争取黑人权利的主张。他越来越清楚地认识到帝国主义的本质。勇敢的黑人士兵在第一次世界大战中做了无谓的牺牲。他们虽然同以威廉二世为首的德帝国主义进行了斗争，可是无助于美洲和非洲被压迫的兄弟姐妹的解放，却加强了英、法、意帝国主义，特别是美帝国主义的力量。

1917年十月革命的胜利震惊了也激怒了美国的统治阶级。可是杜波依斯博士在读到列宁宣布的苏维埃政权的宪法中明确地承认各民族、各种族一律平等时，却感到又惊又喜。当年轻的黑人诗人克劳德·麦克凯用热情的诗句祝贺俄国革命的胜利和苏维埃政权的建立时，杜波依斯毫不犹豫地在《危机》上发表了这首诗。

那时他已开始认真地阅读马克思、恩格斯和列宁的著作，后来研究了斯大林的著作，在他一生最后的十年中，他也开始学习毛泽东主席的著作。

我们回过来谈谈第一次世界大战后那几年的情况。这时杜波依斯的认识又有了进一步的提高，他看清了帝国主义的本质，看清了垄断资本主义、殖民政策和现代种族主义之间的关系。他很快就得出结论：必须立即投入斗争。为了建立美洲黑人和非洲黑人的联盟，同殖民主义与帝国主义进行斗争，他和具有同样思想的战友一道发起了泛非运动。这个运动于1919年2月在巴黎召开第一次大会。来自美国、非洲和西印度群岛的代表聚集在一起，会上笼罩着紧张的、极不谐和的气氛。在兄弟般的友谊激情中，突然出现尖锐的冲突：杜波依斯博士在热情的讲话中，维护遭到非人的剥削和虐待的非洲苦力的权利，这时有人喊"布尔什维克！"布莱斯第阿涅，一个法国西非殖民地塞内加尔的法国国会议员恬不知耻地说，对他来说，法国的伟大比黑人的利益更为重要。

但是杜波依斯并不气馁，继续不遗余力地组织泛非运动，并且通过这个运动，在非洲群众的心里播下了反帝斗争的种子。

1920年杜波依斯博士出版了《黑水：面罩里传出的声音》（*Darkwater: Voices from within the Veil*）。这部作品收辑了他的一部分杂文和诗歌。其中所收的《在亚特兰大的连祷》（*A Litany at Atlanta*）是一篇震撼人心的散文诗，具有铿锵有力的节奏，它揭露了迫害黑人——迫害成千上万沉默、无辜、勤劳、和善的黑人无产者的暴行，它指出必须清除宗教迷信麻醉人民的影响。

除了杜波依斯愤怒的控诉以外，《危机》杂志也刊载了他反对种族偏见的讽刺小品，如《又是平等的社会地位！》和《怎么发疯的？》等。这些都是描写可笑人物的短篇杰作，读来让人忍俊不禁。杜波依斯博士揭露了种族主义分子的残暴行为，也画出了他们的丑恶嘴脸。这些短小精悍的文字，好像无数明珠，闪射出耀眼的光芒，也包孕着卓绝的讽刺。他的讽刺同他愤怒的控诉一样，具有巨大的力量。

《危机》忠实地反映了美国黑人斗争的进程、泛非运动的壮大、杜波依斯在非洲（1923年）和苏联（1926年）旅行的情况和美国黑人文化在20世纪20年代的发展。在年轻的黑人文学中，出现了许多极有前途的新人。继克劳德·麦克凯之后，又有了斯顿、休斯、康狄·库伦及其他许多黑人诗人。黑人音乐、黑人抒情诗和黑人散文对美国文化做出了不容忽视的贡献。杜波依斯博士对这些贡献，与美国黑人为了维护正义而在军事和政治上所做的努力，以及黑人群众在工农业生产方面所起的作用进行了全面的考察，总结起来，于1924年发表《黑人的贡献——黑人在美国发展历史中的作用》（*The Gift of Black Folk: The Negro in the Making of America*）。

美国共产党当时曾坚决地反对种族歧视和种族迫害，然而势单力薄，对工会的影响不大。它劝告美国的工人领袖们吸收黑人工人加入工会，但是终归无效。它指出，未被组织的工人，即使自己并不愿意，也会成为资本家压低工资的工具，从而加强资本家对工人的剥削，结果又是徒费唇舌。

虽然那时美国共产党和杜波依斯博士之间尚未建立联系，但他也一再以同样的观点告诫各种工会组织放弃它们的种族政策。可是这些改良主义的工会与资本家沆瀣一气，而资本家梦寐以求的是：分化黑人和白人劳动群众，以便挑拨离间，从中渔利。所以，杜波依斯博士的努力也徒劳无功。

1928年，杜波依斯博士发表了《褐公主》（*Dark Princess*）。这部小说的主角是一个黑人大学生，他再也无法忍受种族歧视，跑到国外去，后来和一个印度的公主取得联系，经历了种种奇特的遭遇。

1929年，严重的经济危机来了，黑人比其他劳动群众受到了更大的失业痛苦。他们常用一句中肯而尖锐的话说明自己的处境：他们"Last hired, first fired"（最后受雇，最先解雇）。1200万美国黑人取得了巨大的进步，他们提高了自尊心、文化水平、组织能力和政治觉悟，可是他们的处境仍然非常困难，一如往昔。

白人资本家利用掏钱办学的地位压迫黑人大学的学生，钳制他们的言论，辱骂他们为"黑鬼"，任意解聘无数黑人教员，代之以白人教员，这些白人教员虽然不学无术，可是大受老板的赏识，因为他们抱着这样的观点：必须把黑人青年教育成卑顺的奴才。

杜波依斯博士在《危机》杂志上讽刺了白人"慈善家"。他一针见血地说，他们还给黑人的，比之于他们300年来剥削黑人所得的利润，只是九牛一毛而已。杜波依斯博士的文章鼓舞了黑人学生，他们在斐士克、哈佛、汉普顿、林肯这些大学里举行了罢课。

1934年，他和美国全国有色人种协进会公开决裂了。于是白人领导者得以贯彻他们的保守路线。很久以来，杜波依斯博士富于战斗性的文章就已成为他们的、特别是两个维拉达的眼中钉。奥·格·维拉达以为他的战斗思想与基督精神不符，亨利·维拉达，这位铁路股东的公子纵然愿意纡尊降贵，可是一个黑人——或者像他所用的尊称那样，一个"黑绅士"竟然对他不肯俯首贴耳，这使他百思而不得一解。杜波依斯博士放弃了杂志的主编职位，回到亚特兰大大学去。

在那里，他完成了不朽的历史著作《黑人重建》（*Black Reconstruction in America：1860—1880*）。

杜波依斯博士正确地认为：1863年在法律上取消奴隶制度是重新建立美国民主制度的一种努力，黑人群众积极地参加这一斗争，并且起了决定意义的作用。所以他把他于1935年出版的历史著作叫作《黑人重建》。

大家都知道，19世纪60年代美国爆发了南北战争。这次内战的原因是北部资本家和南部种植园主之间经济利益的矛盾。剥削黑奴，对种植园主来说是获利最丰的生产方式，对工业资本家来说，则是所谓的"自由的劳动"。杜波依斯博士看到，南部各州在进行内战时，毫不掩饰他们所要追求的目的：维护奴隶占有制度。他们把奴隶占有制度看作贵族的理想、光荣的祖业和神圣的口号，而且在他们的旗帜上大书特书，如此厚颜无耻，这是世界历史上前所未有的。

南部各州被打败了。1863年，美国总统林肯宣布取消奴隶制度。从那时起，一百多年来，美国黑人在法律上不再是奴隶了，但是实际上，今天在许多方面他们还是奴隶。

然而1863年的胜利，对美国黑人来说，在政治上和道义上都是一个巨大的收获。杜波依斯博士抱着科学的严谨的态度，通过动人的形象的描述，在他的历史著作《黑人重建》中，展示了这次巨大的收获。这次收获的意义在于：黑奴并未坐享其成地依赖林肯总统和白人军队而获得法律上的解放，而是他们自己为此进行了斗争。杜波依斯博士令人信服地证实了：黑人奴隶在战胜南部各州的斗争中起了决定意义的作用。

因为在南北战争之前，已经在纳特·唐纳、约翰·布朗等的领导下举行过一系列奴隶起义了。战争爆发后，成千上万的黑奴——他们当中有一部分是逃出来的，有一部分是冲出来的，用镰刀、柴刀或菜刀开出自己的道路——离开他们主人的种植园，参加北部各州的军队。杜波依斯博士中肯地把黑人离开种植园的结果比作总罢工的结果：这大大削弱了南部各州奴隶主的力量，使他们陷于瘫痪的状态。

在拿着菜刀冲出种植园的奴隶当中，有一个叫弗雷德里克·道格拉斯的，后来成为一个重要的黑人政治家，也是19世纪最有名的演说家之一。（《黑人重建》中收入了他最著名的演讲的几个片段。）

著名的黑人女作家歇莉·格雷姆后来发表了一篇《弗雷德里克·道格拉斯传》，得到杜波依斯和她的读者们极高的评价。

逃出和冲出种植园的黑奴成批地加入北部各州的军队，他们非常英勇，林肯总统明白地表示：黑奴的解放只有依靠黑奴才有可能。

的确，这纯粹是法律上的解放，但是对美国黑人来说，却是一次很好的锻炼，这加强了他们思想上和道义上的力量，有助于获得未来的、真正的解放。

在《黑人重建》一书里，杜波依斯博士引证了马克思于1865年以国际工人协会的名义写给美国政府的关于黑人问题的一封信。信里说："请你们毫无保留地宣布：你们的公民从今天起可以享受自由和平等。如果你们拒绝给予他们以公民的权利，而又要他们承担公民的义务，那么你们迟早会受到一次新的斗争威胁，那时你们的国家又将遍地血腥。"

* * *

希特勒的残暴统治笼罩着整个德国。殷鉴不远,美国工人和一部分比较进步的资产阶级分子从中吸取了教训。黑人工人和白人工人高举写着"Black and White, Unite and Fight!"(黑人和白人,联合起来斗争!)的口号的旗帜,第一次共同举行了示威游行。

美国在富兰克林·罗斯福担任总统时,第一次和苏联建立了外交关系。和苏联友好的美国人——他们当中大部分是黑人——认为这是一个具有决定意义的转变。

然而这是一个并不彻底的转变。这一点后来在第二次世界大战中就表现出来。

1939年杜波依斯博士发表了一部新的历史著作《黑人的过去和现在》(*Black Folk, Then and Now*),1940年出版了一篇自传《黑夜和黎明》(*Dusk and Dawn*)。

美国在第二次世界大战中的态度使杜波依斯博士大为失望。美国虽然炸了德国的后方,可是看着勇于牺牲的苏联人民去粉碎希特勒军队,却不肯给予援助。因为垄断资本家们希望:经过第二次世界大战,苏联虽然能够取得胜利,却也精疲力竭了。可是他们失望了:苏联人民仍然非常强大,尽管在战胜希特勒法西斯时受了重大的创伤。黑人也失望了:美国依然死死抱着种族主义不放,虽然不久之前用漂亮的言辞谴责了德国法西斯分子——他们的同行兼敌手——的种族偏见。

1944年,美国全国有色人种协进会请杜波依斯回去领导社会学和史学方面的研究工作。他接受了他们的聘请,可是实际上这位76岁的老人所做的远远地超过了这些工作。他并未忘掉对非洲各族人民的热爱。他们的反抗运动不断高涨,使他受到了鼓舞,他用响亮、有力的声音支持他们的斗争。

1945年,他发表了具有战斗思想的政论著作《肤色与民主:殖民地与和平》(*Color and Democracy: Colonies and Peace*)。同年他又召开了一次泛非运动会议。这次会议是在伦敦举行的,听取了正在斗争的殖民地和半殖民地代表们极有启发作用的报告。

杜波依斯博士被聘为美国科学进步协会的会员和国立文艺研究所的第一个黑人研究员。

这时他快80岁了,已经做出了巨大的贡献。对于这位黑人浮士德博士来说,他所取得的每一项成就都是一条新的道路。1947年他又出版了一部具有战斗思想的政论著作《世界与非洲》(*The World and Africa*)。

在这本书里,他不是只谈黑人问题了,而是热烈地要求一切被压迫人民的合理权利。他怀着深挚的感情,描绘了重新获得活力、正在战斗的亚洲。

1948年美国全国有色人种协进会第二次把他辞掉。他成为非洲事务委员会的副主席——主席是美国著名黑人歌唱家、获得"世界和平的声音"这一光荣称号的保罗·罗伯逊。他们通过呼吁和捐献,支持正在罢工的西非矿工和南非金刚石工人。

杜波依斯成为世界和平理事会的理事。

1949年,他获悉中国工人阶级取得了胜利,中华人民共和国成立了,因而深受感动,大为鼓舞。他看到:国际力量的对比起了决定性的变化,反帝的力量大大加强了。

他的认识不断在提高,不断在加深。

维护正义,至死不渝——1905—1963年

在他一生最后的14年中,也发生了许多重大的事件。他的晚年充满了胜利,也记录着迫害。在学术上,他攀登了一生的顶峰;在政治上,他经受了最后的考验。

一个黑人、一个思想巨人站在反帝斗争的行列里,他的威信很高,而且还在不断提高——杜波依斯博士的国际意义使垄断资本家害怕了。能谋杀他吗?不能,他太出名了。但是可以威胁他、恐吓他、暂时拘禁他,然后说,"由于同情这个可怜的老年人,因而宽大为怀"释放他,这样就能打击他的威信,削弱他的影响。

1950年,美国的和平战士们——杜波依斯博士也是其中一个——建立了和平宣传站,它的任务是:向美国居民报道世界和平运动的情况。

同年8月,杜波依斯博士接到美国司法部的一封信,信里说:和平宣传站是一个外国代理人的组织,必须进行登记。他们提出一个证据,说杜波依斯博士公开地赞扬苏联和中华人民共和国的政策,也公开地谴责"美帝国主义策划朝鲜战争"。

杜波依斯博士毫无畏惧地回答:他的确赞扬过、谴责过,然而不是作为外国的代理人,而是作为正直的爱国者,他这样做,是为了美国——他的祖国的利益。

非常明显,他就要被捕了。这位鳏居的82岁老人的好学生和未婚妻歇莉·格雷姆催着马上跟他结婚,因为作为他的妻子,她能够更好地帮助他。

1951年2月，杜波依斯博士和他的几位同志被捕了。这位老学者被戴上手铐脚镣，和小偷、凶手一起关进一个监狱。

后来，他们按照原订的计划，又把他释放了。可是他的护照已被扣住，不许他再到国外去旅行。

1952年，他出版了《为和平而战》(In Battle for Peace)，杜波依斯博士在这本书里极其生动地描述了这一事件的经过。

垄断资本家企图恐吓他，打击他的威信的阴谋完全破产了。杜波依斯博士在群众集会上的演讲比以往任何时候都要多。他抗议虐杀和平战士尤利乌斯和爱瑟·罗森堡，抗议拘捕美共领袖——抗议反动派的一切恐怖、卑鄙的行为。他也谈到了亚洲、非洲、拉丁美洲和西印度群岛，特别是古巴的反帝斗争。群众比以前更加敬重这位瘦小的思想巨人。

1956年年底，美国著名女作家安娜·路易斯·斯特朗写的《斯大林时代》(The Stalin Era) 出版了。她毫不含糊地、令人信服地驳斥了对斯大林的诽谤。《主流》杂志发表了两篇关于这本书的评论：一篇是一个修正主义批评家写的，他否定这本书，絮絮不休地重复对斯大林的诽谤；另外一篇是杜波依斯博士写的，他赞同作者的看法，完全肯定斯大林伟大的革命性。

在这中间，黄金海岸这一片殖民地已经独立了，现在叫作加纳。1957年5月，加纳总理恩克鲁玛邀请杜波依斯到加纳首都阿克拉去。可是美国当局仍然扣住这位老学者的护照。

然而他和世界人民保持着紧密的联系。从他们那里，他知道了：他们在丛山、森林里打游击的时候，研读过毛主席的著作，从中获得了许多有助于他们斗争的教益。

杜波依斯博士终于又获得了护照，1959年他来到中华人民共和国，而且就在这里度过他的91岁寿辰。1962年他又到我国来进行了友好访问。

这时，垄断资本家对他进行了另外一种攻击，这回是采取出版一本大部头的杜波依斯传记的方式。1959年斯坦福大学出版了这部传记，而且在版权页上注明"福特基金会"等字样。传记作者弗朗西斯·尔·布洛德里克竭力贬低杜波依斯博士的贡献，然而结果仍然枉费心机：思想巨人仍然是思想巨人。这个传记作者想冒充一个"清白的"学者，东拼西凑地搬了许多东西，妄图掩盖杜波依斯的重要方面，而又不免时时露出反共的狐狸尾巴。可是，这没有关系。汽车大王福特家族当年是希特勒的"财神"，如今是这个传记作者的老板，对于这条狐狸尾巴一定满不在乎。

1957年、1959年、1961年，杜波依斯博士发表了三部小说：伟大的三部曲《黑色的火焰》(The Black Flame)。这三部小说是杜波依斯博士长期斗争的收获，交织着丰富的经验，优美的诗意，永远年轻的感情，不断提高的认识和马克思、恩格斯、列宁、斯大林、毛泽东学说的影响。

这三部小说的情节紧张、复杂，人物有血有肉，具有鲜明、活跃的性格。

第一部小说《曼沙特的苦难》（*The Ordeal of Mansart*）的主角是一个黑人无产者，汤姆·曼沙特。他于1867年在黑人遭到迫害时救了一个白人妇女的命，结果就在他的儿子曼纽尔·曼沙特出世的当夜，他反被三K党匪徒杀害了。

第二部小说《曼沙特办学校》（*Mansart Builds a School*）的主角是已经牺牲的汤姆·曼沙特的儿子曼纽尔·曼沙特。他作为黑人的教师挑起了沉重的担子。他每天都和压迫他、侮辱他的种族主义分子进行斗争。他斗争，他忍耐，同时又把黑人的学校教育大大地推进了一步。

资本家对白人工人灌输了种族偏见。可是这部小说指出：在这些工人当中已有一种新的思想在萌芽了。他们情不自禁地赞扬黑人矿工杰姆·亨利，因为他非常关心别的工人，自己总拣极其危险的工作去做，最后牺牲了生命——成为一个发扬阶级友爱的榜样。在工人们的谈话中已经轻轻地响起了未来的、解放的歌声：

>   黑人和白人，
>   联合起来斗争！

三部曲的第三部小说《一个世界，多种肤色》（*Worlds of Color*）的故事是在整个地球上展开的。小说主角之一是曼纽尔·曼沙特的孙子。他作为一个美国的兵士，被派往朝鲜打仗，在那里耳闻目睹的一切使他成为美帝国主义坚决的反对者。他站到正在进行反帝斗争的各国人民一边，参加过世界和平运动大会，救助过一位越南劳动党的女党员，使她免受帝国主义警察的迫害。正在受压迫和不久前还在受压迫的人民一群一群地出现在读者的眼前：朝鲜人、中国人、越南人、非洲黑人、美国黑人、犹太人、印度人、印度尼西亚人、阿拉伯人、印第安人和拉丁美洲人——各种肤色的人民举行了一次令人难忘的大会师。

1961年，杜波依斯博士加入美国共产党。在他的入党申请书中有这样一句话："资本主义是不可救药的。"

同年，他接受恩克鲁玛总理的邀请，和歇莉·格雷姆一起迁往加纳。

他那古老而又崭新的故乡非常热烈地接待了他。在这里，在这非洲西海岸，在这当年的奴隶海岸，人们曾经为他的外高祖父取了一个名字：汤姆·伯格哈德——他被用铁链缚着拖走了。

这位伟大的奴隶后裔威廉·爱德华·伯格哈德·杜波依斯接受加纳政府的委托,领导编纂了第一部非洲百科全书。歇莉·格雷姆也担任了加纳电视事业的领导工作。杜波依斯博士在阿克拉大约生活和工作了两年。

1963年8月8日毛主席发表历史性的声明,呼吁世界人民联合起来反对美帝国主义的种族歧视、支持美国黑人反对种族歧视的斗争。这是威·爱·伯·杜波依斯在他一生95年中所获得的最后一次极大的幸福。8月27日,他与世长辞了。

在他逝世后两个星期,歇莉·格雷姆写信给在阿克拉的新华社,以她丈夫和自己的名义感谢毛主席的呼吁。她写道:"从来还没有一个伟大的强国的元首向全世界发出过这样的呼吁。"

后来她又打电报给毛主席,说:"我丈夫晚年的生活由于您那充满智慧和文采的著作而丰富起来。您所写的一本薄薄的诗集总是放在他的近旁。"

1963年8月29日,毛主席电唁杜波依斯博士逝世,说:"杜波依斯博士是我们时代的一位伟人。他为黑人和全人类的解放进行英勇斗争的事迹,他在学术上的卓越成就和他对中国人民的真挚友谊,将永远留在中国人民的记忆里。"

1963年9月8日,郭沫若同志在《人民日报》上发表了一首诗:《和杜波依斯博士问答》。在诗里,杜波依斯说:

> 我要向全世界高呼,高呼,永远不歇地高呼:
> 不管是黑色大陆、黄色大陆、红色大陆、白色大陆,
> 凡是被压迫者都可从中国得到最多的友谊和同情。

像中国的知名人士一样,普通的中国人也歌颂这位黑人学者、思想巨人的战斗生活。苏州阀门厂的一位署名侏儒的工人,在他一首题为《永垂不朽,杜波依斯博士》的诗里这样写道:

> 但他已化为红旗、号角和火炬,
> 在全世界和平人民的心上飘扬、召唤、照耀

威廉·爱德华·伯格哈德·杜波依斯没有被手铐和告密的威胁吓倒。在斯大林遭到全盘否定的时候,他坚决地驳斥了这种诽谤。他热爱英明的中国共产党,并未受到任何人的影响而反对它。他认识了黑人的灵魂,他发扬了黑人灵

魂的精神，他以言论和行动使它得到了荣誉。他对世界的认识不断提高，他对正义的忠贞至死不渝。

参考资料

[1] *An ABC of Color. Selections from over a Half Century of the Writings of W. E. B. Du Bois*. Seven Seas Publishers. Berlin, G. D. R., 1963.

[2] W. E. B. Du Bois：*The Souls of Black Folk. Essays and Sketches*. The Blue Heron Press, New York, 1953.

[3] W. E. B. Du Bois：*Black Reconstruction*. Russell & Russell, New York, 1935.

[4] W. E. B. Du Bois：*In Battle for Peace*. Masses & Mainstream, New York, 1952.

[5] Mainstream, January, 1957, New York.

[6] Francis L. Broderick：*W. E. B. Du BOIS. Negro Leader in a Time of Crisis*. Stanford University Press, Standford, California, 1959. Published with the Assistanceof the Ford Foundation.

[7] W. E. B. Du Bois：*The Ordeal of Mansart*. Mainstream Publishers, New York, 1957.

[8] W. E. B. Du Bois：*Mansart Builds a School*. Mainstream Publishers, New York, 1959.

[9] W. E. B. Du Bois：*Worlds of Color*. Mainstream Publishers, New York, 1961.

[10] Peking Review, 1963 年 8 月 23 日。

[11] The Worker, 1963 年 9 月 1 日。

[12] 《人民日报》，1963 年 8 月 29 日、30 日，9 日 8 日。

[13] 《羊城晚报》，1964 年 4 月 5 日。

[14] 侏儒（苏州阀门厂工人）：《时事诗》（未发表）。

第四辑　朱白兰译毛泽东诗词37首

Klara Blum

一部尘封半世纪的毛泽东诗词德译本

林　笳　彭念慈

一

朱白兰 1970 年 5 月 31 日在遗嘱中写道：

我受奥地利马克思列宁主义党的委托，把毛主席的 37 首光辉诗词译成了德语。译诗定稿和后记现在奥地利马列主义党第一书记弗朗兹·施特罗布尔（Franz Strobl——奥地利维也纳XV，哥尔德施拉格大街 64/5，A 1150）手里。如果他不出版这个译诗集，请他把译稿和后记寄给章鹏高同志。

朱白兰立遗嘱到现在，已经足足半个世纪，章鹏高作为朱白兰文学遗产的继承人也已离开我们多年。朱白兰受委托翻译毛泽东诗词，是 1967/1968 年间的事情，至今 50 多年了。除了五首曾发表在奥地利马列主义党机关刊物《红旗》上，这本完成于半个世纪前的译诗集一直未与世人见面。它究竟在何处？朱白兰为何翻译毛泽东诗词？她不懂中文，如何翻译毛泽东诗词？她的毛泽东诗词德译版是什么样子？她的译本为何没能在生前出版？

在章鹏高家人的大力支持下，我们在章鹏高教授遗物中找到一包资料，翻开陈旧的包装纸，露出了尘封半个世纪的朱白兰译诗集及有关资料。这些纸质发黄的资料，将我们带回到朱白兰翻译毛泽东诗词的年代。

二

20 世纪五六十年代兴起"毛泽东诗词热"。

1957年1月,《诗刊》创刊号首次刊载毛泽东亲自审定的18首诗词,并同时发表毛泽东写给《诗刊》的《关于诗的一封信》,诗词和信的公开发表,不仅在诗坛上,而且在全国上下产生了巨大影响。1957年10月,中国青年出版社出版臧克家和周振甫合著《毛主席诗词十八首讲解》,郭沫若在《文艺报》《光明日报》《人民日报》上陆续发表论述文章。正如毛泽东1958年12月21日在同年文物出版社刻印大字本《毛主席诗词十九首》书眉上做的批注,"我的几首歪词,发表以后,注家蜂起"。这些注家大多是著名诗人、作家、学者。

1958年4月10日,《文艺报》向作曲家征集毛泽东诗词谱曲稿件。其后,音乐作品不断涌现,其中不乏劫夫、贺绿汀、陈志昂、郑律成等名师的佳作。1960年6月版的由北京大学学生音乐创作组集体作曲的《毛主席诗词大合唱》,是最早的毛泽东诗词歌曲版本。1964年音乐舞蹈史诗《东方红》演唱了《七律·长征》等三首毛泽东诗词歌曲。随后,中央乐团、中央音乐学院创作的《毛泽东诗词交响组歌》引起了强烈反响。

各路门派的书法家也大显身手。真、草、隶、篆,名家敬录的毛主席诗词,龙飞凤舞,瞬间形成一道独特的风景线。毛泽东诗词使画家们不断产生灵感与创作欲望。半个多世纪以来,国内几乎所有知名画家都创作了毛泽东诗意画,如刘海粟、傅抱石、李可染、吴作人、关山月等。

与此同时,毛泽东诗词的对外译介也启动了。1958年,英文版《中国文学》杂志第3期刊发了毛泽东诗词英译18首,9月外文出版社出版英译单行本《毛泽东诗词十九首》,除已发表的18首外,增加了英译《蝶恋花·答李淑一》,并附英译的周振甫注释和臧克家六篇讲解,出版说明中说明,前18首由波义德(Andrew Boyd)先生翻译,最后一首由戴乃迭(Gladys Yang)女士翻译。前者是当时外文出版社的英文专家,后者是著名翻译家杨宪益先生的夫人、先后在外文出版社、《中国文学》杂志社工作的资深英文专家。这些译文发表后,毛泽东诗词在国际上广泛传播,随即被译成俄文、英文、日文、法文、德文等文字。

随着1966年"文化大革命"爆发,原文艺界、出版界的领导人被打倒,解读毛泽东诗词的学术权威遭批判,译介工作自然也停顿下来。但是,广大群众学习和传播毛泽东诗词的热情不仅没有因此消退,反而被极大激发,群众组织和学习小组自行编印毛泽东诗词注释本,有手抄、小报、铅印、油印等,林林总总,蔚为壮观。上文提到章鹏高收藏的毛泽东诗词油印本,便是一个缩影。

在这种热潮下,作为诗人而又身居中国的朱白兰怎能不受感染?她崇拜毛主席，热衷于对外宣传毛泽东思想。当时，民主德国由于意识形态的分歧已经跟中国闹翻，联邦德国尚未跟中国建立外交关系，唯一有可能发表朱白兰德文作品的刊物，是奥地利马克思列宁主义党的机关刊物《红旗》。

该刊物早在 1963 年 10 月由奥地利共产党（Kommunistische Partei Österreichs，缩写 KPÖ）干部施特罗布尔（Franz Strobl）创办，办刊的宗旨是抵制奥地利共产党的政治路线，站在中国共产党的立场上批判苏联修正主义。1966 年 5 月 1 日，"奥地利马列主义者"组织（Marxisten-Leninisten Österreichs，缩写 MLÖ）建立，1967 年 2 月 12 日举行代表大会，成立奥地利马克思主义列宁主义党（Die Marxistisch-Leninistische Partei Österreichs，缩写 MLPÖ），选举以施特罗布尔为首的中央委员会，成员最多时 200～250 人，以《红旗》杂志为机关刊物。该党主张用暴力推翻资本主义制度，建立无产阶级专政，斥责奥地利共产党已蜕变成社会民主主义的组织，宣布"站在中国共产党、阿尔及利亚劳动党以及其他马克思主义列宁主义政党一边，反对帝国主义和修正主义"，并称自己是"我们时代最杰出的马列主义者毛泽东的学生"。①

奥地利马克思主义列宁主义党的这种立场为朱白兰所赞同。为了支持奥地利马列主义党，朱白兰曾特地前往波兰驻广州领事馆，为该党捐款。

受新建立的奥地利马列主义党委托，朱白兰动手翻译毛泽东诗词。她虽然在中国生活多年，但不懂中文，想翻译毛泽东诗词，首先要了解毛泽东的原作。上文提到的各种毛泽东诗词中、英、德文资料，正是朱白兰和章鹏高为翻译而收集的。

中文注释本主要包括：

（1）《毛主席诗词》，人民文学出版社 1963 年 12 月版，收入 34 首诗词。

（2）《毛主席诗词讲解》，蜡纸刻油印本，收入 17 首诗词，署名为：暨南大学外语系红卫兵抄印，合肥师范学院红旗飘飘战斗组再抄印，1966 年 11 月 28 日于广州，中山大学八·八战斗团再抄印 1966.11.29。

（3）《毛主席诗词讲解》，蜡纸刻油印本，收入 17 首已发表的诗词和 25 首未发表的新诗词，署名为：中大外语系螺丝钉组印。

（4）《毛主席诗词试释》，琼山印刷厂印刷，收入 34 首。该书的开头有"新北大《傲霜雪》战斗组"的《说明》，其中提到他们是根据"散见在单行本或报刊以及油印传单上的""已发表或未发表"材料"选择、编辑、整理"编成此书的，《说明》的落款日期为 1966 年 12 月 26 日。

---

① 见 https://de.wikipedia.org/wiki/Marxistisch-Leninistische_Partei_%C3%96sterreichs。

（5）《毛主席诗词注解》，油印本，收入 34 首，新北大公社《傲霜雪》战斗组注释，毛泽东思想广州红色工人总部、广州东风学革委中山大学革命造反委员会印，1968 年 3 月，广州。

（6）郭沫若：《到中流击水，浪遏飞舟》，载《羊城晚报》，1966 年 1 月 21 日第二版，剪报。

章鹏高教授留下的毛泽东诗词英译是油印在一叠活页纸上的，里面没有任何关于译者、出版方和出版日期的信息。目录上列出的共有 34 首诗词，但资料里缺失了好几首。

三

章教授留下的毛泽东诗词德译资料中，尤其值得注意的是两部油印德译本。

第一本德文油印本，左上侧用中文手写标题：毛主席诗词（德文版），并用德文打印：Deutsche Nachdichtung von 22 Gedichten des Vorsitzenden Mao，右下侧注明：zusammengestellt von der Eisernen Truppe der Sun Yat-sen Universität（下称"铁军版"）。编印者 Eiserne Truppe der Sun Yat-sen Universität 是"文革"期间学生组织"铁军"，成员为中山大学德语专业六三级的几位学生。当时，"武斗"风已被刹住，学生们有了一段"复课闹革命"的喘息机会。油印本以梅花为封面，共 42 页，收入毛泽东诗词德译 22 首。

其中 19 首，译者舒马赫（Ernst Schumacher, 1921—2012），德国戏剧理论家和评论家。二战结束后，他在慕尼黑大学学习日耳曼学及戏剧理论；1949 年加入德国共产党，在柏林认识布莱希特，并开始研究布莱希特戏剧实验；1956 年成为德国笔会中心成员，从事新闻工作，发表文学和戏剧评论；同年访问中国、越南，在北京采访周恩来，并在北京作题为"为何海涅对我们很宝贵"的报告；1966—1987 年，任柏林堡大学表演艺术理论教授；1972—1991 年，任民主德国艺术科学院成员。1957 年发表《中国：莲花与涡轮机，昨日与明日之间的中国》，译诗发表在民主德国刊物《新德意志文学》1959 年第 4 期上，包括以《长沙》为首的 19 首，另附注释和舍纳（Helga Scherner）写的后记。这些译诗，朱白兰早在 1959 年已经读过，因为在同一期《新德意志文学》刊物上发表了朱白兰报道广东新会县的长篇报告文学《未来就在当下》（*Zukunft in der Gegenwart*）。

另外三首由朱白兰翻译，分别是《满江红·和郭沫若同志》《七律·冬云》和《七绝·为李进同志题所摄庐山仙人洞照》，其中前两首译诗在不久之前刚发表在奥地利马列主义党机关刊物《红旗》（1967年11月）上。

第二本德译《毛主席诗词》油印本，中山大学外语系德语专业64级赶在1968年11月前编印并分发给同学。此时，三年级以上的学生已陆续毕业离校，64级面临下乡劳动，劳动结束后进行毕业分配。油印本同样以梅花为封面，右侧用楷书竖写书名《毛主席诗词》，右下侧两行小字，横写：中山大学外语系德语专业六四级毕业留念（下称"六四级版"）。

全书共141页，封面后有三页无页码，首页为标题"毛泽东诗词37首，席克尔译"，随后两页是勘误表，注明广州旅行服务社在复印席克尔三十七首诗时对译文中10处打印错误作了更正。

该油印本收入的译诗有：席克尔译《长沙》等37首（第1-40页）；埃尔克斯译《长征》1首（第41-42页）；施耐德译《长沙》等19首，附注释和后记（第43-73页）；舒马赫译《长沙》等19首，并附有舍纳撰写的后记（第74-113页）；另有5首朱白兰译，署名Dshu Bai-lan（Klara Blum）（第114-121页）。

译诗后面有两篇用德语撰写的对席克尔德译本的批评，署名分别是"中大德语1966届师生"和"朱白兰"，油印本最后是目录页。

"六四级版"中，舒马赫的译文跟"铁军版"的印本完全相同。

图4-1 毛主席诗词（德译）——铁军版封面　　图4-2 毛主席诗词（德译）——六四级版封

据检索，另外三位德译者的情况如下：

施耐德（Rolf Schneider）出生于 1932 年，1955—1958 年在哈勒－维滕堡的马丁·路德大学学习日耳曼学和教育学，获硕士学位，接着在东柏林的文化政治刊物《建设》担任编辑，1958 年成为自由作家，创作广播剧和戏剧。他译的 19 首毛泽东诗词由柏林 Verlag Volk und Welt 于 1958 年出版。该出版社 1947 年创办于苏军占领区东柏林，1964 年与德苏友好协会的"文化与进步"出版社合并，成为民主德国出版外国文学的主要出版社。施耐德的译本标明"柏林德意志艺术科学院为纪念德意志社会主义统一党五周年诞辰而出版"。译者没有汉学背景，后记简单介绍中国古典诗词的形式，并称德文根据 Andrew Boyd 英译本转译。Andrew Boyd 即 1957 年《诗刊》创刊号发表 18 首毛泽东诗词英译的参与者、外文社英文专家安德鲁·波义德。

埃尔克斯（Eduard Erkes，1891—1958），汉学家、人类学家，民主德国莱比锡大学教授，社会主义统一党党员，20 世纪四五十年代发表大量关于中国历史和文化的著述，译诗《长征》一首。《今日中国》官网德文版 2008 年 12 月 18 日发表署名 Helga Scherner 的文章《我对中国的认知——忆埃尔克斯》（Mein Zugang zu China—Erinnerung an Eduard Erkes）。

席克尔（Joachim Schickel，1924—2002），出生于汉堡，在汉堡大学学习哲学、数学、汉学、印度学，1952 年后在联邦德国任北德意志电台晚间节目和第三套节目的编辑，20 世纪 60 和 70 年代发表多部有关中国的著作。《毛泽东诗词 37 首》（*siebenunddreißig Gedichte Mao Tse-tung*）1965 年由汉堡 Hoffmann und Campe Verlag 出版，1967 年出袖珍本。席克尔关于中国的专著有：《长城，伟大的方法：接近中国》（1968）、《中国：文学革命》（1969，慕尼黑 Carl Hanser Verlag 出版的 *Hanser* 系列丛书第 18 本）、《毛泽东的影子下·中国近代的历史》、《发动群众——中国不断的革命，报道和分析》等。《中国：文学革命》一书，汇集我国各种文献资料，如：毛泽东有关文学艺术的重要著述《延安文艺座谈会上的讲话》《新民主主义论》和《关于正确处理人民内部矛盾的问题》，胡适、鲁迅、郭沫若、茅盾、老舍、陈伯达等人的言论或作品，《人民日报》的社论，《北京周报》的报道等。该书从中选编相关段落，加上评注，介绍 1919 年至 1969 年五十年间我国新民主主义革命至无产阶级"文化大革命"各时期文化战线的发展状况，其中引用了多首毛泽东诗词。1969 年，Rowohlt Taschenbuch Verlag 预告出版由他逐页"平行注释"的《毛主席语录》。这部德文笺注语录本最终有否出版，不得而知。席克尔称得上是一位研究中国当代问题的汉学家。叶君健《毛主席诗词在欧美文字中的十种译本》一文提到席克尔的德文译本："汉堡出的 Joachim Schickel 的译本，像巴黎出版的 Guy Brossollet 的译本一样，是比较严肃的。译文是根据中文译出，但译者参考了许多其他译文，特别是北京外文出版社及《中国文学》杂志上所发表的译文。"同时指出："误解之处当然也不少。"文章列举了译文中的许多错误和死译，认为：

> 从整个译文看来，也是译者"煞费苦心"所造成的。固然译者对于原文的理解有限，但主要还是因为他受了欧美"现代派"译诗的影响所致，强调表达原诗的"形象"，死抠字眼，不求甚解，在行文上则尽量"对号入座"，按照中文的次序排列字句，结果弄巧成拙，弄得译文虽然不无诗意，但却不易理解，然而译者花了功夫，这是应该肯定的。①

席克尔的译作《毛泽东诗词 37 首》，迄今为止仍是流传最广、影响最大的德文版本。37 首译诗为：①《沁园春·长沙》；②《菩萨蛮·黄鹤楼》；③《西江月·井冈山》；④《清平乐·蒋桂战争》；⑤《采桑子·重阳节》；⑥《如梦令·元旦》；⑦《减字木兰花·广昌路上》；⑧《蝶恋花·从汀州向长沙》；⑨《渔家傲·反第一次大"围剿"》；⑩《渔家傲·反第二次大"围剿"》；⑪《菩萨蛮·大柏地》；⑫《清平乐·会昌》；⑬《忆秦娥·娄山关》；⑭《十六字令三首》；⑮《七律·长征》；⑯《念奴娇·昆仑》；⑰《清平乐·六盘山》；⑱《沁园春·雪》；⑲《七律·人民解放军占领南京》；⑳《七律·和柳亚子先生》；㉑《浣溪沙·和柳亚子先生》；㉒《浪淘沙·北戴河》；㉓《水调歌头·游泳》；㉔《蝶恋花·答李淑一》；㉕《七律二首·送瘟神》；㉖《七律·到韶山》；㉗《七律·登庐山》；㉘《七绝·为女民兵题照》；㉙《七律·答友人》；㉚《七绝·为李进同志题所摄庐山仙人洞照》；㉛《七律·和郭沫若同志》；㉜《卜算子·咏梅》；㉝《七律·冬云》；㉞《满江红·和郭沫若同志》。

上述四位译者的译本后面，是朱白兰五首译诗，除"铁军版"收入的三首外，增加了《为女民兵题照》和《咏梅》两首。

在"六四级版"油印本中，尤其引我们注目的是两篇对席克尔翻译的批评。两篇文章都是用德语撰写，在编排的顺序上，先排 66 届师生的，后排朱白兰的，但从写作时间上看，则朱白兰的文章在先，写于 1968 年 1 月 30 日，

---

① 见叶君健遗稿，吴瘦松整理《毛主席诗词在欧美文字中的十种译本》，《出版史料》2003 年第 4 期，第 23-25 页，CN11-4805/G2，开明出版社，北京。http://www.oktranslation.com/forums/show-topic-17255.aspx 同文译馆网页。

66届师生文章在后，署的日期是1968年2月。两篇文章不仅写作时间一致，而且观点相同，内容互补。"66届师生"在文章中将朱白兰与席克尔的翻译进行比较，朱白兰的文章中对"66届师生"的批评表示赞同，两篇文章可谓"你中有我，我中有你"，显示出高度互文性。根据66届学生的回忆和推断，署名"66届学生和教师"的文章，无论从内容的深度以及德文表达的水平，都不可能出自学生的手，唯一可能的是执笔者为当时66届任课教师章鹏高教授。章鹏高协助朱白兰，深入研究毛泽东诗词德译本，撰写文章而不署自己名字，这符合他一贯谦虚谨慎、不沽名钓誉的品格。在章鹏高留下的笔记中，我们也可找到他写这篇文章的佐证。

四

"六四级版"两篇翻译批评折射出的价值取向。

第一篇："66届师生"的翻译批评。

文章首先肯定"席克尔的译作在数量上是完整的。他尽最大可能接近原作的字句，表明了良好的意图，赢得应有的尊重和认可"。同时也指出：他的译作也暴露出许多缺陷和错误。文中分析译文失误的类型包括：

（1）政治意义削弱了。"数风流人物，还看今朝"（《沁园春·雪》）译成"frei gesonnene Menschen"，就太弱了。这儿缺少了这首诗的重要思想内容。用"Wandel unter Menschen"译"换了人间"，（《浪淘沙·北戴河》）也是同样情况。Wandel并不一定意味着革命，而原作中表达的是完成了翻天覆地的革命转变。

（2）译文选用中性的词，造成意思不明确。席克尔使用了模糊的概念，例如，用"Chinas Mädchen, der vielen, staunenswertes Ziel"翻译"中华儿女多奇志"（《为女民兵题照》）。"忽报人间曾伏虎，泪飞顿作倾盘雨"（《蝶恋花·答李淑一》）在他的译文中成了"Die plötzliche Nachricht auf Erden ergab sich der Tiger; in Tränen brechen sie aus, wie Ströme von Regen"。其实，老虎并非自己屈服，而是被战胜。译文中的措辞甚至可能被理解为对老虎的同情，这就歪曲了诗歌的原意。

（3）中文词句的多义性令译者理解混乱，以至于在翻译中用错德文词句，导致意思的偏差甚至歪曲。如：

"俏也不争春"和"她在丛中笑"（《卜算子·咏梅》），译成"Schönheit,

die nicht wetteifert mit dem Frühling" 和 "Sie, im dichten Drängen die Mitte, lächelt"——当中缺失了共产党人的谦逊。

"全无敌"（《满江红·和郭沫若同志》）译成"niergend sonst Feinde"——主体的强大（面对一切敌人的不可战胜）没有表达出来。

"洒向人间都是怨"（《清平乐·蒋桂战争》）译成"Verschüttet die Menschen alle von Gram"——译文暗示了"人们"失去勇气，因而离原文甚远。

"雪里行军情更迫"（《减字木兰花·广昌路上》）译成"In Schnee marschierende Truppen, das Herz beklommen"——这句诗行表达的意思变成恐惧不安。

"胜似春光"（《采桑子·重阳》）译成"Sieg gleicht dem Frühlingsglanz";

"万水千山只等闲"（《七律·长征》）译成"zehntausend Gewässer, tausend Gebirge nur Müßiggang";

"不到长城非好汉"（《清平乐·六盘山》）译成"Unerreichbar die Große Mauer, sind wir nicht gute Han";

"问询吴刚何所有"（《蝶恋花·答李淑一》）译成"Befragen, verhören Wu Gang, was er da habe"。

以上这四个诗句中都误解了由两个字构成的固定概念，将它们拆开来翻译，这导致犯下歪曲原意的错误。

（4）因关联错误造成的失误。原句"一枕黄粱再现"《清平乐·蒋桂战争》（译成"Von gelber Hirse nur Traum und Trug"），并不像席克尔想象的那样指涉人民群众，而是指军阀们。同样，他在翻译"虎踞龙盘今胜昔"（《七律·人民解放军占领南京》）时将"Besiegtwerden"（"被战胜的"）联系到城市。人民解放军战胜的是敌人的驻防部队，而不是城市。解放军解放了这座城市，它从未有过这么兴旺。

（5）按字面直译，由此造成含义晦涩。例如，"钟山风雨起苍黄"（《七律·人民解放军占领南京》）一句中的"苍黄"译为"grünlichgelb"，德国读者如何知道这意味着敌人的巨大恐惧和混乱？"长岛人歌动地诗"（《七律·答友人》）译成"Tschang-daos Menschen, ihr Singen bewegt die Erde im Lied"这里的"长岛"应意译为"Lange Insel"而不该音译成"Tschang-dao"，因为这不是地名，而是对当地形状的描写。"无限风光在险峰"（《七绝·为李进同志所摄庐山仙人洞照》）移译为"Unbegrenzter Rundblick auf schroffem Gipfel"，文章指出，"这种逐字逐句的翻译，混杂着主观上'按意义'译，然而客观上有损意义的表达方式，偏离了原意，造成意思的无法理解。措辞也并不那么成功：它显示不出诗句中洋溢着的革命乐观主义斗争精神和坚定信念的美"。

作者指出，为了易于理解，也为了在中文词汇多义的情况下选择恰当的德文表达，席克尔有几个地方或许应当用"Natur"（自然）代替"Himmel"（天）。

文章结束时作者提出：

为了排除这些缺陷和错误，必须填补中国古典语言文学知识的不足，但首先要提高政治思想水平，达到必要的程度。如果不深入、认真和活学活用毛主席著作，就不能完全正确地、在广度、深度和丰富内涵上把握毛主席的诗词，更不要说去再现。这也适用于我们自己。

第二篇：朱白兰的翻译批评。

她赞同66届师生的批评意见，同样强调"信"和"达"，在文章结尾处提出三点"必需"：

（1）"外国人应当在革命的中国人的帮助下翻译毛主席诗词。"朱白兰在这里提出了合作原则，而且特别强调合作者是"革命的中国人"，也就是说，合作者应当在政治思想上志同道合，这样，才能准确地理解和翻译毛泽东诗词。

（2）"翻译的语言应当简单、明了，为广大群众所理解。解释应当尽可能扼要，集中在重点上。"朱白兰提出翻译的语言应易于理解的原则，强调了"达"，并将此跟共产党的"群众路线"联系在一起。她在文章中指出：

尽管席克尔崇敬毛主席是明确的，也许也是真诚的，但是没有或尚没有理解群众路线在毛泽东思想中占有何等重要的位置。他在翻译中没有考虑自己的译作对于广大德国读者是否可以理解，是否清晰明了地向他们传达了这些不朽诗作中奇妙的思想内容。

在她看来，"席克尔属于西德的知识分子"，他们认为，"使用古希腊或拉丁词语取代德语词会显得更高雅"。席克尔也认为，"简单、平常的口语句子不适合用在诗中，必须拐弯抹角，使之变得深奥，以便赋予它诗意的特征"。例如，席克尔这样翻译《冬云》第七行诗句"梅花欢喜漫天雪"："Prunusblüten zur Freude, daß weit der Himmel verschneite …"他译"梅花"不用德文词"Pflaumenblüten"而使用半拉丁文的词"Prunusblüte"。普通的德国读者从哪儿知道为何梅花喜欢雪？——对此，德国读者从席克尔过分复杂的解释中是难以理解的。毛主席这些诗词的几种中文版本中有所解释，而这些解释是立足于群众路线的。又如"尽开颜"的翻译:"Ein lächelndes Gesicht"——这是具体的描写,简单而舒畅。席克尔译为"Ein gelöstes Gesicht"——朱白兰认为,"这是自恃有教养的知识分子过分雕琢的表达方式"。

(3)"首要任务是完全复述毛泽东不朽的革命思想。"——在这里,朱白兰特别强调革命思想的复述和共产党人立场与品格的表达,体现对抒情主体和原文的忠实,即我们常说的"信"。

她以《卜算子·咏梅》(Ode an die Winterkirsche)为例,讨论对"笑也不争春"一句的理解:毛主席在诗中表达了崇高的集体主义立场和共产党人的谦虚,他们不想独自占有春天,他们的目的是欣喜地处在革命胜利的群众当中。席克尔毫无意义地翻译成"mit dem Frühling wetteifern"(不与春天竞赛),并执意将"她在丛中笑"解读为"这些花在拥挤中成为中心"(diese Blüte im Gedränge die Mitte ist),也就是说,占有凌驾在上面的位置(eine übergeordnete Stellung einnimmt)。要知道,"sich inmitten von etwas befinden"(处在某物当中)与"die Mitte von etwas sein"(成为某物的中心),在德文中是完全不同的两个概念。试比较资产阶级的德文惯用语,"Sie war Mittelpunkt der Gesellschaft",意思是:"她是社交聚会的中心点"。"这样,这首诗的伟大革命思想内涵就消失在灰蒙蒙的云雾后面。"

在这三项主张中,朱白兰将"在革命的中国人的帮助下翻译毛主席诗词"作为第一项,可以说,这是她翻译毛泽东诗词的经验总结。

朱白兰1968年2月26日致友人克拉拉同志(Genossin Clara)的信中写道:"本月14日我寄给您两期奥地利杂志《红旗》,当中有我翻译的两首毛泽东诗词和我写的一首新诗……我的干儿子章鹏高完成了这些诗的散文体翻译,这是我仿作(Nachdichtung)的基础。我当然愿意在仿作后署两个人的名字,但是我儿子出于中国人的过分的谦逊婉言拒绝,理由是,他不是诗人。我们讨论了几个月,最终说服了他。以后的仿作将署两个人的名字发表。"①

在这里,朱白兰谈到在章鹏高协助下完成毛泽东诗词的翻译。从朱白兰最早译诗发表的时间看,两人合作翻译在1967年夏秋已经开始,当时,校园内的武斗风已刹住,开展"复课闹革命"。朱白兰于1968年1月在"六四级版"的德译《毛泽东诗词》油印本发表翻译批评,显示出合作翻译进展顺利。但是,合作的全过程并非一帆风顺。朱白兰1969年1月6日致蔡亲福的信中谈到:"按照我的原则,毛主席诗词必须在集体合作以及详细面谈的基础上,由

---

① Cf. Zhi-dong Yang (hg.): Klara Blum, kommentierte Auswahledition, Böhlau Verlag Ges. m. b. H und Co. KG, Wien · Köln · Weimar 2001, S. 553f.

一个中国人和一个外国人共同翻译。"她在信中抱怨说,中山大学的大部分教师去了乡下,时间多久不确定,章鹏高去了"五七"干校,"现在,没有人能帮助我翻译毛主席诗词。对此,我感到非常懊恼"。据章鹏高家人的回忆,章鹏高在"五七"干校的时间大概是1968年冬天至1970年的下半年,朱白兰则一直留在学校。两人不在一起,如何能详细面谈?唯一的办法是通过书信交换意见。章鹏高在信纸上写下自己的散文翻译,为了让朱白兰了解诗中的意象,除了逐字直译,还加上解释,很多时候会列出多种翻译的可能,遇到疑难问题或存有异议的句子,也一并写出。朱白兰在译稿上进行批改或答疑。正因为两人进行笔谈,为我们今天了解他们的翻译留下了珍贵的文字资料。

毛泽东写的是古体诗词,从中文译成外文的难度是公认的。

毛泽东在《给陈毅同志谈诗的一封信》中谈到写诗的体会,他说:"诗要用形象思维,不能如散文那样直说,所以比、兴两法是不能不用的。"① "比者,以彼物比此物也","兴者,先言他物以引起所咏之词",诗人要表达的思想情感无法"直说",也就更难以"直译"。我们知道,中德语言、文化之间存在的巨大差异,汉语字词的多义,诗句中各成分的关联,诗句之间的逻辑关系,尤其是诗句的言外之意,要在德文中找到相应的表达,就算是精通两国语言文字,也难以实现,更不要说堪称"不可译"的诗词韵律了。

严复在《天演论》的"译例言"中讲到"信、达、雅":"求其信,已大难矣!顾信矣,不达,虽译,犹不译也,则达尚焉。"

章鹏高按等值翻译原则,用散文体直译,遇到什么困难?他如何尽力做到"信"和"达"?我们从章鹏高的翻译笔记中选取几个例子来探讨。

(1)准确、全面传递作者原意。

例1:《长征》中第五句诗行"金沙水拍云崖暖"。如何解读"暖"?注家有不同的解释。对于章鹏高而言,这句诗逐字直译并不困难,他准确地译为:"Warm sind die wolkenumwehten Klippen, gegen die Wasser des Goldsandfluß spühlen."。但德语读者能理解句中"暖"的隐义吗?为了让朱白兰理解诗句,他将广州教师进修学院油印本中的有关解释译成德文,并附上1958年第3期《中国文学》中的英译"Warm are the cloud-topped cliffs washed by the River of Golden Sand",供朱白兰参考,并且特别注明:"我不能确定不同理解中哪种是正确的。"

(2)纠正席克尔翻译中的失误。

例2:《广昌路上》第一节四句"漫天皆白,雪里行军情更迫,头上高山,

---

① 见辜正坤译注:《毛泽东诗词》,北京大学出版社1993年版。

风卷红旗过大关",其中"漫天皆白""情更迫""头上高山"如何译?如何在德译文中再现红军战士雪里行军的雄壮画面和豪迈气势?

章译:

Überall unter dem Himmel ist / Alles unter dem Himmel war es weiß geworden.

Durch den Schnee marschieren wir in noch ungeduldigerer Begeisterung, vorwärts.

Heben wir den Kopf, so sehen wir hohe Berge.

Mit unseren roten Fahnen, die im Wind wehen, haben wir mächtig-gefährliche Pässe überschritten / durchschritten / durchgeschritten / überwunden.

章鹏高用两种表达方式翻译第一句"漫天皆白",第二句"情更迫",选用了 in noch ungeduldigerer Begeisterung 表达迫不及待的心情;"头上高山"没有逐字直译,而是意译为"如果我们抬头,看见的是高高的山",最后一句中的动词"过",用了不同前缀的动词(überschritten / durchschritten / durchgeschritten / überwunden)意译,并针对自己的翻译提出两个问题请教朱白兰:①ungeduldigerer 在这里是否有贬义?需不需要用其他的表达?②第三行完全直译:Über unseren Köpfen sind hohe Berge,并附上外文社的英译:Crags loom above our heads.(1966 年《人民文学》5 月号上发表 10 首新发表诗词的英译定稿。)

朱白兰解答:ungeduldiger(er)在上下文中很明确具有褒义。

朱白兰的加工再译:

Wie wir durch den Schnee marschieren, dehnt der Weg sich weit und weiß.

Uns're Herzen drangen vorwärts, sind im Hauch der Kälte heiß.

Himmelhohe Berge ragen, und die rote Fahne fliegt

Auf den Pässen, die uns drohten, drohten – bis wir sie besiegt.

从遣词造句来看,译文与原文偏离颇大,但仔细品读,诗句情感充沛,富有表现力:我们穿越大雪行军,白皑皑的道路向远处伸延,我们迫不及待地向前进,心在寒气中是炽热的。天一般高的山矗立着,红旗飞上接二连三威胁我们的险关——这里译者使用动词 drohen(威胁),而且是连续使用,drohen、drohen,音节一强一弱,一强一弱,极大增强了诗句的节奏和动感,生动描绘出悬崖峭壁对红军战士造成的重重危险。紧接着一个破折号——语调缓了下来,这些险关最终被我们战胜。至此,红军战士战胜艰险的喜悦和豪迈之情油然而生。在朱白兰的仿作中,我们看到的不正是原文本中那幅"风卷红旗过大关"的壮丽景象吗?

例3:《七律·到韶山》第四句"黑手高悬霸主鞭",这里的"黑手"指谁?有人认为是指地主,有人认为是指农奴。章鹏高为了表达这两种不同的理解，在不改变动词谓语和宾语的情况下，分别用不同的词翻译"黑手"，一是die schwarzen Hände，黑色的手，用形容词schwarz作定语，表示黑暗势力的利爪（Krallen）；一是die geschwärzten Hände，用动词schwärzen第二分词作定语，弄黑（弄脏）了的手，表示劳动人民的手。并选用不同的连词连接上一句"红旗卷起农奴戟"，前者用während，表示转折，与上一句形成对比；后者用表示并列的und，显示这是上一句的连续。为了避免德文读者产生误解，朱白兰没有直译，而是诠释性的意译：

Von den roten Fahnen entflammt griff der Ackersklave zum Speer,
Während der Gutsherr die Peitsche hielt in der schuftigen Klaue.

黑手译为"凶恶的利爪"（die schuftige Klaue），并点出主语"地主"（der Gutsherr），再用während连接上一句，构成对比，这是符合诗人原意的。

（3）成语、典故的翻译。

例4：《西江月·井冈山》的翻译中，章鹏高对"更加众志成城"加了注释：Hinzu kommt unser Kampfwille, der eine Stärke der Chinesischen Mauer besitzt.（gemeint：der Kampfwille der revolutionären Volksarmisten und – massen, die sie zu einer Chinesischen/wie eine Chinesische Mauer vereinigen.）

例5：《蒋桂战争》的"一枕黄粱再现"出自唐沈既济《枕中记》：卢生在邯郸客店遇道士吕翁，道士探囊中青色瓷枕，授之曰："子枕吾枕，当令子荣适如志。"时店主正蒸黍。卢生梦入枕中，享尽富贵荣华。及醒，黄粱尚未熟。这故事是中国人所熟知的。后人以"黄粱梦"比喻虚幻的梦想和不能实现的欲望。

章鹏高遵循异化译法，用复合句译出故事的梗概和诗句的意思：Es war eine (bloße) Wiederholung des Traumes, den man an Hand eines zauberischen Kissens geträumt und hinter sich gehabt hatte, als die Hirse noch nicht gargekocht. 这在德文中显然不是诗句，而且也未能表达原诗的隐义。

译文中将典故"黄粱梦"译为："借助有魔力的枕头做的梦结束了，小米还没煮熟。"对此，德语读者仍然会感到莫名其妙。这个故事的内容以及原诗句的隐义，想必章鹏高也向朱白兰做了详细讲解。朱白兰首先按照德文构词的先例，如：Zauberkasten（魔盒）构成Zauberkissen（魔枕）一词，将章的译文修改为更符合德语表达的句子："Traum, den man auf einem Zauberkissen geträumt..."（在魔枕上做的梦），也许考虑到德语读者对魔枕的理解容易产生偏差，同时也考虑全诗格律，锤炼出表述原诗隐义的诗句：Schneller als die Hirse gekocht endet ihr Karrieretraum. 诗句中Karrieretraum这个词的意思是"飞黄腾达的梦想"，复数第三人称代词"ihr"指的是第一诗行中的"Kriegsherren"（军阀）的，全句的意思一目了然：军阀们飞黄腾达的梦想结束得比煮熟小米更快。

这首诗的第七句"收拾金瓯一片"，古人常用"金瓯"比喻国家江山完整无缺，诗句的言外之意是：由于军阀割据，国家四分五裂。红军建立根据地，收复其中一片。

章直译加注释：

Eine Scherbe (nach der anderen der zerbrochenen) Goldenen Schüssel ist aufgehoben worden. (gemeint: Ein Teil nach dem anderen des zersplitterten Landes ist befreit worden.)

朱的加工再译：①

Vaterland, du gold'ne Schale, Herren schlugen dich entzwei.
Gold'ne Scherben, da und dort, wir nehmen sie in uns're Hand,
Formen mit gerechten Händen Herrenland zu Bauerland.

这里的 Herren 显然是全诗首句中 Kriegsherren（军阀）的缩写，军阀割据，将国家弄得支离破碎，我们将破碎的国家收拾起来。最后一句中朱白兰自创的词 Herrenland 让读者多了几分遐想，它不仅限于指军阀割据，还可联想到封建地主拥有的土地，Bauernland 则是其对立物：农民成为土地的主人。朱白兰的加工试译如下：

祖国啊，你这金碗，军阀们将你打碎，
金色碎片撒落四处，我们将它们收在手中，
用正义的双手将地主田地造就成农民之乡。

（4）形象思维，比兴的运用。

例6：《人民解放军占领南京》中的"虎踞龙盘今胜昔"典出三国故事，诸葛亮论金陵形势时说到"钟阜龙蟠，石城虎踞"，以此形容南京地理形势的优越。

章鹏高运用比兴手法将之译为：Die Stadt, deren Stein-Mauer wie ein Tiger da hockt und deren Dschong-Berg wie ein Drache gewunden liegt, blüht heute wie nie zuvor.

朱白兰根据诗句的意思，自创了两个词：Tigerstadt（虎城）和 Drachen-

---

① 按照德语诗歌的韵律意译外国诗歌，这种翻译方法在德语中称为 Nachdichtung（仿作），是一种难度很高的翻译，常用于德语诗人翻译外国诗歌。

stadt（龙城），构成诗句：Die Tigerstadt, die Drachenstadt strahlt auf zu höchstem Ruhm.

在朱白兰和章鹏高合作翻译《毛泽东诗词》过程中，对出现的问题都进行讨论，有问有答，可谓精雕细琢。例如，朱白兰1969年6月20日致信章鹏高，针对"浪下三吴起白烟"一句中的"白烟"提出疑问：

今天我有一个重要问题问你：你直译的《登庐山》第6行，Dort, wo Wellen/Fluten nach Drei-Wu（dem Unterlauf des Yangtseflußes）hinter rollen/brausen/fließen, steigt weißer Rauch empor. 这里是Rauch（烟雾），还是Wasserdunst（水的雾气），或者Wellenschaum（波浪的白沫）？烟雾是壁炉（烟囱、溶洞）冒出的，也含水汽，但混杂烟道气和粉末状的灰烬，此外，如果烟中混杂大量煤的灰尘，那么，是黑色的，否则是灰色或白色的。如果你译得对，原文中是指"烟雾"，我将感到很高兴，因为这暗示了人民群众的勤奋劳动。因为我不能肯定，故在此问你。

将一个"烟"字的翻译作为"重要问题"提出，可见朱白兰在理解和翻译中是如何"咬文嚼字"的。

六

诗歌翻译的最大困难，莫过于使译作跟原作一样具有"诗"味，也就是说，具有目的语诗歌的美感。这就不得不适应目的语诗歌的规则，对译文作归化处理。

朱白兰将自己的翻译活动称为Nachdichtung（仿作）。在德语中，Nchdichtung是指将一部外语的文学作品自由地翻译并进行加工。运用在诗歌翻译中，通常要求译者按照德语诗歌的格律翻译外文诗歌，追求的是要让译作是诗（Dichtung）。19世纪末20世纪初，我国唐代的诗歌被大量移译为德语，不少德国诗人也参与到唐诗的翻译队伍中。他们在翻译中按照自己的理解进行意译，虽然译作未必完全符合原作的意思，但是由于符合德语诗歌的韵律，富有诗意，因而使唐诗得到迅速传播，产生广泛影响。朱白兰也采用仿作的方法翻译诗歌，早在20世纪三四十年代，她就用仿作的方式将其他国家的诗歌，包括中国的作品《木兰辞》译成德文。如今，她同样按照德语诗歌的格律翻译毛泽东诗词，而在忠实于原意方面，则对自己提出了更苛刻的要求，她不仅力求自己的译作具有"诗"味，让德语读者得到美的享受，而且必须传达毛泽东作为革命者和诗人在诗中表达的思想内容和情感，同时让读者容易理解。这是由她作为革命诗人以及诗歌译者的个性所决定的。

我们来看看朱白兰在毛泽东诗词的德译中如何实现不失"信"而"达""雅"的。

（1）意象的处理，以"天"为例。

37首诗词中涉及"天"以及与"天"有关的词语多达30处，如"天兵""天公""青天""周天""高天""天高""楚天""霜天""江天""新天""漫天""滔天""倚天""巡天""照天烧""天地""天翻地覆""当空""万里长空""霄汉""玉宇""重霄九"等等。

朱白兰采取的翻译策略丰富多样：

直接用 Himmel 这个单词，如：unter dem frostigen Himmel（《长沙》）、hoch am Himmel（《娄山关》）等。用 Himmel 派生的复合词，如：himmelweit（《广昌路上》）、Flusshimmel（《登庐山》）、Himmelsblau（《十六字令三首》）等。

对"玉宇""霄汉""重霄九"的翻译：

玉宇澄清万里埃：dem jadeblauen Himmel

天兵怒气冲霄汉：Im gerechten Roten Heer der rote Zorn ragt himmelan.

杨柳轻扬直上重霄九：Weidenbaum und Pappel stiegen schweibend himmelan.

在"欲与天公试比高"一句中，则把"天公"直接译为 Himmel。

对"天兵"的翻译，朱白兰参照了章鹏高的翻译。章鹏高对这两句诗的译文如下：

Im Juni unternehmen unsere himmlichen (d. h., gerechten und mächtigen) Truppen.

Unsere himmliche (gemeint: gerechten und starken) Truppen waren von/mit Empörung oder Entrüstung erfüllt, die bis ins Firmament emporstieg.

朱白兰的翻译：

六月天兵征腐恶：Im Juni greift die gerechte Armee die Schurkenmacht an.

天兵怒气冲霄汉：Im gerechten Roten Heer der rote Zorn ragt himmelan.

也就是说，用"正义和强大的军队"代表"天兵"，相当于汉语中的"正义之师"。

在署名66届师生的翻译批评中，作者指出：

为了易于理解，也为了在中文词汇多义的情况下选择恰当的德文表达，席克尔有几个地方或许应当用"Natur"（自然）代替"Himmel"（天）。

朱白兰根据章鹏高的译文，用 Natur（大自然）翻译"天"，诗句：然人生易老天难老"（《重阳》），章译：Ein Mensch wird leicht (gemeint: bald), aber die Natur nicht, 朱再译：Menschen altem, die Natur wird neu verjüngt.

"天若有情天亦老"（《人民解放军占领南京》），章译：Hätte die Natur gefühle, so würde sie auch veraltert sein. 朱将 veraltert 更正为 gealtert，再译：Selbst die Natur wird alt und leer, wenn wir sie nicht befrei'n.

"天生一个仙人洞"（《为李进同志题所摄庐山仙人洞照》），章译：Da liegt eine von Natur gewachsene Feengrotte. 朱再译：Feengrotte, geschaffen hat dich die große Natur!

（2）韵律的处理。

韵是汉语诗词格律的基本要素。德文诗中也有同样要求。

章译：用注音的方式，标注原诗的韵脚，供朱白兰参考。

朱白兰在给章鹏高的信中写道：

你对韵脚的解释，我是否应当寄回给你？或者，我为你保存好？又或者，你不再需要它们？

原作的韵律对于我的仿作是必要的启发，但是我不能准确模仿它们，否则就必定会伤害原意。律诗在翻译的时候，我通常采用按规则的节律和韵律（例如《冬云》），词则用自由节奏，不规则地插入韵脚（例如《和郭沫若同志》）。

律诗除《七绝·为李进同志题所摄庐山仙人洞照》《七律·长征》两首，其余九首按德文诗歌规则押韵，或叠韵，或抱韵，或交叉韵：

《七律·人民解放军占领南京》：aabbccdd

《七律·和柳亚子》：aabbccdd

《七律两首·送瘟神》：ababcdcd

《七律·到韶山》：ababcdcd

《七绝·为女民兵题照》：abab

《七律·答友人》：abbacbbc

《七律·和郭沫若同志》：aabbccdd

《七律·登庐山》：ababcdcd

《七律·冬云》：aabbaaccaa

在诗句的节律上，中文律诗有平仄，德文诗歌有抑扬。
试分析《七律·冬云》的节奏和韵律（Metrik）：
原诗为七言律诗，每行七字，共八行。没有严格押韵。
朱白兰的仿作为十行，其中原作的最后两行译成四行。以非重读音节起拍，抑扬格（jambisch），五音步（5 Fünfheber），抑扬顿挫。诗行结尾：第一、二、五、六、九和十行，阴性（weibliche Kadenz），第三、四、七和八行，阳性（männliche Kadenz），阴阳相济。韵脚用叠韵：aabbaaccaa。在格律上几近完美。

Winterwolken

Aus schweren Wolken wirbeln weiße Flocken, (x X x X x X x X x X x)
Nun welken hin zehntausend Blütenglocken. (x X x X x X x X x X x)
Hoch oben jagt ein Froststurm rasch und wild (x X x X x X x X x X)
Vorbei; der Erdenhauch ist wieder mild. (x X x X x X x X x X)
Der Held kann einen Tiger niederstrecken, (x X x X x X x X x X x)
Den tapfern Kämpfer wird kein Bär erschrecken. (x X x X x X x X x X x)
Die Pflaumenblüte leuchtet mutberauscht, (x X x X x X x X x X)
Wenn standhaft sie den wilden Stürmen lauscht. (x X x X x X x X x X)
Kein Wunder aber, dass im Sturmeswehen (x X x X x X x X x X x)
Die Fliegen frieren und zugrunde gehen. (x X x X x X x X x X x)

朱白兰将最后两行译成四行，旨在更完整传达原作诗句包含的信息，当中包含着译者对原作的诠释。

《七律·长征》，原作是七言律诗，讲究声律和用韵，朱译中，第二、四、六、八行诗句押韵，读起来同样富有节奏感和音乐性。

朱白兰在翻译词时大多自由节律，但尽量押韵。在毛主席这些诗词中，除了朱白兰提到的《满江红·和郭沫若同志》外，如《西江月·井冈山》，abab, cdcd；《清平乐·蒋桂战争》，aabb, ccdd；《菩萨蛮·大柏地》，abaa, cdcc；《清平乐·会昌》，aabb, bbcc；《十六字令三首》，aaa, bbb, ccc；《清平乐·六盘山》，aabb, ccdd；《蝶恋花·答李淑一》，abab, cdcd。读起来朗朗上口。

戴着镣铐跳舞,中外诗人写诗如此,朱白兰作为诗人,无论写诗还是译诗,亦皆如此。

(3) 文学性译诗,仿作的创造性。

艺术性文本区别于应用性文本的特征,在于艺术文本具有美学因素。朱白兰力求使译本能在目的语的语言中产生类同于原作的美学效果。汉诗中不完全句是经常出现的,或无谓语,或无主语,人称也经常隐藏起来。这给翻译带来了困难,但也给译者提供了一定的自由,这需要译者发挥创造性。

许渊冲提出"创译"主张,创译的特点是要发挥译语的优势,也就是说,要用最好的译语表达方式,概括为三个字,可以说是"信达优",钟玲也提出类似主张"创意英译"。①

七绝·为李进同志题所摄庐山仙人洞照
(1961)

暮色苍茫看劲松,
乱云飞渡仍从容。
天生一个仙人洞,
无限风光在险峰。

章译:

In der Abenddämmerung, die sich wie ein Schleier ausbreitet, sieht man die kräftigen Fichten, /sie stehen in aller Ruhe da, dem Wirrwarr von Wolken zum Trotz, die dahin treiben. /Da liegt eine von Natur gewachene Feengrotte, /auf dem gefährlichen Gipfel bietet sich der Ausblick auf eine grenzenlos schöne Landschaft.

朱译:

Stehen im Abendschleier die stillen kräftigen Föhren,
Trotzen dem Wolkengewirr, bleiben gelassen und fest.
Feengrotte, geschaffen hat dich die große Natur! –
Auf dem gefährlichen Gipfel weilt die unendliche Sch önheit.

且看席克尔的译作:

---

① 见张智中:《毛泽东诗词英译比较研究》,中国社会科学出版社2008年版,第334-335页。

Dämmerschein, blaue Weite;
　　　seh stämmige Kiefern,
wirbende Wolken, im Flug dahin,
　　　doch gelassen.
Himmelsschöpfen die
　　　eine Geisterhöhe;
unbegrenzter Rundblick
　　　auf schroffem Gipfel. ①

外文社出版的德文版本，在席克尔译作的基础上稍加修改：

Im Dämmerlicht des Abends seh ich stämmige Kiefern;
Aufruhr von Wolken, im Flug dahin, doch gelassen.
Vom Himmel geschaffen, diese Grotte der Feen,
Unbegrenzter Rundblick vom schroffen Gipfel. ②

第一句"暮色苍茫看劲松"是无主句。如何译？看劲松，谁看？你看，我看，他看，还是大家看？如果要将动词译成德文，就必须加上人称指示语，正如席克尔译本和外文社德译本中，就译作"我看"，这当然符合德文语法，但却失去了诗味（朦胧美），有画蛇添足之嫌。其实，在汉语中，这个"看"字的用法正如"且看""只见"，动作主体并不重要，功能在于引起读者对景物的注意。朱白兰将动词"看"字略去，代之以"立"（stehen），并且将这个"立"放在句首，这么一来，"看"的主体被隐藏起来，突显出客体：矗立的劲松，并且在语法和修辞上跟第二句中的描述"仍从容"首尾呼应，融为有机的整体，烘托出刚劲挺拔、泰然自若的松树。第三句"天生一个仙人洞"，毛主席写这首诗加的标题是《为李进同志题所摄庐山仙人洞照》，这"仙人洞"在诗中占有不可或缺的地位。"天生"是由两个字组成的概念，具有"天然"的意思，即自然生成。关于庐山的"仙人洞"，郭沫若在《无限风光在险峰》③一文中对庐山仙人洞进行考证，指出，毛泽东不是为仙人洞题诗，而是为照片题诗，诗中写仙人洞，只是连带点出风景在仙人洞附近，因为，仙人洞

---

① 引自中山大学外语系德语专业六四级油印本第 35 页，另见 *Mao Tse-tung 39 Gedichte*, übersetzt und mit einem politischen Essay erläutert von Joachim Schickel, Suhrkamp Verlag Frankfurt a. Main 1978。
② Cf. *Mao Tsetung Gedichte*, Verlag für Fremdsprachige Literatur, Peking 1978, S. 44.
③ 见《人民日报》1964 年 4 月 11 日。

在白鹿升仙台下，台上有御碑亭，照片的左下部分显示的是御碑亭。郭沫若的分析是有道理的。但是，我们可以补充指出，诗人在这里运用了对比的手法，用处于次要位置上仙人洞这个名胜，衬托险峰上的劲松。这句诗在席克尔和外文社版本中都采取直译的方法，分别将"天生"译成 Himmelsschöpfen 和 Vom Himmel geschaffen。虽然文字简洁，但显得生硬突兀，且容易引起西方读者误解。因为在基督教的教义中，天地万物是上帝创造的，这里的"天"让人联想到天主上帝（Himmelsherrgott）。章鹏高则按"自然生成"的意思，译成 eine von Natur gewachsene Feengrotte。朱白兰采用章鹏高的意译，并大胆地将第三人称的陈述句变成第二人称的感叹句：

Feengrotte, geschaffen hat dich die große Natur!

相当于我们用汉语说："仙人洞啊，创造你的是伟大的自然！"接着，在破折号后引出最后一句"险峰上留着无限的美"。这句诗行的翻译如神来之笔，使整首诗不仅仅是对景物的白描，而是具有了颂歌（Ode）的风格，从刻画劲松，到赞叹大自然的造化——仙人洞，逐步递进到对无限风光的险峰赞美。通过比较，我们认为，朱白兰的创译，是席克尔译作和外文社译本无法企及的。

朱白兰在章鹏高帮助下完成的再译，与 37 首诗词英译的"官方定本"（1976 年）定稿小组对译文的要求不谋而合。当时，定稿小组对译文的要求是：既要"信"——包括意义、意境和政治方面的"信"，还有"雅"——即具有相当高水平的"诗"，而且是现代"诗"——因为原诗词表达的是现代社会和现代人的思想感受，不仅仅是旧体诗词的古香古色。[①]这些严苛要求，经过钱钟书、叶君健这两位有深厚中西文化素养的译者的努力，在有赵朴初这样著名的旧体诗人参与，袁水拍这样的内行领导，乔冠华、周珏良及外国专家等人才荟萃的情况下，终得以完成。倘从最初的翻译时算起，用去了几乎二十年的时间。

七

受奥地利马克思列宁主义党的委托，朱白兰和章鹏高合作，把 37 首毛泽东诗词翻译成德语，但仅在奥地利《红旗》刊物上发表了其中的 5 首：《满江红·和郭沫若同志》《七律·冬云》《为李进同志题所摄庐山仙人洞照》《元

[①] 见杨建民：《毛泽东诗词英译本的诞生》，《党史纵横》2010 年第 2 期，第 33 页。

旦》《从汀州向长沙》和《长征》，① 其余的未能出版。为使37首毛泽东诗词的德译得以发表，朱白兰一直在努力，直到临终病重卧床还设法争取。我们在章鹏高教授的遗物中找到两份手抄信稿，信件是朱白兰在1971年的4月下旬分别写给周恩来总理和奥地利马克思列宁主义党主席施特罗布尔的。尽管只是章鹏高教授的手抄稿，但包含了信件的所有必要信息：称呼、正文、落款和日期；两封信件从内容和日期看，也都形成逻辑联系。而且，朱白兰在临终的那段时间，身体状况很差，与外界的沟通只能通过口述，由章鹏高教授代为记录和转达。我们在章鹏高教授的遗物中看到了他相关记录的手稿，包括朱白兰在1971年1月20日给友人魏璐诗（Ruth F. Weiss）女士的信。她在信中就提到，她困在病床，不能亲自写信，只能口述。所以，我们十分肯定，朱白兰写给周恩来总理和奥地利马克思列宁主义党主席施特罗布尔的这两封信件确实寄了出去，信件的手抄稿是记录和留底保存的。

在1971年4月21日写给周恩来总理的求助信（见附件2）中，朱白兰提到，37首毛泽东诗词德译未能全部出版的原因是奥地利马克思列宁主义党已经没有这个经济能力。她告诉周总理，她为了"支援世界革命"翻译毛泽东诗词，并为此"认真工作了几年"。在翻译中，她"努力传达毛主席光辉诗词包含的革命思想内容，使德语读者能百分之百地读懂"。她会请奥地利方面把诗译稿件寄给周总理，希望能在国内的外文出版社出版，并谦虚地说："使这一点点工作有一点点用处。"接着在1971年4月24日，朱白兰即去信给奥地利马列主义党主席施特罗布尔（见附件3），信中写道：请把诗译的完整稿件按她所给的地址寄给周恩来总理，她已经致信周恩来总理告知此事。遗憾的是，直到1971年5月5日离世，朱白兰都没能得到任何关于出版她的毛泽东诗词德译本的消息。

由于历史和政治等原因，奥地利马列主义党与中国的关系日渐疏远，2006年以后很少活动，2016年随着党主席施特罗布尔去世不再存在。

章鹏高是中山大学德语专业资深教授，自始至终参与了朱白兰的毛泽东诗词德译工作，生前多次提到，朱白兰的毛泽东诗词德译造诣精深，独具匠心，非常值得介绍给广大读者。章鹏高教授深知，朱白兰在生命的最后几年，为翻译毛泽东诗词倾注了大量心血，向全世界德语读者介绍毛泽东诗词，是她最大的愿望。朱白兰去世后，他一直惦记着译作出版的事情，晚年还在为完成朱白兰的遗愿努力，分别尝试在国内或在德国出版这些译作的可能。他于2005年

---

① Cf. Zhidong Yang（hg.）：*Klara Blum*，*kommentierte Auswahledition*，Böhlau Verlag, Wien · Köln · Weimar 2001，S. 627.

11月24日去信给德国犹太人中央委员会主席施皮格尔（Paul Spiegel）博士（见附件4），信中先简单介绍了朱白兰，然后提到是从乔伟教授那里得到联系方式的，询问是否能出版朱白兰的毛泽东诗词德译本。在2005年12月16日的回信（见附件5）中，施皮格尔博士告知章鹏高教授：德国犹太人中央委员会没有自己的出版社，所以无法出版。在2007年至2008年间，章鹏高教授通过中山大学原德语教研室李柳明老师与外文出版社谷小云、曾在北京第二外语学院任教的郑华汉和外研社综合语种出版分社德语出版工作室张黎联系，可惜由于各种原因，他们也无法促成毛泽东诗词德译本的出版。

2014年，章鹏高教授去世。至此，毛泽东诗词德译本的出版成为朱白兰和章鹏高两位前辈留下的遗愿。

八

毛泽东诗词德译本除了上文提到的几本外，20世纪70年代以后，新出版的德译本，目前能见到的有两本，一本在国内，另一本在德国，两本均在朱白兰去世后出版：

在国内，外文出版社以1976年英译"官方定本"为蓝本，于1978年出版德译毛泽东诗词（*Mao Tsetung Gedichte*），按照当时的惯例未署翻译人员的名字。

在德国，Verlag Traugott Bautz 于2013年为纪念毛泽东诞辰出版《毛泽东诗词》德文版，译者君特（Hans-Christian Günther, 1957—　　）是弗莱堡阿尔贝特-路德维希大学的教授，古典语文学家，对古希腊的经典著作有深入研究，曾翻译大量拉丁文和希腊文的诗歌，同时还从事中西方文化比较研究。他以北京大学教授辜正坤译注的《毛泽东诗词》① 英汉对照本为蓝本，以"自由仿作"（freie Nachdichtung）的方式，将45首诗词译成德文，同时附注释和辜正坤写的导言。他在译者前言中对毛泽东诗词给予很高评价。在他看来，各种不同的文化中写诗的帝王将相、国务活动家并不罕见，有人会想到德国的弗里德里希大帝，也有人会想到17世纪格鲁吉亚地区的诗人国王泰姆拉斯二世（Teimuras Ⅱ），但毛泽东的诗歌创作在世界文学中占有独特地位。他接着说，诗人用高超的艺术形式使当时具有世界历史意义的事件成为永恒，这是少有

---

① 见辜正坤译注：《毛泽东诗词》，北京大学出版社1993年版。

的，古典作品中人们也许会想到古希腊诗人贺拉斯的诗，在近代，人们会想到描写第一次世界大战的德语诗人格奥尔格（Stefan George）、特拉克尔（Georg Trakl）、本恩（Gottfried Benn）、意大利诗人翁加雷蒂（Giuseppe Ungaretti），会想到描写俄国革命的俄国诗人马雅可夫斯基（Vladimir Mayakovsky），接着，他发出感叹："一个书写世界历史的伟大的国务活动家，同时作为一流的诗人，从主要活动者的视角出发，以艺术上具有高含金量的方式，反映具有世界历史意义的事件，这样的例子，除了在毛的诗歌中，我们还能在哪里找到？"他分析了毛泽东诗歌的个性、主体性，同时指出，毛泽东一辈子创作，利用军事和政治活动当中的间隙时间写诗，然后引用贺拉斯的诗句称赞"毛泽东确实是一位能在枪林弹雨中纵情写诗的诗人"。①

是的，毛泽东是一位能在枪林弹雨中纵情写诗的诗人，毛泽东诗词记录了中国革命历史的重要事件，在世界文学中占有独特的地位。值中山大学德语教授、女诗人朱白兰逝世五十周年之际，我们整理发表她翻译毛泽东诗词的遗稿以及章鹏高教授协助她翻译留存下来的译文以及有关书信，有两个目的：一是为中外读者推荐一本尘封了半个世纪的、高水平的毛泽东诗词德译本，二是为学术界提供一个合作翻译毛泽东诗词的个案。希望这些资料的发表，不仅有助于国内外学者对诗人、教授朱白兰的研究，而且给毛泽东诗词的外译史增添一则不该遗忘的史实，并为开展翻译实践与理论研究提供难得的实例。

---

① Cf. Hans-Christian Günther, Gu Zhengkun (hg.): *Mao Zedong Gedichte*, Band 2 aus der Reihe: Poetry, Music and Art, Verlag Traugott Bautz, S. 11 – 18.

朱白兰译毛泽东诗词 37 首（德汉对照）

Gedichte von Mao Tsetung
Deutsche Nachdichtungen von Dshu Bai-Lan (Klara Blum)

Tschangscha
(1925)

  Genosse Mao Tsetung studierte als Neunzehn – bis Vierundzwanzigjähriger (1913—1918) in Tschangscha, der Hauptstadt seiner Heimatprovinz Hunan an einer Lehrbildungsanstalt. Er gründete einen revolutionären Studentenverband und, gemeinsam mit seinen Freunden, eine Abendschule für Arbeiter. Um eine kameradschaftliche Beziehung zu den Arbeitern herzustellen, besuchte er sie in ihren Wohnungen. In Erinnerung an diese Zeit schrieb er 1925 das Gedicht „Tschangscha" und warnte seine Kampfgefährten in den drei Schlusszeilen vor den ständig drohenden Schwierigkeiten und Rückschlägen, die ein Revolutionär im Auge behalten und meistern muss. Sein Gedicht baut eine leuchtende Brücke von der revolutionären Studentenbewegung Chinas im ersten Viertel unseres Jahrhunderts zur revolutionären Studentenbewegung Europas in der Gegenwart und nahen Zukunft.

Auf der Orangeninsel steh ich allein,
Sehe dem Hsiangfluss nach, seinem nordwärts gerichteten Lauf.
Frostige Herbstluft. Rotleuchtende Bergwälder, stufenweis steigen sie auf.
Auf dem kristallgrünen Wasser
Schwimmt hunderterboote Gewimmel,
Adler kreisen im hohen Raum,
Fische schnellen auf seichtem Grund.
Unter dem frostigen Himmel

Kämpft um die Freiheit ein jedes Geschöpf.
Und ich frage das All,
Und ich frage die weite Erde:
Wer führt herbei den Aufstieg und den Verfall?

Mit einer Schar von Freunden kam ich einst her.
Monate, Jahre haben wir hier in Stürmen verbracht,
Junge Schulkameraden voll Kraft und Gedankenmacht,
Ungestüme Studenten, von Wahrheit durchglüht.
Gegen die herrschende Fäulnis
Bereit, jeden Kampf zu wagen.
Ändert die Welt! Das war unser Lebenszweck.
Unsere Flugschriften flogen,
Von Zorn und Begeist'rung getragen.
Mächtige Herren – wir nannten sie einen Dreck
Aber erinnert euch,
Wie wir inmitten des Stromes die Wasser schlugen
Und wie die Wellen sich bäumten, hemmend den Lauf des Boots?

沁园春·长沙
(1925)

独立寒秋,
湘江北去,
橘子洲头。
看万山红遍,
层林尽染;
漫江碧透,
百舸争流。
鹰击长空,
鱼翔浅底,
万类霜天竞自由。
怅寥廓,

问苍茫大地，
谁主沉浮？

携来百侣曾游，
忆往昔峥嵘岁月稠。
恰同学少年，
风华正茂；
书生意气，
挥斥方遒。
指点江山，
激扬文字，
粪土当年万户侯。
曾记否，
到中流击水，
浪遏飞舟！

Turm des Gelben Kranichs
(Frühjahr 1927)

Dieser Turm ist auf einer Felsenklippe in der Provinz Hubei erbaut, westlich von Wuhan. Sein Name entstammt der Legende vom Ritt eines chinesischen Heiligen auf einem gelben Kranich. Die Stadt Wuhan am Yangtsestrom, bestehend aus den drei Städten Wutschang, Hankou und Hanyang, spielte in der chinesischen Revolution eine bedeutsame Rolle. Wenn Genosse Mao Tsetung von einem nordsüdlichen Geleise (der Peking-Hankou Eisenbahn) spricht, so ist das mehr als eine Ortsbeschreibung. Es ist eine Erinnerung an den heldenmütigen Streik der Eisenbahnarbeiter im Februar 1923 gegen die imperialistischen Ausbeuter und ihre Marionetten. 1926—1927 hatte die Leitung des Allchinesischen Bauernverbandes ihren Sitz in Wuhan, und Genosse Mao war sein Generalsekretär. Aus seiner Heimatprovinz, dem Sturm-zentrum der Bauernrevolution, nach Wuhan zurückgekehrt, schrieb er hier im Februar bis März 1927 seinen berühmten „Untersuchungsbericht über die Bauernbewegung in Hunan". Seine Klassenliebe und Bewunderung für die revolutionären Massen sind, wie er es dichterisch ausdrückt, die Flut seines Herzens, die höher und höher steigt.

Reichverzweigt, riesengroß flutet der Yangtse durch China,
Nordsüdlich zieht ein Geleise in endlose Fernen.
Regenschleier haben den mächtigen Strom verhängt,
Schildkrötenberg und Schlangenberg haben ihn eingeengt.

Gelber Kranich, wohin ist er fortgeflogen?
Was hier blieb, ist ein Rastplatz für wandernde Menschen.
Meinen Becher leere ich in die strömende Flut,
Immer höher und höher steigt meines Herzens Flut.

菩萨蛮·黄鹤楼
（1927年春）

茫茫九派流中国，
沉沉一线穿南北。
烟雨莽苍苍，
龟蛇锁大江。

黄鹤知何去？
剩有游人处。
把酒酹滔滔，
心潮逐浪高！

Im Djingganggebirge
(1928)

Zwischen den Provinzen Hunan und Kiangsi erhebt sich das Djinggang-Gebirge. Dorthin führte Genosse Mao Tsetung im September 1927 die Rote Armee und errichtete, Hand in Hand mit den Arbeitern und Bauern, das erste revolutionäre Stützpunktgebiet (Rotes Gebiet). Mit einer vielfachen Übermacht griffen die Kuomintangarmeen diesen Stützpunkt immer wieder an, aber ihre Offensiven wurden zerschlagen, so auch im Distrikt Hwangyangdjie. In seinem Bericht an das ZK der KPCh „Der Kampf im Djinggang-Gebirge" (1928) schrieb Genosse Mao Tsetung: „…niemals gelang es dem Feind, die Gebirgsgegenden zu erobern…"

Abwärts vom Gipfel Trompetenruf klingt,
Aufwärts vom Abhang der Fahnenflug weht,
Während, von Übermacht feindlich umringt,
Fest wie Stahl uns're Kampftruppe steht.

Undurchdringlich verschanzt ist der Ort
Und unser Wille zur Festung vereint.
Donnern Geschütze von Hwangyangdjie dort,
Hört: Da flieht in die Nacht der Feind!

西江月·井冈山
(1928)

山下旌旗在望，
山头鼓角相闻。
敌军围困万千重，
我自岿然不动。

早已森严壁垒，
更加众志成城。
黄洋界上炮声隆，
报道敌军宵遁。

Der Krieg zwischen Tschiang Kai-schek und der Kwangsi-Clique (1929)

Nach dem Sturz der Kaiserregierung im Jahre 1911 begannen in China die Jahrzehntelangen blutigen Fehden zwischen Abenteuern im Generalerang, die das Chaos ausnutzen wollten, um große Karriere zu machen. Die in China revalisierenden imperialistischen Mächte rüsteten sie gegeneinander mit Privatarmeen aus. Man nannte sie Kriegsherren oder Militärmachthaber. Sie vertraten die Interessen der Imperialisten wie auch der feudalen und der kapitalistischen Imperialistenlakaien, Dem Volke fügten sie unermessliche Leiden zu. Auch Tschiang Kai-schek war einer von ihnen und kämpfte Ende der Zwanzigerjahre gegen eine Kriegsherrenclique der Provinz Kwangsi.

Genosse Mao Tsetung zog aus dieser Lage die entscheidende Schlussfolgerung. Er schrieb bereits 1928 in seiner Parteitagsresolution „Warum kann die chinesische rote Macht bestehen?" die kühnen und scharfsinnigen Worte: „Die anhaltenden Zwistigkeiten und Kriege innerhalb des weißen Machtbereichs haben Voraussetzungen dafür geschaffen, dass ein oder mehrere kleine rote Gebiete unter der Führung der Kommunistischen Partei in einer völligen Einkreisung durch das weiße Regime entstehen und sich behaupten können."

Kriegsherr'n stürmen gegen Kriegsherr'n, Donnerwolken schwarzer Wut,
Und im Machtstreit quälen sie das Volk jetzt wieder bis aufs Blut.
Doch den Hass des Volkes halten ihre Fäuste nicht im Zaum,
Schneller als die Hirse gekocht endet ihr Karrieretraum.
Rote Fahne kreuzt den Tingfluss. Lungyen, Schanghang werden frei.
Vaterland, du gold'ne Schale, Herren schlugen dich entzwei.
Gold'ne Scherben, da und dort, wir nehmen sie in uns're Hand,
Formen mit gerechten Händen Herrenland zu Bauerland.

清平乐·蒋桂战争
（1929）

风云突变，
军阀重开战。
洒向人间都是怨，
一枕黄粱再现。
红旗跃过汀江，
直下龙岩上杭。
收拾金瓯一片，
分田分地真忙。

Fest des neunten Neunten
(Oktober 1929)

  Das traditionell-chinesische Fest des 9. September (wörtlich „des neunten Neunten") fällt in die Zeit der Chrysanthemenblüte. Es wird nach dem Mondkalender gefeiert, und 1929 fiel der September des Mondkalenders auf den Oktober des Sonnenkalenders.
  In diesem Gedicht betrachten die Rotarmisten während einer Kampfpause die farbig strahlenden Blüten und atmen ihren Duft. Zugleich denken sie an die harten Kämpfe, die sie noch führen müssen, um die verfaulte alte Gesellschaft hinwegzufegen.

Menschen altem, die Natur wird neu verjüngt,
Wenn sie uns das Fest des neunten Neunten bringt.
Farbig prangt heut' dieses Fest in kahler Luft,
Um das Schlachtfeld weht ein Chrysanthemenduft.

Auch in dieses Jahr bricht bald der Herbstwind ein.
Und er stürmt und saust und fegt die Erde rein,

Schnell verlischt das bunte Chrysanthemenlicht.
Rot entflammt im Frost bleibt uns're Zuversicht.

采桑子·重阳
（1929年10月）

人生易老天难老，
岁岁重阳。
今又重阳，
战地黄花分外香。

一年一度秋风劲，
不似春光。
胜似春光，
寥廓江天万里霜。

Am Neujahrstag
(1930)

Anfang 1930 durchquerte ein Teil der chinesischen Roten Arbeiter- und Bauern Armee unter der Führung des Genossen Mao Tsetung drei schwer zugängliche Kreise der südostchinesischen Provinz Fukien, Ninghua, Tschingliu, Gweehua, um nach der Provinz Kiangsi zu marschieren. Die Kämpfer überklommen die Scheidewand zwischen den beiden Provinzen, den Wuyiberg und errichteten in Kiangsi revolutionäre Stützpunktgebiete.

Ninghua! Tschingliu! Gweehua!
Tiefer Wald, glattes Moos, schmaler Pfad dort und da.
Hört ihr, wohin wir uns heute noch wenden sollen?
Gradaus hinunter zum Wuyiberg-Fuss!
Wird er das Flammenbild unserer Fahnen entrollen.

如梦令·元旦
（1930）

宁化、清流、归化，
路隘林深苔滑。
今日向何方，
直指武夷山下。
山下山下，
风展红旗如画。

Auf dem Weg durch Kwangtschang
（1930）

  Anfang 1930 breitete sich die revolutionäre Bewegung in der ganzen Provinz Kiangsi aus und die revolutionären Stützpunktgebiete wurden vermehrt und vergrößert. Im Februar führte Genosse Mao Tsetung in dieser Provinz einen Teil der chinesischen Arbeiter- und Bauern-Armee durch den Kreis Kwangtschang nach dem Kreis Djian und der gleichnamigen Kreisstadt. Der Weg führte aber schwer zugängliche, zum Teil von Kuomintang-Truppen besetzte Bergpässe und durch tiefen Schnee.

Wie wir durch den Schnee marschieren, dehnt der Weg sich weit und weiß.
Uns're Herzen drangen vorwärts, sind im Hauch der Kälte heiß.
Himmelhohe Berge ragen, und die rote Fahne fliegt
Auf den Pässen, die uns drohten, drohten – bis wir sie besiegt.

Jetzt wohin? – Hineingeschritten in den Schneesturm, kalt und wild,
Der den Gan-Fluss überweht und dicht in weiße Schleier hüllt.
Gestern kam der Marschbefehl, wir alle folgen, Mann für Mann;
Hunderttausend Arbeiter und Bauern vorwärts nach Djian!

减字木兰花·广昌路上
(1930)

漫天皆白,
雪里行军情更迫。
头上高山,
风卷红旗过大关。

此行何处?
赣江风雪迷漫处。
命令昨颁,
十万工农下吉安。

Von Tingtschou nach Tschangscha
(1930)

  Im April 1930 führte Genosse Mao Tsetung einige Truppeneinheiten kämpfend nach Fukien zurück. In dieser Provinz war Tingtschou zwei Monate später der Ausgangspunkt für einen großen Vormarsch der Roten Armee. Tschangscha ist die Hauptstadt der zentralsüdchinesischen Provinz Hunan.
  Huang Gong-lüeh, geboren 1898, war zuerst Politkommissar, dann Divisionskommandeur der Roten Armee. Er fiel 1931 im Kampf.

Im Juni greift die gerechte Armee die Schurkenmacht an,
Sie schwingt ein unendliches Seil, die Ungetüme zu fangen,
Die Massen errichteten rote Gebiete am Fluss Gan.
Der treu bewährte Huang Gong-lüeh fällt dem Feind in die Flanken.

Millionen Arbeiter, Bauern im flammenden Aufstand erglüht,
Schon haben sie Kiangsi erfasst, nach Hunan und Hubei sie drängen.
Die Internationale, rebellisches Heldenlied,

Sie braust wie vom Himmel daher mit mächtigen Sturmesklängen.

蝶恋花·从汀州向长沙
（1930）

六月天兵征腐恶,
万丈长缨要把鲲鹏缚。
赣水那边红一角,
偏师借重黄公略。

百万工农齐踊跃,
席卷江西直捣湘和鄂。
国际悲歌歌一曲,
狂飙为我从天落。

Gegen den ersten „Einkreisungsfeldzug"
（1931）

  Tschiang Kai-scheks Größenwahn gipfelte im Wunschtraum, den Kommunismus auszurotten. Nach seinem Plan unternahm die reaktionäre Kuomintang-Armee zwischen 1930 und 1935 gegen die chinesische Rote Arbeiter- und Bauern-Armee fünf sogenannte „Einkreisungs- und Ausrottungsfeldzüge". Ausländische Militärberater gingen ihnen dabei an die Hand, so auch General von Seeckt, den Hitler 1933 nach China schickte. Aber alle Anstrengungen Tschiang Kai-scheks und seiner imperialistischen Gönner scheiterten an der Tapferkeit der Rotarmisten, an der Solidarität der Volksmassen mit den Rotarmisten und an der genialen, zugleich elastischen und unerschütterlichen Strategie des Genossen Mao Tsetung.

  In seinen Vorlesungen, die er 1936 unter dem Titel „Strategische Probleme des revolutionären Krieges in China" an der Akademie der Roten Armee in Nordschensi hielt, sagte Genosse Mao Tsetung: „Der Feind erleidet eine strategische Niederlage, wenn sein ‚ ‚Einkreisungs- und Ausrottungsfeldzug' von uns zerschlagen wird, unsere Defensive zur Offensive , übergeht und erst eine Reorganisierung vornehmen muss, ehe er einen neuen ,Feldzug' starten kann. "

Der erste „Einkreisungsfeldzug" fand am 1. Januar 1931 bei der kleinen Bergstadt Lunggang (Provinz Kiangsi) sein unrühmliches Ende. Der Divisionsstab und zwei Brigaden des Kuomintang-Generals Dschang Hueedsan wurden zerschlagen und er selbst mit 9 000 Mann gefangengenommen. Die andern fluchteten Hals über Kopf.

Frostumhauchte Bäume ragen himmelan, roter Wald,
Im gerechten Roten Heer der rote Zorn ragt himmelan.
Lunggangs schroffe Felsen hält ein dunkler Nebelring im Bann,
Bis der helle Ruf erschallt:
„Dort! Gefangen haben wir den Schurkenfeldherrn Dschang Hueedsan! "

Mit zweihunderttausend Mann der feige Feind nach Kiangsi drang.
Luftverpestend wie ein Rauch, vergebens jagte er durchs Land.
In Millionen Arbeitern und Bauern unser Aufruf klang,
Und sie kämpften Hand in Hand,
Bis am Fuss des Budschouberg ein Ring von roten Fahnen stand.

渔家傲·反第一次大"围剿"
(1931)

万木霜天红烂漫,
天兵怒气冲霄汉。
雾满龙冈千嶂暗,
齐声唤,
前头捉住了张辉瓒。

二十万军重入赣,
风烟滚滚来天半。
唤起工农千百万,
同心干,
不周山下红旗乱。

Gegen den zweiten „Einkreisungsfeldzug"
(1931)

Der zweite „Einkreisungsfeldzug", den die reaktionäre Kuomintang-Armee unternahm, wurde am 31. Mai 1931 an der gebirgigen Grenze zwischen den Provinzen Kiangsi und Fukien von der chinesischen Roten Armee zerschlagen. Die Rote Armee wandte mit Erfolg die Strategie des Bewegungskrieges an. 700 Li (350 Kilometer) wurden von ihr in Eilmärschen bewältigt. In seiner Vorlesungsreihen „Strategische Probleme des revolutionären Krieges in China" sagte Genosse Mao Tsetung: „Im Lauf von 15 Tagen (vom 16. bis zum 31. Mai 1931) legten wir 700 Li zurück, fochten fünf Gefechte aus, erbeuteten mehr als 20 000 Gewehre und brachten den feindlichen ‚Feldzug' völlig zum Scheitern."

Dass die Rote Armee Kuomintangwaffen erbeutete oder sie von den zahlreichen Überläufern bekam, war keine Seltenheit. Meistens waren es ausländische Waffen, mit denen ja die reaktionären Militärmachthaber Chinas von den Imperialisten versorgt wurden. Genosse Mao Tsetung schloss denn auch seine obengenannten Vorlesungreihe mit den Worten: „Wenn wir eine eigene Rüstungsindustrie aufbauen, dürfen wir nicht zulassen, dass wir von ihr abhängig werden. Unser grundlegender Kurs besteht darin, dass wir uns auf die Rüstungsindustrie der Imperialisten und unserer Feinde im eigenen Lande stützen. Wir haben einen Anspruch auf die Rüstungsbetriebe Londons und Hanyangs, wobei uns der Feind als Transportbrigade dient. Das ist eine Wahrheit und kein Witz."

Auf dem Berg der Weißen Wolken: unser Zorn glüht rot und heiß.
Unten brüllt der Feind Befehle, fluchend, hetzend und gehetzt.
Uns, zur Seite kämpft die Masse, selbst der Kranke, selbst der Greis.
Stürmen wir zum Angriff jetzt,
Ist es wie ein Flug vom Himmel und zerschlägt den Mörderkreis.

Wir bewältigten in fünfzehn Tagen siebenhundert Li.
Eben noch am Gan-Fluss, jetzt von Fukiens Bergen grün umragt.
Wir bewegten uns wie Blitze, griffen an und schlugen sie.
Und ein Schurkenfeldherr klagt:

„Ach, was half uns Bollwerk, Rüstung, wohldurchdachte Strategie?"

渔家傲·反第二次大"围剿"
(1931)

白云山头云欲立，
白云山下呼声急，
枯木朽株齐努力。
枪林逼，
飞将军自重霄入。

七百里驱十五日，
赣水苍茫闽山碧，
横扫千军如卷席。
有人泣，
为营步步嗟何及！

Dabodi
(1933)

Nachdem Tschiang Kai-schek gegen die chinesische Rote Armee und die roten Gebiete drei erfolglose „Einkreisungs- und Ausrottungsfeldzuge" unternommen hatte, war er von seinem Größenwahn noch immer nicht geheilt und hielt sich noch immer für den berufenen „Vernichter des Kommunismus". 1931 überfielen die japanischen Imperialisten Nordostchina. Die Kommunisten riefen zur Verteidigung des Vaterlandes auf, aber Tschiang Kai-schek wollte nicht gegen die Imperialisten kämpfen, sondern gegen die revolutionären Arbeiter und Bauern. Im Februar 1938 unternahm er den vierten „Einkreisungs- und Ausrottungsfeldzug" und wurde von der Roten Armee und den Arbeitern und Bauern aufs neue geschlagen. Ein wichtiges Gefecht fand beim Bergdorf Dabodi statt, im berühmten revolutionären Stützpunktgebiet Shueetsin (Provinz Kiangsi). Unter einem Regenbogen stehend, verfasste Genosse

Mao Tsetung im Sommer des gleichen Jahres das folgende Gedicht.

Rot, orange und gelb und grün, lichtblau, tiefblau, veilchenblau,
An der hohen Himmelswand tanzt das farbenbunte Band.
Warmer Regen ist verrauscht, Abendsonne blinkt im Tau,
Berg und Pass wogt wellengleich, lichtblau, tiefblau, veilchenblau.

Feinde schossen hier ins Dorf, rasend tobte hier die Schlacht.
Da, wo sie der Einschuss biss, trägt noch manche Wand den Riss.
Solche Risse sind ein Schmuck hart erkämpfter Massenmacht,
Haben diesem Berg und Pass neue Schönheit dargebracht.

菩萨蛮·大柏地
（1933）

赤橙黄绿青蓝紫，
谁持彩练当空舞？
雨后复斜阳，
关山阵阵苍。

当年鏖战急，
弹洞前村壁，
装点此关山，
今朝更好看。

Hueetschang
(Sommer 1934)

1934 ging die chinesische Rote Armee daran, Tschiang Kai-scheks fünften und letzten „Einkreisungs- und Ausrottungsfeldzug" zu durchbrechen und den längsten Marsch der Weltgeschichte anzutreten: durch elf Provinzen, südöstliche, zentralsüdliche (darunter Kwangtung), südwestliche und nordwestliche. Ihr Ziel waren die revolutionären Stützpunktgebiete in Nordwestchina. Die vorbereitende Beratung fand in Hueetschang (Provinz Kiangsi) statt.

In diesem Gedicht – der revolutionäre Negerführer W. E. Du Bois nannte es sein Lieblingsgedicht – erklingt die marschbereite Stimmung der Rotarmisten. Ihnen steht jetzt die Bewältigung der größten und steilsten Berge bevor, die Bewältigung unerhörter Strapazen, härtester Kämpfe. Aber, ob im milden Südosten oder im rauhen Nordwesten, überall erwartet sie die schönste Landschaft: das von ihnen befreite Land und Volk.

Erstes Morgenlicht will sich im Osten rühren,
Sag du mir nicht, dass wir zu früh marschieren.
Jung sind wir, die all die grünen Berge übersteigen,
Und die schönste Landschaft wird sich uns entgegenneigen.

Von der Stadt zum Ostmeer zieht sich hin der Gipfelreigen,
Oben stehen Kämpfer, die hinab nach Süden zeigen.
Südwärts breitet Kwangtung seine lichten Felder,
Wiegt die dunkelgrünen dichten Palmenwälder.

清平乐·会昌
(1934)

东方欲晓,
莫道君行早。
踏遍青山人未老,
风景这边独好。

会昌城外高峰,
颠连直接东溟。
战士指看南粤,
更加郁郁葱葱。

Louschanpass
(Februar 1935)

Auf dem heldenmütigen Langen Marsch befreite die chinesische Rote Armee im Januar 1935 die Stadt Dsunyi (Provinz Kweetschou). Hier fand eine Parteikonferenz statt, bei der die rechte und die „linke" Abweichung widerlegt und die richtige Linie des Genossen Mao Tsetung bestätigt wurde. Genosse Mao wurde hier zum Vorsitzenden der KPCh gewählt. Dann marschierte die Rote Armee im hohen Grenzgebirge zwischen den Provinzen Kweetschou und Sitschuan nach dem von Kuomintangtruppen besetzten, stark befestigten Louschangpass. Sie unternahm einen Überraschungsangriff und erzwang sich unter harten Kämpfen freie Bahn.

Scharf weht der Westwind,
Schreiende Wildgänse fliegen,
Schimmernd im frostigen Frühmondlicht,
Im frostigen Frühmondlicht.
Klirrend klappern die Pferdehufe,
Jäh verstummt der Trompetenton.

Fest ist wie Eisen der Pass,
Aber das kann uns nicht schrecken,
Wir überschreiten noch heute den Grat,
Noch heute den Grat.
Gleichen werden die blauen Berge dem Meer.
Gleichen wird die sinkende Sonne dem Blut.

忆秦娥·娄山关
(1935年2月)

西风烈,
长空雁叫霜晨月。
霜晨月,

马蹄声碎,
喇叭声咽。

雄关漫道真如铁,
而今迈步从头越。
从头越,
苍山如海,
残阳如血。

Drei Vierzeiler
(1934—1935)

  Auf ihrem heldenmütigen Langen Marsch überklomm die chinesische Rote Armee eine Reihe von Bergen in der Höhe von 3 300 bis 5 800 Metern. Die rauhe Naturschönheit Westchinas und Nordwestchinas war für die Rotarmisten eine Verkörperung ihres eigenen unbesiegbaren revolutionären Kampfgeistes. Das Vaterland war für sie der Himmel, der durch den Angriff der Imperialisten und durch den Verrat der Reaktionäre hinzustürzen drohte. Die roten Kämpfer fühlten sich stark genug, diesen Himmel zu stürzen. Genosse Mao Tsetung vermerkt, dass er zu seinen drei Vierzeilern durch das folgende Volkslied angeregt wurde:

Hier der Berg der Totengebeine,
Dort der Berg der Acht Edelsteine
Ragen bis an den Himmel hinan.
Bucken muss sich der Wandersmann,
Reiter muss aus dem Sattel steigen.

Berg!
Nein, aus dem Sattel steige ich nicht,
Treibe mein Ross und zögere nicht.
Himmelsgewölbe streifte fast mein Gesicht.

Berg!
Steinernes Meer aufspritzender Wellen,
Zehntausend Rosse, die vorwärts schnellen,
Um sich den Feinden im Kampf zu stellen.

Berg!
Bohren ins Himmelsblau ragende Spitzen.
Niemals zerbrechen die funkelnden Spitzen,
Wankt der Himmel, sie werden ihn stützen.

十六字令三首
(1934—1935)

山，
快马加鞭未下鞍。
惊回首，
离天三尺三。

山，
倒海翻江卷巨澜。
奔腾急，
万马战犹酣。

山，
刺破青天锷未残。
天欲堕，
赖以拄其间。

Der Lange Marsch
(1935)

Der Lange Marsch der chinesischen Roten Armee hat in der Weltgeschichte nicht seinesgleichen. Er dauerte von Oktober 1934 bis Oktober 1935. Die Kämpfer marschierten durch ihr Riesenland, zuerst vom Südosten nach dem Südwesten und dann vom Südwesten nach dem Nordwesten Chinas, wo sie sich den dortigen revolutionären Stützpunktgebieten anschlossen und weitere ausgedehnte revolutionäre Stützpunktgebiete errichteten, geführt vom Genossen Mao Tsetung. Dieser Marsch mass 12 500 Kilometer. Unterwegs wurden die Kämpfer oft von der Armee der Kuomintang-Reaktionäre angegriffen. Ein Wunder todesmütigen Kampfes vollbrachten sie auf der Brücke über den Dadu-Fluss. Der Feind hatte von dieser Kettenbrücke sämtliche Planken entfernt. Zweiundzwanzig Rotarmisten gingen voran, klammerten sich an die eisernen Ketten und hangelten unter feindlichem Feuer hinüber. Sie warfen Granaten, schossen und jagten den Feind in die Flucht. So ermöglichten sie für die gesamte Rote Armee die Fortsetzung und Vollendung des Langen Marsches.

In seinem Referat „Über die Taktik im Kampf gegen den japanischen Imperialismus" (27. Dezember 1935) sagte Genosse Mao Tsetung: „Der Lange Marsch ist ein Manifest, das der ganzen Welt verkündet hat, dass die Rote Armee aus Helden besteht, während die Imperialisten und ihre Lakaien – nämlich Tschiang Kai-schek und seinesgleichen – zu nichts taugen. Der Lange Marsch hat verkündet, dass alle Versuche der Imperialisten und Tschiang Kai-scheks, uns einzukesseln, zu verfolgen, aufzuhalten oder abzuriegeln, gescheitert sind. Der Lange Marsch ist auch ein Propagandatrupp, der die rund 200 Millionen zählende Bevölkerung in den elf Provinzen darüber aufgeklärt hat, dass nur der Weg der Roten Armee der Weg zu ihrer Befreiung ist. Woher-wenn nicht durch den Langen Marsch-sollten die breiten Volksmassen so rasch erfahren, dass es auf der Welt eine so große Wahrheit gibt, wie sie in der Roten Armee verkörpert ist? Der Lange Marsch ist auch eine Sämaschine, die über die elf Provinzen unzählige Samen ausgestreut hat, die aufgehen, grünen, blühen, Frucht ansetzen und in Zukunft die Ernte bringen werden. Kurz gesagt, der Lange Marsch endete mit unserem Sieg und mit der Niederlage des Feindes."

Für die Rote Armee wird der Lange Marsch zur Alltäglichkeit,
Über zehntausend Ströme und Berge zu schreiten, fürchtet sie nicht.
Das Fünfgipfelgebirge? – Ein winziges Wellenspiel.
Und der Riesenberg Wumeng? – Ein Kügelchen, rollend im Licht.

Warm sind die Klippen, von Wolken umweht, vom goldenen Sandfluss umrauscht,
Eisig die Dadufluss-Kettenbrücke, auf der sie den Helden-Kampf ficht.
Schneeflur des Minbergs macht nur noch froher die Rote Armee,
Letzter Pass überklommen, da lächelt ein jedes Gesicht.

七律·长征
（1935）

红军不怕远征难，
万水千山只等闲。
五岭逶迤腾细浪，
乌蒙磅礴走泥丸。

金沙水拍云崖暖，
大渡桥横铁索寒。
更喜岷山千里雪，
三军过后尽开颜。

Das Kunlungebirge
（1935）

  Das riesige Kunlungebirge erstreckt sich durch Mittel- und Ostasien. Ihm entspringen Chinas größte Ströme, Yangtse und Gelber Fluss, die seit uralten Zeiten die Entwicklung des Landes forderten, aber auch durch furchtbare Überschwemmungen zahllose Menschen ums Leben brachten. Zu diesem Gebirge gehört auch der schneebedeckte Minberg, den die chinesische Rote Armee im letzten Stadium ihres heldenmütigen

Langen Marsches überklomm.

    Hier verkörpert das Kunlungebirge die mächtige aber blinde Natur, die planlos Wohltaten und Schandtaten vollbringt. Drei Kontinente – Europa, Amerika und Asien stehen in diesem Gedicht für Fünf, denn Afrika und Ozeanien sind natürlich mitgedacht. Genosse Mao Tsetung, der Proletarische Kämpfer und Klassendenker, der schöpferische Held, der revolutionäre Internationalist, der den Erdball im Herzen trägt, steht aufrecht, vor der gewaltigen Natur, fest entschlossen, sie Hand in Hand mit den revolutionären Massen umzugestalten – für das Recht und das Wohl aller werktätigen Menschen.

    Überragend die Erde,
    Riesiger Kunlun,
    Sammelst du alle Schönheit im Blick.
    Winters umwirbeln dich
    Drei Millionen Drachen aus weißem Nephrit,
    Frieren den Himmel ein.
    Schmelzensommers im Glutsonnenschein,
    Überfluten das Land,
    Schlingen die Menschen wie Fische
    Und Kröten in sich hinein.
    Deine Wohltaten, deine Schandtaten,
    Wer hat die je genannt?

    Aber ich sage dir Kunlunberg,
    Übermächtige Höhe,
    Übermächtiger Schnee
    Haben keinen wirklichen Wert.
    Wie ich, gelehnt an die blaue Himmelswand, vor dir stehe,
    Zieh ich mein Schwert!
    In drei Teile zerschneide ich dich.
    An dem einen erfreue Europa sich
    Und Amerika an dem zweiten.
    Länder des Ostens behalten den dritten zurück.
    Überall herrsche Gleichheit und Glück,

Kühle und Wärme in allen bewohnten Weiten.

念奴娇·昆仑
(1935)

横空出世，
莽昆仑，
阅尽人间春色。
飞起玉龙三百万，
搅得周天寒彻。
夏日消溶，
江河横溢，
人或为鱼鳖。
千秋功罪，
谁人曾与评说？

而今我谓昆仑：
不要这高，
不要这多雪。
安得倚天抽宝剑，
把汝裁为三截？
一截遗欧，
一截赠美，
一截还东国。
太平世界，
环球同此凉热。

Liupanberg
(Oktober 1935)

  Im September 1938 hatten die chinesischen Rotarmisten bereits 20 000 Li (10 000 Kilometer) bewältigt und waren nicht mehr weit entfernt von der Großen Chinesischen Mauer. Sie durchbrachen auf dem Liupanberg (wörtlich „Sechsserpentinenberg") die Sperrketten der Kuomintang-Armee. Noch 5 000 Li (2 500 Kilometer) standen ihnen bevor, um das Ziel des Langen Marsches zu erreichen. Die Kämpfer wussten, welche große Aufgabe sie dort erwartete: Den Grünen Drachen festzubinden, das heißt, gestützt auf Nordwestchinas revolutionäre Gebiete, die japanische Aggression zu besiegen.

In dünnbewölkten Himmelshöh'n die Wildgans südwärts streicht.
Und sind wir Helden, ist die Große Mauer bald erreicht.
Du zählst des Marsches Länge an den Fingern ab, und sieh!
Bewältigt und zurückgelegt sind zwanzigtausend Li.

Den steilen Liupanberg hinauf das rote Fahnenmeer,
Es wogt und wallt so hoch und kühn im Westwind hin und her.
Inunsern Händen halten wir langes Seil bereit,
Den Grünen Drachen festzubinden, kommt sie nun, die Zeit?

清平乐·六盘山
(1935年10月)

天高云淡,
望断南飞雁。
不到长城非好汉,
屈指行程二万。

六盘山上高峰,
红旗漫卷西风。

今日长缨在手,
何时缚住苍龙?

Schnee
(1936)

Nachdem die chinesische Rote Armee ihren heldmütigen langen Marsch siegreich beendet hatte, wurden ihre Stützpunktgebiete im Nordwesten gefestigt und ausgedehnt. Dort schrieb Genosse Mao das Gedicht „Schnee". Stürmisch durchbricht sein Gedicht die schädliche Illusion von der angeblichen Größe machtgieriger Eroberer und despotischer Herrscher. Er führt fünf Beispiele an: zwei chinesische Kaiser aus dem Altertum, zwei chinesische Kaiser aus dem 7. und 10. Jahrhundert nach unserer Zeitrechnung und Dschingis Khan (1155—1227), den Herrscher des mongolischen Weltreichs. Beginnend mit einer Naturbeschreibung von dynamischer Kraft und Schönheit, gipfelt sein Gedicht im Tyrannenhass, ja in der Tyrannenverachtung des echten Revolutionärs.

Nach der Lehre Mao Tsetungs sind nur solche und alle solchen Menschen groß, die selbstlos dem Volke dienen, ob sie nun eine führende, eine qualifizierte oder eine einfache Arbeit leisten. Erst seit der Entstehung der Arbeiterklasse kann eine solche Größe verwirklicht werden.

Herrliches Nordland, Tausend Meilen
Tausend Meilen umschlossen von Eis,
Zehntausend Meilen umwirbelt von Schnee.
Sieh die Chinesische Mauer!
Innen und außen dehnt sich das leuchtende Weiß.
Plötzlich ist der Huangfluss verstummt,
Eisige Kälte hält ihn gefangen.
Berghöhen gleichen im Auf und Ab
Tanzenden Silberschlangen.
Ebene drüben gleicht
Wachsweißen Elefanten,

Die sich bemühen mit Galopp und Getrab,
Höher noch als der Himmel zu ragen.
Warte: an Wintertagen
Breiten die Strahlen ein rotes Sonnengewand,
Silbern durchschimmert vom weißen Erdengewand-
Hinreißende Schönheit!

Hingerissen von Bergen und Strömen und Flur,
Neigten viele Eroberer sich,
Gieriges Fürstengelichter.
Kaiser Tschin Schi-huang, Kaiser Han Wu-di
Wußten wenig von Literatur,
Kaiser Tang Tai-dsung, Kaiser Sung Tai-dsu
Waren mittelmäßige Dichter.
Dschinggis Khan,
Damals vom Schicksal verwöhnt und gekrönt,
Konnte nur eines: den blitzschnellen Goldadler jagen.
Alle verankern① in graue Vergangenheit.
Große Menschen
Findet man erst in unserer Zeit.

沁园春·雪
（1936）

北国风光，
千里冰封，
万里雪飘。
望长城内外，
惟馀莽莽；
大河上下，
顿失滔滔。

---

① 原稿为 veranken。

山舞银蛇，
原驰蜡象，
欲与天公试比高。
须晴日，
看红妆素裹，
分外妖娆。

江山如此多娇，
引无数英雄竞折腰。
惜秦皇汉武，
略输文采；
唐宗宋祖，
稍逊风骚。
一代天骄，
成吉思汗，
只识弯弓射大雕。
俱往矣，
数风流人物，
还看今朝。

Die Volksbefreiungsarmee erstürmt Nanking
(April 1949)

In seiner Neujahrbotschaft „Die Revolution zu Ende führen" erklärte Genosse Mao Tsetung am 1. Januar 1949：„In unserem Kampf werden wir für immer die tausendjährige feudale Unterdrückung stürzen und die hundertjährige imperialistische Unterdrückung."

Im April 1949 hatte die chinesische Volksbefreiungsarmee nördlich des Yangtses große Teile Chinas befreit. Am 20. erhielt sie vom Oberkommando einen Befehl, den Übergang über den Yangtse zu erzwingen und das Befreiungswerk weiterzuführen. Am Südufer des Yangtse liegt Nanking, bis 1949 der Sitz der reaktionären Kuomintangregierung. Es wurde am 23. April von der Volksbefreiungs-armee erstürmt. Die

Kuomintangregierung war schon zehn Wochen vorher nach Kanton geflüchtet und flüchtete einige Monate später nach Taiwan. Die chinesische Literatur vergleicht Nankings Stadtmauer mit einem hockenden Tiger und den ihr benachbarten Dschungberg mit einem geringelten Drachen. Daher die Bezeichnung Tigerstadt, Drachenstadt. Ihrer Erstürmung durch die Volksbefreiungsarmee gingen bedeutende revolutionäre Aktionen der Einwohner voran: Arbeiterstreiks, Studentendemonstrationen und auch Bauernaufstände, am Rand der Stadt.

Der Schluss des Gedichtes weist darauf hin, dass unter der Profitwirtschaft sogar die Natur verödet – während die Arbeitermacht sogar dem Meer fruchtbaren Boden abgewinnt und mit Maulbeerbäumen bepflanzt, um Seidenraupen zu züchten.

Am Dschungberg schlägt das Wetter um, mit Sturm und Regenguss.
Millionenmächtig kreuzt das Heer des Volks den Yangtsefluss.
Die Tigerstadt, die Drachenstadt strahlt auf zu höchstem Ruhm,
Revolution und Heldensieg stürzt Welt und Himmel um.
Schon wankt der Feind, drum lässt nicht nach, verfolgt ihn flink und hart,
Die Großmutspose eitler Fürsten ist nicht unsere Art.
Selbst die Natur wird alt und leer, wenn wir sie nicht befrei'n.
Die Volksmacht wandelt selbst das Meer in einen Maulbeerhain.

七律·人民解放军占领南京
（1949 年 4 月）

钟山风雨起苍黄，
百万雄师过大江。
虎踞龙盘今胜昔，
天翻地覆慨而慷。
宜将剩勇追穷寇，
不可沽名学霸王。
天若有情天亦老，
人间正道是沧桑。

An Herrn Liu Ya-dse
(29. April 1949)

  Der patriotische Dichter Liu Ya-dse (1887—1958) kämpfte in Chinas bürgerlicher Revolution, die 1911 zum Sturz der Kaiserregierung führte. 1925—1926 arbeitete Genosse Mao Tsetung als Lehrer und Leiter an einer von der KPCh und ihren Verbündeten errichteten revolutionären Bauernakademie in Kanton. In dieser Stadt lernten die beiden Männer, der bürgerliche und der proletarische Revolutionär, einander kennen. 1945 trafen sie sich in Tschungking. In den folgenden Jahren lehnte Liu Yadse, dessen Angehörige von den japanischen Aggressoren ermordet worden waren, die reaktionäre Politik Tschiang Kai-scheks mit Entschiedenheit ab, emigrierte nach Hongkong und bekannte sich als Anhänger der KPCh, ohne jedoch ihr Mitglied zu werden.

  Am 23. Januar 1949 zog die chinesische Volksbefreiungsarmee in Peking ein und knapp drei Monate später folgte ihr das ZK der KPCh. Genosse Mao Tsetung hatte 1918 an der Pekinger Universität für einen Hungerlohn als Hilfsbibliothekar gearbeitet und 31 Jahre lang diese Stadt nicht mehr betreten.

  Indessen war Liu Ya-dse mit ändern Demokraten aus Hongkong nach Peking gekommen. Begeistert begrüßte darin der alte Patriot die Errichtung des Neuen China, bekannte aber zugleich eine gewisse persönliche Unzufriedenheit ohne konkrete Gründe anzugeben- und den Wunsch, Peking zu verlassen und in seiner Heimatprovinz Kiangsu ein einsames Leben zu führen. Offenbar hatte er subjektiv den Eindruck gewonnen, die Partei und die Regierung legten wenig Wert auf seine Mitarbeit.

  Genosse Mao Tsetung hatte anderthalb Monate vorher im Dörfchen Hsibaibo die 2. Plenartagung des 7. ZK geleitet. In seinem Schlusswort hatte er u. a. die folgende Direktive erteilt: „Es ist darauf zu achten, dass man sich mit Genossen, die eine andere Meinung haben, vereinigt und mit ihnen zusammenarbeitet. Das gleiche gilt für die Beziehungen zu Menschen, die nicht der Kommunistischen Partei angehören." Das Gedicht Liu Yadses lesend, ging Genosse Mao daran, seine Direktive auch auf diesen Einzelfall praktisch anzuwenden. Er schrieb das Gedicht „An Herrn Liu Yadse" und ermahnte darin freundschaftlich seinen alten Bekannten, sich nicht von persönlichen Gefühlen leiten zu lassen, sondern für die große Sache der Revolution zu wirken. Dieser ernsten Mahnung folgt der heitere Vergleich zweier Landschaften:

des Futschünflusses (Provinz Tschegkiang), der nach klassischer Überlieferung ein Symbol des zurückgezogenen Lebens darstellt, mit dem Kunmingsee bei Peking. Genosse Mao rühmt die Klarheit des Kunmingsees und den Anblick seiner Fische. Der Sinn dieser Beschreibung ist eine herzliche Aufforderung: „Geh nicht in die Einsamkeit, bleibe in Peking und arbeite mit!"

Saßen zusammen in Kanton beim Tee, ich vergesse es nie.
Tauschten Gedichte in Tschungking, das Herbstlaub umleuchtete sie.
Bin jetzt nach einunddreißig Jahren in Peking wieder,
Lese dein schönes Gedicht, ein Blütenregen schwebt nieder.

Lass nicht zerreißen Dein Herz von Gefühlen, die schmerzlich Dich kränken.
Nein, an die große Sache der ganzen Welt sollst Du denken.
Klarer noch als der Futschünfluss ist der Kunmingsee.
Sieh, wie die Fische blitzen und flitzen im Kunmingsee!

七律·和柳亚子先生
(1949 年 4 月 29 日)

饮茶粤海未能忘,
索句渝州叶正黄。
三十一年还旧国,
落花时节读华章。
牢骚太盛防肠断,
风物长宜放眼量。
莫道昆明池水浅,
观鱼胜过富春江。

Antwort an Herrn Liu Ya-dse
(Oktober 1950)

 Durch das Gedicht des Genossen Mao Tsetung ermutigt, war der Dichter Liu Ya-dse in Peking geblieben. Die beiden trafen sich am ersten Jahrestag der Volksrepublik China. Ein schönes Festkonzert, an dem sowohl Sänger des chinesischen Mehrheitsvolkes als auch Sänger der chinesischen nationalen Minderheiten teilnehmen, stellte in Farben und Klängen die endlich erreichte Einigkeit und Gleichberechtigung von Chinas Völkern dar. Genosse Mao hebt besonders die uigurische Musik aus Sinkiang hervor, die im ganzen Land beliebt ist.

 Er vermerkt: „Bei der Festveranstaltung zum Nationalfeiertag 1950 improvisierte Herr Liu Ya-dse zu der Melodie von Hwan-His-Scha und ich erwiderte in der gleichen Versform."

 Genosse Mao vergleicht die Imperialisten und einheimischen Reaktionäre mit tanzenden Teufeln, die in wüstem Übermut China zerrissen, aufteilten und an der Einigung hinderten. Die endlich erkämpfte Befreiung vergleicht er mit einem erlösenden Hahnenschrei.

Finst're Nacht in uns'rem Land versperrte lange sich dem Tag.
Hundert Jahre tanzten Teufel wirbelnd wüst im Übermut,
Und sie haben unser Riesenvolk zerrissen und gepeinigt.

Da – ein Hahnenschrei! Das Land wird strahlend hell mit einem Schlag.
Vieler Völker Melodie'n, mit Sinkiangs Liedern froh vereinigt,
Zünden in den Dichterherzen eine neue Schöpfungsglut.

浣溪沙·和柳亚子先生
(1950年10月)

长夜难明赤县天，
百年魔怪舞翩跹，
人民五亿不团圆。

一唱雄鸡天下白，
万方乐奏有于阗，
诗人兴会更无前。

Beedaihe
(1954)

  Beedaihe, ein Seebad in Chinas Nordosten, wird im strömenden Regen gezeigt. Mit der für ihn so charakteristischen Klassenliebe sorgt sich Genosse Mao Tsetung zu allererst um die ausgefahrenen Fischer.
  Dann erinnert er sich einer historischer Figur aus der Zeit der Drei kriegführenden Reiche (220—265 nach unserer Zeitrechnung), des berüchtigten Generals Tsao Tsao. Seine Söhne verliehen ihm nach dem Tod den Titel Kaiser Wu vom Staate Wee. Im Gebiet des heutigen Beedaihe zog er aus, um einen Tatarenstamm zu unterwerfen und schrieb unterwegs ein Gedicht, das in Chinas klassische Literatur einging. Eine Stelle dieses Gedichtes lautet: „Einsam und traurig der Herbstwind seufzt."
  Tyrannei und Schwermut gehen bei dergleichen Figuren nicht selten Hand in Hand. Aber, wenn auch noch heute der Herbstwind seufzt und die Werktätigen mit Schwierigkeiten und Gefahren ringen, die Welt ist revolutioniert und fest entschlossen, die verachtungswürdigste aller Menschenarten – den Aggressor, Eroberer und Völkerbedrücker für immer von ihrer Bühne zu jagen.

Nieder aufs Nordland prasselt der Regen,
Wogen branden dem Himmel entgegen.
Fischerboote sind ausgefahren,
Nirgends kann sie das Auge gewahren.
Wo sind sie hin, auf wogenden Wegen
Rudernd unter Gefahren?

Tausend Jahre und mehr sind verklungen,
Seit Kaiser Wu hier die Peitsche geschwungen.

Verse schrieb er und machte Beute.
Ganz wie sein Lied seufzt der Herbstwind auch heute.
Aber das Alte wird niedergerungen
Und die Welt ist erneut.

浪淘沙·北戴河
（1954）

大雨落幽燕，
白浪滔天，
秦皇岛外打鱼船。
一片汪洋都不见，
知向谁边？

往事越千年，
魏武挥鞭，
东临碣石有遗篇。
萧瑟秋风今又是，
换了人间。

Schwimmen
(Juni 1956)

  Im Mai 1956 durchschwamm Genosse Mao Tsetung bei Wuhan den riesigen Yangtsestrom. Damals war er 62 Jahre alt. Im Juli 1966, nun schon 72, durchschwamm er ihn wieder. An den beiden Ufern drängten sich die Menschen und riefen: „Hoch lebe der Vorsitzende Mao!", worauf Genosse Mao zurückrief: „Hoch lebe das Volk! "

  An diesem Ort lag im Altertum das Königreich Tschu, daher die Bezeichnung „Himmel von Tschu". Schon im grauen Altertum ahnten manche Philosophen, wenn auch unklar, den ständigen dialektischen Entwicklungsprozess in Natur und Gesellschaft. Obwohl durch Raum und Zeit getrennt, taten beide, der Chinesische Kon-

fuzius (Kung Fu-tse) und der Grieche Heraklit, den übereinstimmenden Ausspruch:
„Alles fließt."

Die Brücke, von der Genosse Mao spricht, ist die große Yangtsebrücke bei Wuhan, die 1956 schon im Bau war und am 15. Oktober 1957 dem Verkehr übergeben wurde. Auch ein Damm und ein Stausee wurden angelegt und zahlreiche Wasserkraftwerke errichtet. Genosse Mao Tsetung erinnert sich einer alten Sagengestalt, der Wubergfee, und malt sich humorvoll ihr Staunen über diese Veränderungen aus. Zwölf Jahre nachdem er dieses Gedicht geschrieben hatte, wurde bei Nanking eine noch viel größere Yangtsebrücke vollendet und dem Verkehr übergeben. Die chinesischen Arbeiter schufen dieses Wunderwerk, gestützt auf eigene Kraft und ohne jede ausländische Hilfe.

Tschangschas Wasser hat mich erfrischt,
Schmecken ließ ich mir Wutschangs Fisch.
Schwimme nun quer durch den Riesenstrom,
Blicke hinauf zum hohen und weiten Himmel von Tschu.
Und es tutwohl, mit Wind und Wellen zu ringen.
So, ja so will ich meine Freizeit verbringen,
Anstatt im Haushof umherzuspazieren, in lässiger Ruh.
Als er sah, wie der Strom sich ergießt,
Lehrte Konfuzius:
„Alles fließt."

Masten und Segel gleiten vorwärts im Wind,
Schildkrötenberg und Schlangenberg stehen still.
Herrlich sind unsere Pläne, die morgen schon unsere Wirklichkeit sind:
Schwingen wird sich die Riesenbrücke von Norden nach Süden,
So als hätte sie Flügel.
Wo die Natur eine Kluft schuf, da schaffen wir freie Bahn.
Und deinen Steindamm legen wir an.
Wolken und Regen vom Wuberg sollen hier nicht mehr walten.
Wellenlos wie ein Spiegel
Staut sich zwischen den Klippen ein See.
Nun, wie geht es der Wubergfee?

Ist sie erstaunt, wie mächtig die Massen die Welt heute neu gestalten?

水调歌头·游泳
（1956 年 6 月）

才饮长沙水，
又食武昌鱼。
万里长江横渡，
极目楚天舒。
不管风吹浪打，
胜似闲庭信步，
今日得宽馀。
子在川上曰：
逝者如斯夫！

风樯动，
龟蛇静，
起宏图。
一桥飞架南北，
天堑变通途。
更立西江石壁，
截断巫山云雨，
高峡出平湖。
神女应无恙，
当惊世界殊。

Antwort an Li Schu-yi
(11. Mai 1957)

  Genossin Li Schu-yi, Sprachlehrerin an einer Mittelschule ist die Witwe des kommunistischen Kämpfers Liu Dsche-hsun (1898—1933), der im Kampf gegen die Kuomintangtruppen fiel. Sie widmete ihrem toten Gatten ein Gedicht und schickte es Genossen Mao Tsetung.

  Die kommunistische Kämpferin Yang Kai-huee (1901—1930) war Mao Tsetungs erste Frau. Sie wurde von den mordgierigen Kuomintangreaktionären hingerichtet. Der Familienname Liu bedeutet „Weidenbaum" und der Familienname Yang „Pappel". Genosse Mao entfaltet in seiner Antwort auf Li Schu-yis Gedicht diese Namenbedeutung zu einem poetischen Bild und stellt die beiden geliebten und unvergessenen Märtyrer als zwei schöne Bäume dar, die zum Himmel emporschwebten. Er hüllt ihren unsterblichen Ruhm in den durchsichtigen Schleier chinesischer Sagen. Die chinesische Volksphantasie erblickt im Mond ein Schlösschen aus weißem Eiskristall, in dessen Garten ein tropischer, ewig blühender Kassiabaum steht. Norden und Süden sind so zu einer Märchenlandschaft vereinigt. Hier wohnt, der alten Sage nach, die einsame Mondfee Tschang O mit ihrer Dienerschaft, zu der auch ein Büßer namens Wu Gang gehört.

  Genossin Yang, die tote Heldin, und Genosse Liu, der tote Held, nun nicht mehr in Baumgestalt, sondern wieder in Menschengestalt, werden auf dem Mond mit großen Ehren empfangen. Wu Gang reicht ihnen Kassiablütenwein und die Mondfee tanzt einen Begrüßungstanz. 1949 kommt eine Glücksnachricht: Tschiang Kai-schek ist gestürzt, China befreit, Genossin Yang und Genosse Liu haben ihr Leben nicht umsonst geopfert. Im Mondlicht funkeln ihre Freuden – durch den Schleier phantasievoller Sagen und Sinnbilder strahlt Mao Tsetungs revolutionärer Gedanke mit unverminderter Glut. Die Bewunderung des Volkes für die Märtyrer des proletarischen Klassenkampfes und sein Bewusstsein des schwer errungenen Sieges bleiben, auch ins Märchenland übertragen, lebendige Wirklichkeit.

  Du hast Deinen Liu und ich hab' meine Yang verloren,
  Weidenbaum und Pappel stiegen schwebend himmelan.
  Mondschloss nimmt sie auf, Wu Gang steht vor den Toren,

Bietet duftgewürzten Kassiawein den Gästen an.

Mondfee, schön und einsam, lässt die Ärmel wallen,
Für die treuen Seelen tanzt sie durch den Himmelsdom.
Nachricht kam: der Tiger ist besiegt vom Thron gefallen!
Und da funkelt regengleich ihr Freudentränenstrom.

蝶恋花·答李淑一
(1957 年 5 月 11 日)

我失骄杨君失柳，
杨柳轻扬直上重霄九。
问讯吴刚何所有，
吴刚捧出桂花酒。

寂寞嫦娥舒广袖，
万里长空且为忠魂舞。
忽报人间曾伏虎，
泪飞顿作倾盆雨。

Abschied vom Seuchengott
(1. Juli 1958)

Vor der Befreiung war unter der armen Bevölkerung Südchinas eine furchtbare Seuche verbreitet, die Schistosomiasis (Bilharziose). Sie wurde durch Saugwürmer verursacht und hatte in vielen Fällen einen tödlichen Ausgang. Der Seuchengott figuriert in diesem Gedicht als ein Sinnbild der Seuche und Hua To, ein berühmter chinesischer Arzt des 3. Jahrhunderts, als ein Sinnbild der ärztlichen Kunst, die vor dieser Seuche machtlos war, solange Ausbeutung und Armut herrschten. Genosse Mao Tsetung schrieb zu diesem Gedicht die folgende Vorbemerkung: „In der Volkszeitung vom 30. Juni 1958 las ich von der erfolgreichen Ausrottung der Schistosomiasis. Mir kamen so viele Gedanken, einer nach den andern, wie beschwingte Vögel, so dass ich in der Nacht nicht schlafen konnte. Dann wehte ein leichter Morgenwind. Durch das Fenster schien die aufgehende Sonne. Ich blickte nach dem fernen Südhimmel, und in meinem Glücksgefühl griff ich zum Schreibepinsel. "-im Glücksgefühl seiner Klassenliebe stellt sich Genosse Mao Tsetung ein Gespräch vor, das er mit einem bevorzugten Sternbild der chinesischen Bauern führt. Dann vergleicht er die werktätigen Massen, die den sozialistischen Aufbau vollbringen, mit den legendären Kaisern Yao und Schun, die, der Sage nach, eine Reihe von Flüssen regregulierten①. Die von den werktätigen Massen neugeformte Landschaft bildet die Brücke in eine schönere Zukunft. Nur durch den Sozialismus konnte die Seuche ausgerottet werden. Der Seuchengott findet in China keine Zuflucht mehr und muss aufhören zu existieren. Nach altchinesischer Sitte sollen zu seiner Totenfeier Papierschiffchen verbrannt werden. Das bedeutet zugleich: Die finstere Zeit ist vorbei, der Himmel ist voller Licht. Chinas Ärzte wurden durch dieses Gedicht zu epochemachenden Leistungen inspiriert.

1

Grüner Ströme und blauer Berge Vielfalt war ohne Sinn.
Machtlos der große Arzt Hua To vor winzigen Krankheitskeimen.
Unkraut erstickte die Dörfer, die Menschen schwanden dahin.
Hohle Gespenstergesänge ertönten in zehntausend Räumen.
Aber nun – die Erde bewegt mich vorwärts im kräftigen Trott
Und am Himmel umherstreifend seh ich tausend Sternbilder prangen.
Fragt mich das Sternbild des Hirten: „Was treibt jetzt der Seuchengott?"
Sag ich ihm: „Seine Freude und unser Leid sind vergangen."

2

Wie sich der Frühlingswind in den Zweigen von Tausenden Weiden wiegt!
Landesgestalter wie Yao und wie Schun sind sechshundert Menschenmillionen.
Glutroter Funkenregen im Schwung ihrer Arbeit fliegt,
Berge werden zu Brücken, den Plan und die Mühe zu lohnen.
Blitzende Hacken greifen fünf himmelhoch ragende Gipfel an.

---

① 原稿如此，但查不到这个词，相近的 regulieren。

Eiserne Arme zwingen drei riesige Ströme zum besseren Lauf.
Lasst uns den Seuchengott fragen, wohin er noch flüchten kann?
Zündet ihm Totenschiffchen – da leuchtet der Himmel auf.

七律二首·送瘟神
（1958年7月1日）

读六月三十日《人民日报》，余江县消灭了血吸虫。浮想联翩，夜不能寐。微风拂晓，旭日临窗，遥望南天，欣然命笔。

1

绿水青山枉自多，
华佗无奈小虫何！
千村薜荔人遗矢，
万户萧疏鬼唱歌。
坐地日行八万里，
巡天遥看一千河。
牛郎欲问瘟神事，
一样悲欢逐逝波。

2

春风杨柳万千条，
六亿神州尽舜尧。
红雨随心翻作浪，
青山着意化为桥。
天连五岭银锄落，
地动三河铁臂摇。
借问瘟君欲何往，
纸船明烛照天烧。

Wiedersehen mit Schaoschan
(1959)①

  Schaoschan, das Heimatdorf des Genossen Mao Tsetung, befindet sich in der Provinz Hunan, die 1926—1927 das Sturmzentrum heldenhafter Bauernaufstände war. Genosse Mao verteidigte die revolutionären Bauernmassen, die er in den Kampf geführt hatte, gegen ihre reaktionären und opportunistischen Verleumder in seinem berühmten „Untersuchungsbericht über die Bauernbewegung in Hunan" (März 1927). 1959 schrieb er das untenstehende Gedicht mit der folgenden Vorbemerkung: „Am 25. Juni kam ich nach Schaoschan. Es war nun schon zweiunddreißig Jahre her, seit ich diesen Ort verlassen hatte."

Alte verfluchte Zeit, wie ein Traumschatten schwebt sie daher,
Da ich nach vier mal acht Jahren wieder mein Heimatdorf schaue.
Von den roten Fahnen entflammt griff der Ackersklave zum Speer,
Während der Gutsherr die Peitsche hielt in der schuftigen Klaue.
Zahllose bittere Opfer schmiedeten kühn den Entschluss,
Der es gewagt hat, Sonne und Mond in neue Himmel zu hämmern.
Reisfelder, Bohnenfelder seh' ich als wogenden Gruß
Rings um die Ackerhelden, die heimzieh'n im Abenddämmern.

七律·到韶山
（1959）

别梦依稀咒逝川，
故园三十二年前。
红旗卷起农奴戟，
黑手高悬霸主鞭。
为有牺牲多壮志，
敢叫日月换新天。

---

① 原稿没有标注年份。

喜看稻菽千重浪，
遍地英雄下夕烟。

Aufstieg auf den Luberg
(1. Juli 1959)

Der Luberg befindet sich im Norden der Provinz Kiangsi, am Südufer des Yangtsestromes. Man kann von seinem Gipfel westwärts nach der Provinz Hubei hinübersehen, man kann die Großstadt Wuhan sehen und den Turm des Gelben Kranichs. Der außenpolitische Hintergrund dieses Gedichtes ist die Bedrohung Chinas durch den US-Imperialismus und seine Lakaien. Genosse Mao Tsetung blickt kühn in die drohende Ferne, er ist sich der Unbesiegbarkeit des sozialistischen China wohl bewusst.

Der innenpolitische Hintergrund sind die Generallinie, der Große Vorwärtssprung, und die ersten gerade entstehenden Volkskommunen. Der Generallinie folgend sind beim Großen Sprung am Ufer des Yangtses wie auch anderswo zahlreiche neue Fabriken und Werke entstanden, deren weißer (und auch grauer und schwarzer) Rauch den riesigen Strom begleitet.

An seinem Südufer befindet sich der Kreis Pengtse. Dort lebte der klassische chinesische Dichter Tao Yuanming (365—427). Er war eine Zeitlang Präfekt, verzichtete aber auf die Beamtenlaufbahn und zog die ländliche Einsamkeit vor. In einer seiner Schriften wird ein utopisches Volksmärchen nacherzählt: Ein Fischer gelangte durch ein Pfirsichwäldchen in ein unbekanntes Land, ohne Unterdrückung und Ausbeutung.

Genosse Mao Tsetung denkt an die damals gerade entstehenden Volkskommunen. Die Vollkommunenbewegung begann durch die Initiative der Massen als Zusammenschluss zahlreicher bäuerlicher Kollektivwirtschaften und wurde vom Genossen Mao ermutigt, unterstützt und vorwärtsgeführt.

Durch mancherlei Schwierigkeiten hindurchgegangen, haben sich die Volkskommunen seither im ganzen Land bewährt. Sie bilden eine verlässliche gesellschaftliche Grundlage für das hohe politische Niveau der Kollektivbauern, für die allmähliche Überwindung des Unterschiedes zwischen Stadt und Land, für die Gleichberechtigung der Frauen, für Produktion, Wasserregulierung, Unterricht, Kultur, Gesundheitswesen und siegreiche Verteidigung.

Wie ein Riesenvogel, der eben herabflog vom Reich der Sterne,
Hockt der Luberg am Strom, und ich ersteige die Kurven der Straße hinauf.
Blicke vom waldigen Gipfel kühn in die drohende Ferne,
Warmer Wind treibt die Regentropfen flusswärts in wirbelndem Lauf.
Wolkenwärts funkelt der Gelbkranichturm und der Strom ist verzweigt und gewunden.
Strömt er von Stadt zu Stadt nach dem Meer, gibt ihm weißer Rauch das Geleit.
Tao, der Präfekt und Dichter und Träumer ist längst schon entschwunden.
Aber das Traumland der Pfirsichblüten – wird es jetzt Wirklichkeit?

七律·登庐山
（1959 年 7 月 1 日）

一山飞峙大江边，
跃上葱茏四百旋。
冷眼向洋看世界，
热风吹雨洒江天。
云横九派浮黄鹤，
浪下三吴起白烟。
陶令不知何处去，
桃花源里可耕田？

Volksmilizionärinnen
Inschrift auf einem Photo
(1961)

„Das Volk, das sich bewaffnet und zur Volksmiliz formiert, ist die Grundlage des Sieges."

– Mao Tsetung

Auf dem Übungsplatz stehen sie, strahlend im Morgengrauen,
Schultern das fünf Fuss hohe Gewehr mit der Anmut der Tapferkeit.
Heldentaten vollbringen, danach streben Chinas Frauen,
Lieben nicht aufgeputzt bunte Kleider, lieben ihr Waffenkleid.

七绝·为女民兵题照
(1961)

飒爽英姿五尺枪，
曙光初照演兵场。
中华儿女多奇志，
不爱红装爱武装。

Antwort an einen Freund
(1961)

Anfang 1959 bis Ende 1961 wurde Chinas sozialistische Wirtschaft von schweren Naturkatastrophen geschädigt. Die sowjetrevisionistische Renegatenclique versuchte, diese Lage zu verschlimmern. 1960 berief sie plötzlich, im Verlauf eines einzigen Monats, alle sowjetischen Spezialisten, insgesamt 1 390, von China ab. Sie wollte das chinesische Volk durch diese plötzliche Störung seines sozialistischen Aufbaus in die Knie zwingen und seine marxistisch-leninistische Prinzipienfestigkeit untergraben. Aber ihr teuflischer Plan misslang vollständig. Voll und ganz triumphierte Mao Tsetungs Wort: „Wir treten ein für das Vertrauen auf die eigene Kraft." Es ist zu vermuten, dass in jener Zeit ein Freund dem Genossen Mao einen sorgenvollen Brief schrieb und Genosse Mao ihm als ermutigende Antwort dieses Gedicht sandte. Schauplatz ist wieder seine Heimatprovinz Hunan. Er vergleicht die weißen Wolken in der Morgendämmerung über dem Tschuyiberg mit den trauernden Kaisertöchtern einer alten Sage. Beim herannahenden Sonnenaufgang verwandeln sich ihre weißen Trauerkleider in farbenleuchtende Gewänder der Freude, und das ist ein Sinnbild der Jahre 1960 bis 1962. Denn in den Jahren 1960 bis 1962 geschieht Folgendes: Schäden und Schwierigkeiten werden mit harter und siegreicher Anstrengung überwunden. Die chinesischen Werktätigen pfeifen auf die niederträchtige Hinterlist der sowjetrevisionistischen Renegatenclique. Auf eigene Kraft gestützt, setzen sie den sozialistischen Aufbau erfolgreich fort. Um Flut und Dürre zu bekämpfen errichten sie ganz ohne ausländische Spezialisten wirksame Wasserregulierungsbauten. Am Hunaner Tungtingsee wird gearbeitet, dass der weiße Wasserschaum zum Himmel spritzt wie ein umgekehrter Schneefall, ebenso auf der langgestreckten Orangeninsel im Hsiangfluss. Arbeiter und Arbeiterinnen singen revolutionäre Kampflieder, die Südprovinz Hunan, erfüllt von dunkelrosa und purpurvioletten Hibiskusblüten, setzt den revisionistischen Dunkelmännern und ihre Hinterlist einen kraftvollen ideologischen und praktischen Widerstand entgegen, und dieser Widerstand verbreitet sich im ganzen Land, in der ganzen Welt. Es beginnt ein neuer Erdentag.

Am Tschuyigipfel weißer Wolken Dunstgestalt,
Sie gleicht den Kaisertöchtern, die im Wind herab sich lehnen,
Den Bambus sprenkeln mit den tausend Tropfen ihrer Tränen;
Und plötzlich leuchten farbenschön vom Wolkenkleid umwallt.
Vom Tungtingsee der weiße Schaum schneit aufwärts hoch und dicht,
Und von der langen Insel, weltbewegend, Lieder tönen.
Ich weiß: was ich hier sehe, wird sich in die Weite dehnen.
Hibiskusblütenland, getaucht in Morgenlicht.

七律·答友人
(1961)

九嶷山上白云飞,
帝子乘风下翠微。
斑竹一枝千滴泪,
红霞万朵百重衣。
洞庭波涌连天雪,
长岛人歌动地诗。

我欲因之梦寥廓,
芙蓉国里尽朝晖。

Die Feengrotte
(9. September 1961)

Inschrift auf einer von Genossin Li Djin gemachten Aufnahme der Feengrotte auf dem Luberg

Stehen im Abendschleier die stillen kräftigen Föhren,
Trotzen dem Wolkengewirr, bleiben gelassen und fest.
Feengrotte, geschaffen hat dich die große Natur! –
Auf dem gefährlichen Gipfel weilt die unendliche Schönheit.

七绝・为李进同志题所摄庐山仙人洞照
(1961年9月9日)

暮色苍茫看劲松,
乱云飞渡仍从容。
天生一个仙人洞,
无限风光在险峰。

Antwort an Genossen Kuo Mo-jo
(17. November 1961)

Im politischen Kampf gegen die sowjetrevisionistische Renegatenclique wurden drei Figuren der chinesischen Sage ein Dämon, ein Mönch und ein Affe – als Sinnbilder herangezogen, sowohl vom Genossen Mao Tsetung als auch vom bekannten Schriftsteller und Historiker Kuo Mo-jo. Im folgenden Gedicht des Genossen Mao tritt der Dämon der Weißen Knochen als des Revisionismus auf, der Buddhistenmönch Hsüan Tsang als Verkörperung seiner irregeleiteten Anhänger und Sun Wu-kung, ein Halbgott in Affengestalt als Verkörperung des Volkes und seiner revolutionären Rebellion. („Affe" ist in Asien kein Schimpfwort, sowenig wie „Löwe" in Europa.)

Dreimal, so lautet die Sage, nähert sich der Dämon dem Mönch in heuchlerischer Verkleidung, um ihn zu zerreißen und zu verschlingen, zuerst als schönes Mädchen, dann als ehrwürdige Greisin und schließlich als ehrwürdiger Greis, dreimal schenkt der Mönch ihm Glauben. Aber der kühne und weise Affe Sun Wu-kung, der den Mönch als sein Schüler und Schützgeist begleitet, durchschaut den Dämon und schlägt ihn mit seinem zentnerschweren Knüppel nieder. Anstatt seinem Retter zu danken, beschimpft ihn der törichte Mönch als Gewalttäter und verbannt ihn aus seiner Nähe. Erst viel später erkennt er seinen Irrtum und ruft den treuen Beschützer zurück. Der Affe Sun Wu-kung ist die populärste Figur der chinesischen Sage. Die Massen bewundern seine Weisheit, ebenso heuchlerisch wie der Dämon sich in freundliche Menschengestalten verkleidet, verkleiden sich die revisionistischen Renegaten als „Kommunisten", um ihre Anhänger zu täuschen und Finsternis zu verbreiten. Ebenso kühn wie Sun Wu-kung durchschauen und zerschlagen die echten Revolutionäre der ganzen Welt in immer größerer Zahl den Betrug. Mit fester Zuversicht zieht Genosse Mao Tsetung diesen Vergleich. Sein Gedicht ist ein Aufruf zum internationalen antirevisionistischen Kampf.

Als der Sturm die Erde fegte, als der Donner drang ins Ohr,
Aus dem Haufen weißer Knochen stieg ein Dämon wüst empor.
Torheit hat den Mönch verblendet, unbelehrbar ist er nicht,
Doch der Dämon, schlau verkleidet, will verfinstern Luft und Licht.
Und da schlägt der gold'ne Affe mit dem schweren Knüppel drein,
Fegt den jadeblauen Himmel von der großen Schmutzflut rein.
Wieder droht vom Knochendämon Lüge und Verfinsterung,
Sei gegrüßt, Rebell der Sage, Wundertäter Sun Wu-kung!

七律·和郭沫若同志
（1961 年 11 月 17 日）

一从大地起风雷，
便有精生白骨堆。
僧是愚氓犹可训，
妖为鬼蜮必成灾。
金猴奋起千钧棒，
玉宇澄清万里埃。
今日欢呼孙大圣，
只缘妖雾又重来。

Ode an die Winterpflaumenblüte
Zur Widerlegung der gleichnamigen Ode Lu Yous
(1961)

    Die Winterpflaumenblüte ist ein jahrtausendaltes chinesisches Sinnbild der Ständhaftigkeit unter Kämpfen und Leiden. Der klassische Dichter Lu You (1125—1210) besang sie als Sinnbild des verkannten Genies, das unter Frost und Einsamkeit leidet, aber von seiner Unsterblichkeit überzeugt ist. Genosse Mao Tsetung dagegen besingt sie als Sinnbild revolutionärer Kämpfer und Kämpferinnen. Einige Rotgardisten der Neuen Peking-Universität kommentierten dieses Gedicht mit den Worten: „Vorsitzender Mao widerlegt den Pessimismus durch den kämpferischen Optimismus und den individualistischen kämpferischen Optimismus und den individualistischen Dünkel durch die kommunistische Bescheidenheit."

Unter Regen und wirbelndem Wind nahm Abschied der Frühling,
Unter wirbelndem, glitzerndem Schnee kehrt der Frühling zurück.
Längst ist der Bergeshang von tausend Fuss Eis bedeckt,
Aber hervor brechen Blütenzweige.

Brechen hervor. Doch nicht, um den Frühling allein zu besitzen.
Nein, um die Ankunft des Frühlings ringsum, ringsum zu verkünden.
Ist dann der Bergeshang von Blütenfülle bedeckt,
Lächeln sie im Gedränge der Menge.

卜算子·咏梅
(1961)

风雨送春归,
飞雪迎春到。
已是悬崖百丈冰,
犹有花枝俏。

俏也不争春,
只把春来报。
待到山花烂漫时,
她在丛中笑。

Winterwolken
(1962)

Aus schweren Wolken wirbeln weiße Flocken,
Nun welken hin zehntausend Blütenglocken.
Hoch oben jagt ein Froststurm rasch und wild
Vorbei; der Erdenhauch ist wieder mild.
Der Held kann einen Tiger niederstrecken,
Den tapfern Kämpfer wird kein Bär erschrecken.
Die Pflaumenblüte leuchtet mutberauscht,
Wenn standhaft sie den wilden Stürmen lauscht.
Kein Wunder aber, dass im Sturmeswehen
Die Fliegen frieren und zugrundegehen.

七律·冬云
（1962）

雪压冬云白絮飞，
万花纷谢一时稀。
高天滚滚寒流急，
大地微微暖气吹。
独有英雄驱虎豹，
更无豪杰怕熊罴。
梅花欢喜漫天雪，
冻死苍蝇未足奇。

Antwort an den Genossen Kuo Mo-jo
（1963）①

Der bekannte chinesische Schriftsteller und Historiker Kuo Mo-jo schrieb ein Gedicht, worin er den Revisionismus mit einem tönernen Büffel verglich. Darauf verfasste Genosse Mao Tsetung ein Gedicht im gleichen Rhythmus.

Er vergleicht darin Imperialisten und Revisionisten mit Fliegen und Ameisen und ruft die internationale Arbeiterklasse und die unterdrückten Völker zum revolutionären Kampf.

Auf dem kleinen Globus
Klatschen Fliegen gegen die Wand,
Summend, brummend, dröhnend;
Schrill und wutbrannt
Oder dumpf und stöhnend.
Ameisen prahlen: Wir sind eine große Nation!
Bohren herum am Akazienbaum,

---

① 原稿没有标注年份。

Können ihn doch nicht erschüttern.
Fallende Blätter in Tschangan trägt wirbelnd der Westwind davon,
Schwirrende Pfeile zittern.

So viele Taten sind zu vollbringen!
Himmel und Erde kreisen.
Die Zeit
Hat sausende Schwingen.
Zehntausend Jahre zu warten?
Das dulde wer mag!
Wir ergreifen den Tag,
Wir ergreifen die raschen Minuten.
Brausende Meere dort, flammende Blitze hier,
Fünf Kontinente stehen in leuchtenden Gluten.
Weg mit dem Ungeziefer!
Unbesiegbar sind wir!

满江红·和郭沫若同志
（1963）

小小寰球，
有几个苍蝇碰壁。
嗡嗡叫，
几声凄厉，
几声抽泣。
蚂蚁缘槐夸大国，
蚍蜉撼树谈何易。
正西风落叶下长安，
飞鸣镝。

多少事，
从来急；
天地转，

光阴迫。
一万年太久,
只争朝夕。
四海翻腾云水怒,
五洲震荡风雷激。
要扫除一切害人虫,
全无敌。

章鹏高德译本及翻译笔记①

Tschangscha – Zur Melodie von Tsching Yüan Tschüan
1925

（1） Allein stehe［ich］im frostigen Herbst

（2） auf der Mandarinen-Insel

（3） ［und verfolge die Wasser］des Hsiang-Flußes, die rückwärts laufen.

（4） ［Ich］sehe, daß die zehntausend Berge alle gerötet und

（5） die stufenweise stehenden Bäume alle［rot］gefärbt worden sind.

（6） Der Fluß liegt kristall-grün in seiner ganzen Breite.

（7） Hunderte von Booten gleiten um die Wette dahin.

（8） Adler kreisen am weiten［hohen］Himmel.

（9） Fische schwimmen auf dem seichten Grund.

（10） Zehntausend（gemeint: Alle）Arten von Lebewesen konkurrieren im Frost im Kampf um die Freiheit.

（11） ［Ich］denke über die Ausdehnung［des Alls, des Kosmos］nach

（12） und frage die große Erde, die sich weit und breit erstreckt,

（13） wer über den Fall/Verfall und den Aufstieg herrscht.

（14） ［Ich］habe diesen Ort mit hundert Gefährten（Freunden）besucht.

（15） ［Ich］erinnere mich an die vielen verflossenen, ereignisreichen Monate und Jahre.

（16） Da waren wir Schulkameraden junge Menschen,

（17） mit stattlichem Wesen- und aufblühender Schaffenskraft

（18） Mit dem Kampfwillen und – enthusiasmus der Schüler

---

① 章鹏高教授德译的时间有相当大的跨度，其手稿是在不同时间写成的，所以原诗词创作的年份标注，以及他翻译的条目编号格式等会出现不统一的情况。为尊重原作，编者决定不予改动。

(19) verurteilten wir heftig [die alte Gesellschaft].
(20) Auf die Flüße und Berge weisend (gemeint: über die damaligen Zustände, die Lage, vor allem über die politische Lage des Landes/der Welt sprechend),
(21) schrieben wir Artikel, um [die Trübheit] (das Alte, Absteigende, Verderbende, etc.) zu kritisieren und [die Reinheit] (das Neue, Aufsteigende, Aufwachsende, etc.) zu loben (bejahen).
(22) Nichts als Dreck waren für uns die ehemalige Fürsten, [die tyrannisch über zehntausend Familien herrschten und durch sie ernährt wurden]
(23) Ist es [dir oder euch] noch im Gedächtnis haften geblieben?
(24) Mitten im Fluß schlugen wir aufs Wasser,
(25) [und dadurch entstanden] Wellen, die wir im Flug hergleitenden Kähne aufhalten [wollten].

Reime (Tschangscha)
(1) 秋 tschiu (a)
(2) 去 tschü (b)
(3) 头 tou (c)
(4) 遍 biän (d)
(5) 染 ran (e)
(6) 透 tou (c)
(7) 流 liu (a)
(8) 空 kong (f)
(9) 底 di (g)
(10) 由 jou (c)
(11) 廓 kuo (h)
(12) 地 di (g)
(13) 浮 fu (i)
(14) 游 you (c)
(15) 稠 chou (c)
(16) 年 niän (d)
(17) 茂 mao (j)
(18) 气 tschi (g)

(19) 遒 tschiu (a)
(20) 山 schan (e)
(21) 字 dsi (g)
(22) 侯 hou (c)
(23) 否 fou (c)
(24) 水 schui (k)
(25) 舟 dshou (a)

Der Gelbe Kranich – Zur Melodie von Pu Sa Man Frühling des Jahres 1927

Ausgedehnt mächtig fließt [der Yangtse-Fluß] mit seinen neun (gemeint: zahlreichen) Verzweigungen durch China.
Eine Linie, die in unendliche Fernen läuft, zieht sich von Norden nach Süden.
Rieselregel hüllt [die Landschaft] [in Nebel] ein, daß sie verschwommen wird.
Der Schildkrötenberg und der Schlangenberg verschließen den gewaltigen Strom.

Wer weiß, wohin der Gelbe Kranich geflogen ist?
Hier bleibt nur noch ein Ort für die Besucher.
[Ich] gieße Wein ins tobende Wasser,
und [mein] Herz schlägt Wellen, höher als die Fluten.

Reime (Turm des Gelben Kranichs)
(1) 国 guo (a)
(2) 北 bei (b)
△ (3) 苍 tsang (c)
△ (4) 江 jiang (d)
(5) 去 tschü (e)
(6) 处 tschu (f)
(7) 涛 tao (g)

(8) 高 gao (g)

(Der) Djinggang-Berg

1. Am Bergfuß sind Fahnen sichtbar.
2. Auf dem Berg läßt sich vernehmen, daß die Kampftrommel gewirbelt und die Kampftropeten geblasen werden.
3. Wir werden zwar von den feindlichen Truppeneinheiten zehntausendfach umzingelt/belagert,
4. aber bleiben unerschütterlich da.
5. Schon seit langem stehen wir in eiserner Kampfbereitschaft in unserer festen/ undurchdringlichen Stellung.
6. Hinzu kommt unser Kampfwille, der eine Stärke der Chinesischen Mauer besitzt. (Gemeint: der Kampfwille der revolutionären Volksarmisten und -massen, die sich zu einer Chinesischen/wie eine Chinesische Mauer vereinigen.)
7. Von Huangjangdjie hat unsere Artillerie gebrüllt,
8. und man meldet, daß die feindlichen Truppeneinheiten bei Nacht die Flucht ergriffen/ergriffen haben.

Zur Melodie vom Hsi Djiang Jüe
(1) 望 wàng (a)
(2) 闻 wén (b)
(3) 重 tshóng (c)
(4) 动 dòng (c)
(5) 垒 lěi (d)
(6) 城 tschéng (e)
(7) 隆 lóng (c)
(8) 遁 dùn (f)

Krieg zwischen Djiang Djiè-schi und der Guanghsi-Clique

1. Plötzlich erhob sich ein Sturm/kamen Wind und Wolken auf.
   (Gemeint: In der politischen Lage trat eine plötzliche Wendung/plötzlich eine Wendung ein.)
2. Die Kriegsherren entfesselten abermals einen Krieg,
3. und damit fügten sie dem Volk nichts als Leiden zu und lösten (zu gleicher Zeit) unter ihnen nichts als Empörung und Haß aus.
4. Es war eine (bloße) Wiederholung des Traumes, den man auf einem Zauberkissen geträumt und hinter sich gehabt hatte, als die Hirse noch nicht gar gekocht war.
5. Die Roten Fahnen sind über den Ting-Fluß gesprungen
6. und geradeaus nach Longjan und Schanghang vorgedrungen.
7. Eine Scherbe (nach der anderen) der (zerbrochenen) Goldenen Schlüssel ist aufgeboben worden. (Gemeint: Ein Teil nach dem anderen des zersplitterten Landes ist befreit worden.)
8. Wir haben nun alle Hände voll zu tun, um Boden und Grund zu verteilen/den Acker zu verteilen.

Zur Melodie von Tsching Ping Lë ←ë [ə]
(1) 变 biàn (a)
△ (2) 战 dshàn (b)
△ (3) 怨 jüàn (c)
(4) 现 hisàn (a)
○ (5) 江 djiāng (d)
○ (6) 杭 háng (e)
(7) 片 piàn (a)
○ (8) 忙 máng (e)

Das Fest des Doppelten-Neunten

1. Ein Mensch wird leicht [gemeint: bald] alt sein, aber die Natur nicht.
2. So kommt in jedem Jahr das Fest des Doppelten Neunten.
3. Das Fest dieses Jahres ist nun auch gekommen,
4. da duften außerordentlich stark die Chrysanthemen auf dem Schlachtfeld.

5. Jährlich weht einmal der starke/herbe Herbstwind,
△ 6. der sich anders als die Frühlingsherrlichkeit/-pracht auswirkt. /der sich von der Frühlingsherrlichkeit/-pracht unterscheidet.
7. Es übertrifft die Frühlingsherrlichkeit/-pracht,
8. diese unermeßliche Weite, übersät mit (im) Frost (rot gewordenen Blättern). /die unermessbliche Weite von 10 000 Li zwischen den Flüßen und dem Himmel, übersät mit (im) Frost (rot gewordenen Blättern).

△ Zu 6: Im Original steht weder ausnoch einwirken noch unterscheiden.

Zur Melodie von Tsai Sang Dsi
(1) 老 lǎo (a)
△ (2) 阳 jáng (b)
△ (3) 阳 jáng (b)
△ (4) 香 hsiāng (c)
(5) 劲 djìng (d)
△ (6) 光 guāng (e)
△ (7) 光 guāng (e)
△ (8) 霜 schuāng (e)

Zur Melodie von Ru Meng Ling
Neujahrstag

Ninghua! Tschingliu! Guihua!
Die Pfade sind schmal, die Wälder tief und das Moos ist schlüpfrig.
Wohin führt heute unser Weg?

Geradeaus zum Fuß des Wuyi-Berges.
An seinem Fuß, an seinem Fuß
entfaltet der Wind unsere roten Fahnen wie ein Bild.

Auf dem Weg über Guangtschang

1. Überall unter dem Himmel ist es/Alles unter dem Himmel war weiß geworden.
2. Durch den Schnee marschieren wir in noch ungeduldigerer Begeisterung vorwärts.
3. Heben wir den Kopf, so sehen wir hohe Berge.
4. Mit unseren roten Fahnen, die im Wind wehten, überwinden/überschreiten wir mächtig-gefährliche Pässe. (oder: ..., haben wir mächtig-gefährliche Pässe überschritten/durchschritten/durchgeschritten/überwinden.)

5. Wohin geht es?
6. Dorthin, wo ein Schneesturm am Gan-Fluß tobt, als läge dort ein Schleier.
7. Gestern ist der Befehl erteilt worden,
8. und die hunderttausend (Volksarmisten der) Arbeiter und Bauern dringen/stoßen nach Dji'an vor.

Zu 2.: Sollte „ungeduldigerer" hier einen negativem Nebensinn haben, muß man es durch einen anderen Ausdruck ersetzen.
Zu 3.: Ganz wörtlich: Über unseren Köpfen sind hohe Berge.
Engl. Übersetzung: Grags loom above our heads.

Von Tingtschou nach Tschangscha
-Zur Melodie von Die Lian Hua

① Im Juni unternehmen unsere himmlischen (d. h., gerechten und mächtigen) Truppen eine Strafexpedition gegen die verderbte Sünde.
② Ihr hunderttausend Fuß langes Seil will (den Riesenfisch) Kun und den (Riesenvogel) Peng gefangennehmen.
③ Dort drüben am Gan-Fluß wird eine Strecke Landes rot (im politischen Sinne des Wortes) ,
④ wo Huang Gong-lüe, auf den wir unser Vertrauen gesetzt haben, den Feind von der Flanke angreift.
⑤ Millionen von Arbeitern und Bauern erheben sich wie Feuer und Flamme.
⑥ Sie haben Kiangsi erfaßt und sind auf Hunan und Hubei losgestürmt.
⑦ Die Internationale tönt – ein Lied der heroischen Begeisterung.
⑧ Ein tobender Sturm fällt für uns vom Himmel herunter.

Gegen den ersten „Einkreisungsfeldzug"

1. Zehntausend Bäume boten im Frost einen prächtig-roten Anblick.
2. Unsere himmlischen [gemeint: gerechten und starken] Truppen waren von Empörung/von Entrüstung/mit Empörung/mit Entrüstung erfüllt, die bis ins Firmament emporstieg.
3. Longgang war in einen dichten Nebel eingehüllt, so daß tausend steile Gipfel von Dunkelheit umgeben/in Dunkelheit getaucht waren.
4. Da erhob sich ein vielstimmiger Schrei/vielstimmiges Geschrei.
5. Dort vorn haben wir Tschang Hui-dsan gefangengenommen.
6. Zweihunderttausend Mann (feindlicher Truppen) sind wieder nach Djiangsi gekommen,
7. als rollte(n) (Flammen und) Rauch, getrieben vom Wind, aus halbem/ hohem Himmel her/herüber/herunter.
8. Zehnmillionen von Arbeitern und Bauern sind aufgerufen/aufgeweckt wor-

den,
9. um mit ein und demselben Willen zu gemeinsamen Taten auszuziehen/für gemeinsame Taten ein Herz und eine Seele zu sein.
10. Am Fuß des Budshou-Berges flatterten überall unsere roten Fahnen/unsere roten Fahnen ineinander. ↖?

„Huai Nan Dsi" – Tiän Wen Hsün

Es war einmal in der alten Zeit ein Gong Gong, der mit Dshuan Hsü um den Kaiserthron rang. Gong Gong geriet in Wut und warf sich mit dem Kopf gegen den Budshou-Berg, Kolosale Säulen, die den Himmel unterstützen, brachen ab und dicke Seile/Taue, mit denen die Erde befestigt war, zerrissen. Der nordwestliche Teil des Himmels stürzte ein. So bewegten sich Sonne, Mond und Sterne nach Nordwesten. Der südöstliche Teil der Erde sank hinunter. So flossen Ströme und glitt staub nach Südosten.

„Guo Jü" – Dshou Jü

In der alten Zeit fiel Gong Gong von dieser Moral ab und schwelgte in einem äußerst luxuriösen und ausschweifenden Leben. Er wollte alle Flüsse und Seen zuschütten und alle Berge und Hügel ebnen lassen, um den Menschen Schaden zuzufügen. Der Himmel gönnte ihm keinen Segen. Das Volk leistete ihm keine Hilfe. Und es ereigneten sich Katastrophen und Rebellionen/Unruhen. Daran ging Gong Gong auch zugrunde.

(Erläuterung Wie Djias: ‚Djia Schi Dshong [Anmerkung: Gemeint ist Djia Kui aus der späteren Zeit der Han-Dynastie] sagte: Gong Gong war ein Fürst, ein Nachkömmling von Jan Di, mit dem Familiennamen Djiang. Als die Sippe Dshuan Hsü im Verfall war, griff Gong Gong andere Fürsten an und rang mit der Sippe Gao Hsin um den Thron, den er dann als Sieger bestieg.')

Sima Dshens Ergänzung zu „Biographien der drei Kaiser" aus/im Sidji

In ihren (Anmerkung: Gemeint ist Nü Was) letzten Jahren gab es unter den Fürsten einen Gong Gong. Er gewann durch Listen/Hinterlisten und Strafen an Stärke und stieg auf. Er gab keine moralische Erziehung, sondern übte einen gewaltigen

Druck aus, und versuchte, die Moral unter dem Kennzeichen Holz durch die Moral unter dem Kennzeichen Wasser zu ersetzen. So kam es zum/zu einem Kampf mit Dshu Rong. Gong Gong konnte keinen Sieg erzielen. Vor Wut warf er sich mit dem Kopf gegen den Budshou-Berg. Säulen, die den Himmel unterstützten, brachen ab. Seile/Taue, mir denen die Erde befestigt war, wurden abgerissen.

So steht es im Original

Amerkung Maos:

Es gibt verschiedene Varianten.

Ich wähle/ziehe „Hua Nan Dsi-Tiän Wen Hsün" aus/vor. Gong Gong war ein Held, der den Sieg errungen hatte. Schau mal, „Vor Wut warf er sich mit dem Kopf gegen den Budshou-Berg. Säulen zur Unterstützung des Himmels brachen ab. Seile/Taue zur Befestigung der Erde wurden abgerissen. Der nordwestliche Teil des Himmels stürzte ein. So bewegte sich Sonne, Mund und Sterne nach Nordwesten. Der südöstliche Teil der Erde sank hinunter. So flossen Ströme und glitt staub nach Südosten." Ob er ums Leben gekommen war? Es wurde nicht gesagt. Er schien nicht ums Leben gekommen zu sein. Gong Gong hatte/erzielte tatsächlich den Sieg erzielt.

Gegen den zweiten „Einkreisungsfeldzug"

1. Über/Auf dem Gipfel des Berges der Weißen Wolken wollten (auch) die Wolken [vor Entrüstung] sich türmen/aufstehen.
2. Am Bergfuß erhob sich ein hastiges [sinngemäß: hysterisches] Geschrei.
3. Auch verwelkte Bäume und verfaulte Stümpfe zogen zu gemeinsamen Taten aus.
   [Gemeint: Da reihten sich auch die Alten und die Kränklichen (in den Kampf) ein.]
4. /5. Mit einem Wald von Gewehren griffen, (wie) aus dem hohen/hohem Himmel herunterstürmend, unsere fliegenden Kämpfen an.
6. In fünfzehn Tagen legten wir siebenhundert Li zurück.
7. Der Gan-Fluß lag im Nebel/wie unter einem Schleier, und die Berge in Fukien standen grün.

8. In raschem Tempo und mit unaufhaltsame(n) Vorstöße(n) setzten wir die (feindlichen) Truppen zu Zehntausenden Mann außer Gefecht, als rollten wir eine Matte ein.
9. Es gab Leute, die da wimmerten (engl: wailing).
10. Was half es, wenn man seufzend (Tränen vergoß), weil die Stützpunkte/Bollwerke (engl: bastions), die man bei jedem Schritt errichtet hatte, liquidiert worden waren?

Dabodi

1. Rot, Orange, Gelb, Grün, Blau, Indigo, Purpur/Violett.
2. Wer schwenkt hoch am Himmel das bunte Seidenband?
3. Der Regen hörte auf und die Sonne geht unter.
4. Die Pässe und Berge schlagen uns eine Welle von Blau nach der anderen entgegen. //Die Pässe und Berge schlagen uns bald ein helles, bald ein dunkles Blau entgegen, schimmern bald hellblau, bald dunkelblau.
5. Einmal/In jenem Jahr tobte hier ein heftiges Gefecht.
6. Schüsse durchbohrten die Wände des Dorfes dort drüben.
7. Die Löcher schmücken diese Pässe und Berge//Die Löcher sind eine Dekoration dieser/für diese Pässe und Berge,
8. so daß es/diese heute noch herrlicher/schöner aussieht/aussehen.

Hueetschang

1. Im Osten wird der Tag bald anbrechen.
2. (Aber) behauptet nicht, daß ihr (=wir) in aller Frühe aufgebrochen seid (sind)/marschieren.
3. Wir haben all die grünen Berge überkommen/überstiegen, sind aber nicht alt (geworden).
4. Die Landschaft hier an dieser Seite ist einzig schön.

5. Die hohen Gipfel in den Vororten/außerhalb der Stadt
6. stehen aneinander und ziehen sich bis zum Ostmeer.
7. Die Kämpfer weisen und schauen/blicken auf die Provinz Guangtung, die südlich liegt.
8. Dort ist es noch üppiger und grüner/stehen noch üppigere und grünere Bäume.

Louschanpass

Scharf weht der Westwind.
Hoch am Himmel gackern Wildgänse im Mondlicht des frostigen Morgens.
Im Mondlicht des frostigen Morgens
Durcheinander hallt das Geklapper der Pferdehufe,
Und stoßweise (gedämpft) tönt der Schall der Trompeten.

Daß der mächtige Paß so fest wie aus Eisen dasteht, ist nicht der Rede wert.
Noch an diesem Tag schreiten wir aus und überklimmen den Grat.
Überkommen den Grat.
Die blauen Berge gleichen einem Meer,
Die untergehende Sonne dem Blut.

Drei Kurze Gedichte
/Drei Gedichte mit je sechzehn Schriftzeichen

I
1. Berge
2. Auf ihnen/Darauf schlage ich, ohne aus dem Sattel herunterzusteigen, mit der Peitsche noch kräftiger und häufiger auf das Pferd, so daß es noch schneller galoppiert.
3. Erstaunt blicke ich hinter mich/nach hinten,

▲ 4. da finde ich mich nur noch drei Fuß drei/drei Tschi drei Tsün vom Himmel entfernt.

II
1. Berge
2. Sie gleichen umstürzenden Meeren und Flüssen, die hohe Riesenwellen schlagen.
3./4. Sie gleichen zehntausend Pferden, die hastig galoppieren und mitten im/in einem heftigen Kampf stehen.

III
1. Berge
2. Sie haben das Blau des Firmaments durchdohrt/durchbohren das blaue Firmanment, ohne daß die Spitze abgebrochen sind/abbrechen.
3. Der Himmel droht abzustürzen,
4. Sie werden ihn aber stützen.

▲ Ein Volkslied lautet //hat den Wortlaut/Text:
Oben ist der Berg der Skelette,
unten der Berg der Acht Schätze/3 Fuß 3 unter dem Himmel
Wenn man es zu Fuß überklimmt,
dann/so muß man den Kopf senken.
Wenn man es zu Pferd überklimmt,
dann/so muß man aus dem Sattel heruntersteigen/absteigen.

Der lange Marsch
Okt. 1935

① Die Rote Armee hat keine Furcht vor den Schwierigkeiten (Drangsalen) auf dem Langen Marsch.
② Für sie sind zehntausend Ströme und tausend Berge nichts als eine geringfügige Alltäglichkeit.

③ Die Fünf Gipfel schlängeln sich wie eine winzige Wellenlinie.
④ Der mächtige Wumeng (ein Berg in der Provinz Yünnan) gleicht einem rollenden Kügelchen aus Lehm.
▲ ⑤ Warm sind die wolkenumwehten Klippen, gegen die Wasser des Goldsandflußes spülen.
⑥ Kalt sind sie Eisenketten, die sich als eine Brücke über dem Dadu-Fluß spannen.
⑦ Die tausend Li Schnee auf dem Min-Berg stimmten sie (d. h. die Rote Armee) noch freudiger.
⑧ Als die Armee ihn überklommen hat, strahlen alle Gesichter.

▲ Zu Zeile 5:
1. Das Institut für weiter studierende Lehrer, Kanton gibt aber in seiner Zusammenstellung folgende Erläuterung:
„Wie ein fliegender Pfeil brauste der Goldsandfluß dahin. Es war im Mai, als es dort glühend heiß war. Die Wasser, die an die bis in die Wolken emporragenden steilen Klippen brandeten, wurden warm."

2. In der englischem Übersetzung („Chinese Literature" Nr. 3/1958) heißt es:
Warm are the cloud-topped cliffs washed by the River of Golden Sand.
…

Ich kann nicht feststellen, welche Auffassung von den verschiedenen die richtige ist.

(Der) Kunlun (-Berg)
– Zur Melodie von Niang Nu Djiao
Okt. 1935

(1) Zum Himmel über der Welt emporragend,
(2) hat der riesig-mächtige/gigantisch-mächtige Kunlun(-Berg)

(3) all die Frühlingsfarbe [gemeint: Frühlingsherrlichkeiten] im Auge aufgenommen.

(4) [Es wirbeln so viele Schneeflocken umher,] als flögen drei Millionen von Weißjadedrachen auf, ▲

(5) so daß der Himmel in seiner ganzen Weite bis zum äußersten erkaltet ist.

(6) Wenn (der Schnee) in den Sommertagen verschmolzen ist

(7) und die Flüsse aus den Ufern getreten sind,

(8) dann gibt es Menschen, die zu Fischen oder Schildkröten werden [gemeint: ertrunken sind].

(10) Wer hat jemals gesprochen,

(9) über all deine Verdienste und Verbrechen seit diesen Jahrtausenden?

(11) Und nun sage ich dir, Kunlun(-Berg),

(12) Sei nicht so hoch,

(13) trage nicht so viel Schnee.

(14) Wie soll ich mich an den Himmel lehnen, um das Schwert zu ziehen

(15) und dich damit in drei Teile zu zerschneiden?

(16) Der eine wird Europa zuteil werden.

(17) Der andere wird Amerika gegeben werden.

(18) Der dritte wird dem Ostland [nicht sicher, ob Ostland oder Ostländer] bleiben.

(19) Da herrscht auf der Welt Frieden.

(20) Und der ganze Globus wird diese Kühle und Hitze teilen.

▲ (Anmerkung des Dichters:)

Ein Dichter aus der alten Zeit schrieb: „Als die drei Millionen Weißjadedrachen gefochten hatten, füllten ihre abgefallenen Schuppen den ganzen Himmel." Damit meinte er die herumwirbelnden Schneeflocken. Hier berufe (ich mich) auf die eine Zeile, um den Schneeberg zu beschreiben. In Sommertagen, wenn man den Minschan erstiegen hat und in die Ferne blickt, sieht man viele Gipfel, gänzlich mit Schnee bedeckt, so daß man glauben kann, sie seien beim Tanz. Unter den einfachen Menschen war eine Sage im Umlauf, daß hier lauter Flammenberge standen, als der Affenkönig Sun in der damaligen Zeit vorbeiging. Er war es, der den Fächer aus Palmblättern lieh und die Flammen verlöschte. Das war die Ursache dafür, daß die Berge (zufroren und) weiß wurden.

Reime:

(1) lün (a) 仑
(2) schi (b) 世
(3) se (c) 色
(4) wan (d) 万
(5) tzhe (c) 彻
(6) rong (e) 溶
(7) ji (b) 溢
(8) bië (f) 鳖
(9) dsui (g) 罪
(10) schuo (h) 说
(11) lün (a) 仑
(12) gao (i) 高
(13) chüe (j) 雪
(14) djiän (k) 剑
(15) djië (f) 截
(16) ou (l) 欧
(17) mei (m) 美
(18) guo (h) 国
(19) djië (f) 界
(20) ri (b) 热

1. Zum Himmelüber der Welt emporragend, hat der Kunlunberg
   All die Frühlingsfarbe in *den*① Augen auf *genommen*

1_1) „Frühlingsfarbe" ist im Chinesischen eine stehende Wendung, im Sinne von „Herrlichkeiten" oder „Pracht". *Bitte laß das Wort „Frühlingsfarbe" stehen, es ist sehr schön.*

1_2) „All... in die Augen (? od. ins Auge) aufnehmen" soll die Bedeutung von „all... stehen", „all... übersehen" (*besser: „überlicken"*), heißt hier nicht „vernachlässigen", sondern „alles sehen, ohne irgendwas unbemerkt zu lassen".

1_3) Ist es richtig, wenn man sagt: all die Frühlingsherrlichkeit od. -pracht in die Augen aufnehmen (*besser: im Auge aufnehmen*) [*nicht wohin, sondern wo*]

2. der riesig-mächtige oder kolossal-mächtige/od. gigantisch-mächtige Kunlunberg

3. (Es gibt so viel Schnee,) daß der ganze Himmel bis zum äußersten erkältet ist (oder daß der Himmel in seiner ganzen *Weite* bis zum äußersten erkältet ist.)

3_1) Es wirbeln so viele Schneefolcken umher, als flögen drei Millionen von Weißjadedrachen auf, daß es am Himmel äußerst kalt geworden ist.

4. Wie soll ich mich an den Himmel lehnen, um das Schwert zu ziehen und dich damit in drei Teile *zu zuschneiden*?

5. Der eine Teil wird Europa zuteil werden/gegeben werden/geschenkt werden.

5_1) Der dritte Teil wird den Ostländern *bleiben*

6. Der ganze Globus wird diese Kühle und Hitze teilen/gemeinsam erleben.

7. Die Fläche von *eintausend* Quadratli wird mit Eis bedeckt

8. Über dem Feld von *zehntausend* Quadratli wirbeln Schneeflocken *umher*.

9. Wenn man sich auf der Chinesischen Mauer nach allen Seiten umblickte, ob nach innen oder nach außen, so sieht man...

10. Der Gelbe Fluß, ob am Ober-oder Unterlauf, hat auf einmal zu toben aufgehört.

10_1) Führe bitte einige Synomyme zu „toben" (im Zusammenhang mit „See", „Meer", „Wasser") und Wendungen in dieser Bedeutung an!

---

① 斜体字部分为朱白兰教授修改意见。——编者注。下同。

10.₂) In dem Fluß ist eine mitreißende Strömung erfroren.
11. Die Berge glichen silbernen Schlangen, die sich in Wendungen dahin bewegen/sich dahin schlängeln
11.₁) Wie soll man den Ausdruck „sich schlängeln" vermeiden, ohne den Sinn zu verlieren? *Man kann auch sagen: „sich winden".*
12. Die Tsching-Djin-Hochebene glich wächsernen Elefanten, die galoppierten als wollten sie mit dem Himmel wetteifern, um festzustellen, wer höher oder überlegen ist, sie oder der Himmel.
12.₁) Hier soll ausgedrückt werden: Die Elefanten bewegten sich in großen Tempo vorwärts.
12.₂) Kann ein anderes Tier, wie z. B. ein Elefant, auch galoppieren. *Antwort im Brief*!
12.₃) „Sie wollten mit dem Himmel wetteifern" bedeutet „Sie wollten es tun, um festzustellen, ob sie dem Himmel gegenüber überlegen waren/ob sie höher als der Himmel waren."
13. Erst bei herrlichem Wetter bietet sich ein außerordentlich prächtig-anziehender Anblick, wo man an einem Kontrast von einem roten Putz und einem weißen Kleid die Augen weidet.
13.₁) Geb bitte ein paar Beispiele mit Ausdrücken im Sinne von Putz, Aufputz, Aufdonnern, Ausschmuck (bei Frauen)! *Antwort im Brief*!
13.₂) Man sieht ein rotes Kleid, das das weiße überzogen hat.
14. Die Berge und Flüsse bilden so viele anmutige Schönheiten/Herrlichkeiten, daß unzählige Helden sich verneigt haben, um sie zu bewundern.
15. Bei dem Kaiser X läßt leider die belletristische Schönheit ein wenig zu wünschen übrig.
16. Der Kaiser Y bleibt in den literarischen Fähigkeiten/der literarischen Begabung ein bißchen zurück
16.₁) Führe bitte ein paar Ausdrücke an, die das Gegenteil des Wortes „überlegen" (adj.) [im Sinne von „höher als...", „... übertreffend"] bedeutet. *Antwort im Brief*!
17. Der Gunstsohn des Himmels/der Natur in seinem Zeitalter, Genghis Khan, verstand nichts als den Bogen zu spannen, um Adler abzuschießen.
17.₁) „Adler" hier: eine Art Raubvogel, der sehr schnell fliegt, darum ist es nicht leicht, ihn abzuschießen. Im englischen: golden eagle.

18. Zählt man verdienstvoll-einflußreiche Persönlichkeiten auf, so sind sie erst heute in der gegenwärtigen Zeit zu finden.
19. Unter der Han-Dynastie nannte man die Hunnen Gunstkinder/Lieblingskinder des Himmels. Denn man glaubte, die Stärke der Hunnen sei auf die Gunst des Himmels zurückzuführen.
20. Ein Dichter aus der alten Zeit schrieb: „ Als die drei Millionen Weißjadedrachen gefochten/gekämpft hatten, füllten sie den Himmel mit ihren abgefallenen Schuppen/ihre abgefallenen Schuppen den ganzen Himmel (od. auch: wirbelten ihre a. S. am ganzen Himmel herum). " Damit meinte er die herumwirbelnden Schneeflocken. Hier berufe/beziehe ich mich auf die eine Zeile, um den Schneeberg zu beschreiben. Im Sommer/ In Sommerlagen, wenn man den Minschan erstiegen hat und in die Ferne blickt, sieht man viele Gipfel/Berge, gänzlich mit Schnee bedeckt, so daß man glauben kann, sie seien beim Tanz. Unter den einfachen Menschen war eine Sage im Umlauf/ging eine Sage, daß hier lauter Flammenberge standen, als der Affenkönig Sun in der damaligen Zeit vorbeiging, war es der den Fächer aus Palmblättern lieh und die Flammen *verlöschte*. Das war die Ursache dafür, daß die Berge zufroren und weiß *wurden*.
21. Führe bitte einige *Synonyme* Ausdrücke im Sinne von „herumwirbeln" bei Schneeflocken an!
    Antwort im Brief!

(Der) Liupan-Berg

1. Der Himmel ist hoch, die Wolken dünn.
2. Ich sehe zu, wie die Wildgänse nach Süden ziehen, bis sie außer Sicht gekommen sind.
3. Könnten wir die Chinesische Mauer nicht erreichen, so wären wir keine Helden.
4. Wir zählen an den Fingern ab und stellen fest, daß wir bereits zwanzigtausend li zurückgelegt haben.
5. Auf den hohen Gipfeln des Liupan-Berges

6. falttern unsere roten Fahnen im Westwind.
7. Heute haben/halten wir das lange Seil in den Händen.
8. Wann werden wir den Blauen Drachen festbinden/gefangennehmen/fangen.

zu 7: engl.: the long cord

Schnee
– Zur Melodie von Tsching Yüan Tschün
Feb. 1936

(1) Die schöne Landschaft des Nordlandes:
(2) (Die Fläche von) eintausend (Quadrat)li wird mit Eis bedeckt.
(3) (Über dem Feld von) zehntausend (Quadrat)li wirbeln Schneefolcken umher.
(4) (Wenn man sich auf der) Chinesischen Mauer (nach allen Seiten um) blickt, (ob) nach innen (oder) nach außen,
(5) (so sieht man) nichts als (den) unübersehbaren (Schnee).
(6) Der große Fluß [gemeint: Der Gelbe Fluß], (ob am) Ober-(oder) Unterlauf,
(7) hat auf einmal zu toben aufgehört.
(8) Die Berge (gleichen) silbernen Schlangen, die sich in Wendungen dahin bewegen;
(9) und die Hochebene▲ wächsernen Elefanten, die galoppieren,
(10) als wollten sie mit dem Himmel wetteifern, um festzustellen, wer höher/ überlegen [nicht sicher, ob höher oder überlegen] ist.
(11) Erst bei herrlichem Wetter
(13) (bietet sich ein) außerordentlich prächtig-anziehender (Anblick),
(12) (wo man) an (einem Kontrast von) einem roten Putz und einem weißen Kleid die Augen weidet.

(14) Die Berge und Flüsse (bilden) so viele anmutige Schönheiten,
(15) daß unzählige Helden sich verneigt haben, um sie zu bewundern.

(16) Aber ach, /Leider läßt bei Tschin Schi Huang und Han Wu Di
(17) die belletristische Schönheit ein wenig zu wünschen übrig,
(18) und Tang Tai Dschung und Song Tai Dsu
(19) bleiben in den literarischen Fähigkeiten ein bißchen zurück.
(20) Der Gunstsohn der Natur in seinem Zeitalter,
(21) Dschingig Khan
(22) Verstand nichts als den Bogen zu spannen, um Adler [hier: eine Art Raubvogel, der sehr schnell fliegt, darum ist nicht leicht, ihn abzuschießen. Im englischen: golden eagle.] anzuschießen.
(23) Alle (gehören der) Vergangenheit (an)!
(24) Zählt man verdienstvoll-einflußreiche Persönlichkeiten auf,
(25) so sind sie erst heute/in der gegenwärtigen Zeit zu finden.

▲Damit ist gemeint: die Tsching-Djin-Hochebene

Reime

△ (1) guang 光 (a)
(2) feng 封 (b)
△ (3) piao 飘 (c)
(4) wai 外 (d)
△ (5) mang 莽 (e)
(6) chia 下 (f)
△ (7) tao 滔 (g)
(8) sche 蛇 (h)
△ (9) chiang 象 (i)
○ (10) gao 高 (g)
(11) ri 日 (j)
(12) guo 裹 (k)
○ (13) rao 娆 (g)
○ (14) djiao 娇 (c)
○ (15) jao 腰 (g)
(16) wu 武 (l)
(17) tsai 采 (m)
(18) dsu 祖 (l)

○ (19) sao 骚 (g)
○ (20) djiao 骄 (c)
(21) han 汗 (n)
○ (22) diao 雕 (c)
(23) ji 矣 (j)
(24) wu 物 (l)
○ (25) dshao 朝 (g)

Die Volksbefreiungsarmee besetzt Nanking

(1) Am Dschong-Berg erhoben sich in plötzlicher Umwandlung Wind und Regen.
(2) Unsere Millionen zählende, machtvolle Armee überquerte den Yangtse-Fluß.
(3) Die Stadt, deren Stein-Mauer wie ein Tiger da hockt und deren Dschong-Berg wie ein Drache gewunden liegt, blüht heute wie nie zuvor.
(4) In revolutionärer Begeisterung und heroischem Triumph vollbringt man gewaltige Umwälzungen, wie wenn man den Himmel und die Erde umdrehte.
(5) Man soll sich nach den Siegen weiter bemühen und im Kampfwillen nichts nachlassen, um den besiegten Feind zu verfolgen,
(6) und nicht von dem Mächtigen König lernen, der sich vergeblich einen leeren Ruf zu erwerben versuchte.
(7) Hätte die Natur Gefühle, so würde sie auch gealtert sein.
(8) Die normale Gesetzmäßigkeit für die menschliche Gesellschaft besteht darin, daß sich das Meer in ein Maulbeerfeld verwandelt.

Zu (7): Gemeint: veraltert sein vor der Reaktion, die auch ihr (der Natur) unerträglich geworden wäre.

朱白兰在中山大学
——纪念朱白兰先生逝世五十周年

1. Ich blicke zum Himmel von Tschu in seiner ganzen Ausdehnung empor, soweit das Auge reicht.
2. Den Windstößen und Wellenschlägen zum Trotz
3. Es ist besser, als wenn man auf dem/einem stillen/ruhigen Hof einen planlosen Spaziergang macht.
4. Heute habe ich frei.
5. Konfuzius sagte am Fluß: „So sieht es also aus, was verfließt." („Die Zeit vergeht so, wie das Wasser dahinfließt.")
6. Maste (im Singular: Mast) und Segel bewegen sich im Wind vorwärts.
7. Ein großartiger Plan ist ausgearbeitet worden und geht nun in Erfüllung.
8. Eine Brücke führt vom Norden nach dem Süden/von Norden nach Süden, als flöge sie darüber *hin*①.
9. Aus der von Natur bewachsenen/fast unüberwindlichen Kluft ist eine freie Bahn geworden.
10. Wir erreichten eine Steinmauer am Westfluß, um dem Wasser/Wolken und Regen/das Wasser einzudämmen am Wu-Berg Einhalt zu gebieten.
11. Der Yangtse-Fluß fließt von Westen nach Osten /vom Westen nach dem Osten. So wurde er von der Bevölkerung Tschus als Westfluß bezeichnet.
12. Aus den hohen Klippen einen wellenlosen Seemachen/einen See, so flach/wellenlos wie ein Spiegel (wörtlich einfach: „flach" ohne jegliches Wort im Sinne von „Spiegel")
13. Der Fee am Wu-Berg geht es vermutlich noch immer gut.
14. Sie soll über die gewaltigen Umwälzungen auf der Welt erstaunt sein.
15. Am Dschong-Berg erhoben sich/erhob sich/kamen/kam in plötzlicher Umwandlung Wind und Regen/ein Sturm auf.
16. Unsere Millionen zählende, machtvolle Armee überquerte/setzte über den Yangtse-Fluß über.
17. Die Stadt, deren Dschong-Berg wie ein Löwe sich windet/gewunden liegt, und deren Stein-Mauer wie ein Tiger da hockt, blüht heute wie nie zuvor. (*im Englischen u. bei schickel heißt es nicht „Löwe", sondern „Drache."*)
18. In revolutionärer Begeisterung und heroischem Triumph vollbringt/vollzieht/verrichtet man gewaltige Umwälzungen wie wenn man den Himmel

---

① 斜体字部分为朱白兰教授修改意见。——编者注。

und die Erde umdrehte.
19. Man soll sich nach den Siegen weiter bemühen/am Kampfwillen nichts verlieren/im Kampfwillen nicht nachlassen, um den besiegten Feind zu verfolgen, und nicht von dem Mächtigen König lernen, der sich vergeblich einen leeren Ruf zu erwerben versuchte. („ *sich* " *ist überflüssig, aber nicht falsch.*)
20. Hätte die Natur Gefühle, so würde sie (vor der Reaktion) veraltet sein/alt geworden sein. (gemeint: vor der Reaktion, die auch ihr unerträglich geworden wäre)
21. Die normale Gesetzmäßigkeit der Gesellschaft/für die menschliche Gesellschaft besteht darin, daß das Meer sich ins Maulbeer-Feld (engl.: mulberry fields) verwandelt.

宜将剩勇追穷寇
不可沽名学霸王

Mit Macht und Übermacht sollen wir den wankenden Feind verfolgen und nicht einem Sieger nachahmen, der den eitlen Ruhm der Großmut sucht.

天若有情天亦老
人间正道是沧桑

Hätte die Natur Gefühle, könnte die Natur fühlen, sie würde es nicht erfragen (od. sie würde alt vor Kummern <vor Kummer> dahin welken). Aber der breite Weg der Menschen ist die Wandlung von Meeren in Maulbeerenhaine.

An Herrn Liu Ja Dsi
29. 4. 1948

1. Ich kann nicht vergessen, /Es kommt mir nicht aus dem Sinn, daß wir beide einmal in Kanton Tee getrunken haben.
2. In Tschongtsching, als die Blätter vergilbten, haben Sie von mir Verse verlangt.
3. Einunddreißig Jahre sind inzwischen vergangen, nun bin ich nach der alten Hauptstadt zurückgekehrt.
4. Als die Blüte/Blumen abfielen, habe ich Ihr schönes Werk gelesen.
5. Geben Sie auf Gedärm gut acht, es wird vor zuviel Unzufriedenheit noch platzen. (Gemeint: Geben Sie auf Ihre Gesundheit gut acht, sie wird an zuviel Unzufriedenheit noch zugrundegehen/Geben Sie auf Ihr Herz gut acht, es wird vor zuviel Unzufriedenheit noch brechen.)
6. Wir sollen die Dinge der Welt immer inweiter/langer Sicht und in der/ihrer Hauptsache betrachten.
7. Sie möchten das Wasser/die Wasser des Kunming-Sees nicht als seichte betrachten.
8. Er/Sie/Es übertrifft/übertreffen den Futschün-Fluß, wenn man sich Fische ansieht.

Antwort an Herrn Liu Ja Dsi
– Zur Melodie von Wan Hsi Scha

Beim Besuch der Aufführungen am Nationalfeiertag des Jahres 1950 improvisierte Herr Liu Ja Dsi ein Gedicht zur Melodie von Wan Hsi Scha. Ich schrieb folgende Verse als Antwort, indem ich von denselben Reimen und deren Reihenfolge Gebrauch machte.

1. Über dem Karmin-Reich herrschte eine lange Nacht, die sich hartnäckig sträubte dem Tag zu weichen.

2. Ein Jahrhundert hindurch tanzten ausgelassen die Dämonen und Monstren einen wüsten Wirbeltanz.
3. so daß das 500 Millionen zählende Volk nicht geschlossen/beisammen/vereinigt sein konnte.
4. Mit einem Hahnesgeschrei ist der Tag angebrochen, dessen Helligkeit das ganze Land erleuchtet.
5. Zehntausend Völker spielen Musik, darunter auch (das) Khotan (-Ensemble).
6. Um so mehr hat der Dichter empfunden/empfindet der Dichter, eine Freude und Inspiration wie nie zuvor.

* improvisierte: engl. composed (an) impromptu (poem)
* Karmin: im Sinne von „rot"; engl.: crimson. In der Klassik stand auch das Karmin-Reich für China.
* ausgelassen: Hier soll „außer sich vor Freude" zum Ausdruck gebracht werden, und zwar mit einer negativen Schattierung. „Leichtbeschwingt" sollte eine negative Nebenbedeutung haben.

Beedaihe

1. Ein strömender Regen prasselt/gießt/nieder über (dem Nordland) Jou Jan.
2. WeißeWellen toben/Brandungen brausen bis zum Himmel empor.
3. Von den Fischbooten, die von der Tschinghuang-Insel gefahren sind
4. ist auf dem unübersehbaren Meer keines (mehr) zu sehen.
5. Wer weiß wohin?
6. Es sind nun schon (etwa mehr als) ein tausend Jahre her, /Es gehört der Vergangenheit vor (etwa mehr als) einem Jahrtausend an,
7. daß der Kaiser Wu von Wee hier vorbeifuhr/gefahren ist, mit der Peitsche (auf das Pferd) schlagend.
8. Er hinterließ Gedichte/hat Gedichte hinterlassen, über seinen Besuch bei dem östlichen liegenden/ostwärts auf/an dem Jieschi-Berg.
9. Heute raschelt wieder einmal der Herbstwind.

10. Aber die Welt/Gesellschaft hat schon gründliche Umwälzungen erfahren/erlebt.

Schwimmen
Zur Melodie von Schüi Diao Ge Tou

(1) Soeben habe ich Wasser/das Wasser von Tschangscha getrunken

(2) und nun auch Fische von Wutsang gegessen.

(3) Jetzt überquere ich den zehntausend Li langen Yangtse-Fluß

(4) und blicke zum Himmel von Tschu in seiner ganzen Ausdehnung empor, soweit das Auge reicht,

(5) den Windstößen und Wellenschlägen zum Trotz.

(6) Es ist besser, als wenn man auf einem stillen Hof einen planlosen Spaziergang macht.

(7) Heute habe ich frei.

(8) Konfuzius sagte am Fluß:

(9) „So sieht es also auf, was verfließt!"

(10) Maste und Segel bewegen sich im Wind vorwärts.

(11) Der Schildkröten- und der Schlangen-Berg bleibenstehen/still.

(12) Ein großartiger Plan ist ausgearbeitet worden und geht nun in Erfüllung.

(13) Eine Brücke führt vom Norden nach dem Süden, als flöge sie darüber hin,

(14) so daß aus der von der Natur geschaffenen Kluft eine freie Bahn geworden ist.

(15) Noch dazu errichten wir eine Steinmauer am Westfluß,

(16) um Wolken und Regen am Wu-Berg Einhalt zu gebieten,

(17) und aus den hohen Klippen wird ein wellenloser See gemacht.

(18) Wenn es der Fee (am Wu-Berg), wie vermutlich, immer noch gut geht,

(19) so soll sie über die gewaltigen Umwältzungen auf der Welt erstaunt sein.

Zu (9): Gemeint: Die Zeit vergeht so, wie das Wasser dahinfließt.

Zu (14): Gemeint: aus der fast unüberwindlichen Kluft.

Zu (15).: Der Yangtse-Fluß fließt von Westen nach Osten. So wurde er von der Bevölkerung Tschus als Westfluß bezeichnet.

Zu (16).: Gemeint: um das Wasser einzudämmen.

Antwort an Li Schu-ji

1. Ich verlor meine stolze/gesund-kräftige Pappel und Du Deine/du deine Welde.
2. Die Blütchen von Pappel und Weide flogen leicht beschwingt bis in die neunte [gemeint: höchste] Stufe des Himmels empor.
3. Wu Gang wurde gefragt, was er zu bieten habe/was er zur Bewirtung.
4. Er trug Kassiawein auf.
5. Die einsame (Fee) Tschang E breitete ihre (langen und) weiten Ärmel aus/schwenkte ihre (langen und) breiten Ärmel hin und her,
6. um in dem unermeßlich ausgedehnten Himmel für die treuen Seelen zu tanzen.
7. Plötzlich kam die Nachricht, daß die/der Tiger auf Erden besiegt worden waren/war.
8. Da vergossen sie (Freuden)tränen, die sich in einen strömenden Regen verwandelte.

Zu 4.: Ich weiß nicht, wie cassia wine im deutschen heißt.

Abschied vom Seuchengott

In der „Renmin Ribao" vom 30. Juni 1958 las ich von der vollbrachten Ausrottung der Schistosomiasis. Mir kamen so viele Einfälle, einer nach dem anderen, wie beschwingte Vögel, daß ich in der Nacht keinen Schlaf finden konnte. Es wehte eine warme Brise. Die aufgehende Sonne schien durchs Fenster. Ich blickte zum südlichen Himmel empor und griff in meinem Glück zur Feder (wörtlich: zum

Schreibepinsel).

– Der Dichter

I

① Grüne Flüße und blaue Berge – diese Vielfalt ist nutzlos.
② Vor den winzigen Keimen war auch Hua Tuo ratlos.
③ Das Unkraut überwucherte tausend Dörfer und der Durchfall schwächte die Menschen.
④ In zehntausend Häusern herrschten Verlassenheit und Öde, und zu vernehmen war nichts als die Gesänge der Gespenster.
⑤ Auf der Erde sitzend, lege ich täglich achttausend Li zurück,
⑥ und den Himmel durchstreifend, sehe ich in der Ferne eintausend Milchstraße (Sternsysteme).
⑦ Der Rinderhirt wollte wissen, was mit dem Seuchengott los war,
⑧ da gab (ich) zur Antwort: Bitterkeit und Fröhlichkeit sind beide verflossen (verronnen).

II

① Der Frühlingwind bläst in den tausend und aber tausend Pappel- und Weidenzweigen.
② Die sechshundert Millionen Menschen in diesem Feenland kommen alle Yao und Schün gleich (gemeint: Das 600 Millionen Menschen zählende Volk Chinas hat ungeheure Leistungen vollzogen).
③ Roter (Funken-/Blüten-) Regen schlägt nach Herzenslust Wellen.
④ Dienstbereit verwandeln sich die grünen Berge in Brücken.
⑤ Silberne (Silberblanke) Hacken senken sich auf die himmelhohen Fünf Gebirge,
⑥ und eiserne Arme rütteln an den drei Strömen, wobei die Erde bebt.
⑦ Wir möchten den Seuchengott fragen: „Wohin mit dir?"
⑧ Papierboote werden verbrannt und Kerzen angezündet, und darum leuchtet der Himmel.

Wiedersehen mit Schaoschan
Juni 1959

Am 25. Juni kam ich nach Schauschan. Es war nun schon 32 Jahre her, daß ich diesen Ort verlassen hatte.

– Der Dichter

① Ich verfluche die verflossene Zeit, an die blasse Erinnerung mir wie ein Traum vorkommt.
② Es ist nun schon 32 Jahre her, seit ich mein Heimatdorf verließ.
③ Rote Fahnen erwecketen die Bauern, die wie Sklaven gelebt hatten und nun zu den Hellebarden (sinngemäß: Speeren) griffen,
? 4 – 1 während die schwarzen Hände (sinngemäß: Krallen) die Peitsche der Gewaltsherrscher hochhielten.
? 4 – 2 und die geschwärzten Hände hielten die Peitsche der Gewaltsherrscher hoch.
⑤ (Viele) bittere Opfer stärken den kühnen Entschluß,
⑥ der es wagt, Sonne und Mond in neuen Himmeln scheinen zu lassen.
⑦ Ich bin glücklich, daß ich sehe, wie sich ein tausendfaches Gewoge von Reis und Bohnen bewegt,
⑧ und wie Helden aus allen Himmelsrichtungen/rundherum/ringsum beim Abenddunst von getaner Arbeit heimkehren.

Manche sind der Ansicht, mit den „Händen" in der vierten Zeile seien die finsteren Mächte gemeint; manche vertreten aber die Auffassung, die „Hände" stünden hier für die Bauern, die sich erheben. Ich bin darüber noch nicht ins Klare gekommen.

– Dschang Peng-gao

Aufstieg auf den Lu-Berg

1. Ein Berg ragt am großen Fluß empor, als wäre er herbeigeflogen.
2. Vierhundert Biegungen zurücklegend/zurückgelegt, bin/sprang ich den üppig und tiefgrün/dunkelgrün bewaldeten Berg hinaufgestiegen. //habe/ erreichte ich die Höhe des mit üppigen und tiefgrünen Bäumen bedeckten Berges erreicht.
3. Mit kühlen Blicken zum Meer hinüber betrachte ich die Welt.
4. Vom heißen Wind angetrieben gehen/prasseln Regentropfen vom Himmel über den Flüssen nieder/über den Flüssen nieder, die sich bis zum Horizont ziehen.

5. Dort, wo Wolken über den neun (= zahlreichen) Verzweigungen (des Yangtse-Flußes) ziehen, schwebt der Gelbe Kranich.
6. Dort, wo Wellen/Fluten nach drei Wu (= dem Unterlauf des Yangtse-Flußes) hinunter rollen/brausen/fließen, steigt weißer Rauch empor.
7. Man weiß nicht, wo Präfekt Tao (Yüan-ming) steckt.
8. Kann man im Dorf der Pfirsichenblüten den Acker bebauen?

Zu 7.: „Präfekt" soll „Kreisleiter" entsprechen.

MAO TSE-TUNG:

Inschrift auf einer Aufnahme mit einer Volksmilizionärin
(od.: mit Volksmilizionärinnen)
(Februar 1961)

Strahlend vor anmutigem Heldentum stehen sie mit Gewehren, die fünf Fuß hoch sind,
auf dem Übungsplatz in der Morgendämmerung.
Chinas Töchter sind voll hochstrebenden Willens,
sie lieben nicht rote Kleider, sondern Waffenkleider.

1968 Prosaübersetzung von Dschang Peng-gao

康生:《朱履曲》
序云:"一九五九年七月五日与主席、伯达等同志游仙人洞。相传此处为周颠所居,朱元璋访仙不遇之地。游罢归来,因作小令一支。"曲文如下:

仙人洞——天开石窦,
一滴泉——地辟清湫,
绿阴深处隐红楼。
踏白云,天外走,
望长江,天际流,
这神仙到处有。

Antowort an einen Freund

1. Über dem Djiuji-Berg fliegen/ziehen weiße Wolken.
2. Die (beiden) Töchter des Kaisers (Jao) steigen bei Wind den grünen Berg herunter.
3. Sie haben ein jedes Stück/einen jeden Stangel Fleckenbambus/bedeckten

Bambus mit eintausend Tropfen Tränen begossen.
4. (Nun) tragen sie hundertfach (farbenreiche) Kleider aus zehntausend Knäueln/Haufen Wolken.
5. Auf dem Tongting-See toben Wellen, als wehte Schnee bis zum Himmel empor.
6. Die Menschen auf der Langen Insel singen Gedichte [= Lieder], so daß die Erde erschüttelt/bewegt/bebt wird.
7. Auf dessen Grund will ich mir eine Ausdehnung des Umfangs vorstellen/ausmalen.
8. Das Reich der Hibiskusblüten ist in die Strahlen der aufgehenden Sonne getaucht/mit den Strahlen der aufgehenden Sonne überflutet.

Zu 7.: Ausdehnung des Umfangs – Gemeint: Es soll über den Rahmen der Provinz Hunan hinausgehen.
Zu 8.: Lotusblume (?) – Geschrieben: 芙蓉; ausgesprochen: fúróng; engl. Übersetzung: hibiscus.

MAO TSE-TUNG:

Inschrift auf einem von Genossin Li DJin gemachten Foto der Feengrotte auf dem Lu-Berg
(9. September 1961)

In der Abenddämmerung, die sich wie ein Schleier ausbreitet, sieht man die kräftigen Fichten,
sie stehen in aller Ruhe da, dem Wirrwarr von Wolken zum Trotz, die dahin treiben.
Da liegt eine von Natur gewachsene Feengrotte,
auf dem gefährlichen Gipfel bietet sich der Ausblick auf eine grenzenlos schöne Landschaft.

1967 Prosaübersetzung von Dschang Peng-gao

An Genossen Guo Mo-ruo
17. 11. 1961

1. Sobald über der Erde Wind und Donner aufkommen/ein Sturm und ein Gewitter aufziehen.
2. entstehen Dämonen/Monstren aus dem Haufen weißer Knochen. //treten Dämonen/Monstren aus dem Haufen weißer Knochen in Erscheinung. // kommenDämonen/Monstren aus dem Haufen weißer Knochen zum Vorschein.
3. Der Mönch, ein einfältiger Hans/ein dummer Hans/ein Dummkopf, ist noch zu erziehen,
4. Während die Dämonen/die Monstren, in Verkleidung von/getarnt als Menschen, Unheil stiften/errichten werden.
5. Der Goldaffe, vom Kampfwillen erfüllt, hat energisch/tatkräftig mit seinem 13 500/30 000 Djin schweren Knüppel um sich geschlagen/dreingeschlagen,
6. so daß das/der jadenähnliche Firmament/Kosmos von 10 000 Quadratli/einer

unermeßlichen Ausdehnung von/vom Staub gesäubert worden ist.
7. Heute begrüßen wir den Großen Heiligen Sun,
8. eben/nur weil der Monstrumsnebel/Dämonennebel wieder einmal aufzieht/ sein Gewebe spinnt.

2. Unterschied zwischen „Dämon", „Monstrum" und „Ungeheuer".
5. Nach Guo Mo-ruo soll Suns Knüppel 13 500 Djin wiegen. Nach dem Kommentar 30 000 Djin.

3-6. engl. Übersetzung:
The deluded monk was not beyond the light,
But the malignant demon must wreak havoc.
The Golden Monkey wrathfull swung his
massive cudgel.

Reime
△ (1) 雷 léi (a)
△ (2) 堆 duī (b)
(3) 训 hùn (c)
△ (4) 灾 dsāi (d)
(5) 棒 bàng (e)
△ (6) 埃 ài (d)
(7) 圣 schèng (g)
△ (8) 来 lai 象 (d)

MAO TSE-TUNG:

Ode an die Pflaumenblüte
– den Gedanken Lu Yous entgegengesetzt, die er in seiner gleichnamigen Ode zum Ausdruck gebracht hat
– zur Melodie von Pu-Suan-Dsi
(Dezember 1961)

Wind und Regen begleiteten den Weggang des Frühlings,
herumwirbelnder Schnee kommt der Rückkehr des Frühlings entgegen.
Die überhängenden Klippen sind schon mit tausend Fuß Eiszapfen bedeckt.
Und doch gedeihen Blüten anmutig an den Zweigen.

Anmutig wie sie sind, sie reißen den Frühling nicht an sich,
sondern begnügen sich damit, die Ankunft des Frühlings anzukündigen.
Wenn der Berg in Schmuck und Pracht anderer Blütenarten steht,
lächeln sie mitten in der Blumenflur.

Lu Yous Ode①

Außerhalb der Poststation an der schadhaften Brücke,
blüht sie in Einsamkeit und Verlassenheit.
Die Abenddämmerung ist schon angebrochen,
und sie steht immer noch allein da in ihrer Traurigkeit,
hinzu kommt der Angriff von Regen und Wind.

Sie hat keine Lust, den Frühling für sich allein zu verlangen,
und läßt dem Neid aller anderen Blütenarten freien Lauf.
Ihre Blumenblätter fallen ab und werden zu Staub und Erde,

---

① 此为毛泽东在原小序中提及的陆游咏梅词德译。——编者注。

aber ihr Duft bleibt für immer.

Anmerkung von einer Kampfgruppe der Neuen Peking-Universität:
„Aus dem Pessimismus wird Optimismus (Kampfwagemut), aus der selbstgefälligen Einbildung kommunistische Bescheidenheit."

1968 Prosaübersetzung von Dschang Peng-gao

MAO TSE-TUNG:

Winterwolken
(26. Dezember 1962)

Weiße Schneeflocken, die auf den Winterwolken lasten, wirbeln umher,
zehntausend Blüten welken, und plötzlich sind nur noch wenige da.
Hoch am Himmel wälzt ein kalter Strom seine mitreißenden Fluten dahin,
aber eine milde Luft streichelt die weite Erde.
Es gibt nur Helden, die Tiger und Panther verjagen,
aber überhaupt keine tapferen Kämpfer, die vor großen Bären Angst haben.
Die Winterpflaumenblüten kommen dem wilden Schneesturm entgegen,
kein Wunder, daß die Fliegen vor Kälte erfrieren.

1967 Prosaübersetzung von Dschang Peng-gao

MAO TSE-TUNG:

Einklang mit (der Melodie eines Gedichtes des) Genossen Kuo Mo-sho – zur Melodie von Man-Djiang-Hong
(9. Jan 1963)

Auf dem winzigen Globus
stürzen sich ein paar Fliegen gegen die Wand.
Sie summen ununterbrochen,
manchmal schwermütig-schrill,
manchmal wehklagend-schluchzend.
Ameisen auf dem Akazienbaum bramarbasieren mit einem großen Staat.
Es ist doch kein leichtes Unternehmen (gemeint: Es ist doch überhaupt unmöglich) für fliegende Ameisen, einen Baum zum Wanken zu bringen.
Der Westwind streut abgefallene Blätter über Tschangan umher.
Und schwirrende Pfeife fliegen.

So viele Taten sind zu vollbringen,
und zwar seit jeher dringend.
Himmel und Erde drehen sich,
die Zeit drängt.
Zehntausend Jahre sind zu lang,
man muß eben den (od.: einen) Morgen oder den (od.: einen) Abend gewinnen.
Die Vier Meere toben und Wolken und Wasser sind in Wut geraten.
Die Fünf Kontinente befinden sich in Erschütterung und der Wind heult und der Donner grollt.
Weg mit allen Schädlingen!
Wir sind vor allen unbesiegbar.

1967 Prosaübersetzung von Peng-Gao

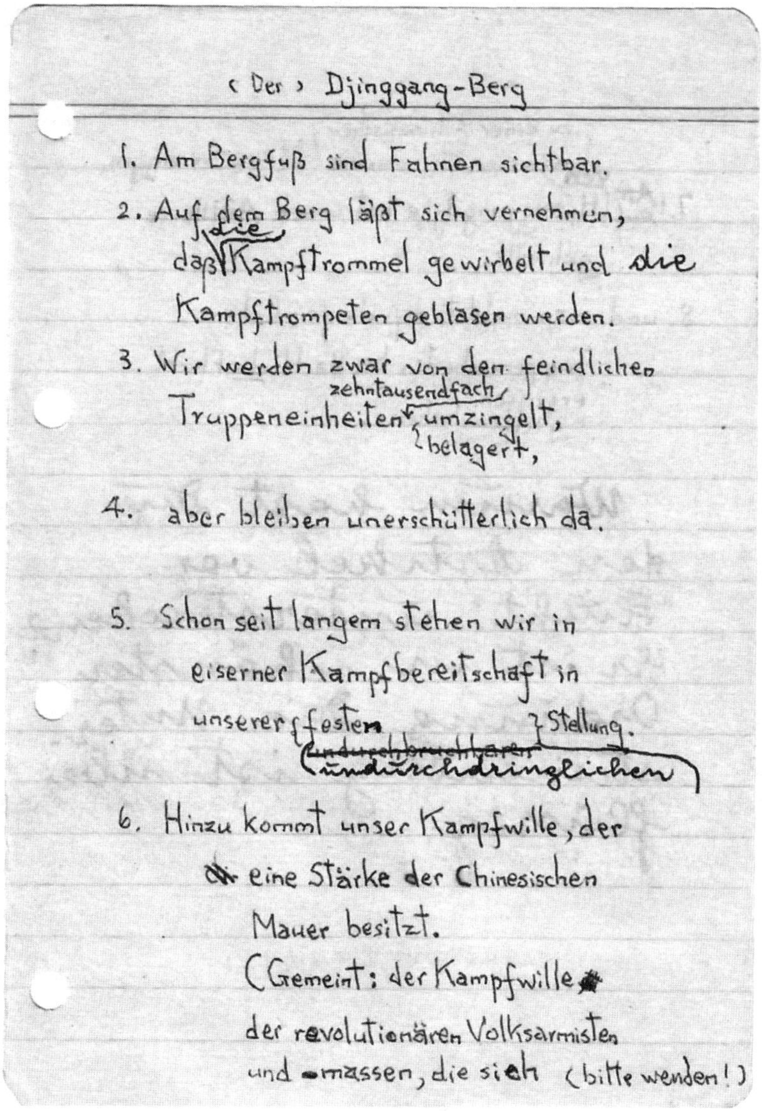

⟨Der⟩ Djinggang-Berg

1. Am Bergfuß sind Fahnen sichtbar.
2. Auf dem Berg läßt sich vernehmen,
   daß die Kampftrommel gewirbelt und die
   Kampftrompeten geblasen werden.
3. Wir werden zwar von den feindlichen
   Truppeneinheiten zehntausendfach umzingelt,
   ~~belagert,~~
4. aber bleiben unerschütterlich da.
5. Schon seit langem stehen wir in
   eiserner Kampfbereitschaft in
   unserer festen Stellung.
   ~~undurchbrechbaren~~
   ~~undurchdringlichen~~
6. Hinzu kommt unser Kampfwille, der
   eine Stärke der Chinesischen
   Mauer besitzt.
   (Gemeint: der Kampfwille
   der revolutionären Volksarmisten
   und -massen, die sich (bitte wenden!)

图 4-3a 章鹏高翻译手稿（一）

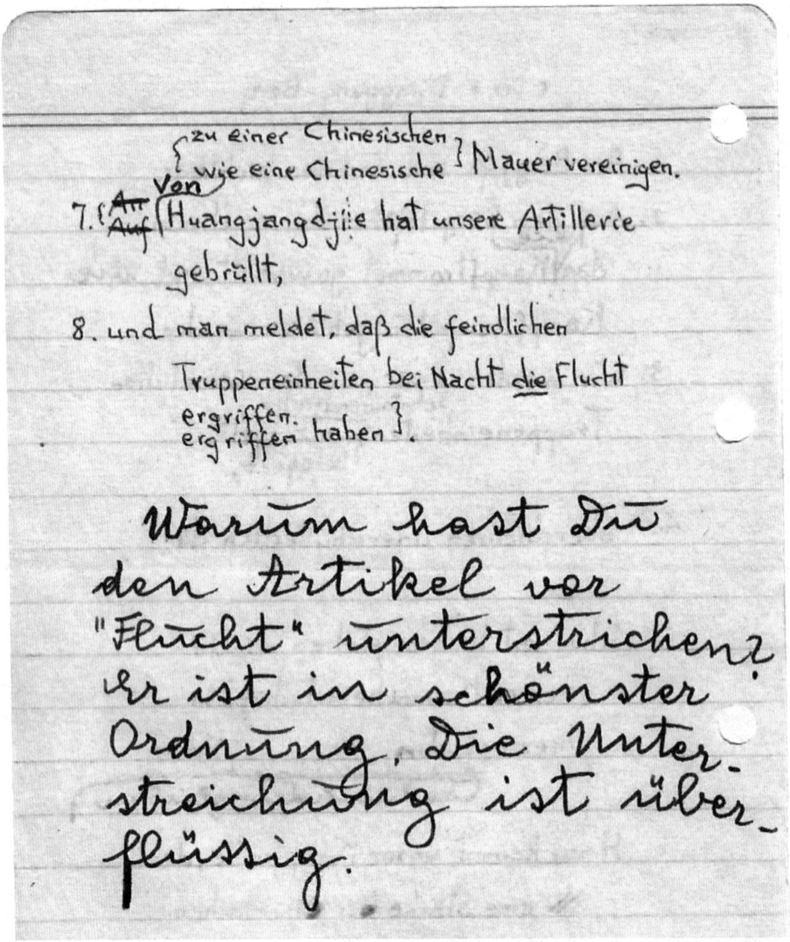

{zu einer Chinesischen} Mauer vereinigen.
~~wie eine Chinesische~~

7. ~~Am~~ Von ~~Auf~~ Huangjangdjie hat unsere Artillerie gebrüllt,

8. und man meldet, daß die feindlichen Truppeneinheiten bei Nacht ~~die Flucht ergriffen.~~ ergriffen haben.

Warum hast Du den Artikel vor "Flucht" unterstrichen? Er ist in schönster Ordnung. Die Unterstreichung ist überflüssig.

图 4-3b 章鹏高翻译手稿（二）①

---

① 此页的下半部分文字为朱白兰教授手迹。

附 件

附件1.a 中山大学德语专业66届学生和教师《评席克尔译毛主席诗词37首》[①]

彭念慈 译

席克尔的译作在数量上是完整的。他尽最大可能接近原作的字句，表明了良好的意图，赢得应有的尊重和认可。他用"Ein Dreck ihrerzeit die Hochgestellten"翻译"粪土当年万户侯"（《沁园春·长沙》），也是成功的，比舒马赫和施耐德的译文更有力，也更接近原文。可惜他的译作也暴露出许多缺陷和错误。在此，不讨论有问题的所有地方，只举例指出几处。

有几处政治意义削弱了。"数风流人物，还看今朝"（《沁园春·雪》）译成"frei gesonnene Menschen"，就太弱了。这儿缺少了这首诗的重要思想内容。用"Wandel unter Menschen"译"换了人间"，（《浪淘沙·北戴河》）也是同样情况。Wandel 并不一定意味着革命，而原作中表达的是完成了翻天覆地的革命转变。

有几处译文选用中性的词，造成意思不明确。席克尔使用了模糊的概念，例如，用"Chinas Mädchen, der vielen, staunenswertes Ziel"翻译"中华儿女多奇志"（《为女民兵题照》）。"忽报人间曾伏虎，泪飞顿作倾盆雨"（《蝶恋花·答李淑一》）在他的译文中成了"Die plötzliche Nachricht auf Erden ergab sich der Tiger; in Tränen brechen sie aus, wie Ströme von Regen"。其实，老虎并非自己屈服，而是被战胜。译文中的措辞甚至可能被理解为对老虎的同情，这就歪曲了诗歌的原意。在舒马赫的译文中，眼泪（Tränen）一词加上欢乐（Freude），构成"欢乐的眼泪"（Freudentränen），这就形象地表达了革命者的坚忍不拔。同样，克拉拉·勃鲁姆也是对的，她用"冬天的梅花"（Winter-

---

[①] 载《毛主席诗词》（中山大学外语系德语专业六四级毕业留念，油印本），第122-131页。

朱白兰在中山大学
——纪念朱白兰先生逝世五十周年

pflaumenblüte）这个词使德国读者能理解中国人普遍熟悉的坚强不屈的意象，而席克尔相应地方的翻译则让人感到有些遗憾。

席克尔的译文中，有几个地方显示出中文词句的多义性令他理解混乱，以至于在翻译中有时用错德文词句，这导致意思的偏差甚至歪曲。下面是几个例子：

"俏也不争春"和"她在丛中笑"（《卜算子·咏梅》），译成"Schönheit, die nicht wetteifert mit dem Frühling"和"Sie, im dichten Drängen die Mitte, lächelt"——当中缺失了共产党人的谦逊。

"全无敌"（《满江红·和郭沫若同志》）译成"niergend sonst Feinde"——主体的强大（面对一切敌人的不可战胜）没有表达出来。

"洒向人间都是怨"（《清平乐·蒋桂战争》）译成"Verschüttet die Menschen alle von Gram"——译文暗示了"人们"失去勇气，因而离原文甚远。

"雪里行军情更迫"（《减字木兰花·广昌路上》）译成"In Schnee marschierende Truppen, das Herz beklommen"——这句诗行表达的意思变成恐惧不安。

"胜似春光"（《采桑子·重阳》）译成"Sieg gleicht dem Frühlingsglanz"；"万水千山只等闲"（《七律·长征》）译成"zehntausend Gewässer, tausend Gebirge nur Müßiggang"；"不到长城非好汉"（《清平乐·六盘山》）译成"Unerreichbar die Große Mauer, sind wir nicht gute Han"；"问讯吴刚何所有"（《蝶恋花·答李淑一》）译成"Befragen, verhören Wu Gang, was er da habe"——在这四个诗句中都误解了由两个字构成的固定概念，将它们拆开来翻译，这导致犯下歪曲原意的错误。

他还犯下因关联错误造成的失误。原句"一枕黄粱再现"（《清平乐·蒋桂战争》）（译成"Von gelber Hirse nur Traum und Trug"），并不像席克尔想象的那样指涉人民群众，而是指军阀们。同样，他在翻译"虎踞龙盘今胜昔"（《七律·人民解放军占领南京》）时将"被战胜的"联系到城市。人民解放军战胜的是敌人的驻防部队，而不是城市。解放军解放了这座城市，它从未有过如今这么兴旺。

席克尔按字面直译的情况并不罕见，由此造成含义晦涩。例如，"钟山风雨起苍黄"（《七律·人民解放军占领南京》）一句中的"苍黄"译为"grünlichgelb"，德国读者如何知道这意味着敌人的巨大恐惧和混乱？"长岛人歌动地诗"（《七律·答友人》）译成"Tschang-daos Menschen, ihr Singen bewegt die Erde im Lied"，这里的"长岛"应意译为"Lange Insel"而不该音译成"Tschang-dao"，因为这不是地名，而是对当地形状的描写。"无限风光在险峰"（《七绝·为李进同志所摄庐山仙人洞照》）译为"Unbegrenzter Rundblick auf schroffem Gipfel"，这种按字面直译、出现偏离的译法，导致主观是

"按意义"表达，而客观上却混杂着有损意义的表达，造成意思的无法理解。措辞也并不那么成功：它显示不出诗句中洋溢着的革命乐观主义斗争精神和坚定信念的美。在这方面，值得将勃鲁姆和席克尔作一比较。同样值得将他们两人进行对比的，是《为女民兵题照》这首诗头两句的翻译。在勃鲁姆的翻译中，曙光初照的演兵场和英姿勃勃的女民兵构成明显对照，女英雄的光辉被演兵场上的朝霞鲜明地衬托出来。

为了易于理解，也为了在中文词汇多义的情况下选择恰当的德文表达，席克尔有几个地方或许应当用"Natur"（自然）代替"Himmel"（天）。

为了排除这些缺陷和错误，必须填补中国古典语言文学知识的不足，但首先要提高政治思想水平，达到必要的程度。如果不深入、认真和活学活用毛主席著作，就不能完全正确地在广度、深度和丰富内涵上把握毛主席的诗词，更不要说去再现。这也适用于我们自己。

广州中山大学德语专业66届学生和教师
1968年2月

附件1.b 朱白兰《评席克尔译毛主席诗词37首》①

彭念慈 译

这些译作中有几首,例如《井冈山》和《元旦》,翻译出色,诗句优美,用足够易懂的语言向德国读者传达了作品的思想内容。可惜这样准确而又通俗易懂的译诗为数很少。其余译作对于充盈在毛主席诗词中不朽思想的再现,政治上有所偏离,有些简直如同云雾一般。

然而,必须认可译者的良好意图。席尔克试图解释这些诗词的《政治与文学随笔》,也表明了这个好意。但广州旅行服务社也有道理,它只满足于复印译作,而放弃复印随笔。译作和随笔这两者都犯有严重错误,主要错误如下:

(1) 席克尔显然百分百地依靠他的中文知识。他在翻译工作中显然没有跟革命的中国人商量讨论。这样,就产生了一些有损意思的翻译错误,前面,编印者已列举了几个典型的例子。

(2) 尽管席克尔崇敬毛主席是明确的,也许也是真诚的,但是没有或尚没有理解群众路线在毛泽东思想中占有何等重要的位置。他在翻译中没有考虑,自己的译作对于广大德国读者是否可以理解,是否清晰明了地向他们传达这些不朽诗作中奇妙的思想内容。不错,席克尔期待他的读者倘若有些不理解能去查阅他的解释。但是,这些解释也无助于普通读者获得足够清楚的理解,相反,甚至令人更加糊涂。因为,它们充斥着引自古代文献中的句子和比喻,普通读者陷入这种并不重要的细节中找不到通往主要思想的道路。

席克尔属于西德的知识分子,他们认为,使用古希腊或拉丁词语取代德语词会显得更高雅。席克尔也认为,简单、平常的口语句子不适合用在诗中,必须拐弯抹角,使之变得深奥,以便赋予它诗艺的特征。例如,席克尔这样翻译《冬云》第七行诗句②:"Prunusblüten zur Freude, daß weit der Himmel verschneite…" 他译"梅花"不用德文词"Pflaumenblüten"而使用半拉丁文的词"Prunusblüte"。普通的德国读者从哪儿知道,为何梅花喜欢雪?——对此,德国读者从席克尔过分复杂的解释中是难以理解的。毛主席这些诗词的几种中文

---

① 载《毛主席诗词》(中山大学外语系德语专业六四级毕业留念,油印本),第132–140页。
② 指"梅花欢喜漫天雪"。——译者注。下同。

版本中也有解释，而这些解释是立足于群众路线的。

《长征》这首诗的最后两行①，席克尔翻译为 "Nur froher geworden im Minschan, im Tausendmeilenschnee, drei Heere: ihr Weg ist zu Ende, gelöst ist ihr Gesicht." 同样是这两行诗句，东德的作家恩斯特·舒马赫这样翻译（《新德意志文学》1959 年第 4 期）： "Die Schneewirbel vom Minschan machen die Armee nur froher. Wenn sie ihn überschritten hat, wird jedes Gesicht lächeln." 舒马赫的翻译何等自然、清晰和生动！这些平常的句子有主语和谓语，群众很好理解。"Ein lächelndes Gesicht" ——这是具体的描写，简单而舒畅。"Ein gelöstes Gesicht" ——这是自恃有教养的知识分子过分雕琢的表达方式。②

（3）席克尔翻译中有许多地方（但不是所有地方），毛主席的伟大思想消失在措辞含糊的浓雾背后。举三个例子：

a. 在《沁园春·雪》中，毛主席贴切地表达了大无畏的思想：历史上的暴君不是真正的伟大人物。舒马赫翻译得完全正确（《新德意志文学》1959 年第 4 期）："Große Menschen finden wir erst in unserer Zeit."（在我们的时代才找到伟大人物）而席克尔的翻译则偏离了："Zählst du auf drei gesonnene Menschen, wende den Blick zum Heute."（如果你指望三个有雄才大略的人物，那就把目光转向今天。）③

b. 在《卜算子·咏梅》（Ode an die Winterkirsche, 正确的应称 "Winterpflaumenblüte"）中，毛主席表达了崇高的集体主义立场和共产党人的谦虚，他们不想独自占有春天④，他们的目的是欣喜地处在革命胜利的群众当中。"Sich inmitten von etwas befinden"（处在某物当中）与 "die Mitte von etwas sein"（成为某物的中心），在德文中是完全不同的两个概念。席克尔毫无意义地翻译成 "mit dem Frühling wetteifern"（不与春天竞赛），并执意解读为这些花在拥挤中成为中心，也就是说，占有凌驾在上面的位置（试比较资产阶级的德文惯用语 "Sie war Mittelpunkt der Gesellschaft"⑤）。这样，这首诗的伟大革命思想内涵就消失在灰蒙蒙的云雾后面。

c.《满江红·和郭沫若同志》（1963）的结束句⑥表达了革命力量的不可战胜。席克尔也偏离了原意，译成 "Nirgend sonst Feinde"（此外任何地方

---

① 指"更喜岷山千里雪，三军过后尽开颜"。
② 此处讨论对"尽开颜"的翻译。
③ 此处讨论"数风流人物还看今朝"的翻译。
④ 此处朱白兰讨论对"笑也不争春"一句的理解。
⑤ 德文惯用语的意思是："她是社交聚会的中心点"。
⑥ "全无敌"。

都没有敌人）。

依鄙人之见，必须做到以下几点：

1）外国人应当在革命的中国人的帮助下翻译毛主席诗词。

2）翻译的语言应当简单、明了，为广大群众所理解。解释应当尽可能扼要，集中在重点上。

3）翻译的首要任务应当是完全复述毛泽东不朽的革命思想。

朱白兰（克拉拉·勃鲁姆）
68.1.30

附件2 朱白兰致周恩来总理的信

朱白兰 口述，章鹏高 笔录

21. April 1971

Lieber und hochverehrter Genosse Tschou En-lai!

  Zuletzt schrieb ich Ihnen am 12. Okt. 1969. Damals glaubte ich, daß die MLPÖ imstande sein würde, meine Nachdichtungen der großartigen 37 Gedichte des Vorsitzden Mao zu veröffentlichen. Leider hat er sich erwiesen, daß die Kräfte der MLPÖ dazu nicht ausreichen.

  Das Ziel meiner Nachdichtungen ist die Unterstützung der Weltrevolution. Ich bemühe mich, das revolutionäre Gedankengut, das in den herrlichen Gedichten des Vorsitzden Mao enthalten ist, den deutschsprechenden Lesern mit hundertprozentiger Verständlichkeit wiederzugeben. Ich bemühe mich, die dichterische Schönheit durch Beschreibung, Rhytmus und Reim wiederzugeben. An dieser Aufgabe habe ich jahrelang mit großer Sorgfalt gearbeitet. Nun möchte ich der MLPÖ schreiben. Sie möge Ihnen mit eingeschriebener Post das ganze Manuskript zuschicken. Hoffentlich kann der Fremdsprachenverlag Peking meine deutschen Nachdichtungen veröffentlichen, so daß meine bescheidene Arbeit einen bescheidenen Nutzen bringt.

  Ich danke Ihnen, lieber und hochverehrter Ministerpräsident Tschou im voraus für Ihre freundliche Aufmerksamkeit und verbleibe

Ihre
朱白兰（Klara Blum）

译文（章鹏高 译）

敬爱的周恩来同志：

  我上次写信给您是在1969年10月12日。当时，我以为奥地利马列主义党能出版我翻译的毛主席37首伟大诗词。遗憾的是，已经证明奥地利马列主义党在经济上没有这个力量。

  我翻译的目的是支援世界革命。我努力传达毛主席光辉诗词所包含的革命思想内容,使德语读者能够百分百地读懂。我努力传达由描述、节奏和韵律组成的诗歌优美特色。我非常仔细地工作了几年。现在,我想写信给奥地利马列主义党,请他们用挂号信把全部译稿寄给您。希望北京外文出版社出版我的德译,使这一点点工作有一点点用处。

  敬爱的周恩来同志,我先谢谢您的亲切关怀。

您的朱白兰（Klara Blum）
1971.4.22（于广州）

附件3　朱白兰致奥地利马列主义党主席施特罗布尔（Franz Strobl）的信

朱白兰　口述，章鹏高　笔录

24. April 1971

Lieber Genosse Strobl!

　　Vielen Dank für die verschickenen Nummern der RF, die Sie mir zugeschickt haben. Den Leitartikel „Arbeiter und Bauer" fand ich besonders treffend.

　　Offenbar haben Sie keine Möglichkeit, meine Nachdichtungen der hinreißend schönen Gedichte des Genossen Mao Tsetung zu veröffentlichen. Schicken Sie also das ganze Manuskript rekommandiert an folgende Adresse:

　　Prime Minister
　　Chou En-lai
　　Head of the State Council
　　Peking
　　People's Republic of China

　　Ich habe es dem Ministerpräsidenten bereits brieflich angekündigt.
　　Beiliegend einige Marken.
　　Mit allen guten Wünschen

Ihre

译文（彭念慈　译）

亲爱的施特罗布尔同志！

　　非常感谢您寄给我的各期《红旗》！我认为社论《工人和农民》写得特别中肯。

　　既然您没有可能发表我仿作的毛泽东同志无限优美的诗篇，请将全部手稿用挂号寄往下面的地址：
    周恩来总理
    国务院领导
    北京，中华人民共和国

    我已写信将此事告知总理。
    附上几张邮票。
        此致良好祝愿

                                    您的
                        1971.4.24（于广州）

附件4 章鹏高致德国犹太人中央委员会主席施皮格尔（Paul Spiegel）的信

Herrn Dr. Paul Spiegel,
Postfach 110938
D-40509 Düsseldorf
Bundesrepublik Deutschland

Guangzhou, 24.11, 2005

Sehr geehrter Herr Dr. Spiegel,

  Entschuldigen Sie, daß ich lhnen unbekannterweise schreibe und Sie damit störe. Durch Herrn Prof. Dr. Wei Chiao habe ich Ihr Posfach erfahren. Wenn ich mich kurz vorstellen darf: Ich bin ein chinesischer Ruheständler. Frau Prof. Klara Blum (Dshu Bailan) war meine Lehrerin, als ich an der Universität Nanjing Deutsch lernte, und sie blieb meine Lehrerin, als wir – sie und ich – an der Zhongshan (nämlich Sun-Yatsen-)Universität unterrichten. Seit 1954 hatte sie die chinesische Staatsbürgerschaft. Während der "Kulturrevolution", als alle fachlichen Lehrveranstaltungen nicht mehr stattfanden, wollte sie sich auch weiterhin nützlich machen. Da fing sie an, Gedichte von Mao Zedong ins Deutsche zu übertragen. Sie verstand aber kein Chinesisch. So nahm sie ihre Zuflut zu den englischen Nachdichtungen, die in der Zeischrift *Chinese Literature* erschienen waren.

  Frau Prof. Blum ist 1971 an einer Leberkrankheit verstorben. Ihr Nachlaß wurde dann der Uni-Verwaltung überlassen. Sie hat mir eine maschinegeschriebene Abschrift ihrer obengenannten deutschen Nachdichtungen gegeben. Einige wenige davon hat das Organ der Marxistisch-Leninistischen Partei Österreichs gebracht. Die meisten bleiben aber immer noch unveröffentlicht. Es wäre schön, wenn all diese Nachdichtungen der deutschsprechenden Leserschaft zugänglich gemacht werden könnten. Da habe ich bei Herrn Prof. Dr. Chiao Rat gesucht. Es ist sehr hilfbereit von ihm, mich Ihr Postfach wissen zu lassen. Nun erlaube ich mir, bei Ihnen anzufragen, ob ich Ihnen die deutschen Nachdichtungen von Frau Prof. Blum durch die Post zuschicken darf. Übrigens braucht man, wenn es so weit ist, das mit dem

Honorar, wenn überhaupt, nicht in Betracht zu ziehen, denn Frau Prof. Blum hat weder damals dort in Nanjing noch hinterher hier in Guangzhou von irgenwelchen gesetzlich anerkannten Erben gesprochen.

Vielen Dank im voraus!
Mit freundlichen Grüßen

            Ihr
            Zhang, Penggao

Anbei:
1. Meine Anschrift
2. Eine Kopie der Handschrift der Dichterin

译文（彭念慈 译）

尊敬的施皮格尔博士先生：

  请原谅我冒昧写信打扰您。您的邮政专用信箱我是从乔伟教授那里得知的。请允许我简单介绍自己：我是一位中国的退休人员，在南京大学学习德语时师从克拉拉·勃鲁姆（朱白兰）教授，此后，她和我在中山大学任教，她仍是我的老师。她自1954年起加入中国国籍。"文化革命"期间，学校里所有专业停止了教学活动，她想继续发挥作用，做些有益的事情，开始将毛泽东诗词译成德语，但她不懂中文，于是借助于《中国文学》（Chinese Literature）上发表的英文翻译。

  勃鲁姆教授因患肝病于1971年逝世。她的遗作交给了大学行政部门。她给我一份上述德语译作的打字复写件。其中几首曾发表在奥地利马列主义党的机关刊物上，大部分一直未公开发表。如果能让德语读者读到所有的这些译作，那就太好了。为此，我向乔教授请教，他非常乐于助人，将您的邮箱告诉我。在此，请允许我向您咨询，我能否通过邮局将勃鲁姆教授的德语译作寄给您。如果事情确实能够办成，也完全不必考虑支付稿酬；因为，勃鲁姆教授无论过去在南京大学，还是后来在中山大学，都没有谈到任何法律认定的继承人。

预先表示谢忱。

章鹏高
2005. 9. 24

附：
1. 我的地址
2. 诗人手稿一份

附件5　德国犹太人中央委员会法人施皮格尔主席给章鹏高的回信

ZENTRALRAT DER JUDEN IN DEUTSCHLAND
Körperschaft des öffentlichen Rechts
Der Prasident

Herrn
Penggao Zhang
614-305 Puyuan-District
Zhongshan University
135 Xingang Road（W.）
Guangzhou 510275
China

Düsseldorf, 16. 12. 2005
101. 1337. 00 PS/rr

Sehr geehrter Herr Zhang,

　　vielen Dank für Ihr Schreiben vom 24. November 2005, in dem Sie mich über das Wirken von Frau Professor Klara Blum informierten. Der Zentralrat der Juden in Deutschland vertritt die Belange der judischen Gemeinschaft in Deutschland, da der Zentralrat der Juden in Deutschland jedoch keinen eigenen Verlag besitzt, können die Nachdichtungen von Frau Professor Blum nicht über den Zentralrat der Juden in Deutschland publiziert werden. Ich schlage Ihnen daher vor, sich an einen der in Deutschland ansässigen Verlage zu wenden.

　　Mit freundlichen Grüßen

Dr. h. c. Paul Spiegel

译文（彭念慈 译）

尊敬的章先生：

  非常感谢您 2005 年 9 月 24 日的来信。从您的信中，我获悉了克拉拉·勃鲁姆教授的情况。德国犹太人中央委员会代表在德国的全体犹太人的利益。由于德国犹太人中央委员会没有自己的出版社，所以我们无法出版勃鲁姆教授的译作。建议您与德国本地的出版社联系。

致友好问候

保罗·施皮格尔名誉博士
2005.12.16，于杜塞尔多夫

 朱白兰书信选译

唐彤 译

Klara Blum

致格雷戈尔·戈格（Gregor Gog）的信 [1]

亲爱的格雷戈尔：

我回到莫斯科有一个月了。能否得到许可留在这里，目前尚未有决定。我的调遣令11月15日到期，在此之前这个问题会有个结论。

埃迪特·贝格曼（Edith Bergmann）告诉我，你写信打听我的地址。目前我只有旅店的临时住址。最好你还是把给我的信寄到《国际文学》（I. L.）那里。倘若我离开莫斯科，他们仍可以把信件转寄给我。埃迪特还告知我你和加比（Gaby）的遭遇，真是令人毛骨悚然。你们现在渡过了最艰难的关头吗？将来的前景如何呢？

让我谈谈自己的情况吧！去年10月15、16日，我极力留在莫斯科，争取在这里分配到紧迫的工作任务，可惜一无所得。17日，我乘车离开了莫斯科，14天舟车劳顿，大部分时间连一口面包都吃不上，直到11月2日才到达喀山。在那里，作家协会展现了其阔绰与豪华。我们大约一百人，全都栖身于一间礼堂，每人四张椅子，食物很少有，每天倒是会冒出新的虱虫。我没有任何工作可做。

今年1月，我在绝望中不顾一切，试图依靠自己的力量前往古比雪夫（Kuibyschew）。我冒着零下46℃的严寒，乘着一辆敞篷货车，没有手套，没有头巾，也没有毡靴，整整五天的行程，总算抵达了古比雪夫。当时，我已是二度冻伤，双手满是冻疮和鲜血。在那里，我成功地向最高层反映了我丈夫的问题。此外，我新创作的反法西斯诗集《多瑙河叙事曲》一经审读便获得推荐立即出版。与喀山相比，我在古比雪夫就像是生活在天堂。我在那儿为新闻社以及对外广播电台（Ino-Radio）工作。现在我已回到莫斯科，继续干我的事情。

再次见到莫斯科就像是喝下了令人干劲十足的饮料。这一年里，群众成熟多了，生活走上了安稳的轨道，到处都充满活力。

玛利亚（Maria）又回到这里，她译了很多东西，此外也有自己的作品。泽勒斯诺（Shelesnow）当了上尉。我创作了一本新的诗集，另外还做了不少翻译。

格雷戈尔，加比，记得给我写信！你们过得好吗？加比身体完全恢复了吗？你们在做什么工作呢？
　　致以最衷心的问候

你们的克拉拉
1942 年 10 月 18 日

致格雷戈尔·戈格（Gregor Gog）的信 [2]

亲爱的格雷戈尔，亲爱的加比：

很晚才收到你们的来信，因为邮递员把它错投给了魏纳特夫妇（Weinerts），李（Ly）给我打了电话，可是又过了几个星期她才有机会把信转交给我。你肯定能想象到，我们现在每一个人都在超负荷工作。一读完信，我就立刻着手了解你加入作家协会的事情。但这过程花了几个月时间。你的入会申请最初在阿普莱廷（Apletin）那儿，然后递交到了作家协会干部处一位名叫杜宾斯基（Gen. Dubinski）的领导那里。我给协会的人打了有七十轮电话，还面谈了四回，可是仍然没有任何动静。但我没有松懈，因为这是我唯一能帮你做的事，尽管，在这儿我的影响力也微乎其微。关于你调回莫斯科的事情，现在完全没有指望，因为一般来说，只有那些他们确信不会流落街头的人才有可能调回莫斯科。但是，对于你来说，倘若能成为作家协会会员，事情会容易得多。无论如何，加入了作协，一旦宣布放宽疏散条件①，将会让你更快回来。在我多次提醒杜宾斯基后，他最终承诺，会将你的入会申请从抽屉底层拿出来。玛利亚几天前也跟他非常详细地说了此事。

目前我在外文出版社担任编辑、书评员以及作家。有本小书已经在排版了，另一本我正在审编。

诚挚地问候科恩（Korn）同志。我暂时还不能翻译她的诗集，《国际文学》上差不多90%的翻译作品都是译自斯拉夫语。

我当然也跟魏纳特谈到了你。他在收到你的信后跟瓦尔特同志（Gen. Walther）进行了交谈，并将再次跟他谈。

致以最衷心的问候！

你们的克拉拉
1943 年 12 月 10 日

---

① 原文 Revakuierung 疑打印错误，应为 Evakuierung，撤离，疏散。本辑脚注，若无特别说明，均为译者注。后同。

致曼弗雷德·乔治[①]（Manfred George）的信

尊敬的乔治先生：

我写这封信的目的，是为了在与您约定的 10 月下旬商谈之前，向您提供一些有关我以及我的事情的一些信息。因此，您不需要急着马上看，请您空闲时再看吧。

也许，您还记得在柏林时候的我。那年我 22 岁，短时间从事新闻工作，主要为《犹太评论》（*Jüdische Rundschau*）写稿，后来也为维也纳的《工人报》（*Arbeiter-Zeitung*）、工人锡安主义报纸《犹太工人》（*Der jüdische Arbeiter*）以及其他刊物写文章。

1933 年，我的一首反战诗歌在苏联获奖，获邀前往莫斯科等城市进行为期两个月的学习访问。"多亏"了法西斯，这两个月变成了 11 年。

在苏联，有许多事情令我钦佩赞叹，但也有一些事情我觉得并不合宜。因此，尽管我在那儿居住多年，却仍然完全保持独立。

我曾为《国际文学》（*Internationale Literatur*）和《言论》（*Das Wort*）撰稿，对这两份杂志您可能也都很熟悉。另外我出版了五本诗集，一些诗歌还被译成英语、西班牙语、俄语、塔塔尔语、意第绪语、波斯语以及埃塞俄比亚语。

随信附上我写的几首诗。《建设》周报——就我所看到的——常常会刊载诗歌作品，而且大多是非常优美的诗歌。我那首关于斯蒂芬·茨威格的诗或许适合在明年 1 月纪念其逝世五周年时发表。

我前往中国有两个目的：一是写一本关于中国的长篇小说，二是确认我的

[①] 曼弗雷德·乔治（Manfred George），1893 年 10 月 22 日—1965 年 12 月 30 日，美籍德裔记者、作家、翻译家。纳粹党上台后，他离开德国，在 1939 年移民到美国。他一直担任德语刊物《建设》的主编。

丈夫、中国戏剧导演成湘①是否还活着。

目前我正与中国领事馆就签证问题进行磋商。可惜我无法提供支持我跟成先生关系的证据，因为我们的关系没有经过中国有关部门在法律上的认证。

请您谅解我这封信写得如此详尽。如上所述，写这封信是为了让您对我有些了解。这样，在我们商谈时就不必过多地占用您的时间。

10月20日我将设法打电话与您联系。

对您的友好表示诚挚感谢，并对您的旅行致以最美好的祝愿。

克拉拉·勃鲁姆
1946年10月1日，巴黎
18, Av. des Gobelins
Paris（5^e），Tel：Port-Royal1523

---

① 朱穰丞（1901—1943），又名成湘，生于上海。早年就读于上海圣芳济中学。1921年组织辛酉学社，后又创办辛酉剧社，编导新戏，与潘汉年、夏衍、田汉等交往密切，为中国近代话剧先驱之一。1930年赴法国巴黎入索邦大学，同年加入中国共产党，任中国留学生法国支部书记和旅法华侨支部书记，领导旅法华侨反帝大同盟，并主编《救国时报》。1933年抵莫斯科，先后在国际革命戏剧同盟、瓦赫坦戈夫戏院和外国工人出版社工作。1939年4月15日被苏联哈萨克共和国内务人民委员会拘捕；翌年以"间谍罪"被判监禁8年。1943年1月17日死于西伯利亚劳改营地。1989年1月16日，苏联最高苏维埃发布命令恢复其名誉。2011年11月14日，中共中央组织部在《关于朱穰丞同志蒙受不白之冤予以平反的组织结论》中为他平反，恢复名誉。

致美犹联合救济委员会的信

美犹联合救济委员会①住房部：

能否请你们帮帮忙，考虑我的要求，安排我搬到另一间只与中国人同住的屋子？

因为目前在许多难民中弥漫着严重的反华氛围，这令人非常遗憾。而我，终生致力于和平与国际的相互理解，反对种族与民族歧视，对此实在无法忍受。

如果需要以更详细的方式确认我的要求，我当然愿意随时前往你们办公室办理相关事务。

预先表示感谢并致敬礼！

克拉拉·勃鲁姆
国际笔会成员
50/10 华德路
1948 年 8 月 30 日

---

① 美犹联合救济委员会（简称 JDC）驻沪分支机构。

致约瑟夫·卢伊特波尔德（Josef Luitpold）的信

我很高兴，您重返奥地利并给工人大学生授课。这对双方无疑都是一件极大的幸事。

我现在这么说是根据自身的经验。因为 9 月份以来，我在这儿给中国大学生授课。我十分想继续从事这份工作，当然目前还不清楚，是在上海或在别的城市。我希望，无论我在哪儿都能与您保持联系，并且希望有一天能与我的学生一同阅读您的诗作。目前我正在创作一部长篇小说——《牛郎织女》。

1948 年 11 月 17 日，上海

致卡尔·迪茨[①]（Karl Dietz）的信 [1]

尊敬的迪茨先生：

非常感谢您的来信和精美日历。它的编排印制，尤其是其中的四季、图片与诗歌，自成体系且又相辅相成，堪称艺术佳作。

至于我在这儿的种种经历和体会——我在北京待了八个月，此外还去探访了天津、南京，还有一些村庄——我想告诉您，我已选择中华人民共和国作为我新的家乡。这足以说明一切，对吧？

不久前我完成了一本艺术家小说，小说取材于当代中国，名为《牛郎织女》（其间我在中国的报刊上也发表了一些文字）。小说故事开始于1929年夏天，1949年5月结束。小说刻画了上海的商人、革命的话剧演员与大学生、生活赤贫的苦力及其顽强的智慧。还有一位解放军战士，对平民百姓他亲如兄弟，关怀备至，这帮助他取得了胜利。小说展现了人民大众的社会梦想，这一个个梦想汇聚成感人至深的美丽童话。小说还描绘了新中国成立后的乡村，村民们实现分田地、享自治的美好景象。能亲身经历这一切并将之形诸文字，我感到非常幸福。

下一步我将与一位中国同事合作翻译著名剧作家夏衍的一部悲喜剧——《上海屋檐下》。夏衍在新中国成立后是上海市市政府成员。[②]最初我想选译他那部有关太平天国起义的著名历史剧，后来在他本人的建议下，选择了《上海屋檐下》这部作品。

明年4月我想去一趟欧洲或者以色列（我也还没有完全定下来），之后，如前所述，我将回到中国。

我有一个请求，请您代我问候弗里德里希·沃尔夫（Friedrich Wolf）[③]，并转告他，我1947年已加入奥地利国际笔会，但我也非常乐意与东德笔会建立联系。对您的帮助在此预先表示感谢。

---

① 卡尔·迪茨（Karl Dietz），德意志民主共和国格赖芬出版社出版人。
② 1950年3月，夏衍任上海市委常委、上海市委宣传部部长、上海市文化局局长。
③ 弗里德里希·沃尔夫（Friedrich Wolf，1888—1953），犹太人，德国剧作家。1928年加入德国共产党，1933年流亡国外，1945年回到德国，1949—1951年任德意志民主共和国驻波兰大使。

同时，我也希望能与贵社保持联系并向您致以
最诚挚的问候！

希伯来难民与移民救济会①转

克拉拉·勃鲁姆

1425 邮箱

1950 年 2 月 22 日

中国上海

---

① HIAS，全称 Hebrew Sheltering and Immigrant Aid Society，希伯来难民与移民救济会。

致卡尔·迪茨（Karl Dietz）的信 [2]

尊敬的迪茨先生：

非常感谢您 12 月 23 日的友好来信，还有漂亮的新年贺卡和今年同样精美的格赖芬年历，那首毛泽东颂的译作我觉得堪称完美。

至于我的小说，希望能在 3 月中旬或是月末交付给您。小说写完已经好一段时间了。可惜在这儿没有人能帮我打字，我不得不自己动手誊录，打字机是借来的，每周只能用 20 小时。因此——再加上我实在是笨手笨脚——打字快不起来。不过现在也完成了 200 页，差不多全书的 3/4。剩下 1/4，我想在两至三周内能够完工，之后我会将稿件挂号邮寄给您。打字稿的版面显得不那么完美——毕竟我是个蹩脚的"打字小姐"——但在艺术方面，阅读时您肯定会倍感愉悦的。

上海现在发展得相当好。那些习惯炫耀财富的外国人纷纷离去，一个接一个，再也不会回来。街头乞丐现在也有了工作，城市卫生与保健得到快速改善，哄抬物价的行径已完全遏止，文化发展也蒸蒸日上——殖民主义投机分子的旧上海已蜕变为中国劳动人民的大都市。

我非常高兴，您将我翻译的屠岸（Tu An）的诗歌《解放了的农民之歌》发表在《格赖芬年鉴》上。诗人本人听闻后也非常欣喜，托我向您致以衷心的问候。迄今，您已出版了两首我译的诗歌，分别发表在 1950 年和 1951 年的格赖芬年历上。[1947 年 5 月 16 日，你曾来信说想在您编的集子《在当下》(In Tyrannos) 中发表几首我创作的诗歌，不过好像最终没成。] 不知现在是否有合法且方便的途径，将这两首译作的稿酬汇给我呢？——如有可能，还请您办理。

您之前给我写信的地址（HIAS，在上海设有为犹太难民服务的邮政办事处）也许要不了多久就不能用了。固定住所我得等到 6 月份才会有。因此我先给您我目前的住址。即便在我搬家后，现在的屋主肯定会认真负责地将每封邮件转交给我。无论是信件、印刷品或是稿费汇款，以后还请寄往这个地址：

克拉拉·勃鲁姆女士

中国　上海

贵州路291号

寿圣庵①

想必您会有兴趣了解有关这个地址更详细的情况：我在这个名为长寿的佛教寺院已客居好几个月。在新民主主义革命时期这座寺院扮演了虽微不足道但令人钦佩的角色。新中国成立前它为几位受到国民党巡警追捕的革命者提供了安全的藏身之地，而现在庙里的居客们都积极投身到新中国的重建工作中。除了举办古老的宗教仪式，他们还筹办了民众食堂与食品分发处。他们非常欣喜，因为与过去相比，他们的宗教主旨——人道与利他思想——在今天的中国能更好地发挥作用。

在这儿我受到了热情周到的款待，或许以此为由我可以创作一首诗歌，用于您1952年的《格赖芬年鉴》。

如前所述，目前我还忙着打字誊录工作，一俟完成我会立刻将小说寄给您。

致以最真挚的问候与祝愿

克拉拉·勃鲁姆
1951年2月5日，上海

---

① 寿圣庵，在今贵州路283号。清咸丰十一年（1861）僧今浦结茅于此，同年筹建，同治十二年（1873）建成前殿、大殿，始用寿圣庵名，光绪年间又增建为六进。民国十七年（1928）筹建湖州旅沪同乡会会馆时，将该庵拆除，在会馆后重建五间一宅，做寿圣庵，于民国十九年（1930）完成。20世纪50年代后，住持僧因香火衰落，将庵舍出租。

致卡尔·迪茨（Karl Dietz）的信 [3]

尊敬的迪茨先生：

您4号的来信已经收到，从信中获悉您将寄三册样书给我，在此预先表示感谢。

我原计划给朝鲜的捐助受到阻挠，这已让人十分难过，而最令人痛心的是，您努力奋进，工作细致，回报却是为此蒙受了经济上的损失。

此事我跟您一样无辜。这一点，请参阅我在3月22日写给您的那封信。

1951年7月，德意志民主共和国政府有关部门不仅完全客观地认可我这部长篇小说，而且认为它值得大量印刷发行。如果现在有一伙人——姓甚名谁我不得而知，他们对您很可能也有所隐瞒——5个月后或通过信件或直接面谈对这一部门施加影响，迫使他们改变决定，那么，我不得不这么说：这么做在法律层面上是对有关当局的误导，社会层面上是个人的阴谋诡计，而政治上则是阻碍列宁和斯大林多次要求的自上而下、自下而上的广泛批评。

所谓我的小说站在苏维埃联盟对立面上的说法，完全是一种最新型的美国式的污蔑，并且是为纯粹个人原因强披上一层粉饰的外衣。倘若我的作品持反苏联的立场，那文学与出版事务局早在7月就会有所洞察。在我的小说框架中，苏联是激励中国人民为自由而战的榜样——例如，小说中1947年10月8日为织女写的日记对此就有所表达——此外还有，苏联为每位受到民族和社会压迫的人提供避难场所——当然在小说框架内无法对此展开更详尽的描述。倘若有人对小说中描写斯大林所设投诉机构的两段情节的重要性视而不见，那他一定不是生活在地球上，而是栖身于象牙塔之中。我在小说中描写了哪些对社会重任有着清晰认识的苏维埃人？——首先是斯大林，其次是陆军中将埃普施泰因（Epstein）。此外还有坚持不懈争取受教育权利的两位清洁女工格拉妮娅（Grania）与娜塔莎（Natascha），具有民主精神的评论家也不该视而不见。最后还有小说中1945年7月28日为牛郎写的日记中所记载的——"苏联人民肃清了这一世间噩梦，重新开始他们自己的工作。"

然而，我从心底里乐意在小说中再加入一个正面的苏维埃人物，她是汉娜·比尔克（Hanna Bilke）的好友，莫斯科遭空袭期间在安全局任职。我个人认为，可以在小说再版前修改一下。反正我完全同意增加这方面的内容。

与之相反，对于删除书中蒙梯尼（Montini）这一人物的要求，我坚决地回答：绝不！

在作品中刻画混入我们阵营中的无良之辈，同样是进步作家的责任。这在一系列优秀的苏维埃文艺作品中并不鲜见：马雅可夫斯基（Majakowski）的诗歌、格拉特科夫（Gladkow）的长篇小说《水泥》、科尔内楚克（Kornejtschuk）的戏剧《前线》①，从这些作品中我们都能找到这样的人物。与之相反，在作家的灵魂里四处搜索，查找他笔下的人物究竟暗示谁，这绝非进步的评论家或文艺监察者的职责。他们的职责在于客观地检查与判断，作家是否足够精确地将这类个体的负面特征与这一运动的正面特征加以区分。而这正是我在整部小说中所做的。其中一个例证是小说中 1941 年 5 月 6 日为牛郎写的日记。

无良之辈在广大群众面前至少应当感到羞耻。对于他们的存在，人们并非从马雅可夫斯基的诗歌或我的小说中才有所了解。但是，我们的作品只有坦率地表达自己的观点，而不是怯懦地闭上眼睛，方能增强读者的美好意愿，在和平与人民民主的道路上才不会被如此痛苦的个人体验吓退。

所谓"影射小说"的提法，相信是您情绪低落时仓促间的用词，我不想责怪。对于一个具有您这样声名的出版商，我不需要解释何为源于生活的真正艺术作品，何为以文学为掩饰，任意嘲讽人的影射之作。影射小说的关键在于人物上的言此及彼。而我在小说中完全没有触及蒙蒂尼的人物关系，我所描写的，仅仅是他的道德与政治行为。如果有人从这种行为中联想到某位至今还活跃在奥地利公众生活中的大人物，请不要怪罪我的书。

正如科尔内楚克的《前线》、莫里哀的《伪君子》一样，《牛郎织女》根本不是什么影射小说。小说确实是基于我的个人经历——与许多世界文学作品类似——这一点我有什么理由否认呢？多年来，蒙梯尼试图全面扭曲、堵塞我们的工作渠道，以经济手段毁灭我和其他人。同时他在 1941 年的宣传手册《法西斯的种族问题》中甚至鼓吹：解决犹太问题的最佳办法，就是不再有犹太人。多年来，他一直试图削弱我作为作家的生存能力。我这儿还保留着一份约翰内斯·罗·贝歇尔（Johannes R. Becher）② 1944 年 10 月 14 日写给上级

---

① 《前线》是苏联作家科尔内楚克（又译作柯尔涅楚克）在 1942 年 9 月发表的三幕五场话剧，在苏联反法西斯战争中产生过重要影响。1944 年春，萧三把中译本送给毛泽东看，毛泽东读后立即推荐给《解放日报》，1944 年 5 月 19 日到 26 日在该报连载，成为党的领导干部的学习教材。
② 约翰内斯·罗·贝歇尔（Johannes R. Becher, 1911—1958），德国共产党党员，著名作家，德意志民主共和国国歌词作者。随着纳粹兴起，1933 年逃亡巴黎，1935 年迁入苏联，二战后回到东德，1953 年获斯大林和平奖章，1954—1958 年担任德意志民主共和国文化部部长。

机关的投诉函的影印件。

而我呢？——我曾在艰苦至极的条件下，忍饥挨饿辗转于北京、上海、天津，描写新中国，用文学的方式表达国际主义情感。没有人可以阻止我说出事实真相。

在小说的倒数第二章，汉娜·比尔克观看了新中国成立后第一次五一大游行：虽然她仍挨饿生病，精疲力竭，却欣慰地迎接未来，迎接由人类——那虽弱小，虽有着种种缺陷，并受到种种威胁的人类——所开始创造的美好、和平与公正的世界。

我是否真有必要将这种情感翻译成科学的、政治的德语？——好吧，那我试试："地球上比较美好的这部分地方还远远谈不上完美无缺。但它已经获得过去从未有过的成就。它建立的社会制度不允许以战争谋求利益。它教导曾经是被动牺牲品的我们，将我们争取和平的意志投放在历史的天平上。因此，高尚正直的人唯一可以走的道路，就是苏维埃联盟和人民民主之路——否则他就不再是一位高尚正直的人。"

这么做最多不过是不利于有关的大人物。《牛郎织女》是一部有关忠诚的小说，这种倍经考验的忠诚不仅仅是在个人领域，在政治领域也同样如此。为了这部小说，我将毫不动摇地、顽强地斗争。您是否愿意和我站在一起，当然必须由您自己决定。如果您愿意，我想提出如下建议：

请将我的小说及这封信件的副本寄给德意志民主共和国总统①，向他提出呼吁。他曾重新审核并撤销了一些不公正的判决，这在中国的报纸上也有所报道。只要他恢复文学与出版事务局最初的决定，一切就都将重回正轨。

总统先生在莫斯科的时候就知道我是一个真诚的人。总统先生和您，迪茨先生，你们是仅有的两位没有对我在新中国的生活弃之不理的德国朋友。也许他会认为有必要将我的小说交由文学专家审阅。但这个任务，我想只能由那些能够客观看待我的人才适合承担。我个人提议：弗里德里希·沃尔夫（Friedrich Wolf）、友谊剧院的汉斯·罗登贝格（Hans Rodenberg）、阿尔图·皮克（Arthur Pieck）、阿尔弗雷德·库雷拉（Alfred Kurella）、阿诺尔德·茨威格（Arnold Zweig）或者约翰内斯·贝歇尔（Johannes Robert Becher）。我必须强调，弗里茨·埃彭贝克（Fritz Erpenbeck）和鲁道夫·莱昂哈德（Rudolf Leonhard），他们过去一有机会就坑害我，故而不合适。还有墨西哥流亡者团体

---

① 威廉·皮克（Wilhelm Pieck，1876—1960）德国共产主义政治家，民主德国第一任总统。

的德语作家们，他们对我一直就不怎么友善，包括魏斯科普夫（F. C. Weiskopf)① 夫妇，哪怕在中国，我对他也是敬而远之。如果有必要由苏联作家审阅，我提议由玛丽埃塔·科尔内楚克（Marietta Kornejtschuk）担当此任。

您是否接受我的建议，还请来信告知。

致以最真挚的问候与新年祝福！

您的克拉拉·勃鲁姆
1951 年 12 月 24 日，上海

---

① 弗朗茨·卡尔·魏斯科普夫（Franz Carl Weiskopf, 1900—1955）德国作家，二战后曾任捷克斯洛伐克驻华首任大使。

致卡尔·迪茨（Karl Dietz）的信［4］

亲爱的迪茨先生：

自 8 月底以来，我受中国人民政府委派在南京大学授课。在这儿我与几位中国最出色的日耳曼学学者建立了紧密的工作联系。我们所要完成的教学与组织工作令人欢欣鼓舞，目前，单单是这些工作就已完全占据了我们的精力。但愿过段时间我们能轻松一点，这样，我的同事有时间开展科研工作，而我也可以继续我的文学创作。

非常感谢您 9 月 25 日的来信，它准时寄到了我这儿。尽管销售条件不利，可您没有失去勇气，而是印制广告卡片，这更增添了我对您的敬意。这整个事件很不光彩，但蒙受耻辱的不是我们，而是那些被刺痛的人，是他们的扈从，以及那些原本应该保护进步文学的蓬勃发展，捍卫下层提出的批评，却宁可玩忽职守的袖手旁观者。

在苏共十九次代表大会①上，马林科夫（Malenkow）在报告中极为严厉地谴责了对来自下层的批评言论采取压制的种种行径。此次新修订的党章中，最重要的补充是保护自下而上的批评。就在今年 4 月 7 日，《真理报》② 刊发了文章，题为《戏剧创作与真实生活》，《建设》月刊③第 6 期全文转载，《世界舞台》周刊④7 月 2 日就此表态。文章说：

> 某些评论家要求在艺术作品中只表现理想人物，如果有作家刻画生活中真实存在的负面人物，他们就不遗余力地严厉谴责。我们不能这样处理问题。谁仍然这样做，只表明他胆怯懦弱，是对真理的犯罪。

---

① 苏共十九次代表大会，全称全联盟共产党（布尔什维克）第十九次代表大会，1952 年 10 月 5—14 日在莫斯科克里姆林宫举行。会上，马林科夫代表中央作了中央委员会工作总结报告，赫鲁晓夫做了关于修改党章的报告。
② 《真理报》（Правда），1918 年至 1991 年间苏联共产党中央委员会的机关报。
③ 《建设》月刊（Aufbau），德意志民主共和国建设出版社（Aufbau Verlag）出版的刊物。
④ 《世界舞台》周刊（Die Weltbühne），1905 年 9 月在柏林创刊，最初为戏剧专刊。1933 年国会纵火案后遭禁。二战后在东柏林复刊，直至 1993 年停办。

"我们这儿并非一切都尽善尽美,我们也有反面的人和事,我们的生活中不乏丑恶,同时还有不少虚伪的两面派……"

"愿上帝守护我们,"斯大林说,"让我们不会感染畏惧真理的恶疾。"

是的,我确实创作了蒙梯尼这个角色。文学与出版事务局觉得这个人物让他们想到了一个(或不止一个)还活着的人,这些先生们因此便称蒙梯尼这个人物"严重地偏离了现实主义"。而这正是畏惧真理、颠倒是非的经典范例。

尽管如此,我沉默了数月之久。然而,现在我明白了,这不仅涉及我个人的言论表达,更涉及马林科夫所谈到的那种对批评言论的压制。

将小说角色等同于生活中的人物,这种做法本身就很外行。作家当然有可能从自己的个人经历和观察中获得灵感,但是他会从中雕琢出典型与原则。我不完全等同于汉娜·比尔克,正如阿诺尔德·茨威格也不是其笔下的作家贝尔庭(Bertin),戈特弗里德·凯勒(Gottfried Keller)不是绿衣亨利,而歌德也不等于他所创作的维特。我从未否认过,我的小说《牛郎织女》,包括书中蒙梯尼这一人物的创作受到了我个人人生经历的激发。但我是否借着蒙梯尼这个人物冤枉了某位正直的共产党人呢?——这绝不可能,因为不会有人认为蒙梯尼是一位正直的共产党员。既不存在名字间的相似,也没有对人物外貌细节的刻画。小说的读者甚至连他的头发是深褐色还是金黄色都不清楚。蒙梯尼也不是领导干部,只是若干国家干部中的一个罢了。他也许是托曼(Thomann)或维利·施拉姆(Willi Schlamm),也有可能是鲁道夫·斯兰斯基(Rudolf Slansky),抑或是人物性格层面颇有几分相似的贝拉·库恩(Bela Kuhn),或者干脆就只是虚构的人物,是以上四人的混合体,或许还得再添上几位。不管是谁,哪怕只是在梦中,突然从蒙梯尼身上联想到某某人,那他在此之前就已经认定这个人是无耻之徒。倘若有人因此而费尽心机遏制销售这本展现新中国,同时为援助朝鲜做贡献的好书,大可以去找斯大林与马林科夫,当面读一读他们的无端指责。

我想向您提议,在小说的广告卡片上援引在信件开头提到的《真理报》文章段落。此外还可以附上莫斯科报刊的三段引文:

克拉拉·勃鲁姆的诗歌作品属于这个时代德语抒情诗的最高成就。
——约翰内斯·贝歇尔,《文学报》,1939年6月20日。
这位女士是我们这一代最令人期待的叙事诗诗人。
——弗朗茨·莱施尼策(Franz Leschnitzer)①,《文学报》,1940年7月21日。

---

① 弗兰茨·莱施尼策(Franz Leschnitzer, 1905—1967),德国诗人、散文作家、翻译家。1905年生于波兹南(今属波兰),1967年去世于柏林。

克拉拉·勃鲁姆的另一个优势在于她的国际主义理念——这也是她作为诗人的世界观的基础。

——J·萨多夫斯基（J. Sadowski），《文艺评论》，1941年5月25日。

蒙您再次惠寄小说样书二十册，在此致以最真诚的感谢与问候！

您的老朋友
克拉拉·勃鲁姆
1952年10月23日，南京

我的地址：
克拉拉·勃鲁姆教授
南京大学
西方语言文学系
南京，中国

致卡尔·迪茨（Karl Dietz）的信 [5]

亲爱的迪茨先生：

非常感谢您 2 月 6 日的来信。

随信一同寄出的还有我们助教林尔康（Lin Erh-kang）的译稿。稿件我再次通读了一次，译得非常好。有几处我觉得不那么让人满意的地方，在取得他的同意后，进行了修改。同时我还寄给您一本当代中短篇小说集。如需要我的意见，我想向您建议，或可将以下三部中国当代中篇小说结集出版：1. 赵树理创作的《福贵》（作家的英文译名为 Chao Shu-li）。2. 同样是赵树理的《罗汉钱》（该小说在随信寄出的小说集第 55 页，其英译标题为 *Registration*，也就是《登记》）。3.《我要读书》，这篇小说的作者高玉宝是贫农家的孩子，在不那么会写字的时候，就开始了自己的文学写作（在小说集中他的英文译名为 Kao Yü-pao），翻到 169 页，您就可以读到这部动人的短篇，这是作者自传的一部分）。

正如您将在 169 页读到的那样，高玉宝的生平写得很好也很有趣味。而 55 页上赵树理的生平简介就稍显单调且过于简略，因此我会随信另附一份。

赵树理的作品中，长篇小说《李家庄的变迁》已在民主德国翻译出版，具体是哪家出版社我忘了。更早些时候，人民与世界出版社出版了他的中篇小说《李有才板话》，还有一个德文译本是北京外文出版社发行的。在我看来，存在多个译本倒不是坏事儿，因为现在中文图书的德文翻译肯定还远远不能满足大家的需要。

对了，有件事儿还想麻烦您：我个人很想要一本阿诺尔德·茨威格的《德国犹太人往事》。

理查德·威廉①的译本《中国民间童话》已收到。我完全同意您的想法，这个童话集在内容上可缩减 1/3，插图方面，不如用反映中国民间生活的图片取代那些充满神话色彩的插画，因为童话故事本就源于人民的生活。

---

① 理查德·威廉（Richard Wilhelm，1873—1930），德国同善会传教士，汉学家，1899 年到青岛传教，取名卫希圣，字礼贤，亦作尉礼贤。

下次给您写信我将附上：译本的缩减建议、后记以及几幅描绘中国民间生活的木刻版画和硬笔素描。或许您也可以从中选择几幅用于《福贵》《罗汉钱》与《我要读书》这三篇作品。在我不久前寄给您的那本中国民间艺术的图书中，也有些图片——正如您将看到的——适合用作童话集的插图。

但我不确定，下一封信以及所说的后记和图片能否在3月份寄到。我大概在3月12号或15号之前能完成后记撰写，但包裹太重了，无法以航空邮件寄送。这样，估计您大概要3月31日至4月8日这段时间才能收到。威廉的童话译本我也同样在3月15日寄回给您。

如前所述，随信附上一份赵树理的生平介绍，同邮寄出的还有《福贵》一书的译本手稿及中篇小说集，收到后敬请来信确认。

致以最衷心的问候与祝福！

朱白兰（克拉拉·勃鲁姆）
1955年3月5日，南京

致卡尔·迪茨（Karl Dietz）的信［6］

亲爱的迪茨先生：

  非常感谢您 2 月 28 日的来信，凑巧我在几天前，也就是 2 月 24 日也给您写了一封信。随信一同寄出的还有《聊斋志异》第一卷和赵树理的新长篇《三里湾》。非常感谢您给我寄来伯特歇尔（Böttcher）、武尔皮乌斯（Vulpius）和布施（Busch）的书籍以及八册新编童话集《黄河诸神》①。等再版时，后记有两处我想稍加修改。

  得知您想出版我的诗集，我非常高兴。在阿诺尔德·茨威格 70 岁生日之际，我很乐意为您撰写一篇短文，题目就定为《阿诺尔德·茨威格在新中国》。因为之前我已和我的学生一同选读了其长篇著作《格里沙中士案件》部分章节。我以前的一位学生高根福（Gao Gen-fou），目前在北京大学任助教，他致力于研究阿诺尔德·茨威格的作品。

  我前往民主德国的邀请函大概在 2 月初已寄到北京。但迄今我还未接到中央政府的通知，何时能给我旅行护照。兴许要等到最后一刻吧，这种情况发生过。此事我也与南京大学讨论过，他们应允我 7 月 1 日，或者也有可能在 6 月 25 日启程，然后在那边待上两个月。我所在的省人民政府对此也表示同意。现在我就只等着中央政府的消息，同时还有北京中国人民对外文化协会的通知，看他们是否能够以及如何安排我的行程。南京大学建议我不要写信过去询问，静候通知即可。那我就暂时先等着，要是太久的话，我再给他们写信。［……］之前跟您说，我到时有可能住在中国驻柏林公使馆，可能是我搞错了，因为后来我听说，中国代表团在出访民主德国时会在宾馆入住。到时看着办吧。反正我打算在柏林只待两天，最多三天。这次出行的目的地还是鲁道尔施塔特。现在我是多么期待跟格赖芬出版社的所有朋友们见面啊！您肯定费了不少力，想方设法才为我把邀请函办了下来。我们一起来证明这一切都是值得的吧！

---

① 卫礼贤（1873—1930）译《中国民间童话》，格赖芬出版社 1955 年以《黄河诸神》为书名重编再版，朱白兰为之撰写后记。

致以最衷心的问候与祝福

您的老朋友
朱白兰（克拉拉·勃鲁姆）
1956 年 4 月 6 日，南京

致卡尔·迪茨（Karl Dietz）的信 [7]

亲爱的迪茨先生：

非常感谢您 2 月 4 日、2 月 20 日和 3 月 2 日的几封来信。按照您 2 月 20 日来信所提的要求，我今天以非航空的挂号邮件给您寄去了十本小册子，其中九本是关于恋爱、婚姻、家庭冲突、计划生育之类的文献资料。这些小册子是那位病人和我秘书的大哥夏保罗博士设法购置的，能为格赖芬出版社做点儿什么，他也觉得非常高兴。对中国传统习俗有所了解的人，都知道现在这场节制生育的运动意味着怎样一场革命。这一政策的实施，尤其在年长的农民一代那里，肯定会遇到不少阻力。老一辈的口号是"如今丰衣足食，就要儿孙满堂"。但是年轻妈妈们的想法不一样了，她们不愿意生养太多，搞垮身体。中国人口够多了，现在所需的不是盲目的繁殖，而是自觉的、有计划的、开明的生育。

今天在中国两性关系与家庭生活中掀起的这场革命意义极其重大。但我认为，比起科普材料，德国读者从中国文学作品中能够获得更鲜活的了解。因为这些小册子给出的主要是一些科普解释和建议，而对这些，德国读者并不陌生。

不久前林尔康问我，小说集《通往婚姻登记所的路》① 是否会出版，可我无法给他答复。

非常感谢您将我的诗转给《新德意志报》②。可是根据过往的经历，对此我不抱太多希望。去年鲁迅逝世二十周年祭，我曾撷取诗人的生活写了一首叙事诗，这并不复杂，旧瓶装新酒而已，目的是想增进德国读者对鲁迅的了解。当时我把这首诗寄给了《新德意志报》，同时写道："如果贵社不能采用，请转寄给其他报社。"可他们没有寄给报社——要不原本有可能在 10 月 19 日鲁迅二十周年祭日当天刊出——而是寄给了月刊《新德意志文学》，月刊显然太迟了。

---

① 《通往婚姻登记所的路》，即赵树理的小说《小二黑结婚》。
② 《新德意志报》，民主德国统一社会党（SED）的机关报，总部在柏林。

《新德意志文学》今年1月份倒是刊发了我另外两首诗作，您大概已经看到了吧（这两首诗您之前应该都读过，一首是1952年寄给您的，另一首是1954年）。但您或许没有留意刊物166页的评论，文章写得很中肯。在民主德国，我如今总算慢慢不再被当成是摇尾乞怜的骗子，但是在那些日子里，正是您，还有格赖芬出版社的同仁们，给予了我坚定的支持，你们永远是我在德国最友好、最亲密的朋友。

对了，这次寄给您的第十本小书《五十朵蕃红花》，是一份小小的纪念。它是一本世界各国诗歌集，由著名诗人袁水拍移译为汉语。他在翻译出版我的诗歌时（第138页），压根儿没想到我在中国。这本小小的诗集第一版印数14000册，三个月后一售而空。现在第三版也已经卖光了，即将印刷第四版。中国人民对于无产阶级国际主义的开放与热情由此可见一斑。

夏家赠送的礼物3月12日才寄出，要晚些时候您才能收到。寄件人那一栏写的是中国粮食出口办公室，也就是夏小姐工作的地方。包裹里还附上了一张家庭照。相片上中间的姑娘就是夏小姐，老太太是她的母亲，一位虔诚的基督徒。后排的两位年轻人，身材较高大的是夏保罗博士，他是一名医生，个子较小的是夏泽孙（Hsia Sze-sung），他是位建筑师。从相片就能看出来，他是多么有才华，可惜却疾病缠身。希望我们一起努力挽救他的生命。

现在有两种苏联研发的新药：Nowo-Embitschm 和 Dopan。德国知名作家贝尔塔·拉斯克（Berta Lask），您肯定认识，从她在莫斯科的儿媳那儿我打听到了这两种药品。她们俩都是我的好朋友。借这个机会，我想请您给贝尔塔·拉斯克寄一份1957年的格赖芬出版社年鉴。她的地址是：柏林，约翰尼斯塔尔，赫伦豪斯街10号。同时，非常感谢您寄来阿诺尔德·茨威格随笔集《水果篮》，非常精美。

不久前我惊喜地收到大柏林银行柏林城市分行的来函。德国作家协会为我在那儿开设了一个户头，账号为20/144 753A，然后将我在《新德意志文学》上发表那两首诗歌的稿酬存了起来（80马克，扣税后68.80马克）。可是，这笔钱我只有在民主德国才能支出。他们说，我可以委托他人全权代理。对我来讲，若是格赖芬出版社能为我代办就再好不过了，这样的话我就可以将这个户头与我在您那儿的账目合二为一。柏林城市分行给我寄来了一份全权委托表，非常复杂，有的地方我完全看不懂。在这里，我只能请人给我解释中文文本，德语文本完全没办法。

所以，还得请您给我出出主意，该怎么处理这事儿。事实上，我还想请您帮忙给夏先生开50安瓿萨纳霉素（Sanamycin），随信附上医生证明及其德文翻译。但药费支出可不能超出我在您那儿结存的款项余额，我特别不愿意额外增添您经济上的负担。

现在我每天,或者说每个小时都在期待调入另一间大学任教。七个月前我向高教部提出了申请。就我现在了解到的消息,我会去上海或是广州。上海的话我觉得更好,但是广州也很不错。

接下来我总算能有几分钟时间,回复您上次的问题,也就是我与来自阿尔滕堡的君特·葛来福(Günter Gräfe)之间的过往经历。① 您可别以为是他把我从这儿赶走了。我之所以要离开南京大学,是因为我们整个国家都在发展进步,而南大却属于远远落在后面的组织机构。对此高教部这两年来一直在修修补补,可是这种情况下修修补补不顶用。这种情况下我感觉很孤独,自己努力追求进步也不被他人理解。此外我的工作负担过重,没有多少时间进行文学创作。葛来福——正如我之前跟您说过——不过是杯中最后那滴酒(der letzte Tropfen im Becher)罢了,换作海因里希·海涅,大概会说他是杯中最后的笨蛋(der letzte Tropf im Becher)。特别典型的是,有一次开会他说我对学生卑躬屈膝。当时教研室主任不维护我,反倒迎合奉承他。后来主管革命烈士军属事务的机构干预了此事,要求他当众公开道歉。南大的党委书记,人是很好,可这件事上倾向于掩过饰非,要我多谅解,接受葛来福的私下道歉。我同意了。后来葛来福和林尔康一同来找我,但我没法说他是来正式道歉的。

与此相反,他扯了两个小时,吹嘘自己多么了不起,曾在辩论中赢过神父之类的壮举。他非常详细地讲述自己的生平——像极了绕着热粥走的猫,拐弯抹角,吞吞吐吐,只讲了其中那么12年。

有一次,他作了一场关于威廉·迈斯特的专题报告,却完全没有提及歌德对于法国大革命的态度。我非常礼貌而客观地补充了这一点,结果他大发雷霆,故意曲解我的话,真是厚颜无耻。当时没有人帮着我说话。教研室那些老教授大多谨小慎微,不愿得罪人,而年轻人——比如林尔康——则遵循中国谦逊的传统,不敢公然向他们提出反对意见。

葛来福没什么了不起的。我跟您说这些事儿,只是因为您的关心与同情令我宽慰了许多。如果您想知道更多关于他的情况,可以再向我打听。这类人,大家了解得越多越好。当然我和你之间的交流不是公开的,只是私底下聊天。这段时间,我在民主德国的境况稍有改善,因而不想引起不必要的冲突。

这次可又是一封长信。

---

① 葛来福,20世纪50年代民主德国派往南京大学的德语教员。参阅贾文键、魏育青《中国德语本科专业调研报告》,外语教学与研究出版社2011年版。

致以衷心的问候！

您的朱白兰（克·勃鲁姆）
1957 年 3 月 18 日，南京

我的临时地址：
中国　上海
复兴中路 1295 弄 43 号房
夏明川（HSIA MING-CHUAN）小姐
转　朱白兰教授（克拉拉·勃鲁姆）

致卡尔·迪茨（Karl Dietz）的信 [8]

亲爱的迪茨先生：

非常开心，在假期旅行回来就收到您 7 月 30 日的来信。令我感到特别欣喜的是，里昂·福伊希特万格（Lion Feuchtwanger）已经就我的长篇小说写好了评论文章。而您将文章寄给博多·乌泽（Bodo Uhse），真是再好不过了。

您以后给我写信请寄到中山大学，但愿我会待在这儿，直至生命结束。夏小姐也有可能移居广州，在一所音乐学院任教。她不仅英语文学研究做得相当出色，同时也是一位非常有天赋的钢琴家。

我已写完中篇小说《剪纸艺人的复仇》的初稿，现在正计划修改打磨，然后口授打印出来，希望 9 月中旬之前能寄给您。我计划创作七篇中篇小说，它是其中之一，到时可以组成一部小说集：《燃烧的权利——现代中国的故事》①。

与书同名的中篇小说写的是一场在第一次鸦片战争期间发生在广州近郊的反抗外国侵略者的农民起义。我去了那个村庄参观，和起义者的后人聊了很久。

小说集总共有七篇中篇，与书同名的小说发生在 1841 年，第二篇 1922 年，第三篇 1944—1952 年，第四篇 1949—1950 年，第五篇 1951 年，第六篇 1944—1955 年，第七篇 1954—1955 年。标题依次为：《燃烧的权利》《香港海员》《剪纸艺人的复仇》《彩色的影子》《三个正义的妾》《小贩的笛子》和《13 是个吉祥数字》。

小说集的第二篇讲的是外国轮船上中国海员的第一次罢工，第三、四篇描写了新中国成立前后手艺工匠的生活，第五篇涉及新的婚姻法，第六篇写的是街头小贩，第七篇则讲述了大学的社会主义发展。

希望在大学工作之余我能挤出足够的时间，在明年夏天前完成整本书的写作。

---

① 朱白兰原计划写七篇中篇，小说集出版时改名为《香港之歌》（Das Lied von Hongkong），包含《燃烧的权利》《香港之歌》《剪纸艺人的复仇》《三个正义的妾》和《13 是个吉祥数字》这五篇中篇。

接下来我想回过头来谈谈您在 4 月 10 日来信中提出的特别重要的建议：我的各类文字作品以后统一由格赖芬出版社向民主德国的报纸杂志供稿。今年 10 月 19 日是中国现代文学奠基者鲁迅逝世二十一周年纪念日。我想去年有些报纸没能及时获得素材，今年也许会乐意补发相关纪念文章，因此随信附上了关于鲁迅先生的一首诗歌和两张图片。如果您愿意，或许可以寄给柏林克罗伦大街 30/31 号的大学生报《论坛》。我的新小说，等您收到审阅后，也可以给有关杂志比如《建设》供稿。刚刚提过，小说我会在 9 月上半月寄给您，相关问题还请您与出版社同事集体讨论。无论如何，衷心感谢您热心周到的帮助！

最后，随信附上您信中提到的全权委托函。但愿您能凭此从柏林银行取出我那 68 马克 80 芬尼。这份全权委托书我只能请我们大学的校长办公室出具证明，因为这类文书在这边一般都由申请人的工作单位出具。中国的公证处职能有所不同，况且他们也不懂德语。

向您和格赖芬的同事们致以衷心的问候与祝福！

您的老朋友　朱白兰
1957 年 8 月 21 日，广州

致卡尔·迪茨（Karl Dietz）的信 [9]

亲爱的迪茨先生：

韦尼希（Wenig）和豪赫（Hauch）先生 5 月 12 日的来信以及随信附寄的里昂·福伊希特万格的信，还有您 5 月 21 日的来信及两份反对德国联邦国防军装备核武器的抗议书均已收到，非常感谢。

其中一份抗议书我已签署，详见附件。

因中国作协广东分会秘书长洪遒（Hung Yao）同志此前一直出差在外，直到本月 9 号我才得以与他面谈。此前我已请人将您 5 月 21 日的来信与抗议书译成中文，9 号当天就直接交给了洪遒同志。他承诺会将信件与抗议书转呈上海的巴金同志，而巴金同志大概会将签好名的抗议书直接寄给您，如果不是用德文，就是中文或英文。

来信还请告知，您是否已按时收到小说稿件《香港海员》① 剩余的 2/5，以及我审阅完后立即寄回给您的原稿《新中国性教育的问题》。

此外我还有一个请求：我们的教室挂着一幅德国地图，其地名的标注用的是中文，比如 Rudolstadt 就标称为鲁 – 道 – 施 – 塔 – 特。如果能在旁边再挂上一幅用德文标注的地图，就太有帮助了。为此我恳请格赖芬出版社帮我们购置一幅地图，邮寄给我，所需费用记在我的账上。地图幅面最多高 78 厘米，宽 54 厘米，否则空间就不够了。小一点也行，但绝不能超过这一尺寸。

中国正经历着一个艰苦奋斗、振奋精神的时代。今年我的假期将不到两个月，只有六个星期。在广东省作协的指示下，假期我将去一个模范县生活一段时间，以了解当地农民所取得的成就。

致以衷心的问候

您的老朋友　朱白兰
1958 年 6 月 12 日，广州

---

① 中篇小说《香港海员》，经过与出版社商议，发表时标题改为《香港之歌》。

又及，信封上的红色邮票，印着的是在北京新建成的人民英雄纪念碑，紫色和蓝色邮票上的图案则象征着不久前举办的中国工会全国代表大会。

人民英雄纪念碑邮票（上）和中国工会第八次全国代表大会邮票（下）

致卡尔·迪茨（Karl Dietz）的信 [10]

亲爱的迪茨先生：

久未联系，其原因或许您从报刊新闻中已有所了解：我们中华人民共和国现在提高了工作速度，这个夏天我们基本没放假。此外，我还接了广东作家协会一项重要的任务，此事我一会儿再详述。

现在我想就您6月19日和7月21日的来信逐条回复。

巴金（Ba Djin）先生在6月28日通过广东作协通知我，他已签署抗议书并邮寄给您。还请您也向我确认是否已收到该函件。

6月30日我平邮挂号给您寄送了赵树理创作的《三里湾》（第二版，也是最新版）。三年前我跟您写信提过，我认为在社会主义兄弟国家出版这部小说意义重大。

我非常荣幸同时也非常高兴接受您的邀请，参加格赖芬出版社1959年10月举办的四十周年庆典。我计划1959年8月25日赶到柏林，待上一周时间，然后前往鲁道尔施塔特，然后回柏林再待上14天，然后再回鲁道尔施塔特，中途顺路去莱比锡、魏玛和耶拿转转。最迟！10月25日我就必须回国，一来是因为工作，二来到时那边天气严寒，对我的身体非常有害。

由民主德国作家协会正式给我发函邀请，这非常令人高兴，同时也是绝对必要的。否则大学可能无法批准我休假。资金上的困难我十分理解。我们这边目前也是方方面面都要勤俭节约。我想，广州到柏林的机票我可以从大学的薪酬中积攒起来购买，最糟糕的情况下我就买火车票。另外，我在柏林至少会待上三周，一分钱都不用花，因为到时我会住在一位特别要好的朋友家，吃住都靠她了，她也是雷夏·罗特席尔德（Recha Rothschild）的朋友。其他费用，包括回程的路费，我就得靠格赖芬出版社和民主德国其他文学机构支付的报酬来凑了。至于这样是否可行，以及取决于什么条件，我下面再谈。

得知约翰妮·赫茨菲尔德（Johanna Herzfeldt）[①] 会来中国，我可以提前认

[①] 约翰妮·赫茨菲尔德（1886—1977），德国汉学家，代表性译作：《梁山的强盗》（*Die Räuber vom Liangschan*）、《中国的十日谈》（*Das chinesische Dekameron*）、《子夜》（*Shanghai im Zwielicht*）等。

识她,真是非常期待。

此外,有这么一位德国女贵族,安娜·冯·克莱斯特(Anna von Kleist),婚后随丈夫姓王。她在中国生活了很长一段时间,她先生是一位中国的革命者,已跟她离了婚。目前她在民主德国的某所高校任非教席教授,具体哪所大学,我不清楚。有可能她自称为王安娜(Anna Ouang)。要是您或切希教授(Zschech)或是赫茨菲尔德女士碰到她,一定得小心提防:她可是个谎话连篇、不讲道德的人。

地图方面,我需要的不是德国的地貌图,而是行政地图,幅面最多54厘米宽、78厘米高,小一点也行,但绝不能超过这一尺寸。这是我去德国前求您帮忙置办的最后一样东西。从现在开始我们必须得节约着来。之前我曾想托您购买施蒂布斯(还是西布斯?)编撰的舞台语言教程,在此我明确收回这一愿望。之前生日都会收到您诚挚的贺电,我要向您再次表达谢忱,连带以后的心意我也一并心领了。正如前面所说,我们现在得厉行节约。

我非常高兴获悉您将在格赖芬四十周年年鉴上发表我的叙事诗《保卫者》和《大师与愚者》。(标题是《大师与愚者》,而不是什么《先生与笨蛋》,拜托!)

您如此高度地评价我对婚姻指导书的看法,令我内心深感满足。您5月12日的来信我当然已经收到并确认过,但您的信中只是提到了我的鉴定意见及相关酬金,但没说是否已收到我寄回的手稿,所以当时想询问清楚。

接下来我想回过头谈谈之前所提到的有关我回程的费用问题。

正常情况下格赖芬出版社无须为我负担这部分费用,我在格赖芬出版社及其他文学机构工作所获的酬金大概可以承担这部分费用。可是现在这种情况称得上正常吗?——以前可以说是完全不正常,现在有了一丁半点儿改善,但还远远谈不上完善,直到今天我的很多作品说不定还在谁的抽屉里长虫发霉呢。

要完全改变这种状况,我急需格赖芬出版社给予我道义上不懈的支持。我永远也不会忘记,为了我的小说能解禁出版,格赖芬出版社所做出的勇敢而坚守原则的斗争。但是近段时间切希教授错失了两次有可能为我争取公平与正义的好机会。尤其是第二次,后果特别糟糕。您或许会觉得惊讶,我没有直接写信给他,而是给您写信。这是因为,在我看来,格赖芬领导集体应敦促他为我们做出表率,而不是落在后面拖后腿。尤其他作为格赖芬出版社杰出的成员,我更有必要对他提出批评。当然此事您可以转告他。这是同志之间的批评,对于秉持社会主义思想理念的个体既有必要,同时也大有裨益。这种批评不会损害我对切希教授的友谊,更不用说我与格赖芬出版社之间的友谊。

至于切希教授在德语叙事诗集一书中把我写得如同灰姑娘一般,可能勉强还说得过去。可是德国统一社会党的两位重要成员布莱德尔（Bredel）和雷夏·罗特席尔德（Recha Rothschild）因我的缘故给他打电话，而他却没有利用这一契机请求正式面谈，跟他们陈述说明具体情况。对此，我该说些什么呢？亲爱的迪茨先生，您不难想象，对于这次接触联络我曾抱有多大的期望。可惜完全白费了功夫。

雷夏·罗特席尔德向切希教授询问我在格赖芬出版社的收入情况时，他为什么没有回复：

1. 我已将小说稿酬捐给朝鲜救济机构；
2. 出于"无法解释的"原因，小说的销量非常少；
3. 我在格赖芬出版社为德中文化交流做了不少咨询和文字工作（这一点有必要时不时提醒一下作家协会，否则有些人会把对我的邀请当成是私人恩惠），而工作报酬绝大部分是用萨纳霉素（Sanamycin）支付的；
4. 我的小说被刻意抹杀；
5. 我所翻译的《王贵与李香香》同样遭到抹杀；
6. 甚至连福伊希特万格就我小说所写的评论文章也没有在任何报纸刊物上发表；
7. 1957年夏末，应《新德意志文学》刊物的要求，格赖芬出版社将我创作的几首诗歌投寄给了他们，但同样未见发表。

由于切希教授对此保持缄默，我不得不给我与雷夏共同的好友写信，告知稿酬捐献与萨纳霉素相关情况，以解释我为何并没有在格赖芬出版社"发财致富"。不久前雷夏也给我写了信，我到时会与她直接面谈。可是，切希教授为什么要三缄其口呢？是出于同情为前文学与出版事务局所犯的错误保密吗？一个追求进步的人，在党询问他的时候，不该掩盖错误。他应该揭露错误。

最后一点同时也是最令人尴尬的是，广东作家协会——他们在我撰写那部小说时给予了极大的帮助——他们问我："民主德国的同志们喜欢《香港海员》这部小说吗？"——"还没有发表。"——"那您不如先暂时中断小说创作，做些其他方面的工作吧。我们派您去新会模范县，您可以就此写篇报道文章。"

广东作协的提议是对的。对我而言，新会之行确实是令人振奋。我现在正在写一篇有关手工艺人的报告文学，到时寄给您（用于散文集）和另一家杂志社。

为了在9月前完成中篇小说集的创作，原本我可以请求作协推迟新会之行，并向大学申请休假（对我而言也是破例之举）。可是由于海员小说没有得到任何成功的反馈，我也就没理由提这些要求了。

这些话和下面所说的，不是为了影响您的判断，而是为了支撑我在信件结尾提出的要求。

我个人认为海员小说不仅很好，适合出版，而且可在工人文艺晚会上诵读，甚至改编为演出剧本，它非常适合激发大家对帝国主义者的仇恨和对中国工人的热爱。

如果您不喜欢这部小说，还请尽快寄回，以便我另投他处。

我们可是多年老朋友，不必拐弯抹角。

期盼1959年秋日再会，并致衷心问候！

您的朱白兰
1958年8月8日，广州

又及：

刚刚收到您7月30日的来信，信中确认您已收到《三里湾》的译稿。

朱白兰
8月9日

致卡尔·迪茨（Karl Dietz）的信［11］

亲爱的迪茨先生：

　　非常感谢您 8 月 19 日和 25 日的来信。尤其后面这封信，让我欣喜万分——不仅是我——我们的助手，也就是我曾经的学生章鹏高，马上把它翻译成了中文。我拿着信就跑去找我们系主任，跟他辩论了半个来小时。他首先向我表示了祝贺，于是我接着他的话头说："戴教授，我不想缩减我的课时，一分钟都不想。我只想请求，有些会议，或者说大部分会议我是否可以不用出席，否则我将无法完成任务。"开始他还说不可能，那样的话其他同事也会缺席云云。"可是，"我问道，"猫儿如何能泅渡江河？如果我因此让格赖芬出版社和民主德国文化部坐在那儿一等再等，您认为合适吗？"他当然觉得不妥。于是我们就达成了一致，以后我只需参加少数几个会议就行。多亏您在信中提到了民主德国文化部。

　　现在事情总算理顺了。我希望能在 10 月 15 日左右将《燃烧的权利》寄给您，《13 是个吉祥数字》大约要 11 月 15 日，《三个正义的妾》估计得到 12 月 15 号前后了。我说的是：大约。

　　接下来，我想就您 8 月 19 号的来信简单回复一二。您的来信写着这么一句："您对《香港海员》的陈述，表明您对于我们出版社缺乏应有的信任，对此我们不想多加评价。"我十分不解：这跟信任不信任又有什么关系呢？我所考虑的是，您是不是有可能对我某部作品不满意。林尔康（Lin Erh-kang）翻译的赵树理的小说也还一直拖着未能出版。倘若，我的某部作品在贵社同样被搁置起来，而我迫不得已请求将稿件退还给我，甚至强烈要求退还，也并无失礼之处——这与我们之间多年来应有的相互信任并无抵触。

　　受中国作协委托，我写了一篇关于新会模范县的报道，预计您很快就能收到，或许可用于您计划出版的散文集子。手稿我已在 8 月 17 日寄给雷夏·罗特席尔德（Recha Rothschild）和我们共同的好友米拉·拉斯克（Mira Last），拜托她帮忙请人打字誊清，然后一份寄给杂志社，一份寄给您。可我朋友身体不是太好，因此也有可能会稍有延滞。

　　关于更改小说标题一事，我非常赞同。我原本也打算向您建议，使用

《苦力之歌》作为题目。《苦力之歌》或《香港之歌》，这两个标题保留哪个，决定权交给您，两个我都喜欢。

得便还请您告诉我，您选了哪个作小说的题目。此外还请告知贵社四十周年庆典的具体日期。

在8月8日的信中我曾给您写过，德国的行政地图将是我去民主德国前求您帮忙置办的最后一样东西。可是几经犹豫，我不得不再次提出一个请求。我的助手章鹏高在文学事业上给予了我很多帮助，他现在需要杜登出版的德语文体词典，您看有没有可能帮我们买一本？如果可行，还得麻烦您寄给我们，所需费用同样请记在我的账上。我估计，杜登大概东德也有出版，我们当然倾向于购置东德版本。倘若没有，那就只好使用西德版了。

您对我中篇小说的评价令我备受鼓舞，我期望它会是一本好书。

向您和您的出版事业献上最美好的祝愿！

您的老朋友　朱白兰
1958年9月5日，广州

致卡尔·迪茨（Karl Dietz）的信［12］

亲爱的迪茨先生：

刚刚收到您本月 7 日的重要来信。

中国政府方面不会负担我的机票费用。当然我也没有提出这种请求，因为我虽是作为德国作家协会（DSV）的嘉宾应邀赴德，但我并非中国作家协会代表团成员。中国作协大概是在我从东德返回后才刚刚得知我也是一名作家。如若民主德国文化部愿为我支付广州—柏林或北京—柏林的航旅费用，我将倍感荣幸并深表感谢。否则我得花光我的积蓄，还得跟大学预支 8 月、9 月、10 月的薪水。这样的话也不是不行，但也才勉强够买机票。因为在中国，教授们的薪酬比起在民主德国要少得多，而且现在全国都在实施厉行节约的制度。

我非常乐意在德国作家协会、席勒大学和魏玛知识分子俱乐部朗诵自己的作品，回答听众提问。此外如果能在某家工厂或是手工业者合作社这类机构举办朗诵会就更好了。（比如图林根森林的玩具企业？）

我可以抽时间和哈里·蒂尔克（Harry Thürk）同志会一次面，并回答他的问题，不过仅仅是作为同志间的帮忙。我不能当他的常设顾问为他工作，我没时间。

请代我向赫茨菲尔德女士表示深深的感谢，谢谢她提供的信息。

所有寄回的剪纸我已收到，谢谢。第一篇小说的清样我已收到并当即确认。期待能早日收到其余小说的清样稿，您是什么时候寄出的呢？

匆此，并致真挚的问候与祝愿！

您的朱白兰
1959 年 7 月 13 日，广州

致卡尔·迪茨（Karl Dietz）的信 [13]

亲爱的迪茨同志：

在格赖芬出版社的领导下，我在图林根和德累斯顿的工作中所取得的丰硕成果，还有出版社精彩的周年庆典，这一切都将成为我生命中最美好的回忆。

与西德的客人们一同参观布痕瓦尔德纪念馆①不仅是一项成功的活动，更是意义重大的创举。

在此我祝愿格赖芬出版社拥有成果丰硕的美好未来。

向您和您的家人致以衷心的问候！

您的朱白兰
1959 年 9 月 25 日，柏林

---

① 在布痕瓦尔德集中营基础上修建。1937 年纳粹德国在魏玛附近建了这座集中营。1937 年至 1945 年，此处囚禁了大约 25 万人，5.6 万人被杀害。

致多拉·文切尔（Dora Wentscher）的信 [1]

亲爱的，亲爱的多拉①：

你那神奇而令人心旷神怡的信笺，由于邮局工作失误，我很晚才收到。你11月8号寄出，可是邮戳上的日期显示，直到11月19日才寄到广州，等我收到已是12月15日。同时寄到的还有一堆信件，马克斯·齐默林（Max Zimmering）的，作协的，还有不认识的读者的来信，通通都迟了差不多一个月才收到。

随信附寄的新年贺卡是给你和约翰内斯（Johannes）的，另一份贺卡是送给乌拉·屈特纳（Ulla Küttner）的，能不能麻烦你帮我在合适的时候转交或是转寄给她呢？

不，多拉，你从未令我失望。在我的记忆中，你一直都是一位善良真诚而富于同情心的好同志。正因为如此，那个以讥讽他人为乐的家伙安道尔·加博尔（Andor Gabor）和他那唯唯诺诺的应声虫奥尔加·哈尔珀（Olga Halpern）才会对你不友好。常言道，不说死者的坏话。可是我认为，我们不该掩藏他人造成的损害。加博尔极尽所能的挖苦讽刺对那些匈牙利作家和某些德国作家都造成了极为有害的影响。1956年的时候他虽已过世，但是当我在报纸新闻中读到裴多菲俱乐部在1956年匈牙利事件中所扮演的灾难性的角色，从中我清晰地看到加博尔式的玩世不恭、"一切皆为虚无"所带来的遗毒。

你提出对小说《牛郎织女》进行修改的建议我很感兴趣，请邮寄给我。要是能出新版，我也计划删除两处文字：193页倒数第二行到194页的前两行，还有270页的最后四行。为什么？因为汉娜与蒙梯尼虽有严重的冲突，但是这仍是人民内部矛盾，是正确与错误的矛盾。而汉娜与帝国主义者之间的矛盾则是敌我之间的矛盾。因此，小说中这两处我将这两种矛盾混为一谈是一个错误。

---

① 多拉·文切尔（Dora Wentscher 1883—1964），德国演员，雕刻家，作家。1929年加入德国共产党和无产阶级革命作家协会。1933年流亡莫斯科，与朱白兰结下深厚友谊，1946年从苏联返回德国，定居魏玛，后加入德国作家协会和德国统一社会党。曾荣获民主德国祖国功勋勋章。1950年与约翰内斯·诺尔结为夫妇。

多拉，亲爱的，《新德意志文学》现在不愿发表有关我作品全集的评论文章，你别当回事。有些作家就是需要更长时间才能广为人知。你现在面临的也是这种情况。你应该获得比现在大得多的声望，这一点路易斯·菲恩贝格（Louis Fürnberg）说得太对了。你们什么都不要做。不管怎么样，优秀的作家可以期待会有千千万万的读者，可以寄望于后世。目前《新德意志文学》愿意发表一篇有关《香港之歌》的评论文章，可以说已是很大的进步。而且这对我而言愈发重要，因为这本书虽获得了无可辩驳的成功，可是同时也面临着新的阻碍。

卡尔·迪茨连同整个格赖芬出版社，胆小怕事，唯唯诺诺，完全是资本主义的行事方式。他任意编辑篡改了我的小说《香港之歌》，给我寄了修订表，结果我牺牲三个夜晚的睡眠才完成的修订，他却置之不理，甚至连印刷错误都没有纠正。而且他完全忽视了对作品的宣传。我1959年4月在《新德意志文学》发表了一篇文章，他居然让他们将稿酬支付给自己，声称这篇文章是他即将出版的图书章节的预印稿。但是他所谓的图书压根就没有出版。在民主德国逗留期间，因为他的肆意羞辱，拖延支付应付金，加上翻来覆去讨价还价使我不胜其烦，苦不堪言。我在鲁道尔施塔特的时候，他还多次明里暗里说我的小说很失败，试图以此恐吓我。

最可恶的是，他还曾给德国作家协会写信，污蔑我的《牛郎织女》是所谓的影射小说！！

现在，在中央委员会和文化部的坚决支持下，我与人民与世界出版社取得了联系。我已写信给格赖芬出版社，表示以后不再与他们合作。结果收到回信称，如果我打算为其他出版社写作，他会为我来挑选。简直像是奴隶贩子，无耻至极。总而言之，那个老迪茨就是把作家们当他的奴隶、他的员工，对他唯命是听，就像是服从一位完全不受限制的君王，尽管他们完全没必要这样。有一次，在鲁道尔施塔特，他对我说："您的写作过于政治化了，将来您的创作必须改改，这样我在西德也能推广您的书。"我当时出于愚昧的好心，虽然拒绝了这种要求，但语气太过温和。因为当时他太太和他女儿都在，还有施密特－埃尔格斯（Schmidt-Elgers）——我不知道你是否认识这位作家——恰好第一次拜访他。迪茨太太提前跟我透露过，这位施密特-埃尔格斯和他们女儿订了婚，她恳请我当天去他们家，让这位未来的女婿第一次拜见令人生畏的准岳父时能放松点儿。我实在不愿破坏他们家庭和谐的气氛，否则我当即就会与卡尔·迪茨绝交。我现在担心的是，他不顾我的反对，在向西德推销我的《香港之歌》，而导致作品在那边遭到歪曲与篡改。——我现在远在中国，完全没法掌控相关情况。但是我已经给民主德国文化部写了封信，希望能到他们的庇护。

最亲爱的多拉，刚刚我忍不住把心底的话全说出来了。现在我特别想知道：你现在在忙什么呢？约翰内斯在忙什么呢？你们身体都好吗？你们有要好的朋友圈子吧？给我写信啊，地址用英文写更好，这样信件不会在路上耽误太多时间：

克拉拉·勃鲁姆教授

中山大学

外国语言文学系

广州，中国

我已向我的学生们转达你们的问候，他们也都给你们送上新年的祝福。他们在我心目中就如同自己的孩子——只是没有分娩的腹痛。黄春蓝（Hwang Tsun-lan），一位贫农家庭出身的男生，之前是学生中最弱的，现在总算是赶上来了。前天他还用德语自由发挥讲述了他小时候看到的在国内革命战争期间发生的一个小故事。

还有一点，魏玛完全没有丢脸。在你们那儿举办的作品朗诵晚会，让我感到非常幸福，当时，会心会意的气氛包围着我，听众们感同身受地体会小说主角剪纸师傅的痛苦与胜利。

好了，现在真要搁笔了。

快快给我写信吧，向你和约翰内斯同志、菲恩贝格同志、屈特纳同志还有所有的好朋友们致以最诚挚的问候！

你们的克拉拉

1959 年 12 月 20 日，广州

致多拉·文切尔（Dora Wentscher）的信［2］

最最亲爱的多拉：

8月份我去了上海，收集新书的素材。我这儿一整年都有新鲜空气，因为我们的大学在城外的一大片野生公园内。从上海回来后，收到你8月17日的来信。你终于稍加详细地写到了自己的情况，更为详细地谈到了约翰内斯。不过你们俩是相同的，对吧？

他撰写的农民战争导论和赫尔德导论我已经读过了，很有意思。路德和闵采尔冲突矛盾的那部分描写真是把我内心所想都写出来了，跟我的中篇小说《13是个吉祥数字》中的一个情节有着异曲同工之妙。而赫尔德导论中多种多样的文献共同塑造了一位年轻思想家的动人形象，他的才能在自己的家乡几乎被扼杀殆尽，而到了异地他乡的广阔天地，很有希望得以发挥。

更为重要的是约翰内斯的百科全书计划。本月17号我给你们寄了《中国历史大纲》和《保卫延安》。约翰内斯可以在《大纲》一书中读到有关中国的材料。至于在哪里能找到有关黑人的资料，我们的百科全书在这方面几乎是空白。这方面知识的欠缺，是受帝国主义影响的"历史学"对此避而不谈造成的。我在所有我能找到的百科全书中查阅黑人哲学家阿格雷（Aggrey），可惜什么都没找到。我个人只知道，他曾是加纳现任总统克瓦米·恩克鲁玛（Kwame Nkrumas）①的老师，还有就是他笔下那句有关不同人种价值的警语：

用钢琴的黑键或是白键都能弹出相同的旋律，但是要奏出完整和谐的乐曲，两者俱不可缺。

在耶拿有几位来自非洲的学生，在材料收集问题上他们也许能帮到约翰内斯。

---

① 弗朗西斯·恩威亚·克瓦米·恩克鲁玛（Francis Nwia Kwame Nkrumah），非洲杰出的黑人政治家、思想家，非洲民族解放运动的先驱和非洲社会主义尝试的主要代表人物，非洲统一组织和不结盟运动的发起人之一，1957年领导加纳成为撒哈拉以南非洲第一个获得独立的国家，被誉为"加纳国父"。

在上海的时候，我以前的学生韩世钟（Han Schi-dshung）来探望我。他目前在上海译文出版社工作。我给他看了你创作的小说《女人，英雄，奴仆》和戏剧读本《海因里希·冯·克莱斯特》。他问起有关的评论文章。我跟他提到了雷夏在《新德意志文学》上写的评论和菲恩贝格所写的前言，还有你荣获民主德国祖国功勋勋章的事。我特别推荐他翻译你的小说《残酷的学校》，并建议他向北京的《世界文学》期刊投稿。可是第二天他就接到下乡参加农业劳动的动员。事情已经如此，推迟总比取消了好，希望迟些时候能成。多林卡（Dorinka）①，记得写信告诉我，《女人，英雄，奴仆》是否已有相关评论，什么时候在哪儿发表。我收到后再转告韩世钟。

我的新书将会是一部长篇，书名为《命运的征服者》，以"大跃进"作为结尾。另外就是紧张的大学工作。放心吧，一切都会顺利的。

致由衷的友好问候

你的克拉拉
1960年9月28日，广州

---

① 多林卡，朱白兰对多拉的昵称。

致多拉·文切尔（Dora Wentscher）的信 [3]

多林卡，亲爱的：

所有的信件都已寄达：10月14日的明信片、11月12日的来信还有五天前收到的《新德意志文学》第11期样刊两本。你撰写的评论终于见刊了，我可算是如愿以偿。而且这篇评论对我而言意义重大。证据是：11月后半月我收到布加勒斯特青年出版社（Editura Tineretului）的来函，他们计划出版《香港之歌》的罗马尼亚语版本。我要效法席勒，大声高呼："这可是多拉射的箭！"①

可惜的是，《新德意志文学》删掉了你对我幻想的宠儿林家明那段优美而深刻描写："林家明是一个朝气蓬勃的青年，极富音乐天赋，聪明，淳朴，温顺，待人亲如兄弟，如饥似渴地钻研所有新鲜事物，干劲十足，为了革命，再细小的事情也充满热情全力以赴，务实，冷静，风趣，同时还富有男子气概，既年轻又健康！"

可惜，非常可惜。但不管怎么样，他们保留了你的基本思想。在迄今为止所有的评论中，你最为透彻地解读了这个人物的意义，这一点如白纸黑字，非常明显。

关于"火药桶"这一点，你说得非常对。年轻的读者可能已完全不知道"巴尔干半岛"与"火药桶"有着近似的意义。但是《命运的征服者》这个标题是必要的。你有没有发现，时至今日，命运这个老到令人生厌的概念还在文学作品、戏剧和电影中到处作祟？它以无害的隐喻自居，带着一副清纯的表情，却让读者吞下致命的毒药。我的目的就是要把它清扫干净。

韩世钟目前还在农村工作，跟许许多多年轻的知识分子一样。他什么时候能回到上海，现在还不确定。可是我抱有坚定的希望，他迟早会将你的小说《残酷的学校》译为中文。

共同的世界观和许多共同的人性特征是你我之间友谊的基石。出身根本不

---

① 作者在这里引用席勒的戏剧作品《威廉·退尔》第四幕第三场格斯勒所说的话："这是退尔射的箭。"（Das ist Tells Geschoß.）

重要，哪怕你是"纯粹的雅利安人"，也同样会是我的知心好友。但是当我得知，你的母亲也是犹太裔，而且你很高兴地强调我们在种族上血脉相连，这给我带来了小小的额外的喜悦。

现在我想要询问你人生中的另一个细节：你是怎么认识约翰内斯的呢？对此我非常好奇。

写到这儿，今天必须匆匆搁笔了：就像是被吞到鲸鱼（还是鲨鱼？）肚子里的先知约拿，我现在深深地陷入了我的小说中。还有，大学的工作也越来越多，因为许多年轻老师都"上山下乡"去了，我们这些老教师不得不承担更多的工作任务。

再次感谢你的一切友善，并致
诚挚的问候！

你的双胞胎姐妹　克拉拉
1960 年 12 月 10 日，广州

致多拉·文切尔（Dora Wentscher）的信 [4]

最亲爱的多林卡：

你和约翰内斯都好吗？身体好些了吧？

随信附上韩世钟来信的摘要。（我笔误了，本想说"片段"来着。）他信中所写的，虽然还相当不确定，但总比完全没希望要好。至少上海文艺出版社对你有了一定的了解，算是一个开端。

菲恩贝格的组诗《埃尔·夏特》（*El Shatt*）① 真是一本佳作。我已向路易斯·菲恩贝格档案馆郑重致谢。

6月29日，我的小说写完了——正好作为向7月1日中国共产党成立四十周年的献礼。《新德意志文学》编辑部写信说，会在下一期摘选发表其中的一个章节。②

6月29日当天晚上，我感觉自己右手已写到痉挛，大脑一片空洞，全身的骨头像是塞满了棉花。接下来的整个7月我都在忙教学工作、学生的考试，还有助教的培训。不过总算能好好睡个觉，也可以仔仔细细地读读报了——小说完成前那几周我都是挑着最重要的消息看。

我订了一份非常好的报纸，《北京周报》的英文版，刊登发表在《人民日报》和《红旗》杂志上的消息。这样我可以了解国内的，以及苏联、民主德国和非洲等地的所有重要新闻。可惜中国新闻界没有或几乎没有报道有关艾希曼审判的消息，因此我只好看《新德意志报》的相关报道。这几年我一想到以色列和它亲帝国主义的政府就很不愉快。但是，在这次审判过程中，以色列国内追求进步的力量也日益发展壮大了，我希望，在不太远的将来那儿能有各种各样的变化。

昨天开始放假了，我得好好利用这段时间用打印机把小说誊录一遍。一想到这我就有点儿怵，因为我是个蹩脚的打字员，一个小时最多打那么一页半。

---

① 《埃尔·夏特》是菲恩贝格1946年创作的抒情组诗，1960年在柏林出版。
② 由于当时中国与民主德国政治分歧，朱白兰创作的长篇小说《命运的征服者》未能出版。《新德意志文学》1961年第10期（第57-73页）节选发表了其中一个章节。

可惜没法找人誊录手稿，因为字斟句酌的修改太多，只有作者本人才看得明白。要是在北京，我倒还有可能找人口授誊写。没有德国少女会迷路误入广州，把我从这种苦差事中解救出来。所以，我得开始了。

致以最衷心的问候！

你们的克拉拉

1961年8月3日，广州

致多拉·文切尔（Dora Wentscher）的信 [5]

最亲爱的多林卡：

我想请求你的原谅，这么晚才回信。具体的理由我写在下面。

你亲切的来信对我而言真是一剂清凉饮料，令人神清气爽，心情愉悦。不要为我的眼睛担心，它们没有犯病，但有点儿弱视和敏感。只是为了工作，离不了眼睛，我必须避免任何预想中的用眼过度。只要字体跟你在 4 月 12 日的来信文字一般大小，我勉强还能看得清。如果你能用打字机来写，就更好了，当然前提是，不会有损于你的健康。

接下来我要说明一下回信太迟的缘由。在收到来信和提笔回复这段时间，我一周要上十节课，部分是给学生，部分是培训年轻老师；每周要给一位生病的同事代两节课；要负责批改一本德汉词典的德文部分；我还写了一篇华沙犹太人聚居区起义的文章，已由中国新闻媒体发表；此外，我一直在跟很多同志通信，大多是陌生的读者，民主德国的、波兰的、罗马尼亚的，他们因为兄弟党之间的意见分歧，向我提出了各种各样的问题，当然我得写信回复。这样，多林卡，你会原谅我直到今天才给你写信吧。我希望并坚信你已痊愈回到自己家中，所以就把信直接寄到魏玛了。

你问我那部长篇小说？当然没出版，手稿还在建设出版社。我在 1962 年 12 月 5 日曾很客气地给他们写过一封信，明确坚定地询问此事，至今也没得到回复。更糟糕的是，人民与世界出版社通知我，要把我的那本小诗集《漫长的道路》剩下未出售的书捣为纸浆回收。他们这么做很明显是为了给叶夫图申科（Jewtuschenko）和其他修正主义毒草腾位置。与此同时，那家满脑子资本主义思想的格赖芬出版社，1959 年还要求我在创作时考虑西德市场的口味，他们现在又三番两次徒劳无功地试图通过中间人巴结讨好我。

不久前，我写了篇短文寄给《新德意志报》，介绍我们在水利工程建设治理上所取得的成就：今年因为天气干旱，香港陷入严重水荒，而广州虽然同样旱情严重，但我们不缺水用，而且每天都免费支援香港工人两万吨可用水。可是《新德意志报》"不屑"给我回复。当然这样并不能改变这一事实：中国完全依靠自己的力量，已经成功地渡过了三年半的困难时期。

随信附上章鹏高同志写的几行文字。他读了你的信，印象十分深刻，所以请求我允许他给你写点儿什么。他是我们这儿最具天赋的助教之一，我的义子，将来我文学遗产的继承人。

此外随信附上中共中央对苏共中央的复信。这封信在莫斯科没有公开，但在罗马尼亚、朝鲜和越南倒是可能见了报。

请一定保重身体，亲爱的多林卡，还要写更多像《西伯利亚的日记》那样优美的作品。

致千万次诚挚的问候

你的克拉拉

1963年6月30日，广州

致克拉拉·魏宁格尔（Clara Weininger）的信 [1]

亲爱的魏宁格尔同志：

您1964年12月30日的来信给我带来了巨大的欢喜。这20年我也时常想起您和您先生。你我相遇时间虽然短暂，但是一聊起重要的事情常常是说个半句就相互了然于心，这在我们中国称作"相视而笑，莫逆于心"。

您的信会译成中文并转呈我们大学的图书馆。具体我还要等待官方的回复，但是我很肯定，我们大学图书馆将会乐意与罗马尼亚科学院图书馆建立书刊交换关系。来信还请告诉我是否需要给您寄中文版的书刊。在克卢日（Cluj）有没有汉学家呢？

当然，我们也有英文、德文、法文和俄文版的书籍和文章，也就是由北京外文出版社翻译成各个语种的中文书。

今年1月24日，我以挂号印刷品方式给您邮寄了我们北京外文社德语部的图书目录，还有安娜·路易斯·斯特朗（Anna Louise Strong）① 的两封打印信函以及一份《北京周报》。它们也许会与这封信同时到达，或者会稍晚一些。

我有一个请求，请您不要称呼我为勃鲁姆教授女士，直接称同志更好。在信封上您倒可以写上"教授"二字，这样方便我们大学的邮件收发室找我。在信件中我们之间就不必用什么教授女士作为称谓了。

您信中提到想要我的书，我会在接下来几周内寄给您。《牛郎织女》那部长篇，我还得在书页空白边沿加上些评注，因为有些地方不太对。至于什么时候能办妥，我还无法告诉您确切时间，反正也就是接下来几周之内吧。因为我虽然六十了，现在还像马儿一样在辛勤工作。我想给学生们上课，直到我人生的最后一刻，因为中国学生的活力与接受能力，因为他们丰富的思想与真挚的心灵对我都有着强烈的吸引力。他们中大部分都是贫农家庭的小孩。

请写信给我，说说您自己还有您先生，谈谈您的工作还有生活。这些我都

---

① 安娜·路易斯·斯特朗（1885—1970），美国进步女记者与作家，多次访问中国，1958年春天第六次来中国访问，并在中国北京定居，1970年3月29日在北京逝世，葬在北京八宝山革命烈士公墓。

很感兴趣。

致以最美好的祝福与衷心的问候

您的朱白兰(克拉拉·勃鲁姆)
1965年2月4日,广州

致克拉拉·魏宁格尔（Clara Weininger）的信 [2]

亲爱的魏宁格尔同志：

我终于能抽出时间提笔回复，感谢您与您先生2月16日的友好来信，感谢您3月24日亲切的生日祝福，还有施佩贝尔和基特纳（Sperber und Kittner）优美的诗集，阅读起来完全是令人愉悦的享受。施佩贝尔的黑豹（《一位黑人达到了奥林匹克最高纪录》）是我在世界文学中最喜爱的诗歌之一。

为了表示感谢，我在5月10日给您寄去我的一部长篇，一本中篇小说集和一卷诗歌集。这些书存数很少了：那些修正主义分子把尚未出售的全都捣成了纸浆。那部中篇小说集已译成罗马尼亚语，原本应该在1961年由青年出版社出版，可是至今也未见发行。同一个邮包中我还给您寄了两本毛泽东的袖珍本、越南南方出的一本令人震惊的小册子，还有两封安娜·路易斯·斯特朗的打印信函。

我的生日在那本辞书上的记录并不完全正确，事实上我是1904年11月27日出生的。

令人非常遗憾的是我们大学无法交换图书。他们目前仅出版两种中文季刊，而且印数非常少。

虽然我无法及时回复，但愿我们能一直保持联系。余话见给您先生的回信。

致美好的祝福，祝一切顺利

您的朱白兰，克拉拉·勃鲁姆，夏佳（Chaje）[①]
1965年6月4日，广州

---

① 朱白兰的希伯来文名字，意思是"生命"。

致克拉拉·魏宁格尔（Clara Weininger）的信 [3]

亲爱的克拉拉与西蒙同志：

我总算能够回复您 7 月 5 日友好的来信。相信您二位度过了一个愉快的假期。我也要送上迟来的祝福给您女儿，祝她考试成功。

7 月 25 日，我给您邮寄了一本有关"文化大革命"的小册子，书中介绍的很多情况，中国读者都很熟悉，而外国的读者不一定那么了解。很可惜我们目前没有更详尽的宣传册。7 月 27 日，我给您寄去了一期《北京周报》和两期奥地利发行的《红旗》①，上面刊有几首我写的诗歌。9 月 1 日，《红旗》（*Rote Fahne*）杂志发表了一篇有关"文化大革命"的社论，写得非常好，可惜我这儿没有剩余的样刊了。不过您如果给编辑部写信，相信他们会很乐意给您寄送的。还有比利时的周刊《人民之声》（*Voix du People*）9 月份也刊登了几篇有关我们"文化大革命"的报道，写得很中肯也很有启发意义，还配有很好的相片。您的科学院图书馆有没有期刊部呢？那应该订有法国的《新人类》②、澳大利亚的《先锋》③、比利时的《人民之声》，当然还有奥地利的《红旗》。您觉得《红旗》怎么样？我认为它是目前最好的德语刊物之一。

可惜"文化大革命"以来最好的一部小说《欧阳海之歌》④还没有完全译为英文，更不用说其他语言。等市面上有售，我马上寄一本给您。

您在来信中问我，是否只想读戏剧作品。我很喜欢读剧作，但也同样喜欢读情节丰富的小说。我绝对信任您的欣赏喜好，其水准之高我非常了解。但是我有一个小小的请求：请不要像最近那样寄那么多书给我，因为我的住所太小，藏书空间不足。每年寄上一本，我就非常高兴了。

您女儿茱丽（Jolie）的地址，我 8 月 3 日写信告诉了佩里·伊萨克·布雷宁（Perry Isak Brainin）。他很有可能已经给茱丽写了信。您在信中问起我的健康状况，非常感谢。最让人苦恼的是我这曾忍饥挨饿的胃，平时得服用碳酸氢

---

① 《红旗》为 1967 年 2 月 12 日在维也纳成立的奥地利马克思列宁主义党（MLPÖ）的中央机关报。
② 原文为 Humanite Nounelle，疑误，应是 Nouvelle。
③ 原文为 Vanguara，疑误，应是 Vanguard。
④ 《欧阳海之歌》是现代作家金敬迈创作的长篇纪实小说，1965 年 7 月发表于上海《收获》杂志。

钠，再饮用大量热水，就这样它也就最多工作到下午五点。晚餐我现在都压根不吃了。当然有那么一天，我会病体缠身甚或死亡，这是自然的历程，但目前我还能工作，因此我就是健康的。我的同志是我的朋友，而我的朋友也是我的同志。祖母的乐趣我也能享受到，因为所有住在大学校园的小孩子，一见到我就会开心地叫唤："朱奶奶，朱奶奶！"但是我一个人跟管家一起住，这样可以更专注地工作。章鹏高和美云住在别的地方，不过我们每隔两天三天会见见面。

最后，我想让您稍稍感受一番我们伟大的无产阶级"文化大革命"，所以随信附上了一篇有关大型革命泥塑群像①的文章，文中的相片您肯定也会很喜欢。

致以最美好的祝福和衷心的问候！

您的夏佳
1966 年 10 月 28 日，广州

---

① 指泥塑群像《收租院》，由时四川美术学院雕塑系教师带领学生在 1965 年 6 至 10 月期间集体创作，展现封建地主阶级对农民的剥削压迫，该泥塑群像于 1965—1966 年间在北京复制展出，在全国引起很大反响，其后曾在阿尔巴尼亚、越南等地展览。

致克拉拉·魏宁格尔（Clara Weininger）的信 [4]

亲爱的克拉拉同志：

您1月27日的亲切来信令我十分欣喜，非常感谢！这太好了，你我甚至在多门语言中都是同名姐妹，德语、意第绪语、罗马尼亚语、西班牙语（Donna Clara），等等，都叫克拉拉。

为您女儿的婚礼献上最诚挚的祝福！

真期待早日收到您将寄给我的书。收到后我会马上向您确认的，如果不是马上，也会尽快。等收到这封信，您大概也已收到我给您寄的画册和报告文学，您方便时还请跟我确认。我知道，您也非常忙，不比我轻松。

本月14号我给您寄去了两期奥地利出版的《红旗》，该刊物登载了我翻译的毛泽东诗词两首，另外还有一首我的新诗。我没寄航空邮件，而是寄的挂号印刷品，大概3月中旬您应该能收到。我的义子章鹏高先将毛泽东的这两首诗译成了散文，在此基础上我才完成了仿作。当然我想在译文下署两人的名字，可我儿子以中国人过分的谦逊拒绝了，理由是他不是诗人。我们争执了好几个月，最终我还是说服了他，以后出版的翻译作品将署我们俩的名字。

《越南与世界》这首诗已经译成了越南语，并于1967年10月20日在河内发表。

另随信附寄一张越南的胜利地图和1944—1966年间毛泽东同志论文学与艺术的五篇讲话。这原本是内部讲话，不过现在终于公开发表了，它们对我们"文化大革命"的发展起到了极其重要的作用。

"文化大革命"所取得的成果还包括几部非常精彩的革命戏剧作品，例如我9月份从北京寄给您的《红灯记》。此外还有《沙家浜》（就是沙姓人家河岸边的村庄）和《智取威虎山》等。我在信封上贴的那两张邮票就表现了后面这两部戏剧的场景。其中一张，前景站着两个人物，展示的是戏剧《沙家浜》的一个场景。该剧的故事发生在1939年，讲述的是中国人民和人民军队反抗日寇侵略的故事。另外那张邮票表现的则是戏剧《智取威虎山》的场景，前景是一群人，其中有位战士身着虎皮背心。这部戏的故事发生在1946年，国民党反动派和共产党进行国内战争期间。该戏剧结合了传统表演强盗的浪漫主义方式与现实主义的手法，展现了一伙横行霸道、支持反动派的土匪。长期受他们欺凌的人民群众，最终和人民解放军一道用智谋战胜了这群土匪。邮票图案上您可以看到被砸毁的土匪头子的宝座。

可惜这些戏剧作品没有像《红灯记》一样以书籍形式发行，但英文版《中国文学》1967年第8期和第11期翻译出版了这两部戏剧，还配有精美的彩色场景照片。您看要不要寄给您，或是寄其中一本？

我也一直没有放弃再次相聚的希望。可是什么时候呢？——在此之前，我们还是说声"盼来信"吧！

衷心问候！

您的夏佳
1968年2月26日，广州

亲爱的西蒙·魏宁格尔同志：

上面那封信也是给您的。非常感谢您的祝福。我建议您，给"三姑娘屋"改个名字（见下面署名）。

致以衷心的问候
您的三奶奶屋

祝梅辛克（Mesinke）新婚美满！

致西蒙·魏宁格尔（Simon Weininger）的信 [1]

亲爱的魏宁格尔同志：

非常感谢您的亲切来信，感谢施佩贝尔和基特纳优美的诗歌还有那犹太传统的长寿祝福。我很想比帝国主义活得更久，还要将同样的祝福送给您和您夫人。无论如何，您的女儿一定能比帝国主义活得更久，并且久许多许多年。这里我先祝您早日恢复健康和工作能力。

信中您说特别喜欢的汉字，不是我写的，而是我的义子同时也是我的助教章鹏高的手笔。鹏高是一位年轻的优秀的日耳曼学学者，现在还给我添了个小孙子。他的夫人叫美云（就是漂亮的云朵之意），一位农家姑娘，目前在大学图书馆当管理员。她是我新创作的中篇小说《永恒的女性指引我们前进》① 的女主角。小说刚完成一半，具体什么时候写完，那就只有上帝和越来越繁重的教学任务才知晓了。

盼来信并致衷心问候

您的朱白兰
1965 年 6 月 4 日，广州

---

① 这里小说题目引自歌德诗剧《浮士德》全篇的最后一句。

致西蒙·魏宁格尔（Simon Weininger）的信 [2]

亲爱的魏宁格尔同志：

非常感谢您2月25日的友好来信，优美的图画还有施佩贝尔的翻译作品。

您以后不用给我寄书了，我也不再给您寄书，只像这次一样随信附寄一些剪报。

请您原谅我迟到的回复。回信前这段时间我想专注于一项工作，还有毛泽东诗词的翻译，从1967年开始，昨天终于译完了。

听闻克拉拉同志与你们的女儿茱丽进行了一次有意思的旅行，我非常高兴。我想她一定有很多想要讲述的。我在1959年也去了德累斯顿、魏玛等地，还在那儿举办了文学晚会，节选朗读了我的小说集《香港之歌》。回想起来，已经是很久很久之前的事了。

伊查克·曼格（Izchak Manger）我也曾认识。1934年我在利沃夫（Lwow）①参加过他的文学晚会，当时我正在前往莫斯科的途中。

施佩贝尔创作的诗歌与他翻译的作品语言都格外优美，只是他选择原作的主导思想是："看在上帝的分上，我们不谈政治，政治要来干吗？"

与他相比，佩里·布雷宁（Perry Brainin）就是一名斗志昂扬的政治家，这很能反映现代美国青年的特点。我很希望自己能活着见到美国革命的那一天。

另外，佩里拍的彩色相片也非常漂亮，随信附上一张给您和您的家人。

今天就写到这儿。

祝愿您和您的家人包括世界奇观

身体健康！

您的夏佳

1969年7月22日，广州

---

① 利沃夫，乌克兰西部的主要城市，利沃夫州首府。

关于朱白兰的文献索引

中文文献

[文章]

文盈：克拉拉·勃鲁姆（朱白兰）：《香港之歌》，《世界文学》，1959 年第 5 期。

梁定祥：《从多瑙河到珠江边——记中国籍女诗人朱白兰（克拉拉·勃鲁姆）》，《花城》，1982 年第 5 期。

林天斗：《忆国际友人朱白兰》，《解放日报》，1990 年 2 月 6 日。

姚芳藻：《失踪在莫斯科》，《上海滩》，1990 年第 5 期，收入《吴县文史资料 7》，1990 年，又收入《踏上荆棘路》（姚芳藻著），上海文艺出版社，2012 年。

张佩芬：《一个不该被遗忘的"外国人"》，《中华读书报》，1998 年 10 月 21 日。

宗道一：《杨成绪及其德国恩师》，《江海侨声》，1999 年第 10 期。

王文慈：《迟开的白兰——朱白兰及其作品》，《辽宁大学学报（哲学社会科学版）》2001 年第 4 期。

夏瑞春（Hsia, Adrian）：《永远的陌生者——克拉拉·布鲁姆和她的中国遗作》，载印芝虹、叶隽、H. Casper-Hehne 主编：《中德文化对话》第 1 卷，南京大学出版社 2008 年版，第 255 – 260 页。

林璐、林笳：《爱情恰似彩虹跨越千山万水——纪念中国籍犹太裔女作家朱白兰》，《外国文艺》，2013 年第 4 期。

陈珍广：《阿莱汉姆中译者的话》，《南方周末》，2013 年 7 月 5 日。

高年生：《跨越时空的追寻——犹太裔女诗人朱白兰的中国故事》，《中华读书报》，2016 年 11 月 16 日。

叶隽：《嵯峨峰顶独憔悴——朱白兰的多重文化史意义》，《文汇读书周报》，2020 年 1 月 20 日。

[专著]
林笳编著:《中国籍犹太裔女诗人朱白兰(Klara Blum)生平与作品选》,中山大学出版社,2016年。

[硕士论文]
邓然(广东外语外贸大学):朱白兰的家园——对一位犹太裔女诗人生平和作品的研究,2013年。
陈悦(上海外国语大学):试用比较文学形象学解析朱白兰作品中的中国人形象,2017年。

德文文献

Ding, Yuhe: Sie lebt weiter. Erinnerung an meine Lehrerin Klara Blum. In: *Das neue China*, Nr. 5, September/Oktober 1982, S. 25 – 26.

Hsia, Adrian: Zwei Enden des Himmels. Eine Liebe in China. Das bewegte Leben der jüdisch-chinesischen Schriftstellerin Klara Blum. In: *Die Zeit*, 5. 1. 1990.

Hsia, Adrian: Die ewige Fremde. Klara Blum und ihr Nachlaß-Roman aus China. In: *Begegnung mit dem „Fremden". Grenzen-Tradition-Vergleiche*. Hg. v. Eijiró Iwasaki. München 1991 (= Akten des VIII. Internationalen Germanisten-Kongresses Tokyo 1990, Bd. 8), S. 235 – 241.

Lange, Thomas: Emigration nach China. Wie aus Klara Blum Dshu Bailan wurde. In: *Exilforschung, Ein internationales Jahrbuch 1986*, Heft 3, S. 339 – 348.

Lange, Thomas: Dshu Bailan oder: Wer war Klara Blum?. Portrait einer Vergessenen. In: *Das neue China (Dordmund)*, Jg. 17, Nr. 4, 1990, S. 30 – 33.

Quilitzsch, Frank: Legende von Dshe-Nü. Tragik der jüdisch-chinesischen Schriftstellerin Klara Blum. In: *Thüringische Landeszeitung*, 31. 8. 1991.

Yang, Zhidong: Klara Blum – Zhu Bailan. In: *Literatur und Kritik (Salzburg)*, September 1994, S. 103 – 108.

Yang, Zhidong: *Klara Blum – Zhu Bailan (1904—1971) Leben und Werk einer österreichisch-chinesischen Schriftstellerin*, Frankfurt am Main · Berlin · Bern · New York · Paris · Wien, Peter Lang, 1996.

Yang, Zhidong (hg.): *Klara Blum, Kommentierte Auswahledition*, Wien · Köln · Weimar, Böhlau Verlag, 2001.

Dieter Fechner: Eng mit China verbunden: Zum 100. Geburtstag Klara Blums (Zhu Bailan). In: *RotFuchs, Tribüne für Kommunisten und Sozialisten in Deutschland, Jg., Nr. 82, November 2004, S. 26.

Bernhard Albert (hg.): Klara Blum. Liebesgedichte. In: *Lyrik-Taschenbuch*, Nr. 76, Bukowiner Literaturlandschaft 69, Rimbaud Verlagsgesellschaft mbH, 2012.

Yu, Yang: „Ich bin zuhaus in Ost und West in jeder Judengasse" – Zum politischen, zwischengeschichtlichen und künstlerischen Selbstverständnis von Klara Blum (Zhu Bailan), In: *Literaturstraße*, Würzburg: Königshausen & Neumann, 2017, S. 195 – 206.

Richter, Sandra: Lieben für die Revolution: Klara Blum in österreich, Russland und China. In: *Eine Weltgeschichte der deutschsprachigen Literatur*. München: Bertelsmann 2017. S. 368 – 376.

编后记

1971年5月5日，经历了坎坷人生的朱白兰（1904—1971）教授，辞别了她最后生活和工作了14年的中山大学，辞别了她深深热爱的中国和中国人民，永远地离开了我们。她去世的时候，"文革"尚未结束，康乐园内不康乐。"老五届"学生已全部离校，教职员工除个别留守人员，绝大多数下了"五七"干校，大批教授仍在接受审查和"再教育"。在这种情况下，校方以"中山大学革委会朱白兰逝世治丧小组"的名义发了简短的讣告，为她"盖棺定论"："朱白兰教授生前主要从事教育工作和文学创作活动。在我校教学工作中，认真负责。在其解放前后创作活动中，也有过一些著述，进行过一些反帝反修的宣传活动，为人民做出了一定的贡献。"这个在程度上加以限定的评价显得如此苍白，远不能客观和全面地反映朱先生作为革命诗人、作家和新中国德语教学事业"开荒牛"为中国人民做出的贡献，但在"文革"岁月，这已经是对一位具有革命觉悟的教授的肯定。当年举行的遗体告别仪式，虽然冷清，但毕竟也以此"寄托我们的哀思"，送了朱先生人生最后一程。

朱白兰作为反法西斯的进步作家，早在20世纪30年代流亡苏联期间，对中国人民的解放事业就给予了同情和支持。1947年，她孤身一人从流亡地万里迢迢来到中国，受到中国人民的热情拥抱，1954年成为中国公民，一直生活和工作到心脏停止跳动。朱白兰对中国人民的友好感情以及对我国社会主义建设事业做出的贡献，懂得感恩的中国人不会忘记。半个世纪以来，在我国虽然没有举行过任何形式的纪念活动，但德语界熟悉她的老一辈学人久别重逢，见了面总会提起这位恩师，报刊上也陆续发表过一些怀念朱白兰的文章。2019年，中山大学外国语学院摄制的口述历史片《吾师朱白兰》，在业内引起广泛关注，这再次表明，朱先生活在我们心中。

50年来，有国外学者（如Adria Hsia、Tomas Lange）先后来中山大学收集资料，发表研究朱白兰的文章；2004年，有社团为纪念朱白兰诞辰100周年，在维也纳举行小型的报告会，介绍她的生平（ÖBV-Veranstaltungen und Events 2004, Textbuch: Wie aus Klara Blum Dhsu Bai-Lan wurde, Zum 100. Geburtstag, Annemarie Türk und Johanna Tomek auf den Spuren eines abenteuerlichen Lebens,

ÖBV-Atrium，1010 Wien，Grillparzerstr. 14，am 02. 12. 2004，Beginn um 19：30 Uhr）；同年，有信仰马克思主义的德国作者以《跟中国紧密相连：克拉拉·勃鲁姆100周年诞辰》（Dieter Fechner：Eng mit China verbunden：Zum 100. Geburtstag Klara Blums (Zhu Bailan)，*RotFuchs*，*Tribüne für Kommunisten und Sozialisten in Deutschland*，7. Jahrgang，Nr. 82，November 2004）为题在报刊上发表纪念文章。近年来，德国重新选编出版了朱白兰的爱情诗集，作为朱白兰出生地区布科维纳（Bukovina）德语文学丛书中的一册。德国著名日耳曼学教授桑德拉·里希特（Prof. Dr. Sandra Richter）在其700多页的专著中以"热爱革命：克拉拉·勃鲁姆（朱白兰）"为标题，专辟一节评述朱白兰在文学上的成就（Sandra Richter，*Eine Weltgeschichte der deutschsprachigen Literatur*，C. Bertelsmann Verlag，München，2017）。在奥地利首都维也纳，更有以她的名字命名新建的道路Klara-Blum-Gasse，以永远纪念曾在当地生活过17年的作家朱白兰。尤其值得一提的是，杨执东（Zhi Dong Yang）在德国教授指导下，撰写博士学位论文，对朱白兰进行开拓性研究，发表研究专著，并选编出版朱白兰作品选笺注本，为研究朱白兰提供了最基本的文献参考资料。

  2018年前，几位志同道合的中山大学学子相议，为纪念朱白兰教授逝世50周年，以《朱白兰在中山大学》为书名选编一本文集，内容以朱白兰教授在中山大学的生活和工作为重点，但不局限于此。征稿启事在中山大学外国语学院德语系的公众号上公示。项目启动后，受到各方友人的大力支持和鼓励。首先，朱白兰文学遗产继承人章鹏高教授的家人给予了最有力的支持和帮助，不仅为我们利用朱白兰文学遗产提供方便，而且为文集的出版筹集资金。本书在编辑过程中，远在德国斯图加特攻读博士学位的邱晓翠女士，积极联系德国文学档案馆（Deutsches Literaturarchiv，Marbach am Nechar），现任馆长桑德拉·里希特教授在得知我们的项目后，给予了大力的支持，为我们提供朱白兰的生平资料和遗稿，她本人还特地为本书撰稿。没有他们的帮助，本书的内容将大打折扣。在此，特致诚挚的谢忱。当然，也要感谢所有撰稿人，他们中有聆听过朱先生授课的门生，有在"文革"中与朱先生有过交往的学子，有朱先生授课弟子的弟子，也有属于德语文学研究新生代的年轻人。撰稿人身份不同，但有一个共通点，那就是对朱先生怀着深深的敬意。两年来，经过大家的努力，文集终于可以在朱白兰逝世五十周年之际付梓了。我们希望，纪念文集的问世，可以表达我们对朱先生的怀念，同时，也为进一步开展对朱白兰的研究添砖加瓦。

  朱白兰作品的翻译介绍和研究尚处在开始阶段，有许多工作需要我们去做。她的长篇小说《牛郎织女》和中篇小说集《香港之歌》已译成中文，但最后一部以中国为题材的长篇小说《命运的征服者》还没有跟中外读者见面；她用德文创作的优美诗篇并未全部译成中文，国内不懂德文的读者还无法阅读。作为一个曾在多地生活的"跨国"的革命作家，对她的发掘和研究，还有待开展国际的合作。朱白兰在1959年12月20日致友人多拉·文切尔的信中提到："有些作家就是需要更长时间才能广为人知。""不管怎么样，优秀的作家可以期待会有千千万万的读者，可以寄望于后世。"我们相信，朱白兰正是一位这样的优秀作家，作为女诗人、女教授，她对爱情的忠贞令人动容，她的文学遗产以及对中国的大爱将永世流芳。

最后，纪念文集能够如期出版，还要感谢中山大学外国语学院和德语系提供的大力支持和资助，感谢中山大学出版社王延红等编辑为本书编辑出版所付出的辛劳，感谢关心和鼓励我们的所有朋友。

林笳
2021年清明节于凤凰山下